HATIER CONCOURS
CONCOURS DE PROFESSEURS DES ÉCOLES

FRANÇAIS

ÉPREUVE ÉCRITE D'ADMISSIBILITÉ

DIRECTEURS DE COLLECTION
Micheline Cellier
Roland Charnay
Michel Mante

AUTEURS

Micheline Cellier
Maitre de conférences honoraire en Langue et Littérature françaises, Faculté d'éducation / Université de Montpellier / INSPE Languedoc Roussillon

Jean-Christophe Pellat
Professeur des universités en Linguistique française, Strasbourg
(Coordination de l'ouvrage)

Avec la collaboration de :

Philippe Dorange
Agrégé de lettres

Hatier

SOMMAIRE

PRÉSENTATION ET MÉTHODOLOGIE

55 FICHES NOTIONNELLES

GRAMMAIRE

La phrase

Les classes grammaticales

ISBN : 978-2-401-08280-9

SOMMAIRE

Les principales fonctions

Le verbe

La cohérence textuelle et l'énonciation

ORTHOGRAPHE

La phonologie

L'orthographe lexicale et grammaticale

LEXIQUE

Les relations entre les mots

La formation et l'histoire des mots

AU CONCOURS

ANNEXES

PRÉFACE

Cet ouvrage est destiné aux candidats et aux candidates qui préparent l'épreuve de français du **nouveau concours** de recrutement de professeurs des écoles, dont les modalités ont été fixées par l'arrêté du 25 janvier 2021. Il se réfère aux programmes parus en 2018. Il propose **une préparation complète des trois parties de l'épreuve écrite d'admissibilité** :

– **Partie I : Étude de la langue**

– **Partie II : Lexique et compréhension lexicale**

– **Partie III : Réflexion et développement**

Un autre ouvrage est consacré à l'épreuve orale d'admission.

Pour l'épreuve écrite disciplinaire de français, cet ouvrage apporte **tous les outils nécessaires** pour traiter ces trois parties.

- La **présentation générale** de l'épreuve définit les contenus de l'ensemble et précise les attentes du jury. Elle se clôt **sur un sujet complet** dont les parties sont successivement corrigées dans chaque chapitre méthodologique correspondant.
- **La méthodologie** des deux premières parties est détaillée avec une clarification des types de questions posées et des conseils spécifiques pour les traiter. Celle de la troisième partie, suivie étape après étape, s'appuie sur le sujet complet donné en exemple et sur les sujets zéro fournis par le ministère.
- **Les savoirs disciplinaires** sont largement développés dans **55 fiches notionnelles**, permettant de couvrir l'ensemble du programme de langue imposé – grammaire, orthographe, lexique – avec des « entrainements » dont la correction est longuement explicitée. Ces fiches sont réparties en sept blocs qui s'achèvent chacun par une série d'exercices intitulée « Vers le concours » : au total, **260 exercices** sont proposés pour mettre à l'épreuve les notions étudiées et optimiser la préparation des deux premières parties.
- L'ensemble des trois parties est repris dans la dernière rubrique « **Au concours** » qui propose **deux sujets complets et corrigés**.

Cet ouvrage, particulièrement attentif aux besoins des candidats et des candidates au CRPE, leur propose une aide complète, efficace et **adaptée aux nouvelles modalités du concours**.

Les auteurs

1 Présentation

Ce chapitre propose une présentation générale de l'épreuve de français comptant pour l'admissibilité au concours de recrutement de professeurs des écoles ; la méthodologie de chacune des trois parties est détaillée dans les chapitres suivants.

1 Cadrage réglementaire de l'épreuve

Les modalités qui définissent le concours de recrutement de professeurs des écoles, à partir de la session 2022, sont fixées par l'arrêté du 25 janvier 2021, publié au *Journal officiel* du 29 janvier 2021, dans l'annexe 1, consultable sur le site Legifrance à l'adresse suivante : https://www.legifrance.gouv.fr/jorf/id/JORFTEXT000043075701

1. Le cadre de référence

Selon l'arrêté, « *le cadre de référence des épreuves est celui des programmes de l'école primaire. Les connaissances attendues des candidats sont celles que nécessite un enseignement maîtrisé de ces programmes. Il est attendu du candidat qu'il maîtrise finement et avec du recul l'ensemble des connaissances, compétences et démarches intellectuelles du socle commun de connaissances, compétences et culture, et les programmes des cycles 1 à 4. Des connaissances et compétences en didactique du français et des mathématiques ainsi que des autres disciplines pour enseigner au niveau primaire sont nécessaires.*
Les épreuves écrites prennent appui sur un programme publié sur le site internet du ministère chargé de l'Éducation nationale. »

- **Les programmes des cycles 1 à 4** ont été récemment définis par le *B.O* n° 31 du 30 juillet 2020, que ce soit pour le cycle 1 (la maternelle) ou pour les cycles 2 à 4. Ils sont consultables sur le site www.education.gouv, tout comme les *Attendus de fin d'année* et les *Repères annuels de progression* du CP à la 3e.
- **Le socle commun de connaissances et compétences** dont la maitrise s'acquiert progressivement pendant les trois cycles de l'école élémentaire et du collège est accessible à partir du lien : https://eduscol.education.fr/139/le-socle-commun-de-connaissances-de-competences-et-de-culture

2. Programme de l'épreuve écrite disciplinaire de français

Les connaissances des candidats et des candidates doivent dépasser le cadre des quatre premiers cycles. Il est précisé sur le site www.devenirenseignant.gouv.fr que le programme est constitué :
« – *du programme en vigueur de français du cycle 4 ;*
– *de la partie* « L'étude de la langue au lycée » *des programmes de français de seconde générale et technologique et de première des voies générale et technologique (BOEN spécial n° 1 du 22 janvier 2019).*
Les connaissances et compétences prescrites dans ces programmes doivent être maîtrisées avec le recul nécessaire à un enseignement réfléchi du cycle 1 au cycle 3 de l'école primaire. »

> **RÉFÉRENCE OFFICIELLE POUR LA GRAMMAIRE ET LE VOCABULAIRE**
> *Grammaire du français. Terminologie grammaticale*, 2020.
> À télécharger sur le site https://eduscol.education.fr/

❷ Définition de l'épreuve de français par l'arrêté du 25 janvier 2021

L'admissibilité porte sur trois épreuves, chacune avec un coefficient 1 :
– une épreuve écrite disciplinaire de français ;
– une épreuve écrite disciplinaire de mathématiques ;
– une épreuve écrite d'application sur un sujet au choix du candidat portant sur l'un des trois domaines suivants : sciences et technologie ; histoire, géographie, enseignement moral et civique ; arts.

❷ 1. Une épreuve de français en trois parties

L'épreuve écrite de français est définie dans l'arrêté comme suit :
« L'épreuve prend appui sur un texte (extrait de roman, de nouvelle, de littérature d'idées, d'essai, etc.) d'environ 400 à 600 mots.
Elle comporte trois parties :
– une partie consacrée à l'étude de la langue, permettant de vérifier les connaissances syntaxiques, grammaticales et orthographiques du candidat ;
– une partie consacrée au lexique et à la compréhension lexicale ;
– une partie consacrée à une réflexion suscitée par le texte à partir d'une question posée sur celui-ci et dont la réponse prend la forme d'un développement présentant un raisonnement rédigé et structuré.
L'épreuve est notée sur 20. Une note globale égale ou inférieure à 5 est éliminatoire.
Durée : trois heures ; coefficient 1. »

❷ 2. Quelle est la nature de chaque partie et quels sont les rapports entre elles ?

Quelques observations pour commencer.

• L'ordre des parties est intéressant à commenter : l'épreuve s'appuie sur un texte donné d'emblée. Suivent des libellés concernant les trois parties. Les deux premières proposent l'analyse d'un certain nombre de faits de langue. Ce n'est qu'après ces interrogations linguistiques qu'intervient, dans la partie III, un développement réflexif à partir d'une question. Le mouvement est intéressant : il va de l'étude de la langue et de l'explication lexicale vers un développement structuré sur une problématique posée.

> **CONSEIL** Le temps de l'analyse linguistique et lexicale permet d'entrer dans le grain du texte, d'en relever des détails qui seront éventuellement réutilisés dans le travail de réflexion. Il est donc intéressant de traiter le sujet dans l'ordre des parties.

• L'étude de la langue qui incluait, dans les sessions précédentes, la grammaire, l'orthographe, la conjugaison, la phonologie et le lexique a été scindée en deux parties : *« les connaissances syntaxiques, grammaticales et orthographiques »* dans la première, *« le lexique et la compréhension lexicale »* dans la deuxième. C'est sans doute pour laisser systématiquement la place au lexique et valoriser l'explication du texte qui peut aider à traiter le sujet de réflexion qui clôt l'ensemble. La troisième question de la partie lexicale, commençant par « comment » dans les deux exemples de « sujets zéro » fournis par le ministère, favorise, en effet, la compréhension du texte.

Ces deux sujets zéro sont reproduits en fin d'ouvrage, p. 433 et 436

• On peut se demander quelle est la différence entre les connaissances *syntaxiques* et *grammaticales*, les deux adjectifs étant par définition synonymes. S'agit-il d'opposer les structures de phrase (*syntaxiques*) et les classes *grammaticales* ? Par ailleurs, notons que, même si elle n'est pas mentionnée, la conjugaison occupe toute sa place dans les sujets zéro.

• La partie III, aboutissement de l'ensemble, demande une réflexion qui s'articule sur une problématique amorcée par le texte et qui se nourrit des connaissances et de la culture du candidat ou de la candidate.

L'épreuve, d'une durée de 3 heures, est notée sur 20 mais ni l'arrêté ni aucun texte ultérieur ne précise la répartition des points entre les trois parties.
L'épreuve étant nouvelle, il n'y a aucun rapport de jury existant susceptible d'éclairer l'arrêté mais deux sujets zéro permettent de fixer certains points. Ils sont accessibles à partir du lien suivant : https://www.devenirenseignant.gouv.fr/cid157873/sujets-zero-2022.html
Ils ne spécifient pas le barème mais l'ordonnancement des questions et leur volume donnent une idée de l'importance accordée aux deux premières parties.

	Sujet zéro 1	Sujet zéro 2
Partie I – Étude de la langue	Question 1 : 6 occurrences Question 2 : 4 occurrences Question 3 : 3 occurrences Question 4 : 8 occurrences Question 5 : 1 occurrence Question 6 : 2 occurrences	Question 1 : 3 occurrences Question 2 : 4 occurrences Question 3 : 4 occurrences Question 4 : 4 occurrences Question 5 : 2 occurrences Question 6 : 1 paragraphe Question 7 : 2 sous-questions
Partie II – Lexique et compréhension lexicale	Question 1 : 1 occurrence Question 2 : 3 occurrences Question 3 : 1 question large de type « comment ? »	Question 1 : 1 occurrence Question 2 : 1 occurrence Question 3 : 1 question large de type « comment ? »
Partie III – Réflexion et développement	Sujet de réflexion	Sujet de réflexion

On voit apparaitre une nette disproportion : de 6 à 7 questions pour la partie I, chacune contenant de 1 à 8 occurrences, soit une vingtaine de formes ; 3 questions pour la partie II, de 1 à 3 occurrences chacune – mais la dernière question de la partie « lexique » est longue à traiter car elle suppose une analyse fine du texte. Ces deux parties seront peut-être affectées d'un barème différent.
Si on additionne l'ensemble, les connaissances linguistiques demandées sont nombreuses et sans doute couteuses en temps de rédaction.

2 3. Comment répartir les 3 heures ?

Ces calculs offrent une base de réflexion pour répartir les trois heures dévolues à l'épreuve. Le temps doit être géré de la manière la plus rationnelle possible, en fonction du poids de chaque partie et des difficultés présentées.

• **Les parties I et II** s'appuient sur le texte, ce qui en suppose une lecture fine, réitérée, attentive à certains de ses aspects. Ce temps de lecture est donc à prendre en compte. S'y ajoute le traitement des questions posées : étant donné leur nombre important, il faut prévoir environ 1 h 30 pour l'ensemble car il est difficile de scinder les deux parties et d'attribuer un temps précis à l'une et à l'autre. La multiplicité des faits de langue proposés dans la première ne doit pas faire prendre à la légère les questions lexicales de la deuxième.

Cependant, la préparation en amont est déterminante : si elle a été sérieuse et complète, les connaissances notionnelles seront solides. Ces questions seront alors traitées plus surement et rapidement. Les fiches présentes dans cet ouvrage et tous les services associés que nous proposons permettront de construire ces apprentissages, de consolider et de vérifier les acquisitions.

• Il reste donc environ 1 h 30 pour traiter la **partie III**, dans le meilleur des cas, 1 h 45. Celle-ci nécessite la relecture attentive du texte, l'analyse précise de la problématique, la réflexion sur le sujet, la recherche des idées, la construction du plan et la rédaction. Elle demande un engagement fort, une gestion efficace du temps et une certaine rapidité d'exécution. Il faut donc que le capital temps n'ait pas été entamé par le traitement des deux premières parties car il faut absolument terminer l'épreuve.
La section « Réflexion et développement » suppose, de manière évidente, un apprentissage méthodique et des entrainements très réguliers.

• Chacune des trois parties va faire l'objet d'une analyse détaillée pour cerner les modalités et préciser la méthodologie. Cette présentation générale est donc suivie de :
– la méthodologie de la partie I : chapitre 2 ;
– la méthodologie de la partie II : chapitre 3 ;
– la méthodologie de la partie III : chapitre 4.
Ces chapitres s'appuient sur de nombreux exemples, notamment certains extraits des sujets zéro ainsi que sur un sujet complet, donné ci-dessous.

Voir aussi la partie « Au concours », p. 414.

NB. : **Chaque partie de ce sujet sera commentée et corrigée dans le chapitre correspondant.**

3 Sujet d'entrainement complet donné en exemple

Sans doute c'est encore aujourd'hui un majestueux et sublime édifice que l'église de Notre-Dame de Paris. Mais, si belle qu'elle se soit conservée en vieillissant, il est difficile de ne pas soupirer, de ne pas s'indigner devant les dégradations, les mutilations sans nombre que simultanément le temps et les hommes ont fait subir au vénérable monument, sans respect pour Charlemagne qui en avait posé la première pierre, pour Philippe-Auguste qui en avait posé la dernière.
Sur la face de cette vieille reine de nos cathédrales, à côté d'une ride on trouve toujours une cicatrice. *Tempus edax, homo edacior*[1]. Ce que je traduirais volontiers ainsi : le temps est aveugle, l'homme est stupide.
Si nous avions le loisir d'examiner une à une avec le lecteur les diverses traces de destruction imprimées à l'antique église, la part du temps serait la moindre, la pire celle des hommes, surtout des hommes de l'art. Il faut bien que je dise *des hommes de l'art*, puisqu'il y a eu des individus qui ont pris la qualité d'architectes dans les deux siècles derniers.
Et d'abord, pour ne citer que quelques exemples capitaux, il est, à coup sûr, peu de plus belles pages architecturales que cette façade où, successivement et à la fois, les trois portails creusés en ogive, le cordon brodé et dentelé des vingt-huit niches royales, l'immense rosace centrale flanquée de ses deux fenêtres latérales comme le prêtre du diacre et du sous-diacre, la haute et frêle galerie d'arcades à trèfle qui porte une lourde plate-forme sur ses fines colonnettes, enfin les deux noires et massives tours avec leurs auvents d'ardoise, parties harmonieuses d'un tout magnifique, superposées en

1. La citation approximativ d'Ovide *Tempus edax, hom edacior* signifie littéralement « Le temps est rongeur, l'homme encore plus rongeur ».

cinq étages gigantesques, se développent à l'œil, en foule et sans trouble, avec leurs innombrables détails de statuaire, de sculpture et de ciselure, ralliés puissamment à la tranquille grandeur de l'ensemble ; vaste symphonie en pierre, pour ainsi dire ; œuvre colossale d'un homme et d'un peuple, tout ensemble une et complexe comme les Iliades et les Romanceros[1] dont elle est sœur ; produit prodigieux de la cotisation de toutes les forces d'une époque, où sur chaque pierre on voit saillir en cent façons la fantaisie de l'ouvrier disciplinée par le génie de l'artiste ; sorte de création humaine, en un mot, puissante et féconde comme la création divine dont elle semble avoir dérobé le double caractère : variété, éternité.

Et ce que nous disons ici de la façade, il faut le dire de l'église entière ; et ce que nous disons de l'église cathédrale de Paris, il faut le dire de toutes les églises de la chrétienté au Moyen Âge. Tout se tient dans cet art venu de lui-même, logique et bien proportionné. Mesurer l'orteil du pied, c'est mesurer le géant. [...]

C'est ainsi que l'art merveilleux du Moyen Âge a été traité presque en tout pays, surtout en France. On peut distinguer sur sa ruine trois sortes de lésions qui toutes trois l'entament à différentes profondeurs : le temps d'abord, qui a insensiblement ébréché çà et là et rouillé partout sa surface ; ensuite, les révolutions politiques et religieuses, lesquelles, aveugles et colères de leur nature, se sont ruées en tumulte sur lui, ont déchiré son riche habillement de sculptures et de ciselures, crevé ses rosaces, brisé ses colliers d'arabesques et de figurines, arraché ses statues, tantôt pour leur mitre, tantôt pour leur couronne ; enfin, les modes, de plus en plus grotesques et sottes, qui depuis les anarchiques et splendides déviations de la Renaissance, se sont succédé dans la décadence nécessaire de l'architecture. Les modes ont fait plus de mal que les révolutions.

Victor Hugo, *Notre-Dame de Paris*, Livre troisième, chapitre I, 1831.

1. Romanceros (romances) : Ce sont des recueils de poèmes tirés de chansons de geste du XIVe siècle, transmis par voie orale jusqu'au XIXe. Ils étaient particulièrement appréciés par les auteurs romantiques qui s'intéressaient au Moyen Âge.

I. Étude de la langue

1. Étudiez la nature et la fonction des mots ou groupes de mots soulignés dans les extraits suivants.

a. ... si belle qu'elle se soit conservée... (l. 2)
b. ... qui en avait posé la première pierre... (l. 5)
c. ... les Romanceros dont elle est sœur... (l. 26)
d. ... la cotisation de toutes les forces d'une époque... (l. 26-27)
e. ... ce que nous disons de l'église cathédrale de Paris... (l. 31-32)
f. ... qui a insensiblement ébréché çà et là... (l. 37-38)

2. Justifiez l'orthographe des mots soulignés dans les extraits suivants.

a. ... si belle qu'elle se soit conservée en vieillissant... (l. 2)
b. ... lesquelles, aveugles et colères de leur nature, se sont ruées en tumulte sur lui... (l. 38-39)
c. ... les modes (...) se sont succédé... (l. 42-43)

3. Indiquez la nature et la fonction des propositions dans la phrase suivante.

Il faut bien que je dise *des hommes de l'art*, puisqu'il y a eu des individus qui ont pris la qualité d'architectes dans les deux siècles derniers. (l. 12-14)

4. Indiquez le temps et le mode de chacun des verbes suivants et commentez leur emploi.

a. Si nous avions le loisir d'examiner une à une avec le lecteur les diverses traces de destruction... (l. 10-11)
b. ... la part du temps serait la moindre... (l. 11)
c. C'est ainsi que l'art merveilleux du Moyen Âge a été traité... (l. 35)

5. Comment peut-on expliquer le présent dans les lignes suivantes ? Réécrivez cet extrait en le transposant à l'imparfait.

Et ce que nous disons ici de la façade, il faut le dire de l'église entière ; et ce que nous disons de l'église cathédrale de Paris, il faut le dire de toutes les églises de la chrétienté au Moyen Âge. Tout se tient dans cet art venu de lui-même, logique et bien proportionné. Mesurer l'orteil du pied, c'est mesurer le géant. (l. 31-34)

6. Expliquez la structure de la proposition suivante.

Et d'abord, pour ne citer que quelques exemples capitaux, il est, à coup sûr, peu de plus belles pages architecturales que cette façade… (l. 15-16)

II. Lexique et compréhension lexicale

1. a. Indiquez le sens de l'adjectif *capital* en contexte : … pour ne citer que quelques exemples capitaux … (l. 15) **Donnez deux synonymes et deux antonymes.**

b. Donnez le sens propre du nom *cotisation* ; expliquez son sens en contexte.

… produit prodigieux de la cotisation de toutes les forces d'une époque… (l. 26-27)

2. Analysez la formation des mots soulignés dans le passage suivant.

… les modes, de plus en plus grotesques et sottes, qui depuis les anarchiques et splendides déviations de la Renaissance, se sont succédé dans la décadence nécessaire de l'architecture. (l. 42-44)

3. Comment le lexique employé dans le texte permet-il de personnifier la cathédrale Notre-Dame de Paris ?

III. Réflexion et développement

Comment ce texte de Victor Hugo interroge-t-il notre relation actuelle au patrimoine ? Vous présenterez votre réponse de façon structurée et argumentée en vous appuyant sur le texte de Victor Hugo, ainsi que sur l'ensemble de vos connaissances personnelles et de vos lectures.

2 Méthodologie de la partie I

Dans l'arrêté du 25 janvier 2021, la première partie de l'épreuve de français porte le titre *« Étude de la langue »*. Il s'agit de vérifier l'acquisition des connaissances fondamentales sur la langue française pour que l'enseignement puisse être maitrisé et réfléchi. Le ministère spécifie que le niveau requis pour maitriser un enseignement de la langue jusqu'au cycle 3 est celui :

« – du programme en vigueur de français du cycle 4 ;

– de la partie « L'étude de la langue au lycée » des programmes de français de seconde générale et technologique et de première des voies générale et technologique[1]. »

Ce chapitre s'appuie sur les premières parties des deux sujets zéro qui font apparaitre la diversité des questions proposées, leur nombre ainsi que la récurrence de certaines consignes. Celles-ci, d'ailleurs, sont dans la continuité de celles qui étaient proposées dans des sessions du concours des années précédentes : c'est pourquoi certains de leurs libellés sont également évoqués.

1. *BOEN* spécial n°1 du 22 janvier 2019.

Le sujet fondé sur le texte de J. Giono est désormais numéroté sujet 0.1, celui qui s'appuie sur le texte d'Elsa Triolet, 0.2. Voir p. 433 et 436.

À SAVOIR Les deux sections qui suivent « Comment se préparer ? » et « Comment traiter les questions de langue » s'appliquent aussi bien à la partie I – Étude de la langue qui va suivre qu'à la partie II – Lexique et compréhension lexicale développée ensuite.

1 Comment se préparer ?

1. Se donner du temps

Les connaissances relatives aux domaines de la grammaire, de l'orthographe, de la syntaxe sont nombreuses, souvent complexes et elles nécessitent une préparation sérieuse. Une révision systématique de l'ensemble des notions inscrites aux programmes de l'école primaire et des classes de seconde et de première est nécessaire. Il est illusoire de penser que l'on peut se préparer en quelques jours ou même en quelques semaines. Il faut s'y prendre tôt et travailler régulièrement, méthodiquement.

Il faut d'abord évaluer l'état de vos connaissances et, en fonction des besoins constatés, établir un programme de travail sur l'année pour à la fois consolider les connaissances fragiles et explorer les questions nouvelles.

2. Se doter de bons outils

Ce manuel de préparation au concours constitue d'abord une aide pour cerner et comprendre les notions grammaticales. Il est utile pour se représenter les épreuves et orienter efficacement son travail : quels sont les sujets les plus susceptibles d'être abordés ? Sous quelles formes les questions sont-elles posées ? Quels sont les réponses ou les développements attendus ? Quelle méthode de travail adopter ? etc.

Mais ce manuel ne fait pas une présentation exhaustive de toutes les particularités des questions possibles, pour lesquelles il ouvre les pistes les plus importantes. Il sera quelquefois nécessaire d'approfondir une notion et de consulter une grammaire de référence[2]. Il en existe plusieurs. Pour des raisons de temps et d'efficacité, il est préférable d'en choisir une, à laquelle se reporter chaque fois que nécessaire.

2. Voir bibliographie p. 20.

❶ 3. S'entrainer régulièrement

La compréhension des notions est certes fondamentale, mais elle ne suffit probablement pas à mettre toutes les chances de votre côté. Le propre des concours est bien de placer les candidats dans des situations de production difficiles, contraintes par le temps. Il convient donc de s'habituer à une certaine vitesse d'exécution.

L'acquisition de ces compétences repose sur l'entrainement qui doit être régulier et méthodique. Le nombre des entrainements est libre, mais au fur et à mesure que la date du concours approche, il importe d'essayer de travailler dans des limites temporelles proches de la réalité des conditions du concours.

❷ Comment traiter les questions de langue ?

On peut distinguer trois étapes dans le traitement d'une question de langue :

- lecture et analyse du sujet ;
- mobilisation des connaissances ;
- choix d'une présentation de la réponse.

❷ 1. Étape 1 – Lire et analyser le sujet

Il faut bien sûr toujours lire attentivement les questions et faire très attention :

- au champ de délimitation d'un corpus : parfois la question ne porte que sur une partie du texte ou de la phrase (généralement, des éléments soulignés). Il est inutile de perdre du temps à traiter des passages non demandés ;
- aux verbes employés dans les consignes : *trouvez, repérez, classez, réécrivez, indiquez, transcrivez, identifiez, justifiez, relevez, analysez*...
- à la complexité de certaines consignes comportant plusieurs demandes.

– Deux dans cette consigne : Indiquez la nature ❶ et la fonction ❷ des mots ou groupes de mots soulignés.[1]

– Trois dans celle-ci : Indiquez le temps ❶ et le mode ❷ de chacun des verbes suivants et commentez leur emploi ❸.[2]

– Cinq demandes dans ce libellé : Identifiez la forme (mode ❶, temps ❷, personne ❸, voix ❹) de tous les verbes en précisant leur infinitif ❺.

Attention à certaines formulations : Indiquez la nature et, **le cas échéant**, la fonction des propositions dans la phrase suivante.[3]

> **ATTENTION** Dans les sujets zéro, certaines questions comprennent plusieurs occurrences[4] : il faut vérifier que toutes sont traitées.

1. Sujet 0.1., partie I, 1re question.
2. Sujet 0.1, partie I, 4e question.
3. Sujet 0.1., partie I, 3e question.
4. Sujet 0.1, partie I, 1re et 2e questions.

❷ 2. Étape 2 – Mobiliser ses connaissances

- **Croiser les indices donnés dans le libellé avec ses connaissances**

Le repérage des connaissances en jeu et leur convocation dans la mémoire permettent d'adopter une stratégie de lecture ciblée. Si la préparation est sérieuse, la mobilisation des savoirs peut être très rapide. Par exemple, des questions sur la fonction de l'adjectif doivent déclencher en vous une réactivation rapide des trois fonctions qu'il peut avoir : épithète, attribut (du sujet ou du COD), apposé.

- **Se servir de ses connaissances pour réfléchir**

Les conseils qui précèdent relèvent du bon sens. Celui qui suit est plus difficile à mettre en œuvre et plus ambitieux.

Pour pouvoir travailler efficacement, et si possible en y trouvant quelques satisfactions, il convient en effet de revenir sur des idées reçues concernant la grammaire.
Certaines représentations très courantes l'associent à une érudition inutile, à un étiquetage mécanique et vain des phénomènes linguistiques et il faut reconnaitre que son enseignement s'est quelquefois réduit à cette façon de procéder. On peut parier que, si vous abordez cette partie de votre travail avec cette conception purement formelle d'une application sommaire de règles et de recettes, vous risquez fort de beaucoup vous ennuyer.
Les connaissances grammaticales à maitriser ne constituent pas une fin en soi, mais sont des outils pour analyser les faits de langue et pour mieux les comprendre. Si elles permettent de décrire la langue, elles doivent aussi permettre de réfléchir à celle-ci et à ses usages, éventuellement de les interroger.
La finalité de l'épreuve est sans doute de contrôler que les candidats possèdent des connaissances, mais surtout de vérifier qu'ils savent s'en servir et qu'ils les mettent au service de la compréhension du texte. C'est bien pourquoi, d'ailleurs, les questions de langue sont placées avant la partie « Réflexion et développement ».
Il faut donc résister à l'envie de plaquer simplement des savoirs appris par cœur, des fragments de cours, etc. Il faut en revanche montrer que l'on sait se servir de ses connaissances pour analyser, pour réfléchir aux faits de langue dans un texte.
Les cas à étudier peuvent être classiques ou un peu plus complexes. Pour reprendre l'exemple des fonctions de l'adjectif, il faut examiner chaque occurrence et procéder à des manipulations pour déjouer des pièges éventuels, comme la différence entre L'homme innocent est libéré (innocent est épithète de homme) et Le tribunal a reconnu l'homme innocent (innocent est alors attribut du COD homme). Prenez le temps de construire différemment la phrase pour mieux identifier la fonction d'attribut : Le tribunal a reconnu que l'homme était innocent. / Le tribunal l'a reconnu innocent.
Dans certains cas d'ailleurs, devant un phénomène difficile ou rare, ce sont les capacités de réflexion du candidat ou de la candidate qui feront la différence.

❷ 3. Étape 3 – Faire des choix de présentation pertinents et adaptés

La lisibilité n'est pas un luxe ; elle vient renforcer la pertinence de la réponse et elle en est une composante importante.

- **Faire des relevés de mots précis et exhaustifs**

Quelques questions reposent sur des relevés de phénomènes. **Ces relevés doivent être précis** (en situant exactement la forme étudiée) **et sans ambigüité** (si plusieurs formes sont identiques, précisez bien laquelle vous traitez). Les formes doivent être accompagnées d'éléments du contexte ou d'un repérage graphique quelconque (mot souligné, numéros de ligne si ceux-ci sont indiqués, etc.) qui permettent de bien les identifier. Ainsi, dans le sujet 0.2[1], deux formes avec vous sont proposées : (je) vous (racontais) et vous (guette) ; elles doivent être clairement distinguées dans la réponse.

1. Sujet 0.2. partie I, 3e question.

- **Présenter les réponses selon une mise en forme adaptée**

Les sujets zéro proposent souvent des listes comportant des items précédés d'une lettre. Pour les réponses, il est utile de garder ce classement vertical afin d'éviter tout oubli. On ne rappellera jamais assez, à ce sujet, les vertus d'une mise en paragraphes rigoureuse, d'une mise en liste qui respecte les marges et les espaces, d'une disposition qui sépare nettement les types de développements, etc. Il est également recommandé de traiter les questions dans l'ordre (quitte à laisser un espace, si vous voulez vous laisser un temps de réflexion supplémentaire).

La mise en forme de la réponse, l'organisation de la page si elle est efficace, facilement lisible, peuvent disposer favorablement le correcteur.

- **Faire attention à la qualité de la langue**

Toutes les erreurs révélant une méconnaissance ou un mauvais usage de la langue, telles les constructions syntaxiques erronées ou les erreurs d'orthographe, font très mauvais effet dans cette épreuve. Il convient donc d'être particulièrement vigilant à cet égard.

> **À SAVOIR** Si vous devez évoquer une erreur, utilisez l'astérisque qui signale les formes fautives, systématiquement suivies de la forme juste entre parenthèses : *je me souvenirai (souviendrai).

3 Conseils spécifiques aux types de questions posées

Les sujets zéro permettent de délimiter au moins deux sortes de questions.

3 1. Des questions portant sur des connaissances ponctuelles

Dans ce cas, les réponses ne sont pas forcément développées ni argumentées ; elles peuvent être formulées de manière plus ou moins lapidaire.

Les consignes sont très diverses et peuvent comporter une ou plusieurs demandes ponctuelles :

– Quelle est la nature de chacune des deux expansions du nom soulignées ? Proposez pour le nom *couloir* une autre expansion de nature différente :

... l'étroit couloir où le sol se dérobait sous mes pieds[1]...

Les réponses n'ont pas à outrepasser ce qui est demandé ; vous n'avez pas à donner la fonction, par exemple ; inutile de perdre du temps et de prendre des risques, mais il faut proposer une réponse complète et, même si les réponses sont courtes, elles supposent un raisonnement et des connaissances préalables (savoir, par exemple, qu'un groupe nominal complément du nom peut aussi constituer une expansion).

1. Sujet 0.2. partie I, 5e question.

Proposition de corrigé :

– étroit : adjectif.

– où le sol se dérobait sous mes pieds : proposition subordonnée relative déterminative.

– autre expansion possible pour le nom *couloir* : un groupe nominal complément du nom, *le couloir de la galerie*.

– Réécrivez cet extrait en le transposant au passé[2]. Ici, aucun commentaire à propos de la transposition n'est demandé.

2. Sujet 0.2, partie I, 6e question.

– « Cette petite formalité remplie, nous attendons qu'on veuille bien nous dicter quelque chose. »

a. Identifiez la nature de la proposition soulignée.

Proposition subordonnée participiale, avec son sujet propre, distinct de celui de la principale.

b. Identifiez la fonction grammaticale de la proposition soulignée.

Complément circonstanciel de temps.

c. Transposez la proposition soulignée en une proposition subordonnée conjonctive qui conservera la même fonction grammaticale.

Après que la formalité a été remplie...

Ce sont des connaissances ponctuelles qui nécessitent des réponses rapides, successives, n'exigeant pas une organisation particulière.

3 2. Des questions demandant des réponses argumentées

Ce sont les questions classiques sur la langue à partir d'un texte. Elles portent, souvent, sur un corpus sur lequel un certain nombre d'opérations sont demandées. Les consignes données par le libellé et ce qu'elles supposent en termes de traitement exigent une grande vigilance. Elles tournent, généralement, autour de « relever, identifier, classer, analyser, justifier ».

• **Le relevé de formes** (des participes passés, des propositions, des expansions du nom...) fait partie de ce type de questions car il nécessite une identification préalable. Ce relevé doit être :
– **exhaustif** : il faut noter toutes les occurrences, sans oubli ni ajout. Procédez à des surlignements sur la feuille du sujet et vérifiez que toutes les occurrences ont été traitées ;
– **classé**, la plupart du temps : le traitement au fil du texte est un pis-aller qui restreint l'analyse et empêche les synthèses nécessaires.
Le libellé demande parfois explicitement de classer les éléments relevés, surtout quand l'extrait sur lequel porte la question est important ou quand le nombre d'occurrences est élevé. Il arrive que le libellé donne aussi le critère du tri, par exemple : Dans cet extrait, relevez les verbes au présent de l'indicatif, classez-les selon leurs valeurs d'emploi et expliquez l'effet produit.
S'il n'y a pas d'indication, il faut rechercher un plan adapté à la question posée. Si le sujet demande de relever les différents pronoms présents dans un passage, le jury appréciera qu'ils soient classés suivant leur catégorie : pronoms personnels, possessifs, démonstratifs, relatifs, etc. Pour le sujet suivant : Dans cet extrait, vous relèverez les participes passés, vous identifierez les formes verbales dans lesquelles ils apparaissent et vous justifierez l'accord des participes, les relevés de participes passés peuvent être organisés suivant trois axes : employés avec l'auxiliaire *être*, avec l'auxiliaire *avoir* et sans auxiliaire. Même lorsque le corpus est restreint, on peut faire un classement : dans le sujet 0.2[1], on peut traiter d'abord les deux pronoms personnels sujets – je (vous racontais) et on (est coincé) –, puis les deux pronoms personnels compléments – (je) vous (racontais) et vous (guette).

• Il est rare qu'un sujet ne contienne pas une difficulté qui exige d'aller plus loin qu'un simple étiquetage de phénomène ou un classement. Il faut parfois analyser les formes choisies, quel que soit le domaine, et ce, de manière organisée.

1. Sujet 0.2., partie I, 3e question.

MÉTHODOLOGIE DE LA PARTIE I

Exemples de consignes :

– Justifiez l'orthographe des terminaisons soulignées.[1]

– Analysez les propositions de la phrase suivante.[2]

– Comment peut-on expliquer le passage au présent dans les lignes suivantes ?[3]

– Comment comprenez-vous ici l'emploi des phrases interrogatives ?[4]

– Commentez l'usage, dans le texte, du tiret et des guillemets.[5]

– Explicitez l'emploi du subjonctif dans cet extrait.

– Dans le texte de René Char, vous analyserez la construction de la phrase « Les clés sur les portes. » et commenterez l'effet produit par ce choix.

Il convient de développer un commentaire à géométrie variable. Par exemple, si vous devez étudier les pronoms personnels, vous pourrez passer plus vite sur les occurrences de *je* relevées (ce que représente *je*, dont la fonction est toujours sujet), mais vous vous attarderez sur les formes délicates, comme *en* et *y* (Que remplacent-ils ? Quelle est leur fonction ?). En cas de doute sur une occurrence, une argumentation aboutissant à une proposition finale sera la bienvenue.

Les deux types de consignes (réponses ponctuelles / réponses augmentées) peuvent s'enchainer dans la même question :

– Identifiez la caractéristique grammaticale de la phrase suivante et commentez son emploi en contexte : ... la plainte encore[6] ... (l. 12). L'identification relève du type 1 (il s'agit d'une phrase non verbale) ; le commentaire du type 2.

– « Ce soir-là, on nous envoya simplement coucher, en nous disant que, le lendemain, nous aurions sans doute réfléchi. »

a. Vous justifierez l'emploi des temps verbaux dans les paroles rapportées ci-dessus.

b. Vous réécrirez cette phrase en utilisant le discours direct.

Dans ce sujet, la question **a.** relève du type 2 (justifier suppose un développement argumenté), la **b.** renvoie à une transposition sans commentaire.

D'une manière générale, les questions les plus fréquentes tournent autour des notions suivantes : nature et fonction de mots, groupes de mots ou propositions subordonnées ; les différentes expansions du nom ; pronoms ; justifications des accords ; temps, mode des verbes et leurs valeurs ; transposition à un autre temps ; les discours rapportés.

1. Sujet 0.2, partie I, 2e question.
2. *Ibid*, 4e question.
3. *Ibid*, 6e question.
4. *Ibid*, 7e question.
5. Sujet 0.1, partie I, 6e question.
6. Sujet 0.1., partie I, 5e question.

4 Sujet d'entrainement corrigé et commenté : Partie I – Étude de la langue

Retrouvez l'extrait de *Notre-Dame de Paris*, p. 8-9.

1. Étudiez la nature et la fonction des mots ou groupes de mots soulignés dans les extraits suivants.

a. ... <u>si</u> belle qu'elle se soit conservée... (l. 2)

b. ... qui <u>en</u> avait posé la première pierre... (l. 5)

c. ... les Romanceros <u>dont</u> elle est sœur... (l. 26)

d. ... la cotisation de <u>toutes les forces d'une époque</u>... (l. 26-27)

e. ... ce <u>que</u> nous disons de l'église cathédrale de Paris... (l. 31-32)

f. ... qui a insensiblement ébréché <u>çà et là</u>... (l. 37-38)

Que faire ? *Il s'agit de procéder à une analyse grammaticale des six occurrences soulignées, c'est-à-dire d'indiquer, pour chacune, sa classe grammaticale et sa fonction. Dans* *le cas d'un groupe, il faut expliquer son organisation, en indiquant ses constituants. On peut présenter l'étude en distinguant les classes.*

• **Pronoms**
– pronom personnel de 3e personne : **en**, reprend *le vénérable monument*, complément du nom *pierre* (= la première pierre du vénérable monument).
– pronoms relatifs simples :
• ***dont***, introduit la subordonnée relative et représente *les Romanceros*, complément du nom *sœur* (= sœur des Romanceros).
• **que**, introduit la subordonnée relative périphrastique, associé au pronom démonstratif *ce*, COD de *disons*.

• **Groupe nominal** : ***toutes les forces d'une époque***, constitué du prédéterminant *toutes* + article défini *les* + nom noyau *forces* + groupe prépositionnel *d'une époque*, complément du nom *forces*. Ce GN est complément du nom *cotisation*, auquel il est relié par la préposition *de*.

• **Adverbes** :
– ***si*** : adverbe d'intensité, modifie l'adjectif *belle*, employé en corrélation avec la subordonnée de conséquence *qu'elle se soit conservée en vieillissant*.
– **çà et là** : locution adverbiale constituée de deux adverbes de lieu, invariables (à ne pas confondre avec le pronom *ça* et avec *la*, déterminant ou pronom), complément de *ébréché*.

2. Justifiez l'orthographe des mots soulignés dans les extraits suivants.
a. ... si belle qu'elle se soit conservée en vieillissant... (l. 2)
b. ... lesquelles, aveugles et colères de leur nature, se sont ruées en tumulte sur lui ... (l. 38-39)
c. ... les modes (...) se sont succédé... (l. 42-43)

Que faire ? *Il est demandé d'expliquer l'accord des trois participes passés de verbes pronominaux. On peut faire un classement suivant la valeur de chaque forme pronominale, qui explique l'accord.*

• Pronominal réciproque : *les modes se sont succédé.*
Plusieurs sujets interagissent entre eux. Le participe passé s'accorde si le pronom réfléchi, qui est analysable, est COD du verbe. Ici, comme *se* est COI du verbe transitif indirect *succéder* (*à*), l'accord ne se fait pas.

• Pronominal passif : *elle se soit conservée* (= ait été conservée).
On ne peut pas assigner une fonction au pronom réfléchi. Le participe passé s'accorde avec le pronom personnel sujet *elle* au féminin singulier.

• Verbe essentiellement pronominal : *lesquelles se sont ruées.*
On ne peut pas assigner une fonction au pronom réfléchi. Le participe passé s'accorde avec le pronom relatif sujet *lesquelles* au féminin pluriel.

Remarque : on distingue les trois types de formes pronominales. La forme réfléchie s'accorde si le pronom *se*, auquel on peut assigner une fonction, est COD. Dans les deux autres formes, le pronom *se* n'est pas analysable : dans ce cas, le participe passé s'accorde avec le sujet.

3. Indiquez la nature et la fonction des propositions dans la phrase suivante.
Il faut bien que je dise *des hommes de l'art*, puisqu'il y a eu des individus qui ont pris la qualité d'architectes dans les deux siècles derniers. (l. 12-14)

Que faire ? *Il faut procéder à l'analyse logique d'une phrase complexe. Il s'agit d'indiquer la nature de chaque proposition et la fonction des subordonnées, en précisant quel mot subordonnant les introduit et en déterminant exactement chaque proposition.*

Il faut bien : proposition principale.

- **que** *je dise* des hommes de l'art, *puisqu'il y a eu des individus qui ont pris la qualité d'architectes dans les deux siècles derniers* : proposition subordonnée complétive, conjonctive introduite par *que*, complément d'objet de *faut*.
- **puisqu'***il y a eu des individus qui ont pris la qualité d'architectes dans les deux siècles derniers* : proposition subordonnée circonstancielle, complément circonstanciel de cause de *je dise* des hommes de l'art.
- **qui** *ont pris la qualité d'architectes dans les deux siècles derniers* : proposition subordonnée relative adjective, complément de l'antécédent *des individus*.

4. Indiquez le temps et le mode de chacun des verbes suivants et commentez leur emploi.
a. Si nous avions le loisir d'examiner une à une avec le lecteur les diverses traces de destruction... (l. 10-11)
b. ... la part du temps serait la moindre... (l. 11)
c. C'est ainsi que l'art merveilleux du Moyen Âge a été traité ... (l. 35)

Que faire ? *Analyser complètement la forme verbale en temps, mode, personne et nombre, puis expliquer sa valeur dans la phrase donnée. Ne pas oublier les infinitifs ni les formes figées.*

- **avions** : 1re personne du pluriel de l'imparfait de l'indicatif, employé dans une subordonnée de condition qui exprime une hypothèse.
- **examiner** : infinitif présent, complément du nom *loisir*.
- **serait** : conditionnel présent, employé dans un système hypothétique pour exprimer une possibilité dans le présent.
- **est** : partie du présentatif *c'est*, forme figée qui varie en temps et en nombre, 3e personne du singulier du présent de l'indicatif.
- ***a été traité*** : 3e personne du singulier du passé composé passif du verbe *traiter*.

Remarques :
– Les deux premiers verbes sont associés dans un système hypothétique : subordonnée de condition = *si* + imparfait, suivie de la principale au conditionnel présent.
– Bien que ce soit une forme figée, on peut relever le temps du présentatif *c'est*, qui peut varier. Mais le présent n'a pas dans ce cas de valeur propre.
– Dans la forme passive, c'est le verbe *être* qui est au passé composé (*a été*).

5. Comment peut-on expliquer le présent dans les lignes suivantes ? Réécrivez cet extrait en le transposant à l'imparfait.

Et ce que nous disons ici de la façade, il faut le dire de l'église entière ; et ce que nous disons de l'église cathédrale de Paris, il faut le dire de toutes les églises de la chrétienté au Moyen Âge. Tout se tient dans cet art venu de lui-même, logique et bien proportionné. Mesurer l'orteil du pied, c'est mesurer le géant. (l. 31-34)

Que faire ? *Il faut expliquer la valeur du présent, puis réécrire le texte en mettant à l'imparfait les verbes qui sont au présent de l'indicatif. Il convient de bien repérer au préalable les verbes à modifier.*

Valeur du présent dans cet extrait : le présent de l'indicatif est ici employé dans le système de l'énonciation de discours. Il est repéré par rapport au moment de l'énonciation du narrateur (*nous, ici*). C'est un présent d'actualité, temps du commentaire.

Réécriture du texte :

Et ce que nous **disions** *ici de la façade, il* **fallait** *le dire de l'église entière ; et ce que nous* **disions** *de l'église cathédrale de Paris, il* **fallait** *le dire de toutes les églises de la chrétienté au Moyen Âge. Tout se* **tenait** *dans cet art venu de lui-même, logique et bien proportionné. Mesurer l'orteil du pied, c'***était** *mesurer le géant.*

Voir Fiche 35 : Les différents systèmes d'énonciation.

Remarque : il faut faire deux choses à la fois, à savoir trouver la forme des verbes à l'imparfait (de l'indicatif) et accorder correctement ces derniers avec leur sujet.

6. Expliquez la structure de la proposition suivante.

Et d'abord, pour ne citer que quelques exemples capitaux, il est, à coup sûr, peu de plus belles pages architecturales que cette façade… (l. 15-16)

Que faire ? *Il s'agit de repérer les faits syntaxiques dans l'ensemble de la phrase et de les commenter dans l'ordre.*

- ***Et d'abord*** : connecteurs extérieurs à la structure de la phrase (lien avec le texte antérieur et début d'une énumération avec *d'abord*).
- ***pour ne citer que quelques exemples capitaux, il est, à coup sûr, peu de plus belles pages architecturales que cette façade*** : proposition principale, de forme impersonnelle. Le sujet grammatical *il* n'a pas de référence, il commande l'accord du verbe au singulier. Le verbe *être*, qui a le sens d'« exister » (il existe), est suivi du sujet logique (ou réel), *peu de plus belles pages architecturales que cette façade*, un groupe nominal indéfini, où *peu de* est un déterminant complexe (= article).
- ***plus belles pages architecturales que cette façade*** : l'adjectif *belles* est au comparatif de supériorité (*plus*) ; il est suivi d'un groupe nominal, complément du comparatif introduit par la conjonction *que*.
- ***pour ne citer que quelques exemples capitaux*** : groupe prépositionnel à l'infinitif, complément circonstanciel de but. Ce groupe est mobile et effaçable.

Remarques :

– Une des difficultés de cette structure est l'analyse du groupe infinitif introduit par la préposition *pour*. Comme l'infinitif n'a pas de sujet propre, différent du sujet du verbe *est*, on ne peut pas parler de proposition subordonnée, mais simplement de « groupe prépositionnel à l'infinitif ».

– L'autre difficulté est l'analyse de la construction impersonnelle.

PRINCIPALES GRAMMAIRES DE RÉFÉRENCE

– Pellat Jean-Christophe (dir.), *Quelle grammaire enseigner ?* Éditions Hatier, 3e édition, 2017.

Grammaire sous forme de fiches spécialement conçue pour les enseignants de l'école primaire.

– Riegel Martin, Pellat Jean-Christophe, Rioul René, *Grammaire méthodique du français*, PUF, 7e édition, 2018.

Grammaire très complète à consulter pour approfondir et répondre à des questions plus pointues.

– Pellat Jean-Christophe, Fonvielle Stéphanie, *Le Grevisse de l'enseignant. Grammaire de référence*, Magnard, 3e édition, 2019.

– Eluerd Roland, *Grammaire descriptive de la langue française*, Armand Colin, édition 2008.

Grammaire à consulter pour approfondir. Très utile lorsqu'on recherche les exemples d'exceptions. Les difficultés d'analyse sont pointées dans des encarts « Conseils pour l'analyse ».

– Tomassone Roberte, *Pour enseigner la grammaire*, Éditions Delagrave Pédagogie, 1996.

Cet ouvrage accorde une place importante à la grammaire de l'énonciation et à la grammaire de texte.

3 Méthodologie de la partie II

Tous les conseils sur les aspects méthodologique et formel donnés pour la première partie sont à prendre en compte pour cette deuxième partie. Celle-ci concerne *« le lexique et la compréhension lexicale »*. Il s'agit de vérifier l'acquisition des connaissances fondamentales sur le vocabulaire et d'apprécier le degré de compréhention du texte par l'analyse de certaines de ses composantes.

Voir Fiches 47 à 56

1 Conseils spécifiques aux types de questions posées

Les parties II proposées par les deux sujets zéro sont sur le même modèle : trois questions avec, globalement, trois orientations :

- l'aspect morphologique, avec la formation des mots, les familles de mots ;
- l'aspect sémantique, avec le sens des mots en contexte et hors contexte, ainsi que toutes les notions afférentes : synonymie, antonymie...
- la compréhension, grâce au lexique employé, d'un thème ou d'une idée essentielle développée dans un extrait. Une question ouverte commençant par « comment » suscite une explication détaillée d'une partie du texte et appelle souvent des remarques d'ordre stylistique.

1 1. La formation des mots

Les consignes peuvent prendre diverses formes.

- Il est souvent demandé de décomposer précisément un mot en plusieurs morphèmes. Par exemple : Analysez la formation du nom *indépendance*.

Voir la *Terminologie grammaticale* 2020, p. 160.
Voir Fiche 54 : La dérivation et la composition.

Proposition de corrigé : Le nom *indépendance* est construit à partir du radical du verbe *dépendre*, *dépend-* auquel sont adjoints le suffixe nominal *-ance* (qui signifie « l'action de, le fait de », ici « le fait de dépendre »), puis le préfixe privatif *-in* qui exprime la négation : *indépendance.*

- Logiquement, les questions lient souvent la formation du mot au sens qui est actualisé dans le contexte. Par exemple : Expliquez la formation[1] et le sens des mots suivants dans le texte : *incompréhension* et *appréhension*.
- Parfois, la consigne est plus explicite : **a.** Vous expliquerez la formation des mots suivants en les décomposant : *dédaigneusement* et *infaillible*. **b.** Vous expliquerez le rôle des préfixes et des suffixes dans ces mots.

1. C'est nous qui soulignons les mots importants dans les consignes.

CONSEIL Même si la consigne ne le demande pas, le sens des affixes doit toujours être précisé.

- Enfin, de façon évidente, la question peut déboucher sur l'ensemble formation + sens + famille de mots : Vous expliquerez la formation du mot *compassion* et donnerez son sens dans son contexte. Vous proposerez deux adjectifs appartenant à la même famille.

Comme pour les questions de langue, il faut vérifier le nombre de consignes dans le libellé : trois, dans le dernier.

2. Le sens des mots en contexte

• Les questions peuvent porter sur des mots d'un usage vieilli, comme dans le sujet 0.1.[1] : Indiquez le sens du mot *dolente* en contexte : Une magnifique bête dolente et toute éperdue.

Vous ne connaissez sans doute pas l'élément latin *dol-* (du verbe *dolere*, « se plaindre ») ; peut-être penserez-vous à des mots comme ***condoléances*** dans lequel on le retrouve. Mais il faut surtout se référer au contexte : la hase est blessée. Le champ lexical de la douleur est dense (*blessée, déchirée, douleur, plaie...*) ; *dolente* signifie donc « qui éprouve de la souffrance ».

Autre consigne possible[2] : Expliquez en contexte le sens de l'adjectif *vulnérable* : ... des petits piétons étrangement vulnérables et furtifs et mous... Le sens de *vulnérable* est plus connu, et plus encore celui de son antonyme *invulnérable*. Le contexte qui oppose le gigantisme du parking à l'insignifiance humaine permet de préciser le sens : les piétons apparaissent comme des êtres faciles à atteindre et à blesser, fragiles et faibles.

CONSEIL Appuyez-vous sur des synonymes (ou sur des antonymes connus) pour définir un mot.

• Parfois, la question est liée à la polysémie d'un mot : Le texte présente plusieurs occurrences du mot *bête*. Identifiez les nuances d'emploi et de sens[3]. Il s'agit plutôt de nuances de sens : tantôt *bête* désigne de façon neutre l'animal (être vivant autre que l'homme), tantôt avec une connotation péjorative, il renvoie à ce qu'il y a de primitif et de mauvais (c'est la douleur qui est comparée à une bête qui se vautre dans la boue), tantôt à un être vivant animal ou non car l'écrivain pense participer des deux.

• D'autres questions portent sur des termes aux sens plus contrastés, par exemple : Dans cet extrait de Stefan Zweig, vous analyserez la formation du nom *désintérêt* et en donnerez la signification dans son contexte : ... il est toujours plus aisé de reconnaître ce qui vous appartient que de comprendre votre voisin avec respect et désintérêt...

Le mot *désintérêt* a pour radical le nom *intérêt*, auquel est adjoint le préfixe *dés-*, une des formes du préfixe allomorphe *dé* (*dés-* devant une voyelle) qui renvoie à l'idée de négation, de privation. *Désintérêt* signifie, en général, « indifférence, absence d'intérêt ». Dans cette citation, il a un sens positif : comprendre son voisin, indépendamment de son propre intérêt ; un mot de la famille aurait pu être employé plus justement *désintéressement* : « en se détachant de tout intérêt personnel ».

Autre exemple de consigne : Donnez un synonyme du verbe *entendre* dans cet extrait de Jean-Jacques Rousseau : ... Si votre élève n'entend la fable qu'à l'aide de l'explication, soyez sûrs qu'il ne l'entendra même pas ainsi... Cette longue question débouche sur une réponse très courte : le verbe *entendre* a, dans cet extrait, le sens de *comprendre*.

3. Compréhension - Explicitation

Ce type de questions entraine des explications plus détaillées et complètes qui obligent à étudier un ou plusieurs paragraphes ensemble, voire le texte complet, pour saisir un thème majeur. Portant sur la compréhension lexicale, il permet de dégager des champs lexicaux, de repérer un motif, de déplier une argumentation, de suivre une logique... C'est le moment de repérer les figures de style qui donnent force et efficacité au texte, de

Rappel : les sujets 0.1 et 0.2 sont disponibles en fin d'ouvrage p. 433 et 436.

1. Sujet 0.1, partie II, 1re question.

2. Sujet 0.2, partie II, 2e question.

3. Sujet 0.1, partie II, 2e question.

Voir Fiche 53 : Les figures de style.

mettre éventuellement en évidence la puissance rhétorique d'un passage et de montrer comment le lexique, dans toutes ses dimensions, sert la pensée d'un écrivain ou s'offre à décrire son monde.

Étudions la consigne suivante : Comment le lexique employé dans le texte construit-il peu à peu l'image des enfers ?[1]

Rappel : les sujets 0.1 et 0.2 sont disponibles en fin d'ouvrage p. 433 et 436.

1. Sujet 0.2, partie II, 3e question.

La **métaphore** des enfers est **évidente** car on la trouve dès l'ouverture du texte : *je suis descendue aux enfers* (l. 1). Très **insistante** puisque le terme *enfers* est récurrent (l. 2, 15, 17), elle informe la quasi-totalité du texte.

L'image est **explicite** : *je suis descendue aux enfers du souterrain d'un grand magasin* (l. 1-2) ; un parking souterrain est mis en analogie avec l'enfer. Ces deux lieux appartiennent à des domaines différents mais sont reliés par des traits sémantiques communs qui, précisés au fur et à mesure, densifient la métaphore.

Quels sont les points de contact motivant l'analogie ?

- **Le souterrain** : le parking est enterré, sous la ville ; le mot *enfer* vient du latin *infernus* qui signifie « d'en bas ». Le champ lexical du « dessous » est largement développé : *descente* (l. 1 et 6), *trou* (l. 8), *catacombes* (l. 10), *souterrain* (l. 18), *le sol se dérobait sous mes pieds* (l. 27), *ils descendent. Plus bas, plus bas* (l. 35), jusqu'à arriver *au cœur de la terre* (l. 37).
- **Les références religieuses** : l'espace est axiologique, référé à des valeurs, avec une répartition clairement affirmée dans le texte : en haut, l'air libre correspond au paradis (sous-entendu) ; franchir la barrière du parking consiste à *sortir du Purgatoire* (l. 14), lieu intermédiaire et entrer en *enfer* (l. 15). La connotation chrétienne se trouve renforcée par la métaphore annexe du serpent, lequel est associé au diable dans certains passages de la Bible : *serpent-dragon* (l. 18), *monstre-serpent-dragon-énorme lézard* (l. 20). L'évocation du serpent est motivée par la configuration du parking, avec les méandres circulaires des différents niveaux s'enfonçant au fur et à mesure : *On tourne. On tourne* (l. 17) en un mouvement tout en courbes et descendant (*enroulé sur lui-même*, l. 18). La métaphore animale crée une personnification du parking.
- Liée à l'enfer, **la thématique de la mort** explicitée par des mots comme *catacombes* (l. 10), *le gibet* (l. 14), *poissons morts* (l. 30) *le pouce de César vers le bas* (l. 35), la torture et l'emprisonnement (*Et si on vous obligeait de tourner…* l. 22), avec, de façon moindre, celle de l'avalement (*dans le ventre*, l. 17 ; *il a avalé*, l. 18).
- Toujours en relation avec l'enfer, le sentiment dominant est **la peur** qui augmente progressivement : *cela bouge en moi, comme une inquiétude* (l. 4), *catastrophe* (l. 3 et 10), *peur* (l. 26), *visions d'épouvante* (l. 27-28).

L'image de l'enfer avalant les humains est connue (Émile Zola l'a largement développée pour décrire l'entrée dans la mine dans *Germinal*) ; Elsa Triolet la renouvelle en l'appliquant à un lieu urbain qui surprend par sa structure et son gigantisme.

Vous voyez que ce type de question génère un développement organisé, avec des relevés précis de champs lexicaux ; il s'agit de mettre en réseau des éléments épars pour construire le sens et révéler la logique d'une thématique. Cela peut être couteux en temps.

Mais, dans ce cas précis, la quasi-totalité du texte est concernée par la métaphore, ce qui n'est pas toujours le cas.
Parfois, l'analyse porte sur une logique argumentative. Par exemple : En vous appuyant sur deux procédés d'écriture au moins, vous analyserez les moyens par lesquels le personnage exprime ses convictions et cherche à persuader ses interlocuteurs.

1 4. Autres sujets possibles

Voir Fiche 48 : La synonymie.

Les questions de cette partie peuvent aborder d'autres notions, notamment celle de niveau de langue comme par exemple :
Expliquez les expressions en caractères gras, puis réécrivez le passage dans un niveau de langue courant. … et si l'on ne se **paie** qu'un **gueuleton** par-ci, par-là, on serait **joliment godiche** de ne pas **s'en fourrer jusqu'aux oreilles**…
Il s'agit, bien évidemment, d'un niveau de langage familier, en tout cas lexicalement car la syntaxe est tout à fait correcte. Seule la réécriture en langage courant (et non pas soutenu) est demandée, sans analyse.

2 Sujet d'entrainement corrigé et commenté : Partie II – Lexique et compréhension lexicale

Retrouvez l'extrait de *Notre-Dame de Paris*, p. 8-9.

1. a. Indiquez le sens de l'adjectif *capital* en contexte :
… pour ne citer que quelques exemples capitaux …(l. 15).
Donnez deux synonymes et deux antonymes.

Que faire ? *Il s'agit de s'appuyer sur le contexte pour trouver le sens de l'adjectif et donner des synonymes et antonymes qui correspondent à cet emploi. Gardez le groupe nominal « quelques exemples… » pour les trouver plus facilement.*

Proposition de corrigé :
L'adjectif *capital* (issu du latin *capitalis*, de *caput*, « la tête »), signifie « de première importance ». L'écrivain veut donner les principaux exemples, ceux qui lui paraissent les plus importants, les plus primordiaux. Deux synonymes : *essentiel*, *majeur*. Antonymes : *secondaire*, *accessoire*.

Remarque : le mot *capital* est peu polysémique. Il n'a qu'un autre sens, particulier, activé dans l'expression *la peine capitale* (qui entraine la mort) qu'il ne faut pas évoquer ici. Tous les synonymes et antonymes correspondent à l'emploi le plus courant, celui qu'il a dans le groupe donné. Si vous connaissez l'étymon latin, donnez-le mais ce n'est pas obligatoire.

b. Donnez le sens propre du nom *cotisation* ; expliquez son sens en contexte :
… produit prodigieux de la cotisation de toutes les forces d'une époque… (l. 26-27)

Que faire ? *Il faut donner le sens le plus habituel du mot* cotisation *(hors du contexte de cet extrait) et trouver, d'après le contexte de la phrase, celui qui est activé dans la citation de Hugo.*

Le mot *cotisation* renvoie, au sens propre, à une somme versée par les membres d'une association en vue de dépenses communes. Ce n'est pas l'acception activée par le contexte ; celle-ci est d'ordre métaphorique et ne relève plus du domaine financier mais le sens est proche : il s'agit de la contribution de tous, de la réunion des efforts de chacun en vue d'une œuvre commune, de la participation de tous les talents à une création collective.

Remarque : c'est le sens propre de *cotisation* qui est le plus connu. Ce mot n'a pratiquement que ce sens-là. Mais dans la citation, il est employé dans une acception rare, « action de contribuer à une œuvre collective », pas attesté dans la plupart des dictionnaires. Cependant, ce sens métaphorique, détaché du contexte financier, est assez facile à comprendre car les autres éléments de la phrase sont explicites.

2. Analysez la formation des mots soulignés dans le passage suivant.

... les modes, de plus en plus grotesques et sottes, qui depuis les anarchiques et splendides déviations de la Renaissance, se sont succédé dans la décadence nécessaire de l'architecture. (l. 42-44)

Que faire ? *Il est obligatoire, ici, de classer les occurrences en deux groupes différents pour rendre la réponse plus cohérente. Faites une liste verticale pour séparer les mots dont l'analyse est plus longue. Décomposez clairement chaque mot en différents morphèmes.*

Les mots dérivés peuvent être étudiés, en deux séries, selon leur classe grammaticale :

– **Deux adjectifs** : chaque suffixe adjectival est adjoint au radical d'un nom : *anarch*-**ique** (qui est propre à l'anarchie), *nécess*-**aire** (qui a rapport avec la nécessité).

– **Trois noms** : deux formés par suffixation, un par préfixation :

• *déviation* est formé à partir du radical du verbe *dévier* : *dévi-* + le suffixe *-ation* (action ou résultat de l'action) ;

• *architecture* est construit à partir du radical du nom *architecte* : *architect-* + le suffixe *-ure* (action).

• *Renaissance* est formé, lui, par préfixation, à partir du nom *naissance* (lui-même dérivé du verbe *naitre*), auquel est adjoint le préfixe *re-* qui renvoie à l'idée de répétition.

Voir Fiche 54 : La dérivation et la composition, Tableaux des préfixes et des suffixes.

Remarque : dans ce genre de question, il faut donner systématiquement le sens des préfixes et des suffixes, déductible, le plus souvent, à partir du sens du mot. Soyez soigneux : n'oubliez pas les petits tirets qui indiquent le préfixe, (*re-*), le suffixe (*-ation*) et le radical (*dévi-*).

3. Comment le lexique employé dans le texte permet-il de personnifier la cathédrale Notre-Dame de Paris ?

Que faire ? *Il s'agit de montrer comment se construit la personnification de la cathédrale, grâce aux champs lexicaux et aux autres figures de style. Il faut penser à organiser la réponse et à regrouper les réseaux pour éviter des notations successives et éclatées.*

La **personnification** affleure à bien des endroits, motivée par le nom de la cathédrale, Notre-Dame de Paris. Elle se construit progressivement, tout au long du texte. Un riche réseau lexical se développe d'abord autour de la **vieillesse,** commencée dès la 2e ligne « si *belle* qu'elle se soit conservée en *vieillissant* », alors qu'on parlerait plutôt de la vétusté d'un bâtiment.

Ce réseau est enrichi par un autre, développé des lignes 7 à 8 et dans le dernier paragraphe, fondé sur une **métaphore filée** qui met en analogie les dommages infligés par le temps à une dame et à un monument. **Les altérations subies par une peau humaine** sont graduées. Les « rides », proprement humaines, correspondent pour le monument à des modifications de couleur ou à de la rouille ; les « cicatrices », elles, témoignent des blessures qui marquent la peau et des dégradations qui attaquent la pierre. Le propos est complété à la fin par les « lésions » qui « entament » (l. 36-37) la peau / la pierre, « à différentes profondeurs », et même par le mot « mutilations » (l. 3) qui s'applique plus usuellement à un membre humain. La cathédrale est, métaphoriquement, une grande dame, une « vieille reine » dont « la face » (l. 7) porte les outrages du temps. La personnification est très explicite.

Enfin, s'ajoute un troisième réseau. Cependant, il ne s'applique plus directement à Notre-Dame de Paris mais à « l'art merveilleux du Moyen Âge ». Celui-ci étant parfaitement représenté par la cathédrale, on retrouve l'analogie entre le monument et l'humain au travers **du champ lexical des bijoux** (l. 39-41) : « ses colliers d'arabesques et de figurines » et celui de **la violence** exercée : « crevé ses rosaces », comme on crèverait des yeux, « déchiré son riche habillement », comme on déchirerait des vêtements.

Cette personnification correspond à la volonté de Victor Hugo de faire de la cathédrale non seulement un haut lieu du roman, mais un personnage à part entière.

Remarque : identifier la personnification passe par la constitution, la plus exacte possible, des champs lexicaux et par le repérage des métaphores. L'extrait est riche en figures de style qui ne sont pas gratuites : la dernière phrase mettant en relation la personnification et le traitement narratif de Notre-Dame permet de motiver et de légitimer l'utilisation de la rhétorique.

Méthodologie de la partie III

D'après l'arrêté du 25 janvier 2021, l'épreuve de français *« prend appui sur un texte (extrait de roman, de nouvelle, de littérature d'idées, d'essai, etc.) d'environ 400 à 600 mots ».* La troisième et dernière partie est *« consacrée à une réflexion suscitée par le texte à partir d'une question posée sur celui-ci et dont la réponse prend la forme d'un développement présentant un raisonnement rédigé et structuré ».*

1 Quelles sont les attentes du jury ?

Dans les sujets zéro, cette partie s'intitule « Réflexion et développement », ce qui donne quelques indications sur les compétences attendues de la part des candidats.

1 1. Compétences attendues du côté de la réflexion

• La compréhension et l'analyse du texte proposé en appui de l'épreuve ; l'aptitude à saisir les idées directrices, les thématiques principales, éventuellement un circuit argumentatif, qu'il soit diffus – ce qui est souvent le cas dans un texte littéraire – ou très apparent, dans un texte documentaire ou de littérature d'idées.

• La capacité à comprendre toutes les implications de la problématique imposée par le sujet et à les traiter.

• L'habileté à mobiliser les connaissances et les éléments de la culture personnelle des candidats, entrant en résonance avec la question posée, et permettant de la dépasser et de l'enrichir.

1 2. Compétences attendues du côté du développement

• La structuration nécessaire à un exposé clair : le texte doit être argumenté, articulé en plusieurs parties, construit donc de façon logique. On y retrouvera :
– une introduction présentant le texte et la question dégagée dans le libellé du sujet ;
– un développement équilibré et structuré en deux parties au moins et sous-parties avec annonces des axes, des transitions, des articulations logiques, le tout ayant pour but de guider efficacement les lecteurs ;
– une conclusion.

• Une rédaction soignée. Sont exigés évidemment les corrections syntaxique, morphologique et lexicale ainsi qu'un niveau de langue adéquat, ces qualités témoignant d'une maitrise avérée de la langue française écrite. Il faudra donc veiller à la justesse des constructions des phrases, à la précision et la qualité du vocabulaire employé. Un style négligé et incorrect aurait un impact négatif sur la note finale.

• Une présentation propre et claire, avec des sauts de ligne et des alinéas qui soulignent la progression de votre pensée.

2 Quel est le type d'exercice demandé ?

L'exercice proposé n'est pas défini par une désignation connue comme « analyse » ou « dissertation », renvoyant à une méthodologie fixée par la tradition. Il est en rupture avec les sujets donnés dans les sessions précédentes du concours de recrutement des professeurs des écoles. C'est un développement réflexif.

Il se présente comme un exercice mixte qui s'appuie sur un texte mais qui n'est pas du tout un commentaire au sens habituel, qui a une problématique comme la dissertation mais qui est associée à un support textuel.

Il sollicite la culture et les connaissances des candidats, ce qui était interdit dans les analyses et synthèses des sessions précédentes. Pour autant, il est déconseillé de donner son avis directement et de prendre position : ce point n'est pas précisé dans l'arrêté ministériel, mais si le libellé reste général, mettez-vous nettement en retrait. L'orientation de votre réponse et les exemples que vous donnerez suffisent à vous impliquer. Gardez une certaine neutralité.

En fait, cet exercice ressemble, toutes proportions gardées, au type de sujet donné au brevet des collèges : un texte assorti de questions de langue divisées en deux volets (Compréhension et compétences linguistiques / Compréhension et compétences d'interprétation) et d'une consigne pour la rédaction qui peut être « un sujet de réflexion ». Mais le texte, pour le Brevet, est accompagné d'un document iconographique, ce qui n'est pas le cas au CRPE. Bien entendu, les sujets de rédaction du Brevet sont plus simples et le niveau de traitement demandé bien inférieur.

2 1. À quoi sert le texte ?

• **Il a partie liée avec la problématique.**

Les deux sujets zéro, à cet égard, proposent deux options un peu différentes :

– Soit le texte développe une idée, une thématique directement intégrée au libellé du sujet. C'est le cas pour le sujet 0.1. La « grande barrière » entre les animaux et les humains illustrée et explicitée par le texte de Giono est au cœur même du sujet : Après avoir expliqué ce que Jean Giono désigne par l'image de la « grande barrière », vous vous interrogerez sur la pertinence actuelle de cette expression pour caractériser la relation entre l'homme et l'animal.

Rappel : les sujets 0.1 et 0.2 sont disponibles en fin d'ouvrage p. 433 et 436.

– Soit le texte amorce, ébauche, une réflexion qui est ensuite modulée, pour ne pas dire infléchie par le libellé du sujet. C'est le cas du sujet 0.2. Le texte d'Elsa Triolet est fondé sur une description volontairement exagérée d'une visite dans un parking souterrain qui se transforme, le souffle littéraire aidant, en une spectaculaire descente aux enfers. Le sujet extrapole et propose, à partir de ce texte, une réflexion sur « le gigantisme technologique » et « la défaite de l'humain » qui est en effet une des pistes possibles d'exploitation du texte mais pas la seule. Il n'y est pas réductible même s'il l'illustre efficacement.

• Le texte donne des éléments de réponse, à tel point que les deux libellés mentionnent la nécessité de « s'appuyer sur lui » et même, pour le sujet 0.1., d'expliquer au préalable la métaphore créée par Giono. Ce n'est donc pas un « texte prétexte » mais un « texte source », un support, une aide directement exploitable, mais de façon partielle, cependant : d'abord, parce que tout ce qui n'est pas en rapport direct avec la problématique doit être écarté, ensuite parce qu'il ne suffit pas à traiter la totalité du problème. Le texte peut accompagner le développement, de façon trés modulable, sur une ou plusieurs parties, surtout quand il est de type documentaire.

• Le texte constitue seulement une base d'appui car la réponse doit être largement complétée par les connaissances et la culture des candidats. Il n'est pas une fin en soi, l'objet même du développement. Il n'a pas à être commenté dans son aspect littéraire ni rhétorique (ou de façon très rapide et ponctuelle, en cas de besoin) et c'est l'objet des deux premières parties (surtout la 3e question de la partie II) que d'en éclairer certaines faces pour une appréhension en profondeur.

❷ 2. Quels sont les types de textes ou les supports prévus pour cet exercice ?

L'arrêté prévoit que le texte puisse être *« un extrait de roman, de nouvelle, de littérature d'idées, d'essai, etc., d'environ 400 à 600 mots »*.

Les deux sujets zéro ont pris pour supports des textes littéraires. Ce sont les supports les plus difficiles : pourquoi ?

La construction du texte littéraire est plus difficile à percevoir. À la différence du texte documentaire, essentiellement explicatif ou argumentatif, où les idées se succèdent avec logique et rigueur, il mélange des séquences assez hétérogènes : à des éléments narratifs, peuvent se mêler des passages descriptifs ; des sensations, impressions, états d'âme s'infiltrent dans les moments de réflexion. Par ailleurs, il ne hiérarchise pas de manière structurée les idées ; il procède par approches successives, retours en arrière et digressions. Cependant, il existe aussi des textes littéraires argumentatifs (comme ceux des philosophes du XVIIIe siècle, par exemple) qui formulent très explicitement une thèse, avec une argumentation plus ou moins diffuse.

- Tous les éléments narratifs et descriptifs ne seront pas forcément utilisés dans le développement. Il ne faudra garder que les points en relation directe avec la problématique.
- Le style n'est pas aussi transparent que celui qui est employé dans un article ou un ouvrage de type analytique ou documentaire qui vise la clarté de la communication. Les figures de style, les allusions, les symboles peuvent troubler le message et demandent à être décryptés. C'est bien le cas pour la métaphore de « la grande barrière » sur laquelle s'appuie la problématique du sujet 0.1. L'accès au sens n'est donc pas immédiat car le texte littéraire est saturé d'implicite et nécessite un type de compréhension particulier. Vous ne pourrez donc que vous retrouver en terrain plus confortable si, le jour du concours, un extrait de texte documentaire ou d'essai vous est proposé.

❷ 3. Sur quels sujets peut porter cet exercice ?

Aucune précision n'est donnée dans l'arrêté. Les questions proposées par les sujets zéro sont d'ordre général, sociétal, culturel. Les thèmes peuvent être très divers : la mémoire, la Première Guerre mondiale, le voyage, le sport, l'éducation des filles, la fraternité, l'institution muséale, la vieillesse, la nature, le bonheur... Mais il n'est pas exclu qu'ils abordent également un aspect plus pédagogique et plus en rapport avec le métier de professeur des écoles : l'orthographe, la pédagogie, les fables, les contes, la poésie... Il vous faut enrichir votre culture générale, tout au long de l'année, car les thématiques peuvent être très diverses. Consultez également les annales des sujets de culture générale donnés pour les concours d'entrée aux grandes écoles car ces sujets portent sur des questions d'ordre sociétal et vous pouvez y puiser des idées ; en 2021, par exemple, le thème retenu abordait les rapports de l'homme et de l'animal, comme le sujet 0.1.

❸ La méthodologie de l'épreuve en cinq étapes

Il s'agit d'un développement sur une question amenant à une réflexion, d'une « sorte » de dissertation, qui ressemble, par sa méthodologie, à celle qui est pratiquée au lycée et qui est proposée dans certains concours. L'exercice est caractérisé :

– par la présence du texte qui éclaire et nourrit la problématique ;

– par la réduction justement du terme « problématique » à celui de « question » qui en minore l'amplitude ;

– par sa durée : 1 h 30 à peine ; c'est peu quand on considère la difficulté à concevoir, construire et rédiger un développement organisé.
→ Le plan à envisager sera plus souvent en deux parties qu'en trois ; il vaut mieux deux propos bien construits et fournis que trois, trop pauvres ou de longueur déséquilibrée.

3 1. Étape 1 : analyser le texte et délimiter le sujet

Le texte d'appui a été analysé lors des deux premières parties. Vous le connaissez bien, vous avez déjà approfondi certains éléments qui seront exploitables. Il faut le relire, spécifiquement, pour répondre à la question qui est posée.
Interrogez-vous sur les rapports entre le texte et le libellé du sujet qui sélectionne une problématique limitant le champ de l'exploration. La problématique est la question centrale que le texte amène à se poser et à laquelle votre développement va apporter une réponse. L'interaction entre le texte et le sujet est forcément plus éclairante et fructueuse qu'une simple citation, décontextualisée, dont il faudrait connaitre ou comprendre le domaine de référence. Elle constitue une aide précieuse.
N'hésitez pas à reformuler la problématique, à en écrire les mots-clés, à la poser, éventuellement sous la forme d'une question. Par exemple, pour le sujet 0.1 : Quelle est la pertinence actuelle de l'expression la « grande barrière » pour caractériser la relation entre l'homme et l'animal ? Au cœur de ce sujet, la métaphore de « la grande barrière » : il faut l'expliquer, la reformuler dans un premier temps, mettre à plat toutes ses implications.

Voir sujet 0.1 p. 433.

Les mots-clés de la problématique

la grande barrière : Pour Giono, il y a une barrière infranchissable entre les humains et les animaux. Même mu par la pitié, la compassion, le désir d'accompagner la bête dans sa mort proche, l'homme est perçu comme un ennemi héréditaire, implacable qui ne génère que de la terreur : il prend conscience que « la bête [meurt] de peur » et préfère le bec acéré du freux à la main ennemie qui la caresse. Et pourtant, le narrateur se sent bête parmi les bêtes, lui qui vit en intelligence avec elles. La barrière a été dressée tout au cours des siècles par « des méchancetés entassées ». Giono pose donc comme thèse la « grande barrière » entre l'homme et l'animal, construite par la malveillance et la cruauté humaine.
Puis, il faut interroger les autres termes :

la pertinence : cette métaphore est-elle propre à rendre compte, à définir ce qui fait la spécificité des relations entre l'homme et l'animal ? Peut-elle la caractériser et en quoi ? De manière exclusive ou non ? On peut argumenter et contre-argumenter cette hypothèse ou la nuancer, la moduler, ce qui détermine le plan qui sera donc en deux temps : 1. La thèse et ses arguments ; 2. Modulation de la thèse avec des éléments contradictoires.

actuel : un historique n'est pas exclu pour retracer une évolution des rapports mais, *in fine*, il s'agit bien d'interroger ces relations dans le présent ; le texte de Giono est daté de 1932, il y a quasiment un siècle. Le mot « actuel » résonne également avec « actualité ». Y a-t-il dans l'actualité des évènements qui motiveraient le choix du sujet ?

Revenez à la fin sur la question, telle qu'elle est posée par le sujet, pour ne pas perdre en précision.

❸ 2. Étape 2 : rechercher des idées et des exemples

Notez sur le brouillon, par association d'idées, tout ce que vous inspire ce sujet, soit en désordre mais en consignant une idée par ligne et en laissant de la place pour compléter, soit déjà de manière un peu organisée : prévoyez alors deux colonnes pour noter éventuellement en face le contre-argument, au cas où vous voudriez faire un plan thèse/antithèse. N'écrivez que sur le recto des pages de brouillon pour avoir l'ensemble sous les yeux. Écrivez en style télégraphique sans aucun souci de rédaction. Espacez les idées par des lignes pour pouvoir ajouter une précision, un exemple et instaurer un système de flèches pour regrouper éventuellement des idées : aérez !

Exemples d'idées notées dans le désordre

Aucune barrière originelle dans le paradis terrestre : harmonie entre tous les êtres vivants. Place particulière des animaux dans la relation hindouiste.
L'animal-objet pour Descartes, sans âme, ni raison, simple mécanique.
Pas de méfiance innée de la part des animaux : voir extinction des dodos. Seuls l'expérience et l'instinct de survie leur apprennent à craindre l'homme : c'est lui qui instaure la grande barrière
Suprématie de l'homme sur l'animal ; rapport de domination, de prédation.
Les animaux sauvages
Animal domestiqué et de compagnie : la domestication, l'apprivoisement ont aboli la barrière.
Animal devenu nourriture/viande.
Animal : partenaire social : la force de travail, la traction, le transport, la surveillance : une fonction, « un métier », une utilité, un outil, intérêt économique.
Le cheval aux siècles derniers : campagne et ville pour le transport ; employé pendant la guerre de 14.
Industrie agro-alimentaire – Production de masse et abattage, élevage en batterie, souffrance animale, aucun respect de l'animal, rentabilité à toute épreuve, tuerie alimentaire.
Le droit animalier et son évolution. Spécisme, végétarien...
L'homme a façonné la nature, en fonction de ses intérêts au cours des siècles : modification, extinction, réintroduction des espèces. Zoos, parcs nationaux...
Équilibre rompu : territoires autrefois séparés ; promiscuité avec les animaux : les zoonoses (transmission des virus, grippe porcine et aviaire, coronavirus...).
...

Toutes les idées jetées sur le papier ne seront pas exploitables mais ne vous censurez pas dans cette étape car une idée peut en amener une autre. Vous barrerez ensuite tout ce qui ne convient pas ou se trouve hors sujet.

❸ 3. Étape 3 : faire le plan détaillé du développement

Le développement doit permettre une progression du raisonnement d'un point de départ à un point d'arrivée, de façon logique et organisée. Il peut se déployer en deux ou en trois parties : étant donné le peu de temps imparti par l'épreuve, il est probable qu'il sera le plus souvent en deux parties.

Chaque partie, chapeautée par une idée clairement exprimée au début, se subdivise elle-même en plusieurs paragraphes, chacun traitant d'une idée secondaire – chaque idée principale doit être étayée par deux ou trois idées secondaires. Selon le sujet et la vitesse de progression, il est possible de réduire le développement à deux parties comportant deux sous-parties chacune[1].

Dans tous les cas, il faudra veiller à un certain équilibre entre les sous-parties et les parties. Il est inutile de s'engager dans un plan avec trois sous-parties, si l'une doit être trop réduite par rapport aux autres : tout est question de proportion.

Il faut répartir les idées assorties d'exemples dans chaque sous-partie, de façon progressive : des points les plus évidents à ceux qui sont les plus convaincants.

Un exemple doit toujours être au service d'une idée et l'étayer.

1re PARTIE 1 – 1er axe (idée principale) 1er sous-axe (un § = une idée secondaire) 2e sous-axe (un § = une idée secondaire) 3e sous-axe (un § = une idée secondaire)	**1re PARTIE – 1er axe** (idée principale) 1er sous-axe (un § = une idée secondaire) 2e sous-axe (un § = une idée secondaire)
2e PARTIE – 2e axe (idée principale) 1er sous-axe (un § = une idée secondaire) 2e sous-axe (un § = une idée secondaire) 3e sous-axe (un § = une idée secondaire)	**2e PARTIE – 2e axe** (idée principale) 1er sous-axe (un § = une idée secondaire) 2e sous-axe (un § = une idée secondaire)

Avant de donner un plan détaillé qui pourrait convenir au sujet 0.1, quelques remarques préalables :

– Sur le brouillon, un « plan détaillé » n'a pas forcément la forme qui suit. Il peut être moins développé, comporter des schémas, des puces... Il est possible également qu'il soit élaboré à partir de la liste précédente si les points ont été clairement notés ; il faut alors regrouper les éléments convergents dans des bulles, en les numérotant et en les classant. Pensez aussi à noter les exemples. Ne rédigez surtout pas !

– Mais ce plan doit être clair car il constitue un **guide pour la rédaction** ; si l'architecture générale est bien pensée, il ne restera plus qu'à développer et à soigner la mise en mots. Vous ne pouvez pas démarrer la rédaction tant que cette étape n'est pas réalisée car avancer à l'aveuglette vous mettrait vite dans une mauvaise position. Évidemment, n'y passez pas trop de temps non plus : le temps de rédaction est long, d'autant que des idées ou des exemples surgissent parfois en écrivant.

– Ce qui suit est une proposition de plan détaillé, non rédigé. Il ne peut pas y avoir une correction-type d'un sujet de réflexion car, même si certains points fondamentaux doivent être impérativement traités, les idées et les exemples fondés sur vos connaissances et lectures vont nécessairement différer. Le plan s'ordonne également en fonction du matériau que vous avez collecté. Aucun traitement ne peut ressembler à un autre. Cette proposition organise le développement en deux parties de trois sous-parties mais une autre sélection des idées ou une autre répartition aurait pu aboutir à deux parties de deux sous-parties chacune et le plan proposé ici est du type suivant : 1. La thèse et ses arguments. 2. Modulation ou contradiction de la thèse.

1. Le sujet supplémentaire sur les contes de fées est traité avec un plan de ce type. Voir p. 424.

Proposition de plan pour le sujet 0.1

I. Il y a une grande barrière entre l'animal et l'homme

1. « La grande barrière » - Explicitation de la métaphore créée par Jean Giono. Relation de la scène et analyse : le narrateur croit pouvoir soulager la souffrance d'une hase transpercée par le bec d'un corbeau, en lui offrant sa pitié pour ses derniers moments. Pétrifiée et terrorisée par la présence de l'homme et la main qui se voulait compatissante, « la bête mourait de peur ». Il découvre, lui qui se sent « bête parmi les bêtes », vivant en connivence avec elles [donner des exemples], la « grande barrière » qui sépare l'animal et l'homme. Barrière non innée mais construite par l'homme à force de « méchancetés entassées », de cruauté et de barbarie ; il est considéré comme un ennemi héréditaire, implacable, qui ne génère que de la terreur. Possible harmonie originelle perdue : l'homme est dans un rapport de domination et de prédation par rapport à l'animal. Il traite aussi l'animal dans une perspective majoritairement utilitaire et alimentaire.

2. Asservissement de la nature par l'homme en fonction de ses intérêts pendant des siècles ; modification de certaines espèces avec lesquelles il est en contact plus étroit. Extinction [cf. extinction des dodos au XVIIe siècle avec l'arrivée des Européens sur l'île Maurice : aucune peur des hommes, incapacité à voler donc proies faciles]. Réintroduction des espèces. Sélection et croisement des races. Animal sélectionné, modifié. Zoos, parcs nationaux.

3. Négation de l'animal dans sa nature même d'être vivant ; considéré du seul point de vue de la nourriture ; l'animal = viande. Réifié. Tuerie alimentaire à grande échelle. Production de masse due au changement alimentaire [les Grecs consommaient 2 kg de viande par personne et par an ; aspect sacré et rituel]. Industrie agro-alimentaire. Aucun respect pour l'animal ; indifférence à sa souffrance, droits des animaux bafoués, malgré les défenseurs. Animaux de laboratoire.

II. Pourtant, la barrière parait s'abolir dans certains cas

1. Rôle joué par la domestication et l'apprivoisement. Fait culturel et perspective utilitaire mais l'animal considéré longtemps comme un partenaire social : force de travail [traction, transport...], protection des grains, de la maison, aide à la chasse ; intérêt économique mais respect. Siècles passés : le cheval avait une place privilégiée. Emplois nouveaux : chiens d'aveugle, chien renifleur, chien sauveteur... Animal en confiance.

2. Place à part pour les animaux de compagnie « humanisés » en quelque sorte ; confiance réciproque : la barrière tombe car liens affectifs très forts ; font partie de la famille mais sont sa propriété [« *res propria* »]. Survalorisation et surprotection parfois. Ils ne sont jamais mangés. Voir statut du cheval : doit-on en manger ou non ? Certains refusent l'hippophagie car le cheval est un animal familier.

3. Mais équilibre parfois rompu : en principe, en dehors des animaux domestiqués, territoires distincts entre l'homme et l'animal, sauf exception [cf. confinement : des sangliers en ville]. Mais quand les territoires se rapprochent trop, promiscuité avec effets collatéraux : les zoonoses [grippe aviaire, coronavirus, transmission de l'animal à l'humain...].

Conclusion : reprise de la métaphore de Giono et des axes : réponse à la question posée + ouverture : hommes et animaux partagent la même planète ; la survie des espèces liée : solidarité du vivant.

❸ 4. Étape 4 : rédiger

La rédaction vient ensuite, « au propre », directement sur la copie d'examen, à partir de ce plan détaillé. Seules l'introduction et éventuellement la conclusion peuvent être rédigées au brouillon.

1. L'introduction

Traditionnellement, elle comporte trois parties :
– une phrase d'accroche un peu générale sur la thématique ;
– la contextualisation de la question : présentation de l'auteur et du texte, suivie de la problématique. Il est inutile de séparer ces deux temps puisque, de fait, ils sont liés ;
– l'annonce du plan.
L'introduction se fait en un seul paragraphe, sans saut de ligne.

2. Le développement

L'idée directrice est annoncée au début de chaque partie. Il faut prévoir un saut de ligne entre chaque partie mais les sous-parties (au nombre de deux ou trois) sont simplement visualisées par un alinéa. Les exemples, bien choisis et étayant les idées, sont intégrés aux paragraphes.
Entre la fin de la première partie et le début de la deuxième, il doit y avoir une transition qui conclut sur ce qui a été analysé et introduit ce qui va suivre. Il faut prévoir une autre transition, s'il y a une troisième partie.

3. La conclusion

Elle répond à la question posée dans l'introduction. On peut ménager un élargissement du problème, une ouverture, sans relancer le débat ni donner un exemple. Le paragraphe doit rester d'ordre conclusif.

Veillez, tout au long de la rédaction, à la présentation et à la lisibilité !
Pour guider le lecteur, il faut :
– une écriture lisible : évitez les ratures et les surcharges de corrections ;
– une mise en page mettant en évidence les blocs par des sauts de ligne (après l'introduction, entre les parties du développement et avant la conclusion), ainsi que des alinéas à chaque début de paragraphe.

❸ 5. Étape 5 : relire

Cette étape n'est pas à négliger car seule une relecture attentive permettra une vérification orthographique et syntaxique. Il faudrait pouvoir réserver cinq à dix minutes à ces nécessaires révisions. Les erreurs sont généralement plus nombreuses dans cette partie car la rédaction se fait en direct et dans une forme d'improvisation qui explique leur multiplication.

❹ Sujet d'entrainement corrigé et commenté : Partie III - Réflexion et développement

Retrouvez l'extrait de *Notre Dame de Paris* p. 8-9.

Chaque sujet suppose une adaptation. La méthodologie est la même mais le traitement est différent, suivant la nature du texte et du libellé.
Dans le sujet qui s'appuie sur l'extrait de Jean Giono, la métaphore de la barrière est au cœur du développement ; elle reste le fil rouge de l'argumentation. Mais une fois la métaphore expliquée dans la sous-partie dédiée (ou les deux sous-parties en fonction des

éléments que vous voulez analyser), le développement s'enclenche et ne se réfère plus du tout au texte de Giono, comme vous le voyez dans le plan détaillé. Dans le cas d'un texte plus argumentatif, comme celui de Victor Hugo sur *Notre-Dame de Paris*, la relation peut être plus étroite : ce dernier lance la thématique et l'alimente tout au long. Il reste un guide sûr car il fournit des idées, des arguments à partir desquels le rapport actuel au patrimoine peut être traité.

4 1. Étape 1 : analyser et délimiter le sujet

Comment ce texte de Victor Hugo interroge-t-il notre relation actuelle au patrimoine ? Vous présenterez votre réponse de façon structurée et argumentée en vous appuyant sur le texte de Victor Hugo, ainsi que sur l'ensemble de vos connaissances personnelles et de vos lectures.

Le texte a été examiné dans ses aspects linguistiques lors des deux premières parties de l'épreuve. Il s'agit d'un extrait du roman *Notre-Dame de Paris*, écrit par Victor Hugo, en 1831. Le livre III commence par la description du principal décor du roman, la cathédrale, personnage à part entière (cf. la 3e question de la partie II. Lexique et compréhension lexicale). Hugo est très en colère contre l'état de délabrement des églises et de la cathédrale en particulier : il lutte, grâce à ce roman et des articles, pour la réhabilitation de ce joyau gothique, témoignage de l'art chrétien médiéval.

Même si la notion de patrimoine a été théorisée bien plus tard, c'est à l'occasion des destructions des monuments – commencées lors de la Révolution française – et de leur état pitoyable que la question de leur conservation est posée. Hugo joue un rôle décisif dans le débat et porte un regard moderne sur le patrimoine architectural et historique de son époque. C'est pourquoi la question posée Comment ce texte de Victor Hugo interroge-t-il notre relation actuelle au patrimoine ? est pertinente : en quoi l'analyse qu'il mène nous renvoie-t-elle à la perception que nous avons actuellement du patrimoine ; en quoi est-elle encore productive, même si la notion de patrimoine a beaucoup évolué ?

L'analyse du texte peut être plus précise que celle que l'on pourrait faire de l'extrait de la nouvelle de Jean Giono car certaines idées seront reprises et exemplifiées au cours du développement. Cependant, **il ne s'agit pas du tout de faire un commentaire de cet extrait ; il faut juste prélever les éléments nécessaires au développement.**

REMARQUE L'analyse menée dans la colonne de droite (en bleu) balise les principales étapes. Faites la vôtre avant de la lire.

Proposition d'analyse du texte de Victor Hugo

Sans doute c'est encore aujourd'hui un majestueux et sublime édifice que l'église de Notre-Dame de Paris. Mais, si belle qu'elle se soit conservée en vieillissant, il est difficile de ne pas soupirer, de ne pas s'indigner devant les dégradations, les mutilations sans nombre que simultanément le temps et les hommes ont fait subir au vénérable monument, sans respect pour Charlemagne qui en avait posé la première pierre, pour Philippe-Auguste qui en avait posé la dernière.

Sur la face de cette vieille reine de nos cathédrales, à côté d'une ride on trouve toujours une cicatrice. *Tempus edax, homo edacior*[1]. Ce que je traduirais volontiers ainsi : le temps est aveugle, l'homme est stupide.

Notre-Dame = ND

La beauté de ND
Indignation devant son délabrement.

S'inscrit dans l'histoire de France : continuum historique

Identité de la France
Rides/dommages imposés par le temps, atteinte légère
Cicatrices/dégradations imposés par l'homme

Si nous avions le loisir d'examiner une à une avec le lecteur les diverses traces de destruction imprimées à l'antique église, la part du temps serait la moindre, la pire celle des hommes, surtout des hommes de l'art. Il faut bien que je dise *des hommes de l'art*, puisqu'il y a eu des individus qui ont pris la qualité d'architectes dans les deux siècles derniers.

Et d'abord, pour ne citer que quelques exemples capitaux, il est, à coup sûr, peu de plus belles pages architecturales que cette façade où, successivement et à la fois, les trois portails creusés en ogive, le cordon brodé et dentelé des vingt-huit niches royales, l'immense rosace centrale flanquée de ses deux fenêtres latérales comme le prêtre du diacre et du sous-diacre, la haute et frêle galerie d'arcades à trèfle qui porte une lourde plate-forme sur ses fines colonnettes, enfin les deux noires et massives tours avec leurs auvents d'ardoise, parties harmonieuses d'un tout magnifique, superposées en cinq étages gigantesques, se développent à l'œil, en foule et sans trouble, avec leurs innombrables détails de statuaire, de sculpture et de ciselure, ralliés puissamment à la tranquille grandeur de l'ensemble ; vaste symphonie en pierre, pour ainsi dire ; œuvre colossale d'un homme et d'un peuple, tout ensemble une et complexe comme les Iliades et les Romanceros[1] dont elle est sœur ; produit prodigieux de la cotisation de toutes les forces d'une époque, où sur chaque pierre on voit saillir en cent façons la fantaisie de l'ouvrier disciplinée par le génie de l'artiste ; sorte de création humaine, en un mot, puissante et féconde comme la création divine dont elle semble avoir dérobé le double caractère : variété, éternité.

Et ce que nous disons ici de la façade, il faut le dire de l'église entière ; et ce que nous disons de l'église cathédrale de Paris, il faut le dire de toutes les églises de la chrétienté au Moyen Âge. Tout se tient dans cet art venu de lui-même, logique et bien proportionné. Mesurer l'orteil du pied, c'est mesurer le géant. [...]

C'est ainsi que l'art merveilleux du Moyen Âge a été traité presque en tout pays, surtout en France. On peut distinguer sur sa ruine trois sortes de lésions qui toutes trois l'entament à différentes profondeurs : le temps d'abord, qui a insensiblement ébréché çà et là et rouillé partout sa surface ; ensuite, les révolutions politiques et religieuses, lesquelles, aveugles et colères de leur nature, se sont ruées en tumulte sur lui, ont déchiré son riche habillement de sculptures et de ciselures, crevé ses rosaces, brisé ses colliers d'arabesques et de figurines, arraché ses statues, tantôt pour leur mitre, tantôt pour leur couronne ; enfin, les modes, de plus en plus grotesques et sottes, qui depuis les anarchiques et splendides déviations de la Renaissance, se sont succédé dans la décadence nécessaire de l'architecture. Les modes ont fait plus de mal que les révolutions.

Victor Hugo, *Notre-Dame de Paris*, Livre troisième, chapitre I, 1831.

La part du temps, involontaire. La part de la folie des hommes. La part des dégâts occasionnés par les architectes : « le pire ».

Célébration de la beauté de ND
Description précise, admirative, = le décor de son romar
Connotations très positives
Passion pour l'art gothique
accumulation de détails pou décrire le chef-d'œuvre.

« Symphonie de pierre » : métaphore reliant les arts : architecture / musique
Mise en relation avec la littérature : « sœur des Iliades »

Dimension collective du monument : « grands produits de l'intelligence humaine », œuvre conjointe de l'artisan et de l'artiste, harmonie. Règle et la fantaisie.

Défense de la cathédrale ET de toutes les églises du Moyen Âge : généralisation

Admiration devant l'harmonie de l'art médiéval

Reprise du 1er §
1. Dégradations insensibles, progressives du temps :
2.la folie des hommes : violences, révolutions politique (tantôt pour la couronne) et religieuses (la mitre) métonymie
3. Les dégâts occasionnés par les architectes et restaurateurs. Le pire des maux.

4 2. Étape 2 : rechercher des idées et des exemples

Comme dit précédemment, cet extrait de *Notre-Dame de Paris* facilite considérablement votre travail car quelques idées y sont présentées que vous pouvez reprendre pour les développer et les exemplifier.

Trois idées se détachent nettement :

– l'indignation et la déploration de l'état de la cathédrale : ses rides et cicatrices ;

– l'identification des dangers pouvant s'abattre sur Notre-Dame et les autres monuments médiévaux : la part du temps, des hommes, des restaurateurs dans les premier et dernier paragraphes. Ils sont faciles à identifier car très explicitement détaillés par l'auteur et peuvent éventuellement être intégrés à une partie ;

– le long paragraphe sur la description de la cathédrale sert à camper le décor du roman, mais il faut y lire aussi la très grande admiration que voue Victor Hugo à ce monument ; or un objet patrimonial est d'abord quelque chose qui mérite d'être préservé, par une de ses caractéristiques, notamment sa beauté : ce sera une des idées secondaires. Il est cependant inutile de se perdre dans les détails.

Quelques points éparpillés sont intéressants comme la datation de Notre-Dame qui, allant de Charlemagne à Philippe-Auguste, inscrit le monument dans l'histoire de France : autre idée à exploiter éventuellement.

ATTENTION Il ne s'agit pas, dans ce genre de sujet, d'évoquer l'histoire littéraire ni même l'intrigue de *Notre-Dame de Paris*. L'extrait relève d'une réflexion générale.

Après avoir collecté des idées dans le texte et en avoir ajouté certaines (voir le plan et le sujet rédigé), il reste à trouver des exemples. C'est là qu'interviennent vos connaissances, vos lectures et votre culture. Le patrimoine est souvent évoqué dans les médias, les émissions, les articles, à l'occasion des Journées du Patrimoine, des accidents ou des actes de vandalisme à l'encontre des monuments... Le seul évènement incontournable qu'il faut obligatoirement rappeler est, bien entendu, l'incendie de Notre-Dame, en avril 2019.

4 3. Étape 3 : faire un plan détaillé

Il ne s'agit que d'une proposition de plan ; d'autres organisations sont possibles. Celle-ci s'appuie nettement sur l'extrait du roman qui reste un guide tout au long du développement. Un autre corrigé aurait pu s'en échapper davantage mais le libellé demande de mettre en regard ce qu'écrit Hugo et notre relation actuelle au patrimoine. Cette proposition se déploie sur deux parties de trois sous-parties chacune. La sélection des idées aurait pu aboutir à un plan en deux parties de deux sous-parties chacune.

I. Des traits définitoires d'un objet patrimonial : ce qu'il est et ce qu'il représente

1. la valeur intrinsèque du bien patrimonial : la beauté de Notre-Dame
2. ce qu'il représente : un continuum historique, un héritage
3. ce qu'il représente : un moyen de construction identitaire

II. Les dangers qui menacent le patrimoine

1. le temps, les catastrophes naturelles, les accidents
2. la folie des hommes : enjeux géopolitiques
3. la restauration mal comprise

4 4. Étape 4 : rédiger

Proposition de développement

Le XXIe siècle, très sensible à la notion de patrimoine, peut comprendre l'indignation de Victor Hugo, s'insurgeant contre les nombreuses démolitions et le délabrement des monuments médiévaux. Il publie *Notre-Dame de Paris* en 1831, choisissant la cathédrale pour décor de son roman historique éponyme. Au début du premier chapitre du livre III, il la présente comme un personnage à part entière, à la fois en majesté mais aussi avec ses « rides » et « cicatrices ». Ce passage constitue un plaidoyer vibrant pour Notre-Dame. Le regard que Victor Hugo porte sur ce que l'on n'appelait pas encore le patrimoine architectural est moderne : comment interroge-t-il notre relation actuelle

Introduction :

1re phrase d'accroche sur la thématique (le patrimoine). L'écriture du texte procède de l'indignation.

Situation du texte

Enjeu du texte : plaidoyer pour la conservation

Problématique posée sous forme de question

au patrimoine ? Dans un premier temps, en s'appuyant sur l'extrait proposé, il s'agira de montrer que, par certains aspects, la définition que le XXIe siècle donne du patrimoine rejoint la sienne et, dans un second, que les dangers qu'il dénonce sont toujours présents, même si la notion a évolué au cours des siècles.

Annonce du plan en deux parties

Saut de deux lignes entre introduction et 1re partie

Victor Hugo est moderne car il cerne des traits fondamentaux de la notion de patrimoine : un bien patrimonial a de la valeur à la fois par sa propre beauté, sa qualité artistique, mais aussi par ce qu'il représente. Comme d'autres écrivains romantiques, Victor Hugo s'intéresse au Moyen Âge et au style gothique. Il est ébloui par Notre-Dame et fait l'éloge du « majestueux et sublime édifice ». Il déplore les terribles dégradations qu'il a subies et clame son immense admiration, devant ses splendeurs... Pour lui, la façade de la cathédrale constitue une des « plus belles pages architecturales » connues. En quelque sorte, il est le « découvreur », au sens moderne du mot, de la cathédrale devenue un des fleurons du patrimoine français dont l'embrasement en 2019 a provoqué une émotion internationale. Pour autant, le chef-d'œuvre parisien n'occulte pas les autres trésors : l'admiration de l'écrivain s'étend à toutes les églises, représentatrices également de cet « art merveilleux du Moyen Âge ». Cette attention portée aux édifices plus modestes correspond à la conception actuelle du patrimoine, pensé de manière encore plus extensive, du lavoir à la cathédrale, du patrimoine rural au patrimoine mondial et qui réunit, comme le fait Victor Hugo, tous les arts, une cathédrale pouvant être la « sœur » des « Iliades » et des « romanceros ». Le XXIe siècle a considérablement étendu la notion de patrimoine : sont inclus, par exemple, les sites naturels et subaquatiques dont la beauté et l'originalité doivent être conservées.

Annonce du 1er axe avec les sous-parties : la valeur intrinsèque du bien et ce qu'il représente.

1er sous-axe : éloge de la beauté de ND qui mérite d'être conservée

Malgré les dégradations, voit la splendeur : quelques exemples.

Met en évidence ND qui reste un des monuments majeurs du patrimoine français.

Extension aux petits édifices. *Cf.* la définition extensive du patrimoine actuelle.

Mise en parallèle de l'architecture avec la littérature.

Car Hugo a compris l'essence du bien patrimonial : il a une valeur en lui-même mais il représente bien davantage ; c'est un héritage. L'écrivain réinsère la cathédrale dans un passé prestigieux – la première pierre posée par Charlemagne et la dernière par Philippe-Auguste – dans un empan historique marqué par d'éminentes personnalités qui ont « fait la France » et qui lui ont donné son identité. Il inscrit ainsi le XIXe siècle dans un continuum historique. La cathédrale représente pour lui « le produit prodigieux de la cotisation de toutes les forces de l'époque » légué par les générations passées. Cette notion d'héritage à conserver et à transmettre aux générations futures est au cœur même de la définition actuelle du patrimoine, bien public dont chacun a l'usage mais qui appartient à l'ensemble de la communauté. Le patrimoine a nécessairement une dimension collective. Un des objectifs des « Journées du patrimoine », devenues une véritable institution, est de permettre l'accès à cet héritage et son appropriation par le plus grand nombre.

• Annonce du 2e sous-axe : essence du bien patrimonial, insertion dans un continuum historique et dans la perspective d'un héritage.

Notion d'héritage collectif au cœur de la définition actuelle.

La notion d'héritage est liée à celle d'identité qui soude un village, une ville, une région, un pays, le monde, autour de souvenirs et d'une mémoire commune qui constituent un substrat, lequel devient source de sociabilité en inscrivant chacun dans un destin collectif. Perdre Notre-Dame reviendrait à perdre une partie de notre identité. Les chefs-d'œuvre du Louvre ont été protégés dès 1939 car leur destruction aurait amputé le patrimoine d'une partie essentielle. Comment fonder un présent sans les objets du passé, sans ses traces tangibles ? C'est bien le dilemme des peuples africains qui revendiquent la restitution par les pays européens des milliers d'objets détournés pendant la colonisation et détenus dans leurs musées. Le Dahomey réclame depuis

• Transition entre les deux sous-axes : le 3e est annoncé : la construction de l'identité collective.

Exemple : la polémique autour de la restitution aux pays africains des objets partis dans les collections des années une statue symbolique du vaudou, Gou, enlevée lors d'une expédition française et qui se trouve au Louvre, décontextualisée, désacralisée. Or seule la restitution de ces objets emblématiques et leur retour dans un espace muséal du pays permettraient de composer un passé, d'entamer un récit national.

Victor Hugo a saisi ce que représente le patrimoine mais pense aussi à sa conservation, en soulignant les trois dangers qui le menacent : le temps, les hommes et le difficile travail de restauration. Tout comme les civilisations, les monuments sont mortels, les œuvres sont périssables. Le premier danger : l'usure du temps qui noircit les monuments et les érode, travail de sape insensible et continu, aggravé par les pollutions urbaines ; pour Hugo, des « rides », des lésions superficielles. Il faut pourtant tenir compte des catastrophes naturelles, comme la tempête de 1999 qui a ravagé dix mille arbres du Château de Versailles, mais aussi les accidents, surtout les incendies qui menacent tous les monuments : l'incendie de Notre-Dame de Paris du 15 avril 2019 en est le dramatique exemple, désastre historique, décrit d'ailleurs de façon prémonitoire par Hugo dans son roman. Mais beaucoup d'autres monuments ont subi l'épreuve des flammes, comme le Parlement de Bretagne à Rennes, en 1994.

Le deuxième danger, le « pire », est imputable aux hommes. Ils s'acharnent sur les œuvres du passé, par inconscience parfois : les pierres du Pont du Gard et d'autres monuments ont été récupérées pour construire des maisonnettes ou par rapacité, comme en témoignent les vols des chefs-d'œuvre nationaux pendant les guerres. Mais c'est l'idéologie qui génère la plus grande violence, jusqu'à faire exploser et raser avec des bulldozers un monument, un site complet : il ne s'agit pas d'un vandalisme aveugle mais d'une élimination cyniquement programmée. À partir de 2014, l'État islamique a procédé à la destruction systématique du patrimoine culturel des pays occupés ; les sites religieux, antiques et archéologiques de l'Irak et de la Syrie ont été ravagés. La dévastation de Palmyre, de ses statues funéraires et de Ninive sont des pertes irréparables pour le patrimoine mondial, tout comme le terrible dynamitage en 2001 des statues de Bouddhas de Bamyan en Afghanistan. Le patrimoine se trouve pris dans des considérations géopolitiques complexes, qui ne sont pas nouvelles : Hugo dénonce déjà la mutilation des statues pour des motifs religieux et politiques, mais le terrorisme organisé attaque sciemment les valeurs culturelles.

Le dernier danger est plus paradoxal : Hugo est pour la conservation mais contre la restauration qui modifie la forme, la logique et donc la beauté des édifices ; là où le temps et le barbare défont, les architectes « refont » à leur façon, dénaturant l'original et ajoutant des affèteries à la mode. Il a fallu attendre le XXe siècle pour que la restauration soit encadrée et fondée sur des principes scientifiques. Mais des travaux irrémédiables ont été réalisés avant : vers 1900, par exemple, Arthur Evans a « reconstruit » en ciment armé les ruines de Cnossos, le célèbre site archéologique crétois. Viollet-le-Duc a assuré en 1843 la réhabilitation de la cathédrale, sauvée par le succès de *Notre-Dame de Paris*. Il a hésité à reprendre les anciens plans pour rétablir la grande flèche qui avait été démontée au siècle précédent quand elle menaçait de s'effondrer. Il ne les a pas suivis et l'a reconstruite en style néogothique.

européennes. Importance d'ancrer le récit national sur des objets patrimoniaux.

Saut d'une ligne pour séparer les deux parties.

Paragraphe de transition entre les deux parties : résumé du 1er axe + annonce du 2e axe avec les trois sous-axes

• <u>1er sous-axe :</u> la part du temps + catastrophes naturelles + accidents

Reprise de la métaphore des rides.
<u>Exemples</u>
arbres centenaires de Versailles
Incendies de ND 2019 et du Parlement de Bretagne

• <u>2e sous-axe :</u> la part des hommes
Raisons des dégradations, assorties <u>d'exemples</u>
– inconscience de la valeur de certains objets
– cupidité
– idéologie

Destruction systématique de Daech
<u>Exemples :</u>
Palmyre
Ninive
Bouddhas de Bamyan
Considérations géopolitiq

• <u>3e sous-axe,</u> « le dernier » : les architectes et les restaurateurs.

Différence entre la conservation/préservation et la restauration.

<u>Exemple</u> d'une restauration calamiteuse :

Arthur Evans à Cnossos

Restauration de ND par Viollet-le-Duc

C'est cette flèche qui a brûlé en 2019 et dont la propre restauration a créé débat : faut-il la reproduire comme l'a conçue Viollet-le-Duc ou adopter un geste architectural plus contemporain ? De même faut-il refaire la charpente en bois ou utiliser un matériau plus moderne ? Éternel dilemme des restaurateurs. *In fine*, c'est la reconstruction à l'identique qui a été choisie, pour garder le sens de la composition gothique qu'il convient de réinscrire dans le présent et de léguer au futur, ce qui en dit long sur la volonté patrimoniale actuelle de perpétuer le plus fidèlement possible le passé.

Pb contemporain concerna la restauration de ND : restaurer la flèche restaurée p Viollet-le-Duc à l'identique ou non ?

Saut de deux lignes avant la conclusion

La conception du patrimoine que révèle cet extrait de *Notre-Dame de Paris* présente donc certains points de convergence avec celles du XXIe siècle : quelques traits définitoires fondamentaux et la conservation. Mais l'approche actuelle a amené un élargissement continu de son périmètre, jusqu'à la reconnaissance de la culture immatérielle. Cette extension s'est doublée d'une sorte de démocratisation de l'intérêt pour le patrimoine, ce qui en fait encore un instrument d'unification de la nation mais aussi de reconnaissance des identités multiples, du local à l'international.

Conclusion :
Reprise des deux axes.

Ouverture

Remarque : Ce corrigé est abouti ; il est largement possible que, dans les conditions du concours, vous ne puissiez traiter que deux sous-axes par partie ; le temps de rédaction s'en trouverait réduit. Le propos, ici, est de fixer la méthodologie, de donner l'exemple d'une ligne argumentative claire, avec une mise en page qui la met en évidence.
Cette proposition est restée relativement proche du texte de Victor Hugo car le sujet demande de mettre en tension la conception développée dans le texte et celle du XXIe siècle. Elle aurait pu s'en éloigner davantage.
→ **Analysez le potentiel d'exploitation d'un texte. Ne l'expliquez pas en entier ; ne prenez que les éléments qui sont importants pour traiter la question. Pensez toujours à élargir votre réflexion, le texte n'est qu'une base.**
Le plan suivi est analytique : il examine les différents aspects de la notion. Il est différent du type thèse/antithèse suivi pour traiter le sujet sur le texte de Jean Giono (sujet 0.1).
→ **Le libellé dirige souvent vers un type de plan : une consigne commençant par « comment ? » débouche sur une analyse et non sur une contradiction.**
Ce corrigé donne des exemples qui pourraient être différents. Ils dépendent de vos connaissances et de la question posée : ils peuvent être littéraires, scientifiques, économiques, sociétaux… Si la question s'y prête, donnez des exemples en rapport avec l'actualité.
→ **Les exemples sont importants et personnalisent votre développement. Un seul, plus développé, sert parfois mieux la ligne argumentative que plusieurs, accumulés.**

Pour continuer à travailler

Pour continuer à travailler la méthodologie de la partie III – Réflexion et développement, vous trouverez deux sujets complets et corrigés dans la rubrique « Au concours ».
– un sujet qui s'appuie sur un texte littéraire à propos des liens intergénérationnels (p. 414-423) ;
– un autre à partir d'un extrait de littérature d'idées, sur les contes (p. 424-432).

5 Des outils – Aide à l'écriture

5 1. L'insertion d'une citation courte dans une phrase

Les multiples références au texte d'appui impliquent des insertions de citations dans les phrases. Elles doivent être faites de la manière la plus fluide et naturelle possible. Il s'agit d'un discours rapporté qui nécessite une grande maitrise.

Voir Fiche 36 : Le discours rapporté.

Différentes techniques pour insérer une citation courte dans une phrase

- Annoncer une citation par deux points, précédés d'un verbe introducteur (*dire, écrire, affirmer, insister...*). Il faut obligatoirement utiliser les guillemets pour le discours direct. Victor Hugo affirme : « Les modes ont fait plus de mal que les révolutions. »
- Introduire la citation au style indirect (*dire, écrire, souligner, préciser, affirmer, proposer, préconiser, conseiller, soutenir que...*) : Victor Hugo soutient que « tout se tient dans cet art venu de lui-même, logique et bien proportionné ».
- Faire précéder la citation d'un groupe nominal comme *selon Victor Hugo, d'après Victor Hugo* (en début ou en fin de citation) ou d'une subordonnée (*Comme l'affirme Victor Hugo*) : Selon Victor Hugo, « mesurer l'orteil du pied, c'est mesurer le géant ».
Comme l'affirme Victor Hugo, « le temps est aveugle, l'homme stupide ».
« Le temps est aveugle, l'homme stupide », comme l'affirme Victor Hugo.
- Commencer par la citation et donner le verbe après, avec inversion du sujet :
« œuvre colossale d'un homme et d'un peuple », dit Victor Hugo.
- Utiliser une incise : « Il est difficile, dit Victor Hugo, de ne pas soupirer, de ne pas s'indigner devant les dégradations. »
- Qualifier la citation avant de l'indiquer (la métaphore, le mot, la phrase...) :
La métaphore « vaste symphonie en pierre » traduit l'admiration de Victor Hugo.

5 2. Quelques erreurs d'expression à éviter

- **Erreurs sur les reprises pronominales**

* Nous allons nous interroger sur... et se demander si...

Il vaut mieux écrire : Nous allons nous interroger sur... et nous demander si ou On va s'interroger sur... et se demander si.

Le pronom de rappel de nous est nous, celui de on est se.

Rappel : Dans le développement réflexif, évitez cependant d'employer « nous ». Choisissez des formules impersonnelles.

- **Confusion entre l'interrogation directe et l'interrogation indirecte**

* Nous allons nous demander si la vie vaut-elle d'être vécue ?

Il vaut mieux écrire : Nous allons nous demander si la vie vaut d'être vécue ou Nous allons nous demander : la vie vaut-elle d'être vécue ?

Ne pas confondre les constructions des deux interrogatives :
– Dans l'interrogative directe, le sujet est inversé et la phrase se termine par un point d'interrogation : La vie vaut-elle d'être vécue ?
– La construction de l'interrogative indirecte est la même que celle de la phrase déclarative et elle se termine comme elle par un point : ... si la vie vaut d'être vécue.

- **Confusion des deux emplois de *aussi***

Aussi a deux valeurs différentes en fonction de sa place dans la phrase :
– Il voulait de la crème, mais il aurait aimé aussi avoir du beurre. Aussi signifie également ; il n'est pas en tête de phrase et porte sur un mot.

– Il voulait de la crème, aussi en a-t-il acheté un pot. Aussi signifie par conséquent ; il est placé au début de la deuxième proposition, c'est un connecteur qui exprime la conséquence. Sa place en début de proposition entraine l'inversion du sujet.

• **Confusion d'emploi entre *malgré* et *bien que***

*Malgré qu'il pleuve ou *Malgré qu'il pleut ne sont pas corrects.

Mieux vaut écrire : Malgré la pluie ou Bien qu'il pleuve.

– Malgré se construit toujours avec un nom : malgré la pluie, malgré mon chagrin.

– Bien que introduit une proposition ; il est toujours suivi du subjonctif.

Attention à l'orthographe des formes de subjonctifs qui suivent cette locution conjonctive : bien qu'il **ait**, qu'ils **aient**, qu'il **voie**, qu'il **croie**, que nous **soyons**, que nous **ayons**...

• ***à la suite de* et non **suite à***

L'expression *suite à très employée à l'oral doit être évitée.

À l'écrit, mieux vaut lui préférer à la suite de ou après.

• ***à cause de* ou *en raison de* et non **dû à***

*Il a pris froid dû au temps hivernal. doit être remplacé à l'écrit par : Il a pris froid à cause du temps hivernal.

Le participe passé dû ne peut servir de locution prépositive et s'employer seul, dissocié de l'auxiliaire *être* : Il a pris froid, cela est dû au temps hivernal.

5 3. L'organisation des phrases et des paragraphes avec des connecteurs logiques

Le développement que vous proposez est organisé et argumenté. Les connecteurs logiques, utilisés à bon escient, permettent de dégager la ligne argumentative.

Vous voulez	Vous pouvez employer
Ajouter une nouvelle idée	**Conjonctions de subordination** : de même que, ainsi que, sans compter que... **Adverbes et locutions** : ensuite, de plus, encore, quant à, non seulement... mais encore, de surcroit, en outre...
Marquer une convergence	**Adverbes et locutions** : également, de la même façon, ainsi que, en accord avec, parallèlement à, dans le même ordre d'idées, dans le même esprit, dans la même optique, comme... **Adjectifs** : semblable, identique, complémentaire, symétrique, voisin, proche, analogue, similaire, conforme, comparable, équivalent, même, égal... **Noms** : convergence, identité ou rencontre de points de vue, accord, symétrie, complémentarité, même sensibilité... **Verbes** : se rejoindre, converger, se compléter, concorder...
Marquer la divergence	**Adverbes et locutions** : contrairement à, à l'opposé de, à l'inverse, inversement, en opposition à, en revanche, à la différence, néanmoins... **Adjectifs** : différent, opposé, contraire, antinomique, antithétique, incompatible... **Noms** : contradiction, opposition, antithèse, objection, réfutation, contestation, critique, discussion... **Verbes** : contredire, s'opposer, réfuter, contester, critiquer, objecter, discuter, prendre le contre-pied, diverger, différer...

Voir Fiche 34 : Les connecteurs.

Par contre ne doit pas être utilisé.
Il est considéré comme incorrect à l'écrit.

Vous voulez	Vous pouvez employer
Marquer la cause	**Cause objective simple** : car, parce que, puisque, comme, étant donné que, du fait de, en raison de… **Cause avec des nuances négatives** : à cause de, à force de, sous prétexte que, par manque de… **Cause avec des nuances positives** : grâce à, avec…
Marquer la conséquence	**Conjonctions de subordination** : si bien que, de telle sorte que… **Adverbes et locutions** : c'est pourquoi, par conséquent, ainsi, donc…
Reformuler une idée	**Locutions** : autrement dit, en d'autres termes, c'est-à-dire… **Ponctuation** : deux points.
Clore	**Adverbes et locutions** : enfin, en définitive, en somme, en conclusion, aussi… (en tête de phrase)…

5 4. Grille d'aide à la rédaction

	INTRODUCTION
1	Une courte phrase liminaire annonce la thématique du dossier.
2	Le texte d'appui est présenté : nom de l'auteur, œuvre, date, avec une contextualisation rapide.
3	La problématique proposée par le sujet est reprise au plus près de la formulation originale, en conservant les termes clés. Elle est souvent formulée sous la forme d'une question.
4	Le plan du développement est annoncé clairement avec deux ou trois entrées, chacune constituant une partie du développement.
	DÉVELOPPEMENT
1	Chaque partie est introduite par l'une des entrées annoncées dans le plan (dans l'ordre prévu).
2	Chaque partie est constituée de paragraphes (de deux à trois), identifiables grâce à la mise en page (alinéas).
3	La progression argumentative est organisée et hiérarchisée à l'intérieur des paragraphes comme à l'intérieur des parties, avec des connecteurs logiques.
4	À la fin de chaque partie, une conclusion partielle brève récapitule et amorce une transition avec la partie suivante.
	CONCLUSION
1	Elle propose une réponse claire et brève – quelques lignes simplement – à la problématique posée sur le dossier dont elle reprend les termes clés.
2	Elle peut proposer une ouverture, un élargissement du thème mais sans exemple, ni apport d'une nouvelle idée.

ASPECTS FORMELS DE LA RÉDACTION
L'énonciation est distanciée. Le « je » est proscrit. « Nous » est à éviter. Privilégier les formulations impersonnelles du type « Il s'agit de ».
Le rédacteur observe une neutralité absolue : il rend compte aussi objectivement du contenu du texte d'appui.
Les citations du texte doivent être judicieusement choisies.
L'expression est adaptée au type de texte : vocabulaire précis évitant le jargon ou les obscurités, niveau de langue assez soutenu.
Mise en page : – L'introduction est constituée d'un seul paragraphe. – Deux lignes séparent l'introduction et la conclusion du développement. – Une ligne sépare les parties du développement. – Des alinéas signalent les paragraphes à l'intérieur des parties.

Pour conclure

Le concours est à votre portée ! Il faut que vous vous y prépariez toute l'année :

→ **Pour les questions de langue** des deux premières parties, vos connaissances doivent être pointues. Vos objectifs :
– Prévoir un travail régulier et méthodique ; un « bachotage » dans la dernière ligne droite serait inefficace !
– Faire tous les entrainements et les exercices que cet ouvrage vous propose.
– Créer d'autres questions à partir de vos lectures que vous traiterez à l'aide des fiches linguistiques mises à votre disposition.

→ **Pour le développement réflexif de la troisième partie**, la méthodologie n'est pas un obstacle. Vous avez déjà rencontré ce type d'exercice lors de votre cursus scolaire ; vous le pratiquez, en fait, depuis la classe de troisième. Vos deux objectifs :
– Faire des entrainements en temps limité, en vous rapprochant au maximum des conditions de l'examen, soit 1 h 30 environ.
– Enrichir votre culture générale pour pouvoir réagir sur la thématique qui vous sera proposée : écoutez la radio, lisez des livres et la presse, regardez des films et des documentaires, soyez curieux des sujets d'actualité...

Bon courage !

FICHE 1 La phrase

Qu'est-ce qu'une phrase ?

Objectif

- Avoir une connaissance solide de la phrase, verbale et non verbale.

voir aussi

Types et formes de phrases .... p. 49
Phrase simple et phrase complexe .... p. 53

Tester ses connaissances

Dans cet énoncé, la ponctuation et les majuscules en début de phrase ont été supprimées. Ponctuez-le suivant votre intuition.

le dimanche j'ai eu de la peine à me réveiller et il a fallu que Marie m'appelle et me secoue nous n'avons pas mangé parce que nous voulions nous baigner tôt je me sentais tout à fait vide et j'avais un peu mal à la tête ma cigarette avait un goût amer Marie s'est moquée de moi parce qu'elle disait que j'avais « une tête d'enterrement » elle avait mis une robe de toile blanche et lâché ses cheveux je lui ai dit qu'elle était belle elle a ri de plaisir.

Albert Camus, *L'Étranger*, © Éditions Gallimard, 1942.

Le dimanche, j'ai eu de la peine à me réveiller et il a fallu que Marie m'appelle et me secoue. Nous n'avons pas mangé parce que nous voulions nous baigner tôt. Je me sentais tout à fait vide et j'avais un peu mal à la tête. Ma cigarette avait un goût amer. Marie s'est moquée de moi parce qu'elle disait que j'avais « une tête d'enterrement ». Elle avait mis une robe de toile blanche et lâché ses cheveux. Je lui ai dit qu'elle était belle, elle a ri de plaisir.

LE COURS

1 Essai de caractérisation de la phrase

Suivant la tradition scolaire, on dit qu'**une phrase commence par une majuscule et s'achève par un point**. Cette « définition », qui ne s'applique qu'à la phrase imprimée, est inopérante à l'oral et souvent difficile à appliquer à l'écrit (textes non ponctués, ponctuations stylistiques abusant des points, etc.).

Pour définir la phrase, on peut la caractériser sous ses trois aspects : syntaxique, sémantique et pragmatique.

1. Du point de vue syntaxique

La phrase est une structure syntaxique complète et autonome, un ensemble hiérarchisé de constituants entretenant entre eux des rapports de dépendance[1].

Une grenouille (GN) vit un bœuf. (GV)

1. Ces trois définitions sont extraites de Jean-Christophe Pellat (dir.), *Quelle grammaire enseigner ?* Hatier, 2017.

1 2. Du point de vue sémantique

[…] Dans sa forme canonique, la phrase est constituée d'un sujet et d'un prédicat. Le prédicat « dit quelque chose » sur le thème en lui attribuant une propriété[1].
[La chétive pécore] [s'enfla si bien qu'elle creva.]
thème — prédicat

1 3. Du point de vue pragmatique

Mise en relation avec un acte d'énonciation, la phrase intègre une modalité d'énonciation qui indique l'acte de langage qu'elle permet d'accomplir : assertion (ou déclaration), interrogation, injonction[1]. M'y voilà ? – Vous n'en approchez point.
La première phrase est interrogative ; la seconde, déclarative, constitue la réponse.

Entrainement 1

Ponctuez ce texte et replacez les majuscules en début de phrase. Comparez ce texte avec celui du test p. 45.

j'entends ce langage cette musique ils ne sont pas étrangers ils vibrent autour ils brillent autour sur les rochers blancs et sur la mer ils brillent au centre des villes même dans les yeux des passants.

J.M.G. Le Clézio, *L'inconnu sur la terre*, © Éditions Gallimard, 1978.

Corrigé p. 48

2 La phrase verbale

Elle apparait comme la norme, c'est pourquoi on la qualifie de **canonique**. Elle donne lieu à deux types de représentations concurrentes.

2 1. La phrase organisée autour du verbe

Certaines analyses, dont celle de la grammaire scolaire traditionnelle, font du verbe l'**axe de symétrie**, le **noyau de la phrase**. Les autres composants (sujets et compléments) s'agencent autour de lui. Le renard a traversé la clairière endormie.
sujet — verbe — complément

2 2. La phrase analysée en deux constituants essentiels

L'analyse distributionnelle fait apparaitre deux constituants essentiels dans la phrase canonique, le **groupe sujet** et le **groupe verbal**, organisé autour du verbe auquel il se réduit parfois. Le renard a traversé la clairière endormie.
groupe sujet — groupe verbal

La *terminologie grammaticale* de 2020 distingue ces deux constituants (p. 12).

3 La phrase non verbale

Par opposition à la phrase verbale, la phrase non verbale **se caractérise par l'absence de verbe conjugué**. Difficile, cet exercice ! – Traitre !

Cependant, l'absence de noyau verbal n'empêche pas la phrase non verbale d'être une phrase. Du point de vue sémantique, elle exprime une **prédication**.

Dans Difficile, cet exercice ! l'adjectif difficile « dit quelque chose » ; il exprime une propriété de cet exercice, qui joue le rôle de sujet de la phrase.
Du point de vue pragmatique, la phrase non verbale comporte une **modalité d'énonciation** : les exemples sont de type exclamatif, ce qui est souvent le cas des phrases non verbales. On peut aussi trouver des phrases non verbales de type :

- injonctif : Vos papiers !
- déclaratif : Pas de nouvelles, bonnes nouvelles.
- ou interrogatif : Un dessert ?

La phrase non verbale peut avoir deux structures différentes.

3 1. La phrase non verbale à deux termes

a. Remarquable, ce film de Tim Burton ! – Au fond, vous deux !
b. Mozart, un génie ! – Le bureau du directeur, au bout du couloir.

La phrase non verbale à deux termes comporte deux éléments, le **sujet** et le **prédicat**[1].
– Le sujet est le plus souvent un groupe nominal : ce film de Tim Burton ; vous deux ; Mozart ; le bureau du directeur ;
– Le prédicat peut être un adjectif : Remarquable, un groupe nominal : un génie, un groupe prépositionnel : au fond, au bout du couloir, etc. Seul le prédicat peut être nié : pas difficile, cet exercice.
L'ordre des termes peut être prédicat-sujet (exemples **a.** : cas fréquent à l'oral) ou sujet-prédicat (exemples **b.**).

1. *Voir supra* 1 2.

3 2. La phrase non verbale à un terme

La phrase non verbale ne comporte qu'un **prédicat sémantique**, qui dit quelque chose d'un sujet implicite, qui peut être identifié par le contexte ou par la situation :
Vendu ! – Très bon. – Debout ! À ton tour.
La personne qualifiée de traitre ou de vendu est identifiable dans la situation, par exemple dans un débat électoral.

Difficultés rencontrées

- **Une phrase non verbale peut comporter un verbe :**

Remarquable, ce film de Tim Burton que je viens de voir ! Le groupe nominal sujet de cette phrase non verbale inclut la proposition subordonnée relative que je viens de voir. Mais, comme le verbe figure dans la subordonnée, la structure d'ensemble est bien non verbale (on pourrait supprimer cette relative).

- **Toutes les structures sans verbe conjugué ne constituent pas des phrases non verbales** si elles ne possèdent pas les deux caractéristiques de la phrase (prédication et modalité d'énonciation) :

Adieu, Monsieur le professeur. Le terme de salutation Adieu et l'apostrophe Monsieur le professeur, qui peuvent aussi se rencontrer seuls (Adieu. Monsieur le professeur !), n'expriment pas une prédication, mais servent à s'adresser à quelqu'un.
Aïe ! Hélas ! Les interjections, qui s'emploient seules ou s'insèrent dans une phrase, verbale ou non, expriment globalement un sentiment, une réaction, mais ne constituent pas une phrase.
Est-ce que je vous dérange ? – Oui. Les mots-phrases oui, non, représentent globalement le contenu positif ou négatif d'une phrase possible (Oui = « vous me dérangez »), mais ils ne sont pas eux-mêmes des phrases.

• **Phrases à présentatif**

Et voilà le travail. – C'est le printemps. Le présentatif (*voici*, *voilà*, *c'est*, *il y a*), qui possède une base verbale, constitue une forme particulière de phrase verbale.

Entrainement 2

Distinguez et analysez les phrases verbales et les phrases non verbales.

Un humour… Un humour féroce. Macabre. Macabre et candide. Une sorte d'innocence. Clair. Sombre. Perçant. Confiant. Souriant. Humain. Impitoyable. Sec. Moite. Glacé. Brûlant. Il me transporte dans un monde irréel. C'est le domaine du rêve.

Nathalie Sarraute, *Les Fruits d'or, Œuvres complètes,* © Éditions Gallimard, 1996.

Corrigé p. 48

À retenir

• La définition traditionnelle de la phrase (majuscule à l'initiale et point final) est insuffisante. **La phrase doit être envisagée d'un triple point de vue : syntaxique, sémantique et pragmatique.**

• On distingue des **phrases verbales** et des **phrases non verbales**, selon qu'elles comportent ou non un noyau verbal.

Corrigés

Entrainement 1

Énoncé p. 46

J'entends ce langage, cette musique, ils ne sont pas étrangers, ils vibrent autour, ils brillent autour, sur les rochers blancs et sur la mer, ils brillent au centre des villes, même dans les yeux des passants. (J.M.G. Le Clézio, *op. cit.*)

Le texte de Le Clézio comporte 36 mots et, par la volonté évidente de l'auteur, se résume à une phrase alors que vous en avez peut-être compté davantage. Vous pouvez constater que, si l'on s'en remet à la ponctuation, le texte de Camus, qui comporte 89 mots, est découpé en 7 phrases. Les critères du découpage semblent proches des préceptes de l'analyse grammaticale traditionnelle.

Entrainement 2

Énoncé p. 48

- **Phrases verbales :** *Il me transporte dans un monde irréel* : sujet *il* + groupe verbal (verbe + deux compléments). *C'est le domaine du rêve* : sujet *c'* + groupe verbal (*est* + GN attribut su sujet).

- **Phrases non verbales :** *Un humour… Un humour féroce. Une sorte d'innocence* : phrases non verbales à un seul élément, qui est un groupe nominal. *Macabre. Macabre et candide. Clair. Sombre. Perçant. Confiant. Souriant. Humain. Impitoyable. Sec. Moite. Glacé. Brûlant.* Cette série d'adjectifs séparés par une ponctuation forte ne constitue pas une phrase, mais des **ajouts après le point** : ils qualifient tous le nom *humour* de la première phrase. Par effet de style, le point isole ces adjectifs, qui auraient pu être séparés par des virgules.

FICHE 2

La phrase

Types et formes de phrases

Objectif

- Distinguer les différents types et formes de phrases.

voir aussi

Qu'est-ce qu'une phrase ? .... p. 45
Phrase simple et phrase complexe .... p. 53
La forme passive .... p. 204

Tester ses connaissances

Dans l'extrait suivant, quels sont les types et les formes que vous reconnaissez dans les différentes phrases ?

1. « Demain, me dit Anselme, c'est le premier dimanche de Carême, quarante-deux jours avant Pâques.

2. Je pris mon courage à deux mains.

3. – Et d'où il vient, Anselme, cet âne avec ses couffins de genêt sauvage ?

4. Anselme me regarda, étonné.

5. – D'où il vient ?... **6.** Mais de là-haut, parbleu ! **7.** De chez M. Cyprien.

8. J'ouvris de grands yeux.

9. – Tu ne connais pas M. Cyprien ? »

10. Je fis signe que non.

Henri Bosco, *L'Âne Culotte*, © Éditions Gallimard, 1937.

Les quatre phrases du récit **2.**, **4.**, **8.**, **10.** sont déclaratives positives. Pour le dialogue : **1.** phrase déclarative avec « me dit Anselme » en incise. **3.** et **5.** phrases interrogatives. **6.** phrase exclamative. **7.** phrase déclarative. **9.** phrase interrogative négative.

Corrigé détaillé p. 52

GRAMMAIRE

LE COURS

1 Les types de phrases

1 1. Trois types énonciatifs

Face à la grande diversité des phrases possibles à l'oral comme à l'écrit, on peut opérer des regroupements et distinguer d'abord **trois types de phrases**, qui correspondent chacun à un **acte de langage** et qui se caractérisent par une organisation syntaxique propre. Toute phrase appartient nécessairement à l'un de ces trois types et à un seul[1].

1. La phrase exclamative ne figure pas au nombre des types fondamentaux car, à la différence de ceux-ci, elle ne correspond pas à un acte de langage.

• **La phrase déclarative**

Elle est considérée, **à la forme affirmative**, comme le **modèle « par défaut »** de la phrase canonique. Les autres types constituent des transformations de ce modèle. Elle permet d'accomplir un acte déclaratif[1] : le sujet énonce une vérité.

Si on dit : La mésange bleue est plus petite que la mésange charbonnière, on pose comme vrai le contenu de cette phrase.

1. Déclaration = assertion.

• **La phrase interrogative**

Elle permet d'**accomplir un acte relevant du questionnement** :

Quel est cet oiseau au plastron rose ?

• **La phrase injonctive**

– Elle permet d'**accomplir l'acte d'ordonner** sous diverses formes et avec divers degrés d'insistance, de la suggestion à l'injonction brutale.

Si on dit : Passe-moi le sel, on demande à un interlocuteur de faire quelque chose.

→ Chacun de ces trois types possède des caractéristiques propres, indépendamment du contenu sémantique de la phrase : une **intonation spécifique** et un **matériel morphosyntaxique propre** (mots interrogatifs, structures de phrase particulières, etc.).

REMARQUE Un type de phrase est associé directement par convention à un acte de langage donné, mais il peut aussi être associé indirectement à un acte de langage différent. La phrase interrogative : Tu ne t'es pas lavé les mains ? n'accomplit vraisemblablement pas un simple acte de questionnement, mais constitue une invitation (valeur injonctive) à réparer cet oubli.

1 2. La phrase exclamative : type (2015) ou forme (2018 et 2020)

La phrase exclamative fait apparaitre les **sentiments du locuteur**, elle se distingue par là de la phrase déclarative non marquée.

Si on dit : On n'a pas interdit la commercialisation des thons rouges !, cela peut manifester le soulagement chez un pêcheur ou la consternation chez un écologiste.

On notera que l'exclamation, marquée à l'écrit par le ! en fin de phrase et à l'oral par l'intonation ne modifie pas toujours la structure syntaxique de la phrase (exemple précédent).

Elle peut être aussi marquée par des termes spécifiques :

Que c'est triste ! **Quel** gâchis !

2 Les formes de phrases

2 1. Une forme logique : positive ou négative

Toute phrase appartenant à l'un des types évoqués ci-dessus peut prendre la **forme positive**[2] ou **négative** :

Mon verre n'est pas grand mais je bois dans mon verre.

forme négative — forme affirmative.

2. La forme positive est dite aussi affirmative dans les programmes de l'école élémentaire.

2 2. Trois formes facultatives : passive, emphatique, impersonnelle

Elles peuvent se combiner avec les différents types ou la forme de phrase, positive ou négative, précédemment évoqués. Elles ne constituent pas un acte de langage mais des variables dans l'agencement du contenu informatif de la phrase.

• La **forme passive** est constituée de l'auxiliaire *être* et du participe passé. Le complément d'agent est introduit par *par* (plus rarement par *de*) :
Le château de Versailles est envahi **par** les touristes en été.

Voir Fiche 23 : La forme passive.

• La **phrase emphatique** sert à mettre en valeur un constituant de la phrase (sujet ou complément). Le locuteur dispose pour ce faire de deux procédures :
– l'**extraction** par c'est... qui, c'est... que en tête de phrase :
C'est papa **qui** va être content.
C'est demain **que** ta mère revient. Tu devrais ranger ta chambre.
– la **dislocation** : un constituant de la phrase est détaché en début ou en fin de phrase (à l'écrit par une virgule, à l'oral par une pause) et repris ou annoncé par un **pronom** :
Ta sœur, **elle** mange des brocolis. **Elle** mange des brocolis, ta sœur.
Des brocolis, ta sœur **en** mange. Ta sœur **en** mange, des brocolis.

• La **phrase impersonnelle** comporte un pronom impersonnel, dit sujet grammatical ou apparent, et un sujet logique dit réel, postposé au verbe. Quel que soit le nombre du sujet logique, le verbe est toujours à la 3e personne du singulier :
Cinq tableaux seront proposés lors de cette vente.
→ **Il** sera proposé cinq tableaux lors de cette vente.
Ce type de phrase peut comporter souvent un verbe à la forme pronominale de sens passif :
Il **s'est dit** beaucoup de sottises lors de ce débat.

À retenir

• **La phrase** est nécessairement à l'un des **trois types énonciatifs** fondamentaux : **déclaratif** ou **interrogatif** ou **injonctif**. Elle peut aussi prendre parfois le type **exclamatif**.
• Elle est ensuite soit à la **forme positive** soit à la **forme négative**.
• Elle présente enfin éventuellement une ou plusieurs des trois **formes facultatives**, compatibles entre elles : **passive, emphatique, impersonnelle**.

Entrainement 1

Détaillez les types et formes des phrases suivantes.

1. « Ne te manque-t-il pas toujours dix-neuf sous pour faire un franc ? »
2. La somme des angles d'un triangle est égale à 180 degrés.
3. C'est par inattention, n'est-ce pas, que tu as fait un croc-en-jambe à ton petit frère ?
4. Les oranges, n'en mange surtout pas. Donne-les-moi.
5. Il se passe de drôles de choses dans la cuisine de M. Landru. Vous ne trouvez pas ?
6. Ce n'est pas par *Mediapart* que le scandale a été révélé.
7. Qui n'a pas compris cette leçon ?
8. Combien de rôles ont-ils été interprétés par Roberto Alagna ?

Corrigé p. 52

Entrainement 2

Détaillez les types et formes de phrases du texte suivant.

VLADIMIR. – Veux-tu que je m'en aille ? Gogo ! On t'a battu ? Où as-tu passé la nuit ?
ESTRAGON. – Ne me touche pas ! Ne me demande rien ! Ne me dis rien ! Reste avec moi !
VLADIMIR. – Est-ce que je t'ai jamais quitté ?
ESTRAGON. – Tu m'as laissé partir.
VLADIMIR. – Regarde-moi ! Regarde-moi, je te dis !
ESTRAGON. – Quelle journée !
VLADIMIR. – Qui t'a esquinté ? Raconte-moi.
ESTRAGON. – Voilà encore une journée de tirée.
VLADIMIR. – Pas encore.
ESTRAGON. – Pour moi, elle est terminée, quoi qu'il arrive.

Samuel Beckett, *En attendant Godot*, Les Éditions de Minuit, 1952.

Dans cet extrait, les didascalies ont été effacées.

Corrigé p. 53

Corrigés

Tester ses connaissances

Énoncé p. 49

Cet extrait d'un roman est constitué d'un récit au passé simple comportant un discours direct rapporté.

– Les phrases du récit **2.** **4.** **8.** sont déclaratives positives ainsi que la phrase *me dit Anselme* dans la phrase **1.** qui est en incise avec inversion du sujet. Cette phrase particulière, insérée dans une autre au discours direct, sert à indiquer qui parle. Pour la **10.** le *non* final ne doit pas nous tromper, le verbe est à la forme affirmative.

– Pour le dialogue : **1.** Phrase déclarative. **3.** Phrase interrogative, emphatique avec anticipation du sujet *cet âne* par le pronom *il* (une cataphore). **5.** Phrase interrogative reprenant la précédente. **6.** Phrase exclamative (l'exclamation est marquée par l'emploi de l'interjection et du point d'exclamation), avec ellipse du sujet et du verbe (*il vient*). **7.** Phrase déclarative avec ellipse du sujet et du verbe (*il vient*). **9.** Phrase interrogative à la forme négative.

Entrainement 1

Énoncé p. 51

1. Phrase de type interrogatif, à la forme négative et à la forme impersonnelle.

2. Phrase de type déclaratif.

3. Phrase de type interrogatif, à la forme emphatique (extraction du complément circonstanciel par *c'est… que*). *N'est-ce pas* est une locution négative incidente.

4. Les deux phrases sont injonctives, la première est négative et emphatique (le COD est détaché en tête de phrase et repris par le pronom *en*).

5. La première phrase est de type déclaratif, à la forme impersonnelle.
La seconde est de type interrogatif et de forme négative.

6. Phrase de type déclaratif et aux formes négative (*n'… pas*), passive et emphatique (extraction du complément d'agent *par Mediapart* avec *c'est… que*).

7. Phrase de type interrogatif et de forme négative.

8. Phrase de type interrogatif et de forme passive.

Entrainement 2

Énoncé p. 52

1. Les types de phrases

– **Interrogatif** :

• **Interrogation totale** (réponse oui ou non) : *Veux-tu que je m'en aille ? On t'a battu ? Est-ce que je t'ai jamais quitté ?*

• **Interrogation partielle** : *Où as-tu passé la nuit ? Qui t'a esquinté ?*

– **Injonctif** : *Ne me touche pas ! Ne me demande rien ! Ne me dis rien ! Reste avec moi ! Regarde-moi ! Regarde-moi, je te dis ! Raconte-moi.*

Les points d'exclamation indiquent que l'exclamation s'ajoute pour renforcer le type injonctif (sentiments vifs).

– **Déclaratif** : *Tu m'as laissé partir. Voilà encore une journée de tirée. Pour moi, elle est terminée, quoi qu'il arrive.*

– **Exclamatif** : *Quelle journée !*

2. Les formes de phrases (ajoutées aux types)

– **Négative** : *Ne me touche pas ! Ne me demande rien ! Ne me dis rien !*

ATTENTION Dans *Est-ce que je t'ai jamais quitté ? jamais* n'est pas négatif.

– **Impersonnelle** : *quoi qu'il arrive.*

– **Phrase à présentatif** : *Voilà encore une journée de tirée.*

FICHE 3

La phrase

Phrase simple et phrase complexe

Objectifs

• Identifier une phrase simple et analyser une phrase complexe.
• Distinguer les différentes relations syntaxiques dans une phrase complexe.

L'élève doit différencier « phrase simple et phrase complexe à partir de la notion de proposition » (Attendus de fin d'année – CM2, 2020).

voir aussi

Les propositions subordonnées .... p. 59 et p. 67
Les pronoms autres que personnels (le pronom relatif) .... p. 128

Tester ses connaissances

Parmi les phrases suivantes, relevez des phrases simples et des phrases complexes. Justifiez votre classement.

1. Il faut manger pour vivre et non pas vivre pour manger.
2. Il plonge dans la piscine vide et il se fracture le bassin.
3. Messi, le petit prodige argentin du FC Barcelone, le joueur le plus talentueux de la planète football, a marqué samedi dernier deux buts splendides au Camp Nou contre Valence.
4. Patience et longueur de temps font plus que force ni que rage.
5. Pour vivre heureux, vivons cachés.
6. Si loin que tu ailles, je te retrouverai.
7. Les chaussettes de l'archiduchesse sont sèches mais elles pourraient l'être encore plus.
8. J'ai cru voir passer une chouette effraie.
9. La fleur que tu m'avais donnée est fanée.
10. La poule chante, le coq lui répond.

1. 3. 4. 5. Phrases simples. **2. 6. 7. 8. 9. 10.** Phrases complexes.

Corrigé détaillé p. 58

LE COURS

1 La phrase simple

1 1. Structure de la phrase simple

• **Une phrase est simple** lorsqu'elle ne comporte qu'**un seul verbe conjugué**. Elle est constituée d'un groupe sujet et d'un groupe verbal solidaires, chacun dépendant de l'autre dans la phrase canonique.
• **Une phrase verbale** est une phrase qui contient *ipso facto* **un groupe verbal**, même réduit au verbe : Le chat **dort**, et le groupe verbal suppose, au moins virtuellement, un sujet, fût-il effacé comme dans les phrases à l'impératif : Sortez. ou à l'infinitif : Ne pas cracher par terre.

Voir Fiche 1 : Qu'est-ce qu'une phrase ?

Difficultés rencontrées

• Plusieurs verbes juxtaposés ou coordonnés appartiennent à une seule et même phrase lorsque ces verbes ont un sujet unique :
L'avion prend de la vitesse, **décolle, monte** rapidement dans le ciel.
Cette phrase doit s'analyser comme comportant un groupe nominal sujet L'avion et trois groupes verbaux juxtaposés, plutôt que comme une suite de trois phrases juxtaposées avec ellipse du sujet pour les deux dernières.

• La longueur de la phrase n'est pas un critère pertinent pour déterminer si une phrase est simple ou complexe.
Je **viens**.
Cet affreux petit chien au poil frisé et aux oreilles en pointe **appartient** à la meilleure amie de la femme de mon patron.
→ phrases simples.
Va où le vent te **mène**. → phrase complexe.

1 2. La phrase simple peut être minimale ou étendue

La phrase simple est dite **étendue** quand elle comporte des expansions qui peuvent être effacées.
Demain, à la fine pointe de l'aube, **je t'attendrai** sous l'horloge de la gare.
La jolie **fermette** aux volets vert pomme **appartient à un** riche **propriétaire** étranger à la région.

Si l'on efface les expansions, on obtient une phrase dite **minimale** (ou phrase de base) : La fermette appartient à un propriétaire. ne peut plus être réduite sans devenir agrammaticale. En effet, si l'on efface le complément, la phrase obtenue : *La fermette appartient est agrammaticale, car le verbe *appartenir* est transitif indirect et nécessite un complément.
On notera que les expansions, bien que syntaxiquement effaçables, apportent des informations utiles et parfois indispensables pour le sens.

ATTENTION La proposition relative est une expansion du nom qui comporte un verbe. Sa présence suffit à faire d'une phrase simple une phrase complexe.
Ne réveillez pas le chat. → phrase simple.
Ne réveillez pas le chat qui dort. → phrase complexe.

2 La phrase complexe

La phrase complexe se compose d'au moins deux propositions comportant chacune un **groupe sujet** et un **groupe verbal.**

2 1. Propositions indépendantes (juxtaposées ou coordonnées)

Ces propositions sont autonomes et n'ont entre elles aucun lien de dépendance ; elles peuvent être alors :
– **juxtaposées** : elles sont séparées par une virgule.
Les chiens aboient, la caravane passe.
Les parents boivent, les enfants trinquent.
– **coordonnées** : elles sont reliées par une conjonction de coordination (*mais*, *ou*, *et*, *or*, *ni*, *car. Donc* « fonctionne comme un adverbe » : *Terminologie grammaticale* 2020, p. 131).
L'arbitre a sifflé le début de la partie **et** il s'est mis à pleuvoir.
Il souffle un vent à décorner les bœufs **mais** Claude a ouvert son parapluie.

Entrainement 1

Analysez en propositions les phrases complexes suivantes, en précisant le type de relation entre elles : juxtaposition ou coordination. En cas de coordination, indiquez le mot coordonnant.

1. L'usine nucléaire de Fukushima a explosé et les habitants ont dû évacuer la zone contaminée.

2. Gavroche et Cosette sont des personnages littéraires très connus, Folcoche est un modèle maternel moins célèbre.

3. Le cheval a détruit l'obstacle mais le cavalier s'en est tiré sans mal.

4. Le vent se lève, il faut affaler les voiles.

5. Une joueuse de tennis française a gagné la finale de Wimbledon, un joueur de tennis espagnol a remporté celle de Roland-Garros.

6. Je panse les blessés donc je suis infirmière.

Corrigé p. 58

2. Propositions principale et subordonnée

– Les propositions principale et subordonnée ont entre elles un **lien de subordination**.
– La proposition subordonnée dépend d'une proposition dite **principale**.
– La subordination est très souvent marquée par un mot dit subordonnant comme une conjonction (*que*, *quand*...), un pronom relatif (*qui*, *que*, *où*...), etc.
Je ne voudrais pas **que** tu croies **que** je t'ai fait attendre exprès.
Tu parleras **quand** les poules auront des dents.
– On peut classer les subordonnées en trois catégories : les **relatives**, les **complétives**, les **circonstancielles**.

• **Les subordonnées relatives** constituent des expansions d'un nom, leur **antécédent**. Elles sont des constituants du groupe nominal. Elles sont **introduites par un pronom relatif**[1] qui a une fonction dans la subordonnée.

sujet
Ne réveillez pas le chat **qui** dort.
prop. sub. relative

• **Les subordonnées complétives** conjonctives sont introduites le plus souvent par ***que***. Elles sont, entre autres, compléments du verbe et sont donc des constituants du groupe verbal.

J'espère **que** tu n'oublieras pas notre rendez-vous.
prop. sub. complétive

On peut leur associer :
– les propositions **interrogatives indirectes** : Je me demande **si** Panisse coupe à cœur.
– les propositions **infinitives** que l'on rencontre après des verbes de perception : J'entends les oiseaux chanter. Cette proposition peut commuter avec la complétive J'entends que les oiseaux chantent sans modification notable du sens.

• **Les subordonnées circonstancielles** sont des constituants de la phrase. Elles sont effaçables mais apportent généralement des informations utiles.

1. Voir la liste des pronoms relatifs p. 132.

Voir Fiche 4 : Les propositions subordonnées complétives et circonstancielles.

Tu viendras **quand** tu pourras. Il boude **parce qu'**il n'a pas eu de chocolat.
prop. sub. circonstancielle — prop. sub. circonstancielle

On peut leur associer les **propositions participiales** composées d'un participe remplissant la fonction verbale et d'un sujet qui lui est propre, différent de celui de la proposition principale.

sujet du participe *ayant mal négocié* — sujet du verbe *est partie*
Le conducteur ayant mal négocié le virage, **la voiture** est partie dans le fossé.
prop. sub. participiale — prop. principale

Entrainement 2

Indiquez quelle subordonnée comporte chaque phrase.

1. Elle ne savait pas quel admirateur avait bien pu lui offrir ces fleurs.
2. Je ne crois pas qu'il fasse long feu dans cette équipe.
3. Je sens la moutarde me monter au nez.
4. Je me demandais pourquoi il restait bouche bée.
5. De crainte qu'il n'oubliât son anniversaire, elle avait créé l'évènement dans Facebook.
6. Je ne me souviens plus de ce dont je devais me souvenir.
7. Comme il atteignait l'orée du village, il vit le garde-champêtre.
8. Le jour tombant, le gardien allumait sa lampe.

Corrigé p. 58

Entrainement 3

Grand était enfoncé au creux de son oreiller, la peau verdie et l'œil éteint. Il regardait fixement un maigre feu que Tarrou allumait dans la cheminée avec les débris d'une caisse. « Ça va mal », disait-il. Et du fond de ses poumons en flammes sortait un bizarre crépitement qui accompagnait tout ce qu'il disait. Rieux lui recommanda de se taire et dit qu'il allait revenir. Un bizarre sourire vint au malade et, avec lui, une sorte de tendresse lui monta au visage. Il cligna de l'œil avec effort. « Si j'en sors, chapeau bas, docteur ! » Mais tout de suite après, il tomba dans la prostration.

Albert Camus, *La Peste*, © Éditions Gallimard, 1947.

Corrigé p. 58

Dans la tradition scolaire, l'analyse d'une phrase en propositions s'appelle l'analyse logique.

À retenir

- Une phrase peut être **simple** ou **complexe**.
- **La phrase simple comporte un verbe et son sujet**, elle peut être **minimale** ou **étendue** selon qu'elle comporte ou non des expansions.
- **La phrase complexe est constituée d'au moins deux propositions.**
Celles-ci peuvent être **juxtaposées**, **coordonnées** ou être **liées** par un rapport de **subordination**.
- On distingue les propositions **subordonnées relatives**, **complétives** et **circonstancielles**.

Corrigés

Tester ses connaissances

Énoncé p. 54

1. Phrase simple : cinq verbes dont un seul avec son sujet, l'impersonnel *il faut.*

2. Phrase complexe : deux propositions coordonnées par *et.*

3. Phrase simple : un seul verbe, *a marqué*, et son long sujet.

4. Phrase simple : deux sujets coordonnés mais un seul verbe, *font.*

5. Phrase simple : un seul verbe conjugué, *vivons*, impératif présent, sans sujet.

6. Phrase complexe : deux propositions dont une circonstancielle d'opposition (*si… que*).

7. Phrase complexe : deux propositions coordonnées par *mais.*

8. Phrase complexe : une proposition principale et une proposition infinitive : *passer une chouette effraie.*

9. Phrase complexe avec une proposition relative : *que tu m'avais donnée.*

10. Phrase complexe : deux propositions juxtaposées.

Entrainement 1

Énoncé p. 56

1. Deux propositions coordonnées par *et.*

2. Deux propositions juxtaposées.

3. Deux propositions coordonnées par *mais.*

4. Deux propositions juxtaposées.

5. Deux propositions juxtaposées.

6. Deux propositions coordonnées par *donc.*

Entrainement 2

Énoncé p. 57

1. Interrogative indirecte : *quel admirateur avait bien pu lui offrir ces fleurs* (*quel* est déterminant interrogatif).

2. Complétive conjonctive introduite par *que* : **qu'***il fasse long feu dans cette équipe.*

3. Proposition infinitive : *la moutarde me monter au nez* (sujet : *la moutarde*).

4. Interrogative indirecte introduite par *pourquoi* : **pourquoi** *il restait bouche bée.*

5. Circonstancielle de but (*de crainte que…* équivaut à *pour que… ne… pas*).

6. Relative introduite par *dont* : **dont** *je devais me souvenir.*

7. Circonstancielle de temps introduite par *comme* : **Comme** *il atteignait l'orée du village.*

8. Subordonnée participiale, complément circonstanciel de temps : *le jour tombant.*

Entrainement 3

Énoncé p. 57

– *Grand était enfoncé au creux de son oreiller, la peau verdie et l'œil éteint.* Phrase simple (étendue).

– *Il regardait fixement un maigre feu* **que** *Tarrou allumait dans la cheminée avec les débris d'une caisse*. Phrase complexe, comportant une proposition principale et une subordonnée relative adjective, complément de l'antécédent *un maigre feu*.

– *« Ça va mal », disait-il.* Deux phrases simples (minimales), la seconde étant une incise.

– *Et du fond de ses poumons en flammes sortait un bizarre crépitement* **qui** *accompagnait tout* **ce qu'***il disait*. Phrase complexe comportant une principale et deux subordonnées relatives, adjective (*qui accompagnait*), complément de l'antécédent *un bizarre crépitement*, et substantive (périphrastique : *(tout) ce qu'il disait*), COD du verbe *accompagnait*. La conjonction de coordination *et* en début de phrase est un connecteur qui relie deux phrases.

Voir Fiche 5 : Les propositions subordonnées relatives.

– *Rieux lui recommanda de se taire et dit* **qu'***il allait revenir*. Phrase complexe comportant une principale (deux groupes verbaux coordonnés) et une subordonnée complétive conjonctive introduite par *que*, COD de *dit*.

– *Un bizarre sourire vint au malade* **et**, *avec lui, une sorte de tendresse lui monta au visage*. Phrase complexe, comportant deux propositions coordonnées par *et*, conjonction de coordination.

– *Il cligna de l'œil avec effort*. Phrase simple (étendue).

– *«* **Si** *j'en sors, chapeau bas, docteur ! »* Phrase complexe, comportant une subordonnée circonstancielle de condition et une principale de forme non verbale (*chapeau bas ; docteur* est une apostrophe).

– *Mais tout de suite après, il tomba dans la prostration*. Phrase simple (étendue). La conjonction de coordination *mais* en début de phrase est un connecteur.

GRAMMAIRE

FICHE 4

La phrase

Les propositions subordonnées complétives et circonstancielles

Objectif

- Connaitre les caractéristiques des propositions subordonnées complétives et circonstancielles.

voir aussi

Tester ses connaissances

Repérez, s'il y a lieu, les propositions subordonnées et indiquez leur nature.

1. Il fait lourd, il y a de l'orage dans l'air.
2. Elle trouva le texte qu'elle cherchait depuis si longtemps.
3. Elle déclara qu'elle ne voulait plus aller à l'école.
4. Appuyée contre le mur, une jeune femme attend.
5. Voudriez-vous vous taire un instant ?
6. Elle se hâte car elle est pressée.
7. Il réussit bien quand il s'applique.

2. *qu'elle cherchait depuis si longtemps* : relative adjective.
3. *qu'elle ne voulait plus aller à l'école* : complétive.
7. *quand il s'applique* : circonstancielle de temps.

Corrigé détaillé p. 66

LE COURS

1 La subordination

La phrase complexe comporte plusieurs propositions qui peuvent être :
– **juxtaposées** : Il fait lourd, il y a de l'orage dans l'air.
– **coordonnées** : Elle se hâte car elle est pressée.
– ou **organisées hiérarchiquement en principale et subordonnée** : Elle déclara qu'elle ne voulait plus aller à l'école.
Toutes les propositions (principale, indépendante, subordonnée) comportent normalement **un sujet ou groupe sujet et un verbe ou groupe verbal**.
Les propositions subordonnées, comme leur nom l'indique, se construisent dans un lien de dépendance par rapport à une autre proposition régissante appelée principale.

• Toute proposition subordonnée peut aussi être régissante et avoir une ou plusieurs proposition(s) subordonnée(s).
Si vous voulez que je vous réponde, il faut m'envoyer un courriel. La proposition Si vous voulez, subordonnée à la principale il faut m'envoyer un courriel, régit la proposition que je vous réponde qui lui est subordonnée.

• La **relation de dépendance** s'établit généralement par rapport à un des constituants de la proposition principale :
Elle trouva **le texte** qu'elle cherchait depuis si longtemps. = relation par rapport au GN le texte.
Elle **déclara** qu'elle ne voulait plus aller à l'école. = relation par rapport au verbe déclara.

• Cette dépendance est le plus souvent indiquée par un **mot subordonnant** : conjonction de subordination (*que*, *quand*, *comme*, *si*...), locution conjonctive (*parce que*, *dès que*, *pour que*...), terme interrogatif (*où*, *quel*, *si*...) ou pronom relatif (*qui*, *que*, *quoi*, *dont*, *où*, *lequel* et ses variantes).

• Les programmes de 2018 désignent les subordonnées par le mot subordonnant (*conjonctive, relative*), le sens (*interrogative*) et le mode (*infinitive*, *participiale*). On utilise aussi ici la distinction fonctionnelle générale entre *complétives* et *circonstancielles*.

Voir Fiche 5 : Les propositions subordonnées relatives.

Difficultés rencontrées

Subordonnées sans mot subordonnant

Certaines propositions subordonnées sont dépourvues de terme subordonnant : il s'agit des subordonnées infinitives et des subordonnées participiales.

• **Subordonnée infinitive**

Son verbe est à l'infinitif et elle doit posséder un sujet distinct de celui de la proposition principale. Elle est généralement complément d'objet direct d'un verbe de perception (*entendre*, *voir*, *sentir*, etc.) :

J'entends siffler le train. Dans cette structure, le sujet peut être inversé.

Le groupe de mots siffler le train est une proposition subordonnée infinitive (il dépend du verbe entends de la proposition principale et possède un sujet propre). Cette subordonnée peut être remplacée par une complétive conjonctive : J'entends que le train siffle.

• **Subordonnée participiale**

Son verbe est au participe présent ou passé et elle possède aussi un sujet propre :

La fête terminée, chacun rentra chez soi.

La subordonnée participiale, indiquant le plus souvent une circonstance temporelle ou causale, équivaut à une subordonnée circonstancielle qui peut la remplacer :

Quand la fête fut terminée, chacun rentra chez soi.

Programmes de 2018
Les subordonnées ne sont pas distinguées au cycle 3, mais au cycle 4 : « Proposition subordonnée conjonctive, interrogative indirecte, relative, infinitive, participiale. »

2 Les propositions subordonnées complétives

Les propositions subordonnées complétives peuvent se substituer à des groupes nominaux et remplissent souvent des fonctions de **complément de verbe** (COD, COI), quelquefois de sujet, et plus rarement de complément de nom ou d'adjectif.

On distingue deux types de subordonnées complétives : **les propositions introduites par *que*** ou propositions conjonctives et **les propositions interrogatives indirectes**.

2 1. Les subordonnées conjonctives introduites par *que* (ou *ce que*)

• Elles sont introduites par la conjonction de subordination *que*, dépourvue de toute fonction dans la proposition introduite, et dépendent le plus souvent d'un verbe exprimant un acte de nature psychologique : déclaration, jugement, expression d'un sentiment ou d'une volonté.

Elle a toujours voulu **que** je réussisse.

• Elles peuvent aussi suivre des **formes impersonnelles** : *il arrive*, *il semble*, *il se peut*, *il faut*... ou des constructions du type : *il est* + attribut :

Il faut **que** tu viennes. Il est possible **que** cela soit vrai.

• Leur fonction la plus fréquente est celle de **complément d'objet direct** (COD) du verbe principal :

Je pense que tu iras loin.
COD de *pense*

• Elles peuvent cependant assumer une fonction de **sujet** lorsqu'elles sont en tête de phrase :

Qu'il accepte me surprendrait énormément.
sujet du verbe *surprendrait*

• Enfin, avec certains noms ou adjectifs, elles sont parfois **compléments de nom** ou **compléments d'adjectif** :

Il avait acquis la certitude que la Terre était ronde.
complément du nom *certitude*

Je suis heureux que tu aies si bien réussi.
complément de l'adjectif *heureux*

• Lorsque ces subordonnées complètent un verbe en construction indirecte, elles sont introduites par la locution *ce que* précédée de la préposition nécessaire, le plus souvent *à* ou *de*. La fonction de la subordonnée complétive conjonctive est alors celle de **complément d'objet indirect** (COI) du verbe :

Je tiens à ce que vous veniez à cette conférence.
COI de *tiens*

Je m'étonne de ce que vous ne soyez pas venus.
COI de *m'étonne*

Difficulté rencontrée

La forme ***ce que*** peut servir à introduire :
– des subordonnées conjonctives complétives : Je m'attends à ce qu'il parte (que n'a pas de fonction dans la proposition qu'il introduit et n'a pas d'antécédent dans la principale) ;
– des subordonnées relatives : C'est exactement ce que vous croyez (que a une fonction dans la proposition qu'il introduit où il est COD du verbe croyez et a pour antécédent ce).

2. Les subordonnées interrogatives indirectes

Les subordonnées interrogatives indirectes sont introduites par une conjonction (*si*), un pronom (*qui*, *quoi*), un déterminant (*quel*) ou un adverbe interrogatif (*où*, *quand*, *comment*...) et sont porteuses d'une interrogation. Elles sont compléments directs d'un verbe exprimant une recherche d'information explicite (*se demander*) ou implicite (*ignorer*) :
Je me demande s'il viendra. Ils veulent savoir comment tu fais.
Je voudrais savoir quelle heure il est. Ils demandent qui elle est.

Les subordonnées interrogatives indirectes sont introduites par les mêmes mots interrogatifs que l'interrogation directe (*qui*, *quel*, *pourquoi*, *quand*, etc.) ou par un *si* interrogatif (interrogation totale), à ne pas confondre avec le *si* conditionnel (si j'étais riche).

3. Emploi des modes dans les complétives conjonctives

Les subordonnées complétives peuvent être à l'indicatif et au subjonctif. Le plus souvent, ce choix est contraint par la syntaxe :

– Certains verbes comme *déclarer*, *penser*, *croire*, *espérer*, *décider* affirmant l'existence d'un fait, imposent le mode **indicatif**, tandis que d'autres porteurs d'une certaine dose d'incertitude (*douter*), exprimant le souhait et la volonté (*craindre*, *souhaiter*, *vouloir*) ou un sentiment (*se réjouir*), exigent le **subjonctif** :

Je pense qu'il vaut mieux en rire. Elle veut qu'il s'en aille.

– D'autres verbes comme *dire* ou *écrire* entrainent un changement de mode selon l'acception choisie :

Je lui écris que je suis bien arrivé. (*écrire* au sens d'*informer*).

Elle lui écrit qu'il prenne bien soin de lui. (*écrire* au sens de *demander*, *conseiller*).

– Quelques verbes construits avec l'indicatif admettent le subjonctif quand la phrase est interrogative ou négative :

Je crois qu'il prend sérieusement ses médicaments.

Je ne crois pas / Crois-tu qu'il prenne sérieusement ses médicaments ?

– Quand elles sont antéposées avec une fonction de sujet, les complétives sont systématiquement au subjonctif.

Qu'il vienne m'étonnerait grandement.

Entrainement 1

Distinguez les propositions subordonnées complétives conjonctives et les interrogatives indirectes puis indiquez leur fonction.

1. Il avait l'espoir que tout cela se termine bien.
2. Savons-nous vraiment ce que nous voulons faire ?
3. Je ne veux pas que tu ailles dans cet endroit.
4. Il me demanda quelle heure il était.
5. Elle répond que Mme Rousselet n'est pas là.
6. Elle lui demande s'il vient.
7. Il est finalement arrivé à ce qu'il voulait.
8. Fanny ignore quand Marius reviendra.
9. Que vous veniez me voir me ferait un immense plaisir.
10. Elle est contente que tu aies bien réussi ta dissertation de philo.

Corrigé p. 66

3 Les propositions subordonnées circonstancielles

Elles sont aussi appelées conjonctives, car elles sont **introduites par une conjonction de subordination** : *quand*, *si*, *comme*, ou par une locution conjonctive *parce que*, *dès que*, *aussitôt que*, *pour que*, *bien que*, *jusqu'à ce que*, *en attendant que*…

Les subordonnées circonstancielles remplissent une **fonction de complément circonstanciel** en apportant des précisions sur les circonstances de l'action : le temps, la cause, le but, la conséquence, la condition, la concession, la comparaison.

Ces conjonctions n'ont pas de fonction dans la proposition subordonnée introduite, mais possèdent le plus souvent un contenu sémantique.

Difficultés rencontrées

• La notion de circonstance n'est pas toujours bien claire et certaines subordonnées participent à la fois de deux valeurs circonstancielles :
S'il venait à la maison, on le recevrait avec joie. = temps ou condition ?

• Tandis que d'autres entrent mal dans les catégories prévues :
Tu veux acheter ce smartphone sauf que tu as oublié de prendre de quoi payer.
= opposition ou exception ?

3 1. Circonstancielles de temps

Subordonnants courants : *quand*, *lorsque*, *pendant que*, *avant que*, *après que*...
Elles précisent le rapport chronologique entre la principale et la subordonnée :
Quand une difficulté surgissait, il m'aidait.
Avec des subordonnants comme *alors que*, *tandis que*... certaines circonstancielles de temps présentent parfois les faits comme s'excluant l'un l'autre et prennent une valeur particulière d'opposition :
Il a été condamné **alors qu'**il était innocent.

3 2. Circonstancielles de cause

Subordonnants courants : *parce que*, *puisque*, *comme*, *du fait que*...
Elles expriment la cause avec des nuances importantes selon la conjonction ou locution utilisée. Ainsi, *parce que* et sa variante *du fait que* répondent plutôt à la question *pourquoi ?* et expriment la cause objective :
Elle ôte ses souliers **parce qu'**elle a mal aux pieds.
Tandis que *puisque* et ses variantes *dès lors que*, *du moment que* ou *comme* permettent plutôt de justifier la principale et de la présenter comme évidente :
Puisque tu sais tout, tu vas pouvoir répondre à la question.

3 3. Circonstancielles de conséquence

Subordonnants courants : *si bien que*, *de sorte que*, *de manière que*, *de façon que*, et corrélation des adverbes *si*, *tellement*, avec *que*.
Elles présentent les faits comme s'ils s'enchainaient mécaniquement :
Il était fatigué **si bien qu'**il s'est arrêté. Il est **si** gentil **qu'**on lui pardonne.

3 4. Circonstancielles de but

Subordonnants courants : *pour que*, *afin que*, *de peur que*, *de crainte que*...
Elles marquent le but, l'intention, si bien qu'elles sont toujours au subjonctif :
Nous avons dû insister **pour qu'**elle vienne.

3 5. Circonstancielles de concession

Subordonnants courants : *bien que*, *encore que*, *quoique*...
Elles apparaissent essentiellement dans les processus argumentatifs lorsqu'une cause supposée admise par un ou des interlocuteur(s) est refusée ou présentée comme sans effet ou de peu d'effet :
Bien qu'il sache lire, il n'a rien compris.

REMARQUE Même si elles ont un sens très proche, il est préférable de distinguer les circonstancielles concessives des propositions relatives de sens concessif généralement construites avec le pronom relatif ***que***. **Quoi qu'il puisse dire**, personne ne l'écoute.

Voir Fiche 5 : Les propositions subordonnées relatives. Pour aller plus loin, 2.

3 6. Circonstancielles de condition

Subordonnants courants : *si*, *à condition que*, *à moins que*, *en admettant que*, *en supposant que*...

Elles expriment une condition dont dépend la réalisation du procès principal :

Si tu vas à Rio, n'oublie pas de monter là-haut.

3 7. Circonstancielles de comparaison

Subordonnants courants : *comme*, *ainsi que* et adverbes *plus*, *moins*, *aussi* en corrélation avec *que*.

Il ment **comme** il respire. Il est revenu **plus** vite **que** je ne pensais.

Difficulté rencontrée

Les systèmes corrélatifs

Un certain nombre de subordonnées présentent des constructions particulières qui en modifient les propriétés et les rendent non mobiles ou peu mobiles. C'est le phénomène de la corrélation qui peut toucher différents types de subordonnées mais qui concerne surtout les subordonnées de conséquence et de comparaison.

Ainsi, certaines propositions introduites par *que* sont « annoncées » dans la principale par un terme dont elles dépendent. Bien qu'il appartienne à la principale, ce terme annonciateur est indispensable à la subordonnée, qui est aussi indispensable à la principale :

Paul est plus grand **que** Pierre ne l'était à son âge. Il est si bon **que** tout le monde l'aime.

Entrainement 2

Relevez et distinguez les différentes propositions subordonnées circonstancielles.

1. Si tu veux gagner du temps, arrête de tourner en rond.
2. Les meubles auraient été livrés s'il n'y avait pas eu cet accident.
3. Il s'est découragé si bien qu'il n'a pu aller jusqu'au bout.
4. Comme le soleil se levait, nous partîmes.
5. Nous sommes si fatigués que nous n'irons pas plus loin.
6. Quoique le temps soit maussade, la fête va être un succès.
7. Il téléphonera pour que Pauline vienne.
8. Il restera jusqu'à ce que ses forces l'abandonnent.
9. Puisque tu as mal à la tête, prends de l'aspirine.

Corrigé p. 66

À retenir

- **La proposition subordonnée dépend d'un élément** ou de l'ensemble de la proposition qui la régit.
- **Les propositions subordonnées complétives** occupent le plus souvent une fonction de **complément de verbe** mais peuvent aussi assumer les fonctions de **sujet**, de **complément de nom ou d'adjectif**.
- **Les propositions subordonnées circonstancielles** occupent une fonction de **complément circonstanciel** et peuvent exprimer le temps, la cause, la conséquence, le but, la concession, la condition et la comparaison.

Corrigés

Tester ses connaissances

Énoncé p. 60

1. Pas de subordonnée mais deux propositions indépendantes juxtaposées.

2. *qu'elle cherchait depuis si longtemps* : proposition subordonnée relative adjective.

3. *qu'elle ne voulait plus aller à l'école* : proposition subordonnée complétive conjonctive introduite par *que*.

4. Pas de subordonnée car il n'y a qu'une seule proposition indépendante. Le participe passé est apposé au sujet, comme un adjectif (*Inquiète, une femme*…).

5. Pas de subordonnée car il n'y a qu'une seule proposition indépendante. Le verbe *se taire* (forme pronominale) est simplement complément d'objet de *vouloir*.

6. Pas de subordonnée. Les deux propositions sont coordonnées par *car*.

7. *quand il s'applique* : proposition subordonnée circonstancielle de temps.

Entrainement 1

Énoncé p. 63

1. *que tout cela se termine bien* : conjonctive, complément du nom *espoir*.

2. *ce que nous voulons faire* : interrogative indirecte, COD du verbe *savons*.

3. *que tu ailles dans cet endroit* : conjonctive, COD du verbe *veux*.

4. *quelle heure il était* : interrogative indirecte, COD du verbe *demanda*.

5. *que Mme Rousselet n'est pas là* : conjonctive, COD du verbe *répond*.

6. *s'il vient* : interrogative indirecte, COD du verbe *demande*.

7. *à ce qu'il voulait* : conjonctive, COI du verbe *est arrivé*.

8. *quand Marius reviendra* : interrogative indirecte, COD du verbe *ignore*.

9. *Que vous veniez me voir* : conjonctive, sujet du verbe *ferait*.

10. *que tu aies bien réussi ta dissertation de philo* : conjonctive, complément de l'adjectif *contente*.

Entrainement 2

Énoncé p. 65

1. *Si tu veux gagner du temps* : circonstancielle de condition.

2. *s'il n'y avait pas eu cet accident* : circonstancielle de condition.

3. *si bien qu'il n'a pu aller jusqu'au bout* : circonstancielle de conséquence.

4. *Comme le soleil se levait* : circonstancielle de temps avec une nuance de cause selon les contextes.

5. (*si*…) *que nous n'irons pas plus loin* : circonstancielle de conséquence.

6. *Quoique le temps soit maussade* : circonstancielle de concession.

7. *pour que Pauline vienne* : circonstancielle de but.

8. *jusqu'à ce que ses forces l'abandonnent* : circonstancielle de temps.

9. *puisque tu as mal à la tête* : circonstancielle de cause.

FICHE 5 La phrase

Les propositions subordonnées relatives

Objectif

- Connaitre les caractéristiques des différents types de propositions relatives.

voir aussi

Phrase simple et phrase complexe .... p. 53
Les propositions subordonnées complétives et circonstancielles .... p. 59
Les pronoms autres que personnels .... p. 128
Les emplois de *que* .... p. 135
Les expansions du nom et du groupe nominal .... p. 172
Le subjonctif .... p. 237

Tester ses connaissances

Repérez, s'il y a lieu, les propositions relatives.

1. Pierre est un garçon qui sait bien lire.
2. Ils vivent dans la crainte que le ciel ne leur tombe sur la tête.
3. La ville où il est né n'existe plus.
4. Dis-nous où tu vas.
5. Cela dépend des substances avec quoi la pommade est faite.
6. Ce que son petit-fils fait à l'école intéresse ce grand-père.
7. Qui dort dine.

1. *qui sait bien lire.* **3.** *où il est né.* **5.** *avec quoi la pommade est faite.* **6.** *(Ce) que son petit-fils fait à l'école.* **7.** *qui dort.*

Corrigé détaillé p. 71

LE COURS

Les propositions subordonnées relatives sont introduites par les pronoms relatifs : ***qui***, ***que***, ***quoi***, ***dont***, ***où***, ***lequel*** (et ses dérivés formés avec la préposition *à* ou *de* : *auquel*, *duquel*...) et dépendent généralement d'un nom.

Le pronom relatif occupe toujours une fonction dans la proposition qu'il introduit :

Il mit le livre dans les mains de Zadig,
Proposition principale

qui, (...), ne put en déchiffrer un seul caractère.
Proposition subordonnée relative, introduite par le pronom relatif *qui*, dont l'antécédent est le nom *Zadig*. Le pronom relatif *qui* est sujet du verbe *put*.

ATTENTION Seul *dont* est exclusivement pronom relatif. Les autres formes : *qui, que, quoi, lequel* peuvent avoir des emplois de pronoms interrogatifs :
Qui est-ce ? Dis-nous où tu veux aller. Lequel préfères-tu ?

Il existe plusieurs sortes de propositions subordonnées relatives.

1 Les subordonnées relatives adjectives

Les propositions relatives adjectives jouent le rôle d'un adjectif, épithète ou apposé :
J'aime les roses qui sont rouges. / J'aime les roses rouges.
Ces propositions relatives sont de très loin les plus fréquentes.

Elles **complètent un antécédent** qui peut être :
– un groupe nominal déterminé (*les roses*…) :
J'aime **les roses** qui sont rouges.
– un pronom personnel (*moi*, *toi*, *lui*, *elle*, *nous*, *vous*, *eux*…) :
Toi qui as beaucoup voyagé, raconte-nous tes aventures.
– un pronom possessif (*le mien*, *le tien*, *le sien*…) :
Elle préfère **le sien** qui est plus pratique.
– un pronom indéfini (*rien*, *certain*, *quelqu'un*…) :
J'ai vu **quelqu'un** qui passait en courant.

1 1. Relatives déterminatives et explicatives

D'un point de vue sémantique, on distingue la **relative déterminative** et la **relative explicative**.

• La relative **déterminative** (ou **restrictive**) complète la détermination du nom antécédent (son identification). Puisqu'elle est nécessaire pour identifier exactement cet antécédent, elle ne peut être supprimée sans que le sens de la phrase en soit altéré : J'entends les voix des gens qui se baignent en contrebas, la relative est déterminative car elle permet l'identification complète de l'antécédent gens en restreignant son extension (non pas « tous les gens » mais seulement « ceux qui se baignent en contrebas »).

• La **relative explicative** (ou **appositive**) apporte simplement un commentaire sans participer à l'identification de l'antécédent. C'est le cas lorsque la détermination du nom est suffisante sans la relative, par exemple avec un déterminant possessif ou avec un nom propre antécédent :
Elle attrapa sa clé qui trainait sur la table. Ils s'arrêtèrent à Albi qu'ils ne connaissaient pas.
– Très souvent, la relative explicative est placée entre virgules. Ainsi, la relative :
Son ami, qui avait voyagé toute la nuit, s'assoupit tout à coup, est explicative car elle ne joue aucun rôle dans l'identification de l'antécédent. Elle peut être supprimée sans que le sens de la phrase en soit profondément modifié.
– Cependant, les relatives explicatives sont souvent porteuses de valeurs circonstancielles diverses (temporelles, causales, conditionnelles, concessives…) qui sont à interpréter car rien ne les signale. Par exemple, dans l'exemple précédent, la relative qui avait voyagé toute la nuit, a une valeur causale.

Entrainement 1

Identifiez les subordonnées relatives adjectives : déterminatives ou explicatives.

1. Elle est venue le voir à Bordeaux d'où elle l'a suivi.
2. Il semble avoir peur des mots dont il se sert.
3. Elle sourit de ce sourire qui semble une énigme.
4. Sa figure semblait tout en profil à cause du nez qui descendait très bas.
5. Le vieil homme, qui était sage, approuva.

Corrigé p. 71

1 2. Le mode dans les relatives adjectives

- L'**indicatif** est le mode le plus courant (voir les exemples du 1 1.).
- Le **subjonctif** peut se rencontrer dans certaines relatives adjectives déterminatives :

– si l'antécédent comporte un superlatif ou un adjectif comme *seul*, *premier*, *dernier*... :

C'est le plus grand menteur que j'aie jamais rencontré.

Il est le seul qui puisse réussir.

– ou si la proposition régissante dont dépend la relative implique une idée d'intention, de doute ou d'hypothèse :

Je cherche un livre qui soit bien écrit.

S'il y a quelque chose qui te fasse plaisir, prends-le.

Tous souhaitent un monde qui soit meilleur.

- L'**infinitif** est également utilisé après certains verbes comme *chercher*, *avoir besoin de*, *falloir*... à condition que le sujet de la principale et celui de la subordonnée soient identiques. Les relatives à l'infinitif peuvent se paraphraser par des relatives avec le verbe *pouvoir* : Il n'avait personne à qui se confier (à qui il puisse se confier).

2 Les subordonnées relatives substantives

Les propositions subordonnées relatives substantives n'ont **pas d'antécédent** et sont dites substantives parce qu'elles sont **assimilables à un groupe nominal** dont elles peuvent prendre toutes les fonctions : sujet, complément...

2 1. Forme simple : le relatif seul

Elles sont introduites par :

– le **pronom relatif *qui*** (ou sa variante *quiconque*), notamment dans les proverbes consacrés par l'usage ou inventés :

Qui vole un œuf vole un bœuf.

Qui vole un bœuf doit avoir un grand congélateur.

La proposition relative est sujet du verbe de la phrase.

– le **pronom relatif *quoi*** obligatoirement précédé d'une préposition :

Voilà bien à quoi il fallait penser ! La relative est complément du présentatif voilà.

– le **pronom relatif *où*** : Allez où bon vous semble. La relative est complément du verbe *aller*.

❷ 2. Les relatives périphrastiques

Elles n'ont pas non plus de véritable antécédent et sont introduites par une locution constituée :

– d'un **pronom démonstratif** (*ce*, *celui* et ses variables en genre et en nombre : *celle*, *ceux*, etc.) ou d'un adverbe comme *là* ;

– et d'un **pronom relatif** : *ce* ***qui***, *ce* ***que***, *celui* ***qui***, *celui* ***que***, *là* ***où***... :

Celui qui a dit cela est un menteur. **Ce que** tu veux est impossible.

Là où il passe, l'herbe ne repousse pas.

Difficulté rencontrée

Le repérage des relatives est parfois rendu difficile par les enchâssements (on parle de « **relative imbriquée** » avec une complétive) :

Nous allons assister à un match de l'équipe dont je sais (relative) que vous êtes supporteur (prop. complétive).

= Nous allons assister à un match de cette équipe. Je sais que vous êtes supporteur de cette équipe.

Pour aller plus loin

1. Les relatives prédicatives

Certaines relatives, introduites par le pronom relatif *qui*, ne jouent cependant pas le rôle d'un adjectif épithète ou apposé. En revanche, elles apportent l'information essentielle du prédicat de la phrase, c'est pourquoi on les nomme **relatives prédicatives** (ou **attributives** car elles ont une fonction d'**attribut de l'objet**) :

Je l'ai trouvé **qui pleurait**.

Plus rares que les propositions relatives adjectives, elles se rencontrent :

– après des verbes de perception comme *voir*, *entendre*, *regarder*, *sentir* ou bien le verbe *trouver* :

Je le vois **qui parle**.

– après les présentatifs *voici*, *voilà*, *c'est*, *il y a* :

Voilà le train **qui arrive** ! Il y a le téléphone **qui sonne**.

– après certaines constructions du verbe *avoir*, très proches du présentatif *il y a* :

Il a un genou **qui lui fait mal**.

ATTENTION La distinction entre relatives adjectives, épithètes ou apposées, et relatives prédicatives est parfois difficile hors du contexte communicatif. Ainsi dans la phrase :
Je vois Christophe qui arrive à pied, la relative peut être interprétée comme adjective faisant partie du GN (*je le vois* : *le* = Christophe qui arrive à pied) ou bien comme extérieure au GN, c'est-à-dire comme relative prédicative (*je le vois* : il arrive à pied).

2. Les relatives constituant une expression concessive

Certaines propositions relatives de sens concessif se trouvent parfois confondues avec les subordonnées circonstancielles concessives. Ces propositions, toujours au subjonctif, sont généralement introduites par le pronom *que* dans des constructions du type : *quel que*, *si*, *aussi*, *quelque*, *tout*, *pour* + caractérisation adverbiale + ***que*** :

Aussi vite qu'il coure, le lièvre ne rattrapera pas la tortue.

Quelque habilement que vous agissiez, vous ne gagnerez pas.

ou :

– *quelque* + *nom* + *que* : **Quelques raisons que vous donniez,** vous ne convaincrez personne.

– *quoi* + *que* : avec les verbes *penser*, *dire* et *faire*, le pronom *que* est précédé du pronom interrogatif *quoi* : **Quoi qu'il fasse,** tout le monde crie au miracle.

À retenir

- Les propositions subordonnées relatives sont introduites par un pronom relatif (ou une locution relative).
- Elles contiennent un verbe aux modes indicatif, subjonctif ou infinitif.
- Quand elles ont un antécédent, elles sont relatives adjectives ou plus rarement relatives prédicatives.
- Sans antécédent, elles sont relatives substantives ou périphrastiques.

Entrainement 2

Identifiez les différents types de subordonnées relatives et indiquez leur fonction.

1. Elle me regarda avec cet air qui lui était si particulier.
2. Il comprit ce que je pensais.
3. Je reviens de Bergerac qui ne se trouve qu'à vingt kilomètres.
4. Je leur ai dit ce qu'ils voulaient entendre.
5. J'ai rencontré le cousin de ma voisine qui est plombier.
6. Les enfants, qui aiment leurs parents, ne veulent pas les décevoir.
7. Le produit avec lequel vous avez travaillé est très dangereux.
8. Je voudrais acheter un aspirateur qui ne fasse pas trop de bruit.

Corrigé p. 72

Corrigés

Tester ses connaissances

Énoncé p. 67

2. pas de relative : la proposition *que le ciel ne leur tombe sur la tête* est une subordonnée complétive conjonctive introduite par *que*, complément du nom *crainte*.

4. pas de relative : la proposition *où tu vas* est une proposition subordonnée interrogative indirecte, COD du verbe *dis*.

Entrainement 1

Énoncé p. 69

1. *d'où elle l'a suivi* : relative explicative car l'antécédent *Bordeaux* est un nom propre qui ne nécessite pas de détermination supplémentaire.

2. *dont il se sert* : relative déterminative. Si on la supprime, le sens de la phrase est modifié. Le sujet *il* semble avoir peur non des mots en général, mais seulement des mots dont il se sert.

3. *qui semble une énigme* : relative déterminative. Le déterminant démonstratif *ce* appelle une précision de la détermination ; si on supprime la relative, l'antécédent *ce sourire* demeure incomplet.

4. *qui descendait très bas* : relative explicative. La relative apporte une précision mais ne joue aucun rôle dans l'identification référentielle de l'antécédent : le *nez* est déjà repéré avec *sa figure*.

5. *qui était sage* : relative explicative. La relative apporte une explication mais ne joue aucun rôle dans l'identification référentielle de l'antécédent. L'insertion entre virgules facilite l'analyse, puisqu'en français moderne, seule la relative explicative peut être séparée de son antécédent par une virgule (qui n'est pourtant pas strictement obligatoire).

Entrainement 2

Énoncé p. 71

1. *qui lui était si particulier* : relative adjective déterminative, complément de l'antécédent *cet air*.

2. *ce que je pensais* : relative périphrastique, COD de *comprit*.

3. *qui ne se trouve qu'à vingt kilomètres* : relative explicative, complément de l'antécédent *Bergerac*.

4. *ce qu'ils voulaient entendre* : relative périphrastique, COD de *ai dit*.

5. *qui est plombier* : relative adjective explicative, complément de l'antécédent *le cousin de ma voisine*.

6. *qui aiment leurs parents* : relative adjective explicative, complément de l'antécédent *Les enfants*.

7. *avec lequel vous avez travaillé* : relative adjective déterminative, complément de l'antécédent *Le produit*.

8. *qui ne fasse pas trop de bruit* : relative adjective déterminative, complément de l'antécédent *un aspirateur*. Le mode subjonctif provient de l'idée de souhait (*je voudrais*) exprimée dans la proposition principale.

FICHE 6

La phrase

Classes et fonctions grammaticales

Objectifs

- Distinguer les classes et les fonctions grammaticales.
- Avoir une vue d'ensemble des classes et des principales fonctions grammaticales.

voir aussi

Tester ses connaissances

Indiquez la classe et la fonction des mots soulignés dans le texte suivant.

Il y a très longtemps, dans une petite ville, au fin fond d'une vallée, existait une grande bâtisse noire. Chaque matin à la même heure une cloche sonnait, et l'on voyait déferler des rues, toutes les fillettes en rangs serrés et silencieuses. Le lourd portail de la grande maison noire s'ouvrait alors pour laisser passer les fillettes. Du haut de son mirador, le gardien surveillait leur entrée, et les gratifiait à chaque fois d'un sourire grinçant qui laissait découvrir ses dents en forme de grille de prison. Chaque fois qu'une fillette entrait, le gardien programmé annonçait de sa voix caverneuse : « a fait acte d'entrer ».

– **longtemps** : adverbe de temps. – **dans** : préposition. – **petite** : adjectif, féminin singulier, épithète du nom *ville*. – **Chaque** : déterminant indéfini du nom *matin*. – **et** : conjonction de coordination, relie les deux propositions. – **des** : article défini contracté (préposition *de* et article défini pluriel *les*). – **portail** : nom commun, masculin singulier, noyau du GN sujet. – **alors** : adverbe de temps, complément circonstanciel. – **pour** : préposition. – **surveillait** : verbe *surveiller*, à l'imparfait de l'indicatif, noyau du GV. – **leur** : déterminant possessif du nom *entrée*. – **les** : pronom personnel, COD de *gratifiait*. – **grinçant** : adjectif verbal, épithète de *sourire*. – **qui** : pronom relatif, introduit la proposition subordonnée relative, sujet de *laissait*. – **qu'** : conjonction de subordination, forme une locution conjonctive de temps avec *chaque fois*.

Corrigé détaillé p. 77

LE COURS

Un des exercices « classiques » de la grammaire scolaire vise à l'identification de la « nature » et de la « fonction » de mots ou de groupes de mots dans la phrase.

Le postulat de ce type d'exercice est que l'identification de la « nature » d'une unité permet de prédire ou d'exclure certaines « fonctions », c'est-à-dire certains rôles syntaxiques. Ainsi, la fonction « épithète » est réputée être l'apanage des adjectifs, et il est exact que la fonction « sujet » ne peut être assumée que par un groupe nominal ou l'un de ses équivalents.

> REMARQUE L'expression « **nature grammaticale** » d'une unité renvoie à la **notion ancienne de parties du discours**, héritée des grammaires antiques. On préfèrera à la notion vague de nature grammaticale celle de **classe grammaticale** définie par des critères stables et observables.

1 Les classes grammaticales

1 1. Définition

Une classe grammaticale se définit comme un **ensemble d'unités linguistiques ayant en commun des propriétés morphologiques, syntaxiques ou sémantiques** et pouvant figurer dans des contextes syntaxiques analogues. La liste des classes grammaticales utilisée par la grammaire scolaire a été arrêtée au XIXe siècle.

2. Procédures de reconnaissance

Une classe grammaticale est constituée par l'ensemble des mots qui peuvent se substituer dans des contextes syntaxiques analogues et qui partagent des propriétés morphologiques, syntaxiques et sémantiques.

• La classe des **déterminants** est constituée de l'ensemble des termes qui partagent les propriétés suivantes : ils **précèdent le nom, indiquent le genre et le nombre du nom** avec lequel ils s'accordent et ils constituent avec lui un **groupe nominal**. La classe des déterminants réunit donc la partie du discours appelée « article » et certains termes nommés autrefois « adjectifs » alors qu'ils ne partagent pas du tout les mêmes contextes d'occurrence que les adjectifs : un/ce/mon/quel cheval hennit mais **pas** *petit cheval hennit. Tout déterminant peut être remplacé par un article défini : **Deux** → **Les** fillettes.

Voir Fiche 8 : Les déterminants.

• Dans Le petit chat dort, on peut remplacer chaque terme de la phrase par un terme équivalent et faire apparaitre les classes suivantes :

– déterminants : **le**/mon/ce/...
– adjectifs : **petit**/gros/méchant/...
– noms : **chat**/chien/renard/...
– verbes : **dort**/court/part/...

3. Tableau des classes grammaticales

	Classes grammaticales	Exemples
Variables	Verbes	chanter, venir, aller, faire...
	Noms (ou substantifs)	chat, homme, fer, beurre...
	Adjectifs	petit, grand, vert, admirable...
	Déterminants	le, ce, mon, deux, quelques...
	Pronoms	il, cela, le mien, qui, personne...
Invariables	Adverbes	hier, alors, bien, très, vite...
	Prépositions	à, de, en, dans, sur, sous, pour...
	Conjonctions	et, ou, ni, que, quand, comme...
	Interjections	ah, hé, oh, chut, hein...

REMARQUE Un mot peut appartenir à plusieurs classes grammaticales. *Tout* peut être pronom (Tout va bien), déterminant (en tout genre), adverbe (elle est tout étonnée)...

Entrainement 1

Indiquez la classe de *tout* dans les phrases suivantes.

1. Tous les candidats sont admissibles.
2. Tout condamné à mort aura la tête tranchée.
3. Tout est perdu.
4. Elle est toute petite.
5. « L'homme est un tout indivisible. » (Blaise Pascal.)

Corrigé p. 78

Difficulté rencontrée

Les classes grammaticales regroupent des mots simples ou dérivés. Mais on peut également y intégrer des mots composés ou des locutions, constitués de plusieurs mots, suivant un principe général : un mot composé ou une locution peut être remplacé(e) par un mot simple, dont il exerce les mêmes fonctions grammaticales. Il constitue une unité lexicale dont tous les éléments sont solidaires et qui s'interprète globalement. La tradition distingue les **noms, adjectifs et verbes composés** et les **locutions adverbiales**, prépositives et conjonctives, bien que le phénomène grammatical soit identique.
– Il épluche une **pomme de terre** / poire : nom composé.
– Cette épreuve lui **fait peur** / l'effraie : verbe composé.
– Le zombie est entré **à l'intérieur de** / dans la maison : locution prépositive.
– Il critique **sans cesse** / toujours le gouvernement : locution adverbiale.
Historiquement, certains termes ont été formés par composition, avant de devenir des mots simples, marqués par la soudure graphique :
toujours, vinaigre, bienveillant, pourquoi, bonsoir, cependant, parmi…

2 Les fonctions grammaticales

2 1. Définition

Les fonctions sont définies en termes à la fois **relationnels**, **formels** et aussi, en partie, **sémantiques**.

Alors que les « classes grammaticales » sont des regroupements établis sur la base de l'identification de propriétés communes au niveau de la langue, la mise en évidence de la fonction d'une unité linguistique ne peut se faire que dans un contexte syntaxique donné, par l'observation de relations de dépendance et de hiérarchie qui unissent les termes de l'énoncé. Autrement dit, **la notion de fonction repose fondamentalement sur les relations entre les termes**, qui varient dans chaque énoncé (un dictionnaire indique les classes grammaticales, mais non les fonctions).

2 2. Procédure de reconnaissance

Dans cette perspective, identifier la « fonction » revient à se poser la question du « rôle » que joue le mot/groupe étudié dans la construction syntaxique et sémantique de la phrase et des relations qu'il entretient avec les autres termes de la phrase.
Le ciel est bleu.
L'adjectif bleu est relié au sujet le ciel par le verbe *être*. Il est attribut du sujet.

2 3. Typologie simplifiée des fonctions

Il existe deux grands types de fonctions :

- **La fonction « sujet »**

Un premier niveau d'analyse commun à toutes les approches syntaxiques est la décomposition de la phrase en deux constituants obligatoires en relation de mutuelle dépendance : ils sont appelés *groupe sujet* et *groupe verbal* dans le cadre de l'analyse de la phrase simple verbale : Le petit chat (groupe sujet) boit son lait (groupe verbal).

Voir Fiche 16 : La fonction sujet.

Voir Fiche 1 : Qu'est-ce qu'une phrase ?

- **La fonction « complément (de) »**

L'identification de la fonction « complément (de) » nécessite le repérage des relations de dépendance à la fois syntaxiques et sémantiques (spécification, caractérisation) qui s'établissent au sein de la phrase. L'important est de mettre en évidence l'orientation de la relation, autrement dit de faire percevoir ce qui complète un élément de la construction, qui est un apport nécessaire ou facultatif par rapport à un support.

> **REMARQUE** Un mot ou un groupe de mots peut également ne pas recevoir de compléments : ainsi, dans Ils grognaient et se plaignaient, les verbes *grogner* et *se plaindre* n'ont pas de compléments. Ils sont intransitifs.

Différents niveaux de dépendance peuvent être mis en évidence :

– Un mot ou groupe, généralement détaché en tête de phrase, peut porter (du point de vue du sens) sur le reste de la phrase et est donc appelé un « complément de phrase » : Chaque matin, une cloche sonnait. Le groupe nominal Chaque matin indique le moment où a lieu l'évènement décrit par une cloche sonnait.

Les compléments de phrase (terminologie officielle de 2015) sont aussi appelés **compléments circonstanciels** (2018 et 2020).

Voir Fiche 20 : Les compléments circonstanciels.

– Si un groupe dépend d'un nom, c'est un « **complément du nom** » : Le portail de la maison, le nom portail a comme complément le groupe de la maison qui indique le tout dont il constitue une partie.

Voir Fiche 19 : Les expansions du nom et du groupe nominal.

– Si un mot ou un groupe de mots dépend d'un adjectif, c'est un « **complément de l'adjectif** » : Harpagon est âpre au gain. L'adjectif âpre est complété par le groupe prépositionnel au gain.

– S'il dépend d'un verbe, c'est un « **complément du verbe** » : Le gardien surveillait leur entrée. Le groupe nominal leur entrée complète le verbe surveillait. Il est « complément d'objet direct » selon la terminologie scolaire.

Voir Fiche 17 : Les compléments du verbe : COD, COI, attribut

Le schéma suivant résume les principales fonctions évoquées à l'école élémentaire :

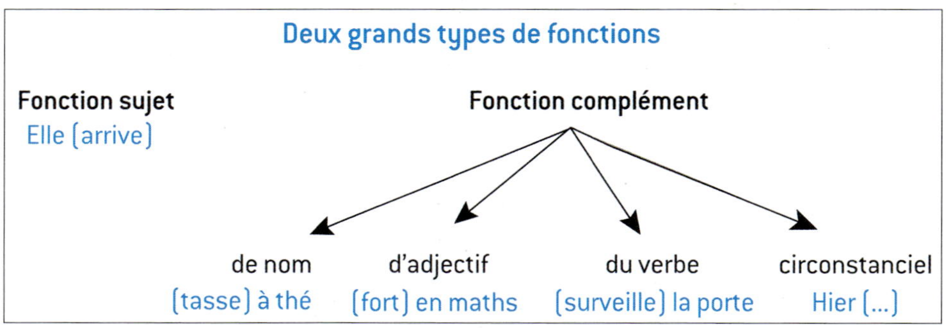

Entrainement 2

1. Indiquez les fonctions de *inquiète* dans les phrases suivantes.

1. Comme sa fille n'est pas rentrée, la mère inquiète a appelé la police. **2.** Marie est inquiète. **3.** Je la trouve inquiète. **4.** Marie, inquiète, n'arrive pas à s'endormir.

2. Indiquez les fonctions des mots soulignés dans les phrases précédentes.

Corrigé p. 78

Erreurs éclairantes

Corrigez les analyses suivantes si vous les jugez fausses.

1. Philippe est <u>triste</u>.
triste = adjectif, complément circonstanciel de manière.

2. <u>Soudain</u>, l'orage a éclaté.
soudain = préposition, complément circonstanciel de temps.

3. <u>Mon</u> livre est déchiré.
mon = pronom possessif.

4. Au fin fond d'une vallée existait <u>une grande bâtisse noire</u>.
une grande bâtisse noire = complément d'objet direct de « existait ».

5. <u>Du haut de</u> son mirador, le gardien surveillait leur entrée.
du haut de = adverbe de lieu.

6. Il juge les enfants <u>coupables</u>.
coupables = adjectif, épithète du nom « enfants ».

Corrigé p. 78

À retenir

- On distingue **neuf classes grammaticales** : verbe, nom, déterminant, adjectif, pronom, adverbe, préposition, conjonction, interjection.
- On distingue de **nombreuses fonctions** grammaticales suivant les relations à l'intérieur de la phrase. On oppose fondamentalement le sujet aux différents types de compléments.

Corrigés

Tester ses connaissances

Énoncé p. 73

– *longtemps* : adverbe de temps, complète le présentatif *il y a*.
– *dans* : préposition, qui forme avec le groupe nominal *une petite ville* un groupe prépositionnel, complément circonstanciel de lieu.
– *petite* : adjectif, féminin singulier, épithète du nom *ville*.
– *Chaque* : déterminant indéfini, détermine le nom *matin*.
– *et* : conjonction de coordination, relie deux propositions.
– *des* : article défini contracté (amalgame de la préposition *de* et de l'article défini pluriel *les* qui détermine le nom *rues*). *Des rues* constitue un groupe prépositionnel, complément du verbe *déferler*.
– *portail* : nom commun, masculin singulier, noyau du groupe nominal sujet.
– *alors* : adverbe de temps, complément circonstanciel.

– *pour* : préposition, introduit l'infinitif complément circonstanciel de but *laisser passer.*

– *surveillait* : verbe *surveiller*, 3e personne du singulier de l'imparfait de l'indicatif, noyau du groupe verbal.

– *leur* : déterminant possessif, détermine le nom *entrée.*

– *les* : pronom personnel, 3e personne du pluriel, COD de *gratifiait.*

– *grinçant* : adjectif verbal, épithète de *sourire.*

– *qui* : pronom relatif, introduit la proposition subordonnée relative, sujet de *laissait.*

– *qu'* : conjonction de subordination, forme une locution conjonctive de temps avec *chaque fois* (*chaque fois qu(e) = quand*).

Entrainement 1

Énoncé p. 74

1. **Tous** *les candidats* : prédéterminant (précède l'article *les*).
2. **Tout** *condamné* : déterminant (= *le, un*...).
3. **Tout** *est perdu* : pronom indéfini.
4. **Toute** *petite* : adverbe de degré (= *très*), qui se met au féminin devant un adjectif commençant par une consonne (vs *elle est tout étonnée* : pas d'accord devant une initiale vocalique).
5. *un* **tout** *indivisible* : nom commun, masculin singulier.

Entrainement 2

Énoncé p. 76

1. **1.** épithète du nom *mère.* **2.** attribut du sujet *Marie.* **3.** attribut du complément d'objet direct *la* (pronom personnel mis pour *Marie*). **4.** mis en apposition (ou épithète détachée) à *Marie.*

2. **1.** *sa fille* : sujet. **2.** *la police* : COD. **3.** *la* : COD. **4.** *à s'endormir* :COI.

Erreurs éclairantes

Énoncé p. 77

1. Faux : *triste* est adjectif attribut du sujet *Philippe* (la question scolaire « comment ? » provoque l'erreur).
2. Faux : *soudain* est un adverbe de temps, et non une préposition car il n'introduit aucun terme.
3. Faux : *mon* est un déterminant possessif, suivi du nom *livre* (≠ pronom : *le mien*).
4. Faux : *une grande bâtisse noire* est sujet inversé de *existait.*
5. Faux : *du haut de* est une locution prépositive (= *de*) introduisant le groupe nominal *son mirador* et formant avec lui un groupe prépositionnel complément de lieu.
6. Ambigu : *coupables* est un adjectif qui peut être une épithète (expansion) du nom *enfants* ou bien un attribut du COD *les enfants.*
Test de vérification : remplacer le groupe nominal par le pronom *les* :
– *Il les juge* : *les = les enfants coupables* ; dans ce cas, *coupables* est épithète (l'adjectif est inclus dans le groupe nominal).
– *Il les juge coupables* : *les = les enfants* ; l'attribut du COD n'est pas inclus dans *les.*

FICHE 7

La phrase

La ponctuation

Objectif

- Connaitre les fonctions de la ponctuation.

voir aussi

Qu'est-ce qu'une phrase ? .... p. 45
Types et formes de phrases .... p. 49
Les connecteurs .... p. 263
Le discours rapporté .... p. 273

Tester ses connaissances

Ponctuez cette phrase.

Et une demi-heure après la pensée qu'il était temps de chercher le sommeil m'éveillait je voulais poser le volume que je croyais avoir encore dans les mains et souffler ma lumière je n'avais pas cessé en dormant de faire des réflexions sur ce que je venais de lire mais ces réflexions avaient pris un tour un peu particulier il me semblait que j'étais moi-même ce dont parlait l'ouvrage une église un quatuor la rivalité de François Ier et de Charles-Quint.

Marcel Proust, *À la recherche du temps perdu*, 1913.

Et, une demi-heure après, la pensée qu'il était temps de chercher le sommeil m'éveillait ; je voulais poser le volume que je croyais avoir encore dans les mains et souffler ma lumière ; je n'avais pas cessé en dormant de faire des réflexions sur ce que je venais de lire, mais ces réflexions avaient pris un tour un peu particulier ; il me semblait que j'étais moi-même ce dont parlait l'ouvrage : une église, un quatuor, la rivalité de François Ier et de Charles-Quint.

Corrigé détaillé p. 84

GRAMMAIRE

LE COURS

1 Définition, règles et usages

« La ponctuation est le système des signes graphiques qui contribuent à l'organisation d'un texte écrit en apportant des indications prosodiques[1], marquant des rapports syntaxiques ou véhiculant des informations sémantiques[2]. »

1. *Voir infra* 2.
2. Martin Riegel, Jean-Christophe Pellat, René Rioul, *Grammaire méthodique du français*, PUF, 2018.

1 1. Les signes de ponctuation : liste et usage

ATTENTION La présente fiche n'a pas pour objectif d'exposer toutes les règles de ponctuation mais d'étudier les principes qui les sous-tendent pour mieux les comprendre et mieux les appliquer.

Sous le terme générique de ponctuation, on désigne deux systèmes complémentaires mais distincts.

• Le **système de la ponctuation** proprement dit sert, dans le cadre de la phrase et du texte, à permettre le fonctionnement des unités linguistiques, indépendamment du locuteur qui est censé les proférer. Il compte une dizaine de signes[1] :

la virgule **,** le point-virgule **;** le point **.**
le point d'exclamation **!** le point d'interrogation **?**
les points de suspension **...** les deux points **:**
les guillemets **« »** le tiret **–**
les parenthèses **( )** les crochets **[ ]**

• Parmi ces signes, les **signes d'énonciation** comme les guillemets et les tirets, sont utilisés pour signaler le **discours direct**. Ils ont pour fonction d'identifier le locuteur, de distinguer narrateur et personnages.

> **REMARQUE** Aux ressources propres à la ponctuation, s'ajoute l'emploi des signes de mise en page : alinéa et « puces » de diverses tailles et formes.

1 2. La ponctuation obéit à des règles mais aussi à des usages

• La ponctuation est régie par une norme comme l'orthographe, puisque certaines pratiques sont obligatoires : la phrase se termine par un point, la virgule est interdite entre le sujet et le verbe, etc.

• Cependant, cette norme autorise une certaine latitude au scripteur et de nombreux faits sont laissés à son libre choix : virgules, points-virgules... D'autre part, si l'on considère le sous-système des signes d'énonciation, on constate que, loin d'obéir à une codification rigoureuse, il donne lieu à de multiples variations qui peuvent être dues à des choix stylistiques.

• Les règles de la ponctuation moderne ont été établies par les typographes du XIXe siècle. Elles ne sont pas aussi strictes que pour l'orthographe, comme on le voit dans l'usage qu'en font les écrivains.

1 3. La ponctuation au service de la langue écrite

Initialement, la ponctuation avait pour rôle de noter des faits phonétiques dits « suprasegmentaux » en marge des phonèmes, eux-mêmes notés par les signes alphabétiques. Sa fonction était de signaler les pauses et les intonations. Cependant, au cours des siècles, le système a progressivement évolué d'une fonction à dominante « **phonétique** » vers une fonction à dominante « **logico-syntaxique** ».

2 La fonction prosodique

Les signes de ponctuation peuvent en partie correspondre aux pauses de la voix ou à l'intonation de la phrase.

• Le point, le point-virgule et la virgule peuvent marquer des frontières syntaxiques qui correspondent à des arrêts plus ou moins importants de l'émission sonore.

• Le point d'interrogation et le point d'exclamation correspondent à des nuances de l'intonation orale. Toutefois, ces deux signes de ponctuation ne peuvent rendre compte de la diversité mélodique de l'oral qui dispose de plusieurs courbes mélodiques pour l'interrogation et d'une grande variété de nuances d'exclamations : un cri de colère, un ordre péremptoire, l'expression d'un léger dépit, etc.

1. Pour une présentation plus détaillée des principaux signes de ponctuation, voir *Quelle grammaire enseigner ?* Éditions Hatier, 2018 (Fiche 12, p. 102-108).

3 La fonction syntaxique

La ponctuation contribue à segmenter des unités syntaxiques de longueur variable : texte en phrases, phrase en groupes, et d'y reconnaitre des unités de rang inférieur. Elle sert aussi à indiquer les démarcations énonciatives, en signalant les citations, le discours rapporté et les assertions diverses.

3 1. Délimitation des phrases

La démarcation entre les phrases est marquée de manière redondante, par deux signes combinés, de nature différente : la majuscule en début de phrase et le point à la fin.

Divers points marquent la fin d'une phrase : le point simple, le point d'interrogation, le point d'exclamation, quelquefois le point-virgule et, plus rarement, les points de suspension.

Voir Fiche 36 : Le discours rapporté.

3 2. Délimitation à l'intérieur de la phrase

• À l'intérieur des phrases, la ponctuation sert à délimiter des groupes syntaxiques. La virgule permet de juxtaposer des mots ou des groupes de mots :

Les chats, les chiens, les lapins, tous ces animaux familiers prennent une place importante dans un monde qui éloigne de plus en plus la vie quotidienne de la nature.

Les groupes nominaux juxtaposés qui composent le sujet sont séparés par des virgules.

• Les virgules et les points-virgules peuvent aussi délimiter des unités plus longues comme des propositions juxtaposées :

À midi, le médecin revint, il fit quelques prescriptions.

(Victor Hugo, *Les Misérables*, 1862.)

Je rallumais un instant pour regarder ma montre ; il n'était pas encore minuit.

(Marcel Proust, *Contre Sainte-Beuve*, 1954.)

ou des ensembles de propositions :

Et, une demi-heure après, la pensée qu'il était temps de chercher le sommeil m'éveillait ; je voulais poser le volume que je croyais avoir encore dans les mains et souffler ma lumière...

(Marcel Proust, *À la recherche du temps perdu*, 1913.)

3 3. Démarcations discursives

• Les guillemets, les parenthèses, les tirets doubles (à la manière des parenthèses) permettent d'insérer un élément (mot, fragment de phrase, phrase) relevant d'un autre niveau discursif.

Mais c'est toujours le même procédé : faire quelques éloges « d'amis » de Flaubert, des Goncourt, de Baudelaire, et dire que...

(Marcel Proust, *Contre Sainte-Beuve*, 1954.)

• Les deux points servent à introduire le discours rapporté ou à marquer une séparation significative avec ce qui précède : explication, exemple, etc.

Il écrit à Sainte-Beuve : « Encore un service que je vous dois ! » (discours rapporté)

Le voisin a la mine réjouie : l'OM a dû se qualifier. (explication)

Voir Fiche 36 : Le discours rapporté.

GRAMMAIRE

ATTENTION La ponctuation ne doit pas aller à l'encontre des liens syntaxiques forts :
– entre un nom et son complément : *le livre, de la jungle ;
– entre le sujet et le verbe : *La vache, rumine ;
– entre le verbe et un complément d'objet : *Le tigre obéit, à son instinct.

Entrainement 1

Expliquez les erreurs de ponctuation.

1. Dans sa préface aux *Commentaires* de Monluc Jean Giono, fait montre, d'une rare virtuosité de style.

2. Il n'est pas dit, que toute cette affaire, pour si embarrassée qu'elle paraisse, ne se résoudra pas d'un coup.

3. Pressé, par ses partisans de dire ce qu'il entendait faire pour la suite il demeura coi.

4. Redis le, veux-tu que je sache enfin le fond de ta pensée voire le tréfonds.

5. En vérité, on le connaissait, comme un très brave homme et un cœur d'or.

Corrigé p. 84

4 La fonction sémantique

Les signes de ponctuation peuvent aussi apporter diverses informations sémantiques.

4 1. Identification de la modalité de la phrase

Le point d'interrogation et le point d'exclamation permettent d'identifier les types de phrases :

À **quelle** heure passe le train de 8 h 47 **?**

Quel appétit il a le bougre **!**

Parfois, ces points constituent la seule marque permettant d'identifier le type de la phrase :

Le train de 8 h 47 n'est pas encore passé **?**

Il a mangé tous les restes du repas de noce **!**

4 2. Découpage sémantique et syntaxique de la phrase

Deux exemples illustreront ce rôle fondamental de la ponctuation, qui permet d'opposer des fonctions grammaticales différentes, et par là même des sens différents.

- **Complément du verbe et complément circonstanciel :**

Il a répondu sottement. Il a répondu**,** sottement.

→ Dans la première phrase, l'adverbe se rattache directement au verbe, dont il constitue un complément : c'est le contenu de sa réponse qui relevait de la sottise.

→ Dans la seconde phrase, du fait de la virgule, l'adverbe sottement est un complément circonstanciel. Il porte donc sur l'ensemble de l'énoncé : le seul fait de répondre était en soi une sottise, celui qui a répondu aurait mieux fait de se taire.

- **Épithète et apposition :** Les ceps atteints par le phylloxera ont dû être arrachés. Les ceps**,** atteints par le phylloxera**,** ont dû être arrachés.

→ Dans la première phrase, le participe épithète permet de déterminer de quels ceps il s'agit : seuls les ceps atteints ont été arrachés.

→ Dans la seconde phrase, la mise entre virgules du participe et de son complément indique qu'il s'agit d'une apposition à valeur explicative : tous les ceps ont été arrachés parce qu'ils étaient tous atteints.

Entrainement 2

Voici un extrait d'une pièce de théâtre dans lequel on a effacé toute trace de ponctuation. Il se compose du fragment d'une réplique (d'un reporter au téléphone) et de deux didascalies, indications de mise en scène par l'auteur, en italique.

1. **Essayez de retrouver la ponctuation d'origine.**

2. **Commentez la différence de ponctuation entre les deux types de textes.**

[...] allô allô vous entendez non on a dû se tromper au studio vous avez branché une marche funèbre sur l'hymne national oui oui je sais les deux enregistrements sont dans deux casiers voisins de la discothèque mais c'est pas une raison vous allez vous faire coffrer arrêtez ça tout de suite vous m'entendez *la musique après un dérapage ridicule s'arrête* bon bon pour le moment arrêtez tout merci

Pendant ce jeu de scène il s'est produit un incident parmi les consommateurs assis aux terrasses des cafés les deux promeneurs du début entourent la jeune femme qui fait partie de leur groupe et qui vient de s'écrouler l'un d'eux la soutient et lui tapote doucement les joues

D'après Jean Tardieu, *La comédie du drame*, © Éditions Gallimard, 1993.

Corrigé p. 85

Entrainement 3

Après avoir lu cette production écrite d'une élève de CE2 dont l'orthographe a été corrigée :

1. **vous modifierez la ponctuation de manière à la rendre acceptable ;**

2. **vous classerez et analyserez les différentes catégories de dysfonctionnements relevant de la ponctuation.**

Il était une fois, une petite maison dans la prairie, non loin du village. Dans cette maison, y habitent, deux enfants, une mamie et un chat. Le seul malheur c'est que ce village ne savait pas qu'il habitait pas loin de la maison d'un monstre terrible. Un jour les deux enfants la mamie et le chat, partirent se promener.

Tout à coup, un volcan explosa, le monstre sortit pour manger tout le monde, mais le chat n'aime pas ça, il courut le griffer, le monstre eut tellement peur qu'il courut pour tenter de sauter par dessus le volcan, mais, patatras il tomba dans le volcan qui explosa. Le chat courut vers la mamie et les deux enfants effrayés, la mamie dit « au moins il nous embêtera plus »

Corrigé p. 85

GRAMMAIRE

À retenir

La ponctuation assure principalement trois fonctions :
– Elle donne sur l'oral des informations non prises en compte par les mots.
– Elle contribue à la structuration syntaxique du texte.
– Elle indique des relations sémantiques entre des parties de celui-ci.

Corrigés

Tester ses connaissances

Énoncé p. 79

• **Fonction syntaxique :**

– Les points-virgules délimitent des unités longues constituées de plusieurs propositions. Ces différentes unités auraient d'ailleurs très bien pu être séparées par des points.

– Les virgules encadrent un groupe complément circonstanciel détaché (*une demi-heure après*) et séparent les éléments d'une énumération (*une église, un quatuor, la rivalité de François Ier et de Charles-Quint*).

• **Fonction sémantique et syntaxique :**

Les deux points annoncent une énumération d'exemples et jouent un rôle équivalent à celui des connecteurs marquant l'exemplification tels que : *par exemple*, *notamment*, *entre autres*, etc.

• **Fonction prosodique :**

La virgule située avant la proposition *mais ces réflexions avaient pris un tour un peu particulier* a surtout un rôle prosodique et sert à détacher cette proposition pourtant coordonnée par *mais*.

Entrainement 1

Énoncé p. 82

1. *Dans sa préface aux* Commentaires *de Monluc, Jean Giono fait montre d'une rare virtuosité de style*. Deux erreurs :

– absence de virgule après le complément de phrase : *Dans sa préface aux* Commentaires *de Monluc* ;

– présence d'une virgule entre la locution verbale *fait montre* et son COI *d'une rare virtuosité*.

2. *Il n'est pas dit que toute cette affaire, pour si embarrassée qu'elle paraisse, ne se résoudra pas d'un coup.*

Présence d'une virgule entre le verbe et la proposition conjonctive COD.

3. *Pressé par ses partisans de dire ce qu'il entendait faire pour la suite, il demeura coi.* Deux erreurs :

– présence d'une virgule séparant le participe *pressé* de son complément *de dire* ;

– absence de virgule après le groupe participe apposé en tête de phrase.

4. *Redis-le, veux-tu, que je sache enfin le fond de ta pensée, voire le tréfonds.* Trois erreurs :

– absence de trait d'union entre le verbe et le pronom COD (ponctuation de mots) ;

– absence d'une seconde virgule pour encadrer la proposition *veux-tu* en incise (*que je sache*… n'est pas une complétive mais une circonstancielle de but) ;
– absence de virgule avant *voire* qui doit toujours être précédé d'une virgule.

5. *En vérité, on le connaissait comme un très brave homme et un cœur d'or.* Présence d'une virgule séparant le verbe et l'attribut du COD, *le*.

Entrainement 2

Énoncé p. 83

1. Allô ! Allô ! Vous entendez ? Non ? On a dû se tromper, au studio ! Vous avez branché une marche funèbre sur l'hymne national !... Oui, oui, je sais, les deux enregistrements sont dans deux casiers voisins de la discothèque ! Mais c'est pas une raison ! Vous allez vous faire coffrer ! Arrêtez ça tout de suite vous m'entendez ! (*La musique, après un « dérapage » ridicule, s'arrête.*) Bon, bon ! Pour le moment, arrêtez tout ! Merci !

Pendant ce jeu de scène, il s'est produit un incident parmi les consommateurs assis aux terrasses des cafés. Les deux promeneurs du début entourent la jeune femme qui fait partie de leur groupe et qui vient de s'écrouler. L'un d'eux la soutient et lui tapote doucement les joues.

Jean Tardieu, *La Comédie du drame*, © Éditions Gallimard, 1993.

2. Vous avez sans doute constaté la différence de traitement des deux textes du point de vue de la ponctuation.

– La réplique du reporter est hachée, les phrases se succèdent, ponctuées souvent par des points d'exclamation qui rendent compte sinon des sentiments, du moins de leur intensité. La réplique intègre d'une certaine façon l'interlocuteur au bout du fil. Dans *Vous entendez ? Non ?*, ce dernier mot est l'écho de la réponse et le point d'interrogation traduit l'incompréhension et l'exaspération du reporter. Plus loin, les points de suspension après un point d'exclamation sont comme un blanc pendant lequel le reporter se tait et écoute celui qui est au bout du fil ; cela est confirmé par la suite de la réplique *Oui, oui, je sais* sans point d'exclamation, ce qui traduit un apaisement passager du ton.

– Les indications de mise en scène, sur un ton neutre, ne comportent aucun signe de ponctuation expressive. On trouve trois phrases terminées par un point et sans autre démarcation interne que la virgule, obligatoire, détachant un complément de phrase.

– L'indication incise dans le texte s'en distingue par les caractères italiques et, pour éviter toute équivoque, est encadrée par des parenthèses. Les guillemets mis au mot *dérapage* constituent une modalisation qui renforce l'épithète *ridicule*.

– La différence dans le traitement de la ponctuation, entre l'expressivité de l'une et le strict respect des normes de l'autre, est donc en accord avec les caractères différents des deux types de texte.

Entrainement 3

Énoncé p. 83

1. Ponctuation modifiée

Il était une fois une petite maison dans la prairie, non loin du village.

Dans cette maison, y habitent deux enfants, une mamie et un chat.

Le seul malheur, c'est que ce village ne savait pas qu'il habitait pas loin de la maison d'un monstre terrible. Un jour, les deux enfants, la mamie et le chat partirent se promener.

GRAMMAIRE

Tout à coup, un volcan explosa. Le monstre sortit pour manger tout le monde, mais le chat n'aime pas ça. Il courut le griffer. Le monstre eut tellement peur qu'il courut pour tenter de sauter par dessus le volcan, mais patatras !

Il tomba dans le volcan qui explosa. Le chat courut vers la mamie et les deux enfants effrayés. La mamie dit : « Au moins, il nous embêtera plus ! »

2. Les dysfonctionnements

Signes d'énonciation et ponctuation du discours direct

Les paroles rapportées en discours direct sont correctement encadrées par des guillemets. Toutefois, il manque les deux points après le verbe introducteur *dit.* En outre, l'élève n'a pas respecté les règles habituelles régissant la ponctuation dans la phrase rapportée entre guillemets : absence de majuscule et de point, absence de virgule après l'adverbe complément de phrase *au moins.*

Délimitation des phrases

Une seule phrase, selon la ponctuation de l'élève, depuis *Tout à coup* jusqu'à *le volcan qui explosa.* La syntaxe ne comporte pas d'irrégularités, mais il est nécessaire de remplacer certaines virgules par des points afin de segmenter en plusieurs phrases. (La solution proposée, qui détache quatre phrases correctes, n'est pas la seule possible.)

De même, il est indispensable de délimiter les phrases (point et majuscule) à la dernière ligne : *effrayés. La mamie...*

Emploi des virgules

- **Virgules placées à des positions erronées :**
  - entre le présentatif *Il était une fois* et le groupe nominal qu'il introduit ;
  - entre le verbe *habitent* et le sujet (inversé) ;
  - entre le sujet *les deux enfants, la mamie et le chat* et le verbe *partirent.*
- **Virgules absentes, nécessaires au regard de la syntaxe :**
  - après le groupe détaché en tête de phrase *Le seul malheur* (transformation emphatique) ;
  - après le complément de phrase détaché en tête *Un jour* ;
  - entre les deux groupes nominaux *les deux enfants* et *la mamie.*

Point d'exclamation

L'élève n'utilise pas ce signe. Il pourrait apparaitre deux fois dans ce texte (sans qu'on puisse toutefois parler de dysfonctionnement) :

– pour donner plus de force à l'onomatopée interjective *patatras* ;

– pour transformer en phrase exclamative la phrase déclarative prononcée par la mamie, présentée sous forme de discours direct.

Ces deux emplois ne sont pas nécessaires au regard de la syntaxe ; ils peuvent être considérés comme relevant de choix d'ordre stylistique.

VERS LE CONCOURS La phrase

Exercice 1

Relevez et identifiez les propositions subordonnées.

Quand je formai le projet de découvrir le passage au nord-ouest, on ignorait si l'Amérique septentrionale s'étendait sous le pôle en rejoignant le Groenland, ou si elle se terminait à quelque mer contigüe à la baie d'Hudson et au détroit de Béring.

Chateaubriand, *Mémoires d'outre-tombe*, 1849-1850.

Corrigé p. 89

Exercice 2

Relevez et identifiez les propositions subordonnées complétives et circonstancielles.

L'ermite

[Zadig] rencontra en marchant un ermite [...] Zadig s'arrêta, et lui fit une profonde inclination. L'ermite le salua d'un air si noble et si doux que Zadig eut la curiosité de l'entretenir. Il lui demanda quel livre il lisait. « C'est le livre des destinées, dit l'ermite ; voulez-vous en lire quelque chose ? » Il mit le livre dans les mains de Zadig, qui [...] ne put déchiffrer un seul caractère du livre. Cela redoubla encore sa curiosité. « Vous me paraissez bien chagrin, lui dit ce bon père. – Hélas ! que j'en ai sujet ! dit Zadig. – Si vous permettez que je vous accompagne, repartit le vieillard, peut-être vous serai-je utile.»

Voltaire, *Zadig*, 1748.

Corrigé p. 89

Exercice 3

Relevez les propositions subordonnées relatives et caractérisez-les.

M. Gordon était un vieillard frais et serein, qui savait deux grandes choses : supporter l'adversité et consoler les malheureux. Il s'avança d'un air ouvert et compatissant vers son compagnon, et lui dit en l'embrassant : « Qui que vous soyez qui venez partager mon tombeau, soyez sûr que je m'oublierai toujours moi-même pour adoucir vos tourments dans l'abîme infernal où nous sommes plongés. Adorons la Providence qui nous y a conduits, souffrons en paix, et espérons. »

Voltaire, *L'Ingénu*, 1767.

Corrigé p. 89

Exercice 4

Relevez les propositions subordonnées relatives, caractérisez-les et donnez leur fonction.

Voilà ce qu'il faut me jurer, docteur… Et comme je ne répondais pas, elle vit ce qui s'élevait en moi. Je pensais qu'elle aimait son mari au point de vouloir le sauver. C'était l'idée qui m'était venue, l'idée naturelle et vulgaire, car il est des femmes tellement pétries pour l'amour et ses abnégations, qu'elles ne rendent pas le coup dont elles meurent. Mais la comtesse de Savigny ne m'avait jamais produit l'effet d'être une de ces femmes-là !

– Ah ! ce n'est pas ce que vous croyez qui me fait demander de me jurer cela, docteur !

Barbey d'Aurévilly, *Les Diaboliques*, « Le bonheur dans le crime », 1874.

Corrigé p. 90

Exercice 5

Identifiez toutes les propositions subordonnées et donnez leur fonction.

Mme Mac'Miche regarda, poussa un nouveau cri de terreur, et, d'un geste désespéré, indiqua à Betty de faire sortir Charles. Betty obéit et resta en bas, où elle donna un libre cours à sa gaieté ; Charles rit aussi de bon cœur, et triompha du succès de son stratagème. Il avait fait bien mieux encore ! Le traître avait saisi la lettre dictée, signée par Mme Mac'Miche et l'enveloppe préparée d'avance ; il apprit ainsi l'adresse de l'ami de Mme Mac'Miche, qu'il avait ignorée jusqu'alors. Betty riait et s'occupait du dîner, pendant que Charles pliait, cachetait la lettre et complétait ainsi le tour qu'il venait de jouer à sa cousine.

Comtesse de Ségur, *Un bon petit diable*, 1865.

Corrigé p. 90

Exercice 6

Identifiez toutes les propositions subordonnées et donnez leur fonction.

Quand le dîner fut prêt, Mme Mac'Miche refusa de descendre, de peur de se trouver en présence de Charles, qu'elle croyait toujours en rapport avec les fées. Betty eut beaucoup de peine à la rassurer et à lui persuader qu'elle n'aurait rien à craindre de Charles en ne le touchant pas et en ne se laissant pas toucher par lui. Ce dernier raisonnement convainquit Mme Mac'Miche ; quand elle entra, elle se hâta de jeter quelques gouttes d'eau de la fontaine des fées sur elle-même, et, en se mettant à table, elle en lança une si forte dose à la figure de Charles, qui ne s'attendait pas à cette aspersion, qu'il en fut aveuglé : il fit un mouvement involontaire accompagné d'un « Ah ! » bien accentué.

Comtesse de Ségur, *Un bon petit diable*, 1865.

Corrigé p. 90

Exercice 7

Indiquez la classe grammaticale et, le cas échéant, la fonction des propositions dans la phrase suivante.

Et alors, en regardant la hase dans les yeux, j'ai vu qu'elle ne se plaignait plus parce que j'étais pour elle encore plus terrible que les corbeaux.

Jean Giono, « La grande barrière », *Solitude de la pitié*, © Éditions Gallimard, 1932. Sujet 0.1, l. 29-30.

Corrigé p. 90

Exercice 8

Analysez les propositions de la phrase suivante.

Alors éclate un bruit d'enfer comme il se doit puisqu'on y est, et la voiture roule lentement.

Elsa Triolet, *La mise en mots*, 1969. Sujet 0.2, l. 14-15.

Corrigé p. 91

Exercice 9

Relevez et analysez les types et formes de phrases dans le texte suivant.

AGNÈS.– Pourquoi me criez-vous ?
ARNOLPHE.– J'ai grand tort en effet !
AGNÈS.– Je n'entends point de mal dans tout ce que j'ai fait.
ARNOLPHE.– Suivre un galant n'est pas une action infâme ?
AGNÈS.– C'est un homme qui dit qu'il me veut pour sa femme ;
J'ai suivi vos leçons, et vous m'avez prêché
Qu'il se faut marier pour ôter le péché.
ARNOLPHE.– Oui. Mais pour femme, moi je prétendais vous prendre ;
Et je vous l'avais fait, me semble, assez entendre.

Molière, *L'École des femmes*, 1663.

Corrigé p. 91

Exercice 10

Retrouvez la ponctuation d'origine du texte, y compris les tirets du dialogue.

Maman il faut retenir Rémi continua Arthur qui en dehors du travail était le maître de sa mère et faisait d'elle tout ce qu'il voulait
Je serais très heureuse de garder Rémi répondit Mme Milligan vous l'avez pris en amitié et moi-même j'ai pour lui beaucoup d'affection mais pour le retenir près de nous il faut la réunion de deux conditions dont ni vous ni moi ne pouvons décider
La première c'est que Rémi veuille rester avec nous
Ah Rémi voudra bien interrompit Arthur n'est-ce pas Rémi que vous ne voulez pas retourner à Toulouse
La seconde continua Mme Milligan sans attendre ma réponse c'est que son maître consente à renoncer aux droits qu'il a sur lui
Rémi Rémi d'abord interrompit Arthur poursuivant son idée

Hector Malot, *Sans famille*, 1878.

Corrigé p. 91

Corrigés

Exercice 1

Énoncé p. 87

– *Quand je formai le projet de découvrir le passage au nord-ouest* : proposition subordonnée circonstancielle de temps.
– *si l'Amérique septentrionale s'étendait sous le pôle en rejoignant le Groenland* : proposition subordonnée interrogative indirecte, COD de *ignorait*.
– *ou si elle se terminait à quelque mer contigüe à la baie d'Hudson et au détroit de Béring* : proposition subordonnée interrogative indirecte, coordonnée à la précédente par la conjonction de coordination *ou*, COD de *ignorait*.

Exercice 2

Énoncé p. 87

– *si… que Zadig eut la curiosité de l'entretenir* : subordonnée circonstancielle de conséquence, en corrélation avec l'adverbe d'intensité *si*.
– *quel livre il lisait* : subordonnée interrogative indirecte, COD de *demanda*.
– *si vous permettez* : subordonnée circonstancielle de condition.
– *que je vous accompagne* : subordonnée complétive, COD de *permettez*.

Exercice 3

Énoncé p. 87

– *qui savait deux grandes choses : supporter l'adversité et consoler les malheureux* : relative explicative.
– *Qui que vous soyez* : relative à valeur concessive, introduite par la locution *qui que* (langue littéraire), où *que* est attribut du sujet *vous*.
– *qui venez partager mon tombeau* : relative plutôt explicative. Le *vous* de la proposition précédente suffit à la détermination du protagoniste de l'échange.
– *où nous sommes plongés* : relative déterminative.
– *qui nous y a conduits* : relative explicative.
NB. : *que je m'oublierai toujours moi-même pour adoucir vos tourments dans l'abîme infernal*, est une subordonnée complétive, complément de l'adjectif *sûr*.

Exercice 4

Énoncé p. 87

- *ce qu'il faut me jurer* : subordonnée relative périphrastique, complément du présentatif *voilà*.
- *ce qui s'élevait en moi* : subordonnée relative périphrastique, COD de *vit*.
- *qui m'était venue* : subordonnée relative déterminative, complément de l'antécédent *l'idée*.
- *dont elles meurent* : subordonnée relative déterminative, complément de l'antécédent *le coup*.
- *ce que vous croyez* : subordonnée relative périphrastique, sujet de *fait*.
- *qui me fait demander de me jurer cela* : subordonnée relative associée au présentatif *c'est* pour extraire la relative périphrastique sujet *ce que vous croyez* (forme emphatique par extraction : Voir Fiche 2).

Exercice 5

Énoncé p. 88

- *où elle donna un libre cours à sa gaieté* : subordonnée relative explicative, complément de l'antécédent *en bas*.
- *qu'il avait ignorée jusqu'alors* : subordonnée relative explicative, complément de l'antécédent *Mme Mac'Miche*.
- *pendant que Charles pliait, cachetait la lettre et complétait ainsi le tour* : subordonnée circonstancielle de temps, complément circonstanciel de la proposition principale.
- *qu'il venait de jouer à sa cousine* : subordonnée relative déterminative, complément de l'antécédent *le tour*.

Exercice 6

Énoncé p. 88

- *Quand le dîner fut prêt* : subordonnée circonstancielle de temps, complément circonstanciel de la proposition principale.
- *qu'elle croyait toujours en rapport avec les fées* : subordonnée relative explicative, complément de l'antécédent *Charles*.
- *qu'elle n'aurait rien à craindre de Charles en ne le touchant pas et en ne se laissant pas toucher par lui* : subordonnée complétive, COD du verbe *persuader*.
- *quand elle entra* : subordonnée circonstancielle de temps, complément circonstanciel de la proposition principale.
- *qui ne s'attendait pas à cette aspersion* : subordonnée relative explicative, complément de l'antécédent *Charles*.
- *(si)… qu'il en fut aveuglé* : subordonnée circonstancielle de conséquence, en corrélation avec l'adverbe *si*, complément circonstanciel de la proposition principale.

Exercice 7

Énoncé p. 88

Cette phrase complexe comporte :

- une proposition principale : *Et alors, en regardant la hase dans les yeux, j'ai vu*
- une proposition subordonnée complétive conjonctive introduite par *que*, COD du verbe *ai vu : qu'elle ne se plaignait plus parce que j'étais pour elle encore plus terrible que les corbeaux.*
- une proposition subordonnée circonstancielle de cause introduite par la locution conjonctive *parce que*, complément circonstanciel de *elle ne se plaignait plus : parce que j'étais pour elle encore plus terrible que les corbeaux.*

REMARQUES

– La conjonction de coordination *et*, placée en début de phrase, complétée par *alors*, est un connecteur, qui n'a aucun rôle dans la phrase complexe.
– Le gérondif *en regardant la hase dans les yeux* n'est pas une proposition (son sujet est celui du verbe principal) ; il est complément circonstanciel de temps de la principale (= « quand j'ai regardé la hase »).

Exercice 8

Énoncé p. 88

Cette phrase complexe comporte :

- une phrase elle-même complexe qui comporte :
  - une proposition principale dont le sujet est inversé : *Alors éclate un bruit d'enfer*
  - une proposition subordonnée circonstancielle de comparaison, introduite par la conjonction *comme : comme il se doit puisqu'on y est*
  - une proposition subordonnée circonstancielle de cause introduite par la conjonction *puisque*, complément circonstanciel de *il se doit : puisqu'on y est*
- une proposition indépendante coordonnée à la phrase complexe précédente par la conjonction de coordination *et : la voiture roule lentement.*

Exercice 9

Énoncé p. 88

Pourquoi me criez-vous ? Phrase interrogative : adverbe interrogatif *pourquoi* (interrogation partielle sur la cause), inversion du pronom sujet, point d'interrogation.
J'ai grand tort en effet ! Phrase exclamative : point d'exclamation.
Je n'entends point de mal dans tout ce que j'ai fait. Phrase déclarative à la forme négative : *ne … point* encadrent le verbe.
Suivre un galant n'est pas une action infâme ? Phrase interrogative à la forme négative : point d'interrogation ; *ne … pas* encadrent le verbe.
C'est un homme qui dit qu'il me veut pour sa femme ;
J'ai suivi vos leçons, et vous m'avez prêché
Qu'il se faut marier pour ôter le péché. Suite de six phrases déclaratives.
NB. : *Il faut* est un verbe impersonnel.
Mais pour femme, moi je prétendais vous prendre : phrase déclarative de forme emphatique (dislocation : reprise du pronom *moi* par *je* sujet)
Et je vous l'avais fait, me semble, assez entendre. Phrase déclarative + la proposition incidente *me semble* est de forme impersonnelle (= *il me semble* : au XVIIe siècle, le verbe pouvait se passer du sujet grammatical *il*).

Exercice 10

Énoncé p. 89

Les répliques de ce dialogue (discours direct) sont indiquées chacune par un tiret. Les propositions incises qui indiquent qui parle sont encadrées par des virgules.

– Maman, il faut retenir Rémi, continua Arthur, qui, en dehors du travail, était le maître de sa mère, et faisait d'elle tout ce qu'il voulait.
– Je serais très heureuse de garder Rémi, répondit Mme Milligan, vous l'avez pris en amitié, et moi-même j'ai pour lui beaucoup d'affection ; mais, pour le retenir près de nous, il faut la réunion de deux conditions dont ni vous ni moi ne pouvons décider. La première, c'est que Rémi veuille rester avec nous…
– Ah ! Rémi voudra bien, interrompit Arthur ; n'est-ce pas, Rémi, que vous ne voulez pas retourner à Toulouse ?
– La seconde, continua Mme Milligan sans attendre ma réponse, c'est que son maître consente à renoncer aux droits qu'il a sur lui.
– Rémi, Rémi d'abord, interrompit Arthur poursuivant son idée.

Hector Malot, *Sans famille*, 1878.

GRAMMAIRE

FICHE 8

Les classes grammaticales

Les déterminants

Objectif

- Identifier et distinguer les déterminants.

voir aussi

Comment identifier un nom ? .... p. 102
Le, la, les : déterminants ou pronoms .... p. 125
Les déictiques .... p. 279

Tester ses connaissances

Repérez et classez les déterminants.

Le Renard sort du puits, laisse son compagnon,
Et vous lui fait un beau sermon
Pour l'exhorter à patience.
Si le ciel t'eût, dit-il, donné par excellence
Autant de jugement que de barbe au menton,
Tu n'aurais pas, à la légère,
Descendu dans ce puits. Or, adieu, j'en suis hors.
Tâche de t'en tirer, et fais tous tes efforts :
Car pour moi, j'ai certaine affaire
Qui ne me permet pas d'arrêter en chemin.
En toute chose il faut considérer la fin.

La Fontaine, *Fables*, « Le Renard et le Bouc », 1684.

- **Articles définis** : **1.** *le* (*renard*), **4.** *le* (*ciel*), **6.** (*à*) *la* (*légère*), **11.** *la* (*fin*).
- **Articles définis contractés** : **1.** *du* (*puits*), **5.** *au* (*menton*).
- **Article indéfini** : **2.** *un* (*beau sermon*).
- **Déterminants possessifs** : **1.** *son* (*compagnon*), **8.** *tes* (*efforts*).
- **Déterminant démonstratif** : **7.** *ce* (*puits*).
- **Déterminants indéfinis** : **7.** *tous* (*tes efforts*), **9.** *certaine* (*affaire*), **11.** *toute* (*chose*).

Corrigé détaillé p. 100

LE COURS

1 Les déterminants

1. Définition

Le déterminant est un constituant obligatoire du groupe nominal. Il précède un nom et le détermine, c'est-à-dire qu'il apporte des précisions : genre, nombre.

La nomenclature grammaticale de 1975 a reconnu officiellement la classe des déterminants. On ne parle plus d'« adjectifs » possessifs, démonstratifs, etc., qui n'ont, en fait, aucune des propriétés syntaxiques des adjectifs ; la dénomination prescrite est celle de « déterminants », et ce, dès le primaire (voir programme 2018).

Articles	définis : *le, la, les* défini élidé : *l'* définis contractés : *au (à + le), aux (à + les), du (de + le), des (de+les)*
	indéfinis : *un, une, des*
	partitifs : *du, de la, des*
Déterminants démonstratifs	*ce, cet, cette, ces*
Déterminants possessifs	*mon, ton, son, notre, votre, leur, ma, ta, sa, mes, tes, ses, nos, vos, leur(s)*
Déterminants indéfinis	*chaque, tout, certain(s), quelque(s), plusieurs, aucun(e), nul(le)...*
Déterminants numéraux cardinaux	*deux, trois... dix... cent... mille...*
Déterminants interrogatifs	*quel, quelle, quels, quelles*

• L'article constitue le déterminant de base ; tous les autres déterminants donnent une indication sémantique supplémentaire. Le sac est un objet de mode – *le sac* désigne cet objet en général –, à la différence de ce sac, mon sac, certains sacs, quel sac ? etc.

• Tout élément qu'on peut remplacer par un article devant un nom commun – avec, cependant, une petite modification de sens – est un déterminant. Ce principe permet de constituer cette classe : **mon** sac → **le** sac.

• On peut regrouper les déterminants en deux sous-classes :
– les **déterminants définis** : articles définis, déterminants démonstratifs et possessifs ;
– les **déterminants indéfinis** : articles indéfinis, partitifs, déterminants indéfinis, numéraux, interrogatifs.

• Certains déterminants sont cumulables entre eux, d'autres non. On peut mettre en évidence une classe centrale regroupant les trois déterminants définis, substituables mais non cumulables entre eux (*les mes livres), et une classe de déterminants cumulables avec eux, les indéfinis et numéraux, qui peut les suivre (les trois musiciens ; ces quelques fleurs).

1 2. Les déterminants, constituants du groupe nominal

• Le déterminant est, avec le nom, un des deux constituants obligatoires d'un groupe nominal dans la phrase de base. Si on efface les déterminants dans une phrase, l'énoncé qui en résulte est agrammatical : Le Renard sort du puits / *Renard sort puits.

REMARQUE Le nom s'emploie, cependant, sans déterminant dans plusieurs cas : quand il s'agit d'un nom propre (mais pas toujours : la France, un Harpagon), lorsqu'il est complément d'un autre nom (un train <u>à grande vitesse</u>, un filet <u>de poisson</u>) ou attribut (il est <u>professeur</u>), quand il indique une date (En mai, fais ce qui te plait. Je viendrai dimanche) mais aussi dans les proverbes (Pierre qui roule n'amasse pas mousse), les expressions lexicalisées (crier famine), etc.

Voir Fiche 9 : Comment identifier un nom ? Difficultés rencontrées 2.

GRAMMAIRE

• Le déterminant se place avant le nom noyau du groupe nominal ; certains éléments comme l'adjectif épithète ou un autre déterminant peuvent s'intercaler entre ces deux constituants : l'homme, le pauvre homme, le même homme...

> **REMARQUE** La postposition peut indiquer un changement de classe : Un certain âge (déterminant indéfini) / Un âge certain (adjectif avec le sens de « avéré »).

Pour aller plus loin

Le déterminant placé devant tout élément linguistique (simple ou complexe) le fait passer dans la catégorie du nom. On dit qu'il le « **nominalise** » ou qu'il le « **substantive** » : l'adjectif (le vrai, le faux), le verbe à l'infinitif (le boire, le manger), la conjonction (avec des si et des mais), la préposition (le pour, le contre), l'adverbe (le pourquoi), la proposition (le qu'en dira-t-on), le pronom (le moi), un sigle (un IUT), un préfixe (mon ex).

❶ 3. Rôle des déterminants

• Le déterminant fait passer le nom (sac) de la langue dans laquelle il a un sens général au discours dans lequel il prend un sens particulier, en fonction de ce qu'il désigne dans le contexte ou la situation donnés : mon sac, ce sac... On dit que le déterminant « **actualise** » le nom. Il lui donne sa valeur référentielle qui permet aux locuteurs de l'identifier. Il est aidé, en cela, par d'autres éléments de la phrase.

Les sacs de luxe sont très onéreux.

• Le déterminant a pour fonction de **déterminer** le sens du nom, de donner un certain nombre d'informations, notamment le genre (masculin ou féminin) et le nombre (singulier ou pluriel).

Il **s'accorde donc en genre et en nombre** avec le nom qu'il détermine. À l'oral, c'est souvent lui qui donne ce type de précisions.

Dans la phrase Les garçons sages jouent, sur les quatre marques de pluriel, trois ne sont pas perceptibles à l'oral (garçon**s** sage**s** joue**nt**) ; seul, l'article les indique clairement que le nom sujet et donc le verbe sont au pluriel.

De même, c'est l'article qui **différencie les noms épicènes** (ayant la même forme au masculin et au féminin) comme le libraire / la libraire, mais aussi des termes homonymes comme le livre / la livre, etc.

❷ Les articles

❷ 1. L'article défini

• L'article défini s'emploie lorsque :

– le référent auquel renvoie le nom est **connu** de celui auquel l'on s'adresse :

Le facteur n'est pas encore passé. Le facteur a une valeur déictique.

– le nom ayant déjà été introduit dans le texte, le groupe nominal constitue une **reprise** :

Un gros berger allemand poursuivait un caniche. **Le** petit chien se réfugia dans les bras de sa maîtresse. Le petit chien, qui relaie le groupe nominal un caniche, a un **emploi anaphorique**.

– le nom est déterminé par des **expansions** (épithète, relative, groupe prépositionnel...) :

La salade que je préfère, c'est la batavia.

Voir Fiche 37 :
Les déictiques.

Voir Fiche 33 :
Les reprises nominales et pronominales.

– le groupe nominal a une **valeur générique** et désigne une espèce, un concept considéré dans sa généralité : **Le** cheval est la plus noble conquête de l'homme.

• L'article défini peut être :
– **élidé** lorsque le mot qui le suit commence par une voyelle ou un *h* muet : l'eau, l'homme, l'avis, l'envie...
– **contracté** quand il est précédé de la préposition *à* ou *de* :
à + le = au (je vais au marché) ; *à + les = aux* (il parle aux spectateurs) ;
de + le = du (je reviens du marché) ; *de + les = des* (le sable des plages).

Difficultés rencontrées

• *du, des,* articles contractés, ne doivent pas être confondus avec des formes identiques d'articles partitifs ou indéfinis.
L'âge **du** capitaine (*du*, article défini contracté). Prends **du** pain (*du*, partitif).
Le sommet **des** montagnes (*des*, article défini contracté).
Des lueurs apparurent (*des*, article indéfini).
On peut utiliser un autre déterminant pour repérer l'amalgame de l'article défini avec la préposition, le démonstratif, par exemple : je vais **à ce** marché, le sable **de ces** plages.

Voir Fiche 12 : Les pronoms personnels 3 2.

• Il ne faut pas confondre *le*, *la*, *les*, *l'*, articles définis et *le*, *la*, *les*, *l'*, pronoms personnels.
La pomme est juteuse. (article défini) / Je **la** mange. (pronom personnel).

Entrainement 1

Article défini ou pronom personnel ?

1. Vous savez bien que je les aime, je les adore, les framboises ! **2.** L'eau est fraiche, je l'ai bue d'un trait. **3.** La nouvelle arriva et les réjouit. **4.** L'article défini élidé est facile à repérer. **5.** Le travail, très intense, les occupa, tous les jours de la semaine, je le confirme.

Corrigé p. 100

2 2. L'article indéfini

L'article indéfini s'emploie :
– pour **introduire un nom** qui n'a pas encore figuré dans l'énoncé et/ou est inconnu de l'interlocuteur :
Je vais t'en dire **une** bien bonne. Figure-toi qu'en venant j'ai vu **un** pope en soutane qui mettait **une** pièce dans **un** parcmètre.
– pour conférer au nom une **valeur générique** comme l'article défini :
Une vache a des cornes.
– avec un **sens numéral** (unité vs *deux*, *trois*, etc.) :
Si vous ne devez passer qu'**une** heure à Nîmes, courez admirer les arènes et les Jardins de la Fontaine. *Une* est remplaçable par *deux*, donc sens numéral.

Difficultés rencontrées

- À la forme négative ou lorsqu'il précède un adjectif au pluriel, l'article indéfini *des* se réduit à *de* ou *d'* (devant une voyelle) : Il a des tomates au jardin / Il n'a pas de tomates. Il a des tomates énormes / Il a d'énormes tomates. Dans des énoncés de ce type, il ne faudra donc pas identifier *de* ou *d'* comme des prépositions.
- Il faut différencier *des* (article défini contracté *de* + *les*) et *des* (article indéfini). Il suffit de mettre le groupe au singulier.

Des montagnes dominent le paysage. = **Une** montagne domine le paysage. (article indéfini).

En haut **des** montagnes = En haut **de la** montagne (article défini contracté).

2 3. L'article partitif

Il a deux formes distinctes au singulier : du pain (masculin), de la confiture (féminin). Il **désigne une partie d'une réalité non dénombrable** : du sable, de la boue ou une entité abstraite : Vous avez du toupet ! De par sa nature, on ne l'emploie généralement pas au pluriel, sauf pour les noms inusités au singulier : des rillettes, des cendres.

Difficulté rencontrée

Il ne faut pas confondre *du* (article défini contracté *de* + *le*) et *du* partitif.

J'ai mangé du poulet. (« un peu de poulet » : article partitif)

Je mange la cuisse du poulet. (« la cuisse de ce poulet » : article défini contracté)

Entrainement 2

Dans le texte suivant, relevez et classez les articles.

Pour la plus grande joie des convives, la table était chargée de victuailles ; il y avait surtout de la charcuterie : du pâté, du saucisson... Un voisin, étonné du bruit, se joignit au groupe.

Corrigé p. 100

Entrainement 3

Quelle est la classe exacte des déterminants *du* ou *des* dans les phrases suivantes : article défini contracté, article partitif, article indéfini ?

1. Il a mangé du bœuf et des petits pois, à la cantine. Des personnes n'aiment ni l'un, ni l'autre.

2. Elle aime marcher dans les allées du Jardin de la Fontaine où s'amusent des enfants.

3. Lors des anniversaires, la joie des enfants est bruyante. Des cadeaux apparaissent ; des petits dégustent du chocolat et mettent du cœur à la fête. Parfois, des parents participent.

Corrigé p. p. 100

3 Les déterminants démonstratifs

• Ils ont deux formes au masculin singulier : ce pavillon, cet appentis.
Cet s'emploie devant une voyelle ou un *h* muet : cet hôtel.
On emploie la forme *cette* au féminin singulier : cette maison et la forme unique *ces* au pluriel : ces hôtels, ces femmes.
Ils peuvent être renforcés par une particule d'origine adverbiale placée après le nom : **ce** journal-**ci**... **cette** revue-**là**.

• Le déterminant démonstratif contribue de deux façons à la référence du groupe nominal :
– Quand il a une **valeur déictique**, le démonstratif permet au GN de référer à un élément appartenant à la situation d'énonciation, dans le temps, dans l'espace.
Ce matin, Pierre a oublié **ce** dossier sur son bureau.
Ce matin et ce dossier ne sont compréhensibles que dans une situation donnée et connue des locuteurs. Ce dossier aurait pu être accompagné d'un geste.
– Il s'emploie aussi dans des reprises textuelles, dans des groupes nominaux substituts, qui ont une **valeur anaphorique**.
L'enfant a cassé le vase ; **ce** coquin ne l'a pas dit.
Ce coquin renvoie à L'enfant, présent dans le texte antérieur.
Les questions à se poser sont donc :
– « Est-ce que le GN renvoie à la situation d'énonciation ? »
Si la réponse est positive, il s'agit d'une valeur déictique.
– « Est-ce que le GN renvoie à un élément du texte ? »
Si oui, l'emploi est anaphorique.

Voir Fiche 37 : Les déictiques.

Voir Fiche 33 : Les reprises nominales et pronominales.

Entrainement 4

Déictique ou anaphorique ?

1. Madame Vauquer, née de Conflans, est une vieille femme qui, depuis quarante ans, tient à Paris une pension bourgeoise établie rue Neuve-Sainte-Geneviève [...]. Cette pension, connue sous le nom de la Maison Vauquer, admet également des hommes et des femmes, des jeunes gens et des vieillards, sans que jamais la médisance ait attaqué les mœurs de ce respectable établissement.

Balzac, *Le Père Goriot*, 1835.

2. Cette pièce était trop sombre ; j'ai préféré la repeindre avec ce bleu-là, très doux.

Corrigé p. 101

4 Les déterminants possessifs

• Comme les autres déterminants, les possessifs **varient en genre et en nombre**, suivant le nom qu'ils déterminent mais ils varient également en fonction de la personne grammaticale et du nombre des « possesseurs », ainsi que de l'initiale du mot déterminé, s'il est du féminin.
Cela donne un ensemble qui peut paraitre compliqué et dont témoigne ce tableau qui ne prend en compte que les formes écrites. On notera cependant que tout locuteur francophone emploie, sans problème, le déterminant possessif dans tous les cas de figure.

Personne	Formes du déterminant possessif			
	Singulier			Pluriel
	Masculin	Féminin devant voyelle ou *h* muet	Féminin devant consonne	Masculin ou féminin
1re du singulier	*mon*	*mon*	*ma*	*mes*
2e du singulier	*ton*	*ton*	*ta*	*tes*
3e du singulier	*son*	*son*	*sa*	*ses*

Personne	Formes du déterminant possessif	
	Singulier	Pluriel
1re du pluriel	*notre*	*nos*
2e du pluriel	*votre*	*vos*
3e du pluriel	*leur*	*leurs*

REMARQUE Pour éviter un hiatus (rencontre de deux voyelles), le déterminant féminin *ma* prend une forme spécifique, celle du masculin, *mon* : mon amie, mon hôtesse, mon arrivée... Autrefois, il s'élidait, d'où la fausse coupe *ma mie* (= *m'amie*).

• Le déterminant dit « possessif » établit une **relation entre la personne qui possède et l'objet possédé**. La nature sémantique de cette relation est liée au nom déterminé. Ce peut être la possession (mes pantoufles), des liens de famille (mon père), des relations variées (mon patron, votre maladie...).

REMARQUES
– On fait la différence entre Ils mettent leur bonnet (plusieurs personnes mais un seul objet par personne) et Ils mettent leurs pantoufles (plusieurs personnes mais plusieurs objets par personne).
– Qu'ils soient au singulier ou au pluriel, les déterminants *unipossessifs* (*mon*, *ton*, *son* ; *ma*, *ta*, *sa* ; *mes*, *tes*, *ses*) renvoient à une seule personne, alors que les déterminants *pluripossessifs* (*notre*, *votre*, *leur* ; *nos*, *vos*, *leurs*) renvoient à plusieurs personnes.
son livre = le livre de lui / d'elle ; leur livre = le livre d'eux / d'elles.

• Le déterminant possessif joue un rôle important dans la progression textuelle car il intervient lors des reprises.
La concierge a été retrouvée inanimée. Son agresseur est activement recherché.
(Son agresseur = l'agresseur de la concierge).

5 Les déterminants indéfinis

• Il est bon d'en connaitre une liste aussi complète que possible, pour savoir éventuellement les identifier dans un texte.
– Certains déterminent un nom comptable :

Nullité	Singularité	Pluralité	Totalité	Distributif
aucun(e) *nul(le)* *pas un(e)*	*quelque* *n'importe quel(le)* *certain(e)*	*quelques* *divers(es)* *différent(e)s* *plusieurs* *certain(e)s* *maint(e)s*	*Tout(e)(s)* *Tous*	*Chaque*

– À cette liste, s'ajoutent des déterminants complexes pouvant s'employer devant des noms comptables ou non comptables : *beaucoup de, bien des, la plupart des, peu de, moins, plus de...*

– Il faut parler enfin de la catégorie des identificateurs : *tel, même* (qui spécifient l'identité) et *autre* (qui spécifie la non-identité). Attention, cependant : certaines grammaires classent *même* et *autre* comme déterminants mais en fait, ils n'ont pas la propriété de base de s'employer seuls, devant un nom ; ils sont associés à un article : un autre homme, le même homme.

6 Les autres déterminants

• **Les déterminants numéraux cardinaux** (deux, trois, etc.) expriment le nombre précis des entités désignées par le nom : Les **trois** petits cochons. **Deux cents** invités.

• **Les déterminants interrogatifs et exclamatifs** *quel(s), quelle(s)* ont la même forme. On les distingue par le type de phrases dans lesquelles ils sont employés.
Quel ennui ! **Quelle** heure est-il ?

Voir Fiche 2 : Types et formes de phrases.

À retenir

• Les déterminants sont des **constituants obligatoires du groupe nominal**. Ils actualisent le nom et ils contribuent à sa référence (déictique, par rapport à la situation d'énonciation ou anaphorique, par rapport au contexte).

• On distingue les articles définis (élidés, contractés), indéfinis et partitifs, puis les déterminants démonstratifs, possessifs, indéfinis, numéraux cardinaux, interrogatifs et exclamatifs.

Entrainement 5

Identifiez les déterminants soulignés.

1. Mon ami est parti, ce matin mais dans quelques jours, il reviendra.

2. Les enfants doivent boire du lait, chaque matin. Leur croissance en dépend.

3. Les dix enfants ont enfilé leurs gants après maints efforts : quel froid !

Corrigé p. 101

Entrainement 6

Faites deux phrases, faisant apparaitre chacun des mots suivants, tantôt comme déterminant indéfini, tantôt comme adjectif.

1. divers **2.** certain **3.** différent **4.** nul.

Corrigé p. 101

Entrainement 7

Identifiez et justifiez les formes des déterminants dans les phrases suivantes.

1. L'eau est abondante dans cet endroit.

2. Mon amie Alice est mécontente : elle a de mauvaises notes.

3. De larges extraits du film ont été diffusés.

Corrigé p. 101

Corrigés

Tester ses connaissances

Énoncé p. 92

1. ***le*** (*renard*) : article défini, masculin, singulier. ***du*** (*puits*) : article défini contracté, masculin singulier, mis pour *de le*. **son** (*compagnon*) : déterminant possessif, masculin, singulier.

2. **un** (*beau sermon*) : article indéfini, masculin, singulier.

3. Aucun déterminant, ***l'*** est un pronom personnel élidé mis pour *son compagnon*.

4. **le** (*ciel*) : article défini, masculin, singulier.

5. **au** (*menton*) : article défini contracté, masculin, singulier, mis pour *à le*.

6. *(à)* **la** *(légère)* : article défini, féminin, singulier.

7. **ce** (*puits*) : déterminant démonstratif, masculin, singulier.

8. ***tous*** (*tes efforts*) : déterminant indéfini, masculin, pluriel ; *tous* joue le rôle d'un prédéterminant qui complète *tes* en insistant sur la totalité ; **tes** (*efforts*) : déterminant possessif, masculin, pluriel.

9. **certaine** (*affaire*) : déterminant indéfini, féminin, singulier.

10. Aucun déterminant.

11. ***toute*** (*chose*) : déterminant indéfini, féminin, singulier ; ***la*** (*fin*) : article défini, féminin, singulier.

Entrainement 1

Énoncé p. 95

1. *Je* **les** (pronom personnel) *aime, je* **les** (pronom personnel) *adore,* **les** (article défini) *framboises* !

2. ***L'*** (article défini élidé) *eau est fraiche, je* **l'** (pronom personnel) *ai bue.*

3. ***La*** (article défini) *nouvelle,* **les** (pronom personnel) *réjouit.*

4. ***L'*** (article défini élidé) *article est facile à repérer.*

5. **Le** (article défini) *travail* **les** (pronom personnel) *occupa, tous* **les** (article défini) *jours de* **la** (article défini) *semaine, je* **le** (pronom personnel) *confirme.*

Entrainement 2

Énoncé p. 96

- **Articles définis : la** *(plus grande joie),* **la** *(table).*
- **Articles définis contractés : des** *(convives),* **du** *(bruit),* **au** *(groupe).*
- **Article indéfini : un** *(voisin).*
- **Articles partitifs : de la** *(charcuterie),* **du** *(pâté),* **du** *(saucisson).*

Entrainement 3

Énoncé p. 96

1. Articles définis partitifs : du (*bœuf*), **des** (*petits pois*).
Article indéfini : *des* (*personnes*).

2. Article défini contracté : du (*Jardin*).

Article indéfini : des (*enfants*).

3. Articles indéfinis : des (*cadeaux*), **des** (*petits*), **des** (*parents*).
Articles définis contractés : des (*anniversaires*), **des** (*enfants*).
Articles partitifs : du (*chocolat*), **du** (*cœur*).

Entrainement 4

Énoncé p. 97

1. Les deux groupes nominaux (**cette** *pension*, **ce** *respectable établissement*) sont des reprises **anaphoriques** du groupe nominal *une pension bourgeoise* présenté dans la phrase précédente.

2. Les deux groupes nominaux (**cette** *pièce*, **ce** *bleu-là*) ne sont compréhensibles qu'en situation, ils sont donc **déictiques**.

Entrainement 5

Énoncé p. 99

1. **Mon** *ami* : déterminant possessif ; **ce** *matin* : déterminant démonstratif ; **quelques** *jours* : déterminant indéfini.

2. **Les** *enfants* : article défini ; **du** *lait* : article partitif ; **chaque** *matin* : déterminant indéfini ; **leur** *croissance* : déterminant possessif.

3. **Les** *dix enfants* : article défini ; **dix** *enfants* : déterminant numéral cardinal ; **leurs** *gants* : déterminant possessif ; **maints** *efforts* : déterminant indéfini ; **quel** *froid* : déterminant exclamatif.

Entrainement 6

Énoncé p. 99

1. Par exemple : **Divers** *articles en promotion me tentent* (déterminant indéfini). *Les us et coutumes sont* **divers** *de par le monde* (adjectif).

2. Par exemple : **Certains** *animaux sont hermaphrodites* (déterminant indéfini). *Les risques de cette ascension sont* **certains** (adjectif, avec le sens de « sûrs »).

3. Par exemple : **Différents** *avis sont nécessaires pour éclairer cette affaire* (déterminant indéfini). *Des points de vue* **différents** *éclairent cette affaire* (adjectif).

4. Par exemple : **Nul** *homme n'est censé ignorer la loi* (déterminant indéfini). *Les risques de cette opération ne sont jamais* **nuls** (adjectif).

Entrainement 7

Énoncé p. 99

1. Les formes spécifiques adoptées par les deux déterminants de cette phrase s'expliquent par la nécessité d'éviter la succession de deux voyelles (hiatus). Dans le 1er cas, il y a eu élision de l'article défini : *l'eau* ; dans le second, ajout du phonème [t] : **cet** *endroit*, à la place de *ce*.

2. **Mon** *amie* : toujours pour éviter un hiatus, le déterminant possessif *ma*, attendu, prend la forme du masculin, **mon** ; *de mauvaises notes* : voir l'analyse du déterminant de ci-dessous (3).

3. **De** *larges extraits* : lorsque le nom est précédé d'un adjectif, la forme de l'article indéfini *des* est *de* (voir 2 2. *Difficultés rencontrées*). **Du** *film* est un article contracté qui remplace *de* + *le*.

GRAMMAIRE

Comment identifier un nom ?

Objectifs

- Identifier un nom.
- Distinguer les sous-classes de noms et connaitre leurs caractéristiques sémantiques et morphologiques.

voir aussi

Tester ses connaissances

1. Relevez les noms dans les phrases suivantes.
2. Quels classements de type sémantique pouvez-vous faire des noms relevés ?
3. Pouvez-vous faire un commentaire sur la détermination des noms propres ?

Ainsi s'envole mon imagination vers les rues de cette Casbah, juste avant les « évènements », comme disaient les Français alors, mon père tenait un café, près de l'impasse des terrasses.

Assia Djebar, *La disparition de la langue française,* Albin Michel, 2003.

1. Relevé
Noms communs : *imagination* ; *rues* ; *évènements* ; *père* ; *café* ; *impasse* ; *terrasses*.
Noms propres : *Casbah* ; *Français*.
2. Classements
Noms animés : *Français*, *père*.
Noms non animés : *imagination* ; *rues* ; *évènements* ; *café* ; *impasse* ; *terrasses* ; *Casbah*.
Noms nombrables et concrets : *rues* ; *évènements* ; *père* ; *café* ; *impasse* ; *terrasses* ; *Casbah*.
Nom massif et abstrait : *imagination*.
3. Détermination des noms propres
Chacun des deux noms propres possède un déterminant, ce qui est assez inhabituel. Aucun des deux ne peut s'employer sans déterminant : **vers les rues de Casbah* ; **comme disaient Français*.
Du fait de son histoire, le mot *Casbah* s'emploie toujours avec un déterminant (*La Casbah*). On constate aussi que les noms de peuples s'emploient au pluriel avec un déterminant : *les Français, les Chinois, les Lapons*.

LE COURS

1 Définition

Même si la définition du nom est quelquefois difficile, son identification parait simple[1] à chacun.

1. Ce sont d'ailleurs des noms que les tout jeunes enfants tentent d'écrire ou d'interpréter lors de leurs premières expériences liées à l'écriture.

Trois caractéristiques signalent le nom :
– Il est généralement précédé d'un **déterminant** : **le** chien, **une** église.
– Il constitue le **noyau du GN** : le grand **chien** de chasse.
– Il tient son **genre** de lui-même : lune est toujours féminin, soleil toujours masculin, etc.
Il y a deux sortes de noms : le **nom commun** : le chien, et le **nom propre** : Médor.

1 1. Le nom propre

Le nom propre se distingue du nom commun parce qu'il s'applique de façon constante à un seul « objet ». Il a un référent unique (Chien Bleu, Paris, Jérôme...) et se détermine lui-même. Il est donc le plus souvent dépourvu de déterminant.
La différence avec le nom commun se marque à l'écrit par la présence d'une lettre initiale majuscule, quelle que soit la place du nom propre dans la phrase.

1 2. Le nom commun

Le nom commun ne désigne pas un « objet » précis mais peut virtuellement s'appliquer à tous les « objets » qui répondent à la même définition. Ainsi le nom commun chien, hors du discours, peut concerner absolument tous les chiens possibles, imaginaires ou réels. Mais, dans le discours, lorsque le nom est actualisé, c'est-à-dire lorsqu'il est mis en relation avec un référent, la présence d'un déterminant s'impose : **le** chien d'Ulysse, **des** chiens qui sont abandonnés...

2 Point de vue sémantique

Le nom sert à identifier les entités du monde réel, qu'elles soient concrètes : chaise, brioche, ou abstraites : liberté, conscience...
Selon les entités qu'il désigne, le nom possède des caractéristiques lexicales qui permettent de constituer des sous-catégories.

2 1. Nom animé / nom non animé

Lorsqu'il désigne des êtres vivants, ou conçus comme tels, le nom est dit animé : vache, veau, fermière... et lorsqu'il s'applique à une chose, il est dit non animé : chaise, rocher, automobile...
À l'intérieur de la catégorie des « noms animés », on distingue encore les noms humains et non humains : fermier, infirmière / chat, brebis.

2 2. Nom comptable / nom massif

Certains noms, les noms comptables, peuvent se dénombrer et être déterminés avec un déterminant numéral : trois maisons ; d'autres, les noms massifs, qui désignent des entités continues ou homogènes ne peuvent à priori être ainsi déterminés * deux jalousies, * quatre eaux.

REMARQUE Les déterminations deux jalousies ou quatre eaux sont possibles mais les noms concernés n'ont plus alors leur qualité de noms massifs : Les **deux jalousies** de cette maison. (nom concret et nombrable). Tu prendras quatre eaux : Vittel, Contrex, Badoit, Quézac. (nom concret, spécialisé).

❷ 3. Nom concret / nom abstrait

L'opposition concret/abstrait est souvent discutable. Néanmoins, les noms concrets, contrairement aux noms abstraits, ont des référents accessibles par au moins un des cinq sens (l'ouïe, le toucher, etc.) :
la mer, la terre, le feu (noms concrets) ;
la confiance, le bonheur (noms abstraits).

❷ 4. Conséquences syntaxiques

Ces oppositions – animé / non animé ; comptable/massif ; concret/abstrait – ont des répercussions dans le domaine de la syntaxe.

• La différence animé / non animé commande l'emploi des pronoms personnels *lui* et *elle* (pour les noms animés) ou *y* et *en* (pour les noms non animés) :
Paul est dans le jardin. Je **lui** ai dit que tu veux le voir. Paul est un nom animé.
« As-tu fini le dossier ?
– J'**en** ai parlé au responsable. » ... en représente dossier qui est un nom non animé.

• La distinction humain / non humain guide le choix des pronoms interrogatifs *qui/que* et des pronoms indéfinis *personne/rien* :
Qui préfères-tu ? – **Personne**. La question et la réponse s'appliquent à un être humain.
Que préfères-tu ? – **Rien**. La question et la réponse s'appliquent à un objet, à quelque chose de non humain.

Entrainement 1

Remplacez les groupes en bleu par le pronom qui convient.
Expliquez les raisons de ce choix.

1. Les auteurs se soumettent-ils à la censure ?
2. La décision dépend des jeunes filles.
3. Jean pense à son avenir de chercheur.
4. Nous pensons toujours à nos chers amis.
5. Les députés débattent d'un projet de loi.
6. Les élèves des établissements scolaires ont à se conformer au règlement.
7. Généralement les enfants obéissent aux parents.
8. Juliette se confie à ses tantes.
9. Marc parle souvent de Julie.
10. L'abus d'alcool nuit à Paul.

Corrigé p. 107

❸ Point de vue morphologique

❸ 1. Le genre du nom

• Le nom tient son genre de lui-même : chaise, liberté, conscience sont des noms féminins ; tabouret, fauteuil, arbitre sont des noms masculins. La langue française connait deux genres : le **masculin** et le **féminin**.

REMARQUE D'autres langues, comme l'allemand ou l'anglais, possèdent un troisième genre : le neutre. Le genre des noms non animés est arbitraire et varie d'ailleurs selon les langues : par exemple, ***lune*** est féminin en français, masculin en allemand. Il faut donc connaitre le genre ou se servir du dictionnaire pour utiliser un déterminant adapté.

Le genre des noms animés faisant partie du monde familier est souvent lié au sexe : un homme / une femme ; un frère / une sœur ; un cheval / une jument.
Pour d'autres noms, le genre est fixé arbitrairement :
une baleine / un cachalot ; une sardine / un anchois.

• Les marques de genre

La distinction masculin/féminin peut se faire par :
– l'emploi de suffixes différents : instituteur/institutrice ;
– l'emploi de mots différents : femme/homme ; fille/garçon ;
– l'emploi de déterminants différents lorsqu'il n'y a qu'un seul mot : un/une élève.
Le féminin peut être simplement marqué par :
– un ***e*** ajouté au nom masculin sans modification de sa prononciation : ami/amie ;
– un ***e*** ajouté au nom masculin avec modification de sa prononciation : étudiant/étudiante ;
– l'ajout d'un suffixe : âne/ânesse (suffixe féminin) ; mule/mulet (suffixe masculin) ; danseur/danseuse ; instituteur/institutrice (suffixe variable selon le genre).

REMARQUE Certains homonymes sont distingués par le genre : la livre / le livre ; la tour / le tour...

3 2. Le nombre du nom

Les noms communs varient pour la plupart en nombre.

Le français distingue le singulier et le pluriel (dès le nombre 2) mais certaines langues possèdent trois manières de marquer le nombre : le singulier, le duel (pour 2), le pluriel.

Les marques du nombre			
Pluriel en *-s*	**Pluriel en *-x***		**Pluriel invariable**
Cas général	**Sans changement morphologique**	**Avec changement morpho-phonologique**	**Mots se terminant par *-s*, *-x* ou *-z* au singulier**
fauteuils *ministres* *pneus* *landaus* *coucous* *bals* *rails* *détails*	La plupart des mots en *-eu*, *-au*, *-eau* : *cheveu/cheveux* *tuyau/tuyaux* *tableau/tableaux* Les huit noms en *-ou* : *bijou, caillou, chou, hibou, genou, joujou, pou, ripou*	La plupart des mots en *-al* : *animal/animaux* Certains mots en *-ail* : *vitrail/vitraux*	*une/des souris* *un/des héros* *un/des choix* *un/des gaz*

4 Point de vue syntaxique

Du point de vue syntaxique, le nom constitue le noyau du groupe nominal.
Précédé d'un déterminant, il forme un groupe nominal minimal : le ciel, une route, les étudiants. Ce groupe nominal minimal peut s'enrichir de divers éléments, les expansions du nom, pour former un groupe nominal étendu.

Voir Fiche 19 : Les expansions du nom et du groupe nominal.

Entrainement 2

Identifiez les groupes nominaux et repérez le nom noyau de chacun d'eux.

Cependant le véhicule ou, pour mieux dire, le fragment de véhicule qui encombrait la rue devant la gargote du Sergent de Waterloo, un soir du printemps de 1818, eût certainement attiré par sa masse l'attention d'un peintre qui eût passé là.

Victor Hugo, *Les Misérables*, 1862.

Corrigé p. 107

Difficultés rencontrées

1. Beaucoup de mots appartenant à des classes différentes sont susceptibles de devenir des noms.

– des pronoms : le moi (le moi est haïssable) ;
– des adjectifs : une capitale (lettre ou ville), un complet (costume) ;
– des verbes : les dires, le boire et le manger, un rendez-vous ;
– des adverbes : le pourquoi et le comment ;
– des prépositions : le pour et le contre ;
– des expressions : le je ne sais quoi et le presque rien.

2. Le nom commun n'est pas toujours précédé d'un déterminant.
La présence du déterminant devant le nom est un moyen d'identification fiable du nom. Il y a cependant plusieurs cas d'absence de déterminant devant le nom :

• lorsque la situation ou le contexte permettent d'identifier le référent du nom, même sans déterminant ; par exemple, pour les titres d'ouvrage ou d'articles de presse, pour les panneaux et affiches, etc. :
Grammaire française. Domaine interdit au public. Tempête en Méditerranée.

• dans certaines constructions syntaxiques :
– locutions verbales : rendre justice, avoir faim, avoir besoin de...
– groupes prépositionnels : avec joie, par malheur, (médecin) de famille, sur invitation, sans cœur, etc. ;
– énumérations : Dans ce coffre s'entassaient bérets, casquettes et chapeaux en tous genres.

• lorsque le nom occupe certaines fonctions comme :
– apostrophe : Bonjour, rivages aimés ;
– attribut : Dominique est musicienne dans un grand orchestre.

À retenir

Le genre est inhérent au nom.
N'importe quel mot peut devenir un nom s'il est précédé d'un déterminant.

Corrigés

Entrainement 1

Énoncé p. 104

1. à la censure : *y*. **2.** des jeunes filles : ***d'elles***. **3.** à son avenir de chercheur : *y*. **4.** à nos chers amis : ***à eux***. **5.** d'un projet de loi : ***en***. **6.** au règlement : *y*. **7.** aux parents : ***leur***. **8.** à ses tantes : ***à elles***. **9.** de Julie : ***d'elle***. **10.** à Paul : ***lui***.

Les raisons du choix

– Les noms noyaux des groupes **1.** (*censure*), **3.** (*avenir*), **5.** (*projet*), **6.** (*règlement*) sont des noms non animés qui exigent l'emploi des pronoms *en* et *y*.
– En revanche, les noms noyaux des groupes **2.** (*filles*), **4.** (*amis*), **7.** (*parents*), **8.** (*tantes*), **9.** (*Julie*), **10.** (*Paul*) sont des noms animés et humains commandant l'emploi des pronoms *elles* ou *elle*, *eux*, *leur*, *lui*.

Entrainement 2

Énoncé p. 106

Groupe nominal	Nom noyau
1 le véhicule	véhicule
2 le fragment de véhicule qui encombrait la rue	fragment
la rue	rue
3 la gargote du Sergent de Waterloo	gargote
du Sergent de Waterloo	Sergent
Waterloo	Waterloo
4 un soir du printemps de 1818	soir
du printemps de 1818	printemps
5 sa masse	masse
6 l'attention d'un peintre qui eût passé là	attention
un peintre qui eût passé là	peintre

Comment identifier un verbe ?

Objectif

- Connaitre les caractéristiques morphologiques et syntaxiques du verbe.

voir aussi

Toute la partie sur le verbe .... p. 198
Les différents systèmes d'énonciation .... p. 268

Tester ses connaissances

Dans les phrases suivantes, relevez et analysez toutes les formes verbales.

L'affaire commença tard ; Napoléon, nous l'avons expliqué, avait l'habitude de tenir l'artillerie dans sa main comme un pistolet, visant tantôt tel point, tantôt tel autre de la bataille, et il avait voulu attendre que les batteries attelées pussent rouler et galoper librement ; il fallait pour cela que le soleil parût et séchât le sol. Mais le soleil ne parut pas.

Victor Hugo, *Les Misérables*, 1862.

– **commença** : verbe *commencer*, 3e personne du singulier, passé simple ; – **avons expliqué** : verbe *expliquer*, 1re personne du pluriel, passé composé ; – **avait** : verbe *avoir*, 3e personne du singulier, imparfait de l'indicatif ; – **tenir** : verbe *tenir*, infinitif présent ; **visant** : verbe *viser*, participe présent ; – **avait voulu** : verbe *vouloir*, 3e personne du singulier, plus-que-parfait de l'indicatif ; – **attendre** : verbe *attendre*, infinitif présent ; – **attelées** : verbe *atteler*, participe passé, employé comme adjectif ; – **pussent** : verbe *pouvoir*, 3e personne du pluriel, imparfait du subjonctif ; – **rouler** : verbe *rouler*, infinitif présent ; – **galoper** : verbe *galoper*, infinitif présent ; – **fallait** : verbe *falloir*, 3e personne du singulier, imparfait de l'indicatif (verbe impersonnel) ; – **parût** : verbe *paraître*, 3e personne du singulier, imparfait du subjonctif ; – **séchât** : verbe *sécher*, 3e personne du singulier, imparfait du subjonctif ; – **parut** : verbe *paraître*, 3e personne du singulier, passé simple.

LE COURS

1 Définition

De toutes les classes grammaticales, celle du verbe est sans conteste la plus complexe. Il est le mot de la langue française qui varie le plus car il se conjugue[1].

La conjugaison est **l'ensemble des variations formelles que prend le verbe** en fonction principalement de la personne, du nombre, du temps et du mode.
Par exemple, la forme tu chantais relève simultanément de la personne (2e), du nombre (singulier), du temps (imparfait), du mode (indicatif).

1. Ainsi à chaque verbe (sauf les verbes qui ne présentent pas toutes les formes, appelés *défectifs*) peuvent correspondre 191 formes différentes, contre 2 pour un nom et 4 pour un adjectif, si bien que certains enfants croient qu'un verbe n'est pas un mot, parce qu'il change beaucoup.

2 Point de vue sémantique

Le verbe décrit un **évènement** qui s'inscrit dans le temps.

Plus précisément, on dit que le verbe décrit un procès, c'est-à-dire « les manières d'agir, d'être ou de changer des êtres, des choses au sens large du terme et des notions de toutes sortes[1] ».

Les alouettes **volent** par grand vent. Albi **est** célèbre pour sa cathédrale. Une nouvelle éthique **s'impose**.

1. Roland Eluerd, *Grammaire descriptive de la langue française*, Éditions Armand Colin, 2017.

3 Point de vue morphologique

Traditionnellement, les grammaires admettent que le verbe français connait :

• Des groupes distingués par leur infinitif : verbes en *-er* (*chanter*), *-re* (*mettre*), *-ir* (*finir, sortir*), *-oir* (*savoir*). *NB.* : Les programmes de 2018 distinguent trois groupes : 1er groupe (verbes en *-er*), 2e groupe (verbes en *-ir*, type *finir*), 3e groupe (autres verbes).

• **Trois formes** : la forme (ou voix) active (le chat **mange** la souris), la forme (ou voix) passive (la souris **est mangée** par le chat) et la forme pronominale (le chat **se nourrit** de croquettes).

• **Six personnes** au singulier et au pluriel : *je, tu, il/elle, nous, vous, ils/elles*.

• **Trois modes personnels** : l'indicatif, le subjonctif, l'impératif et **deux modes non personnels** : l'infinitif (chanter, finir, prendre) ; le participe (chantant, chanté ; finissant, fini ; prenant, pris).

> **REMARQUE** Certaines grammaires scolaires considèrent le conditionnel comme un mode, qui exprime « une action soumise à condition ». Cependant, du point de vue morphologique et sémantique, il est formé à partir de marques temporelles (cumul des marques du futur et de l'imparfait) de l'indicatif, dont il fait partie, ayant des valeurs modales et temporelles symétriques de celles du futur.

• **Deux séries de temps pour chaque mode** : les temps simples et les temps composés.

Indicatif[2]

– cinq temps simples : présent (je chante), imparfait (je chantais), futur simple (je chanterai), passé simple (je chantai), conditionnel présent (je chanterais) ;

– cinq temps composés : passé composé (j'ai chanté), plus-que-parfait (j'avais chanté), futur antérieur (j'aurai chanté), passé antérieur (j'eus chanté), conditionnel passé (j'aurais chanté).

Subjonctif

– deux temps simples : présent (que je chante), imparfait (que je chantasse) ;

– deux temps composés : passé (que j'aie chanté), plus-que-parfait (que j'eusse chanté).

Impératif

– un temps simple : le présent (chante, chantons, chantez) ;

– un temps composé : le passé (aie chanté, ayons chanté, ayez chanté).

Infinitif

– un temps simple : le présent (chanter) ;

– un temps composé : le passé (avoir chanté).

Participe

– deux temps simples : le présent (chantant), le passé (chanté) ;

2. Il existe encore deux temps surcomposés : le passé surcomposé (*j'ai eu chanté*) et le futur antérieur surcomposé (*j'aurai eu chanté*), qui servent à marquer l'antériorité par rapport à un temps composé. Ces temps verbaux sont d'un emploi rare et ne figurent pas toujours dans les tables de conjugaison. Ils ne sont pas pris en compte dans les programmes de l'école primaire.

– un temps composé (ayant chanté).
On notera l'importance du participe passé (chanté) qui, joint aux auxiliaires (*avoir* ou *être*), concourt à la formation des temps composés à l'actif et au passif.

4 Point de vue syntaxique

Le verbe est l'élément fondamental, le noyau, du groupe verbal dont il peut d'ailleurs être le seul constituant : L'enfant **chante**.

On distingue plusieurs constructions syntaxiques du verbe. La construction est :

- **intransitive,** si le verbe n'a pas de complément : Il dort.
- **transitive,** lorsque le verbe a un ou plusieurs compléments :
  – si le complément est directement relié au verbe, c'est **un COD** : la construction est **transitive directe** : Je lis **un livre**.
  – si une préposition est nécessaire à l'introduction du complément, celui-ci est **un COI** : la construction est **transitive indirecte** : Il feint d'obéir **à son supérieur**.
- **à double complémentation** lorsque le verbe a deux compléments dont l'un est généralement direct et l'autre indirect (complément d'objet second) :

Il **lui** a acheté **son appartement**.
(lui : COS ; son appartement : COD)

Voir Fiche 17 : Les compléments du verbe : COD, COI, attribut

- **attributive** lorsque certains verbes, dits attributifs, instaurent une relation, marquée par l'accord, entre le sujet ou l'objet et un attribut.
  – attribut du sujet : Sophie (sujet) est (verbe) heureuse. (attribut du sujet)
  – attribut de l'objet : Pierre (sujet) trouve (verbe) ses amies (COD) heureuses. (attribut du COD)

REMARQUE Beaucoup de verbes peuvent avoir plusieurs types de constructions :
– Des verbes intransitifs peuvent devenir transitifs (courir les magasins).
– Des verbes transitifs directs (il aspire l'air de la mer) peuvent devenir transitifs indirects (il aspire à une nouvelle fonction).
– Des verbes transitifs peuvent s'employer sans complément (emploi absolu) (Elle lit).

Entrainement 1

Cherchez le plus de constructions différentes possibles avec l'un des verbes suivants : jouer, profiter, tourner, tomber, prendre.
Classez-les.
Avec les changements de construction, observez les changements de sens et quelquefois de niveau de langue.

Corrigé p. 113

5 Les différents éléments d'une forme verbale

5 1. Le radical est l'élément fondamental du verbe

On appelle « radical verbal » l'élément commun à toutes les formes verbales qui appartiennent à la conjugaison d'un verbe.

– Cet élément est le support de la signification commune à toutes ces formes verbales et fait dire précisément qu'elles relèvent d'un même verbe, d'une même entrée dans le dictionnaire. Ainsi *chant-* est le radical que l'on retrouve dans toutes les formes qui constituent la conjugaison du verbe chanter : tu **chant**ais, il a **chant**é, il **chant**era, **chant**ant…

La forme du radical peut changer (les linguistes proposent alors le terme de ***base***). Ainsi :

- certains verbes comme ceux des types *chanter* et *finir* présentent une grande régularité de la forme du radical :

– une base : chanter → chant-

– deux bases : finir → fini-, finiss-

- d'autres, regroupés dans la catégorie des verbes dits irréguliers, offrent plus de diversité :

– trois bases : craindre → crain-, craign-, craind-

– quatre bases : voir → voi-, voy-, ver-, vu

– cinq bases : vouloir → veu-, voul-, veul-, voud-, veuill-

5 2. La terminaison apporte les informations grammaticales

Les terminaisons se placent à la suite du radical. Elles donnent les indications grammaticales sur le mode, le temps, la personne et le nombre.

Dans les faits, deux classes de marques grammaticales sont généralement présentes. Ainsi, distingue-t-on à l'écrit, pour **l'indicatif** :

- **les marques de la personne et du nombre**[1]

	Présent Verbes en *-er*	Présent Autres verbes	Imparfait conditionnel	Futur Tous les verbes	Passé simple Verbe en *-er*	Passé simple Autres verbes
P1	*-e*	*-s*		*-ai*	-∅	*-s*
P2	*-es*	*-s*		*-as*	*-s*	*-s*
P3	*-e*	*-t*[1]	*-t*	*-a*	-∅	*-t*
P4	*-ons*				*-^mes*	
P5	*-ez*				*-^tes*	
P6	*-ent*			*-ont*	*-rent*	

- **les marques de temps**[2]

	Verbes en *-er*	Autres verbes	Exemples
Présent	Aucune marque de temps		je chant-∅-e
Imparfait	*-ai-* (P1, P2, P3, P6) *-i-* (P4, P5)		je chant-**ai**-s nous chant-**i**-ons
Futur	*-er-*	*-r-*	je chant-**er**-ai je prend-**r**-ai
Conditionnel	*-erai-* *-eri-*	*-rai-* *-ri-*	je chant-**erai**-s je prend-**rai**-s nous chant-**eri**-ons nous prend-**ri**-ons

1. Il arrive que certaines formes ne comportent pas toutes les marques. Dans ce cas, les linguistes indiquent par un code spécifique (∅) l'absence de marque à la place normalement prévue. Par exemple la base *prend-* du verbe *prendre* à la 3e personne du singulier du présent ne prend aucune marque de personne.

2. Ce tableau vaut pour les verbes réguliers.

	Verbes en *-er*	Autres verbes	Exemples	
Passé simple	*-ai-* (P1) *-a-* (P2 à P5)[1] *-è-* (P6)	*-i-* *-u-* *-in-*[2]	je chant-**ai**-∅ tu chant-**a**-s ils chant-**è**-rent	je part-**i**-s je cour-**u**-s je **vin**-s

Les verbes sont donc construits de la façon suivante :

	Base	Marque de temps	Marque de personne
je chantais	chant-	-ai-	*-s*
nous chantions	chant-	-i-	*-ons*
je chanterai	chant-	-er-	*-ai*
je courrai	cour-	-r-	*-ai*
je chanterais	chant-	-erai-	*-s*
nous chanterions	chant-	-eri-	*-ons*
je courrais	cour-	-rai-	*-s*
nous courrions	cour-	-ri-	*-ons*
je chantai	chant-	-ai-	-∅
tu chantas	chant-	-a-	-s
ils chantèrent	chant-	-è-	-rent
je voulus	voul-	-u-	-s

1. Aux personnes P4 et P5, la marque du passé simple comporte un accent circonflexe : *â(mes)*, *â(tes)*.
2. Aux personnes P4 et P5, la marque du passé simple comporte un accent circonflexe : *î*, *û*, *în(mes, tes)*.

Entrainement 2

Trouvez les formes correspondant aux indications suivantes.

1. *Peindre*, présent de l'indicatif, 1re personne du singulier.
2. *Feindre*, passé simple, 3e personne du singulier.
3. *Joindre*, imparfait du subjonctif, 3e personne du singulier.
4. *Être*, passé simple, 3e personne du singulier.
5. *Avoir*, passé composé, 1re personne du singulier.
6. *Être*, passé composé, 1re personne du singulier.
7. *Asseoir*, présent de l'indicatif, 1re personne du pluriel.
8. *Asseoir*, présent de l'indicatif, 1re personne du singulier.
9. *Cueillir*, présent de l'indicatif, 2e personne du singulier.
10. *Courir*, conditionnel présent, 2e personne du singulier.

Corrigé p. 114

Entrainement 3

Découpez les formes verbales suivantes en radical + terminaisons.

1. aimais **2.** aimions **3.** aimaient **4.** aimerions **5.** vaux **6.** valons **7.** vaudrai **8.** valus **9.** veuille **10.** veuilles.

Corrigé p. 114

Difficulté rencontrée

La complexité de la conjugaison française attire l'attention sur les modes personnels (indicatif, subjonctif, impératif). Pourtant ceux-ci se repèrent assez facilement. Il n'en est pas de même pour les modes impersonnels (infinitif et participe) qui passent quelquefois inaperçus.
Ainsi, les participes passés ou présents employés comme adjectifs :
Ce garçon adore les oranges **pressées**.
J'ai rencontré le directeur **sortant** de son bureau.

À retenir

- Les formes verbales varient en fonction de la personne, du temps et du mode.
- Le verbe se compose de plusieurs éléments : le **radical** (qui comporte l'information lexicale) + la **terminaison** (porteuse des indications de personne, de temps et de mode).
- Pour réviser ces formes verbales, se reporter à des tables de conjugaison que l'on trouve dans les dictionnaires ou les utilitaires comme le *Bescherelle* ou le *Grevisse de la conjugaison* qui proposent une vision complète de toutes les formes.

Corrigés

Entrainement 1

Énoncé p. 110

Exemple du verbe *tomber*

Exemples	Signification équivalente
Construction impersonnelle	
Ça tombe.	Il pleut.
Construction impersonnelle avec sujet postposé (« sujet logique »)	
Il tombe des cordes.	Il pleut beaucoup.
Construction avec un sujet sans complément	
Tu tombes bien.	Tu arrives bien.
Il tombe.	Il chute.
La pluie tombe.	Il pleut.
La nuit tombe.	La nuit survient.
Le vent tombe.	Le vent diminue en intensité.
Construction avec un complément construit directement	
Elle tombe le masque.	Elle se dévoile.
Noël tombe un mardi.	Noël se situe un mardi.
L'opposition a tombé le gouvernement.	L'opposition a renversé le gouvernement.

Exemples	Signification équivalente
Construction avec un attribut du sujet	
Il est tombé malade.	Il est devenu malade, amoureux.
Il est tombé amoureux.	
Construction avec divers types de compléments prépositionnels	
Il tombe de haut.	Il déchante.
Il est tombé du cerisier.	Il a chuté du cerisier.
Il est tombé dans un piège.	Il s'est fourvoyé.
Il est tombé sur Racine au bac.	Il a été interrogé sur Racine au bac.
Ce projet est tombé à l'eau. (niveau familier)	Ce projet a été abandonné.
Construction pronominale	
Les bras m'en tombent. (niveau familier)	J'en suis consterné.
Ce livre m'est tombé sous la main.	J'ai trouvé ce livre.
Ce livre m'est tombé des mains.	Ce livre m'a ennuyé.

Énoncé p. 112

Entrainement 2

1. *je peins.* **2.** *il feignit.* **3.** *qu'il joignît* : l'accent circonflexe est caractéristique de la 3e personne du singulier de ce temps. Il permet de distinguer cette forme de celle de la 3e personne du singulier du passé simple. **4.** *il fut* (pas d'accent circonflexe). **5.** *j'ai eu.* **6.** *j'ai été.* **7.** *nous asseyons* ou *nous assoyons.* **8.** *j'assieds* ou *j'assois.* **9.** *tu cueilles.* **10.** *tu courrais.*

Énoncé p. 112

Entrainement 3

1. *aim+ai+s* (radical + marque de l'imparfait + marque de la 1re ou 2e personne du singulier).

2. *aim+i+ons* (radical + marque de l'imparfait + marque de la 1re personne du pluriel).

3. *aim+ai+ent* (radical + marque de l'imparfait + marque de la 3e personne du pluriel).

4. *aim+er+i+ons* (radical + marque du futur + marque de l'imparfait + 1re personne du pluriel).

5. *vau+x* (radical + marque de la 1re ou 2e personne du singulier : il n'y a pas de marque de temps).

6. *val+ons* (radical + marque de la 1re personne du pluriel : il n'y a pas de marque de temps).

7. *vaud+r+ai* (radical + marque du futur + marque de la 1re personne du singulier).

8. *val+u+s* (radical + marque du passé simple + marque de la 1re ou 2e personne du singulier).

9. *veuill+e* (radical + marque de la 1re personne du singulier).

10. *veuill+es* (radical + marque de la 2e personne du singulier).

L'adjectif

Objectifs

- Identifier un adjectif.
- Connaitre ses propriétés morphologiques, syntaxiques et sémantiques.

voir aussi

Les compléments du verbe : COD, COI, attribut .... p. 158
Les fonctions de l'adjectif .... p. 167
Les chaines d'accord .... p. 325

Tester ses connaissances

Relevez les adjectifs et indiquez leur fonction.
Deux d'entre eux forment un groupe adjectival : relevez-les.

Nous entrons dans un monde jaune et bleu où nous accueille le soupir odorant et âcre de la terre d'été en Algérie. Partout, des bougainvillées rosat dépassent les murs des villas ; dans les jardins, des hibiscus au rouge encore pâle, une profusion de roses thé épaisses comme de la crème et de délicates bordures de longs iris bleus. Toutes les pierres sont chaudes. À l'heure où nous descendons de l'autobus couleur de bouton-d'or, les bouchers dans leurs voitures rouges font leur tournée matinale…

Albert Camus, *Noces à Tipasa*, © Éditions Gallimard, 1938.

- **jaune, bleu** : épithètes du nom *monde*. – **odorant, âcre** : épithètes du nom *soupir*. – **rosat** : épithète du nom *bougainvillées*. – **pâle** : épithète du nom *rouge*. – **épaisses** : épithète du nom *roses*. – **délicates** : épithète du nom *bordures*. – **longs, bleus** : épithètes du nom *iris*. – **chaudes** : attribut de *pierres*. – **rouges** : épithète du nom *voitures*. – **matinale** : épithète du nom *tournée*.
- **Groupes adjectivaux** : *encore pâle* (l. 3) ; *épaisses comme de la crème* (l. 4).

LE COURS

1 Définition

L'adjectif est un **mot variable** qui prend les marques de genre et du nombre du nom ou du terme auquel il se rapporte.
À la différence du nom, qui peut avoir deux formes (singulier, pluriel : le chat, les chats), l'adjectif peut avoir jusqu'à quatre formes différentes (grand, grande, grands, grandes).

2 Point de vue morphologique

2 1. Les marques du genre de l'adjectif

L'adjectif a une morphologie complexe, qui, de plus, diffère largement selon que l'on considère les formes orales et écrites. Cette complexité est d'ailleurs prise en compte par les dictionnaires de langue qui indiquent les deux formes en privilégiant le masculin : muet, *-ette* ; furieux, *-euse* ; bavard, *-arde*...

• **Formes écrites**

– Dans un grand nombre de cas, le féminin de l'adjectif se forme en ajoutant un ***-e*** à la forme du masculin : joli/jolie ; lent/lente ; lourd/lourde ; grand/grande.

– Logiquement, les adjectifs qui au masculin se terminent en ***-e*** ne varient pas au féminin, ils sont dits « épicènes » : triste, placide, propre, féroce, libre.

– Pour certains adjectifs, l'adjonction du ***-e*** va entrainer des modifications portant sur la forme du masculin :

– consonne doublée : fluet/fluette ; gros/grosse ; bon/bonne.

– consonne différente : neuf/neuve ; affreux/affreuse.

– modification de la voyelle : cher/chère.

– Certaines formes relèvent de variations lexicales : vieux/vieil/vieille ; d'autres connaissent un changement de suffixe : menteur/menteuse ; novateur/novatrice.

• **Formes orales**

– À l'oral, l'adjonction du ***-e*** final n'a aucun effet sur la prononciation quand le masculin se termine par une voyelle : joli/jolie, fourbu/fourbue.

– Elle entraine dans un grand nombre de cas la prononciation de la consonne finale non prononcée au masculin : petit/petite ; lourd/lourde ; délicat/délicate.

– Les changements de consonne finale s'entendent aussi : neuf/neuve.

– À cette prononciation de la consonne finale, peut s'ajouter une modification de la voyelle, fermée au masculin et ouverte au féminin : premier/première ; entier/entière ; sot/sotte.

– Dans le cas d'une voyelle nasale, celle-ci est remplacée par une voyelle orale : voisin/voisine, brun/brune.

REMARQUES

– Certains adjectifs sont uniquement employés au masculin :
pied bot, nez aquilin, hareng saur

– D'autres sont uniquement employés au féminin :
bouche bée, femme enceinte, porte cochère

– Les adjectifs de couleur dérivés de noms s'accordent ou non selon leur degré d'adjectivation. Ainsi, par exemple, marron, cerise, rosat demeurent invariables mais, pour orange, l'usage est indécis et il prend quelquefois un **-s** avec un nom pluriel.

2 2. Les marques du nombre de l'adjectif

Elles sont identiques à celles du nom.

Pluriel en *-s*	Pluriel en *-x*		Pluriel invariable
Cas général	Adjonction du *-x* final sans incidence sur l'oral	Variation de la finale à l'écrit et à l'oral	Mots se terminant par *-s*, *-x* au singulier
jolis, jolies utiles grands, grandes	beaux nouveaux	adjectifs en *-al* : amical/amicaux final/finaux	surpris doux gros heureux

2 3. Les degrés de l'adjectif : comparatif et superlatif

Les notions exprimées par les adjectifs sont généralement variables en degrés lorsque ceux-ci sont mis au comparatif ou au superlatif.

- **Le comparatif**

On distingue trois degrés de comparatif :
– de supériorité : Le choléra est **plus** grave **que** la rougeole.
– d'égalité : Le choléra est **aussi** mortel **que** la peste.
– d'infériorité : Le choléra est **moins** commun **que** la grippe.
Les qualités exprimées par l'adjectif : grave, mortel, commun sont mises en rapport avec celles d'autres éléments de référence, la rougeole, la peste, la grippe, qui jouent le rôle de compléments de comparaison, introduits par *que*.
Certains adjectifs ont un comparatif synthétique : bon → meilleur, mauvais → pire…
La comparaison peut porter sur deux qualités qui s'appliquent à un même nom :
Les Dalton sont plus bêtes que méchants. (d'après Joe Dassin)

- **Le superlatif**

– **Le superlatif relatif** s'applique à un élément présentant la qualité dénotée par l'adjectif à son degré maximal ou minimal :
L'océan Pacifique est **le plus étendu** de la planète. Le Vatican est **le plus petit** État d'Europe.
– **Le superlatif absolu,** qui exprime un degré d'intensité élevée de la qualité évoquée, est formé par un adjectif précédé d'un des adverbes *très, fort, extrêmement* :
Il est **très costaud** mais **extrêmement naïf.**

Difficulté rencontrée

Adjectif ou participe passé ?
On note une proximité entre les adjectifs et les participes passés, qui sont les formes adjectivales du verbe. Ces participes passés ont les différentes fonctions des adjectifs : épithètes (une actrice connue, un homme fatigué), attributs (elle est désespérée), apposés (rempli de honte, il bredouilla).
Attention : les formes du passif (ces villes sont surveillées par la police) ou du passé composé actif (elle est arrivée) ne doivent pas être confondues avec des constructions comportant des formes adjectivales de participes passés ayant la fonction d'attribut (son niveau est avancé, les pommes sont cuites…).
Un test utile pour distinguer l'adjectif et le participe passé consiste à essayer d'appliquer la transformation au comparatif et au superlatif (*plus, le plus*) : *elle est plus arrivée vs son niveau est plus avancé / elle est moins fatiguée.

3 Point de vue syntaxique

3 1. Distinguer le déterminant et l'adjectif

Les programmes de 2018 réservent le terme « adjectif » au seul adjectif qualificatif, donc les appellations « adjectifs » démonstratif, possessif, interrogatif, indéfini n'ont plus cours ; elles sont remplacées par celles de « déterminants ». La précision « qualificatif » n'est par conséquent plus nécessaire.

Alors que les déterminants sont des constituants obligatoires du groupe nominal (un joueur, ce joueur, quel joueur, certains joueurs, quelques joueurs, deux joueurs...) et ne peuvent pas être affectés par le degré (*plus, moins*), **les adjectifs sont facultatifs**, d'un point de vue syntaxique, et pour beaucoup **sensibles au degré**.

> REMARQUE Accompagné d'un déterminant, l'adjectif peut devenir un nom : le rouge de cet hibiscus / l'ancien et le moderne…

3 2. Les fonctions de l'adjectif

Voir Fiche 18 : Les fonctions de l'adjectif.

L'adjectif a fondamentalement deux types d'emplois selon qu'il appartient au groupe nominal ou au groupe verbal.

• Dans les groupes nominaux, il est :
– **épithète** quand il est juxtaposé au nom : ce livre **passionnant** ;
– **apposé** quand il est détaché, mis entre virgules à l'écrit :
Ce livre, **passionnant**, a retardé mon endormissement. Il a alors une valeur explicative : *Parce qu'il était passionnant, ce livre a retardé mon endormissement*.

• Dans le groupe verbal, avec des verbes dits attributifs, il est :
– **attribut du sujet** avec *être, paraitre, sembler, devenir, rester*... : Toutes les pierres sont **chaudes** !
– **attribut du complément d'objet** avec des verbes de jugement (*trouver, juger, croire*...) et d'autres (*nommer, appeler*...) : Je trouve cette histoire **effrayante**.

3 3. Groupe adjectival

L'adjectif peut être le noyau d'un groupe adjectival. Il peut être **complété par** :
– **un adverbe**, généralement antéposé : une histoire **extrêmement** intéressante, un homme **jamais** satisfait, une définition **nécessairement** incomplète.
– **un groupe prépositionnel** appelé complément de l'adjectif : il est fou **à lier**, elle est apte **à faire ce travail**, elles sont fières **de leur réussite**.
– **une proposition subordonnée** : Pierre est fier **que son fils ait réussi ce concours**.

4 Point de vue sémantique

Des critères morphologiques, syntaxiques et sémantiques conduisent à distinguer deux sous-ensembles à l'intérieur de la classe des adjectifs.

4 1. Les adjectifs qualifiants

• Syntaxiquement, ils peuvent être affectés par la marque d'un degré :
un livre plus/très/assez intéressant.

• Sémantiquement, ils énoncent une qualité ou une propriété, essentielle ou accidentelle du nom : une robe rouge.

4 2. Les adjectifs relationnels (ou classifiants)

• Ils sont généralement dérivés d'un nom :
cœur/cardiaque, Asie/asiatique, terre/terrestre, route/routière.

• Syntaxiquement, ils connaissent certaines restrictions d'emploi :
– ils sont toujours postposés au nom : un arrêté municipal et non *un municipal arrêté ;
– ils ne peuvent généralement pas être attributs : *cette carte est routière / cette carte est illisible ;

– ils ne peuvent pas recevoir une marque de degré : *un jardin très municipal, *un décret très ministériel. Mais si, dans certains cas, ils marquent les degrés de la qualité signifiée (et non plus la relation), ils jouent alors le même rôle que les adjectifs qualifiants : un discours très présidentiel ;
– ils ne peuvent pas être coordonnés avec un adjectif qualifiant :
*une carte routière et illisible.

• Sémantiquement, ils indiquent les relations du nom avec d'autres éléments en délimitant une sous-classe du nom :
une carte routière est une sous-classe des cartes.

• Ils équivalent à un complément du nom dont ils sont dérivés :
le discours présidentiel (du président).

Entrainement

Parmi les adjectifs suivants, distinguez ceux qui sont des adjectifs qualifiants et ceux qui sont des adjectifs relationnels, en les associant au préalable à un nom.

ascensionnel, récent, administratif, léger, irascible, silencieux, matrimonial, maritime.

Corrigé p. 119

À retenir

• L'adjectif est un **constituant facultatif du groupe nominal** (épithète, apposition) ou un **constituant obligatoire du groupe verbal** (attribut du sujet ou de l'objet).
• Il prend les **marques d'accord** en genre et en nombre du nom qu'il qualifie.
• Pour le sens, on distingue les adjectifs **qualifiants** (*grand, petit, rond…*) et les adjectifs **relationnels** (*municipal, présidentiel…*).

Corrigé

Entrainement

Énoncé p. 119

– **Les adjectifs qualifiants :** *récent, léger, irascible, silencieux.*
– **Les adjectifs relationnels :** *ascensionnel, administratif, matrimonial, maritime.*

• **Test morphologique :** dérivation du nom (*ascension, administration, mariage, mer*).

• **Tests syntaxiques :** emploi en fonction d'attribut, modification par l'adverbe très, coordination avec un adjectif qualifiant.

Les pronoms personnels

Objectif

- Identifier les pronoms personnels : connaitre leurs propriétés morphologiques et syntaxiques.

voir aussi

Les propositions subordonnées complétives et circonstancielles .... p. 59
Les propositions subordonnées relatives .... p. 67
Les déterminants .... p. 92
Les pronoms autres que personnels .... p. 120
Les expansions du nom et du groupe nominal .... p. 172
Les reprises nominales et pronominales .... p. 258
Les déictiques .... p. 279

Tester ses connaissances

Relevez tous les pronoms et distinguez les pronoms personnels des autres.

En tout cas, personne ne vous laissera dire que le docteur Knock est intéressé. C'est lui qui a créé les consultations gratuites, que nous n'avions jamais connues ici. Pour les visites, il fait payer les personnes qui en ont les moyens – avouez qu'autrement ce serait malheureux ! Mais il n'accepte rien des indigents. On le voit traverser tout le canton, dépenser dix francs d'essence et s'arrêter avec sa belle voiture devant la cahute d'une pauvre vieille qui n'a même pas un fromage de chèvre à lui donner.

Jules Romains, *Knock*, 1924.

En tout cas, **personne** *ne* **vous** *laissera dire que le docteur Knock est intéressé.* **C'**est **lui qui** *a créé les consultations gratuites,* **que nous** *n'avions jamais connues ici. Pour les visites,* **il** *fait payer les personnes* **qui en** *ont les moyens – avouez qu'autrement* **ce** *serait malheureux ! Mais* **il** *n'accepte* **rien** *des indigents.* **On le** *voit traverser tout le canton, dépenser dix francs d'essence et* **s'***arrêter avec sa belle voiture devant la cahute d'une pauvre vieille* **qui** *n'a même pas un fromage de chèvre à* **lui** *donner.*

- **Pronoms personnels :** *vous, lui, nous, il, en, il, le, s'* (réfléchi), *lui.*
- **Pronoms indéfinis :** *personne, rien* (qui forme avec *ne* la locution de négation *ne… rien*), *on.*
- **Pronoms démonstratifs :** *c', ce.*
- **Pronoms relatifs :** *qui, que, qui, qui.*

LE COURS

1 Les pronoms

1 1. Définition

- Le pronom est traditionnellement défini, conformément à son étymologie, comme « un mot qui remplace le nom » mais cela crée un double malentendu. Le plus souvent, les pronoms ne remplacent pas un nom isolé mais un groupe nominal, voire d'autres termes :

– **groupe nominal** : Tu reprends du rôti ? J'**en** veux bien.

– **groupe nominal avec une ou plusieurs expansions** :

La servante au grand cœur dont vous étiez jalouse,
Et qui dort son sommeil sous une humble pelouse,
Nous devrions pourtant **lui** porter quelques fleurs.

(Charles Baudelaire, *Les Fleurs du mal*, 1857.)

– **adjectif** : Tu es insupportable ! – Tu l'es aussi !

– **proposition complétive** : On me dit qu'on peut lui faire confiance. Je **le** pense aussi.

– **construction infinitive, précédée de la préposition *de*** : Dans le pays, on pensait que le vieux meunier, en renvoyant Vivette, avait agi par avarice ; et **cela** ne lui faisait pas honneur de laisser sa petite-fille ainsi trainer d'une ferme à l'autre [...]

(Alphonse Daudet, *Lettres de mon moulin*, 1869.)

• Les pronoms personnels des 1re et 2e personnes ne remplacent rien dans un texte, ils renvoient aux protagonistes impliqués dans la situation d'énonciation, ce sont des **déictiques**.

Voir Fiche 37 : Les déictiques.

1 2. Les fonctions des pronoms

Tout comme les noms, ils peuvent avoir différentes fonctions. Citons, parmi les plus courantes :

– **sujet** : J'arrive. **Quelqu'un** a sonné. **Celui-là** est moins cher.

– **complément d'objet direct** : Pierre **t'**attend. Je préfère **l'autre**. Montrez-moi **quelque chose** de plus gai.

– **complément d'objet indirect** : Je me souviens bien de **lui**. On **lui** fait confiance.

– **attribut** : Ne te moque pas d'un éclopé. Tu risques de **l'**être à ton tour.

– **complément du nom** : Vous êtes le père de **qui** ? Je ne suis le père de **personne**.

– **complément circonstanciel** : Connaissez-vous Angers ? On **y** vit bien.

1 3. Classification des pronoms

Nous suivrons la classification et la terminologie officielles qui distinguent les pronoms personnels, possessifs, démonstratifs, interrogatifs, indéfinis et relatifs.

2 Les pronoms personnels

• **Point de vue sémantique**

Voir Fiche 33 : Les reprises nominales et pronominales.

• **Les pronoms personnels** regroupent deux types d'éléments au fonctionnement différent :

– *je, tu, nous, vous, on* qui sont des pronoms sans antécédent représentent toujours un des protagonistes d'une situation d'énonciation. Ce sont des **déictiques**.

– *il* et tous les pronoms de la 3e personne qui ont généralement un antécédent fonctionnent comme **substituts anaphoriques**.

• Les pronoms *nous* et *vous* ont également une valeur anaphorique quand ils incluent la 3e personne : *nous* = moi + lui ; *vous* = toi + lui. Jean est arrivé. Nous partons immédiatement. (Nous = Jean et moi) Ta sœur et toi, vous marchez beaucoup. (Vous = ta sœur et toi)

- **Point de vue morpho-syntaxique**

<table>
<tr><th></th><th colspan="4">Formes conjointes</th><th rowspan="2">Formes disjointes</th></tr>
<tr><th>Personnes</th><th>Sujet</th><th>Complément direct</th><th colspan="2">Complément indirect</th></tr>
<tr><td>1re personne du singulier</td><td>je/j'</td><td colspan="3">me/m'</td><td>moi</td></tr>
<tr><td>2e personne du singulier</td><td>tu</td><td colspan="3">te/t'</td><td>toi</td></tr>
<tr><td rowspan="3">3e personne du singulier</td><td rowspan="3">il, elle, on</td><td rowspan="2">le, la, l'</td><td rowspan="2">lui</td><td rowspan="2">y, en</td><td>lui, elle</td></tr>
<tr><td>lui, elle (-même)</td></tr>
<tr><td colspan="3">se/s'</td><td>soi (-même)</td></tr>
<tr><td>1re personne du pluriel</td><td colspan="5">nous</td></tr>
<tr><td>2^e personne du pluriel</td><td colspan="5">vous</td></tr>
<tr><td rowspan="2">3^e personne du pluriel</td><td rowspan="2">ils, elles</td><td>les</td><td>leur</td><td>y, en</td><td>eux, elles</td></tr>
<tr><td colspan="3">se/s'</td><td>eux, elles (-mêmes)</td></tr>
</table>

REMARQUE Seuls les pronoms de la 3e personne du singulier et du pluriel varient en genre et en nombre : *il/elle* ; *le/la* ; *lui/elle* ; *ils/elles* ; *eux/elles*.
La 1re et la 2e personnes sont communes au masculin et au féminin.
La 1re et la 2e personnes du pluriel ont une forme unique.

2 1. Formes conjointes et disjointes

Selon leur place par rapport au verbe et leur fonction, les pronoms personnels ont des formes **conjointes** et des formes **disjointes.**

- Les **formes conjointes** sont directement liées au verbe : Viendras-**tu** ? **Je** sais.

Elles ne peuvent en être séparées que par une autre forme conjointe ou par le premier élément de la négation : **Je** ne le sais pas.

André était l'ami des chats : **il** (Sujet) les (COD) respectait et **ils** le (COD) lui (COS) rendaient bien.

- Les pronoms conjoints des 1re et 2e personnes du singulier *me*, *te* peuvent occuper indifféremment des fonctions de complément d'objet direct et indirect :

Je **te** vois. (complément d'objet direct) Je **te** parle. (complément d'objet indirect)

- En revanche, les pronoms conjoints de la 3e personne (singulier et pluriel) *le*, *la*, *les*, *lui*, *leur* possèdent des formes distinctes selon qu'ils sont compléments d'objet direct ou indirect :

Je **le** vois. (complément d'objet direct) Je **lui** parle. (complément d'objet indirect)

- Les formes **disjointes** se comportent exactement comme un groupe nominal séparé du verbe par une préposition, une pause syntaxique, etc.

Elle pense à **toi**. Je ne me prends pas pour une star, **moi** !

Entrainement 1

Relevez les pronoms personnels et indiquez leur fonction.

« […] Mais pour cette fille et ce théatin[1], [dit Candide] je gage que ce sont des créatures très heureuses.
– Je gage que non, dit Martin.
– Il n'y a qu'à les prier à dîner, dit Candide, et vous verrez si je me trompe. »

Aussitôt il les aborde, il leur fait son compliment, et les invite à venir à son hôtellerie manger des macaronis, des perdrix de Lombardie, des œufs d'esturgeon…

Voltaire, *Candide*, 1759.

1. Membre d'une congrégation religieuse.

Corrigé p. p. 126

2 2. Le pronom *on*

• ***On*** est un pronom « **personnel indéfini** » aux emplois multiples. Il a trois emplois principaux.

– Il peut signifier « les gens » en général, l'espèce humaine :
On a souvent besoin d'un plus petit que soi.

– Il peut représenter une ou plusieurs personne(s) indéterminée(s) :
On frappe à la porte.

– Dans un usage familier, il équivaut à *nous*, par lequel il est souvent repris ou annoncé en position détachée : Nous, **on** attend de tes nouvelles.

• Le caractère indéterminé de ce pronom lui permet de prendre la place des pronoms des autres personnes (effet stylistique) :
Alors, **on** se moque de ses petits camarades ? = *tu* ou *vous*.
– Comment ça va aujourd'hui ? – **On** fait aller, **on** fait aller. = *je*.
Je leur avais bien dit de ne pas y aller mais **on** n'a pas voulu m'écouter. = *ils*.

2 3. Le pronom réfléchi

On le trouve dans les formes verbales dites « pronominales ».

• Avec certains verbes, le pronom réfléchi exerce une fonction syntaxique, comme un non réfléchi : cas des emplois réfléchis (l'agent et l'objet de l'action ne font qu'un) et des réciproques (l'agent de l'un est l'objet de l'autre ou plusieurs agents interagissent) :
Je **me** lave. Le pronom **réfléchi *me*** est COD comme ***la*** dans Je **la** lave.
Ils **se** sont battus comme des chiffonniers. Le pronom **réciproque *se*** est COD.

• Avec certains verbes, le pronom réfléchi ne peut pas s'analyser ; il fait corps avec le verbe. C'est le cas du pronominal passif : Cette voiture se vend bien.

Voir Fiche 23 : La forme passive.

• Il existe des verbes qui ne connaissent pas d'emploi autre que pronominal : les **verbes uniquement pronominaux** comme se souvenir, s'évanouir, s'abstenir…

GRAMMAIRE

Difficultés rencontrées

Le pronom réfléchi ***se*** peut poser un problème d'accord du participe passé dans les formes verbales composées.

- Quand on peut assigner une fonction au pronom réfléchi, le participe passé s'accorde avec ce pronom s'il est COD.

Ils **se** sont battus. Elles **se** sont battues. (se est COD)
Ils **se** sont fichu une peignée. (se est COS, le COD étant une peignée).
Ils **se** sont succédé à la barre. (se est COI, l'un a succédé à l'autre).

- Quand le réfléchi n'est pas analysable, le participe passé s'accorde avec le sujet (sauf exceptions) : Elle s'est évanouie / Il s'est évanoui.

Voir Fiche 32 : L'infinitif et le participe.

Entrainement 2

Dans les phrases suivantes, accordez ou non les participes passés.

1. Dès qu'ils se sont (*voir*), ils se sont (*plaire*).

2. Elles se sont (*lancer*) des invectives puis se sont (*apaiser*) et, en fin de compte, (*réconcilier*).

3. Les deux merles se sont (*défier*), ils se sont (*égosiller*) et finalement se sont (*envoler*).

Corrigé p. 127

2 4. Les pronoms *en* et *y*

Les pronoms ***en*** et ***y*** se comportent comme des formes conjointes.

- *Y* représente un groupe prépositionnel incluant la préposition *à* (ou *dans*). Il peut être COI : j'**y** pense ; complément circonstanciel : Il **y** fait beau ; complément essentiel de lieu : Il **y** va.

- *En* représente un groupe prépositionnel incluant la préposition *de*. Il peut avoir de multiples fonctions :

– COI : Je m'**en** soucie.
– COD quand il reprend un GN indéfini : Des fleurs, j'**en** ai cueilli.
– complément essentiel de lieu : Viens-tu de Saint-Nazaire ? Oui, j'**en** viens.
– complément d'un nom : J'aime cet auteur et j'**en** apprécie le style.
– complément d'un adjectif : J'**en** suis très heureux.

ATTENTION Ne pas confondre le pronom **en** et la préposition **en**.
Il est arrivé **en** retard. (prép.) J'**en** doute. (**en** = **de cela**) (pronom)

En et *y* représentent en principe des êtres non animés mais leur usage s'étend aux êtres animés :

Je me méfie de Stanislas. → Je m'**en** méfie. Ce type-là, je ne m'**y** fierais pas.

REMARQUE Les pronoms personnels *en* et *y* étaient autrefois appelés « pronoms adverbiaux » en raison de leur origine adverbiale.

Entrainement 3

Donnez la fonction des pronoms *en* et *y*.

1. J'irai fouler l'herbe menue et j'en sentirai la fraicheur à mes pieds. (d'après Rimbaud)

2. Il fait bien chaud. Qu'en dites-vous ?

3. As-tu des amis ? Oui, j'en ai.

4. Je vais à Albi. J'y rencontrerai peut-être Anne.

5. Il faut que j'aille acheter du pain. Tu ferais bien de m'y faire penser.

6. Juliette a eu 18 en philosophie et elle en est très fière.

7. On me dit que vous avez obtenu une mention. J'en suis très content.

9. Ce gâteau est excellent. Pourras-tu m'en donner la recette ?

10. J'en doute.

11. J'y cours.

Corrigé p. 127

3 *Le, la, les*... déterminants ou pronoms personnels ?

3 1. Des formes semblables mais des emplois différents

• Les formes ***le, l', la, les*** peuvent, selon le contexte, appartenir à deux classes grammaticales différentes : déterminants (articles définis) ou pronoms personnels. La différence de leur fonctionnement syntaxique permet normalement d'éviter toute confusion.

• Selon les cas, ***le, l', la, les*** ont un rapport très différent avec le nom.

– Quand ils sont articles définis, ils déterminent le nom pour constituer avec lui un groupe nominal : **le** voyageur, **la** belle meunière.

– Quand ils sont pronoms personnels, ils sont des substituts (le plus souvent d'un groupe nominal) et ils sont compléments d'objet direct d'un verbe : Il **la** demande en mariage.

3 2. Place

• Déterminants, ils constituent le premier élément d'un groupe nominal :
le voyageur, **la** belle meunière.

• Pronoms, ils précèdent ou suivent une forme verbale dont ils sont COD :
Il **les** cueille. Apporte-**le**.

3 3. Genre et nombre

– Quand ils sont déterminants, ils indiquent le genre et le nombre du nom qu'ils précèdent, le pétrel (masculin singulier), la mouette (féminin singulier), ou seulement son nombre : les martinets (pluriel), les hirondelles (pluriel), l'albatros (singulier), l'alouette (singulier).

– Quand ils sont pronoms personnels, ils prennent le genre et le nombre du nom noyau du groupe nominal dont ils sont les substituts.

REMARQUE Un autre pronom personnel peut s'interposer entre *le, l', la, les* et la forme verbale :
Le Corbeau, honteux et confus,
Jura, mais un peu tard, qu'on ne **l'y** prendrait plus.
(La Fontaine, *Fables*, « Le Corbeau et le Renard »,1668.)

Difficulté rencontrée

Attention, certains mots peuvent être nom ou verbe selon le contexte, et le mot qui les précède peut être en conséquence pronom personnel ou déterminant. Un minimum d'attention suffit généralement à éviter toute confusion.

Quand tu te seras lavé les cheveux, il faudra que tu <u>les</u> peignes.

Quel est ce papier ? Faut-il que je <u>le</u> signe ?

Son voisin <u>l'</u>aimant, elle préféra déménager.

Hors contexte, *les peignes, le signe, l'aimant* pourraient constituer des groupes nominaux, mais les phrases qui précèdent permettent de lever toute ambigüité.

Entrainement 4

Pour chaque mot en bleu, indiquez la classe grammaticale du mot qui le suit.
Classez-les en pronoms personnels et déterminants.

Pierre ne connaissait pas Marie. Quand il la vit pour la première fois, la belle le fascina. Lui ne l'impressionna pas, au contraire. Elle l'observa, intriguée par l'espèce de primate qui la dévisageait. Aussi les amis de Marie furent-ils étonnés le lendemain quand il les virent attablés à l'auberge de la Jument verte.

Corrigé p. 127

À retenir

- **La classe des pronoms** comporte de nombreux types prenant des formes diverses, simples ou complexes.
- **Les pronoms personnels** désignent les êtres ou les choses en indiquant la personne.
- **Leur forme dépend de la place et de la fonction** qu'ils occupent dans la phrase.

Corrigés

Entrainement 1

Énoncé p. 126

– **Je** (*je gage,* deux fois) : 1re personne du singulier, sujet du verbe *gage.*

– **Il** (*n'y a*) : la structure *il y a* constitue un présentatif dans lequel on peut repérer le pronom *il* comme 3e personne du singulier, sujet du verbe *a* mais il n'est plus vraiment « personnel ». Le pronom *y*, qui entre dans la composition de ce présentatif, n'est pas analysable.

– **les** (*les prier*) : 3e personne du pluriel, représente *cette fille et ce théatin,* complément d'objet direct du verbe *prier.*

– **vous** (*vous verrez*) : 2e personne du pluriel, sujet du verbe *verrez.*

– **je** (*je me trompe*) : 1re personne du singulier, sujet du verbe *me trompe.*

– **me** (*je me trompe*) : 1re personne du singulier, pronom réfléchi.

– **il** (*il les aborde*) : 3e personne du singulier, représente *Candide*, sujet du verbe *aborde*.

– **les** (*il les aborde*) : 3e personne du pluriel, représente *cette fille et ce théatin*, complément d'objet direct du verbe *aborde*.

– **il** (*il leur fait*) : 3e personne du singulier, représente *Candide*, sujet de la locution verbale *fait son compliment*.

– **leur** (*il leur fait*) : 3e personne du pluriel, représente *cette fille et ce théatin*, complément d'objet indirect de la locution verbale *faire son compliment*.

– **les** (*les invite*) : 3e personne du pluriel, représente *cette fille et ce théatin*, complément d'objet direct du verbe *invite*.

Entrainement 2

Énoncé p. 127

1. **vus** (COD réciproque) ; ***plu*** (plaire à quelqu'un COI).
2. **lancé** (COS, le COD est *invectives*) ; **apaisées** (COD réfléchi) ; ***réconciliées*** (COD réciproque).
3. ***défiés*** (COD réciproque) ; ***égosillés, envolés*** (verbes essentiellement pronominaux).

Entrainement 3

Énoncé p. 127

1. *j'***en** *sentirai* : complément du nom *fraicheur.*
2. *qu'***en** *dites-vous* : COI du verbe *dites.*
3. *j'***en** *ai* : COD du verbe *ai.*
4. *J'***y** *rencontrerai* : complément circonstanciel de lieu du verbe *rencontrerai.*
5. *m'***y** *faire penser* : COI du verbe *penser.*
6. *elle* **en** *est très fière* : complément de l'adjectif *fière.*
7. *J'***en** *suis très content* : complément de l'adjectif *content.*
8. *m'***en** *donner la recette* : complément du nom *recette.*
9. *J'***en** *doute* : COI du verbe *doute.*
10. *J'***y** *cours* : complément de lieu du verbe *cours.*

Entrainement 4

Énoncé p. 127

Précèdent un nom	**la** *(belle)*, **l'***(espèce)*, **les** *(amis)*, **le** *lendemain*, **l'***(auberge)*, **la** *(Jument verte)*	déterminants
Précède un adjectif	**la** *(première)*	
Précèdent un verbe	**la** *(vit)*, **le** *(fascina)*, **l'***(impressionna)*, **l'***(observa)*, **la** *(dévisageait)*, **les** *(virent)*	pronoms personnels

– **la** *(première fois)* : un adjectif s'intercale, comme souvent, entre le déterminant et le nom.

– **la** *(belle)* : *belle* est bien un nom (adjectif substantivé).

Les pronoms autres que personnels

Objectif

- Identifier et distinguer les différents pronoms autres que les pronoms personnels.

voir aussi

Les propositions subordonnées relatives .... p. 67
Les expansions du nom et du groupe nominal .... p. 172
Les reprises nominales et pronominales et du groupe nominal .... p. 258
Les déictiques .... p. 279

Tester ses connaissances

Relevez et classez les divers pronoms de ce texte.

On nous a donné l'autre jour comme sujet, « Thémistocle haranguant les Grecs ». Je n'ai rien trouvé, rien, rien !

« J'espère que voilà un beau sujet, hé ! » a dit le professeur en se passant la langue sur les lèvres, – une langue jaune, des lèvres crottées.

C'est un beau sujet certainement, et, bien sûr, dans les petits collèges, on n'en donne pas de comme ça ; il n'y a que dans les collèges royaux, et quand on a des élèves comme moi.

Qu'est-ce que je vais donc bien dire ?

« Mettez-vous à la place de Thémistocle. »

Ils me disent toujours qu'il faut se mettre à la place de celui-ci, de celui-là, – avec le nez coupé comme Zopyre ? avec le poignet rôti comme Scévola ?

C'est toujours des généraux, des rois, des reines !

Mais j'ai quatorze ans, je ne sais pas ce qu'il faut faire dire à Annibal, à Caracalla, ni à Torquatus, non plus !

Jules Vallès, *L'Enfant*, « Mes Humanités », 1879.

- **Pronoms personnels** : **on**, **nous**, **je/j'**, **se** *(passant)*, **en** *(donne)*, **il**, **y** *(il y a)*, **moi**, **vous**, **ils**.
- **Pronoms démonstratifs** : **c'** *(est)*, *(comme)* **ça**, **celui-ci**, **celui-là**, **ce** *(qu'il faut faire dire)*.
- **Pronom indéfini** : *rien*.
- **Pronoms relatifs** : *(ce)* **qu'** *(il faut faire dire)*, **que** *(je vais donc bien dire)*.
- **Pronom interrogatif** : **qu'** *(qu'est-ce)*.

**Qu'est-ce que je vais donc bien dire ?* Dans cette forme complexe, le premier *que* (*qu'*) est un pronom interrogatif (non animé) et le second *que* est un pronom relatif. Cette forme est COD de *dire*.

LE COURS

1 Les pronoms possessifs

Les pronoms possessifs sont formés de l'article défini et d'une forme tonique du possessif. Ils varient avec :
– la personne du « possesseur », dont ils portent la trace à l'initiale (*tien* = *tu*) ;
– le genre et le nombre du nom (antécédent) qu'ils représentent (finale variable).
Ton couteau est neuf. **Le mien** (= mon couteau) est usé. (1re personne du singulier antécédent masculin singulier)
Leurs assiettes sont propres. **Les nôtres** (= nos assiettes) sont sales. (1re personne du pluriel antécédent féminin pluriel)

Relation avec la personne	Antécédent singulier		Antécédent pluriel	
	Masculin	Féminin	Masculin	Féminin
moi toi lui, elle	le mien le tien le sien	la mienne la tienne la sienne	les miens les tiens les siens	les miennes les tiennes les siennes
nous vous ils, elles	le nôtre le vôtre le leur	la nôtre la vôtre la leur	les nôtres les vôtres les leurs	

On notera qu'à la différence du déterminant possessif, les pronoms possessifs ont un accent circonflexe aux 1re et 2e personnes du pluriel.

2 Les pronoms démonstratifs

– Les pronoms démonstratifs varient en genre et en nombre en fonction du référent désigné.
Son comportement est **celui** d'un enfant gâté.
– Le pronom celui est au masculin singulier parce qu'il fait référence à son comportement.
– Ils peuvent être déictiques : Qu'est-ce que **cela** veut dire ? Regarde **celui-ci** ! ou anaphoriques : Henri III désigna Henri de Navarre pour lui succéder, **celui-ci** régna donc sous le nom d'Henri IV.

Pour la distinction entre les anaphoriques et les déictiques, voir respectivement les Fiches 33 et 37.

GRAMMAIRE

	Variables				Invariables
	Singulier		Pluriel		Singulier
	Masculin	Féminin	Masculin	Féminin	Neutre
Simples	celui	celle	ceux	celles	ce
Composés	celui-ci celui-là	celle-ci celle-là	ceux-ci ceux-là	celles-ci celles-là	ceci cela, ça

- Ils possèdent deux formes, une simple et une composée par adjonction des particules *-ci* et *-là*. Leur répartition obéit en principe à une règle de proximité.

Celui-ci désigne le plus proche et *celui-là* le plus éloigné.
Caïn et Abel étaient frères. **Celui-là** assassina **celui-ci**.

> **REMARQUE** Dans la pratique courante, cette règle pose souvent problème ; on s'en tire avec d'autres formulations : *le premier... le second.*

• **Les formes simples** ne sont pas autonomes. Elles doivent toujours être accompagnées d'une expansion qui les détermine.

Je connais la voisine du dessous. Je n'ai jamais vu **celle** du dessus. → groupe prépositionnel

Ceux qui vivent, ce sont **ceux** qui luttent. (Victor Hugo) → relative.

En matière de pain, le meilleur est **celui** cuit au feu de bois. → participe + complément.

• Dans les **formes neutres**, ***cela*** reprend ce qui a été dit (anaphore), ***ceci*** annonce ce qui va suivre (cataphore).

La forme ***ça***, fréquente à l'oral en référence à la situation d'énonciation, est souvent péjorative et considérée comme familière :

Passe-moi **ça**, oui ce truc émaillé...

La confiture, **ça** dégouline...

• La **forme atone *c(e)*** est employée dans des contextes précis :

– comme sujet du verbe *être* : C'est bien... Est-**ce** tout ?

– dans le présentatif : *c'est... qui, c'est... que* servant à détacher un élément dans une tournure emphatique :

C'est le piston **qui** fait marcher la machine.

C'est à Cambrai **qu'**on fait les plus savoureuses bêtises.

– comme antécédent d'une relative ou d'une interrogative indirecte :

Ce qui me préoccupe, **c'est** que je me demande **ce** qui te tracasse.

relative — intérrogative indirecte

Entrainement 1

Complétez les phrases suivantes avec des déterminants ou des pronoms démonstratifs en soulignant les pronoms.

1. Comment … va ? Couci-couça.
2. Regardez-moi … maquereaux, lequel prenez-vous ? … ou … ?
3. … saucissons… sont plus secs que … saucissons….
4. … dit, écoutez bien … : … dépend des goûts mais … qui m'en achètent ne se sont jamais plaints.
5. Napoléon Ier et Napoléon III furent tous deux empereurs. … était le neveu de ….
6. Napoléon Ier et Napoléon III furent tous deux empereurs. … était l'oncle de ….

Corrigé p. 135

3 Les pronoms interrogatifs

• On distingue :

– des formes simples : **Qui** est venu ? (sujet humain) **Qu'**as-tu vu ? (COD non animé) À **quoi** penses-tu ? (complément prépositionnel non animé).

– et parallèlement, des formes renforcées : **Qui est-ce qui** est venu ? (sujet humain)

Qu'est-ce qui est arrivé ? (sujet inanimé) **Qui est-ce que** tu attends ? (objet humain) **Qu'est-ce que** tu fais ? (objet inanimé).

- La forme ***quoi*** dans Tu as vu **quoi** ? est considérée comme familière ; **Qu'est-ce que** tu as vu ? est la tournure courante ; **Qu'**as-tu vu ? est du style plus soutenu.
- Il existe aussi un pronom variable (*lequel, laquelle, lesquels, lesquelles*) utilisé lorsque l'interrogation porte sur un ou plusieurs élément(s) d'un ensemble.

Il peut être anaphorique :
Il existe deux grands bois à Paris, **lequel** se situe à l'est ?
Il peut être aussi déictique : **Lequel** (de ces champignons) est comestible ?

4 Les pronoms indéfinis

Ils constituent une catégorie hétéroclite composée de formes très diverses et parfois inattendues. Leur complexité est moins grande quand on les représente sous forme de tableau :

Quantificateurs				Identificateurs
Quantité nulle	Singularité	Pluralité	Totalité	
nul(le) personne rien aucun(e) pas un(e)	l'un(e) quelqu'un(e), quelque chose n'importe qui, n'importe quoi je ne sais qui, je ne sais quoi n'importe lequel, laquelle qui que ce soit, quoi que ce soit	quelques-un(e)s plusieurs certain(e)s la plupart	tout tous, toutes chacun(e)	le (la, les) même(s) l'autre (les autres) autrui autre chose tel(le)

Difficulté rencontrée

Beaucoup de pronoms indéfinis sont les homonymes de déterminants et il faut être attentif, lors d'une éventuelle analyse, à ne pas confondre les uns et les autres.
Pour cela, il suffira de vérifier si le mot qui fait problème fait partie d'un groupe nominal (déterminant) ou s'il remplit à lui seul les fonctions d'un groupe nominal (pronom).
Tous les joueurs (déterminant) ont parié, **certains** ont gagné. (pronom)
J'ai vu **la même** robe dans plusieurs vitrines. (déterminant)
Tu as une belle robe, je veux **la même**. (pronom)
Tout homme est faillible. (déterminant)
Tout va très bien, Madame la marquise. (pronom)

Entrainement 2

Dans les énoncés suivants, distinguez les déterminants indéfinis et les pronoms indéfinis.

Des six vaches landaises échappées, une a été reprise, deux ont été aperçues dans un champ de maïs, trois se sont évanouies dans la nature. Toutes sont des coursières expérimentées, aucune n'est cependant dangereuse si aucun présomptueux ne vient se planter en face d'elles. N'importe quel citadin, même peu au fait des choses de la campagne, fera la différence entre une vache de course et une vache laitière. Chacune appartient à l'espèce bovine mais autant l'une est mince et nerveuse, autant l'autre est massive et placide.

Corrigé p. 135

5 Les pronoms relatifs

Tester ses connaissances

Dans ces phrases, relevez les pronoms relatifs, indiquez leur fonction grammaticale et donnez leur antécédent.

1. L'homme qui en savait trop ignorait ce qu'il savait.

2. Cet ordinateur, c'est celui dont je rêve et sur lequel je compte pour Noël.

3. Le château dont il apercevait les tours pointues était celui de la Belle au bois dormant.

4. Qui vole un boulon, vole un camion.

5. Le marché où j'ai mes habitudes se tient le jeudi.

6. Il obéit à des principes auxquels je ne crois pas.

7. Celui que l'on appelait Don Sebastian était un étranger dont on ignorait la véritable identité.

1. Qui : (antécédent, *l'homme*), sujet de *savait* ; **que** (antécédent, *ce*), COD de *savait*.
2. Dont : (antécédent, *celui* = *cet ordinateur*), COI de *je rêve* ; **lequel** (antécédent, *celui* = *cet ordinateur*), COI de *je compte*.
3. Dont : (antécédent, *le château*), complément du nom *tours*.
4. Qui : (sans antécédent), sujet de *vole*.
5. Où : (antécédent : *le marché*), complément de lieu de *j'ai mes habitudes*.
6. Auxquels : (antécédent, *des principes*), COI de *je crois*.
7. Que : (antécédent, *celui*), COD de *appelait* ; *dont* : (antécédent, *un étranger*), complément du nom *identité*.

5 1. Un pronom au fonctionnement spécifique

Le pronom relatif occupe une place particulière dans l'ensemble des pronoms car il remplit une triple fonction :
– Il introduit une proposition subordonnée dite relative.
– Il représente un groupe nominal, son antécédent.
– Il a une fonction grammaticale par rapport à un élément de la proposition qu'il introduit.

pronom relatif
introduit la proposition relative

sujet de *mange*

↓

Le chat de la voisine **qui** mange de la bonne cuisine fait ronron.

antécédent

proposition relative
complément du groupe nominal
le chat de la voisine

• **L'antécédent** du pronom relatif peut être aussi :
– un pronom personnel : Lui **qui** déteste le flamenco s'est entiché d'une Andalouse.
– un pronom démonstratif : Celui **qui** a posé ce robinet n'était pas très doué.

• Le pronom relatif étant un mot subordonnant, il est **toujours en tête de la proposition**, quelle que soit sa fonction.

5 2. Morphologie du pronom relatif

	Formes simples	
	Antécédent animé	Antécédent non animé
Sujet	*qui*	
Complément d'objet direct et attribut	*que*	
Complément prépositionnel : COI, CC, CDN, CDAdj.	prép. + *qui* *dont*	prép + *quoi* *dont* *où*

Formes composées			
Singulier		Pluriel	
Masculin	Féminin	Masculin	Féminin
lequel	laquelle	lesquels	lesquelles
duquel	de laquelle	desquels	desquelles
auquel	à laquelle	auxquels	auxquelles

- **Formes simples**

– On remarque que les formes simples, ***qui*** et ***que***, sont identiques au masculin et au féminin, au singulier comme au pluriel, que l'antécédent soit ou non animé.

Le chat **qui** pelote. Les chats **qui** pelotent.
La vache **qui** rit. Les vaches **qui** rient.
Le chat **que** l'on caresse. Les chats **que** l'on caresse.
La vache **que** l'on trait. Les vaches **que** l'on trait.

Cependant, si ces pronoms relatifs ont un attribut, ce dernier s'accorde en genre et en nombre avec l'antécédent :

Le gamin, qui était **transi**, s'abritait sous un porche.
transi : attribut du sujet qui, masculin singulier, ayant pour antécédent gamin

Les clés que je croyais **perdues** étaient restées dans une poche.
perdues : attribut du COD que, féminin pluriel, ayant pour antécédent clés

– Dans les compléments prépositionnels, le pronom simple ***qui*** est réservé aux référents animés, ***quoi*** aux référents non animés :

C'est la starlette par **qui** le scandale est arrivé.

Je regarde ce à **quoi** tu t'amuses.

- **Formes composées**

Elles varient en genre, en nombre et selon leur fonction syntaxique. Elles prennent le genre et le nombre de leur antécédent et peuvent exercer la fonction sujet (*lequel*...) ou complément prépositionnel (*auquel, duquel*...) dans la relative.

Il a fait un discours interminable **duquel** personne ne se souviendra.
Duquel est au masculin singulier, en accord avec son antécédent un discours, et COI de se souvenir.

Elles s'emploient avec n'importe quel référent :

C'est le gigolo par **lequel** le scandale est arrivé.

C'est la catastrophe par **laquelle** le malheur est arrivé.

5 3. Cas particulier du pronom *dont*

Le relatif ***dont***, complément prépositionnel, inclut la préposition *de*.

La maison **dont** tu vois le toit est inhabitée.

dont est ici complément du nom maison (= le toit **de la maison**).

En cas de doute, on peut décomposer la phrase en deux propositions indépendantes :

→ Tu vois le toit de la maison. La maison est inhabitée.

Le pays **dont** je parle connait des hivers rudes.

dont est complément d'objet indirect du verbe parler.

→ Je parle d'un pays. Ce pays connait des hivers rudes.

J'ai engagé un jardinier **dont** je suis satisfait.

dont est complément de l'adjectif satisfait.

→ J'ai engagé un jardinier. Je suis satisfait de ce jardinier.

Entrainement 3

Complétez les phrases suivantes par les pronoms relatifs qui conviennent.

1. J'ai revu le film … tu m'avais parlé et … tu m'avais chaudement recommandé.

2. C'est une petite ville … les trains ne s'arrêtent pas mais … a une salle de cinéma.

3. Le chemin, par … tu es arrivé et … tu as dû trouver bien étroit, a été emprunté par Louis XIV.

4. La femme … me fait penser cette chanson est celle-là même … tu viens de prononcer le nom.

Corrigé p. 135

À retenir

• On distingue plusieurs sous-classes de pronoms, qui ont des propriétés référentielles, morphologiques et syntaxiques différentes : à côté de la classe centrale des pronoms personnels, on distingue des **pronoms possessifs, démonstratifs, interrogatifs, indéfinis et relatifs**. Dans la structure d'une phrase, ils tiennent la place d'un groupe nominal et peuvent en avoir les diverses fonctions. Ils ne doivent pas être confondus avec les déterminants correspondants.

• Pour bien **analyser un pronom relatif**, il faut **identifier son antécédent** et trouver la fonction syntaxique de ce pronom dans la subordonnée relative. Cette analyse peut s'avérer parfois délicate ; on peut alors décomposer la phrase complexe comportant cette relative et retrouver deux propositions indépendantes plus faciles à analyser.

Corrigés

Entrainement 1

Énoncé p. 130

1. *Comment* **ça** *va ? Couci-couça.*

2. *Regardez-moi* **ces** *maquereaux, lequel prenez-vous ?* **Celui-ci** *ou* **celui-là** *?*

3. **Ces** *saucissons-***ci** *sont plus secs que* **ces** *saucissons-***là**.

4. **Cela** *dit, écoutez bien* **ceci** *:* **ça** *(***cela***) dépend des goûts mais* **ceux** *qui m'en achètent ne se sont jamais plaints.*

5. *Napoléon Ier et Napoléon III furent tous deux empereurs.* **Celui-ci** *était le neveu de* **celui-là**.

6. *Napoléon Ier et Napoléon III furent tous deux empereurs.* **Celui-là** *était l'oncle de* **celui-ci**.

Entrainement 2

Énoncé p. 131

– **Déterminants** : *un* (champ), *des* (coursières) *aucun* (présomptueux*), n'importe quel* (citadin), *une* (vache).

– **Pronoms** : *toutes, aucune, chacune, l'une, l'autre.*

Entrainement 3

Énoncé p. 134

1. J'ai revu le film **dont** tu m'avais parlé et **que** tu m'avais chaudement recommandé.

2. C'est une petite ville **où** les trains ne s'arrêtent pas mais **qui** a une salle de cinéma.

3. Le chemin par **lequel** tu es arrivé et **que** tu as dû trouver bien étroit a été emprunté par Louis XIV.

4. La femme **à qui** (ou **à laquelle**) me fait penser cette chanson est celle-là même **dont** tu viens de prononcer le nom.

FICHE 14 — Les classes grammaticales

Les emplois de *que*

Objectif

- Identifier la nature et la fonction des formes *que*.

voir aussi

Tester ses connaissances

À quelle classe grammaticale appartient le mot *que* dans les phrases suivantes ?
Justifiez votre réponse.

1. Que sais-je ?
2. C'est à Toulouse **que** j'ai rencontré Sylvie.
3. Certains ont affirmé avec véhémence **qu**'ils avaient déjà connu cela.
4. Elle est plus grande **qu**'eux.
5. Les arbres **que** vous regardez sont centenaires.
6. **Que** je t'aime, **que** je t'aime !
7. Il ne s'interrompit **qu**'une fois.
8. Il est à craindre **que**, parmi ces livres, certains soient abimés.

1. pronom interrogatif, COD de *sais*. **2.** *que* (conjonction) est associé au présentatif *c'est*. **3. et 4.** conjonctions de subordination. **5.** pronom relatif COD de *regardez*. **6.** adverbe exclamatif. **7.** *ne… qu'* locution adverbiale de négation exceptive. **8.** conjonction de subordination.

Corrigé détaillé p. 139

LE COURS

1 Définition

Seul ou associé à d'autres mots dans des locutions, le mot ***que*** est le mot grammatical le plus employé dans la langue française. Il peut, selon le contexte, appartenir à des classes grammaticales différentes : le plus souvent **conjonction de subordination** ou **pronom relatif**, il peut aussi être **pronom interrogatif**, **adverbe exclamatif**, **adverbe de négation** associé à *ne*… ainsi que **marqueur du subjonctif**.

2 *Que* conjonction de subordination

Les conjonctions de subordination introduisent une proposition subordonnée. Elles n'ont pas de fonction dans la proposition introduite :

Il sait **que** vous écoutez.

Il était occupé **si bien qu**'il n'est pas venu.

• ***Que* est la conjonction de subordination par excellence** et ses emplois sont très nombreux :
– introduction d'une proposition subordonnée complétive : (il sait) que vous écoutez ;
– introduction d'une proposition subordonnée circonstancielle : il était **si** fatigué **qu**'il s'est endormi pendant le film. (*que* est associé à *si*) ;
– remplacement de tout autre type de conjonction de subordination lorsque deux propositions subordonnées sont coordonnées :

Quand tu viendras	**et** que tu verras	tu comprendras.
Proposition subordonnée circonstancielle de temps	2e proposition subordonnée circonstancielle de temps, coordonnée à la 1re par la conjonction de coordination ***et***. ***Que*** est mis à la place de *quand*.	Proposition principale

• Associée à d'autres mots (souvent un adverbe), la conjonction ***que*** forme un grand nombre de **locutions conjonctives** : *parce que, alors que, avant que, après que, si bien que, dès que, au fur et à mesure que, vu que, étant donné que...* dans lesquelles elle assure la fonction de subordonnant.

Difficultés rencontrées

• La conjonction ***que*** peut aussi introduire le deuxième terme d'une comparaison sans qu'il y ait de proposition subordonnée complète :
Il est plus bête **que** méchant. Elle est aussi grande **que** lui.

• La conjonction ***que*** intervient aussi dans des constructions avec les présentatifs ***c'est... que, il y a... que*** pour mettre en valeur le terme encadré : **C'est** ce livre **que** je veux.

3 *Que* pronom

3 1. Pronom relatif

Voir Fiche 13 : Les pronoms autres que personnels.

Que **pronom relatif introduit une proposition subordonnée relative.** Il représente un antécédent (très généralement un nom) et assume la fonction d'un groupe nominal dans la proposition subordonnée introduite.
Que peut occuper les fonctions :
– de complément d'objet : Elle revenait dans une voiture (antécédent) qu'elle conduisait elle-même. (prop. subordonnée relative)
– d'attribut du sujet : La femme (antécédent) que je suis devenue (prop. subordonnée relative) pense toujours à son enfance.

Difficulté rencontrée

Que associé à ***ce*** peut former **une locution relative *ce que***, qu'il ne faut pas confondre avec **la locution conjonctive** *ce que* introductrice d'une subordonnée complétive.
Pour éviter cette confusion, il convient de vérifier si le mot *que* a ou non une fonction dans la subordonnée introduite :
Voilà ce **que** j'ai à te dire. Que est COD du verbe dire, il forme avec ce une locution relative.
Je m'oppose à ce **que** tu viennes. Que n'a aucune fonction dans la proposition introduite, il forme avec ce une locution conjonctive ; ce est un support obligatoire de que après une préposition.

Entrainement 1

Distinguez *que* pronom relatif et *que* conjonction de subordination. Justifiez votre réponse.

1. Les gens que les instituts de sondage interrogent n'ont pourtant pas de temps à perdre.

2. Ces propos sont d'autant plus étonnants que les gens n'agissent plus de la sorte.

3. Elle se moque de ce que vous pensez.

4. Le tourisme que nous voyons se développer de façon anarchique menace les équilibres.

5. Je me réjouis de ce qu'il soit venu.

6. Il comprit un soir qu'il allait tout quitter.

7. Il ne prévoyait pas que le nombre d'erreurs pût être si grand.

8. Son père accorda à Jean ce qu'il lui demandait.

Corrigé p. 140

3 2. Pronom interrogatif

***Que* pronom interrogatif introduit :**
– **une phrase interrogative directe** marquée par un point d'interrogation :
Que se passe-t-il ? **Que** faire ?
– **une subordonnée interrogative indirecte** :
Je ne sais **que** faire.

• Le pronom interrogatif *que* placé en tête de phrase peut être COD ou attribut du sujet :
Que voulez-vous ? *que* COD. **Que** serais-je sans toi ? *que* attribut.

REMARQUE On trouve aussi **que** adverbe interrogatif (= *pourquoi*) dans quelques emplois marginaux comme **Qu'**avais-tu besoin d'acheter ces chaussures ?

4 *Que* adverbe

4 1. Adverbe exclamatif

***Que* adverbe exclamatif introduit une phrase exclamative.** Il pourrait être remplacé par *comme* :
Que c'est bête ! **Que** je t'aime ! **Qu'**il court vite !
L'adverbe exclamatif ***que*** modifie un adjectif (bête), un verbe (aime) ou un adverbe (vite).

4 2. Deuxième élément de négation

Que associé à ***ne*** forme la locution adverbiale *ne... que* chargée de marquer la négation exceptive (l'exception) :
Je **ne** bois **que** de l'eau. *ne ... que* équivaut à « seulement ».

5 *Que* marqueur du subjonctif

En français moderne, *que* est le marqueur obligatoire du subjonctif employé en proposition indépendante ou principale :

Qu'il vienne tout de suite.

Il figure, de ce fait, dans les tableaux de conjugaison des verbes.

Entrainement 2

Quelle est la nature de *que* dans chaque phrase ?

1. Le sentier que je suivais était bien raide.
2. Il n'habitait cette maison que depuis quelques jours.
3. Que voyez-vous ?
4. Je ne pense pas que tu trouves la solution.
5. Je ne veux que ton bien.
6. Qu'il parte.
7. Ils ne pensent qu'à rencontrer leurs amis sur la plage.
8. Qu'as-tu ?
9. Je m'étonne qu'il ose encore se montrer.
10. « Que le son du cor est triste au fond des bois ! » (Vigny.)

Corrigé p. 140

À retenir

Il ne faut pas confondre ***que* pronom relatif** et ***que* conjonction de subordination**.

Que a aussi d'autres emplois : pronom interrogatif, adverbe exclamatif et, associé à ***ne***, deuxième élément de négation exceptive. Il sert également à indiquer le subjonctif.

Corrigés

Tester ses connaissances

Énoncé p. 136

1. Pronom interrogatif, COD du verbe *sais*.
2. La conjonction *que* est associée au présentatif *c'est* pour mettre en valeur *à Toulouse*.
3. Conjonction de subordination, introduit la proposition subordonnée complétive *qu'ils avaient déjà connu cela*.
4. Conjonction de subordination, introduit le complément du comparatif *plus grande*.
5. Pronom relatif, représente l'antécédent *les arbres*, COD du verbe *regardez*.
6. Adverbe exclamatif, modifie le verbe *aimer* (marque le haut degré de l'amour).
7. *Ne… que* est une locution adverbiale de négation exceptive (= « seulement »).
8. Conjonction de subordination, introduit la proposition complétive *que… certains soient abimés*.

Entrainement 1

Énoncé p. 138

1. Pronom relatif, représente *les gens*, introduit la proposition subordonnée relative *que les instituts de sondage interrogent* ; *que* est COD du verbe *interrogent.*

2. Conjonction de subordination, introduit la proposition subordonnée de comparaison *que les gens n'agissent plus de la sorte,* en corrélation avec *d'autant plus* dans la principale.

3. Pronom relatif, forme avec *ce* une locution relative, introduit la proposition relative périphrastique *(de) ce que vous pensez* ; *que* est COD du verbe *pensez.*

4. Pronom relatif, représente *le tourisme*, introduit la proposition relative *que nous voyons se développer de façon anarchique* ; *que* est COD du verbe *voyons.*

5. Conjonction de subordination, introduit la subordonnée complétive *(de ce) qu'il soit venu.* (*que* n'a pas de fonction dans la subordonnée introduite.)

6. Conjonction de subordination, introduit la proposition subordonnée complétive *qu'il allait tout quitter.*

7. Conjonction de subordination, introduit la proposition subordonnée complétive *que le nombre d'erreurs pût être si grand.*

8. Pronom relatif, forme avec *ce* une locution relative, introduit la proposition relative périphrastique *ce qu'il lui demandait* ; *que* est COD du verbe *demandait.*

Entrainement 2

Énoncé p. 139

1. Pronom relatif. **2.** adverbe de négation exceptive. **3.** pronom interrogatif.
4. conjonction de subordination. **5.** adverbe de négation exceptive.
6. marqueur du subjonctif. **7.** adverbe de négation exceptive.
8. pronom interrogatif. **9.** conjonction de subordination. **10.** adverbe exclamatif.

FICHE 15

Les classes grammaticales

Adverbe ou préposition ?

Objectif

- Reconnaitre et distinguer les adverbes et les prépositions.

voir aussi

Types et formes de phrases .... p. 49
Les compléments circonstanciels .... p. 179
Les fonctions des adverbes .... p. 167
Les connecteurs .... p. 263
La modalisation .... p. 283

Tester ses connaissances

Dans les phrases suivantes, distinguez les prépositions et locutions prépositionnelles des adverbes et locutions adverbiales.
Justifiez votre réponse.

1. Ce sont des livres pour enfants.
2. Ils ont un air de famille.
3. Je n'ai jamais été très fort en mathématiques.
4. Poussé par le désir de vaincre, il rassembla toutes ses forces.
5. Nous sommes trop fatigués pour continuer.

1. pour : préposition. **2. de** : préposition. **3. n'… jamais** : locution adverbiale ; **très** : adverbe ; **en** : préposition ; **4. par** et **de** : prépositions ; **5. trop** : adverbe ; **pour** : préposition.

Corrigé détaillé p. 144

LE COURS

1 Les adverbes

Les adverbes forment une classe grammaticale variée et assez difficile à définir.
À part la série formée avec le suffixe *-ment*, facile à identifier, on trouve des formes très disparates.
On peut reconnaitre les adverbes à l'aide de trois critères : la plupart du temps, ils sont à la fois invariables, dépendants, intransitifs.

- **Invariabilité**

Les adverbes ne changent pas de forme.

- **Dépendance**

L'adverbe dépend d'un autre élément de la phrase qu'il modifie. Cet élément peut être :
– un verbe : Il court **vite**.
– un adverbe : Il rit **très** sottement.
– un adjectif qualificatif : Elle est **fort** belle.
– une préposition : Il est appuyé **tout** contre la porte.
– une conjonction : Il leva les yeux **juste** comme elle arrivait.
– un groupe de mots ou une proposition :
Une bonne promenade fait du bien **même** lorsqu'on est fatigué.

- **Intransitivité**

L'adverbe n'assure pas de liaison entre différents éléments de la phrase.
Il la trouva **franchement** laide : l'adverbe franchement modifie l'adjectif laide mais il ne sert pas à relier le verbe trouva à cet adjectif. On peut d'ailleurs se passer de l'adverbe sans que la phrase perde sa grammaticalité : Il la trouva laide.

• Lorsqu'il y a plusieurs mots unis pour jouer le rôle de l'adverbe, on parle de locution adverbiale : *au-delà, çà et là, en vain, ne… pas, tout de suite…*

• On peut éventuellement regrouper les adverbes par le sens :
– adverbes de degré : *plus, moins, aussi…*
– adverbes de manière : *bien, honnêtement, sérieusement, mieux, vite…*
– adverbes de lieu et de temps : *ici, ailleurs, loin, hier, demain, aussitôt…*
– adverbes de commentaire : *peut-être, sans doute, probablement…*
– adverbes de relation logique : *pourtant, cependant…*
adverbes de négation : *ne… pas, ne… plus…*

Voir Fiche 34 : Les connecteurs.

Difficultés rencontrées

• Les critères de reconnaissance connaissent des exceptions.

• **Le critère d'invariabilité** connait une exception pour l'adverbe *tout* qui s'accorde devant un adjectif au féminin dont la lettre initiale est une consonne ou un ***h*** aspiré :
Elle est **toute** penaude. Elles sont **toutes** penaudes.
Elle est **toute** honteuse. Elles sont **toutes** honteuses.

• **Le critère de dépendance** ne s'applique pas à certains adverbes qui représentent à eux seuls une phrase ou une proposition :
As-tu réussi ton épreuve ? – **Oui** / **Non** / Je pense que **oui**.

• **Le critère d'intransitivité** ne joue plus quand l'adverbe est complété par une subordonnée :
Peut-être que nous aurons fini à temps.

Entrainement 1

Relevez les adverbes et indiquez le mot ou le groupe de mots qu'ils modifient.

1. Il ment toujours.
2. Non, je n'irai pas plus loin.
3. Sur le coup, je n'ai su que répondre.
4. Cette chaise est vraiment plus stable.
5. Il faut travailler toujours plus vite.

Corrigé p. 144

2 Les prépositions

• Les prépositions partagent avec les adverbes le critère d'**invariabilité** mais elles en diffèrent par leur caractère **transitif**.

Les prépositions sont des **mots de relation** qui servent d'« attaches » entre un élément qui les précède et un autre élément (mot ou groupe de mots) qu'elles introduisent.

• L'ensemble formé de la préposition et du groupe (souvent un groupe nominal) est généralement appelé **groupe prépositionnel** et exerce une fonction dans la phrase, notamment COI, complément circonstanciel, complément du nom, complément d'adjectif.
Il va **à** Périgueux. La préposition à relie le verbe va au nom Périgueux ; à Périgueux est un groupe prépositionnel, complément de lieu du verbe *aller*.

Je l'ai vue **dans** la rue. La préposition dans relie le verbe ai vue au groupe nominal la rue ; le groupe prépositionnel dans la rue est complément circonstanciel de lieu.
Une voiture **de** fonction. La préposition de relie les noms voiture et fonction. Le groupe prépositionnel de fonction est complément du nom voiture.
Fier **de** son succès. La préposition de relie l'adjectif fier au nom succès. Le groupe prépositionnel de son succès est complément de l'adjectif fier.

- Les prépositions les plus fréquentes sont ***à*** et ***de***. Elles se bornent à la mise en relation de deux éléments et n'ont souvent aucun contenu sémantique à la différence des autres prépositions, qui peuvent exprimer :

– la manière : *avec*, *par*, *sans*...
– le lieu : *en*, *chez*, *dans*, *devant*, *parmi*, *sur*, *sous*...
– le temps : *avant*, *après*, *vers*, *entre*, *depuis*, *pendant*...
– le but : *pour*...

- Lorsqu'il y a plusieurs mots unis pour jouer le rôle de la préposition, on parle de **locution prépositionnelle** : *à côté de, par rapport à, au-dessus de, au haut de, grâce à*...

Entrainement 2

Relevez les prépositions et indiquez la fonction du groupe prépositionnel qu'elles introduisent.

J'avais pris la diligence de Beaucaire, une bonne vieille patache qui n'a pas grand chemin à faire avant d'être rendue chez elle, mais qui flâne tout le long de la route, pour avoir l'air, le soir, d'arriver de très loin. Nous étions cinq sur l'impériale sans compter le conducteur.

Alphonse Daudet, *Lettres de mon moulin*, 1869.

Corrigé p. 145

3 Manipulations pour éviter les confusions entre adverbes et prépositions

- Les adverbes et les prépositions se ressemblent beaucoup et un certain nombre de mots peuvent, selon les contextes, appartenir aux deux classes :

Il est perché **en haut du** mur. (locution prépositionnelle)
Il est perché **en haut**. (locution adverbiale)

- Pour éviter les confusions, il faut prendre en compte les notions d'intransitivité ou de transitivité et effectuer un **test de suppression** :

Il est perché **en haut du** mur. On supprime 1. la locution prépositionnelle → * Il est perché mur – ou 2. l'élément introduit → * Il est perché en haut du.
Les énoncés sont agrammaticaux car on ne peut, en général, se passer ni de la locution prépositionnelle (test 1) ni de l'élément introduit par la locution prépositionnelle (test 2).
→ **La suppression de la préposition est généralement impossible.**

- Si on applique le même test à : Il est perché **en haut**. → Il est perché.

On obtient une phrase grammaticalement correcte : Il est perché car la locution *en haut* est intransitive, elle ne relie rien. → **La suppression de l'adverbe est en général grammaticalement possible.**

- Pour vérifier que l'on a affaire à un adverbe, on peut aussi essayer la **substitution par un autre adverbe** : Il est perché **en haut** (bravement, crânement, mollement, etc.).

Entrainement 3

Effectuez le test de suppression et distinguez les prépositions et les adverbes.

1. Il a souvent visité le musée.
2. J'habite chez mes parents.
3. Il faut creuser ici le mur.
4. Il est parti sans un sou.
5. Pour bien respirer, il faut inspirer profondément.
6. Demain, dès l'aube, je partirai. (Victor Hugo)

Corrigé p. 145

À retenir

Pour faire la **distinction** entre l'adverbe et la préposition, on peut essayer les manipulations de :
– **suppression** : c'est généralement impossible avec la préposition ; généralement possible avec l'adverbe ;
– **substitution** pour l'adverbe : généralement un adverbe remplace aisément un autre adverbe.

Corrigés

Tester ses connaissances

Énoncé p. 141

1. ***pour*** : préposition. Le groupe prépositionnel *pour enfants* est une expansion du groupe nominal, un complément du nom *livres* équivalant à un adjectif épithète (*attrayants*).

2. ***de*** : préposition. Le groupe prépositionnel *de famille* est une expansion du groupe nominal (complément du nom) *un air*.

3. ***n'… jamais*** : l'adverbe *jamais* forme avec l'adverbe ***n'*** **(*ne*)** une locution adverbiale servant à marquer la négation. ***Très*** : adverbe modificateur de l'adjectif *fort*. **en** : préposition. Le groupe prépositionnel *en mathématiques* est complément de l'adjectif *fort*.

4. ***par*** et ***de*** : prépositions. Le groupe prépositionnel *par le désir de vaincre* est complément d'agent du participe passé passif *poussé*. À l'intérieur de ce groupe prépositionnel, le groupe prépositionnel à l'infinitif *de + vaincre* constitue un complément du nom *désir*.

5. ***trop*** : adverbe, modifie l'adjectif *fatigués*. ***Pour*** : préposition. Le groupe prépositionnel *pour continuer* en corrélation avec l'adverbe *trop* est complément de conséquence du groupe verbal *sommes trop fatigués*.

Entrainement 1

Énoncé p. 142

1. ***toujours*** : adverbe de temps, modifie le verbe *ment*.

2. ***Non*** : adverbe de négation, qui renforce la phrase négative. ***n'… pas*** : locution adverbiale de négation, modifie le verbe *irai*.
Plus : adverbe d'intensité, modifie l'adverbe *loin*. ***Loin*** : adverbe indiquant la distance, modifie le verbe *irai*.

3. *sur le coup* : locution adverbiale indiquant le temps, modifie la proposition *je n'ai su que répondre*. **N'** : adverbe de négation, modifie le verbe *ai su*.

4. *vraiment* : adverbe de manière, modifie l'adverbe *plus*. **Plus** : adverbe de comparaison, modifie l'adjectif *stable*.

5. *toujours* : adverbe de temps, modifie l'adverbe *plus*. **Plus** : adverbe d'intensité, modifie l'adverbe *vite*. **Vite** : adverbe de manière, modifie le verbe *travailler*.

Entrainement 2

Énoncé p. 143

J'avais pris la diligence **de** Beaucaire, une bonne vieille patache qui n'a pas grand chemin à faire **avant** d'être rendue **chez** elle, mais qui flâne **tout le long de** la route, **pour** avoir l'air, le soir, **d'**arriver **de** très loin. Nous étions cinq **sur** l'impériale **sans** compter le conducteur.

Alphonse Daudet, *Lettres de mon moulin*, 1869.

Les prépositions sont en gras. Ce sont des prépositions simples, sauf les suivantes.

– Dans **avant d'être rendue**, l'infinitif doit être précédé par *d'*.

– ***Le long de*** peut être considéré comme une locution prépositive (= sur), renforcée par *tout*.

– ***de Beaucaire :*** complément du nom *diligence*.

– ***à faire :*** complément du verbe *a* (*avoir à faire*).

avant d'être rendue : complément circonstanciel de temps.

chez elle : complément du verbe *être rendue*.

tout le long de la route : complément circonstanciel de lieu.

pour avoir l'air : complément circonstanciel de but.

d'arriver : complément du nom *air*, partie de la locution verbale *avoir l'air*.

de très loin : complément du verbe *arriver* (COI selon la *Terminologie grammaticale* 2020).

sur l'impériale : complément circonstanciel de lieu.

sans compter le conducteur : complément circonstanciel d'opposition ou de privation.

Entrainement 3

Énoncé p. 144

1. *souvent* : adverbe, on peut le supprimer (*Il a visité le musée*).

2. *chez* : préposition, impossible de la supprimer (* *J'habite mes parents*).

3. *ici* : adverbe, on peut le supprimer (*Il fait creuser le mur*).

4. *sans* : préposition, impossible de la supprimer (**Il est parti un sou*).

5. *Pour* : préposition (ne peut pas être supprimée).
Bien et ***profondément*** : adverbes, on peut les supprimer (*pour respirer, il faut inspirer*).

6. *demain* : adverbe, on peut le supprimer (*dès l'aube, je partirai*).
Dès : préposition, impossible de la supprimer (**Demain, l'aube, je partirai* ; **dès** = *à l'aube*).

Exercice 1

Analysez les déterminants dans le texte suivant.

Je ne pense pas qu'il y ait de l'orgueil et de l'impertinence à écrire l'histoire de sa propre vie, encore moins à choisir, dans les souvenirs que cette vie a laissés en nous, ceux qui nous paraissent valoir la peine d'être conservés. Pour ma part, je crois accomplir un devoir, assez pénible même, car je ne connais rien de plus malaisé que de se définir et de se résumer en personne. L'étude du cœur humain est de telle nature, que plus on s'y absorbe, moins on y voit clair.

George Sand, *Histoires de ma vie*, 1855.

Corrigé p. 149

Exercice 2

Analysez les déterminants, justifiez leur emploi et dites quels effets en tire l'auteur.

« Je crois que tu as un poisson au bout de ta ligne. Qu'est-ce que c'est que ce bestiau ? Une tanche ? Une carpe ?
– Mais non, c'est un brochet ! C'est même le brochet qui me nargue depuis des semaines et, quand il sera dans mon épuisette, ce sera MON brochet ! »

Corrigé p. 149

Exercice 3

Analysez les adjectifs et les participes passés employés comme adjectifs. Relevez les groupes adjectivaux et indiquez la nature des éléments qui les composent.

Les auteurs qui, dans les discours préliminaires de leurs tragédies ou comédies tombées dans un éternel oubli, entrent amicalement dans tous les détails de leurs pièces, vous prouvent que l'endroit le plus sifflé est le meilleur ; que le rôle qui a le plus fait bâiller est le plus intéressant ; que leurs vers durs, hérissés de barbarismes et de solécismes, sont des vers dignes de Virgile et de Racine…

Voltaire, *Mélanges*, « Les honnêtetés littéraires », 1767.

Corrigé p. 149

Exercice 4

Analysez les adjectifs et les participes passés employés comme adjectifs. Relevez les groupes adjectivaux et indiquez la nature des éléments qui les composent.

P. et J. n'aimaient pas les compositions larges avec de grandes marges, où les auteurs et les lecteurs raffinés se complaisent, mais les pages pleines de petits caractères courant le long de lignes étroitement justifiées, remplies à ras bord de mots et de phrases, comme ces énormes plats rustiques où l'on peut manger beaucoup et longtemps sans jamais les épuiser et qui seuls peuvent apaiser certains énormes appétits.

Albert Camus, *Le Premier Homme*, © Éditions Gallimard, 1994.

Corrigé p. 150

Exercice 5

Dans le texte suivant relevez, classez et analysez toutes les formes *le*, *l'*, *la*, *les*.

Un loup n'avait que les os et la peau,
Tant les chiens faisaient bonne garde.
Ce loup rencontre un dogue aussi puissant que beau,
Gras, poli, qui s'était fourvoyé par mégarde.
L'attaquer, le mettre en quartiers,
Sire loup l'eût fait volontiers ;
Mais il fallait livrer bataille,
Et le mâtin était de taille
À se défendre hardiment.

La Fontaine, *Fables*, « Le loup et le chien », 1668.

Corrigé p. 150

Exercice 6

Relevez, classez et analysez tous les pronoms de ce texte.

Avant de quitter le bureau pour aller déjeuner, je me suis lavé les mains. À midi, j'aime bien ce moment. Le soir, j'y trouve moins de plaisir parce que la serviette roulante qu'on utilise est tout à fait humide : elle a servi toute la journée. J'en ai fait la remarque un jour à mon patron. Il m'a répondu qu'il trouvait cela regrettable, mais que c'était tout de même un détail sans importance. Je suis sorti un peu tard, à midi et demi, avec Emmanuel, qui travaille à l'expédition. Le bureau donne sur la mer et nous avons perdu un moment à regarder les cargos dans le port brûlant de soleil.

Albert Camus, *L'Étranger*, © Éditions Gallimard, 1942.

Corrigé p. 150

GRAMMAIRE

Exercice 7

Quelle est la classe grammaticale de *tout* dans les phrases ?

1. Demain, tout ira bien.
2. Une magnifique bête toute dolente. (Jean Giono, sujet 0.1.)
3. Il a avalé toutes les voitures rangées côte à côte. (Elsa Triolet, sujet 0.2.)
4. Tous, ils descendent. (Elsa Triolet, sujet 0.2.)
5. Le coureur va risquer le tout pour le tout.
6. La solitude est tout mouvement et toute harmonie. (Chateaubriand)

Corrigé p. 151

Exercice 8

Indiquez la classe grammaticale des mots soulignés dans le texte suivant.

Je chassai les corbeaux à coups de pierres. Je m'approchai de l'herbe. On ne se plaignit plus. Je cherchai : il y eut un petit tressaillement du fourré qui me guida. C'était une hase. Une magnifique bête toute dolente et toute éperdue. Elle venait d'avoir ses petits, tout neufs. C'étaient deux éponges sanglantes, crevées de coups de bec, déchirées par le croc du freux. La pauvre. Elle était couchée sur le flanc.

Jean Giono, « La grande barrière », *Solitude de la pitié*, © Éditions Gallimard, 1932. Sujet 0.1.

Corrigé p. 151

Exercice 9

Quelle est la nature des *que* soulignés ?

Un loup survient à jeun, qui cherchait aventure,
Et que (**1**) la faim en ces lieux attirait.

Qui te rend si hardi de troubler mon breuvage ?
Dit cet animal plein de rage :
Tu seras châtié de ta témérité.
Sire, répond l'agneau, que (2) votre Majesté
Ne se mette pas en colère ;
Mais plutôt qu' (3) Elle considère
Que (4) je me vas désaltérant
Dans le courant,
Plus de vingt pas au dessous d'Elle ;

La Fontaine, *Fables*, « Le loup et l'agneau », 1668.

Corrigé p. 151

Exercice 10

Analysez les *que* du texte.

Pendant bien des années, où [...] M. Swann, le fils, vint souvent les voir à Combray, ma grand'tante et mes grands-parents ne soupçonnèrent pas **qu**'il ne vivait plus du tout dans la société **qu**'avait fréquentée sa famille et **que** sous l'espèce d'incognito **que** lui faisait chez nous ce nom de Swann, ils hébergeaient, avec la plus parfaite innocence [...] un des membres les plus élégants du Jockey-Club.

Marcel Proust, *À la recherche du temps perdu*, « Du côté de chez Swann », 1919.

Corrigé p. 152

Exercice 11

Distinguez les adverbes (ou locutions adverbiales) et les prépositions (ou locutions prépositionnelles).

Quelques fenêtres grillées apparaissaient çà et là sur la nudité des murs. Un large perron, raide et droit, de vingt-deux marches, sans rampes, sans garde-fou, remplaçait sur les fossés comblés l'ancien pont-levis ; il atteignait la porte du château, percée au milieu de la courtine. Au-dessus de cette porte on voyait les armes des seigneurs de Combourg et les ouvertures à travers lesquelles sortaient jadis les bras et les chaînes du pont-levis.

Chateaubriand, *Mémoires d'outre-tombe*, 1848.

Corrigé p. 152

Exercice 12

Les mots soulignés sont-ils des prépositions (ou locutions prépositionnelles) ou des adverbes (ou locutions adverbiales) ?

Rien ne sert de courir ; il faut partir à point.
Le lièvre et la tortue en sont un témoignage.
« Gageons, dit celle-ci, que vous n'atteindrez point
Sitôt que moi ce but ; – Sitôt ? Êtes-vous sage ?
Repartit l'animal léger.
Ma commère, il vous faut purger
Avec quatre grains d'ellébore.
– Sage ou non, je parie encore. »
Ainsi fut fait.

La Fontaine, *Fables*, « Le lièvre et la tortue », 1668.

Corrigé p. 152

Corrigés

Exercice 1

Énoncé p. 146

– **Articles définis : les** (*souvenirs*), **la** (*peine*) ; **définis élidés : l'**(*histoire*), **l'**(*étude du cœur*) ; **contractés : du** (*cœur*).
– **Articles partitifs : de l'**(*orgueil*), **de l'**(*impertinence*).
– **Articles indéfinis : un** (*devoir*).
– **Déterminants possessifs : sa** (*propre vie* – l'adjectif *propre* intensifie le rapport de possession), **ma** (*part*).
– **Déterminants démonstratifs : cette** (*vie*), emploi anaphorique.

Exercice 2

Énoncé p. 146

Les déterminants soulignés sont des constituants de groupes nominaux qui désignent tous le même référent :

– *un poisson, une tanche, une carpe, un brochet* : le déterminant est un article indéfini, singulier, masculin (*un*) ou féminin (*une*), selon le genre du nom qu'il détermine. L'indéfini détermine chaque fois un être qui n'est pas supposé connu et qui n'a pas déjà été présenté dans le texte (ici, une conversation).
– *ce bestiau* : le déterminant démonstratif, masculin singulier, est employé comme déictique. Il désigne un élément présent dans la situation d'énonciation. Mais on ne peut pas exclure, en plus, une valeur anaphorique. Les deux valeurs peuvent se cumuler.
– *le brochet* : l'article défini masculin singulier se justifie car le nom est déterminé par la proposition relative *qui me nargue*.
– *des semaines* : article indéfini, féminin pluriel. L'indéfini marque le nombre indéterminé du temps passé à pêcher.
– *au* bout : article défini contracté (= *à* + *le*), masculin singulier ; le défini se justifie par le fait que le nom *bout* est suivi d'un complément du nom (*de ta ligne*).
– *ta ligne* : déterminant possessif, féminin singulier, marque la possession.
– *mon épuisette* : déterminant possessif, féminin singulier, marque la possession. On emploie *mon* devant un mot commençant par une voyelle.
– *MON brochet* : le déterminant possessif, masculin singulier, est ici employé, avec sa pleine valeur possessive (avec les capitales expressives = « à moi, et à personne d'autre »).

Exercice 3

Énoncé p. 146

Adjectifs et participes passés employés comme adjectifs :

– ***préliminaires*** : adjectif épithète du nom *discours*.
– ***tombées*** : participe passé employé comme adjectif, épithète du nom *comédies*.
– ***éternel*** : adjectif épithète du nom *oubli*.
– *(le plus)* ***sifflé*** : participe passé employé comme adjectif, mis au superlatif relatif, épithète du nom *endroit*.
– *(le)* ***meilleur*** : superlatif relatif de l'adjectif *bon*, attribut du nom *endroit*.
– *(le plus)* ***intéressant*** : adjectif au superlatif relatif, attribut du nom *rôle*.
– ***durs*** : adjectif épithète du nom *vers*.
– ***hérissés*** : participe passé employé comme adjectif, juxtaposé à l'adjectif *durs*, apposé au nom *vers*.
– ***dignes*** : adjectif épithète du nom *vers*.

Groupes adjectivaux :

– ***tombées dans un éternel oubli*** : participe passé + groupe prépositionnel (préposition *dans*).

– ***hérissés de barbarismes et de solécismes*** : participe passé + groupe prépositionnel (préposition *de*).

– ***dignes de Virgile et de Racine*** : adjectif + groupe prépositionnel (préposition *de*).

Exercice 4

Énoncé p. 146

Adjectifs et participes passés employés comme adjectifs :

– ***larges*** : adjectif épithète du nom *compositions.*

– ***grandes*** : adjectif épithète du nom *marges.*

– ***raffinés*** : participe passé employé comme adjectif, épithète du nom *lecteurs.*

– ***pleines*** : adjectif épithète du nom *pages.*

– ***petits*** : adjectif épithète du nom *caractères.*

– ***justifiées*** : participe passé employé comme adjectif, épithète du nom *lignes.*

– ***remplies*** : participe passé employé comme adjectif, apposé au nom *lignes.*

– ***énormes*** : adjectif épithète du nom *plats.*

– ***rustiques*** : adjectif épithète du nom *plats.*

– ***seuls*** : adjectif apposé au pronom *qui.*

– ***énormes*** : adjectif épithète du nom *appétits.*

Le mot *ras* entre dans la composition de la locution adverbiale *à ras bord* et sa nature d'adjectif n'est plus active.

Groupes adjectivaux :

– ***pleines de petits caractères*** : adjectif + groupe prépositionnel (préposition *de*).

– ***étroitement justifiées*** : adverbe + participe passé.

– ***remplies à ras bord de mots et de phrases*** : participe passé + locution adverbiale + groupe prépositionnel (préposition *de*).

Exercice 5

Énoncé p. 147

– **Article définis :**

vers 1 : **les**, détermine *os* ; **la**, détermine *peau.*

vers 2 : **les**, détermine *chiens*.

vers 8 : **le**, détermine *mâtin.*

– **Pronoms personnels :**

vers 5 : **l'**, masculin singulier, mis pour *le chien,* COD de *attaquer*. **le**, masculin singulier mis pour *le chien,* COD de *mettre*.

vers 6 : **l'**, pronom neutre, équivalent de *cela = attaquer le chien, le mettre en quartier,* COD de *eût fait.*

Exercice 6

Énoncé p. 147

Pronoms personnels :

– ***je/j'***(1re personne du singulier) est sujet du verbe (déictique) : *je me suis lavé les mains – j'aime bien ce moment – j'y trouve moins de plaisir – J'en ai fait la remarque – Je suis sorti un peu tard.*

– le pronom ***me*** (ligne 1) est réfléchi : dans *je me suis lavé les mains*, il indique le « possesseur » des mains.

– *il* masculin et ***elle*** féminin (3ᵉ personne du singulier) sont sujets du verbe :
(ligne 3) *elle* (= la serviette) *a servi toute la journée* – (ligne 4) *Il* (= mon patron) *m'a répondu* – (ligne 4) *il* (= mon patron) *trouvait cela regrettable.*

– *on* est sujet du verbe :
(ligne 3) *on utilise* (sens indéfini).

– *en* (3ᵉ personne du singulier) est complément du nom *remarque*, équivalent à « de cela » ; il représente le contenu de la phrase précédente : (ligne 3) *J'en ai fait la remarque.*

– *nous*, forme unique (= moi + lui, Emmanuel) (1ʳᵉ personne du pluriel), est sujet du verbe (ligne 7) (*nous avons perdu un moment*).

Pronoms démonstratifs :

– (ligne 4) *qu'il trouvait cela regrettable* : **cela** est COD de *trouver* ; il représente le contenu de la phrase précédente.

– (ligne 5) *c'était tout de même un détail sans importance* : **c'** (*ce* élidé) est sujet de *être* ; il a la même référence que *cela*.

Pronoms relatifs :

– (ligne 6) **qui** est sujet du verbe de la relative : *Emmanuel* (ligne 6) (antécédent) *qui travaille à l'expédition.*

Exercice 7

Énoncé p. 147

1. *Demain,* **tout** *ira bien.* Pronom indéfini.
2. *Une magnifique bête* **toute** *dolente.* Adverbe d'intensité (= *très*, *entièrement*), qui s'accorde devant un adjectif commençant par une consonne.
3. *Il a avalé* **toutes** *les voitures rangées côte à côte.* Prédéterminant indéfini (il précède l'article défini *les*), qui indique la totalité.
4. **Tous**, *ils descendent.* Pronom indéfini, apposé au sujet *ils*.
5. *Le skieur va risquer le* **tout** *pour le* **tout**. Nom commun (précédé de l'article).
6. *La solitude est* **tout** *mouvement et* **toute** *harmonie.* Déterminant indéfini.

Exercice 8

Énoncé p. 147

de : préposition ; *on* : pronom personnel indéfini de 3ᵉ personne du singulier ; *se* : pronom personnel réfléchi de 3ᵉ personne du singulier ; *plus* : adverbe de négation ; *du* : article défini contracté (préposition *de* + *le* : remplacer par : *de la broussaille*) ; *qui* : pronom relatif sujet ; *c'* : pronom démonstratif simple ; *ses* : déterminant possessif de 3ᵉ personne, unipersonnel ; *petits* : nom commun (adjectif substantivé) ; *tout* : adverbe de quantité ; *déchirées* : participe passé du verbe *déchirer* de sens passif (suivi d'un complément d'agent : *par le croc du freux*).

Exercice 9

Énoncé p. 147

1. Pronom relatif.
2. 3. Dans ces deux cas, *que* est le marqueur du subjonctif à la 3ᵉ personne du singulier : la phrase injonctive exprime une requête polie de l'agneau (qui aurait été « ne vous mettez pas », « considérez » à la 2ᵉ personne).
4. Conjonction de subordination.

GRAMMAIRE

Exercice 10

Énoncé p. 148

Conjonctions de subordination :

– Ligne 2 : **qu'***(il ne vivait plus…)* : introduit la subordonnée complétive *qu'il ne vivait plus du tout dans la société.*

Pronoms relatifs :

– Ligne 3 : **qu'***(avait fréquentée…)* : introduit la proposition relative *qu'avait fréquentée sa famille,* représente l'antécédent *société,* COD du verbe *avait fréquentée.*

– Ligne 4 : **que** *(lui faisait chez nous…)* : introduit la proposition relative *que lui faisait chez nous ce nom de Swann,* représente l'antécédent *incognito,* COD du verbe *faisait.*

Exercice 11

Énoncé p. 148

– Les adverbes sont en caractères gras et les prépositions sont soulignées.
– Les mots en italiques sont des articles contractés, formés de la contraction d'une préposition et d'un article défini : *des* = de + les ; *du* = de + le ; *au* = à + le
Quelques fenêtres grillées apparaissaient **çà et là** sur la nudité *des* murs. Un large perron, raide et droit, de vingt-deux marches, sans rampes, sans garde-fou, remplaçait sur les fossés comblés l'ancien pont-levis ; il atteignait la porte *du* château, percée *au* milieu de la courtine. *Au*-dessus de cette porte on voyait les armes *des* seigneurs de Combourg et les ouvertures à travers lesquelles sortaient **jadis** les bras et les chaînes *du* pont-levis.

Exercice 12

Énoncé p. 148

Adverbes et locutions adverbiales :

vers 1 ***ne*** ; vers 1 ***à point*** ; vers 3 ***n'… point*** ; vers 4 ***sitôt*** (deuxième emploi). Au premier emploi, cet adverbe forme avec *que* une locution conjonctive. vers 8 ***encore*** ; vers 9 ***ainsi.***
Les caractéristiques habituelles des adverbes : invariabilité, dépendance, intransitivité, se vérifient pour la plupart des mots relevés ci-dessus sauf pour *sitôt* (vers 4) qui constitue à lui seul une phrase du fait de la reprise anaphorique.

Prépositions :

vers 7 **d'** : le groupe prépositionnel *d'ellébore* est une expansion du nom *grains.*
vers 7 **avec** : le groupe prépositionnel *avec quatre grains* est complément circonstanciel de moyen du verbe *purger.*
Les caractéristiques des prépositions : invariabilité, dépendance, transitivité se vérifient pour ces deux mots.

Cas particulier :

vers 1 **de** *(courir)* : de n'est pas à proprement parler la préposition, mais l'introducteur de l'infinitif en position de sujet inversé, équivalent du *to* anglais (*to run*) ou du *zu* allemand (*zu laufen*).

FICHE 16 — Les principales fonctions

La fonction sujet

Objectif

- Identifier le sujet et les éléments qui peuvent assurer cette fonction.

voir aussi

Les propositions subordonnées complétives et circonstancielles .... p. 59
Les propositions subordonnées relatives .... p. 67
Comment identifier un nom ? .... p. 102
Les pronoms personnels .... p. 120
Les pronoms autres que personnels .... p. 128

Tester ses connaissances

Dans les phrases suivantes, identifiez les sujets puis classez les groupes sujets selon leur classe grammaticale.

1. Le football plait aux garçons et aux filles.
2. As-tu terminé tes exercices ?
3. Les cerises qui étaient trop mures sont tombées de l'arbre.
4. Que tu aies réussi ton examen me fait vraiment plaisir.
5. Dans le ciel volaient des cigognes.
6. Qui m'aime me suive !

– **Les sujets** : **1.** *Le football*. **2.** *tu*. **3.** *Les cerises qui étaient trop mures*, sujet du verbe *sont tombées* ; *qui*, sujet du verbe *être*. **4.** *Que tu aies réussi ton examen*, sujet du verbe *faire plaisir* / *tu*, sujet du verbe *réussir*. **5.** *des cigognes*. **6.** *Qui m'aime*, sujet du verbe *suivre* / *Qui*, sujet du verbe *aimer*.
– **Leur structure syntaxique** : **groupes nominaux** : *Le football*, *les cerises qui étaient trop mures*, *des cigognes* ; **pronoms personnels** : *tu* (phrases **2** et **4**) ; **pronom relatif** : *qui* ; **proposition complétive** : *Que tu aies réussi ton examen* ; **proposition relative substantive** : *Qui m'aime*.

LE COURS

1 Définition

La fonction sujet est la fonction fondamentale dans la phrase.
Il importe particulièrement de bien l'identifier en raison de ses incidences orthographiques : sujet et verbe varient simultanément, ce qui fait dire que le « sujet commande l'accord du verbe ».

GRAMMAIRE

1 1. Un constituant obligatoire

Le sujet est le premier des deux éléments nécessaires à la constitution d'une phrase. Il n'est pas effaçable.

Exception : les phrases impératives ne comportent pas de sujet :

Regarde. Regardons. Regardez.

> **REMARQUE** Dans Marie, regarde. Marie est apostrophe, fonction syntaxique correspondant au vocatif du grec ou du latin, qui désigne la personne à qui s'adresse le locuteur.

1 2. L'accord sujet-verbe

Le sujet régit toujours l'accord du verbe en personne et en nombre, parfois en genre lorsqu'il s'agit de formes de participes passés qui s'accordent :

Pierre et Jacques parl**ent**. **Marie** est venu**e** ce matin.

Entrainement 1

Accordez les verbes entre parenthèses avec leur sujet.

1. Pierre achète des enveloppes et les (*timbrer*) ensuite.
2. Paul regardait la voiture et vous (*demander*) de la lui vendre.
3. Marie achète les fleurs et les (*porter*) à sa sœur.
4. Les parents, le mercredi, (*véhiculer*) leurs enfants pour leurs activités.
5. Il les (*voir* au passé composé) hier.

Corrigé p. 157

2 Manipulations pour reconnaitre le sujet

Trois manipulations (tests) peuvent être utilisées pour la reconnaissance du sujet.

2 1. La pronominalisation

Le groupe sujet peut être pronominalisé, lorsqu'il n'est pas déjà un pronom. Ce test permet de délimiter les frontières du groupe nominal sujet.

Les élèves sont arrivés en retard. → **Ils** sont arrivés en retard.

Le fait qu'il pleuve tous les jours me chagrine. → **Cela** me chagrine.

2 2. L'extraction par *c'est… qui*

Le groupe sujet peut être encadré par *c'est… qui*. Ce test permet de percevoir les frontières du groupe sujet, notamment lorsqu'il est long.

Pierre écoute Marie. → **C'est** Pierre **qui** écoute Marie.

Les feuilles qui sont tombées des arbres jonchent le sol. → **Ce sont** les feuilles qui sont tombées des arbres **qui** jonchent le sol.

Que tu aies réussi ton examen me réjouit. → **C'est** (le fait) que tu aies réussi ton examen **qui** me réjouit.

Difficulté rencontrée

Lorsque le sujet est un pronom personnel (*je*, *tu*, *il*, *elle*, *nous*, *vous*...), l'extraction en *c'est... qui* entraine parfois une modification de la forme du pronom.

Je viendrai demain. → C'est **moi** qui viendrai demain.
Il est arrivé en retard. → C'est **lui** qui est arrivé en retard.
Vous avez réussi le test. → C'est **vous** qui avez réussi le test.

Cette mise en relief de l'information encadrée par *c'est... qui*, qu'on appelle parfois transformation emphatique, entraine la forme tonique du pronom personnel (*moi*, *toi*, *lui*). En revanche, pour les pronoms *elle*, *nous*, *vous*, il n'y a pas de modification du pronom lorsqu'on l'encadre par *c'est... qui*.

Voir Fiche 2 : Types et formes de phrases. 2 2. La phrase emphatique, l'extraction.

2 3. La transformation passive

Si le verbe l'admet, on peut procéder à une transformation passive : le sujet devient alors complément d'agent du verbe désormais à la forme passive.

L'ogre a mangé les petits enfants. → Les petits enfants ont été mangés **par l'ogre**.

Entrainement 2

Utilisez la pronominalisation et l'extraction par c'est... *qui* pour identifier les sujets.

1. Pendant l'orage, les pommes sont tombées.
2. Odile et son frère partagent les mêmes gouts.
3. Les albums que tu m'as prêtés m'ont beaucoup plu.
4. Les filles, les garçons et le professeur se préparent pour la sortie au musée.
5. Au milieu de cette cohue, Jean-Claude vous attend depuis trois heures.

Corrigé p. 158

3 Les formes du sujet

Le sujet peut avoir différentes formes.

3 1. Un groupe nominal plus ou moins étendu

Le sujet peut être un groupe nominal :

Le vent souffle. **Un vent violent venant du large** souffle. **Le vent qui vient du large** souffle.

Ou un nom propre : **Paris** est une magnifique capitale.

3 2. Un pronom

Le sujet peut être un pronom personnel : **Il** crie, **vous** partez ; démonstratif : **Ceci** aura valeur d'exemple ; possessif : **Le vôtre** est plus réussi ; indéfini : **Chacun** trouve son avantage.

Il ne faut pas oublier **le pronom relatif *qui***. Il fait office de subordonnant et de pronom ayant une fonction dans la proposition qu'il introduit : **Les chiens qui sont en liberté** inquiètent les troupeaux. **Qui** est sujet du verbe sont et introduit la proposition relative qui sont en liberté.

Voir Fiche 13 : Les pronoms autres que personnels.

3 3. Une proposition subordonnée

Le sujet peut également avoir la forme d'une proposition subordonnée.

– La proposition complétive : paradoxalement, bien que l'appellation de « complétive » semble signaler qu'elles occupent une fonction de complément du verbe, les propositions complétives peuvent aussi occuper la fonction sujet :

Que tu viennes me voir demain me réjouit le cœur.

– La proposition relative substantive : **Qui dort** dîne.

3 4. Un verbe à l'infinitif éventuellement accompagné de compléments

Le sujet peut être un infinitif :

Souffler n'est pas jouer. **Parler** trop fort est gênant.

4 Place du sujet

Contrairement à des langues à cas, comme l'allemand, le latin ou le grec, qui indiquent la fonction syntaxique d'un mot par une désinence spécifique et qui ont, de ce fait, un ordre des mots relativement libre, le français fait intervenir des critères de position pour permettre l'identification du sujet. Ainsi, dans des phrases dites « réversibles » comme Pierre poursuit le chien / Le chien poursuit Pierre, c'est bien la position du sujet par rapport au verbe qui permet de l'identifier. Généralement, le sujet est situé à gauche du verbe et il est souvent le premier groupe de la phrase.

Difficultés rencontrées

• **Le sujet n'est pas toujours le premier constituant de la phrase** :

Dans sa maison, **Pierre** a fait beaucoup de travaux.

Le lundi, **Pierre** est en congé.

• **Le sujet peut être séparé du verbe** par un mot ou un groupe de mots, ce qui occasionne des difficultés pour les accords. On parle dans ce cas de « rupteur ». Cela peut être :

– un complément circonstanciel : **Pierre et Paul,** le samedi, jouent aux cartes.

– une proposition relative adjective : **Les hommes,** qui se sont levés tôt, sont arrivés avant les autres.

– un adverbe : **Les enfants,** souvent, jouaient dans la cour.

– un complément du nom : **Les amies** de ma mère arrivent.

– un pronom personnel « écran » : **Je** vous avais donné ma parole.

• Dans certains cas, le sujet est à droite du verbe. On parle alors de « **sujet inversé** ». L'inversion peut être :

– pronominale : Avez-**vous** l'heure ?

– nominale : Quand part **le prochain train** ?

Elle apparait souvent en corrélation avec l'antéposition d'un élément :

Dans le ciel passaient **des vols d'oiseaux migrateurs**.

ou dans certaines structures de phrases :

– phrases interrogatives : Peux-**tu** venir demain ?

– périphrase verbale exprimant un souhait, avec un verbe au subjonctif : Vienne **la nuit,** sonne **l'heure**. (Apollinaire)

• Elle peut aussi être liée à des effets d'euphonie (harmonie des sons qui se suivent) ou à des intentions stylistiques.

5 Sujet grammatical / sujet logique

Certains verbes qui se rencontrent d'ordinaire dans des constructions personnelles : il court sur la piste, il arrive au bout de ses peines, peuvent être construits à la forme impersonnelle : il court de drôles de bruits, il est arrivé un accident. Ils présentent alors un double sujet :

– d'une part, un sujet, dit quelquefois « apparent », qui n'a que les propriétés formelles du sujet (situation à gauche du verbe, rection des accords) et que nous appelons « sujet grammatical » ;

– et d'autre part, un sujet, souvent appelé « sujet réel » parce qu'il est porteur des propriétés sémantiques, que nous appelons « sujet logique » :

Il (sujet grammatical) est arrivé **un accident** (sujet logique).

Voir Fiche 2 : Types et formes de phrases. 2 2. La phrase impersonnelle.

Entrainement 3

Identifiez, pour chaque phrase, l'origine de la difficulté de repérage du sujet.

1. Écoute André !
2. C'est Pierre que le chien enragé poursuit.
3. Il est tombé de gros grêlons.
4. Fallait y penser.
5. Quand part le prochain train pour Perpignan ?

Corrigé p. 158

À retenir

Le sujet est un constituant obligatoire de la phrase qui fait varier le verbe en personne et en nombre.
Cette fonction peut être occupée par un groupe nominal, un pronom, ou toute autre forme qui peut commuter avec ces structures, le pronom *qui*, une subordonnée complétive.

Corrigés

Entrainement 1

Énoncé p. 154

1. *Pierre achète des enveloppes et les* **timbre** *ensuite.*
2. *Paul regardait la voiture et vous* **demandait** *de la lui vendre.*
3. *Marie achète les fleurs et les* **porte** *à sa sœur.*
4. *Les parents, le mercredi,* **véhiculent** *leurs enfants pour leurs activités.*
5. *Il les a* **vus** *(ou* **vues***) hier.*

Les mots comme *timbre* ou *porte* peuvent être des noms ou des verbes. Ils sont plus fréquents dans les énoncés écrits comme noms que comme verbes, d'où des erreurs récurrentes.

Entrainement 2

Énoncé p. 155

1. Ce sont (ou c'est) **les pommes** qui *sont tombées…* / **Elles** *sont tombées…*

2. C'est **Odile et son frère** qui *partagent…* / **Ils** *partagent…*

3. Ce sont (ou c'est) **les albums que tu m'as prêtés** qui *m'ont beaucoup plu.* / **Ils** *m'ont beaucoup plu.* Dans la relative : *c'est toi qui m'as prêté les albums.*

4. Ce sont (ou c'est) **les filles, les garçons et le professeur** qui *se préparent…* / **Ils** *se préparent…*

5. C'est **Jean-Claude** qui *vous attend…* / **Il** *vous attend…*

Entrainement 3

Énoncé p. 157

1. La phrase impérative ne comporte pas de sujet.

2. Cette phrase est déjà à la forme emphatique par la mise en relief du COD *Pierre* qui ne peut donc pas être sujet du verbe. Pour trouver le sujet, il faut revenir à la phrase de base : *Le chien enragé poursuit Pierre.*

3. Phrase impersonnelle comportant un sujet grammatical *il* et un sujet logique *de gros grêlons.*

4. La phrase appartient au niveau familier ; le verbe impersonnel est dépourvu de son sujet.

5. Cas d'inversion du sujet *le prochain train* dû au type interrogatif de la phrase.

FICHE 17

Les principales fonctions

Les compléments du verbe : COD, COI, attribut

Objectif

- Identifier et distinguer les différents compléments du verbe.

voir aussi

Tester ses connaissances

1. Analysez les compléments dans ces trois phrases.

1. Le boulanger expose son pain aux raisins.
2. Le boulanger expose son pain aux clients.
3. Le boulanger expose son pain au milieu de sa vitrine.

2. Pourquoi la citation suivante pose-t-elle un problème d'analyse ?

Il y a tant de vagues et de fumée
Qu'on n'arrive plus à distinguer
Le blanc du noir
Et l'énergie du désespoir.

Michel Berger, *Le Paradis blanc*, Label WEA, C.M.B.M Éditions, 1990, DR.

1. **1.** COD *son pain aux raisins* incluant un complément du nom *aux raisins*.
2. COD *son pain* et un complément d'objet second *aux clients*.
3. COD *son pain* et un complément circonstanciel de lieu *au milieu de sa vitrine*.
2. Le verbe *distinguer* est construit normalement avec un complément direct (*le blanc*) et un complément indirect (*du noir*). Le compositeur s'appuie sur cette construction pour créer l'ambiguïté. *L'énergie du désespoir* est une expression lexicalisée dans laquelle *du désespoir* est complément du nom *énergie*.

Corrigé détaillé p. 165

LE COURS

1 Verbes transitifs et intransitifs

• Un verbe peut recevoir différentes sortes de compléments.

Il regarde **la télévision** : le verbe *regarder* appelle un complément indiquant l'objet du regard.

Il pense **aux vacances** : le verbe *penser* appelle un complément indiquant l'objet de la pensée.

C'est le verbe qui détermine la construction (avec ou sans préposition), le sens et le nombre de ses compléments.

– On distingue des **verbes transitifs directs**, qui ont des compléments construits directement (*regarder quelqu'un*) et **des verbes transitifs indirects**, dont le complément est introduit par une préposition (*penser à quelqu'un*). La plupart des verbes appellent un seul complément, mais certains verbes peuvent avoir deux compléments :

Il donne une sucette à l'enfant.

– **Les verbes intransitifs ne reçoivent en principe aucun complément** :

Il dort.

• Les compléments du verbe sont des constituants du groupe verbal. On fait traditionnellement la distinction entre les verbes attributifs (*être*, *sembler*, etc.) et les autres verbes :

– Les verbes attributifs sont suivis d'un attribut du sujet, qui peut être principalement un adjectif, un groupe nominal ou un nom.

– Les autres verbes sont suivis de différents compléments d'objet, qui peuvent être un groupe nominal ou un pronom, un groupe infinitif ou une subordonnée complétive…

- Certains verbes peuvent être transitifs ou intransitifs, ce changement syntaxique s'accompagne ou non d'un changement de sens : L'herbe pousse (intransitif).
La maman pousse le landau (transitif + COD).

- La présence ou l'absence d'un complément fait souvent varier le sens d'un verbe : Le facteur glisse une lettre sous la porte. Si l'on efface le COD une lettre, on obtient une phrase grammaticale certes, mais peu plausible : Le facteur glisse sous la porte. Si l'on efface alors le groupe prépositionnel sous la porte, on obtient une phrase grammaticalement et sémantiquement acceptable : Le facteur glisse… au prix d'un changement de sens (ou dérapage sémantique) fâcheux pour le facteur.

2 Les compléments du verbe transitif : COD, COI et COS

2 1. Le COD

Le complément d'objet direct (COD) est construit directement, sans préposition, lorsque le verbe est transitif direct : Sophie joue **cette sonate** à merveille.

- **Manipulations pour reconnaitre un COD**

– Le COD n'est pas déplaçable : *Sophie la sonate joue à merveille est agrammatical.
– Il peut être repris par un pronom : Cette sonate, Sophie **la** joue à merveille.
– Il peut être encadré par *c'est… que* : **C'est** cette sonate **que** Sophie joue à merveille.
– Il peut devenir sujet de la phrase à la tournure passive :
Cette sonate est jouée à merveille par Sophie.

Ces manipulations syntaxiques sont souvent décisives pour déterminer la fonction d'un complément. Si l'on considère les deux phrases suivantes : Pierre enseigne le matin. Pierre enseigne le latin, le recours à la transformation passive évite une éventuelle confusion. *Le matin est enseigné par Pierre est toujours inacceptable alors que Le latin est enseigné par Pierre peut apparaitre en contexte.

- **Les classes grammaticales du COD**

– Un **groupe nominal** ou un **nom propre** : Jules joue **une sonate**. Roméo attend **Juliette**.
– Un **pronom** (*me, te, le, la, les…*) : Elle **le** voit. Il attend **cela**.
– Un **infinitif** ou un **groupe infinitif** : Maria aime **chanter**.
– Une **relative substantive** (périphrastique) : Invitez **qui vous voulez**.
– Une **subordonnée conjonctive** introduite par *que* : Je souhaite **que tu réussisses**.
– Une **subordonnée interrogative indirecte** : Je me demande **si vous m'avez bien compris**.
– Une **subordonnée infinitive** : J'entends **les oiseaux chanter**.

Voir Fiche 4 : Les propositions subordonnées complétives et circonstancielles.

Voir Fiche 5 : Les propositions subordonnées relatives.

2 2. Le COI

Le complément d'objet indirect (COI) est construit indirectement, avec préposition, lorsque le verbe est transitif indirect.

Les deux prépositions les plus fréquentes sont *à* et *de* :
Nicolas parle **à ses perruches**. Marie s'occupe **de ses camélias**.

• **Manipulations pour reconnaitre un COI**

– Le COI peut être repris par un pronom :

Ses perruches, Nicolas **leur** parle. Ses camélias, Marie s'**en** occupe.

– Il peut être encadré par *c'est… que* :

C'est à ses perruches que parle Nicolas.

C'est de ses camélias que Marie s'occupe.

• **Les classes grammaticales du COI**

– Un **groupe prépositionnel** (préposition + groupe nominal) : Elle ressemble **à sa mère**.

– Un **pronom** introduit par une préposition : Il tient **à elle**. Elle pense **à quelqu'un**.

– Un **infinitif** ou un **groupe infinitif** précédé d'une préposition : Le gouvernement s'apprête **à reconfiner le pays**.

– Une **relative substantive** (périphrastique) précédée d'une préposition : Il ne se souvient plus **de ce qu'il a promis**.

– une **subordonnée conjonctive** introduite par *à ce que* ou *de ce que* : Je tiens **à ce que** / Je m'étonne **de ce que Philippe réédite son livre**.

Voir Fiche 4 : Les propositions subordonnées complétives et circonstancielles.

Voir Fiche 5 : Les propositions subordonnées relatives.

Difficultés rencontrées

• **Attention** à une confusion possible. Dans la phrase Gino mange de la pizza, de la pizza est en réalité un **complément d'objet direct**, car de la est un article partitif. Le verbe *manger* est **transitif direct**. Gino pourrait en fait manger *la pizza*, *une pizza*, *toute la pizza* (test : remplacer *de la* ou *du* partitif par *la*, *une* ou *le*, *un*).

• La tradition scolaire traite comme compléments circonstanciels des compléments du verbe qui ne sont ni effaçables, ni supprimables :

Jean va **à Paris** (complément de lieu). Il pèse **quatre kilos** (complément de mesure).

La terminologie grammaticale de 2020 les traite comme COI ou COD, selon qu'ils sont précédés (à Paris) ou non (quatre kilos) par une préposition.

Voir Fiche 20 : Les compléments circonstanciels.

Entrainement 1

Identifiez la classe grammaticale du complément d'objet et précisez s'il est COD ou COI.

1. Micheline apprécie les voyages en train.
2. Elle espère que le train sera à l'heure.
3. Élodie tient à ce que la pizza soit livrée à l'heure prévue.
4. Mireille se souvient de son enfance en Provence.
5. Bianca se demande si son concert aura lieu.
6. Marcel veut visiter Venise.

Corrigé p. 165

❷ 3. Le COS

Le groupe verbal peut comporter éventuellement deux compléments, un complément premier et un complément second introduit par une préposition, le plus souvent *à*.

• Il peut s'agir d'un complément d'objet direct (COD) et d'un complément d'objet dit second (COS), appellation qui a succédé à celle de complément d'attribution parfois peu adaptée :

Il a vendu son âme (COD) au diable (COS).

Il a volé une pomme (COD) au marchand (COS).

Les principaux verbes qui peuvent recevoir deux compléments, direct et indirect, sont *dire, donner, écrire, ôter, préférer, prêter, raconter*...

• Ou bien il peut s'agir d'un complément d'objet indirect et d'un complément d'objet second :

Ernest parle de ses ennuis (COI) à ses collègues (COS).

Peu de verbes peuvent recevoir deux compléments indirects : *parler, servir, se plaindre*...

Entrainement 2

Dans les phrases suivantes, relevez et analysez les compléments du verbe.

1. Claire a cueilli de la lavande.
2. Antoine a vu une étoile filante.
3. Les paysans s'attendent à un violent orage.
4. Il faudra arracher les mauvaises herbes de ce jardin.
5. Œdipe ressemble à son père.
6. Ce galet a servi de stylet à Jules.
7. Baudelaire a traduit Edgar Poe de l'anglais en français.

Corrigé p. 166

Entrainement 3

Dans les phrases suivantes, analysez les compléments en bleu.

1. Il a pris une glace à la vanille.
2. Il a mangé une glace au café.
3. Il a renoncé au bout d'un quart d'heure.
4. Il n'a pas voulu renoncer à son parachute doré.
5. Il a vu la belle à sa demande.
6. Il a cru à sa bonne foi.
7. Il l'a cru de bonne foi.

Corrigé p. 166

3 L'attribut du sujet et de l'objet

3 1. L'attribut du sujet

L'attribut du sujet est le deuxième constituant du groupe verbal, dont le premier est le verbe *être* ou un équivalent : La Terre est ronde ; ronde est attribut du sujet la Terre.
L'attribut du sujet exprime une caractéristique du sujet.

• **Les classes grammaticales de l'attribut du sujet**

– Le plus souvent, un **adjectif**, ou un participe à valeur adjectivale :

Il est **petit, vaillant, fatigué**.

Voir Fiche 18 : Les fonctions de l'adjectif, 2 1.

Voir Fiche II : L'adjectif.

REMARQUE Tous les adjectifs ne peuvent pas être attributs :
*Cette carte est géographique.

– Un **nom sans déterminant** : Il est **professeur des écoles**.
– Un **groupe nominal minimal ou étendu** : La baleine est **un grand mammifère**.
– Le **pronom personnel neutre** ***le*** : La Terre est ronde → la Terre l'est.
– Une **relative substantive** (périphrastique) : Je ne suis pas **celle que vous croyez**.
– Un **groupe prépositionnel** : Nicolas est **en colère**. (équivaut à un adjectif : *colérique*)
– Un **adverbe** : N'y pense plus, tout est **bien**.
– Un **groupe infinitif** : Souffler n'est pas **jouer**.

Ces différentes classes apportent diverses informations sur le sujet : l'adjectif indique une caractéristique du sujet ; le groupe nominal permet souvent de le ranger dans une classe (Paul est peintre.) ou de l'identifier (C'est ma sœur.), etc.

• **Les verbes suivis d'un attribut du sujet**

Ce sont principalement le verbe *être* et les verbes dits d'état (*sembler*, *devenir*, *rester*, etc.) : Nadine est/semble/devient/reste **triste**.

L'attribut du sujet se rencontre aussi avec des verbes occasionnellement attributifs, en particulier des verbes de mouvement : Il est rentré **furieux**. Il est parti **content**.
On pourrait découper ces constructions en deux propositions : *il est parti ; il était content*.

• **L'accord de l'attribut avec le sujet**

L'adjectif (ou participe passé) et le nom attribut s'accordent avec le sujet auquel ils sont reliés par le verbe *être* ou un équivalent.
L'adjectif attribut s'accorde en genre et en nombre avec le sujet :
La Terre est **ronde** → accord au féminin singulier.

– **Cas particuliers** :
Soyons réalistes. La forme verbale appelle le pluriel.
Pour certains, <u>Sade</u> est <u>l'incarnation de la débauche</u>. Sujet masculin, attribut féminin.
<u>Les femmes</u> ne sont pas <u>une minorité</u>. Sujet pluriel, attribut singulier.

Entrainement 4

Indiquez les classes de l'attribut du sujet dans les phrases suivantes.

1. Suzanne est charmante et ingénieuse.
2. L'amour est le roman du cœur, le plaisir en est l'histoire.
3. Ce n'est pas moi.
4. La tâche des hommes est de conquérir les femmes.
5. Le comte est amoureux de Suzanne.
6. Figaro est le valet du comte.
7. Sans sa femme, il n'est plus rien.
8. Figaro est toujours de bonne humeur.

D'après Beaumarchais, *Le Mariage de Figaro*, 1778.

Corrigé p. 166

3 2. L'attribut du complément d'objet direct

Certains verbes transitifs associent à leur complément d'objet direct un attribut ; le groupe verbal possède alors trois constituants (V + COD + Attribut du COD) :
Je trouve Sylvie **dynamique**.
attribut du COD

• **L'attribut du COD n'est pas un constituant du groupe nominal objet direct** ; il reste en dehors du remplacement du GN COD par un pronom : Je la trouve **dynamique**.
Mais il entretient avec le COD une relation analogue à celle qu'entretient l'attribut du sujet avec le sujet, comme on peut le montrer en développant après certains verbes (*trouver, considérer, penser*…) une complétive comportant un attribut du sujet :
Je trouve que Sylvie est dynamique.

• **L'attribut du COD est habituellement un nom** (ou un groupe nominal) ou **un adjectif** (ou un participe à valeur adjectivale) :
Je la considère comme **une grande amie**. Je crois Pierre **malade**.

• **L'attribut du COD se construit habituellement directement** : J'ai une dent **cassée**. Mais il peut parfois être introduit par une préposition, notamment *comme* : François considère Nicolas **comme un dangereux rival**. ou *pour* : Madame de la Môle accepte Julien **pour gendre**.

Entrainement 5

Indiquez les classes de l'attribut du complément d'objet. Commentez les constructions.

1. Les notes de Clément rendent inquiets ses parents.
2. Le juge a trouvé invraisemblables les explications du prévenu.
3. Le président a désigné Ilham comme son successeur.
4. La tribu l'a choisi pour chef.
5. Qui l'a fait roi ?

Corrigé p. 166

Entrainement 6

Indiquez la fonction des termes ou expressions en bleu.

1. La chair est triste, hélas, et j'ai lu tous les livres. (Mallarmé)
2. Ce vase semble fragile.
3. Dominique est architecte informatique.
4. Sa sortie en mer a rendu Bruno malade.
5. Michel considère Étienne comme un véritable ami.

Corrigé p. 167

À retenir

- Les **verbes intransitifs** sont construits sans complément (Eugénie dort).
- Les **compléments du verbe** sont appelés par le verbe transitif qui détermine leur nombre, leur construction et leur sens.
- La **fonction de complément du verbe** peut être exercée par un groupe nominal (ou un pronom), un groupe prépositionnel, une subordonnée conjonctive (Il espère qu'elle viendra), interrogative indirecte (Il se demande si elle viendra) ou infinitive (J'entends les oiseaux chanter).
- La plupart des verbes transitifs reçoivent un seul complément, COD (Retiens la nuit) ou COI (Elle ressemble à sa mère). Certains peuvent recevoir deux compléments (Elle donne la luzerne à ses lapins : COD + COS).
- On distingue les fonctions **attribut du sujet** et **attribut du complément d'objet direct**, qui peuvent être de classes variées, principalement adjectivales ou nominales.
- **L'attribut du sujet** est relié à celui-ci par le verbe *être* ou un verbe équivalent. L'adjectif et le nom attributs du sujet s'accordent avec lui.
- **L'attribut du complément d'objet** est relié au COD par un verbe transitif.

Corrigés

Tester ses connaissances

Énoncé p. 159

1. Dans les trois phrases, nous trouvons *son pain*, COD du verbe *expose*, mais la similitude s'arrête là.

1. Il y a un seul complément : *son pain aux raisins*, le GN COD comportant une expansion, le complément du nom *aux raisins*.

2. Nous avons le COD *son pain* et un complément d'objet second *aux clients*.

3. Nous avons le COD *son pain* et un complément circonstanciel de lieu *au milieu de sa vitrine*.

2. Le problème d'analyse concerne *l'énergie du désespoir*.

Le verbe *distinguer* est construit normalement avec un complément direct (ici *le blanc*) et un complément indirect second (ici *du noir*). Le compositeur s'appuie sur cette construction pour créer l'ambigüité. *L'énergie du désespoir* est une expression lexicalisée, figée, dans laquelle *du désespoir* est complément du nom *énergie*. Mais ce qui précède peut le faire interpréter comme complément indirect du verbe, comme *du noir*. Cette ambiguïté donne une tonalité poétique à la phrase.

Entrainement 1

Énoncé p. 161

1. ***les voyages en train*** : groupe nominal COD.

2. ***que le train sera à l'heure*** : subordonnée conjonctive introduite par *que*, COD.

3. ***à ce que la pizza soit livrée à l'heure prévue*** : subordonnée conjonctive introduite par *à ce que*, COI.

4. ***de son enfance en Provence*** : groupe prépositionnel (préposition *de* + groupe nominal), COI.

5. si son concert aura lieu : subordonnée interrogative indirecte introduite par *si*, COD.

6. visiter Venise : groupe infinitif COD.

Entrainement 2

Énoncé p. 162

1. de la lavande : COD (la construction est directe : *de la* est l'article partitif = *la*).

2. une étoile filante : COD.

3. à un violent orage : COI (le pronom réfléchi *s'* n'est pas analysable).

4. les mauvaises herbes : COD + *de ce jardin* = COS, mais considérer ce groupe prépositionnel comme le complément du nom *herbes* est possible.

5. à son père : COI.

6. de stylet à Jules : deux compléments prépositionnels, le premier est COI, le second est COS.

7. Edgar Poe de l'anglais en français : cas exceptionnel d'un verbe à trois compléments, un COD (*Edgar Poe*) et deux COS.

Entrainement 3

Énoncé p. 162

1. à la vanille : complément du nom *glace*.

2. au café : complément du nom *glace* (comme *à la vanille*) ou complément circonstanciel de lieu (= *dans le café*).

3. au bout d'un quart d'heure : complément circonstanciel de temps.

4. son parachute doré : complément d'objet indirect du verbe *renoncer*.

5. à sa demande : complément circonstanciel de cause avec une équivoque due à *sa* : parce qu'il (ou elle) l'a demandé.

6. à sa bonne foi : complément d'objet indirect.

7. de bonne foi : attribut du COD (*l'*) ou équivoque (= *il était de bonne foi et l'a cru*).

Entrainement 4

Énoncé p. 163

1. charmante et ingénieuse : adjectifs attributs du sujet *Suzanne*.

2. le roman du cœur, l'histoire : groupes nominaux attributs respectifs des sujets *l'amour* et *le plaisir*.

3. moi : pronom personnel attribut du sujet *c'*.

4. de conquérir les femmes : groupe infinitif, attribut du sujet *La tâche des hommes*.

5. amoureux de Suzanne : groupe adjectival attribut du sujet *le comte*.

6. le valet du comte : groupe nominal attribut du sujet *Figaro*.

7. rien : pronom indéfini attribut du sujet *il*.

8. de bonne humeur : groupe prépositionnel attribut du sujet *Figaro*.

Entrainement 5

Énoncé p. 164

1. inquiets : adjectif attribut du COD *ses parents*, auquel il est relié par le verbe *rendre*.

2. invraisemblables : adjectif attribut du COD *les explications*, auquel il est relié par le verbe *trouver*.

3. son successeur : groupe nominal en construction indirecte (*comme*), attribut du COD *Ilham*, auquel il est relié par le verbe *désigner*.

4. ***chef*** : nom en construction indirecte (*pour*), attribut du COD *l'* (pronom personnel), auquel il est relié par le verbe *choisir*.

5. ***roi*** : nom attribut du COD *l'* (pronom personnel), auquel il est relié par le verbe *faire*.

Entrainement 6

Énoncé p. 164

1. ***triste*** : attribut du sujet *la chair* ; ***tous les livres*** : complément d'objet direct de *ai lu*.

2. ***fragile*** : attribut du sujet *ce vase*.

3. ***architecte informatique*** : attribut du sujet *Dominique*.

4. ***malade*** : attribut du complément d'objet direct *Bruno*.

5. ***un véritable ami*** : attribut du complément d'objet direct *Étienne*.

FICHE 18 — Les principales fonctions

Les fonctions de l'adjectif

Objectif

- Identifier et distinguer les différentes fonctions de l'adjectif.

voir aussi

L'adjectif .... p. 115
Les compléments du verbe : COD, COI, attribut .... p. 158
Les expansions du nom et du groupe nominal .... p. 172

Tester ses connaissances

Relevez les adjectifs et indiquez leur fonction.

1. La baleine la plus célèbre est la baleine bleue.

2. Les archéologues ont trouvé un vestige préhistorique.

3. Les frontières maritimes sont invisibles.

4. Je trouve ce projet irréalisable.

5. Ce premier résultat est encourageant.

1. **célèbre, bleue** : épithète de *baleine*.
2. **préhistorique** : épithète de *vestige*.
3. **maritimes** : épithète de *frontières* – **invisibles** : attribut du sujet *les frontières maritimes*.
4. **irréalisable** : attribut de l'objet *ce projet*.
5. **premier** : épithète de *résultat* – **encourageant** : attribut du sujet *ce résultat*.

GRAMMAIRE

LE COURS

L'adjectif a fondamentalement deux types d'emplois selon qu'il appartient au groupe nominal ou au groupe verbal.

- Il est constituant facultatif du groupe nominal :

– épithète quand il est juxtaposé au nom : un animal **curieux** ;

– apposé quand il est détaché du nom, mis entre virgules à l'écrit : Cet animal, **curieux** de tout, fouille dans ma voiture.

- Il est constituant obligatoire du groupe verbal :

– attribut du sujet (Ce nain est toujours **joyeux**), avec *être, paraitre, sembler, devenir, rester*...

– attribut du complément d'objet (COD) : Je trouve ce livre **passionnant**.

1 L'adjectif dans le groupe nominal : l'épithète et l'apposition

1 1. L'adjectif épithète

Un adjectif épithète peut se rapporter à un nom (un **bel** oranger), à plusieurs noms (une robe et une veste **bleues**), à un pronom (quelque chose **de beau**).
Il est, avec le complément du nom (le loup **de l'histoire**) et la proposition relative (l'ami **que j'ai rencontré**) une des expansions du nom.

Voir Fiche 19 : Les expansions du nom et du groupe nominal.

La place de l'adjectif épithète est soumise à un certain nombre de contraintes, mais elle est aussi sujette au libre jeu des utilisateurs de la langue qui peuvent toujours chercher à rompre l'ordre habituel pour des raisons d'expressivité ou de style.

- **La postposition**

C'est l'ordre « normal », lorsque l'adjectif n'exprime que son sens descriptif ordinaire ou objectif. Certains adjectifs sont toujours postposés au nom :

Voir Fiche 11 L'adjectif. 4 Point de vue sémantique

– les adjectifs relationnels :

l'armée **américaine**, l'ensemble **monumental**, le discours **présidentiel**.

– certains adjectifs indiquant notamment la forme et la couleur :

une cour **rectangulaire**, des volets **violets**, une eau **claire**, un bois **touffu**.

– des adjectifs suivis d'un complément :

un livre **difficile** à lire, une journée **riche** en émotions, un seau **plein** de lait.

– les adjectifs au comparatif suivis d'un complément :

une épreuve plus **importante** que toutes les autres.

- **L'antéposition**

– Certains adjectifs trouvent assez naturellement leur place avant le nom. Ce sont des adjectifs souvent très fréquents comportant une nuance évaluative ou affective : beau, bon, joli, petit, vieux, ou susceptibles de porter des valeurs affectives ou appréciatives : atroce, merveilleux, épouvantable.

– Sont également antéposées les épithètes dites de nature, traditionnellement associées à un nom commun ou propre : les **jeunes** années, les **vertes** prairies, la **belle** Hélène.

• **Place libre**

Certains adjectifs peuvent être placés avant ou après le nom sans modification de signification : l'**immense** maison / la maison **immense** ; la **longue** plainte / la **plainte** longue, ou avec des significations différentes : un **petit** ami / un ami **petit** ; un **certain** succès / un succès **certain** ; un **pauvre** homme / un homme **pauvre**.

Entrainement 1

Placez les mots entre parenthèses avant ou après le nom et justifiez votre choix.

1. Un travailleur (*intérimaire*) **2.** Une réussite (*grande*) **3.** Une difficulté (*immense*) **4.** Un gaz (*délétère*) **5.** Un problème (*petit*) **6.** Un appartement (*plus grand que le mien*) **7.** Un ennui (*gros*) **8.** Un tableau (*ancien*) **9.** Un travail (*fatigant*) **10.** Une fleur (*rouge*).

Corrigé p. 171

1 2. L'adjectif apposé

L'adjectif apposé est séparé du nom par une pause (virgule à l'écrit) :
Federer, **malade**, a été éliminé en quart de finale.

L'apposition apporte une information supplémentaire sur le nom avec, souvent, une valeur circonstancielle explicative. L'apposition est un attribut sans verbe *être* :
Federer, [qui était] **malade**, a été éliminé en quart de finale.

• La **pause** à l'oral et la **virgule** à l'écrit permettent de distinguer en particulier l'adjectif apposé de l'adjectif épithète, qui est contigu au nom.
Cet enfant **fatigué** n'a pas pu finir son exercice. Le participe est épithète.
Cet enfant, **fatigué**, n'a pas pu finir son exercice. Le participe est apposé. Il ajoute une valeur circonstancielle (cause).

ATTENTION Certaines grammaires refusent l'extension de l'apposition aux adjectifs et préfèrent parler d'*épithète détachée*.

• L'adjectif apposé est **mobile**, contrairement à l'adjectif épithète :
Attentif, le chat guette la souris. Le chat, **attentif**, guette la souris. Le chat guette la souris, **attentif**.

Voir Fiche 19 : Les expansions du nom et du groupe nominal.

2 L'adjectif dans le groupe verbal : l'attribut

2 1. L'adjectif attribut du sujet

Voir Fiche 17 : Les compléments du verbe : COD, COI, attribut, 3.

L'attribut du sujet est le second constituant d'un groupe verbal dont le verbe introducteur est le verbe *être* (il est très heureux) ou un verbe d'état : *paraitre*, *sembler*, *demeurer*, *rester*...

L'attribut est fortement lié au verbe. Il ne peut être ni supprimé ni déplacé.

L'adjectif attribut prend les marques de genre et de nombre du sujet :

Les acrobates sont **légers**.

> **ATTENTION** Alors que le complément d'objet est remplacé par un pronom qui reprend le genre et le nombre du COD, l'attribut est pronominalisable par *le*, quels que soient le genre et le nombre du sujet.
> Les forêts précèdent les peuples, les déserts **les** suivent. (Chateaubriand) → COD.
> Le berger précède le troupeau, le chien **le** suit. → COD.
> Le carton est ondulé, la tôle **l'**est aussi. → attribut.
> Les acrobates sont légers, les écuyères **le** sont aussi. → attribut.

2 2. L'adjectif attribut du complément d'objet

L'attribut du complément d'objet se rencontre dans des structures de type :
Verbe + Groupe Nominal COD + Adjectif.
L'attribut est relié au COD par l'entremise d'un verbe transitif.

Pierre trouve sa voisine **sympathique**. Pierre la trouve **sympathique**.

L'adjectif attribut du complément d'objet entretient le même rapport avec celui-ci que l'attribut du sujet avec le sujet. Sa voisine est **sympathique**. Il indique une caractéristique, une propriété.

- Les verbes qui sont suivis d'un attribut de l'objet expriment un jugement (*considérer, trouver...*), le résultat d'une action (*faire, rendre...*), etc.

Il a trouvé le film **génial**. Le départ de Tristan a rendu Iseut **triste**.

- L'adjectif attribut de l'objet est construit :

– le plus souvent directement :

Elle trouve son voisin **étrange**.

– indirectement avec une préposition (*comme, de, en, pour*) avec certains verbes :

Il considère ce projet comme **utopique**.

Difficulté rencontrée

Un adjectif suivant directement un nom en position d'objet est-il épithète de ce nom ou attribut du COD ?

Pierre juge les enfants coupables.

L'adjectif coupables peut être épithète (par exemple, pour évoquer le métier de juge pour enfants de Pierre) ou attribut du COD (= Il juge que les enfants sont coupables).

Deux tests sont possibles :

– Le remplacement du groupe nominal par un pronom : l'épithète est incluse dans le groupe nominal (Pierre les juge), l'attribut du COD reste en dehors (Pierre les juge coupables).

– La suppression de l'adjectif, possible s'il est épithète (Pierre juge les enfants), impossible s'il est attribut du COD.

À retenir

- La plupart des adjectifs peuvent avoir **quatre fonctions** grammaticales différentes.
- Comme constituant facultatif du groupe nominal, l'adjectif est **épithète** quand il est juxtaposé au nom ou il est **apposé** quand il est détaché du nom.
- Comme constituant obligatoire du groupe verbal, l'adjectif est **attribut du sujet** ou **attribut du complément d'objet** (COD).

Entrainement 2

Les adjectifs sont-ils épithètes, apposés ou attributs ?

1. Je vis qu'elle était petite.
2. Elle comprit cette attention d'une politesse toute française.
3. La belle baigneuse et moi, nous causâmes longtemps.
4. Sa peau, d'ailleurs parfaitement unie, approchait de la teinte du cuivre.
5. Ses yeux étaient obliques, mais admirablement fendus.
6. Ses cheveux, peut-être un peu gros, étaient noirs.

D'après Mérimée, *Carmen*, 1847.

Corrigé p. 172

Entrainement 3

Indiquez la fonction de l'adjectif.

1. Marie semble pâle. **2.** Marie se retourna toute pâle. **3.** Pierre considère Paul comme fou. **4.** Sois heureux ! **5.** Épuisé, il heurta un pylône. **6.** Petits enfants, petits soucis. **7.** Mon chat a des yeux brillants. **8.** Le jardin parait immense.

Corrigé p. 172

GRAMMAIRE

Corrigés

Entrainement 1

Énoncé p. 169

1. ***Un travailleur intérimaire*** : adjectif relationnel postposé.
2. ***Une grande réussite*** : adjectif antéposé quand il a un sens qualitatif.
3. ***Une difficulté immense / Une immense difficulté*** : adjectif à place libre.
4. ***Un gaz délétère*** : adjectif obligatoirement postposé.
5. ***Un petit problème*** : adjectif habituellement antéposé.
6. ***Un appartement plus grand que le mien*** : adjectif au comparatif postposé.
7. ***Un gros ennui*** : adjectif court habituellement antéposé.
8. ***Un tableau ancien / un ancien tableau*** : adjectif placé selon le sens.
9. ***Un travail fatigant*** : adjectif verbal normalement postposé.
10. ***Une fleur rouge*** : adjectif de couleur normalement postposé.

Entrainement 2

Énoncé p. 171

1. ***petite*** : attribut du sujet *elle*.

2. ***française*** : épithète du nom *politesse*.

3. ***belle*** : épithète du nom *baigneuse*.

4. ***unie*** : apposé au GN *sa peau*.

5. ***obliques*** : attribut du sujet *ses yeux* ; **fendus** : attribut du sujet *ses yeux*. (Il y a ellipse du verbe).

6. ***gros*** : apposé au GN *ses cheveux* ; **noirs** : attribut du sujet *ses cheveux*.

Entrainement 3

Énoncé p. 171

1. ***pâle*** : attribut du sujet *Marie*. Le verbe *sembler* est un verbe attributif au sens strict.

2. ***pâle*** : attribut du sujet *Marie*. Le verbe *se retourner* est un verbe occasionnellement attributif et *pâle* est considéré ici comme attribut.

3. ***fou*** : attribut du COD *Paul*.

4. ***heureux*** : la structure impérative ne comporte pas de sujet explicite mais *heureux* est tout de même considéré comme attribut du sujet implicite.

5. ***épuisé*** : participe passé employé comme adjectif. Apposé à *il*.

6. ***petits*** : épithètes des noms *enfants* et *soucis*.

7. ***brillants*** : épithète du nom *yeux*.

8. ***immense*** : attribut du sujet *le jardin*.

FICHE 19

Les principales fonctions

Les expansions du nom et du groupe nominal

Objectif

- Reconnaitre les expansions et identifier leur fonction.

voir aussi

Tester ses connaissances

Dans la phrase suivante, relevez et classez les expansions du nom.

Il portait un vaste tablier de cuir qui montait jusqu'à son épaule gauche et dans lequel faisaient ventre un marteau, un mouchoir rouge, une poire à poudre, toutes sortes d'objets que la ceinture retenait comme dans une poche.

Victor Hugo, *Les Misérables*, 1862.

- **Adjectifs épithètes** : vaste *tablier* ; *épaule* gauche ; *mouchoir* rouge.
- **Groupes prépositionnels** : *tablier* de cuir ; *poire* à poudre ; *toutes sortes* d'objets.
- **Propositions subordonnées relatives** : (*Tablier* […]) qui montait jusqu'à son épaule gauche ; et dans lequel faisaient ventre un marteau, un mouchoir rouge, une poire à poudre, toutes sortes d'objets ; (*objets*) que la ceinture retenait comme dans une poche.

LE COURS

1 Définition

L'expansion du nom désigne la fonction des mots ou des groupes de mots qui complètent le nom[1]. Cette notion générique regroupe donc plusieurs catégories : les adjectifs, les groupes prépositionnels compléments du nom, les propositions subordonnées relatives et, dans quelques cas, les propositions subordonnées complétives conjonctives.
Par ailleurs, l'apposition est une expansion de l'ensemble du groupe nominal.

1. Elle complète le nom mais l'étiquette *complément du nom* est réservée à certains groupes prépositionnels.

Ces différentes expansions sont cumulables.
Le **jeune** homme : adjectif épithète + nom.
Le **jeune** homme **du troisième rang** : adjectif épithète + nom + groupe prépositionnel.
Le **jeune** homme **du troisième rang qui veut étudier le droit** :
adjectif épithète + nom + groupe prépositionnel + proposition subordonnée relative.

2 Point de vue syntaxique

2 1. Les épithètes

La fonction épithète est habituellement associée à l'adjectif.
Les adjectifs épithètes se placent juste à côté du nom qu'ils complètent :

un nuage **immobile** (l'adjectif est postposé) — une **vilaine** blessure (l'adjectif est antéposé)

- **Place de l'adjectif épithète**

– Certains adjectifs, peu nombreux, sont généralement **antéposés** :
un **beau** village, une **grande** fille, une **jolie** maison…
– Beaucoup d'adjectifs, comme les adjectifs relationnels, sont toujours **postposés** :
l'armée **romaine** (*la romaine armée) ;

l'industrie **sidérurgique** (*la sidérurgique industrie).

– D'autres adjectifs **changent de sens en fonction de leur place** :
un **pauvre** homme / un homme **pauvre.**

– Les adjectifs suivis d'un complément sont postposés :
cet homme **fier** de sa réussite.

– Enfin, pour certains adjectifs, le changement de **place** est relativement **libre** mais il introduit des nuances sémantiques :
une **vilaine** blessure (valeur subjective) ; une blessure **vilaine** (nuance objective).

Voir Fiche 18 :
Les fonctions de l'adjectif

• Les adjectifs peuvent avoir leurs compléments propres pour former des **groupes adjectivaux** :
– une **très vilaine** blessure → l'adjectif est modifié par un adverbe d'intensité ;
– cet homme **fier de sa réussite** → l'adjectif est complété par un groupe prépositionnel ;
– les enfants **heureux d'être ensemble** → l'adjectif est complété par un complément prépositionnel.

• **Les participes passés et présents**

– Les participes passés et présents peuvent occuper la fonction épithète et constituer des expansions du nom. Employés comme épithètes, les participes présents peuvent avoir leurs compléments propres et restent invariables :
Les enfants **jouant** au ballon n'entendirent pas la sonnerie.

– Les participes passés peuvent également avoir leurs compléments mais s'accordent en genre et en nombre avec le nom qu'ils complètent :
Les enfants **plongés** dans leur livre en oublièrent de gouter.

• **Les noms**

La fonction épithète peut aussi être occupée par un nom dépourvu de déterminant et construit sans prépostion. Le nom épithète se place après le nom qu'il complète et s'accorde généralement avec lui : un avion **fantôme** / des avions **fantômes** ; un paysan **propriétaire** / des paysans **propriétaires** ; une robe **tendance** mais des robes **tendance.**

Difficultés rencontrées

• **L'attribut qui est séparé du nom par un verbe d'état** (*être*, *sembler*, *devenir*, *paraitre*...) **ou un verbe attributif** (ils vécurent heureux) **n'est pas une expansion du nom.** Il appartient au groupe verbal.

Cette histoire	est	amusante.
nom	verbe d'état	adjectif attribut du sujet

• **Les adjectifs placés à côté d'un nom ne sont pas nécessairement épithètes de ce nom.**
Dans les constructions avec un attribut de l'objet, l'adjectif n'est pas une expansion du nom à côté duquel il se trouve mais son attribut : Il croit son frère malade. Malade n'est pas une expansion de frère mais son attribut : « il croit que son frère est malade ». On peut remplacer son frère par un pronom, ce qui prouve que l'attribut du COD est extérieur au GN (et donc n'est pas épithète du nom) : Il le croit malade.

2 2. Les groupes prépositionnels compléments du nom

Le groupe prépositionnel constitué d'une préposition et d'un groupe nominal a souvent la fonction de complément du nom. Il est le plus souvent placé à la suite du nom qu'il complète.

Très fréquemment, c'est la préposition *de* qui introduit ces groupes prépositionnels : le livre **de** Pierre, la forêt **de** chênes.
Mais la plupart des prépositions sont aptes à jouer ce rôle :
le hollandais **sans** peine, une histoire **à** quatre voix, l'homme **derrière** le pilier.

ATTENTION Certaines constructions constituées d'un verbe à l'infinitif introduit par une préposition sont équivalentes à des groupes prépositionnels compléments du nom : une histoire **à dormir debout**, du fil **à retordre**, l'envie **de fuir**…

Difficulté rencontrée

Le groupe prépositionnel peut occuper diverses fonctions : complément circonstanciel, complément d'objet indirect, attribut, etc. et n'est donc pas toujours une expansion du nom, même s'il suit un nom. J'ai prêté mes lunettes **à Juliette** (à Juliette est bien un groupe prépositionnel mais ne constitue pas une expansion du nom lunettes). C'est un complément d'objet second du verbe *prêter* ; on peut permuter les deux objets : J'ai prêté à Juliette mes lunettes.

2 3. Les propositions subordonnées relatives

La proposition subordonnée relative qui suit le nom est une expansion de celui-ci (elle peut alors être remplacée par un adjectif).
J'aime les histoires **que vous racontez**. (drôles, émouvantes)
L'homme **qui avait perdu l'usage de ses jambes** (infirme) a traversé la Manche à la nage.

Voir Fiche 5 : Les propositions subordonnées relatives.

2 4. Les propositions subordonnées complétives

Certains noms abstraits (idée, espoir, fait, hypothèse…) peuvent avoir pour expansions des subordonnées complétives.
L'idée **qu'elle puisse échouer** ne lui est pas venue.
→ que est une conjonction qui introduit la subordonnée complétive qu'elle puisse échouer.
Je me suis fait à l'idée **que je ne serai jamais champion olympique**.
→ que est une conjonction qui introduit la subordonnée complétive que je ne serai jamais champion olympique.

Voir Fiche 4 : Les propositions subordonnées complétives et circonstancielles.

GRAMMAIRE

Entrainement 1

Classez les expansions du nom des GN ci-dessous. *(Ce sont des titres de romans.)*

1. Une histoire à quatre voix
2. Le Collectionneur d'instants
3. L'ogresse en pleurs
4. La poule qui voulait pondre des œufs en or
5. Le livre disparu
6. Le fil à retordre
7. L'homme qui plantait des arbres
8. Le jour où j'ai raté le bus
9. Le monstre que personne n'a vu
10. Les orangers de Versailles
11. Un secret pour grandir
12. Le cochon à l'oreille coupée
13. Une histoire à dormir debout
14. Le loup rouge

Corrigé p. 178

❷ 5. L'apposition

Venue de la rhétorique, l'apposition concerne au départ les noms qui dépendent d'un autre nom :

Paris, **capitale de la France,** est visitée chaque année par des millions de touristes.

Elle a été ensuite appliquée aux adjectifs séparés du nom par une pause (virgule à l'écrit) :

Léa, **inquiète,** attend ses résultats.

- **Les classes de l'apposition**

La *terminologie grammaticale* de 2020 (p. 98) retient comme appositions :

– L'adjectif ou le groupe adjectival : Cette avocate, **remarquable,** a gagné le procès. Cette avocate, **vraiment remarquable,** a gagné le procès.

On peut ajouter les participes présents ou passés : Les spectateurs, **retenant leur souffle,** attendaient le dénouement. (participe présent) Le directeur, **bloqué dans un bouchon,** a manqué la réunion. (participe passé)

– Le nom ou le groupe nominal : Une femme, **avocate,** lui a téléphoné. Cette femme, **une avocate très connue dans la région,** lui a téléphoné.

– La proposition subordonnée relative adjective : Cette femme, **qui est avocate,** lui a téléphoné.

- Les adjectifs et les noms ou groupes nominaux entretiennent avec le terme dont ils dépendent, très souvent un nom, la même relation qu'un attribut avec le sujet. On dit que l'apposition apporte une information supplémentaire au noyau de la phrase.

- La **pause à l'oral et la virgule à l'écrit** permettent d'identifier un adjectif, un participe ou un groupe nominal apposé. Cette pause permet de distinguer en particulier l'adjectif apposé de l'adjectif épithète, qui est contigu au nom.

Ce coureur **blessé** par une chute a dû abandonner : le participe est épithète.

Ce coureur, **blessé** par une chute, a dû abandonner : le participe est apposé. Il ajoute une valeur circonstancielle (cause).

Voir Fiche 18 : Les fonctions de l'adjectif.

Entrainement 2

Indiquez les classes de l'apposition dans les phrases suivantes.

1. Je me souviens de la terre ocreuse, fendillée entre les tiges de blé.
2. La chute de neige, calme et verticale, devenait oblique.
3. Avertie par ses antennes, ma mère s'avançait sur la terrasse.
4. J'arpentais le jardin, happant la neige volante.
5. Mousse exalté du navire fatal, je m'élançais dans l'escalier, claquant des sabots.
6. Le ciel était chargé de nuages noirs, qui présageaient un violent orage.
7. Un vif éclair, précurseur lumineux du tonnerre, remplit le ciel.

D'après Colette, *Sido*, 1929.

Corrigé p. 178

3 Point de vue sémantique

3 1. Les expansions déterminatives

Les expansions sont parfois présentées comme facultatives. Cependant, les informations qu'elles apportent peuvent être nécessaires pour **identifier le nom ou le GN qu'elles complètent**. Ces expansions sont dites déterminatives.

Le mois **de février** est toujours très froid dans cette région.

Le groupe prépositionnel de février est nécessaire pour identifier le nom mois et son absence provoque d'ailleurs une anomalie : *Le mois est toujours très froid dans cette région.

3 2. Les expansions explicatives

Les autres expansions apportent une information complémentaire, parfois importante, mais ne participent pas à la détermination complète et à l'identification du référent du nom ou du GN. Ce sont des expansions explicatives.

La voiture, **qui roulait sur le bas côté de la route**, dérapa.

La proposition relative qui roulait sur le bas côté de la route apporte une information, une explication, mais n'est pas indispensable pour identifier le GN la voiture.

Entrainement 3

En vous reportant au texte du test initial, distinguez les expansions déterminatives et les expansions explicatives.

Corrigé p. 178

Entrainement 4

Relevez et identifiez les expansions du nom dans ce texte.
Puis expliquez pourquoi les groupes prépositionnels *à souper*, *de compagnie* et *au prieuré de Notre-Dame de la Montagne* ne sont pas des expansions du nom.

Mlle de Kerbadon, étonnée et enchantée de voir un Huron qui lui avait fait des politesses, pria le jeune homme à souper : il ne se fit pas prier deux fois, et tous trois allèrent de compagnie au prieuré de Notre-Dame de la Montagne.

Voltaire, *L'Ingénu*, 1767.

Corrigé p. 178

À retenir

L'expansion du nom est une fonction : elle complète le nom.
Il y a plusieurs catégories d'expansions :
– l'**adjectif épithète** principalement ;
– le **groupe prépositionnel complément du nom** ;
– la **proposition subordonnée relative**.
L'apposition est une expansion du groupe nominal.

Corrigés

Entrainement 1

Énoncé p. 175

Adjectif épithète	Groupe prépositionnel	Groupe infinitif	Proposition relative
5. (*Le livre*) **disparu** **14.** (*Le loup*) **rouge**	**1.** (*Une histoire*) **à quatre voix** **2.** (*Le collectionneur*) **d'instants** **3.** (*L'ogresse*) **en pleurs** **10.** (*Les orangers*) **de Versailles** **12.** (*Le cochon*) **à l'oreille coupée**	**6.** (*Le fil*) **à retordre** **11.** (*Un secret*) **pour grandir** **13.** (*Une histoire*) **à dormir debout**	**4.** (*La poule*) **qui voulait pondre des œufs en or** **7.** (*L'homme*) **qui plantait des arbres** **8.** (*Le jour*) **où j'ai raté le bus** **9.** (*Le monstre*) **que personne n'a vu**

Entrainement 2

Énoncé p. 176

1. fendillée entre les tiges de blé : groupe participe passé, apposé à *la terre ocreuse*.

2. calme et verticale : adjectifs coordonnés, apposés à *la chute de neige*.

3. Avertie par ses antennes : groupe participe passé, apposé à *ma mère*.

4. happant la neige volante : groupe participe présent, apposé à *J'*, sujet du verbe.

5. Mousse exalté du navire fatal : groupe nominal, apposé à *j'*, sujet du verbe ; **claquant des sabots** : groupe participe présent, apposé à *j'*, sujet du verbe.

6. qui présageaient un violent orage : proposition relative explicative, apposée à *nuages noirs*.

7. précurseur lumineux du tonnerre : groupe nominal, apposé à *un vif éclair*.

Entrainement 3

Énoncé p. 177

Trois expansions ne sont pas explicatives mais déterminatives : le complément du nom *à poudre* qui permet d'identifier correctement le GN *une poire* (une *poire à poudre* n'est pas *une poire Williams*) ; l'épithète *gauche*, nécessaire pour identifier le GN *son épaule* ; et le groupe prépositionnel *d'objets* qui est nécessaire à la détermination complète du nom *sortes*.

Entrainement 4

Énoncé p. 177

Adjectif	Groupe prépositionnel	Proposition relative
étonnée (apposé) **enchantée** (apposé coordonné) **jeune** (épithète)	**de Kerbadon** **de Notre-Dame de la Montagne**	**qui lui avait fait des politesses**

– Le groupe prépositionnel *à souper* est CO second du verbe *pria*.

– Le groupe prépositionnel *au prieuré de Notre-Dame de la Montagne* est complément de lieu du verbe *allèrent* (COI selon la *Terminologie* 2020).

– Le groupe prépositionnel *de compagnie* est complément circonstanciel de manière du verbe *allèrent*.

Les compléments circonstanciels

Objectif

- Distinguer les différentes sortes de compléments circonstanciels et connaitre les problèmes d'analyse qu'ils suscitent.

voir aussi

Tester ses connaissances

Relevez les compléments circonstanciels dans ces deux phrases. Dites lesquels sont facultatifs.

Dans le soir tombant, au bord d'un chemin creux, un petit bandit était embusqué derrière un gros arbre. C'était en Angleterre, en octobre 1730.

Dick King Smith, *Le petit bandit de grands chemins*, coll. « Castor poche », Flammarion, 1999.

– **Compléments facultatifs** : *Dans le soir tombant – au bord d'un chemin creux – derrière un gros arbre* → compléments circonstanciels, compléments de phrase (effaçables, déplaçables).
– **Compléments essentiels** : *en Angleterre – en octobre 1730* → compléments essentiels, compléments de verbe (nécessaires, non déplaçables).

Corrigé détaillé p. 184

LE COURS

Ils ne constituent pas des expansions du nom.
Du point de vue de la linguistique, on distingue les compléments du verbe et les compléments circonstanciels.

1 Les compléments du verbe

Les compléments du verbe sont des constituants du groupe verbal qui répondent à trois conditions :
– **Ils ne peuvent pas être supprimés** (sauf cas d'espèce ou possibilité en contexte).
– **Ils ne peuvent en aucun cas être déplacés.**
– **Ils peuvent être remplacés par les pronoms *le*, *la*, *les*, *lui*, *en*, ou *y*.**

Voir Fiche 17 : Les compléments du verbe : COD, COI, attribut.

Ce sont : le **complément d'objet direct**, le **complément d'objet indirect**, le **complément d'objet second**, l'**attribut** dans les phrases attributives.

2 Les compléments circonstanciels

2 1. Caractéristiques

Les compléments circonstanciels se distinguent des précédents car :

– ils sont mobiles et peuvent prendre place en différents points de la phrase :

L'année dernière, avec nos enfants, nous avons visité le Mont-Saint-Michel.

→ **Avec nos enfants,** nous avons visité le Mont-Saint-Michel, **l'année dernière**.

→ Nous avons visité le Mont-Saint-Michel, **avec nos enfants, l'année dernière,**

et autres agencements possibles ;

– ils sont effaçables : Nous avons visité le Mont-Saint-Michel.

– ils ne se prêtent pas à la pronominalisation ;

– ils ne sont pas liés au verbe : **L'année dernière,** avec nos enfants, nous avons fait des confitures. (*variantes* : nous avons retapissé le couloir, nous avons installé des nichoirs...)

2 2. Les classes grammaticales des compléments circonstanciels

Voir Fiche 4 : Les propositions subordonnées complétives et circonstancielles.

- **Groupe prépositionnel :**

Au bord de l'océan, on pratique la pêche à pied **lors des grandes marées.**

- **Groupe nominal :** Le bébé a pleuré **toute la nuit.**
- **Adverbe : Demain,** M. Hulot part en vacances. **Ici,** tout est calme.
- **Groupe infinitif introduit par une préposition :**

Il s'est rendu malade **pour avoir trop mangé.** Partons **sans plus attendre.**

- **Proposition subordonnée circonstancielle :**

Quand j'aurai gagné au casino, j'achèterai une villa à La Baule.

Des arbres étant tombés sur les caténaires, la circulation des trains est interrompue en Dordogne.

Difficultés rencontrées

La contradiction entre la tradition scolaire et la linguistique

- Dans l'analyse grammaticale traditionnelle, la notion de complément circonstanciel est d'ordre **sémantique :** les compléments circonstanciels expriment une circonstance accessoire et indiquent, en réponse aux questions *où, quand, comment, pourquoi...* a lieu l'action exprimée par celui-ci.

Quand avons-nous visité le Mont-Saint-Michel ?

→ L'année dernière : complément circonstanciel de temps.

Avec qui avons-nous visité le Mont-Saint-Michel ?

→ Avec nos enfants : complément circonstanciel d'accompagnement.

- L'analyse traditionnelle (sémantique) et l'analyse structurale (formelle) semblent s'accorder mais **un problème se pose :**

Dans les deux phrases suivantes : J'habite **à Fleurance.** Je vais **à Lectoure.** Selon l'analyse traditionnelle, les deux compléments sont deux compléments circonstanciels de lieu répondant à la question *où*.

Tout change si on leur applique l'effacement ou le déplacement : les phrases obtenues sont agrammaticales, ce qui prouve que ces compléments ne sont pas accessoires, mais nécessaires : *À Fleurance, j'habite. *J'habite. *À Lectoure, je vais. *Je vais.
En revanche, dans cette phrase : À Périgueux, l'Isle a débordé et inondé les quartiers la bordant, le complément À Périgueux, qui répond aussi à la question *où*, peut être déplacé (L'Isle a débordé et inondé les quartiers la bordant, à Périgueux) et supprimé (L'Isle a débordé et inondé les quartiers la bordant). Ce complément est facultatif, non lié au verbe (Philippe aime se promener, connait de bons restaurants, etc. à Périgueux).
Donc, parmi les compléments circonstanciels de la grammaire traditionnelle, certains sont facultatifs, ce sont des compléments circonstanciels ; d'autres, sont essentiels, ce sont des compléments du verbe, constituants du groupe verbal.

REMARQUE **Que signifie facultatif (ou optionnel) ?**
Lorsque l'on parle de groupe facultatif, on se place du point de vue de la syntaxe et non de celui du sens.
Soit la phrase : Un taxi t'attendra à huit heures trente devant la gare.
Les deux compléments circonstanciels sont facultatifs mais qu'en serait-il dans la réalité ? Cela dépend de la connaissance partagée par le locuteur et l'interlocuteur.
Il en va de même pour toutes les expansions.

Voir Fiche 19 : Les expansions du nom et du groupe nominal.

2 3. Le sens des circonstances

Les compléments circonstanciels expriment différentes circonstances, plus d'une trentaine selon les grammairiens. On présente les principales circonstances, exprimées au moyen de groupes prépositionnels ou, parfois, de groupes nominaux.

Voir Fiche 4 : Les propositions subordonnées complétives et circonstancielles. 3 Les propositions subordonnées circonstancielles.

- Temps (date, durée)

Dans l'Ouest, le soleil se couche **l'été après 22 heures**. Cette dame sort son chien **le matin**.

- Lieu

Tout le monde le connait **dans le quartier**. Roméo a rencontré Juliette **à Vérone**.

Voir Fiche 21 : Les fonctions des adverbes. Sémantique : l'interprétation sémantique des adverbes.

- Cause

Il a été isolé **à cause du virus**. Cette femme est remarquable **par sa beauté**.

- Manière

Il construit une clôture **avec énergie**. Le voleur a été arrêté **par hasard**.

- Moyen

Il se lave les mains **avec du gel hydroalcoolique**. Elle a touché le dôme **avec une flèche**.

- Accompagnement

Marcel se promène **avec sa mère**. Elle travaille **avec une collègue**.

- But

Il se bat **pour le bonheur des enfants**. Elle chante **pour la gloire**.

- Concession

Le voilier veut partir **malgré la tempête**. Il a démissionné **contre toute attente**.

- Condition

Brisez la vitre **en cas de besoin**.

REMARQUE La conséquence n'est pas exprimée avec un groupe prépositionnel, mais avec un infinitif ou une subordonnée circonstancielle.
Le facteur se presse ***au point de nuire à la qualité de son travail***. Le facteur distribue le courrier rapidement **de sorte qu'il termine sa tournée plus tôt aujourd'hui**.

Entrainement 1

Relevez les compléments circonstanciels en indiquant leur classe grammaticale.

1. Souvent, l'hiver, la neige perturbe la circulation en montagne.
2. Il a plu à Brest ce matin.
3. Il a eu un accident parce qu'il roulait trop vite.
4. Elle rentre à la maison en se dépêchant.
5. La sortie en bus a été annulée à cause du verglas.
6. Si tout va bien, nous irons en Corse cet été.
7. Théo travaille l'été pour financer ses études.

Corrigé p. 184

Entrainement 2

1. Indiquez les valeurs circonstancielles des compléments soulignés.

1. <u>En l'absence de vent</u>, le voilier avance <u>lentement</u> <u>au moteur</u>.
2. Léa attend <u>avec impatience</u> le bus qui est en retard.
3. <u>Au Pérou</u>, <u>à 4 000 mètres d'altitude</u>, il est difficile de respirer.
4. <u>La nuit</u>, tous les chats sont gris.
5. Clara va au centre-ville <u>tous les samedis</u> <u>avec son amie</u>.
6. <u>Chaque jour</u>, Jacques nettoie son pare-brise <u>avec un chiffon humide</u>.

2. Quelles remarques pouvez-vous faire sur les groupes prépositionnels *en retard* (2) et *au centre-ville* (5) ?

Corrigé p. 184

3 L'état officiel de la question pour l'Éducation nationale (2020)

« À la différence du complément d'objet du verbe (COD ou COI) qui est lié au sens du verbe, le complément circonstanciel n'entretient aucun rapport de sens nécessaire avec le sens du verbe. Il donne des informations complémentaires au sujet de l'événement décrit par l'ensemble groupe sujet et groupe verbal [GS + GV] : lieu de l'événement, moment de l'événement, cause de l'événement, etc. C'est pour cette raison que le complément circonstanciel est toujours facultatif (il peut donc être supprimé sans que l'intégrité grammaticale de la phrase soit affectée) et qu'il peut par ailleurs être déplacé dans la phrase, puisqu'il possède une autonomie par rapport à l'ensemble [GS + GV]. »
(*Terminologie grammaticale* 2020, p. 87.)

Les classes grammaticales des compléments circonstanciels

- **Le groupe prépositionnel complément circonstanciel**

– Groupe nominal prépositionnel : à huit heures dans Le facteur distribue le courrier **à huit heures**.
– Groupe pronominal prépositionnel : devant moi dans Le facteur distribue le courrier **devant moi**.
– Groupe infinitif prépositionnel : avant de partir dans Le facteur distribue le courrier **avant de partir**.
– Gérondif : en se dépêchant dans Le facteur distribue le courrier **en se dépêchant**.

- **Le groupe nominal complément circonstanciel**

– le matin dans Le facteur distribue le courrier **le matin**.

- **L'adverbe complément circonstanciel**

– aujourd'hui dans Le facteur distribue le courrier **aujourd'hui**.

- **La proposition subordonnée complément circonstanciel**

– Proposition subordonnée circonstancielle : quand le jour se lève dans Le facteur distribue le courrier **quand le jour se lève**.
– Proposition subordonnée participiale : le travail achevé dans **Le travail achevé**, le facteur rentre chez lui ; le temps aidant dans **Le temps aidant**, le facteur connaitra les habitants du quartier.

REMARQUES

– « Les GV construits sur un verbe de mesure (*coûter, peser, mesurer, valoir*) ont des compléments d'objet dont les propriétés sont différentes des compléments d'objet types. (...) » Néanmoins, « le complément des verbes de mesure sera analysé comme un COD, au même titre que les COD types : le GN quatre kilos dans Il pèse **quatre kilos** sera analysé comme un COD au même titre que le GN le bébé dans la phrase Il pèse **le bébé**, bien que ces deux emplois du verbe *peser* soient différents. » (*Terminologie grammaticale* 2020, p. 86.)
– Les groupes prépositionnels compléments d'un verbe comme *aller* ou *être* sont COI : Alice va à **Paris**. Ce tableau est à **Alice** (= Ce tableau appartient à Alice).
« De même, dans des phrases du type Alice est ***dans la voiture***, Alice est ***de Bordeaux***, Ce tableau est ***de Mondrian***, les GNP peuvent être analysés comme des COI (au même titre que à Paris dans Alice va à **Paris**). » (p. 87)

Entrainement 3

Indiquez si les compléments soulignés des phrases suivantes sont des compléments du verbe ou des compléments circonstanciels.

1. Ce baladeur m'a couté trente euros.
2. Nous irons en Galice cet été.
3. La Castille est austère en toute saison.
4. Je descendrai sur la jetée dès mon arrivée.
5. Il pleut sur la façade atlantique.
6. Nous sommes à Amboise, nous vous attendons.
7. La terre a tremblé durant deux minutes.

Corrigé p. 185

GRAMMAIRE

À retenir

- Parmi les compléments traditionnellement dits **circonstanciels**, certains sont **facultatifs**, ce sont des **constituants de phrase** : on leur réserve aujourd'hui l'appellation de circonstanciels.
- D'autres, sont **essentiels**, ce sont des **compléments du verbe**, constituants du groupe verbal. On peut les remplacer par un pronom personnel complément.

Corrigés

Tester ses connaissances

Énoncé p. 179

– Les trois compléments de la première phrase sont tous déplaçables et effaçables sans problème. On peut les mettre tous les trois, dans un ordre indifférent, avant ou après la phrase minimale qui reste grammaticale : *Un petit bandit était embusqué*. Ce sont des compléments circonstanciels.

– Dans la seconde phrase, les deux compléments de lieu (*en Angleterre*) et de temps (*en octobre 1730*) ne peuvent pas être déplacés en tête de phrase. Ils peuvent permuter mais cela ne change pas leur statut, car chacun d'eux ne peut être effacé qu'à condition de ne pas effacer l'autre. Ce sont des compléments circonstanciels en grammaire traditionnelle mais des compléments de verbe en grammaire structurale.

Entrainement 1

Énoncé p. 182

- **Adverbe** : *souvent* (**1**) ; *vite* (**3**).
- **Groupe nominal** : *l'hiver* (**1**) ; *ce matin* (**2**) ; *cet été* (**6**).
- **Groupe prépositionnel** : *à Brest* (**2**) ; *à cause du verglas* (**5**) ; *pendant les vacances* (**7**).
- **Gérondif** : *en se dépêchant* (**4**).
- **Groupe infinitif** : *pour financer ses études* (**7**).
- **Subordonnée circonstancielle** : *parce qu'il roulait trop vite* (**3**) ; *si tout va bien* (**6**).

Attention. Le groupe prépositionnel *à la maison* est complément du verbe *rentre* (**4**). Le groupe prépositionnel *en bus* est complément du nom *sortie* (**5**). Le groupe prépositionnel *en Corse* est complément du verbe *irons* (**6**).

Entrainement 2

Énoncé p. 182

1. – **Temps** : *La nuit* (**4**) ; *tous les samedis* (**5**) ; *Chaque jour* (**6**).
- **Lieu** : *Au Pérou, à 4 000 mètres d'altitude* (**3**).
- **Cause** : *En l'absence de vent* (**1**).
- **Manière** : *lentement* (**1**) ; *avec impatience* (**2**).
- **Moyen** : *au moteur* (**1**) ; *avec un chiffon humide* (**6**).
- **Accompagnement** : *avec son amie* (**5**).

2. *en retard* est complément du verbe *être* (**2**) et *au centre-ville* est complément du verbe *aller* (**5**). Selon la *Terminologie grammaticale* 2020, ces deux compléments prépositionnels sont des COI.

Entrainement 3

Énoncé p. 183

1. ***Trente euros*** est un complément du verbe.
2. ***En Galice*** est un complément du verbe, ***cet été*** un complément circonstanciel.
3. ***En toute saison*** est un complément circonstanciel.
4. ***Sur la jetée*** est un complément du verbe, ***dès mon arrivée*** est un complément circonstanciel.
5. ***Sur la façade atlantique*** est un complément circonstanciel.
6. ***À Amboise*** est un complément du verbe.
7. ***Durant deux minutes*** est un complément circonstanciel.

FICHE 21

Les principales fonctions

Les fonctions des adverbes

Objectif

- Identifier les adverbes et distinguer leurs différentes fonctions.

voir aussi

GRAMMAIRE

Tester ses connaissances

Identifiez les adverbes dans les phrases suivantes.

1. Cette histoire m'a beaucoup fait rire.
2. Elle n'est pas drôle.
3. J'en ris encore.
4. Non, vraiment, ce n'est pas possible.
5. Vous m'avez parfaitement compris.
6. Demain il fera beau.
7. Elle était si jolie.
8. Alors, le bus est arrivé.

1. beaucoup : adverbe de degré. **2. n'(e), pas** : adverbes de négation. **3. encore** : adverbe de temps. **4. vraiment** : adverbe de commentaire ; **Non, n'(e)… pas** : adverbes de négation. **5. parfaitement** : adverbe de manière. **6. Demain** : adverbe de temps. **7. si** : adverbe de degré. **8. Alors** : adverbe de temps (ou de liaison dans cette phrase).

LE COURS

1 Définition

L'adverbe est un terme invariable, dépendant d'un autre élément de la phrase ou de la phrase elle-même, généralement intransitif (contrairement à la préposition, il n'introduit aucun terme) **et souvent facultatif.**
Hier, j'ai nagé un kilomètre dans la piscine. Hier est un adverbe, complément circonstanciel de temps de la phrase. Il peut être supprimé.
Yannick Agnel nage **très vite**. Vite est un adverbe, qui modifie le verbe nage, et très est un adverbe, qui modifie l'adverbe vite (intensité élevée). Très peut être supprimé, vite aussi : Yannick Agnel nage.

2 Morphologie : les formes des adverbes

– Les adverbes simples viennent directement du latin :
plus, puis, assez, si, souvent, loin, bien…
– Certains adverbes simples aujourd'hui étaient composés en ancien français :
pourquoi, toujours, enfin, déjà, cependant, plutôt…
– Des adverbes dérivés sont formés par suffixation, notamment avec le suffixe *-ment* indiquant la manière : vraiment, parfaitement, sincèrement…
– Des adverbes viennent par conversion d'une autre classe grammaticale (nom, adjectif…) : pas, point, bref…
– On rencontre de nombreuses locutions adverbiales (adverbes composés) :
à la fin, de nouveau, tout à coup, au contraire…

Voir Fiche 15 : Adverbe ou préposition ? pour les exceptions à ces propriétés.

3 Syntaxe : fonctions des adverbes

L'hétérogénéité de la classe des adverbes explique la diversité de leurs fonctions grammaticales.

3 1. L'adverbe dépend d'un constituant de la phrase

• **On rencontre les trois fonctions traditionnelles :**
– L'adverbe **modifie un verbe** (comme son nom l'indique) :
Il nage **vite**.
Il roule **doucement**.
Il ne faut pas parler **sèchement** à un Numide. (Astérix, *Le domaine des dieux*)
– L'adverbe **modifie un adjectif**[1] :
Paul est **plus** grand que Pauline. Pierre est **très** mécontent.
Ce livre est **terriblement** intéressant.
– L'adverbe **modifie un autre adverbe** :
Il nage **très** vite. Il reviendra **plus** tard.

• Certains adverbes **peuvent modifier un groupe nominal ou un pronom** :
Le dernier coureur est arrivé deux heures **plus tard**. Moi **aussi**, j'aime le chocolat.

1. C'est le cas entre autres du comparatif : voir Fiche 11.

Ils peuvent être compléments du nom : Je préfère le vin **d'ici** à l'eau de **là** !

• Certains adverbes **peuvent modifier une expression numérale** (déterminant ou pronom) : Nous étions **presque** cinquante. Il me manque **juste** deux euros.

3 2. L'adverbe est un constituant de la phrase

• Il est **complément circonstanciel**, notamment de temps ou de lieu :
Demain, je partirai. **Ici**, la mer est dangereuse.

On peut l'identifier grâce à sa mobilité : Je partirai **demain**.

• Il ajoute un **commentaire** à la phrase :
Franchement, le dernier livre de Dan Brown est invraisemblable.

3 3. L'adverbe joue un rôle de connecteur, qui met en relation des phrases d'un texte

Les voyageurs attendaient le TGV de Paris depuis deux heures. **Enfin**, le train est annoncé.

La ministre n'a pas accepté la baisse de son budget. **Alors** elle a démissionné.

Voir Fiche 34 : Les connecteurs.

3 4. Un adverbe peut à lui seul représenter toute une phrase

– Regrettez-vous votre action ? – **Non**/**Oui**.

3 5. Une sous-classe à part : les adverbes de négation

Les adverbes de négation contribuent à former une phrase de forme négative : *ne, pas, point, plus, jamais*... Ils peuvent aussi modifier un constituant particulier de la phrase :
Elle **ne** le voit **jamais plus**. C'est une leçon **pas** facile.

Voir Fiche 2 : Types et formes de phrases.

GRAMMAIRE

Entrainement 1

Relevez les adverbes et indiquez leur fonction grammaticale.

1. Un jour, peut-être, mon prince viendra.
2. Au virage, les trois arbres ont brusquement disparu.
3. Le gardien mènera tout à l'heure les vaches à l'étable.
4. Je sais bien que j'ai tort.
5. On peut vivre très longtemps en France.
6. Les gens d'ici sont accueillants.
7. Que c'est petit, un village !
8. Jacques n'aime guère Nicolas.

Corrigé p. 189

4 Sémantique : l'interprétation des adverbes

Comme beaucoup d'adverbes peuvent se rencontrer dans plusieurs constructions, on présente un classement sommaire de leurs principales valeurs sémantiques, qui n'épuise pas tous les cas possibles.

❹ 1. Adverbes de degré

Ils indiquent le degré de comparaison ou d'intensité des adjectifs ou des adverbes :
Albertine est **plus/moins/aussi** grande qu' Odette. Kirikou est **très** petit.
Ils peuvent aussi modifier un verbe : Il crie **fort**. Il chante **doucement**.

Voir Fiche 11 : L'adjectif.

❹ 2. Adverbes de manière

Il travaille **bien, sérieusement, honnêtement**.

❹ 3. Adverbes de lieu et de temps

Là-bas, l'herbe est tendre. **Demain**, je partirai.

❹ 4. Adverbes de commentaire

– **phrastique** : certains adverbes expriment une appréciation du degré de réalité ou une évaluation du contenu de la phrase :
Pierre viendra **sans doute** / **probablement** / **peut-être** demain.
– **énonciatif** : d'autres adverbes commentent l'énonciation :
Franchement, il est bon à mettre au cabinet. (Molière)

❹ 5. Adverbes de relation logique, jouant un rôle de connecteur[1]

Pourtant les villes sont paisibles, de blanc matin en blanc coucher. (Jacques Brel)

1. Voir ❸ 3. *supra*

❹ 6. Adverbes de négation[2]

Les adverbes de négation expriment la négation grammaticale.

2. Voir ❸ 5. *supra*

Difficulté rencontrée

Des termes appartenant à d'autres classes grammaticales peuvent avoir des emplois adverbiaux :
– certains adjectifs : il parle **fort** ; il chante **juste**/**faux**.
– certaines prépositions : les carabiniers sont arrivés **après** ; je suis **contre**/**pour** ; il fallait y penser **avant**.
On considère que les termes associés à la préposition ont été effacés et sont récupérables dans le contexte ou la situation : les carabiniers sont arrivés après (le départ des brigands) ; il fallait y penser avant (de faire une bêtise).

Voir Fiche 15 : Adverbe ou préposition ? ❸ Manipulation...

Entrainement 2

Indiquez le sens général des adverbes dans les phrases suivantes.

1. Le soleil brille toujours dans ce pays.
2. Il ne pleut jamais à Lima.
3. Réfléchissez sérieusement avant de répondre.
4. Emma aime beaucoup ce livre.
5. Léa reviendra peut-être.
6. Les gens d'ici ne sont pas plus grands, plus fiers ou plus beaux. (Julien Clerc)
7. Cependant, je préfère rentrer chez moi.

Corrigé p. 189

À retenir

- Les adverbes constituent une **classe hétérogène** ; généralement, ils sont **invariables, intransitifs**, souvent facultatifs et ils **dépendent d'un autre terme**.
- Pour la forme, les adverbes peuvent être **simples, dérivés, composés** ou être issus d'une autre classe grammaticale.
- Les adverbes peuvent exercer **diverses fonctions** : modifier un adjectif, un verbe, un adverbe, un groupe nominal ou un pronom ; compléter la phrase ou assurer la liaison entre les phrases d'un texte.
- Les adverbes peuvent prendre **différentes valeurs sémantiques** : degré, manière, lieu, temps, commentaire phrastique ou énonciatif, liaison...
- Les adverbes de négation constituent une sous-classe particulière.

Corrigés

Entrainement 1

Énoncé p. 187

1. ***peut-être*** : locution adverbiale, complément circonstanciel de la phrase.
2. ***brusquement*** : adverbe de manière qui modifie le verbe *disparaitre*.
3. ***tout à l'heure*** : locution adverbiale, complément circonstanciel de temps.
4. ***bien*** : modifie le verbe *savoir*.
5. **très longtemps** : *longtemps* modifie le verbe *vivre* ; *très* modifie l'adverbe *longtemps*.
6. ***ici*** : complément du nom *gens*, introduit par la préposition *de*.
7. **Que** : adverbe exclamatif, modifie l'adjectif *petit* = « c'est très petit ».
8. ***n'****aime* ***guère*** *Nicolas* : deux adverbes négatifs (négation totale de la phrase).

Entrainement 2

Énoncé p. 188

1. ***toujours*** : adverbe de temps.
2. ***ne, jamais*** : adverbes de négation.
3. ***sérieusement*** : adverbe de manière.
4. ***beaucoup*** : adverbe de degré ou d'intensité.
5. ***peut-être*** : adverbe de commentaire (locution adverbiale).
6. ***ici*** : adverbe de lieu ; ***ne, pas*** : adverbes de négation ; ***plus*** : adverbe de degré ou d'intensité (forme avec les adjectifs le comparatif de supériorité).
7. ***cependant*** : adverbe de relation logique (connecteur indiquant l'opposition).

VERS LE CONCOURS Les principales fonctions

Exercice 1

Relevez et analysez les sujets du texte. Indiquez leur nature.

Les canots s'avancent à la file : à la proue du premier se tient debout un chef qui répète la diphtongue *oah* : *o* sur une note sourde et longue, *a* sur un ton aigu et bref. Dans le dernier canot est un autre chef, debout encore, manœuvrant une rame en forme de gouvernail. Les autres guerriers sont assis sur leurs talons au fond des cales. À travers le brouillard et les vents, on n'aperçoit que les plumes dont la tête des Indiens est ornée, le cou tordu des dogues hurlants et les épaules des deux sachems, pilote et augure : on dirait les dieux de ces lacs.

Chateaubriand, *Les Mémoires d'outre-tombe*, 1849.

Corrigé p. 193

Exercice 2

Relevez le sujet dans les phrases suivantes.

1. Un film muet inédit d'Orson Welles vient d'être retrouvé.

2. Que tu ailles voir ce film avec moi me ferait plaisir.

3. Il allait d'abord dans la rue où donnait au rez-de-chaussée, entre les fenêtres toutes pareilles, mais obscures, des hôtels contigus, la fenêtre, seule éclairée, de sa chambre. (Marcel Proust, *Un amour de Swann*, 1913.)

4. Un homme qui dort tient en cercle autour de lui le fil des heures, l'ordre des années et des mondes. (Marcel Proust, *Du côté de chez Swann*, 1913.)

5. D'après le temps qu'ils mettent pour revenir et tout ce monde qui s'y entasse, ces ascenseurs sont descendus au cœur de la terre, ils risquent de la traverser de part en part. (Elsa Triolet, Sujet 0.2.)

Corrigé p. 193

Exercice 3

Relevez et analysez les compléments du verbe de ce texte.

Il monta, en corrigeant mieux les remous, grâce aux repères qu'offraient les étoiles. Leur aimant pâle l'attirait. Il avait peiné si longtemps, à la poursuite d'une lumière, qu'il n'aurait plus lâché la plus confuse. Riche d'une lueur d'auberge, il aurait tourné jusqu'à la mort, autour de ce signe dont il avait faim. Et voici qu'il montait vers des champs de lumière.

Il s'élevait peu à peu, en spirale, dans le puits qui s'était ouvert, et se refermait au-dessous de lui. Et les nuages perdaient, à mesure qu'il montait, leur boue d'ombre, ils passaient contre lui, comme des vagues de plus en plus pures et blanches. Fabien émergea.

Sa surprise fut extrême : la clarté était telle qu'elle l'éblouissait. Il dut, quelques secondes, fermer les yeux. Il n'aurait jamais cru que les nuages, la nuit, pussent éblouir. Mais la pleine lune et toutes les constellations les changeaient en vagues rayonnantes.

Antoine de Saint-Exupéry, *Vol de nuit*, © Éditions Gallimard, 1930.

Corrigé p. 194

Exercice 4

Indiquez la nature et la fonction des mots ou groupes de mots soulignés.

Je vis les arbres s'éloigner en agitant leurs bras désespérés, semblant me dire : ce que tu n'apprends pas de nous aujourd'hui tu ne le sauras jamais. Si tu nous laisses retomber au fond de ce chemin d'où nous cherchions à nous hisser jusqu'à toi, toute une partie de toi-même que nous t'apportions tombera pour jamais au néant. En effet, si dans la suite je retrouvai le genre de plaisir et d'inquiétude que je venais de sentir encore une fois, et si un soir – trop tard, mais pour toujours – je m'attachai à lui, de ces arbres eux-mêmes en revanche, je ne sus jamais ce qu'ils avaient voulu m'apporter ni où je les avais vus.

Marcel Proust, *À l'ombre des jeunes filles en fleurs*, 1918.

Corrigé p. 194

Exercice 5

Relevez les appositions et les attributs du sujet dans le texte suivant.

Cette femme a passé : je suis fou. C'est l'histoire.
Ses cheveux étaient blonds, sa prunelle était noire ;
En plein midi, joyeuse, une fleur au corset,
Illumination du jour, elle passait ;
Elle allait, la charmante, et riait, la superbe ;
Ses petits pieds semblaient chuchoter avec l'herbe (…)

Victor Hugo, *Les Contemplations*, 1843.

Corrigé p. 195

Exercice 6

Analysez la constitution des groupes nominaux dans le paragraphe suivant.

Qui dira si tel squelette est un arbre mort ou tel autre un arbre qui fait le mort ? Une forêt en hiver est indéchiffrable. Le vivant endormi et le vrai cadavre se ressemblent à s'y méprendre.

J.M. Pelt, *Fleurs, fêtes et saisons*, Fayard, 1988.

Corrigé p. 195

Exercice 7

Analysez les expansions du nom ou du groupe nominal dans les phrases suivantes.

1. Quoique habillé d'un complet de soixante francs, il gardait une certaine élégance tapageuse.

2. Duroy buvait la bière à lentes gorgées. (Maupassant)

3. Il se sentait au cœur tous les instincts du sous-off lâché en pays conquis.

4. Au Luna-Park de ma tendre jeunesse, j'aimais avoir peur dans une baraque avec l'étroit couloir où le sol se dérobait sous mes pieds. (Elsa Triolet, Sujet 0.2, Q 5.)

5. À genoux à côté d'elle, je caressais doucement l'épais pelage brûlant de fièvre et surtout là, sur l'épine du cou où la caresse est la plus douce. (Jean Giono, Sujet 0.1.)

Corrigé p. 195

GRAMMAIRE

Exercice 8

Indiquez la nature et la fonction des mots ou groupes de mots soulignés.

1. Comme il portait beau, par nature et par pose d'ancien sous-officier, il cambra sa taille, frisa sa moustache d'un geste militaire et familier.

2. Un groupe de femmes attendait les arrivants devant un des trois comptoirs où trônaient, fardées et défraîchies, trois marchandes de boissons et d'amour.

3. Et il se retrouva dans la rue avec son traitement dans sa poche.

Maupassant, *Bel-Ami*, 1885.

Corrigé p. 196

Exercice 9

Sous les noirs acajous, les lianes en fleur,
Dans l'air lourd, immobile et saturé de mouches,
Pendent, et, s'enroulant en bas parmi les souches,
Bercent le perroquet splendide et querelleur,
L'araignée au dos jaune et les singes farouches.
C'est là que le tueur de bœufs et de chevaux,
Le long des vieux troncs morts à l'écorce moussue,
Sinistre et fatigué, revient à pas égaux.
Il va, frottant ses reins musculeux qu'il bossue ;
Et, du mufle béant par la soif alourdi,
Un souffle rauque et bref, d'une brusque secousse,
Trouble les grands lézards, chauds des feux de midi,
Dont la fuite étincelle à travers l'herbe rousse.
En un creux du bois sombre interdit au soleil
Il s'affaisse, allongé sur quelque roche plate ;
D'un large coup de langue il se lustre la patte ;
Il cligne ses yeux d'or hébétés de sommeil ;
Et, dans l'illusion de ses forces inertes,
Faisant mouvoir sa queue et frissonner ses flancs,
Il rêve qu'au milieu des plantations vertes,
Il enfonce d'un bond ses ongles ruisselants
Dans la chair des taureaux effarés et beuglants.

Leconte de Lisle, *Poèmes barbares : Le rêve du jaguar*, 1862.

1. Relevez les compléments circonstanciels des vers 1 à 8 et analysez-les.

2. Indiquez la fonction des groupes de mots suivants.

Vers 10 : par la soif

Vers 11 : d'une brusque secousse

Vers 15 : sur quelque roche plate

Vers 18 : dans l'illusion de ses forces inertes

Vers 20 : des plantations vertes

Vers 21 : d'un bond

Corrigé p. 196

Exercice 10

Relevez et analysez les adverbes dans le texte suivant.

Un quartier de tomate en vérité sans défaut, découpé à la machine dans un fruit d'une symétrie parfaite.

La chair périphérique, compacte et homogène, d'un beau rouge de chimie, est régulièrement épaisse entre une bande de peau luisante et la loge où sont rangés les pépins, jaunes, bien calibrés, maintenus en place par une mince couche de gelée verdâtre le long d'un renflement du cœur. Celui-ci, d'un rose atténué légèrement granuleux, débute, du côté de la dépression inférieure, par un faisceau de veines blanches, dont l'une se prolonge jusque vers les pépins – d'une façon peut-être un peu incertaine.

Tout en haut, un accident à peine visible s'est produit : un coin de pelure, décollé de la chair sur un millimètre ou deux, se soulève imperceptiblement.

Alain Robbe-Grillet, *Les Gommes,* Les Éditions de Minuit, 1954.

Corrigé p. 197

Corrigés

Exercice 1

Énoncé p. 190

Sujets	Verbes	Classe des sujets	Remarques
les canots	*s'avancent*	GN	
un chef qui répète la diphtongue oah	*se tient debout*	GN	sujet inversé
qui	*répète*	pronom relatif	antécedent : *un chef*
un autre chef	*est*	GN	sujet inversé
les autres guerriers	*sont assis*	GN	
on	*aperçoit*	pronom personnel indéfini	
la tête des Indiens	*est ornée*	GN	
on	*dirait*	pronom personnel indéfini	

Exercice 2

Énoncé p. 190

Les sujets sont :

1. *Un film muet inédit d'Orson Welles* : groupe nominal.

2. *Que tu ailles voir ce film avec moi* : proposition subordonnée conjonctive introduite par *que*.

3. *Il* : pronom personnel de 3e personne du singulier, sujet de *allait* ; *la fenêtre, seule éclairée, de sa chambre* : groupe nominal, sujet inversé de *donnait.*

4. *Un homme qui dort* : groupe nominal ; *qui* : pronom relatif, sujet du verbe de la relative *dort.*

5. *ils* : pronom personnel de 3e personne du singulier, sujet de *mettent* ; *qui* : pronom relatif, sujet du verbe de la relative *s'y entasse* ; *ces ascenseurs* : groupe nominal ; *ils* : pronom personnel de 3e personne du pluriel, sujet de *risquent*.

Exercice 3

Énoncé p. 190

1. Compléments d'objet direct

a. Groupe nominal

Ligne 1 : *(en corrigeant mieux) les remous.*

Ligne 3 : *(il n'aurait plus lâché) la plus confuse* : adjectif substantivé (ellipse de *lumière*).

Ligne 7 : *(les nuages perdaient) leur boue d'ombre.*

Ligne 10 : *(fermer) les yeux.*

b. Pronom

- Personnel (3e personne) : *l' (attirait) – l' (éblouissait) – les (changeaient).*
- Relatif : *qu'(offraient les étoiles)*. Attention : *les étoiles* est sujet inversé.
- Subordonnée complétive : *(Il n'aurait jamais cru) que les nuages, la nuit, pussent éblouir.*

2. COI

a. Pronom personnel : *(ils passaient) contre lui.*

b. Pronom relatif : *dont (il avait faim)* = il avait faim de ce signe : *dont* est COI de la locution verbale.

3. COS

Ligne 11 : *(les changeaient) en vagues rayonnantes* : groupe prépositionnel.

4. Attributs du sujet

Ligne 9 : *(Sa surprise fut) extrême – (la clarté était) telle* : deux adjectifs attributs du sujet.

5. Cas particuliers

Ligne 4 : *(voici) qu'il montait vers des champs de lumière :* subordonnée complétive, complément du présentatif *voici*.

Ligne 4/5 : *(il montait) vers des champs de lumière* : groupe prépositionnel, complément du verbe *montrait* exprimant le lieu.

Exercice 4

Énoncé p. 191

NB. : On précise ici, outre la fonction demandée, la classe du mot ou groupe.

- *leurs bras désespérés* : adjectif, épithète du nom *bras*.
- *me dire* : pronom personnel, complément d'objet indirect (ou second) de *dire*
- *que nous t'apportions* : pronom relatif, complément d'objet direct de *apportions*.
- *tombera au néant* : groupe prépositionnel, complément du verbe *tombera* (ou COI selon la *Terminologie grammaticale* 2020).
- *le genre de plaisir* : groupe prépositionnel, complément du nom *genre*.
- *si un soir* : groupe nominal, complément circonstanciel de temps (mobile et effaçable).
- *je m'attachai à lui* : pronom personnel, complément d'objet indirect de *attachai*.
- *je ne sus jamais (…) où je les avais vus* : adverbe interrogatif, complément circonstanciel de lieu dans la subordonnée interrogative indirecte (complément de

sus : le verbe *savoir* à la forme négative est suivi d'une subordonnée interrogative).

Énoncé p. 191

Exercice 5

– **Attributs du sujet** : adjectifs *fou, blonds, noire* ; groupe nominal *l'histoire* ; groupe infinitif *chuchoter avec l'herbe*.

– **Appositions** : adjectif antéposé *joyeuse* ; groupes nominaux : *illumination du jour, la charmante, la superbe* (deux adjectifs substantivés).

REMARQUE *Une fleur au corset* est une construction absolue détachée. Elle est formée d'un groupe nominal simple (*une fleur*) et d'un groupe prépositionnel (*au corset*), qui désigne une partie de l'habit du sujet *elle*. Cette construction, où le groupe prépositionnel ne peut pas se supprimer (**une fleur elle passait*), peut se paraphraser par *ayant une fleur au corset*, alors que l'apposition *joyeuse* peut se paraphraser par *étant joyeuse*. Elle est donc à mettre en rapport avec un groupe verbal comportant le verbe *avoir*, un GN COD et un groupe prépositionnel (ou un adjectif) attribut de ce complément : *elle avait une fleur au corset*.

Énoncé p. 191

Exercice 6

– ***tel squelette*** : déterminant (indéfini) + nom.

– ***un arbre mort*** : déterminant (article indéfini) + nom + adjectif.

– ***tel autre*** : déterminant (indéfini) + adjectif indéfini : l'ensemble est substantivé.

– ***un arbre qui fait le mort*** : déterminant (article indéfini) + nom + proposition relative.

– ***une forêt en hiver*** : déterminant (article indéfini) + nom + groupe prépositionnel.

– ***le vivant endormi*** : déterminant (article défini) + nom + participe passé adjectivé.

– ***le vrai cadavre*** : déterminant (article défini) + adjectif épithète + nom ; ce GN est coordonné au GN précédent par *et*.

Énoncé p. 191

Exercice 7

Les expansions du nom ou du groupe nominal sont soulignées et le nom noyau est en gras.

1. (*Quoique*) <u>*habillé d'un complet de soixante francs*</u>, **il** *gardait* : participe passé apposé au sujet *il*, placé en tête de phrase, suivi d'un complément prépositionnel.
un **complet** <u>*de soixante francs*</u> : groupe prépositionnel complément du nom *complet*.
une <u>*certaine*</u> **élégance** <u>*tapageuse*</u> : deux adjectifs épithètes du nom *élégance*.

2. *à* <u>*lentes*</u> **gorgées** : adjectif antéposé, épithète du nom *gorgées*.
NB. : Ce complément circonstanciel de manière n'est pas complément du nom *bière* !

3. *tous les* **instincts** <u>*du sous-off lâché en pays conquis*</u> : groupe prépositionnel complément du nom *instincts*.
du **sous-off** <u>*lâché en pays conquis*</u> : participe passé épithète du nom *sous-off* (abréviation de *sous-officier*).
en **pays** <u>*conquis*</u> : participe passé employé comme adjectif, épithète du nom *pays*.

4. *Au* **Luna-Park** <u>*de ma tendre jeunesse*</u> : groupe prépositionnel complément du nom *Luna-Park*.
une **baraque** <u>*avec l'étroit couloir où le sol se dérobait sous mes pieds*</u> : groupe prépositionnel complément du nom *baraque*.

GRAMMAIRE

l'étroit **couloir** *où le sol se dérobait sous mes pieds* : adjectif épithète antéposé ; proposition subordonnée relative, complément de l'antécédent *couloir*.

5. *l'épais* **pelage** *brûlant de fièvre* : adjectif antéposé, épithète du nom *pelage* ; participe présent épithète du nom *pelage*, suivi d'un complément du verbe.
*l'***épine** *du cou où la caresse est la plus douce* : groupe prépositionnel complément du nom *épine* ; proposition subordonnée relative, complément de l'antécédent *l'épine du cou* (et non *le cou*).
NB. : Le groupe nominal peut comporter trois sortes d'expansions principales : adjectif épithète, groupe prépositionnel, subordonnée relative. Il peut aussi être enrichi par une apposition.
Les groupes prépositionnels sont constitués, au minimum, de : préposition + groupe nominal (déterminant + nom). Le déterminant peut être absent (*à lentes gorgées* ; *en pays conquis*).

Exercice 8

Énoncé p. 192

NB. : On précise ici, outre la fonction demandée, la classe du mot ou groupe.

1. *par nature* : groupe prépositionnel, complément circonstanciel de cause.
par pose d'ancien sous-officier : groupe prépositionnel, complément du nom *pose*.
frisa sa moustache d'un geste militaire et familier : groupe prépositionnel, complément circonstanciel de manière.

2. *attendait les arrivants* : groupe nominal, complément d'objet direct de *attendait*.
où trônaient, fardées et défraîchies, trois marchandes : deux adjectifs coordonnés, apposés à *trois marchandes*.
marchandes de boissons : groupe prépositionnel, complément du nom *marchandes*.

3. *Il se retrouva dans la rue* : groupe prépositionnel, complément du verbe *retrouva* (COI selon la *Terminologie grammaticale* 2020).
avec son traitement dans sa poche : groupe prépositionnel, complément du nom *traitement* (attention, même si *dans* introduit un lieu, ce groupe est rattaché au nom (= qui était dans sa poche) ; il n'est donc pas complément circonstanciel).

Exercice 9

Énoncé p. 192

1. Les compléments circonstanciels sont en gras :

Sous les noirs acajous, *les lianes en fleur,*
Dans l'air lourd, immobile et saturé de mouches,
Pendent, et, s'enroulant **en bas** *parmi les souches,*
Bercent le perroquet splendide et querelleur,
L'araignée au dos jaune et les singes farouches.
C'est là que le tueur de bœufs et de chevaux,
Le long des vieux troncs morts à l'écorce moussue,
Sinistre et fatigué, revient **à pas égaux.**

Des cinq compléments circonstanciels, quatre indiquent le lieu ; *à pas égaux* indique la manière.

À part *en bas*, locution adverbiale, ce sont des groupes prépositionnels, introduits par une préposition (*sous, dans, à*) ou une locution prépositionnelle (*le long de*).

REMARQUES
– *parmi les souches* est complément du verbe *s'enroulant* (participe présent).
– *là*, adverbe de lieu, mis en valeur par *c'est... que* (emphase), est complément du verbe *revient* (COI).
Attention : certains compléments prépositionnels sont compléments du nom qu'ils suivent : *en fleur* (v. 1), *au dos jaune* (v. 5), *à l'écorce moussue* (v. 7).

2.

Vers 10 : *par la soif* : complément du participe passé *alourdi*, de sens passif.

Vers 11 : *d'une brusque secousse* : complément circonstanciel de manière.

Vers 15 : *sur quelque roche plate* : complément du participe passé *allongé*.

Vers 18 : *dans l'illusion de ses forces inertes* : complément circonstanciel de lieu (figuré).

Vers 20 : *des plantations vertes* : partie du groupe prépositionnel *au milieu des plantations verte*s, qui est complément circonstanciel de lieu (*au milieu de* est une locution prépositionnelle, équivalant à *dans*).

Vers 21 : *d'un bond* : complément circonstanciel de manière.

Exercice 10

Énoncé p. 193

Ligne 1 : **en vérité** *(sans défaut)* : locution adverbiale exprimant un commentaire phrastique, modifie le groupe prépositionnel *sans défaut*.

Ligne 4 : **régulièrement** *(épaisse)* : adverbe dérivé exprimant la manière, modifie l'adjectif *épaisse*.

Ligne 5 : **bien** *(calibrés)* : adverbe simple exprimant la manière, modifie le participe *calibrés*.

Ligne 6 : **légèrement** *(granuleux)* : adverbe dérivé exprimant la manière, modifie l'adjectif *granuleux*.

Ligne 8 : *(d'une façon)* **peut-être un peu** *(incertaine)* : *un peu*, adverbe de degré, modifie l'adjectif *incertaine* ; *peut-être*, locution adverbiale exprimant un commentaire phrastique, modifie le groupe adjectival *un peu incertaine*.

Ligne 10 : **Tout en haut** : *en haut*, locution adverbiale, complément circonstanciel de lieu ; *tout*, adverbe de degré, modifie cette locution.

Ligne 10 : *(un accident)* **à peine** *(visible)* : locution adverbiale exprimant le degré, modifie l'adjectif *visible*.

Ligne 11 : *(se soulève)* **imperceptiblement** : adverbe dérivé exprimant la manière, modifie le verbe *se soulever*.

Modes, temps, aspects du verbe

Objectifs

- Découvrir les trois catégories majeures liées au verbe.
- Comprendre le classement des modes.
- Distinguer les différents aspects verbaux.

voir aussi

Comment identifier un verbe ? .... p. 108
Les différents systèmes d'énonciation .... p. 268

Tester ses connaissances

Analysez les verbes des phrases suivantes (mode, temps, personne, nombre).

1. J'aimerais visiter le Pérou.
2. Sortez !
3. Le village a appris que Marie Chazottes avait disparu.
4. Qu'il finisse rapidement ce travail.

1. *aimerais visiter* : verbe *aimer* à la 1re personne du singulier du conditionnel présent et verbe *visiter* à l'infinitif présent.
2. *sortez* : verbe *sortir* à la 2e personne du pluriel de l'impératif présent.
3. *a appris* : verbe *apprendre* à la 3e personne du singulier du passé composé de l'indicatif. *avait disparu* : verbe *disparaître* à la 3e personne du singulier du plus-que-parfait de l'indicatif.
4. *finisse* : verbe *finir* à la 3e personne du singulier du présent du subjonctif.

LE COURS

Le verbe se caractérise par sa conjugaison, c'est-à-dire par ses variations morphologiques. Ainsi, la forme chantait porte des marques de mode, de temps, de personne et de nombre (chanter est à la 3e personne du singulier de l'imparfait de l'indicatif).

Le verbe reçoit des marques spécifiques qui correspondent, pour le sens, à la personne, au nombre, au temps et au mode. Ce sont les terminaisons ou désinences qui s'ajoutent au radical verbal. Il peut aussi être accompagné d'auxiliaires qui marquent également le temps (il **a** chanté), et aussi l'aspect et la voix (la voiture **est révisée** par le garagiste : forme passive).

Voir Fiche 23 : La forme passive.

Trois notions sont particulièrement liées à la forme verbale : le mode, le temps et l'aspect.

1 Les modes du verbe

Dans les tableaux de conjugaison, les formes verbales sont réparties en différents modes. On distingue **cinq modes** en français :
- l'**indicatif** : il chante ;
- le **subjonctif** : qu'il chante ;
- l'**impératif** : chante ;
- l'**infinitif** : chanter ;
- le **participe** : chantant, chanté.

Le conditionnel (il chanterait) n'est plus considéré comme un mode, mais fait partie des temps de l'indicatif.
Le gérondif (en chantant) est considéré comme une forme particulière du participe.

Voir Fiche 30 : Le conditionnel.

• Chaque mode comporte plusieurs temps, au moins deux ; l'indicatif possède le plus grand nombre de temps.
On définit traditionnellement les modes suivant les **modalités** qui leur sont associées, c'est-à-dire les différentes attitudes du sujet parlant, soit dans sa relation à son interlocuteur (question, ordre…), soit à l'égard du contenu de son énoncé (vérité, possibilité, évaluation affective…). On dit par exemple que l'impératif est le mode de l'ordre.

• Ce faisant, on ne peut pas caractériser un mode par une modalité particulière. Par exemple, on ne peut pas dire que l'indicatif est le mode de la réalité, par opposition au subjonctif qui serait le mode de l'irréalité, car ces deux modes peuvent aussi bien exprimer la réalité et l'irréalité : quand on dit Si **j'avais pu**, je serais venu, l'indicatif exprime l'irréel du passé ; quand on dit Je regrette qu'il **soit venu**, le subjonctif passé soit venu présente un procès réalisé. Et l'infinitif et le participe n'expriment aucune modalité.

• Mieux vaut classer les modes comme des séries de formes, selon qu'ils portent ou non des marques de personne et de temps. On distingue :
- les **modes personnels**, qui apportent, par des désinences spécifiques, des indications de personnes, complètes (l'indicatif et le subjonctif) ou partielles (l'impératif ne distingue que trois personnes : chante, chantons, chantez) ;
- les **modes impersonnels** (l'infinitif et le participe) qui ne possèdent pas de désinences de personnes. On dit que l'infinitif (chanter) est la forme nominale du verbe et que le participe (chantant, chanté) est la forme adjective du verbe.

Voir Fiche 32 : L'infinitif et le participe.

GRAMMAIRE

Difficulté rencontrée

Le terme *temps* est ambigu, car il a deux significations possibles : il désigne soit le **concept de temps** (idée de chronologie : présent, passé, avenir), soit la **forme verbale** elle-même, que certains appellent « tiroir verbal » pour éviter toute confusion.
Il faut bien distinguer ces **deux sens de *temps*** : le temps désigné ne correspond pas forcément à l'étiquette grammaticale.

• Par exemple, l'**infinitif présent** peut dénoter un procès situé à n'importe quelle époque, en fonction du verbe principal : Je veux/voulais/voudrai vous **rencontrer**.

• L'**impératif présent** oriente le procès vers l'avenir : **Fermez** la porte.

• Le **présent de l'indicatif** peut renvoyer à l'époque actuelle : En ce moment, il **dort**, ou à un futur proche : Je **repasse** demain à 8 heures.

• Le **subjonctif présent** peut situer le procès dans le présent ou dans l'avenir :

• Crois-tu qu'elle **revienne** un jour ?

2 Les temps du verbe

Seul l'indicatif est un mode temporel, apte à situer le procès dans les **trois époques** (**passé, présent, avenir**). La temporalité est établie en fonction de la situation d'énonciation, qui fournit le repère fondamental (le moment où le locuteur parle ou écrit).

• Tout procès est situé par rapport au moment de l'énonciation (T0) :
– Si le moment du procès coïncide avec le moment de l'énonciation, il est situé dans **le présent**.
– Si le moment du procès est décalé avant le moment d'énonciation, il est situé dans **le passé**.
– Si le moment du procès est décalé après le moment d'énonciation, il est situé dans **l'avenir**.

passé	T0	avenir
il a chanté	il chante	il chantera

• La chronologie peut être indiquée par la forme verbale seule (*cf.* exemples). Mais dans certains cas, un complément circonstanciel de temps est nécessaire pour préciser l'époque du procès, notamment avec une forme verbale polyvalente.
Dans Je repasse demain, l'adverbe demain est nécessaire pour situer le procès dans l'avenir.

Entrainement 1

Identifiez le mode et le temps des verbes des phrases suivantes.

1. Thomas chante.
2. Pierre sortait son chien tous les soirs.
3. Fermer la lumière en quittant la pièce.
4. Frédéric partit en voyage.
5. Le train de Paris partira à 19 h 07.
6. J'eusse aimé que vous vinssiez plus souvent me voir.

Corrigé p. 203

3 L'aspect

Le procès peut être aussi envisagé dans son **déroulement interne**, indépendamment de toute dimension chronologique. Le procès peut être placé dans une sorte d'intervalle, compris entre deux bornes, initiale et finale. La prise en compte du déroulement interne du procès relève de ce qu'on appelle **l'aspect**.

• Le processus dénoté par le verbe peut en effet occuper un certain intervalle de temps (sauf dans le cas des verbes statifs[1], comme *être*, *aimer*, *savoir*, ou des procès momentanés, comme *exploser*). Le déroulement interne du procès peut être saisi à différents stades entre son début et sa fin, et même en deçà et au-delà de ces bornes :

```
           1 2               3                4 5 6
- - - - - - -[-------------------------------] - - - - - - - -
             [ = début, borne initiale        ] = fin, borne finale
```

• Ainsi, à l'époque présente, on peut distinguer :
1 Il va chanter : le procès est saisi avant son début ;
2 Il commence à chanter : le procès est saisi à son commencement (aspect *inchoatif*) ;
3 Il chante : le procès est saisi en cours de déroulement (ou forme d'insistance : il est en train de chanter) ;
4 Il finit de chanter : le procès est saisi près de sa fin ;
5 Il vient de chanter : le procès est saisi juste après sa fin ;
6 Il a chanté : le procès est accompli.
Le procès peut aussi se produire une seule fois ou se répéter : Il chante tous les matins.

• Diverses oppositions aspectuelles sont exprimées en français par des moyens linguistiques différents, et pas seulement par la forme verbale elle-même. Nous présentons les plus importantes ci-dessous.

1. Verbes statifs : verbes n'indiquant pas une activité.

3 1. Accompli *vs* inaccompli

En français, il n'existe qu'une seule opposition aspectuelle régulièrement marquée dans la morphologie verbale : les formes simples s'opposent aux formes composées (auxiliaire *avoir* ou *être* + participe passé) pour distinguer les aspects inaccompli et accompli.

Voir Fiche 24 : Temps simples et temps composés.

• L'aspect accompli considère le procès comme achevé, au-delà de sa borne finale : il a chanté.

• L'aspect inaccompli envisage le procès en cours de déroulement, entre son début et sa fin : il chante.

L'opposition accompli/inaccompli est exprimée par les formes verbales à tous les modes :
– Les temps simples expriment l'aspect inaccompli : il chante.
– Les temps composés expriment l'aspect accompli : il a chanté.
Les formes verbales des modes impersonnels expriment une opposition aspectuelle, et non chronologique : dans Je suis heureux de vous **rencontrer,** l'infinitif présent exprime une action en cours, alors que dans Je suis heureux de vous **avoir rencontré,** l'infinitif passé exprime une action accomplie.

3 2. Itératif

Un procès peut se produire une seule fois, ou bien se répéter un nombre de fois fixe ou indéterminé. On parle alors de l'aspect *itératif*, qui considère la répétition du procès : Claude danse souvent / tous les soirs / chaque semaine / une fois par an...
L'aspect itératif est indiqué principalement par des compléments circonstanciels de temps.

À retenir

- On distingue **cinq modes** en français : **l'indicatif, le subjonctif, l'impératif, l'infinitif** et **le participe**, qui se différencient d'abord par les indications de personnes et de temps.
- La **temporalité** se définit par rapport à la situation d'énonciation.
- On distingue différents **aspects** du verbe ; la conjugaison marque systématiquement la distinction entre les aspects accompli et inaccompli.

Entrainement 2

Déterminez les aspects dans les phrases suivantes, en indiquant par quels moyens ils sont exprimés.

1. Elle vient sur cette plage chaque été.
2. J'espère avoir compris cette explication.
3. Je chante sur les chemins.
4. Le printemps est arrivé.
5. Elle regrette que Jean soit parti.
6. Vladimir et Estragon discutent en attendant Godot.
7. L'enfant abandonné se met à pleurer.

Corrigé p. 203

Entrainement 3

Corrigez les analyses que vous jugez fausses.

1. Je souhaite qu'il ait compris.
ait ***compris*** : 3e personne du singulier de l'imparfait du subjonctif.

2. Margot était admirée de tout le village.
était ***admirée*** : 3e personne du singulier du plus-que-parfait de l'indicatif.

3. Bernadette était devenue célèbre dans le monde entier.
était ***devenue*** : 3e personne du singulier de l'imparfait de l'indicatif, au passif.

4. Après qu'elle eut disparu, tout le village partit à sa recherche.
eut ***disparu*** : 3e personne du singulier du plus-que-parfait du subjonctif.

5. J'aurais aimé qu'elle revienne.
aurais ***aimé*** : 2e personne du singulier du conditionnel passé.

Corrigé p. 203

Corrigés

Entrainement 1

Énoncé p. 200

1. **chante** : verbe *chanter* au présent de l'indicatif.
2. **sortait** : verbe *sortir* à l'imparfait de l'indicatif.
3. **fermer** : verbe *fermer* à l'infinitif présent.
4. **partit** : verbe *partir* au passé simple de l'indicatif.
5. **partira** : verbe *partir* au futur simple de l'indicatif.
6. **eusse aimé** : verbe *aimer* au plus-que-parfait du subjonctif ;
vinssiez : verbe *venir* à l'imparfait du subjonctif.

Entrainement 2

Énoncé p. 202

1. Aspect itératif, exprimé par le complément de temps *chaque été*.
2. – Aspect inaccompli, exprimé par le présent du verbe *espérer ;*
– aspect accompli, exprimé par l'infinitif passé *avoir compris*.
3. Aspect inaccompli, exprimé par le présent du verbe *chanter*.
4. Aspect accompli, exprimé par le passé composé du verbe *arriver*.
5. – Aspect inaccompli, exprimé par le présent du verbe *regretter ;*
– aspect accompli, exprimé par le subjonctif passé (actif) *soit parti*.
6. – Aspect inaccompli, exprimé par le présent du verbe *discuter ;*
– aspect inaccompli, exprimé par le gérondif *en attendant* (l'action est simultanée à l'action principale).
7. Aspect inchoatif, exprimé par le semi-auxiliaire *se mettre à*.

Entrainement 3

Énoncé p. 202

1. *ait compris* : FAUX. 3e personne du singulier du subjonctif passé.
2. *était admirée* : FAUX. 3e personne du singulier de l'imparfait de l'indicatif, au passif.
3. *était devenue* : FAUX. 3e personne du singulier du plus-que-parfait de l'indicatif (actif).
4. *eut disparu* : FAUX. 3e personne du singulier du passé antérieur de l'indicatif.
5. *aurais aimé* : FAUX. 1re personne du singulier du conditionnel passé.

FICHE 23 Le verbe

La forme passive

Objectif

- Identifier les formes passives du verbe.

voir aussi

Qu'est-ce qu'une phrase ? .... p. 45
Comment identifier un verbe ? .... p. 108
La fonction sujet .... p. 185
Les compléments du verbe : COD, COI, attribut .... p. 158

Tester ses connaissances

Mettez cet ensemble de phrases au passif et classez les phrases obtenues en deux listes selon qu'elles vous paraissent ou non acceptables.

1. La tempête a abattu beaucoup de pins.
2. On n'autorise pas la culture du cannabis.
3. Mon facteur possède une grosse moto américaine.
4. J'aime les Impressionnistes.
5. Juliette aimait Roméo.
6. On a trouvé un portefeuille rue Victor-Hugo.
7. Charles X a succédé à Louis XVIII.
8. Cendrillon a quitté le bal.

– **Phrases acceptables**
1. *Beaucoup de pins ont été abattus par la tempête.* **2.** *La culture du cannabis n'est pas autorisée.* **5.** *Roméo était aimé de Juliette.* **6.** *Un portefeuille a été trouvé rue Victor-Hugo.*
– **Phrases inacceptables**
3. **Une grosse moto américaine est possédée par mon facteur.* **4.** **Les Impressionnistes sont aimés de moi.* **7.** **Louis XVIII a été succédé par Charles X.* **8.** **Le bal a été quitté par Cendrillon.*
NB : Certaines de ces phrases (**3** et **7**) sont agrammaticales, d'autres théoriquement possibles sont inacceptables dans un discours réel (**4** et **8**).

LE COURS

1 La conjugaison des formes passives

- Les formes passives du verbe sont composées de l'auxiliaire *être* et du participe passé : Roméo était aimé de Juliette.

L'auxiliaire *être* est au temps et au mode qui seraient celui du verbe actif :

Juliette **aimait** Roméo. / Roméo **était aimé** de Juliette.
(indicatif imparfait) / (indicatif imparfait à la forme passive)

Il faut que le dispositif **ait été mis** en place demain à midi.
subjonctif passé passif

Il faut qu'on **ait mis** en place le dispositif à midi.
subjonctif passé

• À la forme négative, l'encadrement par *ne... pas* porte en totalité ou en partie sur l'auxiliaire :
Cet arrêt **n'**est **pas** desservi. Le corbeau **n'**aurait **pas** été dupé si...

• Le participe passé s'accorde toujours avec le sujet puisqu'il est employé avec *être* :
Cette chanson est **reprise** en chœur par tous.

2 Caractéristiques de la transformation passive

La forme de phrase passive s'oppose à la forme active correspondante.
On obtient une phrase passive par la permutation du sujet et de l'objet actifs et l'ajout du verbe *être* suivi du participe passé du verbe.

Le passage d'une phrase active à la forme passive n'est possible que si le verbe est transitif direct et s'il admet un COD :
Le vent secoue les branches. → Les branches sont secouées par le vent.

• La construction passive à laquelle on aboutit répond alors à quatre caractéristiques :
– L'objet de la phrase active (les branches) est devenu sujet.
– Le verbe de la phrase passive est composé de l'auxiliaire *être* au temps et au mode du verbe de la phrase active initiale (secoue/sont), suivi du participe passé.
– Le sujet de la phrase active est devenu complément d'agent, introduit ici par la préposition *par* (par le vent).
– Le sujet et l'objet de la phrase active ont permuté, mais sémantiquement ils gardent le même rapport au procès exprimé par le verbe.

Le vent secoue les branches.
Les branches sont secouées par le vent.

On choisira l'une des deux formes selon l'élément que l'on veut mettre en valeur.
Jean Valjean arracha Cosette aux griffes des Thénardier.
→ C'est l'histoire de Jean Valjean.
Cosette fut arrachée aux griffes des Thénardier par Jean Valjean.
→ C'est l'histoire de Cosette.

• Le complément d'agent peut être sous-entendu,
– soit parce qu'on ignore qui ou quel est l'agent : La poubelle a été renversée.
– soit parce qu'il n'est pas utile de le mentionner : Le courrier a été distribué.
– ou bien qu'on ne veuille pas le mentionner : Tu seras châtié de ta témérité.
Lorsqu'on met à l'actif une phrase passive sans complément d'agent, on recourt au pronom *on* : L'affiche a été lacérée. → **On** (quelqu'un) a lacéré l'affiche.

❸ Limites à la transformation passive

• La transformation est impossible avec certains verbes tels qu'*avoir* :
Fanchette a de beaux yeux. → *De beaux yeux sont eus par Fanchette.

• Elle n'est pas possible avec les expressions lexicalisées et figées à l'actif, même si elles comportent un COD :
Boire du petit lait, perdre le nord, manger son pain blanc, etc.

• Elle n'est pas toujours possible si le sujet est un pronom personnel :
Tu as embouti l'aile. → *L'aile a été emboutie par toi.
Nous connaissons bien cet artiste. → Cet artiste est bien connu de nous. (acceptable)

❹ Variantes de la forme passive

• La forme passive peut se combiner avec la tournure impersonnelle :
Il a été décidé d'augmenter la taxe sur les roudoudous.
Comme son nom l'indique, cette tournure a pour effet d'effacer l'agent de l'action.
Son emploi est souvent choisi pour cette raison.

Voir Fiche 2 : Types et formes de phrases ❷ 2. la phrase impersonnelle.

• *Se laisser* + infinitif ou *se faire* + infinitif équivalent à un passif et permettent des nuances sémantiques :
Le coureur échappé **s'est fait rattraper** par ses poursuivants. → Il été rattrapé malgré lui.
Le coureur échappé **s'est laissé rattraper** par ses poursuivants. → Il a préféré attendre ses poursuivants.

• Certaines formes verbales pronominales équivalent à un passif :
Paris **ne s'est pas construit** en un jour.
Les escargots **se ramassent** d'ordinaire après la pluie.
La cathédrale de Chartres **se voit** de loin.

Entrainement 1

Transformez les phrases à la forme active.

1. Il a été cherché en vain par tout le monde.
2. Elle a été applaudie.
3. Il s'est laissé envahir par le doute.
4. Les feuilles mortes se ramassent à la pelle.
5. Il n'est pas interdit d'espérer la pluie.

Corrigé p. 207

Difficultés rencontrées

• Toutes les formes verbales composées avec l'auxiliaire *être* ne sont pas au passif et un groupe introduit par la préposition *par* n'est pas forcément un complément d'agent :
Il est arrivé par le train.

• Il peut s'agir aussi d'un temps composé d'un verbe conjugué à l'actif avec l'auxiliaire *être* :
Il a été battu, passé composé **passif** du verbe *battre* (transitif direct).
Il est passé par la Lorraine, passé composé **actif** du verbe *passer*.

Le passage à l'actif n'est possible qu'avec la forme passive :
On l'a battu vs *La Lorraine l'a passé.
Selon le contexte, on peut avoir affaire à une véritable forme passive :
Le navire fut désemparé par la tempête.
ou au verbe *être* suivi d'un adjectif :
Face à l'adversité, il fut tout désemparé.

À retenir

La forme passive résulte d'une transformation de la phrase active. Bien qu'elle semble avoir souvent un contenu identique, elle n'en est pas l'équivalent exact selon les contextes et les situations d'énonciation. Elle pose parfois des problèmes d'identification.

Entrainement 2

Parmi les formes verbales suivantes, lesquelles sont à la forme active, lesquelles à la forme passive ?

1. La farine a été passée au tamis.
2. Il est tombé sur nous par surprise.
3. La petite écuyère a été tuée d'un coup de couteau.
4. Il est égaré par la passion.
5. Nous sommes passés par l'autoroute.
6. Il est entré dans un restaurant végétarien par inadvertance.

Corrigé p. 207

GRAMMAIRE

Corrigés

Entrainement 1

Énoncé p. 206

1. *Tout le monde l'a cherché en vain.*
2. *On l'a applaudie.*
3. *Le doute l'a envahi.* (suppression de la nuance de sens apportée par *se laisser*).
4. *On ramasse les feuilles mortes à la pelle.*
5. *Rien n'interdit d'espérer la pluie.*

Entrainement 2

Énoncé p. 207

1. passif **2.** actif **3.** passif **4.** passif **5.** actif **6.** actif.
Les formes verbales sont toutes au passé composé, sauf au présent dans la phrase **4.**

Temps simples et temps composés

Objectifs

- Connaitre la formation et la valeur des différents temps du verbe, simples et composés.
- Choisir l'auxiliaire des temps composés (*avoir* ou *être*).

voir aussi

Modes, temps, aspects du verbe .... p. 198
La forme passive .... p. 204

Tester ses connaissances

Ce matin, nous sommes tous arrivés à l'école bien contents, parce qu'on va prendre une photo de la classe, qui sera pour nous un souvenir que nous allons chérir toute notre vie, comme nous l'a dit la maitresse. Et elle nous a dit de venir bien propres et bien coiffés. [...]

Le photographe a décidé que nous devions nous mettre sur trois rangs : le premier rang assis par terre, le deuxième, debout autour de la maitresse qui serait assise sur une chaise, et le troisième, debout sur des caisses. Il a vraiment des bonnes idées, le photographe.

R. Goscinny et J.-J. Sempé, extrait de « Un souvenir qu'on va chérir »,
Le Petit Nicolas, IMAV éditions, 2013.

1. **Classez les formes verbales en temps simples et temps composés.**
2. **Quelle est la valeur des différents temps composés ?**

1.
– **Temps simples :** *sera* (futur simple) ; *va*, *allons*, *a* (présent) ; *prendre*, *chérir*, *venir*, *mettre* (infinitif présent) ; *devions* (imparfait de l'indicatif) ; *assis* (participe passé).
– **Temps composés :** *sommes arrivés*, *a dit*, *a décidé* (passé composé) ; *serait assise* (conditionnel passé).

2.
– Les temps simples indiquent une action en cours, sauf le participe passé *assis* qui indique une action terminée. Les temps simples de l'indicatif indiquent aussi la chronologie : le passé (*devions*), le présent (*a*), le futur (*sera*). Les formes périphrastiques *va prendre* et *allons chérir* indiquent, avec le semi-auxiliaire *aller*, un futur proche.
– Les temps composés indiquent une action passée terminée (*sommes arrivés*, *a dit*, *a décidé*) et un futur vu du passé (*serait assise*).

LE COURS

1 Temps simples et temps composés

On distingue à tous les modes deux séries de temps du verbe. À chaque temps simple correspond un temps composé.

• Les temps simples comportent un seul mot, constitué du radical du verbe et des terminaisons de temps, de mode, de personne et de nombre (chantait, partait).
Ils indiquent que l'action est en train de se dérouler.
Claire **lit** un roman d'anticipation.

• Les temps composés sont formés de deux mots, un auxiliaire (*avoir ou être*) au temps simple correspondant, suivi du participe passé du verbe (avait chanté, était parti).
Ils indiquent que l'action est terminée ou qu'elle est antérieure au temps simple correspondant.
Quand elle **a fini** sa lecture, Claire sort se promener.

Temps simples	Temps composés
Indicatif	
Présent : il chante, elle part	Passé composé : il a chanté, elle est partie
Imparfait : il chantait, elle partait	Plus-que-parfait : il avait chanté, elle était partie
Passé simple : il chanta, elle partit	Passé antérieur : il eut chanté, elle fut partie
Futur simple : il chantera, elle partira	Futur antérieur : il aura chanté, elle sera partie
Conditionnel présent : il chanterait, elle partirait	Conditionnel passé : il aurait chanté, elle serait partie
Subjonctif	
Présent : qu'il chante, qu'elle parte	Passé : qu'il ait chanté, qu'elle soit partie
Imparfait : qu'il chantât, qu'elle partît	Plus-que-parfait : qu'il eût chanté, qu'elle fût partie
Impératif	
Présent : chante, pars	Passé : aie chanté, sois parti
Infinitif	
Présent : chanter, partir	Passé : avoir chanté, être parti
Participe	
Présent : chantant, partant Participe passé : chanté, parti	Participe composé : ayant chanté, étant parti

Entrainement 1

Mettez les verbes à la forme composée correspondante.

1. Il regarde.
2. Elle dormait.
3. Tu comprendras.
4. Vous parleriez.
5. Qu'elle vienne.
6. Que vous prissiez.
7. Finis.
8. Savoir.

Corrigé p. 212

GRAMMAIRE

2 Le choix de l'auxiliaire des temps composés : *avoir* ou *être*

• La plupart des verbes s'emploient avec l'auxiliaire *avoir* : tous les verbes transitifs, la plupart des verbes intransitifs.

Elle **a ouvert** les volets. Il **a fini** son travail. Léa **a** bien **dormi**. Il **a neigé** dans l'Ouest.

• Le verbe *être* est l'auxiliaire utilisé pour conjuguer :

– les temps composés d'un certain nombre de verbes fréquents dont beaucoup marquent un changement de lieu ou d'état : *aller, arriver, partir, repartir, entrer, sortir, tomber, monter, descendre,* etc.

Il est arrivé par une matinée pluvieuse et il est reparti par un bel après-midi.

Rousseau était né à Genève et il est mort à Ermenonville.

– les temps composés des verbes pronominaux :

Je me suis promené dans les allées et je me suis aperçu que vous vous étiez permis d'y pique-niquer.

– les verbes à la forme passive à tous les temps et à tous les modes :

Pierre a été muté à Arras. Il sera remplacé par un contractuel qui est choisi on ne sait par qui.

• Quand on veut insister sur l'action, les verbes de mouvement prennent l'auxiliaire *avoir* et quand on veut plutôt mettre l'accent sur l'état résultant de l'action, l'auxiliaire *être*.

La marquise est sortie à 5 heures. John a sorti son Austin.

Le marquis est monté dans sa chambre. Le groom a monté les valises.

Entrainement 2

Mettez les verbes à la forme composée en choisissant l'auxiliaire approprié.

1. Il chante sur les chemins.
2. En 1969, on marchait sur la Lune.
3. Il s'aperçoit de son erreur.
4. Tu descendais les poubelles.
5. Emma descend à l'hôtel.
6. Elle change beaucoup.

Corrigé p. 212

3 Les emplois du verbe *être*

3 1. *Être*, verbe multiforme

Le verbe *être*, le plus complexe du point de vue de la morphologie, de par le nombre de ses bases (huit), est aussi le plus fréquemment employé de la langue française. Comme les autres verbes, il a des emplois avec un sens lexical plein. Il a surtout de très nombreux emplois dans lesquels il devient un outil grammatical. Il convient donc de bien distinguer ces divers emplois, lexicaux et/ou grammaticaux.

Pour un relevé très complet, on peut consulter *Trésor de la Langue française*[1] (TLF) qui répertorie ces emplois et les classe de manière très détaillée.

Voir Fiche 10 : Comment identifier un verbe ?

1. http://atilf.atilf.fr/

❸ 2. *Être*, verbe de sens plein (sens lexical)

Le verbe *être* est employé absolument, sans complément, comme dans la traduction du *cogito* de Descartes :

Je pense donc **je suis**, il a un sens plein équivalent à *exister*.

Avec ce sens, il est souvent employé à la forme négative comme dans le proverbe :

On ne peut pas **être** et **avoir été**.

❸ 3. Emplois grammaticaux du verbe *être*

Il a plusieurs emplois pour lesquels il sert de lien ou de support à des mots qui apportent l'information proprement lexicale.

a. *Être* comme verbe attributif

• Le verbe attributif lie le sujet d'une proposition avec l'attribut. **Le verbe *être* est le plus fréquent parmi ces verbes dits « d'état »** : *être*, *paraitre*, *rester*, *sembler*, *devenir*...

Dans cet emploi, *être* peut être suivi par :

– un adjectif : La chair **est** faible.

– un nom avec ou sans déterminant : Pierre **est** (un) égyptologue.

• Suivi d'un groupe prépositionnel, *être* peut servir à **dénoter divers types de localisations ou de relations** comme l'appartenance, l'accompagnement, l'origine, etc. :

– localisation spatiale : Sophie **est** dans la cuisine.

– localisation temporelle : Le petit déjeuner **est** à 7 heures.

– datation : Cette armoire **est** du XVIIIe siècle.

– matière : Ce collier **est** en plastique.

– provenance : Jean-Claude **est** de Besançon.

Voir Fiche 17 : Les compléments du verbe : COD, COI, attribut.

b. *C'est*, *ce sont*, *il est*... Le verbe *être* dans des présentatifs

Le verbe *être* est employé très fréquemment dans certaines des phrases dites à présentatifs :

On sonna à la porte. **C'était** Pierre.

C'est toujours la même rengaine.

Il est midi.

L'élément qui suit le présentatif fonctionne comme son complément et doit être analysé comme tel.

C'est... qui*, *c'est... que servent à « extraire » un constituant de la phrase qui est alors dite ***phrase clivée***. Des constituants de nature et de fonction différentes sont ainsi détachés et mis en évidence :

C'est toi qui l'as nommé (pronom personnel sujet) au lieu de Tu l'as nommé ;

C'est à minuit que commence la nouvelle année (adverbe, complément circonstanciel de temps) au lieu de La nouvelle année commence à minuit.

Voir Fiche 2 : Types et formes de phrases. ❷ 2. La phrase emphatique.

c. *Être* auxiliaire

Le verbe *être* est l'auxiliaire utilisé pour conjuguer : les temps composés d'un certain nombre de verbes fréquents et des verbes pronominaux.

Voir supra : ❷

d. *Être* dans des expressions lexicalisées

Comme d'autres verbes usuels (faire, donner, etc.), le verbe *être* concourt à former de nombreuses expressions lexicalisées, c'est-à-dire figées, de sens figuré :

être dans la lune, être comme l'oiseau sur la branche, être du côté du manche, être au four et au moulin, etc.

GRAMMAIRE

Entrainement 3

Ces dix phrases correspondent à cinq types d'emplois du verbe *être*. Regroupez-les par paires en indiquant quel rôle joue chaque fois le verbe *être*.

1. La pierre de Rosette est au British Museum.
2. Alfred est le garagiste le plus sérieux de la ville.
3. C'est mon premier motoculteur, il fonctionne toujours.
4. Milady a été marquée au fer rouge.
5. Dominique est entre le marteau et l'enclume.
6. Eugène est hors de ses gonds.
7. Il est parti à l'aube sans saluer personne.
8. Ce sont les meilleurs qui s'en vont les premiers.
9. Personne n'est plus actif qu'un paresseux qui se détraque.
10. Édouard est dans les jardins de Marqueyssac, il t'attend.

Corrigé p. 213

À retenir

• On distingue à tous les modes des **temps simples** et des **temps composés**. Ces derniers sont formés d'un auxiliaire (*avoir* ou *être*) suivi du participe passé.

• Le **verbe être** est employé comme auxiliaire dans les temps composés des verbes pronominaux et la forme passive. Il relie au sujet un adjectif, un groupe nominal ou prépositionnel, etc. Il a parfois un sens plein : *exister*.

Corrigés

Entrainement 1

Énoncé p. 209

1. Il a regardé.
2. Elle avait dormi.
3. Tu auras compris.
4. Vous auriez parlé.
5. Qu'elle soit venue.
6. Que vous eussiez pris.
7. Aie fini.
8. Avoir su.

Entrainement 2

Énoncé p. 210

1. Il a chanté sur les chemins.
2. En 1969, on avait marché sur la Lune.
3. Il s'est aperçu de son erreur.
4. Tu avais descendu les poubelles.

5. Emma est descendue à l'hôtel.
6. Elle a beaucoup changé.

Entrainement 3

Énoncé p. 212

1 et **10** : verbe attributif suivi d'un groupe prépositionnel. Dans ces deux cas, *être* dénote une localisation.

2 et **9** : verbe attributif situé entre son sujet et un attribut du sujet.

3 et **8** : *être* élément de présentatifs. La phrase **8** est clivée avec extraction de *les meilleurs*.

4 et **7** : auxiliaire dans des formes verbales composées : *a été marquée* est un passé composé passif ; *est parti* est un passé composé actif.

5 et **6** : verbe support d'une expression figurée attribut du sujet.

FICHE 25 — Le verbe

Le présent de l'indicatif

GRAMMAIRE

Objectifs

- Connaitre la morphologie du présent de l'indicatif.
- Distinguer les différentes valeurs du présent de l'indicatif.

voir aussi

Modes, temps, aspects du verbe .... p. 198
Les différents systèmes d'énonciation .... p. 268

Tester ses connaissances

Expliquez l'emploi du présent de l'indicatif.

1. Le train en provenance de Bordeaux entre en gare.
2. Je te promets que je viendrai demain.
3. Toujours par quelque endroit fourbes se laissent prendre. (La Fontaine)
4. Yves se promène tous les soirs au bord de la mer.
5. Les ministres des Finances européens se réunissent à Londres lundi prochain.
6. L'eau bout à 100 degrés.

1. L'énoncé présente une action actuelle, d'une durée limitée. **2.** En permettant d'accomplir un acte de promesse, cet énoncé performatif coïncide avec le présent du locuteur. **3.** Cette morale de la fable exprime une vérité générale, valable à toute époque (présent omnitemporel). **4.** Le complément circonstanciel *tous les soirs* indique que l'action au présent se répète régulièrement. **5.** Grâce à l'indication d'une date postérieure au moment de l'énonciation (*lundi prochain*), cet énoncé situe le procès dans l'avenir. **6.** Cette vérité d'expérience est admise à n'importe quelle époque.

LE COURS

① Morphologie du présent de l'indicatif

Les formes verbales du présent de l'indicatif sont nombreuses et variées, à la fois par leur radical et leurs terminaisons de personne-nombre (pas de marque de temps).

① 1. Radical du présent

Si certains verbes possèdent un radical unique comme chanter ou courir ou deux bases comme finir (fini-, finiss-), de nombreux verbes présentent trois bases comme vouloir (veu-, voul-, veul-), boire (boi-, buv-, boiv-) ou davantage comme être.

Le choix de ces bases est conditionné par les personnes. En règle générale, les trois personnes du singulier sont formées sur la même base : je dois, tu dois, il doit ; les 1re et 2e personnes du pluriel également, mais souvent sur une base différente du singulier : nous devons, vous devez. Les trois personnes du pluriel peuvent être formées sur la même base : nous finissons, vous finissez, ils finissent ; ou bien la 3e personne du pluriel a une base différente des deux autres : ils doivent, ils veulent.

① 2. Terminaisons du présent (personne et nombre)

• **À l'écrit**, on distingue deux séries de terminaisons **au singulier** :

– Série *-e, -es, -s*, pour les verbes en *-er* : type chanter, sauf *aller* ; certains verbes en *-ir* dont le radical se termine par une consonne : cueillir, offrir, ouvrir...

– Série *-s, -s, -t* pour les autres verbes : il finit, voit, peint.

Certains verbes de cette série n'ont pas de terminaison de 3e personne :

il va, vainc, rend (dans *rend*, *-d* appartient au radical).

Quelques verbes prennent les terminaisons *-x, -x, -t* : je peux, veux, vaux.

• **Au pluriel**, l'écrit possède des terminaisons régulières : *-ons, -ez, -(e)nt*, sauf *sommes*, pour la 1re personne et *êtes*, *dites*, *faites* pour la 2e personne.

• **À l'oral**, on n'entend pas les désinences des trois personnes du singulier et de la 3e personne du pluriel : aime, aimes, aime, aiment = [ɛm], alors que les 1re et 2e personnes du pluriel sont marquées : aimons = [ɛmɔ̃], aimez = [ɛme].

② Emplois du présent de l'indicatif

Le présent de l'indicatif est très employé à l'oral et à l'écrit. Cependant, comme il ne possède pas de marques spécifiques de temps, contrairement aux temps du passé et du futur, il n'est pas vraiment apte à exprimer par lui-même des valeurs temporelles. C'est tout l'énoncé qui prend une valeur temporelle en fonction de la situation d'énonciation, du contexte ou des termes employés.

② 1. Du présent étroit au présent permanent

Un énoncé au présent est situé par défaut, c'est-à-dire en l'absence d'indication contraire, dans l'époque présente. Selon son sens, il peut occuper un intervalle de temps plus ou moins vaste.

• Un **énoncé performatif**, qui sert à accomplir un acte de langage, coïncide avec le moment de l'énonciation : Je vous remercie pour ce beau cadeau. Le locuteur accomplit par cet énoncé un acte de remerciement en employant la 1re personne du singulier et en s'adressant explicitement à son interlocuteur. Cet intervalle temporel est le plus étroit.

• Un **énoncé ordinaire** au présent peut occuper un intervalle étroit, notamment dans un reportage sportif en direct : Kylian Mbappé intercepte le ballon. Le reporter évoque l'action au moment où elle se produit.

• Suivant le sens du verbe ou les indications temporelles, un énoncé au présent peut occuper un intervalle temporel plus ou moins étendu :
Les camions attendent l'autorisation d'entrer sur l'autoroute.
Un complément peut indiquer le début ou la fin du procès :
Marc est professeur des écoles **depuis trois ans**.
Le procès se déroule **jusqu'à vendredi**.

• Le « présent d'habitude » indique un procès qui se répète (aspect itératif) grâce à un complément de temps : Elle lit un roman policier **tous les soirs**.

• Un énoncé au présent permanent occupe un intervalle temporel très vaste, englobant aussi le passé et l'avenir. C'est le cas :
– des faits d'expérience : La Terre tourne autour du soleil.
– des définitions : Une épigramme est un petit poème satirique.
– des proverbes ou des maximes : La fortune et l'humeur gouvernent le monde.
(La Rochefoucauld). On parle de présent omnitemporel ou gnomique.

• On rencontre le présent dans des expressions figées comme *est-ce que, n'importe, on ne sait qui*, qu'on emploie dans un énoncé situé à n'importe quelle époque :
Est-ce qu'il est venu/vient/viendra ?

2 2. Des époques variées

Un énoncé au présent peut se situer dans une autre époque que le présent.

• Un énoncé au présent peut situer le procès dans le futur, grâce à un complément de temps : Je pars **demain** en vacances.

• La certitude de la réalisation de ce procès est plus forte qu'avec le futur qui indique un fait probable (je partirai).
Une subordonnée de condition au présent situe le procès dans l'avenir, en corrélation avec le futur de la principale : **S'il vient à Paris,** nous serons heureux de le recevoir.

• Un énoncé au présent peut situer le procès dans le passé, grâce à un complément de temps et au sens du verbe, exprimant souvent un mouvement :
Je quitte le restaurant **à l'instant**. Il s'agit le plus souvent d'un passé proche.

• Dans un récit littéraire, le **présent historique** évoque des faits passés :
Le ton dont il parla fit retentir les bois,
Et découvrit tout le mystère.
Chacun **se réveille** à ce son,
Les Brebis, le Chien, le Garçon. (La Fontaine, *Fables*, « Le Loup devenu Berger », 1668.)
L'énoncé au présent prend cette valeur grâce au contexte passé où il est employé. L'emploi inattendu du présent après les passés simples peut mettre en valeur un évènement important et donner plus de vivacité au récit.

GRAMMAIRE

À retenir

- Un énoncé au présent de l'indicatif situe, par défaut, dans l'époque présente, le procès qui peut occuper un intervalle de temps plus ou moins vaste, du plus étroit (énoncé performatif) au plus étendu (présent omnitemporel).
- Suivant le contexte, le sens du verbe ou une indication temporelle, un énoncé au présent peut situer le procès dans l'avenir ou dans le passé, notamment dans un récit.

Entrainement

Indiquez les valeurs temporelles des phrases au présent de l'indicatif.

1. Je me trompe d'heure ; ce n'est que la demie. Quelle est donc cette lumière sous le portique de l'église ? On taille, on remue les pierres. Il paraît que ces hommes sont courageux avec les pierres. Comme ils coupent, comme ils enfoncent ! Ils font un crucifix ; avec quel courage ils le clouent !

Alfred de Musset, *Lorenzaccio*, 1834.

2. On voit ici que de jeunes enfants,
Surtout de jeunes filles,
Belles, bien faites, et gentilles,
Font très mal d'écouter toutes sortes de gens,
Et que ce n'est pas chose étrange,
S'il en est tant que le loup mange.

Charles Perrault, *Contes de ma mère l'Oye*, « Le Petit Chaperon rouge », 1697.

Corrigé p. 216

Corrigé

Entrainement

Énoncé p. 216

1. Dans cet extrait de pièce de théâtre, les énoncés au présent sont repérés par rapport à l'actualité du personnage qui parle, Lorenzo.

– *Je me trompe d'heure ; ce n'est que la demie* : présent ponctuel (repérage horaire).

– *Quelle est donc cette lumière sous le portique de l'église ? On taille, on remue les pierres. Comme ils coupent, comme ils enfoncent ! Ils font un crucifix ; avec quel courage ils le clouent !* : ces énoncés au présent situent les actions des tailleurs de pierre dans l'actualité du locuteur. Leur durée est plus vaste que le moment de leur perception par le locuteur.

– *Il paraît que ces hommes sont courageux avec les pierres* : cette phrase exprime une opinion d'autrui (*il paraît*) que le locuteur fait sienne dans son présent et qui se situe dans un intervalle de temps étendu.

2. Dans cette moralité du *Petit Chaperon rouge*, la proposition principale au présent (*on voit ici*) établit un lien avec la lecture du conte grâce au déictique *ici*, la situant dans un passé proche (= « on vient de voir ici »). Les autres énoncés au présent (*font, est*) expriment une vérité d'expérience qui occupe un vaste espace temporel (présent permanent).

FICHE 26 · Le verbe

L'imparfait de l'indicatif

Objectifs

- Connaitre la morphologie de l'imparfait de l'indicatif.
- Distinguer les différentes valeurs de l'imparfait de l'indicatif.

voir aussi

Tester ses connaissances

Expliquez l'emploi des imparfaits dans ce texte.

C'était l'hiver dernier, dans une forêt du nord-est de la France. La nuit vint deux heures plus tôt, tant le ciel était sombre. J'avais pour guide un paysan qui marchait à mon côté, par un tout petit chemin, sous une voûte de sapins dont le vent déchaîné tirait des hurlements. Entre les cimes, je voyais courir des nuages en déroute, des nuages éperdus qui semblaient fuir une épouvante. Parfois, sous une immense rafale, toute la forêt s'inclinait dans le même sens avec un gémissement de souffrance ; et le froid m'envahissait, malgré mon pas rapide et mon lourd vêtement.

Guy de Maupassant, *Contes de la Bécasse*, « La Peur », 1883.

Les imparfaits sont employés dans une séquence descriptive pour présenter des faits passés. Les verbes à l'imparfait expriment des faits d'arrière-plan. *C'était* introduit une localisation temporelle et spatiale. La plupart des verbes s'emploient dans des phrases qui décrivent la situation météorologique (*était, tirait, s'inclinait*) ou la situation (*avais*) et les perceptions (*voyais, envahissait*) du narrateur. La tombée de la nuit constitue l'événement marquant, présenté au passé simple (*La nuit vint deux heures plus tôt*). La marche du paysan (*qui marchait*) est décrite dans sa continuité, sans indication d'une limite finale.

LE COURS

1 Morphologie de l'imparfait de l'indicatif

- L'imparfait de l'indicatif se forme sur un seul radical, il marchait, qui correspond à la base de la 1re personne du pluriel du présent de l'indicatif des verbes à plusieurs bases : nous finissons / il finissait ; nous pouvons / il pouvait, sauf pour le verbe *être* : il était.

- L'imparfait de l'indicatif a des marques de temps identiques pour tous les verbes :
– ***-ai-*** [ɛ] au singulier et à la 3e personne du pluriel, à laquelle s'ajoutent à l'écrit les marques de personne *-s, -s, -t, -ent* :
je marchais, tu marchais, il marchait, ils marchaient ;
– *-i-* à la 1re et à la 2e personne du pluriel, à laquelle s'ajoutent les marques de personne *-ons, -ez* : nous marchions, vous marchiez. Cette voyelle s'ajoute au *i-* du radical des verbes en *-ier* : nous appréciions, vous appréciiez.

GRAMMAIRE

❷ Emplois de l'imparfait de l'indicatif

❷ 1. Un temps du passé

• L'imparfait de l'indicatif est un **temps du passé**, qui s'oppose au passé simple ou au passé composé. **Il situe un procès dans le passé** avec une valeur aspectuelle différente. L'imparfait n'envisage pas les limites du procès, qu'il présente sans début ni fin, ce qui lui permet de s'accorder avec l'expression de la durée quand le sens du verbe le permet : ainsi, dans il marchait, la marche est présentée dans sa continuité, sans limite finale assignée. En l'absence de limite finale, le procès à l'imparfait peut être interrompu par un procès au passé simple :

Les explorateurs **dormaient** (imparfait), quand ils **furent** réveillés (passé simple (passif)) par un cri sauvage.

Le sommeil aurait pu se prolonger, mais il est interrompu par la perception auditive. Comme le procès n'est pas borné, l'imparfait peut difficilement introduire à lui seul un repère temporel, qui est indiqué par un verbe au passé simple, au passé composé, ou par un complément de temps. Dans un récit, **l'imparfait est employé pour exprimer des faits d'arrière-plan (commentaires, descriptions, etc.)**, par rapport aux évènements exprimés par le passé simple ou le passé composé. Il ne peut guère présenter la succession chronologique des procès, sauf si la succession des verbes le permet.

Voir Fiche 27 : Le passé simple et le passé antérieur.

• Dans le discours indirect, l'imparfait est employé dans la subordonnée pour transposer le présent du discours direct après un verbe principal au passé :

Charles a dit : « **J'ai** peur » → Charles a dit qu'il **avait** peur.

L'imparfait **exprime la simultanéité** par rapport au temps du verbe principal. L'imparfait a la même valeur dans le style indirect libre.

Voir Fiche 36 : Le discours rapporté.

❷ 2. Différentes valeurs modales

L'imparfait de l'indicatif possède aussi différentes valeurs modales, sans forcément situer le procès dans le passé :

– **Dans un système conditionnel**, l'imparfait employé dans la subordonnée introduite par *si*, en corrélation avec le conditionnel présent de la principale, exprime un fait possible ou impossible selon le contexte, situé dans l'avenir ou dans le présent, qui conditionne la réalisation du procès principal :

Si **j'avais** de l'argent, je ferais le tour du monde en bateau.

– **L'imparfait contrefactuel** équivaut à un conditionnel passé : associé à un complément circonstanciel indiquant le plus souvent une cause empêchante, il présente un fait contraire à la réalité passée :

Sans l'intervention courageuse d'un promeneur, l'enfant **se noyait**.

= « se serait noyé » : le pire ne s'est pas produit.

– Dans une proposition principale ou indépendante, l'imparfait peut exprimer une **demande polie**, dont la force est atténuée parce qu'elle est fictivement rejetée dans le passé :

Je **voulais**/**venais** vous demander l'autorisation de m'absenter la semaine prochaine.

À retenir

- **L'imparfait de l'indicatif** présente des faits passés sans leur assigner de limite initiale et finale. **Dans un récit**, il est employé pour exprimer des faits d'arrière-plan (commentaires, descriptions, etc.).
- **Dans le discours indirect**, l'imparfait transpose le présent du discours direct et exprime la simultanéité par rapport au verbe principal au passé.
- **Dans un système conditionnel**, il indique un fait possible ou impossible.
- L'imparfait peut servir à exprimer une **demande polie**.

Entrainement

Expliquez les valeurs de l'imparfait.

1. Quelque part, près de nous, dans une direction indéterminée, un tambour battait, le mystérieux tambour des dunes ; il battait distinctement, tantôt plus vibrant, tantôt affaibli, arrêtant, puis reprenant son roulement fantastique.

Guy de Maupassant, *Contes de la Bécasse*, « La Peur », 1883.

2. Je lui demandai ce qui l'amenait à Amiens et si elle y avait quelques personnes de connaissance. Elle me répondit ingénument qu'elle y était envoyée par ses parents pour être religieuse.

Abbé Prévost, *Manon Lescaut*, 1753.

3. TRISSOTIN – Si la France pouvait connaître votre prix...

VADIUS – Si le siècle rendait justice aux beaux esprits...

TRISSOTIN – En carrosse doré vous iriez par les rues.

VADIUS – On verrait le public vous dresser des statues.

Molière, *Les Femmes savantes*, 1672.

Corrigé p. 219

Corrigé

Entrainement

Énoncé p. 219

1. Ces deux phrases contiennent le même verbe *battait*, répété.
Elles décrivent un fait passé (perception auditive), que l'imparfait présente comme une circonstance du récit.

2. Les imparfaits *amenait, avait, était envoyée* (imparfait passif d'*envoyer*) sont employés dans des propositions subordonnées qui sont successivement des interrogatives indirectes (complément du verbe *demandai*) et une complétive (complément du verbe *répondit*). Ils indiquent des procès simultanés par rapport aux verbes principaux et transposent le présent du discours direct (Je lui demandai : « Qu'est-ce qui vous amène à Amiens ? Est-ce que vous y avez quelques personnes de connaissance ? ». Elle me répondit ingénument : « J'y suis envoyée par mes parents pour être religieuse »).

NB. : Le passage du discours direct au discours indirect implique également une transposition des personnes.

3. Dans ces deux phrases conditionnelles enchevêtrées, les deux pédants rivalisent de compliments. Compte tenu de leur animosité à l'égard du monde qui ne reconnait pas leur immense talent, les propositions conditionnelles en *si* expriment deux conditions non réalisées, et la phrase entière exprime l'irréel du présent (= « Hélas ! Ce n'est pas le cas ! »).

FICHE 27 — Le verbe

Le passé simple et le passé antérieur

Objectifs

- Connaitre les principes généraux de la formation du passé simple.
- Différencier les emplois du passé simple.

voir aussi

Modes, temps, aspects du verbe .... p. 198
L'imparfait de l'indicatif .... p. 217
Le passé composé et le plus-que-parfait .... p. 224
Les différents systèmes d'énonciation .... p. 268

Tester ses connaissances

Expliquez l'emploi des passés simples.

Ils allèrent dans une forêt fort épaisse, où à dix pas de distance on ne se voyait pas l'un l'autre. Le Bûcheron se mit à couper du bois et ses enfants à ramasser les broutilles pour faire des fagots. Le père et la mère, les voyant occupés à travailler, s'éloignèrent d'eux insensiblement, et puis s'enfuirent tout à coup par un petit sentier détourné.

Lorsque ces enfants se virent seuls, ils se mirent à crier et à pleurer de toute leur force.

Charles Perrault, *Contes de ma mère l'Oye*, « Le Petit Poucet », 1697.

Relevé des verbes au passé simple : *allèrent, se mit, s'éloignèrent, s'enfuirent, se virent, se mirent.*

– Ces passés simples indiquent des faits de premier plan et marquent la succession chronologique des actions de la famille (*allèrent*), du bucheron (*se mit*), des parents (*s'éloignèrent, s'enfuirent*) et les réactions des enfants (*se virent, se mirent*). La succession est aussi marquée par *et puis* (*s'enfuirent*).

– Dans la dernière phrase, l'action exprimée par le verbe (*se virent*) de la subordonnée circonstancielle de temps est antérieure à celle qui est exprimée par le verbe de la principale (*se mirent* ; le verbe *se mettre* indique en outre le début de l'action de *crier* et de *pleurer*).

– L'imparfait *voyait* indique une action secondaire (circonstance visuelle).

ATTENTION ! C'est *tout à coup* qui indique une action subite et rapide, et non le passé simple *s'enfuirent* par lui-même.

LE COURS

1 Morphologie du passé simple

• Le **radical** du passé simple peut être identique (il finit) ou différent (i sut) de celui d'autres temps, quand les verbes ont plusieurs bases.

• Le passé simple se caractérise par la présence d'une **voyelle spécifique**, ajoutée au radical du verbe (chant-a) ou fondue dans celui-ci (fini-t) : *-a-* et *-è-* (il chanta, ils chantèrent), *-i-* (il finit, comprit, servit), *-in-* (il vint) et *-u-* (il courut, sut, parut).

• Le passé simple se caractérise surtout par ses **terminaisons de personne** :
– **Au pluriel de tous les verbes**, on ajoute les terminaisons particulières *-mes*, *-tes* (avec l'accent circonflexe sur la voyelle précédente), *-rent* : nous chantâmes/courûmes ; vous chantâtes/courûtes ; ils chantèrent/coururent.
– **Au singulier des verbes du type chanter**, on ajoute à l'écrit ***-i*** à la 1re personne et ***-s*** à la 2e personne : je chantai, tu chantas ; la 3e personne chanta ne comporte pas de marque.
– **Au singulier des autres verbes**, on ajoute à l'écrit *-s*, *-s*, *-t* : je courus, tu courus, il courut.

Entrainement 1

Mettez les verbes suivants au passé simple.

1. Je lis. **2.** Tu conclus. **3.** Il choisit. **4.** Nous connaissons. **5.** Vous comprenez. **6.** Ils vendent. **7.** On craint.

Corrigé p. 223

Difficulté rencontrée

Isoler la marque de temps du passé simple est très complexe. C'est possible pour les verbes du 1er groupe (il chant-a). Pour les verbes des autres groupes, on peut parfois isoler cette marque (il cour-u-t ; il part-i-t) ou bien elle est fondue dans le radical (il fini-t).

2 Emploi du passé simple

2 1. Valeur de base : passé simple et imparfait

Le passé simple, qui a presque disparu de l'usage oral en français moderne, est réservé à l'écrit ; c'est le temps de base du récit littéraire classique (voir l'extrait de Perrault plus haut).

Il situe dans le passé le procès exprimé par le verbe. Il donne une vision globale du procès, qu'il présente comme nettement délimité dans son déroulement et clos par une borne finale. Il s'oppose à l'imparfait qui exprime des faits d'arrière-plan (description, commentaires…).

– Dans Ils allèrent dans une forêt, l'action de se déplacer est nettement délimitée par le passé simple, qui lui assigne un terme, contrairement à l'imparfait.

– Dans Ils allaient dans une forêt, l'action n'a pas de fin assignée, d'où l'impression de durée ; elle peut être interrompue : quand ils furent arrêtés par un énorme tronc couché en travers du chemin.

ATTENTION Il est erroné d'opposer le passé simple et l'imparfait suivant la distinction scolaire « action ponctuelle / action qui dure ». Certes, l'imparfait n'assigne pas de borne finale au procès, ce qui donne une impression de durée. Mais, selon le sens du verbe, le passé simple peut exprimer une action ponctuelle : la bombe explosa, ou aussi une action qui dure : il attendit très longtemps ; il plut quarante jours et quarante nuits.

2 2. Temps du récit : passé simple et passé composé

• Dans un récit, comme le passé simple présente un procès bien délimité, il sert à introduire un repère temporel nouveau, tout en donnant au procès une certaine importance. Le passé simple présente les faits de premier plan, les évènements qui engagent la suite du récit. Une série de verbes au passé simple, qui introduisent chacun un nouveau repère temporel, marque la succession chronologique des évènements.

• Cette valeur narrative rapproche le passé simple du passé composé. Mais leur valeur énonciative est différente : le passé simple présente des faits passés coupés de la situation d'énonciation, donnant l'impression que les évènements sont éloignés dans le temps, comme dans les contes. En outre, comme cette coupure par rapport à la situation d'énonciation est manifeste à la 3e personne (il chanta, ils chantèrent), les 1re et 2e personnes du passé simple sont les moins employées, surtout au pluriel (nous chantâmes, vous chantâtes).

Voir Fiche 29 : Le passé composé et le plus-que-parfait.

Entrainement 2

Expliquez l'emploi des passés simples.

Le Petit Poucet ouït tout ce qu'ils dirent (...). Il alla se recoucher et ne dormit point le reste de la nuit, songeant à ce qu'il avait à faire. Il se leva de bon matin, et alla au bord d'un ruisseau où il emplit ses poches de petits cailloux blancs, et ensuite revint à la maison. On partit, et le Petit Poucet ne découvrit rien de tout ce qu'il savait à ses frères.

Charles Perrault, *Contes de ma mère l'Oye*, « Le Petit Poucet », 1697.

Corrigé p. 223

3 Le passé antérieur : forme et emplois

• Le passé antérieur est formé d'un auxiliaire, *être* ou *avoir*, conjugué au passé simple, suivi du participe passé du verbe : Il **eut fini**. Elle **fut arrivée**.

• Le passé antérieur est un **temps composé de l'écrit**, qui correspond au passé simple. Il a les deux valeurs de tout temps composé.

– Il exprime le plus souvent **l'antériorité** dans une phrase complexe. Placé souvent dans une subordonnée circonstancielle de temps, il est en corrélation avec le passé simple ou l'imparfait qui sont employés dans la principale : La Cigale, ayant chanté / Tout l'été, / Se trouva fort dépourvue / Quand la bise **fut venue**. (La Fontaine)

Mais quand l'homme jeune **eut regardé** le vieillard, celui-ci se tut et ne demanda plus rien. (Balzac)

– Il exprime **l'accompli** dans le passé, dans une proposition indépendante (cas rare).

En quatre mois il **eut dépensé** ainsi près du dixième de sa fortune. (Marcel Aymé)

À retenir

Le **passé simple** présente un **procès bien délimité** dans le passé.
Dans un récit, il marque la succession chronologique des faits de premier plan.
Le **passé antérieur** est un temps composé de l'écrit, qui indique l'antériorité ou l'accompli dans le passé.

Entrainement 3

1. Remplacez les passés composés et les présents par des passés antérieurs et des passés simples.

1. Lorsqu'il a fait cent pas environ, il s'arrête.
2. Aussi pousse-t-il un grand soupir de satisfaction lorsqu'il a retiré ses bottes.
3. Mais à peine a-t-il signé ce billet, qu'une idée audacieuse lui surgit.
4. Quand il a repris connaissance, il tombe tout en pleurs.

D'après Gustave Flaubert, *Madame Bovary*, 1857.

2. Transposez les phrases obtenues à la 3e personne du pluriel en faisant les modifications nécessaires.

Corrigé p. 224

Corrigés

Entrainement 1

Énoncé p. 221

1. Je lus.
2. Tu conclus.
3. Il choisit.
4. Nous connûmes.
5. Vous comprîtes.
6. Ils vendirent.
7. On craignit.

Entrainement 2

Énoncé p. 222

Relevé des verbes au passé simple : *ouït* (ancien verbe *ouïr*), *dirent, alla, dormit, se leva, alla, emplit, revint, partit, découvrit.*

Ces passés simples indiquent des faits de premier plan et marquent la succession chronologique des actions du Petit Poucet (*ouït, alla, dormit, se leva, alla, emplit, revint*), puis de la famille et du Petit Poucet (*partit, découvrit*). Dans la première phrase, les actions de la principale et de la subordonnée relative sont simultanées (*Le Petit Poucet ouït tout ce qu'ils dirent*). La conjonction de coordination *et* contribue à marquer la succession chronologique (*et ne dormit point ; et alla ; et le Petit*

Poucet ne découvrit rien), renforcée par l'adverbe *ensuite* (*et ensuite revint à la maison*).

NB. : dans le conte de Perrault, le texte de l'entrainement **2** précède immédiatement le texte du test initial.

Entrainement 3

Énoncé p. 223

1.

1. Lorsqu'il eut fait cent pas environ, il s'arrêta.

2. Aussi poussa-t-il un grand soupir de satisfaction lorsqu'il eut retiré ses bottes.

3. Mais à peine eut-il signé ce billet, qu'une idée audacieuse lui surgit.

4. Quand il eut repris connaissance, il tomba tout en pleurs.

2.

1. Lorsqu'ils eurent fait cent pas environ, ils s'arrêtèrent.

2. Aussi poussérent-ils un grand soupir de satisfaction lorsqu'ils eurent retiré leurs bottes.

3. Mais à peine eurent-ils signé ce billet, qu'une idée audacieuse leur surgit.

4. Quand ils eurent repris connaissance, ils tombèrent tout en pleurs.

NB. : L'exercice de réécriture peut demander à la fois le changement de temps et de personne. On peut s'y entrainer en effectuant séparément comme ici ces deux transpositions.

FICHE 28

Le verbe

Le passé composé et le plus-que-parfait

Objectifs

- Connaitre la formation du passé composé (choix de l'auxiliaire).
- Différencier les emplois du passé composé.
- Connaitre les valeurs du plus-que-parfait.

voir aussi

Tester ses connaissances

Expliquez la formation et l'emploi des passés composés.

1. Longtemps Philippe s'est couché de bonne heure. Ce soir-là, après avoir fait le tour des écuries, il s'est endormi facilement. Vers minuit, il a été réveillé par les hennissements des chevaux. Il est sorti rapidement de sa chambre et a perçu une forte odeur de brulé : l'écurie était en flammes. Il a fait sortir les chevaux puis il a téléphoné aux pompiers qui sont rapidement arrivés sur les lieux et ont pu éteindre l'incendie. Aucun cheval n'a été blessé.

2. Quand Pierre a pris son petit déjeuner, il lit son journal avant de partir travailler.

3. – Est-ce que Luc est là ? – Non, il est sorti.

1. Tous les passés composés expriment des évènements passés dans leur succession chronologique, par opposition à l'imparfait *était* qui sert à indiquer un état passé.
Les verbes transitifs *sentir*, *téléphoner*, *faire* forment leur passé composé avec l'auxiliaire *avoir*.
Dans les formes passives *a été réveillé*, *a été blessé*, le verbe *être* forme son passé composé avec l'auxiliaire *avoir*. Les verbes de mouvement *sortir*, *arriver* et les verbes pronominaux *se coucher*, *s'endormir* forment leur passé composé avec l'auxiliaire *être*.

2. Le passé composé *a pris* employé dans une subordonnée circonstancielle de temps exprime l'antériorité par rapport au verbe principal *lit* au présent. Le verbe *prendre* forme son passé composé avec l'auxiliaire *avoir*.

3. Dans cette réponse à une question, le passé composé *est sorti* exprime l'accompli du présent (au moment où je parle). Le verbe *sortir* forme son passé composé avec l'auxiliaire *être*.

LE COURS

1 Morphologie du passé composé

Comme temps composé du verbe, le passé composé de l'indicatif est formé d'un auxiliaire, *être* ou *avoir*, conjugué au présent de l'indicatif, et de la forme du participe passé du verbe.

Être ou *avoir* ?

Voir Fiche 24 : Temps simples et temps composés. 2 Le choix de l'auxiliaire…

- La plupart des verbes forment leur passé composé avec l'auxiliaire *avoir* :
il a chanté, il a dormi, il a couru.
- L'auxiliaire *être* s'emploie dans des cas précis : il est arrivé, il s'est sauvé.
- Selon leur sens, certains verbes s'emploient avec *être* ou *avoir* :
Il est monté au 40e étage. / Il a monté le courrier. Il a changé / Il est changé.

2 Valeurs du passé composé

2 1. Un évènement passé

Voir Fiche 26 : L'imparfait de l'indicatif.

- En français moderne, le passé composé remplace le passé simple, pour indiquer un évènement passé, un fait de premier plan qui s'est produit dans le passé, par opposition à l'imparfait qui indique un fait passé secondaire :
Le défilé du carnaval de Strasbourg a été annulé, parce qu'une violente tempête s'annonçait.

En général, quand le passé composé est employé dans plusieurs phrases d'un récit, il marque la succession chronologique des évènements :
Il est allé au cinéma voir *Avatar* en 3D. Mais il n'a pas pu avoir de place. Il est rentré chez lui regarder le DVD de *Titanic*.

• Cependant, le passé composé ne présente pas l'évènement passé de la même manière que le passé simple. Grâce à son auxiliaire au présent, le passé composé marque un lien entre cet évènement et le moment présent où il est évoqué. Autrement dit, le locuteur relie au moment de son énonciation le fait passé qu'il évoque. Par exemple, si je dis : J'ai manqué le train, je relie cet évènement à mon propre présent.

Voir Fiche 27 : Le passé simple et le passé antérieur.

2 2. L'accompli du présent

Comme tout temps composé, le passé composé garde sa valeur aspectuelle première : il exprime l'accompli du présent. Si je dis : J'ai déjeuné, c'est moins l'action passée qui importe que l'achèvement de l'action de déjeuner au moment où je parle (= « je suis rassasié »).
Cette valeur accomplie est particulièrement nette avec les verbes employés avec l'auxiliaire *être*, qui expriment souvent davantage le résultat présent que l'action passée. Si je dis : Les pompiers sont arrivés, je veux d'abord signifier que « les pompiers sont là ».

2 3. Un antérieur du présent

En relation avec cette idée d'accompli, le passé composé peut aussi exprimer un antérieur du présent, en particulier dans une phrase complexe où il est employé en corrélation avec le présent.
Le samedi soir, quand ils ont diné, ils vont au cinéma.
Le passé composé *ont diné* indique une action qui est antérieure au présent *vont*.

REMARQUE La valeur du passé composé dépend du contexte où il est employé :
– L'antérieur du présent 2 3. se manifeste surtout dans une corrélation entre deux propositions, l'une au passé composé, l'autre au présent.
– Une phrase comme Les pompiers sont arrivés peut exprimer l'accompli du présent 2 2. (= « Ils sont là »), mais elle peut aussi simplement indiquer un évènement passé 2 1. dans un récit : Les pompiers sont arrivés rapidement.

Entrainement 1

Mettez les verbes du texte suivant au passé composé ou à l'imparfait.

Une nuit qu'il dort, il croit entendre quelqu'un l'appeler. Il tend l'oreille et ne distingue que le mugissement des flots. Mais la même voix reprend :
– Julien !
Elle vient de l'autre bord, ce qui lui paraît extraordinaire, vu la largeur du fleuve. Une troisième fois, on appelle : « Julien ! »
Et cette voix a l'intonation d'une cloche d'église. Ayant allumé sa lanterne, il sort de la cahute.

D'après Gustave Flaubert, *Trois contes*, « La Légende de saint Julien l'Hospitalier », 1877.

Corrigé p. 228

Difficultés rencontrées

Une forme verbale comprenant le verbe *être* et un participe passé n'est pas toujours un passé composé :

- Pierre est venu est bien un passé composé actif, qu'on peut remplacer par une forme simple : Pierre vient.
- La voiture est réparée par le garagiste est une phrase passive ; *est réparée* est une forme du présent passif du verbe *réparer*, comme le prouve le retour à l'actif : *le garagiste répare la voiture*.
- Les enfants sont très fatigués est une simple phrase attributive, ni au passé composé, ni au passif. L'adjectif *fatigués* est attribut du sujet *les enfants*. Il est modifié par l'adverbe *très*, comme tout adjectif gradable, et il peut être remplacé par un adjectif comme *las*, *calmes*, *nerveux*.

Voir Fiche 24 : Temps simples et temps composés.

ATTENTION Ces confusions sont également possibles avec les autres temps composés, par exemple dans le cas du **plus-que-parfait** et d'une séquence *être* à l'imparfait + participe passé : Pierre était venu. La voiture était réparée. Les enfants étaient très fatigués.

Entraînement 2

Distinguez les différentes valeurs de être + participe passé dans les phrases suivantes.

1. L'avion de Paris est arrivé avec une heure de retard.
2. Nicolas est complètement épuisé.
3. Les poubelles sont sorties tous les mardis par le concierge.
4. Pierre est descendu par erreur du tram à l'arrêt Broglie.
5. Des trafiquants sont régulièrement arrêtés par la police à la frontière de la Bordurie.
6. Ce manteau est usé jusqu'à la corde.

Corrigé p. 228

3 Le plus-que-parfait : forme et emplois

- Le plus-que-parfait est formé d'un auxiliaire, *être* ou *avoir*, conjugué à l'imparfait, suivi du participe passé du verbe : Il **avait couru**. Elle **était partie**.
- Le plus-que-parfait est la forme composée correspondant à l'imparfait ; il situe le procès par rapport à un repère temporel passé. Comme tout temps composé :

– il exprime l'**accompli** : le procès est achevé au point de référence passé :
À la fin de la nuit, il **avait dépensé** tout son argent dans les machines à sous de Las Vegas.

– il marque **l'antériorité** par rapport à un repère passé, souvent dans un système principale-subordonnée, en corrélation avec un verbe à l'imparfait, au passé simple ou au passé composé :
Comme il **avait perdu** ses clés, il sonna / a sonné chez la voisine.
Quand il **avait vidé** son premier verre de lait, il en demandait un autre.

Cependant, ces deux valeurs, aspectuelle et temporelle, sont souvent indissociables.

• Le plus-que-parfait possède des emplois symétriques à ceux de l'imparfait, entre autres :
– dans un **système hypothétique** avec *si*, le plus-que-parfait s'emploie en corrélation avec le conditionnel passé de la principale ; la phrase exprime l'irréel du passé :
Si j'**avais gagné** au tiercé, j'aurais acheté une voiture de course.
– dans une **formule de politesse**, il sert aussi à atténuer une assertion, en la rejetant fictivement dans le passé :
J'**étais venu** vous demander de me permettre de m'inscrire en master.

Entrainement 3

Étudiez l'emploi du plus-que-parfait dans les phrases suivantes.

1. Pourtant, au milieu de la débâcle, un moulin avait tenu bon et continuait de virer courageusement sur sa butte.

2. Il venait de s'apercevoir, en rentrant, que pendant son absence on avait pénétré chez lui.

3. Comme s'il avait compris ma pensée, le malheureux leva brusquement la tête.

4. Jamais le ciel ne m'avait paru si profond, les étoiles si brillantes...

5. Le pape tenait à le récompenser des soins qu'il avait donnés à sa bête.

(Extraits d'Alphonse Daudet, *Lettres de mon moulin*, 1869.)

Corrigé p. 229

À retenir

• **Le passé composé** est formé de l'auxiliaire *être* ou *avoir* au présent de l'indicatif et du participe passé. Il s'emploie le plus souvent pour indiquer un évènement de premier plan qui s'est produit dans le passé. Dans certains cas, il peut indiquer l'accompli du présent ou l'antériorité par rapport au présent.

• **Le plus-que-parfait**, temps composé correspondant à l'imparfait, exprime l'accompli ou l'antériorité par rapport à un repère passé.

Corrigés

Entrainement 1

Énoncé p. 226

Une nuit qu'il **dormait**, *il* **a cru** *entendre quelqu'un l'appeler. Il* **a tendu** *l'oreille et n'***a distingué** *que le mugissement des flots. Mais la même voix* **a repris** *:*
– Julien !
Elle **venait** *de l'autre bord, ce qui lui* **a paru** *extraordinaire, vu la largeur du fleuve. Une troisième fois, on* **a appelé** *: « Julien ! »*
Et cette voix **avait** *l'intonation d'une cloche d'église. Ayant allumé sa lanterne, il* **est sorti** *de la cahute.*

Les faits passés de premier plan (actions, perceptions, réactions subjectives) sont au passé composé. L'imparfait est employé dans des phrases présentant des descriptions ou des circonstances des actions principales.

Entrainement 2

Énoncé p. 227

1. *L'avion de Paris* **est arrivé** *avec une heure de retard* : passé composé.
2. *Nicolas* **est** *complètement* **épuisé** : *être* + adjectif attribut.
3. *Les poubelles* **sont sorties** *tous les mardis par le concierge* : présent passif.
4. *Pierre* **est descendu** *par erreur du tram à l'arrêt Broglie* : passé composé.
5. *Des trafiquants* **sont** *régulièrement* **arrêtés** *par la police à la frontière de la Bordurie* : présent passif.
6. *Ce manteau* **est usé** *jusqu'à la corde* : *être* + adjectif attribut.

Entrainement 3

Énoncé p. 228

1. Accompli du passé.
2. Antériorité dans le passé (verbe d'une subordonnée conjonctive), par rapport à l'imparfait de la principale.
3. Dans une subordonnée introduite par *si*, le plus-que-parfait exprime une hypothèse sur le passé.
4. Accompli du passé.
5. Antériorité dans le passé (verbe d'une subordonnée relative), par rapport à l'imparfait de la principale.

FICHE 29

Le verbe

Le futur simple et le futur antérieur

Objectifs

- Connaitre les principes généraux de la formation du futur.
- Distinguer les valeurs des futurs simple et antérieur.

voir aussi

Tester ses connaissances

Expliquez l'emploi des futurs dans les phrases suivantes.

1. Je passerai vous voir demain sans faute.

2. Vous adresserez cette lettre au président du Conseil régional.

3. Je vous demanderai de ne pas parler de l'enquête en cours.

4. Nous partirons en vacances quand nous aurons passé les épreuves orales.

5. Je me demande pourquoi il revient. Il aura oublié de me demander quelque chose.

1. Avec un sujet à la 1re personne du singulier, le futur simple exprime une promesse faite par le locuteur.
2. Le futur simple exprime un ordre à la personne désignée par la 2e personne.
3. Le futur simple sert à atténuer la demande du locuteur.
4. Le futur simple *partirons* situe le procès principal dans l'avenir ; le futur antérieur *aurons passé* indique que le procès de la subordonnée de temps est antérieur dans l'avenir au procès principal.
5. Le futur antérieur *aura oublié* exprime une explication probable portant sur le passé (= « je suppose qu'il a oublié… »).

LE COURS

1 Morphologie du futur

1 1. Le futur simple

Il se reconnait d'abord à ses terminaisons spécifiques :

– **À l'écrit**, la marque *-r-* du futur est suivie de six terminaisons de personnes différentes : *-ai, -as, -a, -on, -ez, -ont* :
chanterai, chanteras, chantera, chanterons, chanterez, chanteront.

> **ATTENTION** Ne pas confondre, à la 1re personne du singulier, le futur *-rai* et le conditionnel *-rais*.

– **À l'oral**, la marque [ʀ] est suivie de terminaisons de personnes qui ne sont pas totalement différentes : celles des 2e et 3e personnes du singulier sont identiques [a], ainsi que celles des 1re et 3e personnes du pluriel [ɔ̃].

Contrairement à ce qu'on dit dans les grammaires, la formation du futur n'est pas toujours prévisible à partir de l'infinitif du verbe. Les verbes en *-er* forment leur futur sur le radical du présent de l'indicatif : chante-ra. Le radical du futur des autres verbes correspond à l'infinitif : fini-ra, prend-ra, ou aux deux premières personnes du pluriel du présent de l'indicatif : recev-rons. Les verbes *courir* et *mourir* cumulent la marque *-r-* du futur avec le *-r* final de leur radical : cour-r-a, mour-r-a.

Certains verbes fréquents ont une base spécifique au futur :
avoir : au-r-a, *être* : se-r-a, *pouvoir* : pour-r-a, *savoir* : sau-r-a, *venir* : viend-r-a, etc.

1 2. Le futur antérieur

Il est formé des auxiliaires *avoir* ou *être* au futur simple, suivis du participe passé du verbe : il aura chanté, il sera venu.

2 Emplois du futur

En français, seul l'indicatif possède des temps verbaux appelés futurs, une forme simple (futur simple) et une forme composée (futur antérieur). On présente ici les valeurs les plus courantes du futur.

2 1. Emplois du futur simple

• **Valeur temporelle**

Comme son nom l'indique, le futur simple situe le procès dans l'avenir par rapport au moment de l'énonciation, seul : Je reviendrai, ou accompagné d'un adverbe ou d'un complément de temps : Je reviendrai demain / la semaine prochaine.

Des verbes au futur qui se suivent peuvent indiquer :

– la succession des procès, le plus souvent :

J'irai à la bibliothèque, (puis) j'irai retirer mes billets de train à la gare.

– la simultanéité des procès, surtout dans une phrase complexe : Qui vivra verra.

Dans l'expression de l'avenir, le futur simple est concurrencé :

– par le présent de l'indicatif, obligatoirement accompagné d'un complément de temps : Je reviens demain.

Voir Fiche 25 : Le présent de l'indicatif.

– par le semi-auxiliaire *aller* au présent suivi de l'infinitif du verbe (Je vais revenir). Dans ce cas, *aller* + infinitif présente le procès à venir comme imminent (« futur proche »). Comparer : Le train de Paris partira à 10 h 24 et Le train de Paris va partir.

– par les semi-auxiliaires *pouvoir* et *devoir* qui expriment respectivement la possibilité et la probabilité : Il peut pleuvoir. Il doit pleuvoir.

• **Valeurs modales**

Le futur simple peut exprimer différentes valeurs modales associées à l'avenir, qui sont reconnues par la situation dans laquelle la phrase est employée :

– **Futur injonctif** : une phrase au futur ayant un sujet à la 2e personne peut avoir une valeur injonctive, moins pressante que l'impératif :

Vous me rendrez ce devoir mardi prochain.

– **Futur de promesse** : en employant *je*, le locuteur peut s'engager à accomplir une action dans l'avenir :

Je ferai des réformes pour moderniser le pays.

– **Futur d'atténuation** : le futur employé au lieu du présent peut atténuer une affirmation, souvent à la 1re personne :

En ce cas, Monsieur, je vous dirai franchement que je n'approuve point votre méthode.
(Molière, *Dom Juan*.)

2 2. Emplois du futur antérieur

• Comme tout temps composé, le futur antérieur exprime l'accompli ou l'antérieur :

– Il peut présenter un procès accompli dans l'avenir, généralement associé à un complément de temps qui apporte un repère temporel :

Au XXVe siècle, les hommes **auront découvert** d'autres planètes semblables à la Terre.

– En corrélation avec un futur simple dans une phrase complexe, il marque l'antériorité :

L'épreuve de sauts d'obstacles commencera quand les cavaliers **auront reconnu** le parcours.

GRAMMAIRE

- Le futur antérieur peut parfois exprimer une supposition portant sur le passé, et non sur l'avenir : Je pense que Philippe vous **aura appris** cette bonne nouvelle.

À retenir

- Les temps du futur ont d'abord une **valeur temporelle** : le futur simple situe le procès dans l'avenir ; le futur antérieur présente un procès accompli ou antérieur dans l'avenir.
- Le **futur simple** peut aussi avoir une valeur injonctive, exprimer une promesse ou atténuer une affirmation.
- Le **futur antérieur** peut, quant à lui, exprimer une supposition sur le passé.

Entrainement

Analysez les valeurs du futur dans le texte suivant.

Encore deux ou trois réflexions de haute politique, et vous verrez le monde comme il est. En y jouant quelques petites scènes de vertu, l'homme supérieur y satisfait toutes ses fantaisies au grand applaudissement des niais du parterre. Avant peu de jours vous serez à nous. (…) Je vous permets de me mépriser encore aujourd'hui, sûr que plus tard vous m'aimerez. Vous trouverez en moi de ces immenses abîmes, de ces vastes sentiments concentrés que les niais appellent des vices ; mais vous ne me trouverez jamais ni lâche ni ingrat.

Balzac, *Le Père Goriot*, 1835.

Corrigé p. 232

Corrigé

Entrainement

Énoncé p. 232

Ce texte est un extrait du discours de Vautrin à Rastignac.

- *Vous verrez* : Vautrin présente une action probable dans l'avenir.
- *Avant peu de jours vous serez à nous* : Vautrin prédit un procès qui se réalisera dans l'avenir proche (*avant peu de jours*).
- *Sûr que plus tard vous m'aimerez* : Vautrin situe le procès dans un avenir plus ou moins éloigné (*plus tard*) et l'envisage avec certitude (*sûr*).
- *Vous trouverez* (deux occurrences) : on peut considérer que la découverte de la personnalité de Vautrin par Rastignac est située dans l'avenir, mais surtout que cette formulation au futur constitue une affirmation atténuée de certains traits de cette personnalité complexe.

FICHE 30

Le verbe

Le conditionnel

Objectifs

- Connaitre les principes généraux de la formation du conditionnel.
- Distinguer les valeurs des conditionnels présent et passé.

voir aussi

Tester ses connaissances

Expliquez l'emploi des conditionnels dans les phrases suivantes.

1. Je savais bien que le chat reviendrait à la maison.

2. Si l'hiver était rude, je partirais en vacances en Australie.

3. Le président viendrait prochainement rencontrer le maire de Bordeaux.

4. J'aimerais réserver deux places pour Bakou.

5. L'Iran aurait expérimenté un missile de longue portée.

6. Si j'avais sauvegardé à temps mon fichier, je n'aurais pas perdu mon dossier de candidature.

1. Ce conditionnel présent employé dans une subordonnée complétive exprime un futur par rapport au passé (imparfait de la principale).
2. Dans ce système hypothétique, le conditionnel présent exprime une action possible dans l'avenir ou non réalisée dans le présent, selon que la condition est placée dans l'avenir (= *l'hiver sera peut-être rude*) ou non vérifiée dans le présent (= *l'hiver est doux*).
3. Ce conditionnel présent indique une information incertaine à propos d'un procès situé dans l'avenir.
4. Ce conditionnel présent sert à formuler une demande polie.
5. Ce conditionnel passé indique une information incertaine à propos d'un procès situé dans le passé.
6. Dans ce système hypothétique, le conditionnel passé exprime une action non réalisée dans le passé = *comme je n'ai pas sauvegardé à temps mon fichier, j'ai perdu mon dossier.*

LE COURS

1 Morphologie du conditionnel

1 1. Le conditionnel présent

Il est formé, comme le futur, par l'adjonction de la marque *-r-* au radical du verbe, suivie des terminaisons de l'imparfait de l'indicatif :
je parlerais, tu parlerais, il parlerait, nous parlerions, vous parleriez, ils par eraient.

- Pour le choix du radical verbal, voir Fiche 29 : Le futur et le futur antérieur.
- Pour le fonctionnement des terminaisons, voir Fiche 26 : L'imparfait de l'indicatif.

GRAMMAIRE

❶ 2. Le conditionnel passé

Il est formé des auxiliaires *avoir* ou *être* au conditionnel présent suivis du participe passé du verbe : il aurait chanté, il serait venu.

❷ Emplois du conditionnel

On ne traite plus le conditionnel comme un mode, mais comme un temps de l'indicatif, les deux formes du conditionnel (parlerait, aurait parlé) s'opposent aux deux formes correspondantes du futur (parlera, aura parlé), dont elles partagent la marque *-r-*.

❷ 1. Emplois du conditionnel présent

a. Valeur modale

• Même si le conditionnel n'est pas un mode, il possède une valeur modale fondamentale qui s'oppose à celle du futur. Avec le conditionnel présent, le procès à venir est envisagé avec une **forte dose d'incertitude**, que le futur simple tend au contraire à réduire. Le conditionnel présent est une sorte de **futur hypothétique** :

– quand je dis Je viendrais demain, je n'en suis pas sûr ;

– quand je dis Je viendrai demain, c'est probable.

Au conditionnel, la réalisation de l'action est envisagée négativement : au mieux, elle est possible.

Cette valeur du conditionnel se manifeste nettement dans les **systèmes hypothétiques**. En corrélation avec une subordonnée à l'imparfait introduite par *si*, le conditionnel de la principale présente une action possible dans l'avenir ou impossible dans le présent, en fonction du contexte :

Si j'avais de l'argent, je **ferais** un tour du monde en bateau.

Cette phrase, ambigüe hors contexte, peut exprimer un fait possible dans l'avenir, si la condition est satisfaite (= j'aurai de l'argent), ou impossible dans le présent si la condition n'est pas réalisée au moment où je parle (= je n'ai pas d'argent). La tradition parle de **potentiel** dans le premier cas et d'**irréel du présent** dans le second.

• On peut aussi rencontrer le conditionnel dans deux propositions juxtaposées, la première exprimant la condition :

J'**aurais** de l'argent, je **ferais** un tour du monde en bateau.

• En dehors des systèmes hypothétiques, le conditionnel, malgré son nom, n'indique pas forcément qu'un fait est soumis à une condition.

– Le conditionnel peut exprimer une **opinion illusoire**, souvent avec un verbe déclaratif (*on dirait*) ou un verbe d'opinion :

Avec toute cette neige et ce froid, on **se croirait** en Sibérie.

– Le conditionnel peut **atténuer** une demande, une volonté ou un conseil :

Je **voudrais** savoir si le directeur peut me recevoir. J'**aimerais** vous parler.

L'atténuation est plus marquée qu'avec le futur, en raison de la valeur hypothétique du conditionnel.

– La presse emploie fréquemment le conditionnel pour indiquer une **information incertaine**, en précisant que cette information est donnée... « au conditionnel » :

Les cendres d'Albert Camus **seraient transférées** au Panthéon.
conditionnel présent passif

Le conditionnel présent évoque un procès situé dans l'avenir (ici) ou dans le présent.

b. Valeur temporelle

• Le conditionnel peut avoir aussi une valeur temporelle : il présente un futur vu à partir du passé dans des contextes bien précis :

Iseut espérait que Tristan **reviendrait**.

Iseut espère que Tristan **reviendra**.

Dans une subordonnée complétive, le conditionnel présent (reviendrait) exprime le futur par rapport au passé indiqué dans la principale par l'imparfait (espérait), de la même manière que le futur simple (reviendra) exprime le futur par rapport au présent (espère) de la principale.

Cette règle de concordance des temps s'applique au style indirect libre, fréquent dans la littérature : Tristan reviendrait. Iseut en était persuadée.

Voir Fiche 36 : Le discours rapporté.

• On ne peut pas exclure totalement dans ces emplois temporels la valeur modale du conditionnel : le procès au conditionnel peut aussi être senti comme possible ou incertain. Dans cet emploi temporel, le conditionnel présent est concurrencé par le verbe *aller* à l'imparfait suivi de l'infinitif : Iseut pensait que Tristan allait revenir.

On dit *qu'aller* + infinitif exprime le **prospectif**.

❷ 2. Emplois du conditionnel passé

Les emplois du conditionnel passé sont parallèles à ceux du conditionnel présent.

a. Valeur modale

Le conditionnel passé situe un fait dans le passé, alors que le conditionnel présent le situe dans le présent ou dans l'avenir.

• Dans les **systèmes hypothétiques**, en corrélation avec une subordonnée au plus-que-parfait introduite par *si*, le conditionnel passé de la principale présente une action qui ne s'est pas réalisée dans le passé (on parle d'irréel du passé) :

Si j'avais acheté des chaines, j'**aurais pu** passer ce col enneigé avec ma voiture.

• Le conditionnel passé peut exprimer une **opinion illusoire** dans le passé :

Avec toute cette neige et ce froid, on **se serait cru** en Sibérie.

• Le conditionnel situe dans le passé une **information incertaine** :

Un astronaute **aurait pu** survivre seul sur Mars.

• Avec le conditionnel passé, l'**atténuation** est plus forte qu'avec le conditionnel présent, car elle est fictivement rejetée dans un passé hypothétique :

J'**aurais voulu** rencontrer le directeur.

b. Valeur temporelle

Dans une phrase complexe, comme tout temps composé, le conditionnel passé peut exprimer l'antériorité par rapport au conditionnel présent :

Il disait qu'il reviendrait quand elle l'**aurait appelé**.

Comme le conditionnel présent transpose le futur simple après un verbe principal au passé, le conditionnel passé transpose le futur antérieur :

Fabrice disait qu'il **serait parti** avant l'orage.

À retenir

- **Le conditionnel** présente un fait comme hypothétique, possible ou impossible.
- **Le conditionnel présent** situe le procès dans l'avenir ou dans le présent, le **conditionnel passé** le situe dans le passé.
- **Le conditionnel** peut aussi avoir une valeur temporelle, pour exprimer un futur vu du passé.

Entrainement

Analysez les valeurs du conditionnel dans le texte suivant.

Eh bien, vous m'auriez fait de la peine de parler autrement, reprit le tentateur. Vous êtes un beau jeune homme, délicat, fier comme un lion et doux comme une jeune fille. Vous seriez une belle proie pour le diable. (...) Ah ! si vous vouliez devenir mon élève, je vous ferais arriver à tout. Vous ne formeriez pas un désir qu'il ne fût à l'instant comblé, quoi que vous puissiez souhaiter : honneur, fortune, femmes. On vous réduirait toute la civilisation en ambroisie. Vous seriez notre enfant gâté, notre Benjamin, nous nous exterminerions tous pour vous avec plaisir. Tout ce qui vous ferait obstacle serait aplati.

Balzac, *Le Père Goriot*, 1835.

Corrigé p. 236

Corrigé

Entrainement

Énoncé p. 236

Ce texte est un extrait du discours de Vautrin à Rastignac.

– *Vous m'auriez fait de la peine de parler autrement* : le conditionnel passé exprime un fait passé qui ne s'est pas réalisé, autrement dit un irréel du passé (= « vous ne m'avez pas fait de peine »). Le groupe infinitif *de parler autrement* exprime la condition qui n'a pas été remplie (= « si vous aviez parlé autrement »).

– *Vous seriez une belle proie pour le diable* : avec ce conditionnel présent, Vautrin fait une hypothèse sur l'avenir de Rastignac, fondée sur une condition implicite inférée de la phrase précédente (par exemple, « si vous restiez comme vous êtes maintenant »).

– *Si vous vouliez devenir mon élève, je vous ferais arriver à tout* : dans ce système hypothétique, Vautrin formule une hypothèse sur l'avenir et fait imaginer à Rastignac un monde possible si la condition qu'il pose (*si* + imparfait) est acceptée (*devenir mon élève*) ; il détaille ces possibles dans les différentes phrases au conditionnel présent : *je vous* **ferais** *arriver à tout ; on vous* **réduirait** *toute la civilisation en ambroisie ; vous* **seriez** *notre enfant gâté ; nous nous* **exterminerions** *tous pour vous ; tout ce qui vous* **ferait** *obstacle* **serait aplati** (forme passive).

FICHE 31 — Le verbe

Le subjonctif

Objectif

- Connaitre la conjugaison du subjonctif présent et les emplois du subjonctif en général.

voir aussi

Phrase simple et phrase complexe .... p. 53
Les propositions subordonnées .... p. 67
Les emplois de *que* .... p. 135
Modes, temps, aspects du verbe .... p. 198

Tester ses connaissances

Relevez les verbes au subjonctif et expliquez ses emplois.

1. Qu'il vienne immédiatement.
2. Nous souhaitons que vous réussissiez ce concours.
3. Il est possible que Thomas Pesquet aille sur la Lune.
4. Jean Valjean est le seul qui puisse sauver Marius.
5. Je resterai ici jusqu'à ce que le directeur me reçoive.
6. Quoi qu'il fasse, il ne parvient pas à séduire les électeurs.
7. Ne plantez pas de maïs OGM dans ce champ, de peur que les champs voisins (ne) soient contaminés.

1. *vienne*, exprime un ordre.
2. *réussissiez*, après un verbe exprimant une volonté.
3. *aille*, construction impersonnelle comportant l'adjectif *possible*.
4. *puisse* : *seul* exprime une restriction qui implique le subjonctif.
5. *reçoive*, subordonnée introduite par la locution *jusqu'à ce que*.
6. *fasse* : *quoi que* exprime la concession.
7. *soient contaminés*, après *de peur que* exprimant un but négatif.

Corrigé détaillé p. 242

GRAMMAIRE

LE COURS

1 Définition

Le subjonctif est un **mode personnel**, qui comprend quatre temps dans les tableaux de conjugaison, où il est marqué par *que* :
– **deux formes simples** : le présent qu'il parle et l'imparfait qu'il parlât ;
– **deux formes composées** : le passé qu'il ait parlé et le plus-que-parfait qu'il eût parlé.

En français courant, on emploie surtout le présent et le passé ; l'imparfait et le plus-que-parfait, usuels en français classique, s'emploient aujourd'hui dans un niveau de langue recherché ou littéraire.

2 Morphologie du présent du subjonctif

2 1. Radical

Règle pratique : la forme du radical de la 3e personne du pluriel de l'indicatif présent donne la forme du radical du subjonctif présent :
ils doivent → que je doive, que tu doives…
Quelques verbes courants ont une base spécifique au subjonctif présent :
qu'il aille, qu'il fasse, qu'il puisse, qu'il sache, qu'il veuille, qu'il ait, qu'il soit…

2 2. Terminaisons

• L'oral ne distingue pas les trois personnes du singulier et la 3e personne du pluriel : [paʀl] = que je parle, que tu parles, qu'il parle, qu'ils parlent.
Les 1re et 2e personnes du pluriel prennent respectivement les terminaisons [jɔ̃] et [je], qui sont identiques à celles de l'imparfait de l'indicatif :
que nous parlions, que vous parliez.

• À l'écrit, **tous les verbes, sauf *être* et *avoir*, prennent les mêmes terminaisons aux six personnes : *-e*, *-es*, *-e*, *-ions*, *-iez*, *-ent***. Comme à l'imparfait de l'indicatif, les verbes qui se terminent en *-i* présentent deux *i* successifs :
que nous riions, que vous criiez.

> **ATTENTION** Comme le présent de l'indicatif et le présent du subjonctif peuvent avoir la même forme aux trois personnes du singulier et à la 3e personne du pluriel (surtout pour les verbes comme *chanter*), on peut facilement les confondre. On sera guidé par le contexte (voir ci-après) ou l'on essaiera de remplacer le verbe en question par une forme des verbes *être* ou *avoir* : Je crains qu'elle chante = qu'elle ait envie de chanter : subjonctif présent, après *craindre*.

Entrainement 1

Mettez les verbes suivants au subjonctif présent.

1. *voir* à la 1re personne du singulier.
2. *conclure* à la 2e personne du singulier.
3. *savoir* à la 3e personne du singulier.
4. *faire* à la 1re personne du pluriel.
5. *connaitre* à la 2e personne du pluriel.
6. *crier* à la 3e personne du pluriel.

Corrigé p. 243

3 Valeurs et emplois du subjonctif présent

• Sur le plan **sémantique**, comme le subjonctif est plus pauvre en temps que l'indicatif, il ne peut pas situer parfaitement le procès dans la chronologie. Ainsi, le subjonctif présent exprime un procès présent ou futur. On considère que le subjonctif est un mode de « **l'interprétation du procès** »[1] : dans Je souhaite qu'il vienne, l'action de venir est présentée à partir d'un souhait, et non considérée en elle-même. Cependant, on évitera l'assimilation tentante subjonctif = subjectif, car l'indicatif s'emploie aussi après des verbes exprimant la subjectivité du locuteur : j'espère / je pense qu'il viendra.

1. Wagner & Pinchon, *Grammaire du français classique et moderne*, Hachette, 1962, p. 318.

On peut dire, en termes logiques, que le subjonctif suspend la valeur de vérité de la proposition où il est employé. Dans Je souhaite qu'il vienne, la venue est simplement envisagée, sans que la vérité du procès soit prise en considération, contrairement à il vient.

• Sur le plan **syntaxique**, le subjonctif s'emploie surtout en proposition subordonnée, se présentant ainsi comme un **mode de la dépendance**. Mais il connait aussi des emplois en proposition indépendante. Pour classer et expliquer les emplois du subjonctif, on tient compte de la structure syntaxique de la phrase.

3 1. Le subjonctif en proposition indépendante ou principale

• Le subjonctif s'emploie le plus souvent dans une **phrase injonctive** pour exprimer un ordre, une exhortation ou, négativement, une défense. Obligatoirement précédé de *que* en français moderne, le subjonctif présent complète l'impératif présent :
– surtout à la 3e personne du singulier : qu'il parte, ou du pluriel : qu'ils partent ;
– plus rarement à la 1re personne du singulier, quand le locuteur se donne un ordre à lui-même : Que je ne fasse pas d'erreur.

Voir Fiche 2 : Types et formes de phrases.

• Le subjonctif s'emploie aussi dans des phrases pour **exprimer un souhait** :
Que le sort vous soit favorable !

Il se rencontre aussi sans *que* dans des expressions figées :
Vive la France ! Vivent les vacances !

• Diverses sortes de phrases exprimant **la supposition** ont leur verbe au subjonctif :
– des énoncés de problèmes : Soit un triangle isocèle…
– des phrases juxtaposées dont la première, au subjonctif, équivaut à une subordonnée hypothétique introduite par *si* :
Qu'il arrive en retard, je ne l'attendrai pas = S'il arrive en retard…

3 2. Le subjonctif en proposition subordonnée

L'emploi du subjonctif dans une proposition subordonnée est déterminé par un élément de la principale. Cet emploi est, selon les cas, obligatoire ou optionnel.

• **Le subjonctif en proposition subordonnée complétive**
– Dans les complétives compléments d'objet introduites par *que*, c'est le **verbe principal**, exprimant le plus souvent une volonté ou un sentiment, qui **demande l'emploi du subjonctif** : Je veux / souhaite / regrette / me réjouis que Pierre **parte**.
Je m'étonne de ce que Pierre **parte**.
Je tiens à ce que Pierre **revienne**.

Voir Fiche 4 : Les propositions subordonnées complétives et circonstancielles.

– La complétive peut aussi être complément d'un nom ou d'un adjectif :
Notre crainte que l'équipe de France **soit** éliminée est justifiée.
Tony est heureux que Maria le **rejoigne** ce soir.

– Une complétive sujet est généralement au subjonctif :
Qu'elle fasse un parcours sans faute m'étonnerait.

Dans tous ces cas, l'emploi du subjonctif est obligatoire. Il est toutefois **possible de choisir entre l'indicatif et le subjonctif après certains verbes principaux** :
– des **verbes polysémiques** dont le sens change selon le mode de la complétive :
J'ai dit qu'il **sorte** (ordre) / J'ai dit qu'il sortira (affirmation) ;

GRAMMAIRE

– des **verbes d'opinion** (*croire, penser*) employés dans une phrase principale interrogative ou négative :

Crois-tu ? / Je ne crois pas que la France **gagne** / gagnera le match contre l'Irlande.

– des **verbes comme *imaginer, supposer*** :

Imagine qu'elle **fasse** / fera une brillante carrière politique.

Le choix de l'indicatif ou du subjonctif donne une appréhension différente du procès subordonné : avec le subjonctif, ce procès est vu à travers une interprétation subjective ; avec l'indicatif, il est envisagé en tant que tel (dans nos exemples au futur, l'accent est mis sur la probabilité du procès). La nuance de sens apportée par le mode explique que la norme demande l'indicatif après *espérer* (action probable) et le subjonctif après *souhaiter* (action possible, voulue) :

Il espère que la France gagnera. / Il souhaite que la France **gagne**.

- **Le subjonctif en proposition subordonnée circonstancielle**

En général, l'emploi du mode est fixé de manière obligatoire dans les subordonnées circonstancielles, par leur sémantisme ou par le sens de la conjonction de subordination.

– La plupart des **subordonnées temporelles** (*quand, lorsque*...) sont à l'indicatif, y compris celles introduites par *après que* :

Je regarderai cette série après que son téléchargement complet sera terminé.

Elles sont au subjonctif quand elles sont introduites par *avant que, en attendant que, jusqu'à ce que* :

Ne descendez pas avant que le train (ne) **soit** complètement arrêté.

– Les **subordonnées de but**, qui expriment une intention (*pour que, afin que, de peur que*...), sont au subjonctif :

Le chasse-neige dégage le col pour que les voitures **puissent** passer.

– Les **subordonnées concessives**, qui expriment souvent une cause possible mais inopérante (*bien que, quoique*...) sont au subjonctif :

Bien que l'autoroute **soit** interdite aux poids lourds, beaucoup de camions s'y sont engagés.

– Les **subordonnées conditionnelles** (ou hypothétiques) introduites par *si* sont à l'indicatif, alors que celles introduites par *à moins que, pourvu que, pour peu que* sont au subjonctif : Je viendrai à moins que cela vous **déplaise** (Académie).

- **Le subjonctif en proposition subordonnée relative**

Dans les subordonnées relatives déterminatives, une restriction exprimée dans la principale implique souvent l'emploi du subjonctif :

– quand l'antécédent contient un superlatif relatif (*le plus* + adjectif) ou un adjectif de valeur analogue (*dernier, premier, seul*...) :

Avatar est le film le plus impressionnant que j'**aie vu** depuis *Titanic*.

– quand la phrase principale est négative :

Le Ministère n'a trouvé personne qui **veuille** aller en mission à Kaboul.

– quand le verbe principal exprime une intention ou une évaluation :

Elle cherche à Paris un studio qui **soit** spacieux et bon marché.

L'indicatif n'est pas totalement exclu, mais le subjonctif est habituellement préféré.

Voir Fiche 5 : Les propositions subordonnées relatives, 1 1.

Entrainement 2

Justifiez l'emploi du subjonctif dans les phrases suivantes.

1. Je crains que les élèves ne trouvent cet exercice trop difficile.
2. Que le diable l'emporte !
3. Il est regrettable que le concert d'Indochine soit annulé.
4. Armstrong est le premier homme qui ait marché sur la Lune.
5. Inscrivez-vous aux examens avant que les délais soient dépassés.
6. Pensez-vous que le réchauffement climatique soit inévitable ?
7. Faites en sorte que l'épidémie soit efficacement combattue.

Corrigé p. 243

Pour aller plus loin

1. Seuls les principaux emplois du subjonctif ont été présentés. Pour connaitre d'autres valeurs du subjonctif, on peut consulter les grammaires universitaires (voir p. 20).

2. La présentation des emplois du subjonctif, limitée au présent, convient globalement à l'ensemble des temps de ce mode. Cependant, chacun des trois autres temps a des emplois spécifiques :

- **Le subjonctif passé** s'oppose au subjonctif présent sur le plan de l'aspect, notamment dans les subordonnées. Le subjonctif présent indique un procès simultané ou postérieur au procès principal, alors que le subjonctif passé indique un procès accompli ou antérieur : Je regrette qu'elle parte / soit partie.

- **L'imparfait et le plus-que-parfait du subjonctif** conservent, dans un niveau de langue littéraire ou recherché, certaines valeurs qu'ils avaient en français classique. Ainsi, on peut employer le plus-que-parfait dans une proposition principale au lieu du conditionnel passé : J'eusse aimé que vous vinssiez m'annoncer votre départ (= *J'aurais aimé…*). Pour cet emploi, les « vieilles » grammaires parlent de « conditionnel passé deuxième forme » ; il est inutile de s'embarrasser de cette étiquette obsolète, puisque l'étiquette du temps du subjonctif suffit.

À retenir

- Les terminaisons de personne-nombre du subjonctif présent sont identiques pour tous les verbes (sauf *être* et *avoir*).
- **Le subjonctif** est le mode de l'interprétation du procès.
- Il s'emploie dans une proposition indépendante ou principale exprimant l'ordre, le souhait ou la supposition.
- Son emploi dans les propositions subordonnées peut être obligatoire ou facultatif, suivant la contrainte exercée par un terme (verbe, nom, conjonction…) ou par le sens de la principale ou de la subordonnée.

Récapitulatif des valeurs et emplois principaux du subjonctif

Cadre syntaxique	Emploi, valeurs	Exemple
Proposition principale ou indépendante	– injonction – supposition	– **Qu'**il parte. – **Soit** un triangle isocèle…
Proposition subordonnée complétive	– COD ou COI d'un verbe de volonté ou de sentiment – sujet	– Je **veux** / **souhaite** / **regrette** que Pierre parte. – Je **m'étonne** de ce que Pierre parte. – **Qu'elle vienne** m'étonnerait.
Proposition subordonnée circonstancielle	– temporelle – de but – de concession – de condition	– Il vient **avant que** Luc parte. – La circulation est déviée **pour que** la route soit réparée. – Il vient travailler **bien qu'**il soit malade. – Je viendrai **à moins que** cela vous déplaise.
Proposition subordonnée relative	– après un superlatif – après une négation – avec une intention	– C'est **le plus beau** paysage que j'aie vu. – Il n'a trouvé **personne** qui le comprenne. – Elle **cherche** à Paris un studio qui soit bon marché.

Corrigés

Tester ses connaissances

Énoncé p. 237

1. *Qu'il* **vienne** *immédiatement* : dans cette phrase indépendante, le verbe à la 3e personne du subjonctif exprime un ordre adressé à autrui.

2. *Nous souhaitons que vous* **réussissiez** *ce concours* : le verbe principal *souhaiter* exprimant une volonté demande le subjonctif dans cette subordonnée complétive COD.

3. *Il est possible que Thomas Pesquet* **aille** *sur la Lune* : cette complétive est au subjonctif parce qu'elle est sujet logique d'une construction impersonnelle comportant l'adjectif *possible*.

4. *Jean Valjean est le seul qui* **puisse** *sauver Marius* : l'attribut *seul* exprime une restriction qui implique l'emploi préférentiel du subjonctif dans la subordonnée relative.

5. *Je resterai ici jusqu'à ce que le directeur me* **reçoive** : le subjonctif est obligatoire dans cette subordonnée circonstancielle de temps introduite par la locution *jusqu'à ce que*.

6. *Quoi qu'il* **fasse**, *il ne parvient pas à séduire les électeurs* : dans cette relative exprimant la concession, le subjonctif est obligatoire.

7. *Ne plantez pas de maïs OGM dans ce champ, de peur que les champs voisins* **soient contaminés** : après *de peur que* qui exprime un but négatif (« pour que ne… pas »), le subjonctif (présent passif) est obligatoire.

Entrainement 1

Énoncé p. 238

1. *Que je voie* (1re personne du singulier) ≠ indicatif présent : *je vois.*
2. *Que tu conclues* (2e personne du singulier) ≠ indicatif présent : *tu conclus.*
3. *Qu'il sache* (3e personne du singulier).
4. *Que nous fassions* (1re personne du pluriel).
5. *Que vous connaissiez* (2e personne du pluriel).
6. *Qu'ils crient* (3e personne du pluriel) = indicatif présent.

Entrainement 2

Énoncé p. 241

1. *Je crains que les élèves ne* **trouvent** *cet exercice trop difficile* : après le verbe *craindre*, le subjonctif est obligatoire dans la complétive COD.

NB. : Le *ne* dans la complétive n'a pas de valeur négative (on peut le supprimer sans changement de sens) ; on dit qu'il est explétif.

2. *Que le diable l'***emporte** *!* Le subjonctif est employé dans une phrase indépendante exprimant un souhait (ici, une malédiction).
3. *Il est regrettable que le concert d'Indochine* **soit** *annulé* : cette complétive est au subjonctif parce qu'elle est sujet logique d'une construction impersonnelle comportant l'adjectif *regrettable* qui exprime un sentiment.
4. *Armstrong est le premier homme qui* **ait marché** *sur la Lune* : l'adjectif ordinal *premier* exprime une restriction qui implique l'emploi préférentiel du subjonctif dans la subordonnée relative. Le subjonctif passé *ait marché* exprime l'antériorité.
5. *Inscrivez-vous aux examens avant que les délais (ne)* **soient dépassés** : le subjonctif (présent passif) est obligatoire dans cette subordonnée circonstancielle de temps introduite par la locution *avant que*. (*ne* explétif : optionnel)
6. *Pensez-vous que le réchauffement climatique* **soit** *inévitable ?* : l'emploi du subjonctif est possible dans cette complétive COD du verbe *penser* qui est le noyau d'une principale interrogative. L'indicatif n'est pas exclu (*sera inévitable*), mais le subjonctif permet de mettre en valeur l'opinion sollicitée.
7. *Faites en sorte que l'épidémie* **soit** *efficacement* **combattue** : le subjonctif (présent passif) est obligatoire dans cette subordonnée circonstancielle de but introduite par la locution *en sorte que*.

L'infinitif et le participe

Objectifs

- Connaitre les principes généraux de la formation de l'infinitif.
- Distinguer les différents emplois de l'infinitif.
- Distinguer les formes et les emplois du participe.

voir aussi

Tester ses connaissances

1. Expliquez les emplois de l'infinitif.

1. Je vois l'avion atterrir.
2. Couper les tomates en petits dés.
3. Où aller ?
4. L'accusé refuse de répondre.
5. Raconte-lui une histoire drôle pour le dérider.
6. Garder un secret est parfois difficile.

2. Expliquez les emplois du participe.

1. Cet élève s'est trompé en recopiant l'exercice de maths.
2. L'enfant s'est brulé avec l'eau bouillante.
3. Dans le grand huit, Emma garde les yeux fermés.
4. Nous avons attendu deux heures l'avion de Paris en retard.
5. M. Hulot regarde les enfants jouant sur la plage.

1. **1.** *Je vois l'avion atterrir* : l'infinitif est le noyau verbal d'une proposition subordonnée infinitive, qui est COD du verbe *voir*. **2.** *Couper les tomates en petits dés* : l'infinitif est le noyau verbal d'une phrase injonctive, sans sujet exprimé. **3.** *Où aller ?* l'infinitif est le noyau verbal d'une phrase interrogative, sans sujet exprimé. **4.** *L'accusé refuse de répondre* : l'infinitif est le noyau d'un groupe ayant la fonction de complément d'objet, qui équivaut à un groupe nominal COD (*refuse cela*). **5.** *Raconte-lui une histoire drôle pour le dérider* : l'infinitif est le noyau d'un groupe prépositionnel complément circonstanciel de but. **6.** *Garder un secret est parfois difficile* : l'infinitif est le noyau d'un groupe ayant la fonction de sujet du verbe *être* (fonction nominale).

2. **1.** *trompé* : participe passé du verbe pronominal *se tromper* employé au passé composé ; *en recopiant* : gérondif du verbe *recopier*, complément circonstanciel de temps. **2.** *brulé* : participe passé du verbe pronominal *se bruler* employé au passé composé ; *bouillante* : adjectif verbal, épithète du nom *eau*. Ce n'est pas un participe présent, car il s'accorde en genre et en nombre avec le nom. **3.** *fermés* : participe passé du verbe *fermer*, attribut du COD *les yeux*. **4.** *attendu* : participe passé du verbe *attendre*, employé au passé composé avec *avoir*. **5.** *jouant* : participe présent du verbe *jouer*, épithète de *les enfants*.

1 Morphologie de l'infinitif

• **L'infinitif présent** possède à l'écrit quatre terminaisons comportant chacune un *r* : *-er* (aimer), *-ir* (partir), *-oir* (savoir), *-re* (mettre). L'oral oppose une désinence [e] (aimer) et une désinence [ʀ] : [paʀtiʀ], [savwaʀ], [mɛtʀ]. La voyelle qui précède le *-r* fait partie de la terminaison d'infinitif (aim-er, part-ir, sav-oir) ou appartient au radical du verbe (fini-r).

• **L'infinitif passé** se forme avec l'infinitif des auxiliaires *être* ou *avoir* suivi du participe passé du verbe : avoir aimé, être parti.

2 Emplois de l'infinitif

L'infinitif est un **mode non personnel**, qui ne porte pas de marques de personne et de nombre. C'est le contexte qui situe chronologiquement le procès à l'infinitif.

• Compte tenu de ses emplois, l'infinitif est considéré comme la **forme nominale du verbe** : il a des emplois verbaux et il peut aussi être le noyau d'un groupe ayant les fonctions d'un groupe nominal (sujet, COD…), mais sans recevoir la détermination du nom, sauf quand il est substantivé : les rires.

• La tradition scolaire accorde une place importante à l'infinitif, en distinguant trois groupes de verbes en grande partie par la forme de leur infinitif (*chanter, finir*, autres verbes). Et dans les articles de dictionnaires, c'est l'infinitif qui constitue l'entrée du verbe.

• Le classement des emplois de l'infinitif repose sur la distinction entre les fonctionnements verbaux et nominaux de l'infinitif. Ces deux types de fonctionnement correspondent à un continuum, allant des emplois pleinement verbaux à des emplois totalement nominaux, avec des degrés intermédiaires.

2 1. Emplois verbaux de l'infinitif

L'infinitif constitue le noyau verbal d'une phrase, soit seul, soit associé à un semi-auxiliaire. C'est le verbe à l'infinitif qui sélectionne les compléments et régit les compatibilités sémantiques avec ceux-ci et avec le sujet.

• **En proposition indépendante ou principale**

Voir Fiche 2 : Types et formes de phrases.

L'infinitif s'emploie dans les quatre types de phrases :

– **Infinitif injonctif** : Éteindre la lumière en sortant. Ne pas cracher par terre.

Sans sujet exprimé, l'infinitif remplace l'impératif pour exprimer un ordre général, dans les recettes, les avis au public, etc.

– **Infinitif exclamatif** : Ah ! Faire le tour du monde ! Moi, faire une chose pareille !

La phrase exclamative exprime un sentiment vif (ici, un souhait ardent suivi d'une protestation). Il peut avoir un sujet (*moi*), ou s'employer sans sujet.

– **Infinitif délibératif** : Que dire ? Quand partir ?

Le sujet non exprimé peut être le locuteur ou un agent général indéfini.

– **Infinitif de narration** : Ainsi dit le Renard, et flatteurs d'applaudir. (La Fontaine)

Cet emploi de l'infinitif dans des textes narratifs est lié au contexte. Il doit avoir un sujet propre et s'insérer dans une série d'actions ; la phrase est reliée le plus souvent par *et* à la précédente. La forme *de*, obligatoire, sert d'introducteur à l'infinitif, à distinguer de la préposition *de* (elle joue le même rôle que *to* en anglais et *zu* en allemand : *to go ; zu gehen*).

• **En proposition subordonnée**

– Une proposition subordonnée relative : Elle cherche un ami à qui se confier, ou interrogative indirecte : Il ne sait quoi dire, peut comporter un verbe à l'infinitif.

Dans ces deux exemples, le sujet non exprimé de l'infinitif est celui du verbe principal. Ce peut être aussi un sujet général indéfini. La subordonnée à l'infinitif exprime en outre l'idée d'éventualité : Elle cherche un ami à qui (elle puisse) se confier.

– La tradition grammaticale a inventé la « **proposition subordonnée infinitive** », qui répond à deux conditions précises :

– La subordonnée est complément d'objet direct d'un verbe de perception (entendre, voir, sentir…) ou causatif de mouvement (emmener, envoyer…).

– Elle doit avoir un sujet propre, distinct de celui du verbe principal.

J'entends siffler le train. Elle envoie Cosette chercher de l'eau.

ATTENTION On ne peut pas parler de subordonnée infinitive dans Je veux chanter, car *chanter* a le même sujet que le verbe principal ; *chanter* est simplement COD de *veux*.

• **En corrélation avec un semi-auxiliaire**

L'infinitif associé à un semi-auxiliaire constitue le noyau verbal d'une phrase. Il exprime le sens lexical et sélectionne le sujet et les compléments, alors que le semi-auxiliaire porte les désinences de temps, personne, nombre et peut indiquer :

– l'aspect : il commence à pleuvoir (inchoatif), il va chanter (imminence du procès), il finit d'écrire (terminatif) ;

Voir Fiche 10 : Comment identifier un verbe ?

– la modalité : il doit partir (obligation ou probabilité), il peut rester (possibilité, permission) ;

– la causation du procès à l'infinitif : il fait construire une maison ; il laisse parler son adversaire. Le sujet de *faire* ou *laisser* est la cause du procès à l'infinitif, qui peut avoir son propre sujet (son adversaire).

Difficulté rencontrée

On ne confondra pas les constructions de l'infinitif avec un semi-auxiliaire et les emplois de l'infinitif comme COD d'un verbe transitif : Elle souhaite rencontrer le directeur. Dans ce cas, le verbe principal n'est pas un auxiliaire, mais garde son sens lexical plein et sélectionne son sujet et son complément.

2 2. Emplois nominaux de l'infinitif

• **Fonctions nominales**

L'infinitif peut être le centre d'un groupe exerçant les fonctions syntaxiques du groupe nominal (sujet, objet, etc.). Cependant, à l'intérieur de ce groupe, il garde des propriétés verbales (compléments du verbe, négation, mise au passif, expression de l'aspect, etc.). On peut globalement remplacer tout le groupe par un groupe nominal ou un pronom : Roberto aime **chanter** / le chant / cela.

– **Sujet** : **Se croire** un personnage est fort commun en France. (La Fontaine)

– **Complément du verbe** :

Elle souhaite **rencontrer** le directeur. Tristan espère **revoir** Iseut.

→ Le complément du verbe est construit directement (COD).

Elle propose d'**aller** à la mer. Il lui demande de **rester**.

→ Le complément du verbe est construit indirectement (COI) avec les prépositions *à* ou *de*.

REMARQUE La construction de l'infinitif peut être identique à celle d'un groupe nominal : elle souhaite une rencontre. Dans certains cas, l'infinitif est en construction indirecte : apprendre à, proposer de, alors que le groupe nominal (ou le pronom) est en construction directe : apprendre quelque chose, proposer quelque chose.

– **Attribut du sujet** : Vouloir, c'est **pouvoir**. Dire, c'est **faire**.
→ L'infinitif sujet doit être repris par *c'* devant le verbe *être*.
– **Complément de verbe impersonnel** : Il faut **remplacer** la batterie.
– **Complément du nom** : La joie de **vivre** (Émile Zola) L'art de **recevoir**.
– **Complément d'adjectif** : Il est incapable de **se taire**. Elle est soucieuse de **réussir**.
– **Complément circonstanciel introduit par une préposition** :
Revenez sans **tarder**. Coupez le moteur avant de **prendre** de l'essence.
Triez vos déchets pour **réduire** le volume des ordures.

• **L'infinitif substantivé** a le statut d'un nom véritable, bénéficiant d'une entrée séparée dans les dictionnaires : l'être, l'avoir, le pouvoir, le devoir, le savoir...
Il reçoit la détermination nominale (déterminant, adjectif...) et il peut varier en nombre : des rires discrets.

Entrainement 1

Analysez les emplois de l'infinitif dans les textes suivants.

1. Je veux, pour composer chastement mes églogues,
Coucher auprès du ciel comme les astrologues,
Et, voisin des clochers, écouter en rêvant
Leurs hymnes solennels emportés par le vent.

Charles Baudelaire, *Les Fleurs du mal*, « Paysage », 1857.

2. Un jour deux Pèlerins sur le sable rencontrent
Une Huître que le flot y venait d'apporter :
Ils l'avalent des yeux, du doigt ils se la montrent ;
À l'égard de la dent il fallut contester.
L'un se baissait déjà pour amasser la proie ;
L'autre le pousse et dit : Il est bon de savoir
Qui de nous en aura la joie.
Celui qui le premier a pu l'apercevoir
En sera le gobeur ; l'autre le verra faire.

La Fontaine, *Fables*, « L'Huître et les Plaideurs », 1678.

Corrigé p. 250

3 Le participe : formes et emplois

Le participe est, comme l'infinitif, un **mode impersonnel du verbe**. Il « participe » à la fois de la nature du verbe et de la nature de l'adjectif : il est la **forme adjective du verbe**.
On distingue le participe présent (courant), le gérondif (en chantant) et le participe passé (couru).

3 1. Formes du participe

• **Le participe présent** est formé avec la terminaison *-ant* qui s'ajoute généralement au radical de la 1re personne du pluriel du présent de l'indicatif (finiss-ant, dev-ant, voy-ant), sauf *être* (étant), *avoir* (ayant) et *savoir* (sachant). Il est invariable.
Le participe présent a des emplois de verbe et d'adjectif :
La nuit **tombant**, il rentre à la maison. Le participe est le verbe de la subordonnée participiale.
Je cherche un bus **se dirigeant** au centre-ville. Le participe est épithète du nom bus.
Il convient de le distinguer de **l'adjectif verbal**, qui est un vrai adjectif, variable en genre et en nombre, et dont la forme peut être différente du participe présent : une répétition **fatigante**.

• **Le gérondif**, qui a la même désinence *-ant* et qui est toujours précédé de *en* dans l'usage moderne, est la forme adverbiale du verbe : la voiture a dérapé **en glissant** sur le verglas.

• **Le participe passé** est généralement formé par l'ajout d'une voyelle au radical du verbe : chanté, parti, cueilli, couru, venu, rendu. Quelques verbes ont un participe terminé par une consonne au masculin : craint, fait, mis, peint...
Le participe passé possède des emplois verbaux, notamment dans les formes composées du verbe (il a couru, il est parti) et des emplois adjectivaux (des candidates épuisées).

3 2. Participe présent et adjectif verbal

Le participe présent a des propriétés verbales (compléments verbaux, négation par *ne... pas*, etc.), alors que l'adjectif verbal est un adjectif.

• **Fonctions syntaxiques**

– Le **participe présent** peut avoir la **fonction d'un adjectif**, épithète ou apposé.
Des hommes **arrivant** de partout se rassemblent sur la place centrale.
Il peut être le verbe d'une **proposition subordonnée participiale**.
L'hiver **approchant**, Dorothée rentre ses géraniums.
– L'**adjectif verbal** a la **fonction d'un adjectif**, épithète, apposé ou attribut.
J'ai admiré des actrices **étonnantes**. Cette représentation était **émouvante**.

• **Forme**

– Le participe présent est invariable, alors que l'adjectif verbal s'accorde en genre et en nombre avec le nom auquel il se rapporte : une fin **surprenant** les spectateurs ; une fin **surprenante**.
– L'orthographe de certains adjectifs verbaux diffère de celle du participe présent correspondant : finales *-ent* / *-ant* (équivalent / équivalant ; précédent / précédant), *-cant* / *-quant* (convaincant / convainquant), *-gant* / *-guant* (fatigant / fatiguant). Pour ces deux derniers cas, le participe présent garde la forme du radical du verbe (naviguer > naviguant).

• **Sens**

Le participe présent présente l'action en cours de déroulement (un bateau **dérivant** au gré des courants), alors que l'adjectif verbal exprime un état (une rue **passante**) ou une propriété (une poudre **lavante**).

Entrainement 2

Distinguez les participes présents et les adjectifs verbaux en vous appuyant sur les critères appropriés.

1. L'enfant contemple les chats rôdant sur les toits.
2. Cette nuit, des étoiles filantes sillonnent le ciel.
3. Elle a acheté une plante grimpante.
4. L'été finissant, la famille rentre en ville.
5. Le soudeur trouve son travail fatigant.
6. Il cherche une porte communiquant avec la sortie du cinéma.

Corrigé p. 251

3. Le gérondif

• Le **gérondif**, comme le participe présent, est invariable ; il se termine toujours par *-ant* et il peut recevoir les compléments du verbe.

• À la différence du participe présent, il est toujours précédé de *en*. Sur le plan syntaxique, le gérondif est la forme adverbiale du verbe. Équivalant à un adverbe, il peut être **complément circonstanciel** de manière, de moyen, de temps, de cause, de condition ou d'opposition, suivant sa relation avec le reste de la phrase.

En descendant du train, il fit une rencontre inattendue. **En réfléchissant,** tu comprendras.

4. Le participe passé

• À la différence du participe présent, le **participe passé** est variable en genre et en nombre ; les règles qui gouvernent son accord sont particulièrement complexes lorsqu'il est employé avec l'auxiliaire *avoir*.

Voir Fiche 45 : Les chaines d'accord.

• Le participe passé a des valeurs verbales :

– Il sert à former, avec les auxiliaires *avoir* ou *être*, les temps composés des verbes.

Elle a **marché**. Il était **parti**.

Voir Fiche 24 : Temps simples et temps composés.

– Il est associé à l'auxiliaire *être* pour former le passif des verbes transitifs.

Mon smartphone a été **réparé**.

Voir Fiche 23 : La forme passive.

– Il peut être le verbe d'une proposition subordonnée participiale.

Les invités **arrivés**, on se met à table.

• Le participe passé a des **valeurs adjectivales. Employé sans auxiliaire**, il peut être épithète du nom, apposé ou attribut.

Nous arrivons dans la maison **louée** par les vacances. Marcel, **surpris**, est **ému**.
(louée : Épithète ; surpris : Apposé ; ému : Attribut)

Entrainement 3

Étudiez les emplois du participe passé.

La veille du jour fixé pour mon départ, Alexis rentra avec la main droite fortement contusionnée par un gros bloc de charbon sous lequel il avait eu la maladresse de la laisser prendre ; un doigt était à moitié écrasé ; la main entière était meurtrie.

Hector Malot, *Sans famille*, 1878.

Corrigé p. 251

À retenir

- **L'infinitif**, qui ne comporte pas de terminaisons de personne et de nombre, est la **forme nominale du verbe**.
- Il peut constituer le **noyau verbal** d'une phrase indépendante, principale ou subordonnée, seul ou associé à un semi-auxiliaire.
- Il peut être le **centre d'un groupe** exerçant la fonction syntaxique d'un groupe nominal (sujet, objet, etc.). Quand il est substantivé, il devient un nom véritable.
- **Le participe** est la **forme adjective du verbe**. Le **participe présent** et le **participe passé** ont des emplois adjectivaux et verbaux. On distingue le participe présent et **l'adjectif verbal**. Le **gérondif**, toujours précédé de *en*, est la **forme adverbiale du verbe**.

Entrainement 4

Analysez l'emploi des infinitifs et des participes de ce texte.

Après plusieurs heures de fatigue et d'anxiété ils virent enfin, tout au loin, à travers les arbres, une petite lumière se montrer, faible et tremblante comme une étoile dans un ciel d'orage. Prenant par un chemin de traverse, ils coururent vers la chaumière éclairée.

Arrivés devant la porte, ils s'arrêtèrent interdits, n'osant frapper. Une timidité subite les retenait. Il était aisé de voir qu'ils n'avaient pas l'habitude de heurter aux portes pour demander quelque chose. Ils se serrèrent l'un contre l'autre, le cœur gros, tout tremblants. André rassembla son courage.

G. Bruno, *Le Tour de la France par deux enfants*, 1877.

Corrigé p. 251

Corrigés

Entrainement 1

Énoncé p. 247

1. – ***Composer*** : l'infinitif est le noyau d'un groupe prépositionnel complément circonstanciel de but.

– ***Coucher, écouter*** : les deux infinitifs constituent deux groupes coordonnés, COD du verbe *vouloir* (fonction nominale).

2. – ***Apporter*** : l'infinitif est le noyau verbal de la phrase, associé au semi-auxiliaire d'aspect *venir de*.

– ***Contester*** : l'infinitif est le noyau d'un groupe ayant la fonction de complément du verbe impersonnel *falloir*, qui équivaut à un groupe nominal.

– ***Amasser*** : l'infinitif est le noyau d'un groupe prépositionnel complément circonstanciel de but.

– ***Savoir*** : l'infinitif est le noyau d'un groupe qui est « sujet logique » de la construction impersonnelle *il est bon*.

– ***Apercevoir*** : l'infinitif est le noyau verbal de la phrase, associé au semi-auxiliaire *pouvoir*.

– ***Faire*** : malgré la forme objet *le* de son sujet, on peut analyser l'infinitif comme le noyau verbal d'une proposition subordonnée infinitive, qui est elle-même COD de *voir* (= verra (ce) qu'il fait).

Entrainement 2

Énoncé p. 249

Participes présents : 1. ***les chats rôdant sur les toits*** : *rôdant* est épithète du nom *chat*. Il ne s'accorde pas et reçoit un complément prépositionnel. 4. ***L'été finissant*** : *finissant* est le verbe d'une subordonnée participiale. 6. ***une porte communiquant avec la sortie du cinéma*** : *communiquant* est épithète du nom *porte*. Il ne s'accorde pas et reçoit un complément prépositionnel.

Adjectifs verbaux : 2. ***des étoiles filantes*** : *filantes* est épithète du nom *étoiles*, avec lequel il s'accorde. 3. ***une plante grimpante*** : *grimpante* est épithète du nom *plante*, avec lequel il s'accorde. 5. ***Le soudeur trouve son travail fatigant*** : *fatigant* est attribut du complément d'objet direct *son travail*. Son orthographe est différente de celle du participe présent *fatiguant*.

Entrainement 3

Énoncé p. 249

– ***fixé*** : participe passé épithète du nom *jour* et suivi d'un complément prépositionnel. – ***contusionnée*** : participe passé épithète du nom *main*, de sens passif, suivi du complément d'agent *par un gros bloc de charbon* – **eu** : participe passé du verbe *avoir*, formant avec *avait* le plus-que-parfait. – ***écrasé, meurtrie*** : participes passés de sens passif, attributs des sujets *un doigt* et *la main entière*.

Entrainement 4

Énoncé p. 250

• **Infinitif**

– *ils virent une petite lumière* **se montrer** : l'infinitif présent *se montrer* est le verbe de la proposition subordonnée infinitive *une petite lumière se montrer*, subordonnée complément du verbe principal *virent*. – *n'osant* **frapper** : l'infinitif présent *frapper* est complément du verbe *osant*. – *Il était aisé de* **voir** : l'infinitif *voir*, obligatoirement précédé par *de*, est sujet logique (réel) de la construction impersonnelle *il était aisé*.

– *l'habitude de* **heurter** *aux portes* : l'infinitif présent *heurter* est complément du nom *habitude*. – *pour* **demander** *quelque chose* : l'infinitif présent *demander* est complément circonstanciel de but.

• **Participes**

– **Participes présents** :

– ***Prenant*** *par un chemin de traverse* : le participe présent *prenant*, placé en début de phrase, est mis en apposition à *ils*, sujet de la phrase. – ***n'osant*** *frapper* : le participe présent *osant* est mis en apposition à *ils*, sujet de la phrase.

– **Participes passés** :

– ***Arrivés*** *devant la porte* : le participe passé *arrivés*, placé en début de phrase, est mis en apposition à *ils*, sujet de la phrase. – *la chaumière* **éclairée, interdits** : le participe passé *éclairé* est épithète du nom *chaumière* ; le participe passé *interdits* est mis en apposition à *ils*, sujet de la phrase. Employés seuls, ils ont le statut d'un adjectif, comme le prouve la substitution possible : *éclairée* = *simple, claire* ; *interdits* = *inquiets*.

Remarque. On relève aussi des **adjectifs verbaux**, qui ne font pas l'objet de la question limitée aux participes, mais qu'il faut signaler pour justifier leur exclusion : ***faible*** *et* ***tremblante*** : deux adjectifs coordonnés, apposés à *une petite lumière ; tremblante* est un adjectif verbal, qui s'accorde au féminin singulier. – *tout* **tremblants** : adjectif verbal, apposé à *ils*, qui s'accorde au masculin pluriel.

NB. : Remarquons la répétition de *tremblant*, apposé, avec deux sens différents.

VERS LE CONCOURS Le verbe

Exercice 1

1. Relevez et analysez les formes passives.

Je descendis […] dans la cabine. Il y régnait un désordre difficile à imaginer. Tout ce qui fermait à clé avait été éventré pour chercher la carte. Le plancher était couvert de boue, car les bandits s'étaient installés là pour boire ou discuter après avoir pataugé dans les marais autour de leur camp. Les cloisons, autrefois peintes en blanc et ornées de dorures, étaient maculées de mains sales. Des douzaines de bouteilles vides s'entrechoquaient dans les coins, au roulis du navire. L'un des livres de médecine du docteur était ouvert sur la table ; la moitié des feuilles avaient été arrachées pour allumer des pipes, j'imagine.

Stevenson, *L'Île au trésor*, 1883.

Corrigé p. 255

2. Pour quelle raison l'auteur a-t-il choisi la forme passive ?

Exercice 2

Relevez et analysez tous les emplois du verbe *être*.

1. Alors, brusquement, Jeanne fut traversée par un élan d'affection, remuée jusqu'aux larmes devant cette petite mécanique qui semblait vivante, qui lui chantait l'heure et palpitait comme une poitrine.
2. Certes, elle n'avait pas été aussi émue en embrassant père et mère.
3. Pour la première fois depuis son mariage, elle était seule en son lit…
4. Elle fut réveillée au matin par une grande lueur qui teignait son lit de sang…
5. Cette facilité de donner était du reste un des grands bonheurs de leur vie…

D'après Maupassant, *Une vie*, 1883.

Corrigé p. 255

Exercice 3

1. Dans ce texte, identifiez les verbes conjugués et indiquez leur temps, leur mode et la personne à laquelle ils sont conjugués.

2. Expliquez la valeur des formes *avait jetés, modifie, cacherait.*

Autrefois, les animaux terrestres, contemporains des époques géologiques, les quadrupèdes, les quadrumanes, les reptiles, les oiseaux étaient construits sur des gabarits gigantesques. Le Créateur les avait jetés dans un moule colossal que le temps a réduit peu à peu. Pourquoi la mer, dans ses profondeurs ignorées, n'aurait-elle pas gardé ces vastes échantillons de la vie d'un autre âge, elle qui ne se modifie jamais, alors que le noyau terrestre change presque incessamment ? Pourquoi ne cacherait-elle pas dans son sein les dernières variétés de ces espèces titanesques, dont les années sont des siècles, et les siècles des millénaires ?

Jules Verne, *20 000 lieues sous les mers*, 1870.

Corrigé p. 255

Exercice 4 : QCM

Choisissez la bonne analyse des formes verbales en gras.

1. Il faudrait des mille ans et des mille ans pour que ça se **réalisât** peut-être. (Zola)

A. Passé simple. B. Imparfait du subjonctif. C. Passé du subjonctif.

2. À peine **eut-il décidé** ce voyage, que son humeur changea. (E. Jaloux)

A. Passé simple. B. Plus-que-parfait du subjonctif. C. Passé antérieur.

3. Le train de Toulouse **est arrivé** voie 1.

A. Présent passif. B. Passé composé. C. Passé simple.

4. Les enfants s'**étaient perdus** dans la forêt.

A. Imparfait passif. B. Plus-que-parfait de l'indicatif. C. Passé composé.

5. La presse annonce que le bateau **aurait sombré**.

A. Conditionnel passé. B. Conditionnel présent. C. Imparfait du subjonctif.

6. Elle regrette que le concert **commence** en retard.

A. Présent de l'indicatif. B. Présent du subjonctif. C. Présent de l'impératif.

7. Je crains qu'elle **ait** mal **compris** l'heure.

A. Subjonctif présent. B. Subjonctif passé. C. Passé composé.

8. Je t'appellerai quand tu **seras rentrée** à la maison.

A. Futur simple. B. Conditionnel passé. C. Futur antérieur.

Corrigé p. 256

Exercice 5

Faites l'analyse des formes verbales (radical + terminaison) et distinguez, dans la terminaison, quand c'est possible, les marques de temps et de personne-nombre.

1. Il choisissait. **2.** Elle courra. **3.** Tu peignis. **4.** Il prend. **5.** Nous voulions. **6.** Vous sauriez. **7.** Elles acquirent. **8.** Nous riions. **9.** Tu sentiras. **10.** Vous devrez.

Corrigé p. 256

Exercice 6

Mettez les verbes à la forme composée correspondant au temps simple employé.

1. Elle venait. **2.** Je finirai. **3.** Ils se battent. **4.** Tu tomberais. **5.** Nous courûmes.

Corrigé p. 256

Exercice 7

Mettez à l'imparfait ces verbes donnés au présent de l'indicatif et distinguez le radical et la terminaison de chaque verbe, en séparant les marques de temps et de personne.

1. Elle mange. **2.** Vous criez. **3.** Il choisit. **4.** On avance. **5.** Nous plions. **6.** Ils voient.

Corrigé p. 256

Exercice 8

Réécrivez ce texte en remplaçant la 1re personne par la 3e personne du singulier et le passé composé par le passé simple. Faites une transposition adaptée de l'avant-dernière phrase.

J'ai pris l'autobus à deux heures. Il faisait très chaud. J'ai mangé au restaurant, chez Céleste, comme d'habitude. Ils avaient tous beaucoup de peine pour moi et Céleste m'a dit : « On n'a qu'une mère. » Quand je suis parti, ils m'ont accompagné à la porte. J'étais un peu étourdi parce qu'il a fallu que je monte chez Emmanuel pour lui emprunter une cravate noire et un brassard. Il a perdu son oncle, il y a quelques mois. J'ai couru pour ne pas manquer le départ.

Albert Camus, *L'Étranger*, © Éditions Gallimard, 1942.

Corrigé p. 256

GRAMMAIRE

Exercice 9

Dans ce texte d'un élève de CM2, écrit en totalité à l'imparfait, remplacez les imparfaits qui ne conviennent pas par un autre temps du passé.
« Écris un rêve que tu as fait ou que tu aurais aimé faire. »

Avant de m'endormir, j'avais l'habitude de lire une petite histoire. Un soir, l'histoire que je lisais racontait la vie des animaux. Au bout d'un moment, j'avais sommeil, je posais mon livre sur la table de nuit, j'éteignais ma lampe de chevet puis je m'endormais. Je rêvais que tous les animaux vivaient autour de moi. Je voyais des cochons d'Inde, des chiens loup qui surveillaient ma porte ; les lapins se cachaient sous ma couette. Les oiseaux volaient dans toute ma chambre. Le plus drôle, je rêvais d'une baleine à bicyclette. C'était la poésie que j'apprenais à l'école. Les animaux, les mots se mélangeaient dans ma tête. Tous les animaux s'envolaient avec moi dans le ciel. Soudain, la sonnerie de mon réveil arrêtait mon rêve. J'ouvrais mes yeux et tout était calme dans ma chambre.

Corrigé p. 256

Exercice 10

Réécrivez les verbes au subjonctif présent (ajouter qu(e) : elle danse > qu'elle danse).

1. Il lit. **2.** Tu vois. **3.** Elle a. **4.** Nous essuyons. **5.** Vous criez. **6.** Vous faites.

Corrigé p. 257

Exercice 11

Mettez les verbes des subordonnées, selon le cas, à l'indicatif ou au subjonctif.

1. Il faut que tu me (*croire*). **2.** J'espère qu'elle (*revenir*). **3.** Commence maintenant tes révisions pour que tu (*avoir*) le temps de les finir. **4.** Je veux que tu (*savoir*) par cœur tes tables de multiplication. **5.** Fais changer le moteur du bateau pour qu'il (*être*) prêt à reprendre la mer dans quinze jours. **6.** C'est nécessaire que je (*voir*) le directeur.

Corrigé p. 257

Exercice 12

Distinguez le participe présent et l'adjectif verbal en justifiant votre analyse.

1. Cette chaleur est suffocante. **2.** C'est un homme influent. **3.** Les avis divergeant, aucune décision n'a été prise. **4.** Un automobiliste négligeant les révisions peut avoir des ennuis de voiture. **5.** Cet enfant est négligent. **6.** C'est une porte donnant sur la rue.

Corrigé p. 257

Corrigés

Exercice 1

Énoncé p. 252

1.

– (ligne 2) *avait été éventré* : plus-que-parfait passif du verbe *éventrer*, 3e personne du singulier, sujet : la proposition *tout ce qui fermait à clé*. Le complément d'agent implicite est *par les bandits*.

– (ligne 2-3) *était couvert :* imparfait passif du verbe *couvrir*, 3e personne du singulier, sujet : *le plancher*. Le complément d'agent est introduit par la préposition *de* est *boue*.

– (ligne 5) *étaient maculées* : imparfait passif du verbe *maculer*, 3e personne du pluriel, sujet *les cloisons*. Le complément d'agent introduit par la préposition *de* est *mains sales*.

– (ligne 7) *avaient été arrachées* : plus-que-parfait passif du verbe *arracher*, 3e personne du pluriel, sujet : le GN *la moitié des feuilles*. Le complément d'agent implicite est *par les bandits*.

2.
L'auteur a vraisemblablement choisi la forme passive dans ces phrases pour maintenir la continuité thématique du texte qui repose sur la succession des objets détériorés qu'il décrit. La forme passive permet de rappeler, même implicitement, le rôle négatif des pirates.

Exercice 2

Énoncé p. 252

1. **fut** *traversée* / **(fut)** *remuée* : auxiliaire d'un passé simple passif, 3e personne du singulier. L'auxiliaire n'est pas répété (ellipse) pour le deuxième verbe (*remuée*).

2. *n'***avait** *pas été aussi émue* : verbe attributif au plus-que-parfait de l'indicatif, 3e personne du singulier, introduit l'attribut du sujet *émue*.

3. *elle* **était** *seule* : verbe attributif à l'imparfait de l'indicatif, 3e personne du singulier, introduit l'attribut du sujet *seule*.

4. *Elle* **fut** *réveillée* : auxiliaire d'un passé simple passif, 3e personne du singulier.

5. **était** *(…) un des grands bonheurs* : verbe attributif à l'imparfait suivi d'un groupe nominal complexe (avec expansion), 3e personne du singulier.

Exercice 3

Énoncé p. 252

1.

– *étaient construits* : imparfait de l'indicatif, voix passive, 3e personne du pluriel.

– *avait jetés* : plus-que-parfait de l'indicatif, 3e personne du singulier.

– *a réduit* : passé composé, 3e personne du singulier.

– *aurait gardé* : conditionnel passé, 3e personne du singulier (forme négative).

– *modifie, change* : présent de l'indicatif, 3e personne du singulier.

– *cacherait* : conditionnel présent, 3e personne du singulier.

– *sont* : présent de l'indicatif, 3e personne du pluriel.

2.

– *avait jetés :* ce plus-que-parfait indique une action passée, qui est antérieure à l'imparfait (*étaient construits*) de la phrase précédente. Après le constat établi avec l'imparfait, la phrase au plus-que-parfait apporte une explication.

– *modifie :* présent à valeur de vérité générale, exprimée à la forme négative ; *modifie* s'oppose exactement à *change* qui figure dans la subordonnée circonstancielle d'opposition.

– *cacherait* : le conditionnel sert à présenter une hypothèse plausible sur le présent, dans une phrase interrogative. On relève plus haut le conditionnel passé *aurait gardé*, qui présente aussi une hypothèse, mais qui porte sur le passé.

Exercice 4 : QCM

Énoncé p. 252

1. B ; **2.** C ; **3.** B ; **4.** B ; **5.** A ; **6.** B (le verbe *regretter* demande le subjonctif) ; **7.** B ; **8.** C.

Exercice 5

Énoncé p. 253

1. choisiss/ai-t. **2.** Elle cour/r-a. **3.** Tu peign/i-s. **4.** Il prend (pas de terminaison : *-d* fait partie du radical). **5.** Nous voul/i-ons. **6.** Vous sau/ri-ez (+ au conditionnel, on peut séparer *r* = futur et *i* = imparfait). **7.** Elles acqui/rent. **8.** Nous ri/i-ons. **9.** Tu sent/ir-as. **10.** Vous dev/r-ez.

Exercice 6

Énoncé p. 253

1. Elle était venue. **2.** J'aurai fini. **3.** Ils se sont battus. **4.** Tu serais tombé. **5.** Nous eûmes couru.

Exercice 7

Énoncé p. 253

1. Elle mange/ai-t. **2.** Vous cri/i-ez. **3.** Il choisiss/ai-t. **4.** On avanç/ai-t. **5.** Nous pli/i-ons. **6.** Ils voy/ai-ent.

– Les marques de temps sont *-ai-* ou *-i-* selon la personne.

– Les marques de personne (et de nombre) sont *-t* (3e personne du singulier), *-ons* (1re personne du pluriel), *-ez* (2e personne du pluriel), *-ent* (3e personne du pluriel).

Exercice 8

Énoncé p. 253

Il prit l'autobus à deux heures. Il faisait très chaud. **Il mangea** au restaurant, chez Céleste, comme d'habitude. Ils avaient tous beaucoup de peine pour **lui** et Céleste **lui** a dit : « On n'a qu'une mère. » Quand **il partit**, ils **l'accompagnèrent** à la porte. **Il était** un peu étourdi parce qu'il **fallut** qu'**il** monte chez Emmanuel pour lui emprunter une cravate noire et un brassard. Il / **Emmanuel avait perdu** son oncle, quelques mois auparavant. **Il courut** pour ne pas manquer le départ.

Albert Camus, *L'Étranger*, © Éditions Gallimard, 1942.

Exercice 9

Énoncé p. 254

– Mettre à l'imparfait tous les verbes a pour effet « d'aplatir » le récit, en plaçant tous les faits évoqués sur le même plan. Or, à la lecture de ce texte, on perçoit une hiérarchie entre ces faits (premier plan ≠ arrière-plan). Pour la faire apparaitre, il faut remplacer certains imparfaits présentant des évènements, des faits de premier plan, par des passés composés ou des passés simples.

– S'agissant d'un récit à la 1re personne, on choisit le passé composé. Dans une écriture littéraire, on pourrait employer le passé simple (pour plus d'explications, voir les FICHES 27 et 28).

– En outre, on introduit une conjonction de temps (*comme*) pour maintenir un imparfait (ligne 3) et on remplace un imparfait par un plus-que-parfait (ligne 8) dans une subordonnée relative (*avais apprise*) pour marquer l'antériorité par rapport à l'imparfait de la principale (*était*).

Avant de m'endormir, j'avais l'habitude de lire une petite histoire. Un soir, l'histoire que je lisais racontait la vie des animaux. Au bout d'un moment, **comme** *j'avais sommeil,* **j'ai posé** *mon livre sur la table de nuit,* **j'ai éteint** *ma lampe de chevet puis je me* **suis endormi.** *Je rêvais que tous les animaux vivaient autour de moi. Je voyais des cochons d'Inde, des chiens loups qui surveillaient ma porte ; les lapins se cachaient sous ma couette. Les oiseaux volaient dans toute ma chambre. Le plus drôle, je rêvais d'une baleine à bicyclette. C'était la poésie que* **j'avais apprise** *à l'école. Les animaux, les mots se mélangeaient dans ma tête. Tous les animaux s'envolaient avec moi dans le ciel. Soudain, la sonnerie de mon réveil* **a arrêté** *mon rêve.* **J'ai ouvert** *mes yeux et tout était calme dans ma chambre.*

Exercice 10

Énoncé p. 254

1. Qu'il lise.
2. Que tu voies.
3. Qu'elle ait.
4. Que nous essuyions.
5. Que vous criiez.
6. Que vous fassiez.

Exercice 11

Énoncé p. 254

1. Il faut que tu me croies.
2. J'espère qu'elle reviendra.
3. Commence maintenant tes révisions pour que tu aies le temps de les finir.
4. Je veux que tu saches par cœur tes tables de multiplication.
5. Fais changer le moteur du bateau pour qu'il soit prêt à reprendre la mer dans quinze jours.
6. C'est nécessaire que je voie le directeur.

Exercice 12

Énoncé p. 254

– **Participes présents** : **3.** *divergeant* : invariable, verbe de la subordonnée participiale. **4.** *négligeant* : suivi d'un COD. **6.** *donnant* : invariable, suivi d'un complément du verbe.

– **Adjectifs verbaux** : **1.** *suffocante* : accord, attribut du sujet. **2.** *influent* : orthographe différente du participe (*influant*). **5.** *négligent* : orthographe différente du participe (*négligeant*), attribut du sujet.

FICHE 33 — La cohérence textuelle et l'énonciation

Les reprises nominales et pronominales

Objectif

- Identifier les différents types de reprises anaphoriques.

voir aussi

Tester ses connaissances

Relevez les reprises nominales et pronominales du nom propre *Orso*.

Miss Lydia résolut de faire tourner la tête au descendant des caporaux, et la chose n'était pas difficile, car, loin de se presser pour revoir son village, **Orso** semblait se plaire fort à Ajaccio, bien qu'il n'y vît personne. D'ailleurs Miss Lydia s'était proposé une noble tâche, celle de civiliser cet ours des montagnes, et de le faire renoncer aux sinistres desseins qui le ramenaient dans son île. Depuis qu'elle avait pris la peine de l'étudier, elle s'était dit qu'il serait dommage de laisser ce jeune homme courir à sa perte.

Prosper Mérimée, *Colomba*, 1840.

- **Les reprises pronominales** : pronoms personnels : sujet *il* (*n'y vît*) – compléments : *le* (*faire renoncer*), *le* (*ramenaient*), *l'*(*étudier*). Les pronoms personnels *se* (*se presser, se plaire*) font partie de constructions pronominales autonomes et ne sont donc pas analysables.
- **Les reprises nominales** : *au* (= *à le*) *descendant des caporaux* (périphrase) – *cet ours des montagnes* (métaphore) – *ce jeune homme*.

LE COURS

1 Quelques définitions : anaphore, cataphore, substitut

Les termes de reprise (quelquefois nommés *substituts*) sont des mots ou des groupes de mots qui rappellent une expression déjà présente dans le texte ou le discours et qui ne peuvent se comprendre qu'en étant mis en relation avec elle. On parle de **reprise anaphorique**.

Le loup va et vient. **Il** marche de long en large et ne s'arrête jamais.

(Daniel Pennac, *L'œil du loup*, 1984.)

Si le substitut précède et annonce cette expression, on parle alors de **cataphore** :

Il marche de long en large et ne s'arrête jamais, **le loup**.

REMARQUE L'anaphore au sens linguistique du terme n'a rien à voir avec la figure de style appelée « anaphore ». Cette dernière consiste à répéter le ou les même(s) mot(s) en tête d'une structure (groupe de mots, phrase, vers, paragraphe...).
Rome, l'unique objet de mon ressentiment !
Rome, à qui vient ton bras d'immoler mon amant
Rome, qui t'a vu naître et que ton cœur adore !

Corneille, *Horace*, 1640.

• Les reprises anaphoriques sont des moyens de se référer à un individu, un objet, un fait, une idée déjà évoqués dans un texte ou un discours. On parle alors de **référent** et les différents mots ou expressions qui reprennent ce référent constituent ce qu'on appelle la **chaine référentielle**.

• Les reprises sont **coréférentielles** lorsqu'elles réfèrent exactement au même objet que celui de l'antécédent ; on parle alors de coréférence :
Le loup va et vient. **Il** marche...
Mais certains substituts ne reprennent pas le même référent :
La robe de Micheline est bleue, **celle** de Claude est rouge.
celle désigne bien une robe, mais ce n'est pas la même. Il n'y a pas de coréférence.

2 Les différentes catégories de termes anaphoriques

Les reprises anaphoriques peuvent **remplacer les noms propres et représenter les personnages**, mais elles peuvent également **prendre la place de noms communs ou de groupes nominaux** désignant n'importe quelle réalité du monde : des objets, des actions, des groupes de mots à valeur abstraite.

Une grande variété d'expressions peut servir à ces reprises : des noms, des pronoms, des déterminants, des groupes nominaux, mais on distingue deux grands types : les reprises pronominales et les reprises nominales.

2 1. Les reprises pronominales

Les pronoms, que leur étymologie voue théoriquement à **prendre la place d'un nom**, sont évidemment tout désignés pour référer à ce qui a déjà été évoqué.
Dans ce rôle de reprises pronominales, on rencontre aussi bien :
– **des pronoms personnels de 3e personne, sujets ou compléments** : Le sécateur du vigneron est bien affûté quand **il lui** permet de couper tous les sarments qu'il doit éliminer lors de la taille annuelle.
– **des pronoms relatifs** : Je décroche le téléphone **qui** se trouve sur le bureau.
– **des pronoms démonstratifs** : Dans les classes, il y a quelquefois des animaux domestiques. **Ceux-ci** sont généralement très appréciés des enfants.
– **des pronoms possessifs** : Il dispose de livres personnels et de livres empruntés. **Les siens** sont toujours bien rangés.
– **des pronoms indéfinis** : Les espèces de champignons sont nombreuses. **Certaines** sont plus comestibles que d'autres.

Voir Fiches 12 et 13 : Les pronoms.

GRAMMAIRE

REMARQUE Les pronoms ne sont pas limités à la reprise de noms ou de groupes nominaux, ils peuvent aussi reprendre des propositions :
Tu penses qu'elle viendra ? – Oui, elle me l'a dit.

Difficulté rencontrée

Tous les pronoms ne sont pas anaphoriques.

• Les pronoms personnels des 1re et 2e personnes renvoient à la situation de communication pour désigner l'émetteur ou le récepteur du message. Ces pronoms sont **déictiques**, et ils ne peuvent être interprétés que par rapport à la situation :

Je te demande de partir.

• Certains pronoms ne réfèrent pas à un élément antérieur parce qu'ils contiennent en eux-mêmes la référence :

Quelqu'un m'a dit que...

Qui dort dine.

• Enfin, certains pronoms peuvent être :
– soit déictiques : exemple d'un locuteur qui, en montrant une fenêtre de la pièce où il se trouve, dit : Fermez **celle-ci**.
– soit anaphoriques : Le garnement jeta une pierre dans la vitre. **Celle-ci** se brisa instantanément.

Voir Fiche 37 : Les déictiques.

2 2. Les reprises nominales

Lorsque la reprise est constituée d'un groupe nominal organisé autour d'un nom commun, il s'agit d'une reprise nominale :
– reprise fidèle du même terme avec un **passage de l'indéfini au défini** : une maison... **la** maison (l'article défini *la* donne une valeur anaphorique au GN) ;
– reprise du même terme avec un déterminant **démonstratif** : une maison... **cette** maison ;
– reprise avec un **déterminant possessif** : une maison... **sa** maison ;
– reprise par un **hyperonyme**, c'est-à-dire par un mot générique : un lion s'est échappé d'une ménagerie... **le fauve** (ou **le félin**) ;
– reprise par un **hyponyme**, c'est-à-dire par un mot plus spécifique (ce mode de reprise est beaucoup moins fréquent que le précédent) : Les hommes politiques deviennent vite impopulaires. **Les ministres en exercice** sont particulièrement affectés par ce phénomène.
– reprise par un **synonyme** ou un quasi-synonyme :
Qui a vu la bête qui terrorise les Deux-Sèvres ? **L'animal** a été aperçu.
– reprise par une **périphrase** (le plus souvent pour les noms propres) :
Ils arrivèrent à Avignon. Ils tombèrent aussitôt sous le charme de **la cité des Papes**.

Voir Fiche 50 : L'hyperonymie.

REMARQUE **Toutes les reprises anaphoriques ne sont pas nominales ou pronominales.**
D'autres classes de mots peuvent jouer ce rôle :
– des **adverbes** (*ainsi*, *là*...) :
Il lui a fait des remarques blessantes et elle n'a pas compris pourquoi il lui parlait **ainsi**.
Ils s'arrêtèrent au bord de la rivière. **Là**, ils…
– des **adjectifs** :
Son intervention a été remarquable. Je ne m'attendais pas à une **telle** intervention.
– des **verbes** :
J'ai rentré ma voiture au garage comme je **le fais** chaque soir.

3 Les possibilités d'expression offertes par les reprises anaphoriques

3 1. Construction de la représentation du référent

C'est par le biais des reprises que se construit la représentation du référent.

- Dans les textes informatifs par exemple, les reprises anaphoriques apportent des informations supplémentaires nécessaires à une meilleure compréhension. Ainsi tel texte sur les techniques de chasse du léopard va désigner l'animal tantôt par son nom particulier, le léopard, tantôt par son appartenance à des familles plus larges, le carnivore ou le félin.
- Dans les textes narratifs, outre les caractéristiques des personnages, les reprises indiquent souvent les relations qui existent entre eux : relations de parenté (son oncle), relations hiérarchiques ou sociales (son cuisinier vénitien Chichibio), relations créées par le contexte (ce traitre)...

3 2. Expression du point de vue

Les reprises anaphoriques permettent également aux auteurs de faire connaitre leur point de vue ou les points de vue de leurs personnages. Ainsi dans cet extrait de la fable de La Fontaine, « Les animaux malades de la peste », on peut voir la façon dont l'Âne est présenté et désigné comme coupable à travers l'évolution des reprises anaphoriques :

L'Âne vint à son tour et dit : [...]
À ces mots on cria haro sur **le baudet**.
Un Loup quelque peu clair prouva par sa harangue
Qu'il fallait dévouer **ce maudit animal**,
Ce pelé, ce galeux, d'où venait tout leur mal

De même, dans les textes argumentatifs, l'orientation argumentative se perçoit notamment au travers des reprises employées. Par exemple, il parait assez évident qu'un texte qui présente la didactique en employant des reprises anaphoriques telles qu'une nouvelle conception de la pédagogie de la langue, cette démarche nouvelle, la didactique contemporaine, plaide en faveur de cette discipline.

Entrainement 1

Relevez et expliquez les reprises anaphoriques concernant les éléments en bleu.

1. Une femme qui venait d'arriver sur la place se mit à danser. Esméralda tourbillonna gracieusement. La jolie bohémienne attirait tous les regards.

2. Le public suivait avec passion. Dans ce public, se tenait le poète Gringoire. L'assistance resserrait le cercle autour d'elle.

3. La danseuse amplifiait ses mouvements. Certains frôlaient les spectateurs.

4. Elle était consciente de son pouvoir, la belle gitane !

Corrigé p. 262

Entrainement 2

Relevez toutes les reprises anaphoriques concernant *Stépane Arcadiévitch.*

Stépane Arcadiévitch ne se faisait point illusion : il n'éprouvait aucun remords et s'en rendait fort bien compte. Cet homme de trente-quatre ans, bien fait de sa personne et de complexion amoureuse, ne pouvait vraiment se repentir de négliger sa femme, à peine plus jeune que lui d'une année et mère de sept enfants, dont cinq vivants ; il regrettait seulement de ne pas avoir mieux caché son jeu.

Léon Tolstoï, *Anna Karénine*, 1877.

Corrigé p. 263

À retenir

Les **reprises anaphoriques**, nominales ou pronominales, rappellent une expression déjà présente dans le texte ou le discours et ne peuvent se comprendre qu'en étant mises en relation avec elle. **Elles peuvent être coréférentielles ou non.**

Corrigés

Entrainement 1

Énoncé p. 261

1. Une femme **qui** venait d'arriver sur la place se mit à danser. Esméralda tourbillonna gracieusement. **La jolie bohémienne** attirait tous les regards.

Le groupe nominal ***une femme*** est repris successivement par le **pronom relatif *qui*** et par la périphrase ***la jolie bohémienne***. Le nom propre n'est jamais anaphorique. Le lecteur associe par inférence *Esméralda* à *une femme*.

2. Le public suivait avec passion. Dans **ce public**, se tenait le poète Gringoire. **L'assistance** resserrait le cercle autour d'elle.

Le groupe nominal ***Le public*** fait l'objet d'une reprise fidèle avec le même terme *public* mais avec changement de déterminant : passage de l'article défini contracté au déterminant démonstratif anaphorique, **ce *public***. Le groupe nominal ***L'assistance*** est un synonyme de *public*.

3. La danseuse amplifiait ses mouvements. **Certains** frôlaient les spectateurs.

Reprise du groupe nominal ***ses mouvements*** par le pronom indéfini, ***certains***.

4. Elle était consciente de son pouvoir, **la belle gitane** !

La périphrase ***la belle gitane*** est annoncée par le pronon *elle*, ce qui constitue une cataphore.

Entrainement 2

Énoncé p. 233

Stépane Arcadiévitch ne se *faisait point illusion :* **il** *n'éprouvait aucun remords et s'en rendait fort bien compte.* **Cet homme de trente-quatre ans,** *bien fait de* **sa** *personne et de complexion amoureuse, ne pouvait vraiment* se *repentir de négliger* **sa** *femme, à peine plus jeune que* **lui** *d'une année et mère de sept enfants, dont cinq vivants ;* **il** *regrettait seulement de ne pas avoir mieux caché* **son** *jeu.*

Léon Tolstoï, *Anna Karénine.*

Stépane Arcadiévitch est repris par le groupe nominal *cet homme de trente-quatre ans*, par le pronom personnel de 3e personne (*il, lui*). Le déterminant possessif de 3e personne marque aussi la relation avec ce nom propre : sa femme = la femme de Stépane Arcadiévitch ; son jeu = le jeu de Stépane Arcadiévitch.

FICHE 34 La cohérence textuelle et l'énonciation

Les connecteurs

Objectif

- Identifier les connecteurs et connaitre leur rôle.

voir aussi

GRAMMAIRE

Tester ses connaissances

Relevez les connecteurs et indiquez leur rôle.

Sire, répond l'Agneau, que votre Majesté
Ne se mette pas en colère ;
Mais plutôt qu'elle considère
Que je me vas désaltérant
Dans le courant,
Plus de vingt pas au-dessous d'Elle,
Et que par conséquent, en aucune façon,
Je ne puis troubler sa boisson.

La Fontaine, *Fables*, « Le Loup et l'Agneau », 1668.

- **Mais** : marque l'introduction d'une recommandation opposée à l'affirmation précédente.
- **Et/par conséquent** : *et* (enchaînement) est associé à *par conséquent* (conclusion). Ils marquent le caractère très rhétorique de l'argumentation.

Corrigé détaillé p. 267

LE COURS

1 Rôle des connecteurs

• Une des règles fondamentales de la cohérence textuelle est que les informations puissent être mises en relation par le lecteur. Dans certains cas, la simple juxtaposition des informations est suffisante pour que des liens logiques puissent s'opérer :
Un important tremblement de terre a eu lieu, cette nuit, au centre de l'Italie. De très nombreux monuments ont été endommagés. (lien de cause à conséquence)

• Le plus souvent, cette mise en relation est assurée par des mots ou expressions qu'on appelle **connecteurs**.

Les connecteurs sont des **mots de liaison qui articulent les informations** entre elles. Ils contribuent à l'organisation du texte et du discours en marquant les relations entre les phrases ou entre les séquences du texte et en indiquant les articulations du discours.

• La notion de connecteur a le mérite de rapprocher des unités de la langue que la grammaire traditionnelle classe dans des catégories tout à fait différentes :
– **les conjonctions de coordination** : mais, ou, et, or, ni, car ;
– **les adverbes et locutions adverbiales** : d'abord, ensuite, puis, enfin, ainsi, autrement dit, au contraire, au demeurant, en fait, bref, cependant, d'ailleurs, de fait, décidément, de toute façon, effectivement, toutefois, par ailleurs, néanmoins, pourtant, quand même...

2 Les différentes catégories de connecteurs

On peut distinguer **trois classes de connecteurs** : les organisateurs textuels, les marqueurs d'une prise en charge énonciative, les connecteurs argumentatifs.

2 1. Les organisateurs textuels

Ils sont de trois sortes : les connecteurs temporels, les connecteurs spatiaux et les connecteurs marquant la progression et le découpage du texte.

• Les **connecteurs temporels**, qui structurent le texte autour de la représentation du temps, se rencontrent beaucoup dans les **récits** pour en indiquer la chronologie : alors, ensuite, puis, après, soudain, tout à coup, etc.
Meaulnes resta un instant interdit, la regardant partir. **Puis** il se reprit à marcher. **Et alors** la jeune fille, dans le lointain, au moment de se perdre à nouveau dans la foule des invités, s'arrêta [...].

(Alain-Fournier, *Le Grand Meaulnes*, 1913.)

• Les **connecteurs spatiaux** ordonnent le plus souvent des **descriptions**. Ce sont des adverbes, des locutions adverbiales, des groupes prépositionnels : ici, là, plus haut, en bas, à côté de, d'un coté / de l'autre coté, à gauche, à droite, puis, etc.
On aperçoit **à gauche** la montagne appelée le morne de la découverte, d'où l'on signale les vaisseaux qui abordent dans l'île, et au bas de cette montagne la ville nommée le Port-Louis ; **à droite** le chemin qui mène du Port-Louis au quartier des Pamplemousses ;

ensuite l'église de ce nom, qui s'élève avec des avenues de bambous au milieu d'une grande plaine ; et **plus loin** une forêt qui s'étend jusqu'aux extrémités de l'île.

(Bernardin de Saint-Pierre, *Paul et Virginie*, 1788.)

• Les **connecteurs marquant la progression du texte et son découpage** servent à :
– ordonner les **énumérations** : tout d'abord, après, ensuite, aussi, enfin, puis…
Ce que contenaient ces livres au fond importait peu. Ce qui importait était ce qu'ils ressentaient **d'abord** en entrant dans la bibliothèque, (…). **Puis** venait le moment où…

(Albert Camus, *Le Premier Homme*, édition posthume, © Éditions Gallimard, 1994.)

– annoncer les **exemples** : par exemple, notamment, en particulier, ainsi…
– indiquer les **changements de point de vue** : quant à, en ce qui me concerne…
Quant à l'agriculture, le principe en fut connu longtemps avant que la pratique en fut établie…

(Jean-Jacques Rousseau, *Discours sur l'origine et les fondements de l'inégalité parmi les hommes*, 1755.)

ATTENTION
• Certains connecteurs (et, donc, etc.) jouent un rôle aussi bien dans la phrase que dans le texte.
• Beaucoup de connecteurs sont polyvalents, comme alors, ensuite, puis. Puis peut être un repère spatial (Je vois Pierre puis Jacques) ou temporel (Je sors puis je me promène).

2 2. Les marqueurs d'une prise en charge énonciative

Ils marquent les interventions de l'énonciateur, par exemple :
– lorsqu'il signale les points de vue en indiquant leur origine : selon X, d'après X, pour X, etc.
Selon l'auteur des *Essais*, les Européens ont fait preuve de barbarie à l'égard des Amérindiens.
– ou quand il précise son propos à l'aide d'un marqueur de reformulation : c'est-à-dire, autrement dit, à savoir, en d'autres termes, etc.
Le soldat en tirailleur, un peu livré à lui-même, devient **pour ainsi dire** son propre général.

(Victor Hugo, *Les Misérables*, 1862.)

Entrainement 1

Repérez les connecteurs et indiquez leur valeur.

1. En ce temps-là, la vieillesse était une dignité ; aujourd'hui elle est une charge.

Chateaubriand, *Mémoires d'outre-tombe*, 1848.

2. Je suis né gentilhomme. Selon moi, j'ai profité du hasard de mon berceau.

Chateaubriand, *Mémoires d'outre-tombe*, 1848.

3. J'ai étudié son caractère, et j'y ai trouvé des contradictions qu'il m'est impossible de résoudre. Par exemple : il a un ministre qui n'a que dix-huit ans, et une maîtresse qui en a quatre-vingts…

Montesquieu, *Lettres persanes*, 1721.

4. La simplicité est un jeu qui coûte extrêmement cher, d'autant plus qu'elle ne ravit qu'à la condition que les autres sachent que vous pourriez ne pas être simple, c'est-à-dire que vous êtes très riche…

Marcel Proust, *À la recherche du temps perdu*, « Le Côté de Guermantes », 1920.

Corrigé p. 267

2 3. Les connecteurs argumentatifs

Le discours argumentatif, dans lequel un énonciateur cherche à convaincre un destinataire pour modifier son opinion, ses valeurs ou ses croyances en s'adressant à son intelligence, comporte beaucoup de connecteurs. Ceux-ci servent à indiquer l'orientation argumentative, la progression des arguments, et la prise en compte des contre-arguments. L'argumentation, qui s'appuie sur le raisonnement, utilise les connecteurs essentiellement pour indiquer les relations logiques.

- **Conjonction/disjonction**

La relation de conjonction marque le lien : et, aussi, également, etc. tandis que la relation de disjonction marque la séparation : ou, soit... soit...

- **Opposition/concession**

Les connecteurs marquant **l'opposition** introduisent une objection à la phrase ou à l'argument qui précède : mais, cependant, pourtant, toutefois, en revanche, etc.

Je ne travaillerai pas demain, **au contraire** j'irai me promener.

La concession consiste à admettre certains arguments du destinataire que l'on veut convaincre : certes... mais, etc.

– Il fait des efforts...

– **Certes**, il fait des efforts **mais** très mesurés et qui ne l'exténuent point !

- **Explication/justification**

Elle est souvent marquée, avec diverses nuances, par car, en effet, parce que, puisque, etc.

Monsieur le baron était un des plus puissants seigneurs de la Westphalie, **car** son château avait une porte et des fenêtres.

(Voltaire, *Candide*, 1759.)

[...] et en attendant l'avenir, je promis à la poésie ce qui serait perdu pour la science. **En effet**, si je ne rencontrai pas en Amérique ce que j'y cherchais, le mode polaire, j'y rencontrai une nouvelle muse.

(Chateaubriand, *Mémoires d'Outre-tombe*, 1848.)

Des connecteurs peuvent introduire un argument supplémentaire, ajouter une information à la proposition précédente : d'ailleurs, de plus, du reste, en outre, à propos, etc.

[Fantine] envoya les quarante francs à Montfermeil. **Du reste** c'était une ruse des Thénardier pour avoir de l'argent. Cosette n'était pas malade.

(Victor Hugo, *Les Misérables*, 1862.)

- **Conclusion**

La progression d'un raisonnement nécessite souvent des phases de conclusion partielles et débouche sur une phase conclusive finale. Le connecteur le plus utilisé est donc, mais il y en a bien d'autres : alors, c'est pourquoi, ainsi, en tout cas, finalement, enfin, en conclusion, etc.

Ainsi se tenait, devant ces bourgeois épanouis, ce demi-siècle de servitude.

(Gustave Flaubert, *Madame Bovary*, 1856.)

Entrainement 2

Repérez les connecteurs argumentatifs et indiquez leur valeur sémantique.

1. Il pleut. Je suis enrhumé. Donc, je resterai à la maison.
2. La Grèce est un pays idéal pour les vacances. Il y fait beau. Toutefois, la chaleur y est parfois insupportable.
3. Il fait beau. Mais je suis fatigué. Alors je ne sors pas.
4. C'est midi. Pourtant le facteur n'est pas encore passé.
5. Je ne veux pas acheter cette robe : elle est trop voyante et d'ailleurs elle n'est pas très bon marché.
6. Aujourd'hui, j'ai dû payer mes impôts, mais j'ai reçu une prime. Finalement, la journée n'a pas été si mauvaise.

Corrigé p. 268

Entrainement 3

Relevez les connecteurs et indiquez leur rôle.

Il est vrai que dans les démocraties le peuple paraît faire ce qu'il veut ; mais la liberté politique ne consiste point à faire ce que l'on veut. Dans un État, c'est-à-dire dans une société où il y a des lois, la liberté ne peut consister qu'à pouvoir faire ce que l'on doit vouloir, et à n'être point contraint de faire ce que l'on ne doit pas vouloir.

Montesquieu, *De l'esprit des lois*, 1748.

Corrigé p. 268

GRAMMAIRE

Corrigés

Tester ses connaissances

Énoncé p. 263

– ***Mais*** : connecteur marquant l'introduction d'une recommandation opposée à l'affirmation précédente. Le *plutôt* qui suit est un modalisateur qui souligne le changement d'orientation argumentative.

– ***Et/par conséquent*** : le connecteur d'enchainement ou d'addition *et,* associé au connecteur introduisant la conclusion *par conséquent,* marque le caractère très rhétorique de l'argumentation de l'Agneau.

Entrainement 1

Énoncé p. 265

1. ***en ce temps-là*** / ***aujourd'hui*** sont des connecteurs temporels.
2. ***selon moi*** est un marqueur de prise en charge énonciative. Il signale le point de vue personnel du narrateur.
3. ***par exemple*** est un organisateur textuel. Il marque le découpage du texte en annonçant une exemplification.
4. ***c'est-à-dire*** appartient aux marqueurs d'une prise en charge énonciative ; plus précisément, il s'agit d'un marqueur de reformulation.

Entrainement 2

Énoncé p. 267

1. ***donc*** a une valeur déductive et conclusive.

2. ***toutefois*** marque une restriction (une nuance de la concession).

3. ***mais*** introduit une idée qui va en sens contraire de la première conclusion attendue et marque l'opposition ; ***alors*** introduit une suite logique. Il a une valeur conclusive.

4. ***pourtant*** marque une opposition entre les deux propositions.

5. ***d'ailleurs*** sert à compléter et permet d'introduire un argument supplémentaire.

6. ***mais*** introduit une information qui va dans le sens contraire de la conclusion que l'on pourrait tirer après la lecture de la première proposition (valeur d'opposition) ; ***finalement*** a une valeur conclusive.

Entrainement 3

Énoncé p. 267

Il y a trois connecteurs : *mais, c'est-à-dire, et.*

– **mais** oppose un argument *la liberté politique ne consiste point à faire ce que l'on veut* à la première affirmation *Il est vrai que dans les démocraties le peuple paraît faire ce qu'il veut.*

– **c'est-à-dire** est un marqueur de reformulation qui indique l'équivalence sémantique entre *dans un État* et *dans une société où il y a des lois.*

– **et** marque simplement l'addition d'une idée à une autre allant dans le même sens.

FICHE 35

La cohérence textuelle et l'énonciation

Les différents systèmes d'énonciation

Objectif

• Connaitre les principes de fonctionnement de l'énonciation.

voir aussi

Toutes les fiches des temps verbaux (22 à 32) .... p. 198 à p. 244
Le discours rapporté .... p. 273
Les déictiques .... p. 279
La modalisation .... p. 283

Tester ses connaissances

Quelles remarques vous inspirent l'emploi des formes verbales (temps et personnes), l'expression du temps et du lieu dans les deux extraits suivants de la fable de La Fontaine *Le Loup et l'Agneau* ?

1. Un Agneau se désaltérait
Dans le courant d'une onde pure.
Un Loup survient à jeun qui cherchait aventure,
Et que la faim en ces lieux attirait.

2. Qui te rend si hardi de troubler mon breuvage ?
(…)
Tu seras châtié de ta témérité.

1. L'emploi de trois imparfaits situe le récit dans le passé. Le présent *survient* est un présent de narration. Seule la 3e personne du singulier est employée : *un Agneau / Un loup / qui / la faim*. L'imparfait *se désaltérait* pose l'arrière-plan. Ce passage correspond à une énonciation de récit.
2. Le verbe *rend* est au présent et le verbe *seras châtié* au futur simple passif. Emplois de la 2e personne du singulier pour l'Agneau (*te, tu, ta*) et de la 1re pour le Loup (*mon breuvage*). *Mon breuvage* est une expression déictique pour désigner le cours d'eau (évoqué par *onde pure* au vers 2). Les deux vers correspondent à une énonciation de discours (discours direct).

1 Discours et récit

Tout énoncé[1] est produit par un énonciateur, adressé à un destinataire dans une situation de communication particulière. Les marques linguistiques qui traduisent ces différents paramètres (relation de l'énonciateur à son énoncé, relation au destinataire, changement d'énonciateur dans un même texte, relation à un lieu, à un moment…) relèvent du phénomène de l'énonciation.

Depuis les travaux d'Émile Benveniste[2], on distingue deux plans de l'énonciation, selon que le locuteur s'implique dans son énoncé (énonciation de « discours ») ou qu'il prend ses distances (énonciation historique ou encore « de récit »). L'emploi des personnes et des temps des verbes, entre autres, se fait en fonction de ce choix.
Quelles sont les principales différences entre les deux systèmes ?

1 1. Une énonciation impliquée de type « discours »

- **L'énonciateur du texte** se désigne en tant que tel sous la forme du pronom *je* (ou de ses équivalents : *nous*, le déterminant possessif : mon breuvage) et s'adresse à un interlocuteur souvent marqué dans le texte par la présence de *tu* ou *vous*.

- **Les trois temps de base** sont alors présent / passé composé / futur, en relation avec l'actualité du locuteur.
- **Les indicateurs spatio-temporels** se situent également par rapport au lieu et au moment de l'énonciation et se réfèrent explicitement aux catégories de l'ici et du maintenant. On trouve ainsi :
– des adverbes comme hier ou demain, des expressions comme il y a six semaines, l'année dernière, l'année prochaine, pour exprimer des notions temporelles ;

1. L'énoncé est le produit de l'énonciation ; c'est une suite organisée de mots, orale ou écrite.

2. *Problèmes de linguistique générale*, © Éditions Gallimard, 1976.

– des adverbes ou des expressions comme ici, là, pour exprimer des notions spatiales. Tous ces éléments ne peuvent être compris que par rapport à la situation de l'énonciateur. On les appelle des **déictiques** :

Aujourd'hui, j'ai eu dix ans. Il **est** neuf heures du soir, **papa** ne **viendra** plus. Il ne **téléphonera** pas non plus. Il n'**a** même pas **pensé** à **mon** anniversaire. Il **m'**a oubliée.

(Chantal Cahour, *Touche pas à mon père*, Hatier-Rageot, 1993.)

Voir Fiche 37 : Les déictiques.

• Ce type d'énonciation est appelé **discours** par Émile Benveniste.

REMARQUE Le choix de cette terminologie ne va pas sans poser de problème, compte tenu des multiples acceptions du mot *discours* dans l'usage quotidien et en linguistique. En ce qui concerne l'étude de l'énonciation, le mot *discours* se comprend en opposition à celui de *récit*.

1 2. Une énonciation à distance de type « récit »

• Les informations données par l'énonciateur sont envisagées en dehors de ses relations avec le moment d'énonciation : emploi de la troisième personne (*il* ou *elle*).

• Emploi de certains temps verbaux (alternance imparfait / passé simple) à l'exclusion de certains autres (comme le futur).

• Emploi de certaines marques spatio-temporelles qui ne peuvent être comprises que par référence à des repères donnés de façon explicite dans le texte : le lendemain, trois jours plus tard, la veille, à cet endroit-là...

• Émile Benveniste parle alors **d'énonciation historique**.

Il était une fois un mandarin qui **possédait** un chat qu'**il aimait** beaucoup. **Il** en **était** fier et **trouvait** l'animal si extraordinaire qu'**il décida** de le nommer « Ciel ».

(Extrait d'un conte vietnamien, M. Riffaud, *Le Chat si extraordinaire*, La Farandole, 1978.)

Entrainement 1

À quel système d'énonciation appartiennent les textes suivants ? Sur quels indices vous fondez-vous ?

1. Il était une fois une Reine qui accoucha d'un fils, si laid et si mal fait, qu'on douta longtemps s'il avait forme humaine. Une fée qui se trouva à sa naissance assura qu'il ne laisserait pas d'être aimable...

Charles Perrault, *Contes de ma mère l'Oye*, « Riquet à la houppe », 1697.

2. Va voir comme se porte ta mère-grand, car on m'a dit qu'elle était malade, porte-lui une galette et ce petit pot de beurre.

Charles Perrault, *Contes de ma mère l'Oye*, « Le Petit Chaperon rouge », 1697.

Corrigé p. 272

2 Mixité énonciative dans les textes

La distinction entre « récit » et « discours » permet certes de mieux comprendre le fonctionnement des déictiques et des temps verbaux, en relation avec le choix des personnes. Elle clarifie aussi certaines différences d'emplois entre passé simple et passé composé. Cependant, cette distinction théorique ne doit pas masquer la **complexité du fonctionnement réel des textes**, qui présentent souvent une **imbrication des deux systèmes d'énonciation**.

2 1. Mixité simple

De très nombreux textes, notamment des romans, présentent une **alternance des deux systèmes**. Ils comportent du discours direct, possédant toutes les caractéristiques de l'énonciation de discours (1re et 2e personnes du singulier, présent de l'indicatif comme temps pivot, présence de déictiques), qui est inséré dans un récit, possédant, lui, toutes les caractéristiques d'une énonciation historique (3e personne, alternance de passé simple et d'imparfait, présence de marques spatio-temporelles spécifiques).

Voir Fiche 36 : Le discours rapporté.

M. Leuwen père sourit comme malgré lui. Lucien le comprit, et ajouta avec empressement :

– Je ne prétends point tromper un homme aussi clairvoyant ; je ne l'ai jamais prétendu ; croyez-le bien, mon père !

(Stendhal, *Lucien Leuwen*, 1834.)

2 2. Mixité complexe

Les deux systèmes peuvent également s'imbriquer de façon plus complexe lorsqu'un récit au passé simple est conduit à la 1re personne du singulier :

Onze heures sonnèrent, je me rendis auprès d'Ellénore ; elle m'attendait.
Elle voulut parler : je lui demandai de m'écouter. Je m'assis auprès d'elle...

(Benjamin Constant, *Adolphe*, 1816.)

Certains textes peuvent également mêler le passé simple au passé composé. Ce sont souvent des récits autobiographiques où un passé révolu, porté par le passé simple, se trouve rapproché par le travail de la mémoire, d'un passé plus récent qui retentit encore dans le présent de l'auteur-narrateur.

Il y a quatre ans qu'à mon retour de Terre-Sainte, j'achetai près du hameau d'Aulnay [...] une maison de jardinier. [...] Cet étroit espace me parut propre à renfermer mes longues espérances [...]. Les arbres que j'y ai plantés prospèrent, ils sont si petits que je leur donne de l'ombre quand je me place entre eux et le soleil.

(Chateaubriand, *Mémoires d'outre-tombe*, 1849.)

Entrainement 2

Relevez tous les indices de mixité énonciative dans les extraits suivants.

1. On ne put m'arracher l'aveu qu'on exigeait. Repris à plusieurs fois et mis dans l'état le plus affreux, je fus inébranlable. [...] Enfin je sortis de cette cruelle épreuve en pièces, mais triomphant.

Il y a maintenant près de cinquante ans de cette aventure, et je n'ai pas peur d'être aujourd'hui puni derechef pour le même fait ; eh bien, je déclare à la face du Ciel que j'en étais innocent...

Jean-Jacques Rousseau, *Les Confessions*, 1782.

2. Le souvenir intolérable du chagrin que j'avais fait à ma mère me rendit une angoisse que sa présence seule et son baiser pouvaient guérir... Je sentis l'impossibilité de partir pour Venise, pour n'importe où, où je serais sans elle... Je ne suis plus un être heureux que sollicite un désir ; je ne suis plus qu'un être tendre torturé par l'angoisse. Je regarde maman, je l'embrasse.

– À quoi pense mon crétinos, à quelque bêtise ?

– Je serais si heureux si je ne voyais plus personne.

Marcel Proust, *Contre Sainte-Beuve*, 1954.

Corrigé p. 272

À retenir

- On peut distinguer **deux systèmes d'énonciation** : dans **l'énonciation de discours**, l'énonciateur marque sa présence dans son énoncé ; dans **l'énonciation historique** [de récit], il prend ses distances.
- Le temps des verbes, le choix des personnes grammaticales, les marqueurs du temps et de la relation au contexte sont **les principaux indices d'énonciation**.

Corrigés

Entrainement 1

Énoncé p. 270

1. Le texte s'inscrit dans une énonciation de « récit ».

– Le temps des verbes (imparfait et passé simple) situe les évènements dans un passé inaccessible, sans lien avec notre actualité présente.

– On note l'absence d'implication d'un narrateur ou d'un destinataire (pas de 1re ou de 2e personne du singulier ou du pluriel, la seule personne grammaticale repérable est la 3e). La formule *il était une fois* signale l'entrée dans le genre du conte. Les évènements semblent se dérouler d'eux-mêmes sans l'intervention d'un narrateur.

2. Le texte s'inscrit dans une énonciation de « discours ».

– Présence d'un énonciateur : *On* **m'***a dit.*

– Présence d'un destinataire (**ta** *mère-grand*) auquel on s'adresse directement à la 2e personne de l'impératif : **va** *voir ;* **porte**-*lui.*

– Les temps utilisés, passé composé (*on m'***a dit**), impératif présent, présent de l'indicatif sont ceux d'un discours direct.

– Référence à des objets présents dans le contexte : **ce** *petit pot de beurre.*

Entrainement 2

Énoncé p. 271

1. – **1er paragraphe. Évocation de faits passés : énonciation de récit** au passé simple à la 1re personne du singulier. (*je fis, je sortis, on ne put m'arracher*).

– **2e paragraphe. Retour au présent de l'écrivain** : passage à une **énonciation de discours.** Présent, 1re personne du singulier (*je n'ai pas peur, je déclare*), déictiques (*maintenant, aujourd'hui*), interjection marquant une modalisation (*eh bien*).

2. – Les deux premières phrases s'inscrivent dans **une énonciation de récit** au passé simple (*le souvenir me rendit, je sentis*) et à l'imparfait (*pouvait*) malgré la 1re personne du singulier. Les autres temps utilisés dans ces deux phrases : le plus-que-parfait marquant l'antériorité (*j'avais fait*), le conditionnel présent qui est un « futur vu du passé », probablement aussi avec une nuance hypothétique (*je serais*), prennent leur sens par rapport à cette énonciation au passé.

– La troisième et la quatrième phrases conservent la 1re personne du singulier mais passent au présent de l'indicatif (*je ne suis plus, sollicite, je regarde, je l'embrasse*) tout en poursuivant la narration.

– Dans les phrases suivantes, la rupture énonciative due au discours direct est indiquée par les tirets et, logiquement, l'énonciation est celle du discours : présent comme temps pivot (*pense*), utilisation de la 1re personne du singulier (*mon crétinos, je serais*). Le conditionnel présent (*je serais*) est ici pris dans un système hypothétique avec une valeur d'irréel, parce que dans la réalité, la condition (ne plus voir personne) ne peut pas être réalisée.

Le discours rapporté

Objectif

- Identifier les différents types de discours rapporté.

voir aussi

Les propositions subordonnées complétives et circonstancielles .... p. 59
Les différents systèmes d'énonciation .... p. 268
Les déictiques .... p. 279

Tester ses connaissances

Repérez les passages où sont rapportées les paroles des personnages. Quels sont les indices de ces paroles rapportées ? À quelles formes du discours rapporté appartiennent-elles ?

Le Cheval et l'Âne

[...] Un Âne accompagnait un Cheval peu courtois,
Celui-ci ne portant que son simple harnois,
Et le pauvre baudet si chargé qu'il succombe.
Il pria le cheval de l'aider quelque peu :
Autrement il mourrait devant qu'être à la ville.
La prière, dit-il, n'en est pas incivile :
Moitié de ce fardeau ne vous sera que jeu.
Le cheval refusa, fit une pétarade ;
Tant qu'il vit sous le faix mourir son camarade,
Et reconnut qu'il avait tort.
Du Baudet, en cette aventure,
On lui fit porter la voiture,
Et la peau par-dessus encor.

La Fontaine, *Fables*, « Le Cheval et l'Âne », 1668.

- **Discours direct** : vers 6 et 7, indiqué par proposition en incise *dit-il*.
- **Discours indirect** : vers 4, introduit par *pria* ; vers 10 introduit par *reconnut*.
- **Discours indirect libre** : vers 5.
- **Discours narrativisé** : vers 8 (*refusa*) indique une parole.

LE COURS

1 Les formes du discours rapporté

Le discours rapporté, comme son nom l'indique, sert à rapporter des paroles ou des pensées. **Sa présence dénote donc une double énonciation.**

GRAMMAIRE

• Il s'insère dans un premier **discours** émis par un locuteur qui reprend le discours d'autrui ou son propre discours :

Pierre m'a dit qu'il roulait beaucoup pour son métier.

Je lui ai dit que je ne voudrais pas être à sa place.

• Il tient une place importante dans les **récits** (romans, contes, fables, biographies, etc.) dans lesquels le narrateur rapporte les paroles et les pensées des personnages.

• Le discours rapporté peut prendre plusieurs formes et l'on distingue ainsi :

– le **discours direct** ;
– le **discours indirect** ;
– le **discours indirect libre**.

On y ajoute parfois le **discours narrativisé** qui est un discours résumé, parfaitement fondu dans le récit.

2 Le discours direct

Le discours direct, le plus proche des propos tenus ou censés avoir été tenus, a toutes les **caractéristiques de l'énonciation de discours**. Il est considéré comme la forme de base dont le discours indirect et le discours indirect libre sont des transpositions syntaxiques.

Cependant, la fidélité du discours direct à l'oral n'est qu'apparente. En effet, il ne peut, sous peine de devenir illisible, reproduire les nuances des intonations, les discontinuités, les pauses plus ou moins longues, les chevauchements de propos simultanés et les « bruits » divers qui caractérisent les échanges oraux. Le discours direct « mime » l'oral et sa fidélité porte sur la teneur et non sur la forme :

Jupiter dit un jour : Que tout ce qui respire
S'en vienne comparaître aux pieds de ma grandeur. (La Fontaine, *Fables*, « La Besace », 1668.)

• **La ponctuation du discours direct : les signes d'énonciation**

Le discours direct est inséré dans un autre discours avec des marques explicites qui soulignent le décalage énonciatif[1] :

– encadrement par des **guillemets** ;
– présence d'une **phrase introductive** qui indique l'énonciateur en donnant éventuellement des précisions sur les conditions de son discours :

Le prieur disait à sa sœur, en regardant la mer : « Hélas ! C'est ici que s'embarqua notre pauvre frère... » (Voltaire, *L'Ingénu*, 1767.)

Cette phrase introductive peut occuper trois places différentes : avant le passage au discours direct, à l'intérieur de celui-ci ou encore après celui-ci.

– Croyez-vous, **disait Mlle de Kerkabon,** que notre belle-sœur ait été mangée par les Iroquois comme on nous l'a dit ? [...]

– Vous avez raison, ma sœur, **disait le prieur**. (Voltaire, *L'Ingénu*, 1767.)

Dans le cas d'un dialogue inséré dans un récit, chaque réplique est introduite par un tiret et on ferme les guillemets lorsque le dialogue est terminé.

Je n'osais comprendre. Craintivement, je demandai :

« Qu'est-ce que vous apportez, monsieur ?

– De l'eau bouillante.

1. On note dans l'édition contemporaine une grande liberté dans la manière d'insérer le discours direct dans le récit : absence de guillemets, absence de verbe introducteur, etc.

– Pour quoi faire ?
– Les échauder, vos sales bêtes.
– Oh ! Monsieur Richard, je vous en prie ! Je vous en supplie. Justement, je crois qu'elles viennent d'avoir des petits...
– Raison de plus. » (André Gide, *Si le grain ne meurt*, NRF, © Éditions Gallimard, 1926.)

• **Le discours direct présente tous les traits linguistiques de l'énonciation de discours** : toutes les personnes grammaticales sont possibles, la 1re et la 2e dominent dans le dialogue ; les temps du verbe s'organisent par rapport au présent, moment de l'énonciation ; on y trouve tous les types de phrases de l'énonciation directe, notamment l'exclamatif et l'injonctif.

3 Le discours indirect

Le discours indirect perd son indépendance syntaxique car il est **placé dans une proposition subordonnée** complément d'un verbe (signifiant *dire* ou *penser*).

• Les verbes introducteurs sont souvent modalisés et traduisent alors le point de vue du locuteur sur la forme ou la teneur des propos qu'il va rapporter :
Il **s'étonna** qu'elle ait pu confondre Ronaldo et Ronaldinho et elle lui **rétorqua** qu'il avait bien confondu le coton et le polyester.

• **La mise en subordination du discours indirect entraine des transpositions** quelquefois assez complexes de temps et de personnes ainsi que des changements de déictiques et de types de phrases :
Il m'a demandé : « As-tu lu *La vie devant soi* ? » → Il m'a demandé si j'avais lu *La vie devant soi*. → changement de la personne et du temps.
Il disait : « Je viendrai demain. » → Il disait qu'il viendrait le lendemain.
→ changement de la personne, du temps et de l'adverbe de temps.
Elle s'exclama : « Qu'il fait chaud ! » → Elle s'exclama qu'il faisait chaud.
→ changement de temps et de type de phrase.
Quand le verbe de la proposition principale est au passé, il est nécessaire de transposer dans le passé les temps du discours rapporté, selon les règles de concordance décrites dans le tableau suivant.

Discours direct	Discours indirect
Passé composé Maëva a dit : « **J'ai dansé** tous les lundis. »	Plus-que-parfait Maëva a dit qu'**elle avait dansé** tous les lundis.
Présent Maëva a dit : « **Je danse** tous les lundis. »	Imparfait Maëva a dit qu'**elle dansait** tous les lundis.
Futur Maëva a dit : « **Je danserai** tous les lundis. »	**Conditionnel présent** (qui exprime le futur dans le passé → Voir Fiche 30) Maëva a dit qu'**elle danserait** tous les lundis.

GRAMMAIRE

REMARQUE Ces règles de concordance connaissent certaines adaptations. Exemple : Maëva a dit qu'elle **viendra** demain. Cette phrase est acceptable : le verbe principal est au passé mais celui de la subordonnée au futur car il indique une action postérieure au moment où elle est rapportée par l'énonciateur.

Entrainement 1

Transposez au discours indirect le texte suivant.

« [...] ce n'est plus possible ! s'écria le brocanteur. Il est onze heures juste. Vous êtes tombé dans ce coup-là : vous n'avez plus le droit d'en sortir. D'ailleurs, je reconnais que vous n'avez pas eu de chance de venir aujourd'hui. Mais quoi ! À chacun son destin ! Vous, vous êtes jeune et frais, vous êtes droit comme un *i*, et vous avez deux yeux superbes : tant qu'il y aura des bossus et des borgnes, vous n'aurez pas le droit de vous plaindre, c'est cinquante francs !
– Bien, dit mon père. Dans ce cas, nous allons décharger ces débris, et nous irons nous servir ailleurs. »

Marcel Pagnol, *La Gloire de mon père* (1957), Éditions de Fallois, Marcel Pagnol, 2004.

Corrigé p. 278

4 Le discours indirect libre

Le discours (dit aussi style) indirect libre est un procédé littéraire, très prisé par les romanciers à partir de la seconde moitié du XIXe siècle, qui permet de **rapporter les paroles et les pensées sans rompre le récit.**

Comme le discours direct, il présente des phrases indépendantes, non subordonnées. Il est souvent non démarqué du contexte où il est inséré, sans guillemets ni phrase introductive.

Comme le discours indirect, il s'accompagne de transpositions de temps et de personne.

Octave, pourtant, eut beaucoup de peine à s'endormir. Il se retournait fiévreusement, la cervelle occupée des figures nouvelles qu'il avait vues. **Pourquoi diable les Campardon se montraient-ils si aimables ? Est-ce qu'ils rêvaient, plus tard, de lui donner leur fille ? Peut-être aussi le mari le prenait-il en pension pour occuper et égayer sa femme ? Et cette pauvre dame, quelle drôle de maladie pouvait-elle avoir ?** Puis, ses idées se brouillèrent davantage [...]

(Émile Zola, *Pot-Bouille*, 1882.)

Difficulté rencontrée

Le discours indirect libre s'intègre parfaitement dans la narration au point, souvent, de passer inaperçu. Il faut donc être très attentif à ses **indices** (transpositions de temps et de personne) et au **contexte** (allusion à des paroles ou à des pensées) pour le déceler. Une fois qu'on connait cette forme de discours rapporté, le risque est d'en voir partout.

Entrainement 2

Repérez, en signalant les indices, les passages au discours direct et ceux au discours indirect.

« Vous n'avez guère l'air d'une Provençale », lui avait-il dit. Il y avait dans sa voix une pointe, non d'accent, mais d'accent corrigé, une incertitude. Elle répondit que cela n'avait rien d'extraordinaire : sa mère était de Franche-Comté et elle n'avait de son père que les yeux noirs.

Louis Aragon, *Aurélien*, © Éditions Gallimard, 1944.

Corrigé p. 278

Entrainement 3

Repérez les passages au discours indirect libre.

1. Alors, l'homme reconnut une fosse. Il fut repris de honte : à quoi bon ? Il n'y aurait pas de travail. Au lieu de se diriger vers les bâtiments, il se risqua à gravir le terril…

Émile Zola, *Germinal*, 1885.

2. Emporté par le flot montant des promeneurs, les yeux aveuglés par cette clarté de plein jour, il pouvait croire qu'on illuminait pour le fêter : n'était-il pas, lui aussi, le vainqueur inattendu, celui qui s'élevait au milieu des désastres ?

Émile Zola, *L'Argent*, 1891.

3. Ils se tournèrent de l'autre côté. Alors ils eurent devant eux les murs du Grenier d'abondance.
Décidément (et Pécuchet en était surpris) on avait encore plus chaud dans la rue que chez soi !
Bouvard l'engagea à mettre bas sa redingote.

Gustave Flaubert, *Bouvard et Pécuchet*, 1881.

Corrigé p. 279

Entrainement 4

À la manière de Flaubert, Jacques Cellard prête ces pensées à Charles Bovary ; transposez l'extrait ci-dessous au style direct.

Emma avait eu des amants ? Oui, se dit-il, et puis après ? Elle ne les avait pas véritablement aimés, puisqu'elle avait quitté le premier pour un autre, et celui-ci, peut-être, pour un troisième. Le temps ferait son œuvre. Elle comprendrait, un jour, que jamais un homme ne l'avait aimée comme il l'aimait, lui ; et elle lui reviendrait, entièrement cette fois. Oui, elle lui reviendrait, et tout serait comme au premier jour.

Jacques Cellard, *Emma, Oh ! Emma !*, Balland, 1992.

Corrigé p. 279

GRAMMAIRE

❺ Le discours narrativisé

À la différence des autres formes du discours rapporté, le discours narrativisé ne rapporte pas les paroles mais laisse au lecteur le soin d'imaginer ce que le locuteur a pu dire.

Pour être qualifié de discours narrativisé, l'énoncé doit évoquer l'acte de dire et donner une information sur la teneur du message. Le discours rapporté est ainsi condensé et résumé :

Il **racontait** sa vie à qui voulait l'entendre.

Elle **annonça** son départ en Polynésie.

Il **s'est plaint** de la nourriture.

À retenir

On peut distinguer plusieurs formes de **discours rapporté** : le discours **direct**, le discours **indirect**, le discours **indirect libre**, voire le discours **narrativisé**.

Corrigés

Entrainement 1

Énoncé p. 276

Le brocanteur s'écria que ce n'était plus possible, qu'il était onze heures juste, qu'il était tombé dans ce coup-là et qu'il n'avait plus le droit d'en sortir. D'ailleurs, il reconnaissait qu'il n'avait pas eu de chance de venir ce jour-là. Mais il estimait que chacun avait son destin. Il lui dit qu'il était jeune et frais, qu'il était droit comme un i *et qu'il avait deux yeux superbes. Il ajouta que tant qu'il y aurait des bossus et des borgnes, il n'aurait pas le droit de se plaindre et que c'était cinquante francs.*

Mon père dit que, dans ce cas, nous allions décharger ces débris et que nous irions nous servir ailleurs.

On remarque que, au style indirect, l'usage de la seule 3e personne peut poser des problèmes d'identification et que la transposition n'est pas toujours automatique : elle sacrifie les exclamations « *Mais quoi* (l. 3) et *Bien* ! » (l. 7). Le « *nous* » final est maintenu car il désigne toujours le petit Marcel, le narrateur, et son père.

Entrainement 2

Énoncé p. 277

- **Discours direct :** *« **Vous n'avez guère l'air d'une Provençale** », lui avait-il dit* : présence des guillemets et du verbe déclaratif *dire*.
- **Discours indirect :** *Elle répondit* **que cela n'avait rien d'extraordinaire** *:* verbe introducteur *répondit*, conjonction de subordination *que*, passage du présent à l'imparfait.
- **Discours indirect libre :** *sa mère était de Franche-Comté et elle n'avait de son père que les yeux noirs* : ce passage au discours indirect libre enchaine sur du discours indirect selon un procédé littéraire assez courant. Absence de guillemets et de verbe introducteur.

Par comparaison avec le discours direct correspondant, on observe plusieurs changements : les déterminants possessifs *ma*/*sa* ; *mon*/*son*, le pronom personnel *je*/*elle*, le temps des verbes : présent/imparfait.

Entrainement 3

Énoncé p. 277

1. *À quoi bon ? Il n'y aurait pas de travail.*
2. *n'était-il pas, lui aussi, le vainqueur inattendu, celui qui s'élevait au milieu des désastres ?*
3. *Décidément [...] on avait encore plus chaud dans la rue que chez soi !*

Entrainement 4

Énoncé p. 277

Emma a eu des amants ? Oui, et puis après ? Elle ne les a pas véritablement aimés, puisqu'elle a quitté le premier pour un autre, et celui-ci, peut-être, pour un troisième. Le temps fera son œuvre. Elle comprendra, un jour, que jamais un homme ne l'a aimée comme je l'aime, moi ; et elle me reviendra, entièrement cette fois. Oui, elle me reviendra, et tout sera comme au premier jour.

FICHE 37 — La cohérence textuelle et l'énonciation

Les déictiques

Objectif

- Repérer les déictiques.

voir aussi

Tester ses connaissances

Relevez les déictiques dans les phrases suivantes.

1. Aujourd'hui, nous allons étudier le raisonnement par récurrence.
2. Qu'est-ce que c'est que cet accoutrement ?
3. Où étais-tu lundi ?
4. Marcel est né ici il y a dix ans.
5. Fais attention au chien.

1. Aujourd'hui, nous. **2.** cet accoutrement. **3.** tu, lundi. **4.** ici il y a dix ans. **5.** au chien. (L'impératif s'adresse à l'interlocuteur malgré l'absence du pronom personnel.)

LE COURS

1 Définition

• On appelle déictiques des termes appartenant à diverses classes de mots qui ne prennent leur référence qu'en relation avec la situation d'énonciation dans laquelle ils sont employés[1].

Un énoncé tel que :

C'est bien **ici** qu'aura lieu **demain** à 15 heures la réunion que **nous** avons décidée **hier**.

nous indique que des personnes, au moins deux, ont décidé de tenir une réunion et que l'une de ces personnes informe son ou ses interlocuteur(s) que cette réunion aura lieu le lendemain en un endroit qui leur est familier. Mais « hors situation », en l'absence de précisions sur les partenaires de cette communication (qui sont-ils ?) et sur ses circonstances (quand ? où ?), cet énoncé demeure en grande partie ininterprétable.

Pour bien comprendre le rôle des expressions déictiques, on peut les comparer aux expressions non déictiques :

C'est **à Paris, rue de la Ferronnerie, le 14 mai 1610** que Ravaillac assassina Henri IV.

Les circonstances de temps et de lieu sont précisées de sorte qu'elles puissent être immédiatement interprétées de la même façon par tout lecteur.

• Les déictiques se trouvent reliés aux éléments constitutifs d'une situation d'énonciation et s'ordonnent par rapport à trois repères majeurs :
– les partenaires de la communication ;
– le lieu de l'énonciation et les objets présents ;
– le moment de l'énonciation.

1. Les déictiques sont également appelés *embrayeurs* par Jakobson.

2 Les mots qui sont des déictiques

• **Les pronoms personnels des 1re et 2e personnes du singulier :** ***je, tu*****.**

Ils désignent les partenaires de la communication : *je* désigne le locuteur, celui qui parle ; *tu* est l'allocutaire, celui à qui le locuteur parle.

• **Au pluriel,** ***nous*** **et** ***vous*** **peuvent être déictiques et inclure il(s), elle(s).**

Nous inclut le locuteur et une ou plusieurs autre(s) personne(s) :

Toi et moi, **nous**... ; **Nous**, lui et moi...

Vous inclut l'allocutaire et d'autres personnes :

Toi et ta sœur, **vous** devriez ranger vos affaires.

• **Des adverbes de lieu et de temps** : ici, maintenant, aujourd'hui et d'autres termes associés qui ne s'interprètent qu'en fonction des circonstances de la situation d'énonciation : demain, après-demain... hier, avant-hier... la semaine prochaine, dernière... ce matin, ce soir, cette nuit... cette année... et doivent, quelle que soit leur durée, se définir par rapport au moment de l'énonciation.

D'**ici** on voit bien la rivière en bas. Ici désigne l'endroit où a lieu l'échange entre les interlocuteurs à partir duquel s'ordonne l'espace.

Je reviens **ce soir**. Ce soir est un déictique. Pour interpréter correctement l'énoncé, il faut évidemment savoir par qui il a été produit, et à quel moment. Les adverbes de temps, quand ils sont employés comme déictiques, se repèrent par rapport au moment de l'énonciation.

- **Les déterminants ou pronoms possessifs des 1re et 2e personnes du singulier :**

Passez-moi **ma** canne et **mon** chapeau. J'ai oublié **ma** clef, passe-moi **la tienne**.

La canne et le chapeau sont ceux de celui (ou de celle) qui prononce cette phrase et qui se désigne par *moi*. La tienne désigne la clef de l'interlocuteur. Les déterminants possessifs se substituent à des groupes inusités en français : **de moi*, **de toi*.

Voir Fiche 33 : Les reprises nominales et pronominales.

3 D'autres mots deviennent des déictiques dans des situations de discours

- **Des déterminants** : articles définis, déterminants démonstratifs :

Passe-moi **le** crayon. Cela suppose que dans la situation figure un crayon aisément reconnaissable et, facultativement, que le locuteur joigne le geste à la parole, ce qui renvoie au sens premier de « deixis » qui signifie l'action de montrer comme l'indique l'exemple suivant (démonstratif) :

Soldats, du haut de **ces** Pyramides, quarante siècles vous contemplent.

Cela incite à penser que les soldats auxquels s'adressait Bonaparte avaient les pyramides dans leur champ de vision.

- **Des pronoms démonstratifs :**

Regardez-moi ces balourds : **celui-ci** ne sait pas faire une passe et **celui-là** est bien incapable d'attraper le ballon.

- **Des noms** : papa, maman, etc. sont des déictiques. Ils désignent normalement le père ou la mère du locuteur ou de celui ou celle à qui il s'adresse ou des deux. Dans l'énoncé suivant, emprunté à un humoriste connu, le comique de la situation provient de l'emploi du déictique *papa* dans une situation de communication formelle :

– Monsieur le directeur, mon fils ne pourra pas venir à l'école aujourd'hui.

– Qui est à l'appareil ?

– C'est papa.

Entrainement 1

Indiquez si les expressions en bleu sont déictiques ou non déictiques.

1. Ils sont passés la veille du 15 aout mais ce jour-là nous étions sortis.
2. André m'a téléphoné pour la sortie de demain.
3. Illiers se trouve en Eure-et-Loir. Ce petit bourg est le Combray de Marcel Proust.
4. J'ai repris le travail hier matin.
5. Mettez ce paquet sur la table.

Corrigé p. 282

GRAMMAIRE

Entrainement 2

Relevez et classez les déictiques de ce texte. Justifiez votre classement.

1. Loup, disait Marinette, quand viendra le printemps, tu nous emmèneras dans les bois, loin, là où il y a toutes sortes de bêtes. Avec toi, on n'aura pas peur.

2. Au printemps, mes mignonnes, vous n'aurez rien à craindre dans les bois. D'ici là, j'aurai si bien prêché les compagnons de la forêt que les plus hargneux seront devenus doux comme des filles. Tenez, pas plus tard qu'avant-hier, j'ai rencontré le renard qui venait de saigner tout un poulailler.

Marcel Aymé, *Les Contes du chat perché*, « Le Loup », © Éditions Gallimard, 1934.

Corrigé p. 283

Entrainement 3

Réécrivez le texte suivant en le faisant commencer par : *Ce jour-là, il était allé.*

Aujourd'hui, je suis allé à la pêche mais je n'ai rien attrapé, ce n'était pas mon jour. Comme hier d'ailleurs. Alors je reste ici, chez moi, à regarder tomber la pluie. Je fais des mots fléchés. J'ai voulu proposer une partie de dames à Eurydice mais ça ne lui dit rien. Demain, j'irai peut-être voir l'exposition de peintres naïfs.

Corrigé p. 283

À retenir

Les expressions déictiques prennent leur sens précis dans une situation de communication particulière. Leur interprétation suppose que l'on identifie les acteurs et les données (lieu, temps...) de cette situation.

Corrigés

Entrainement 1

Énoncé p. 281

1. Non déictique : *Ce jour-là* (14 aout) est une expression anaphorique interprétable à partir de l'information précédente *la veille du 15 aout*.

2. Déictique : *demain* est un adverbe de temps.

3. Non déictique : *Ce petit bourg* est une expression anaphorique qui reprend *Illiers*.

4. Déictique : *hier matin* est une locution adverbiale de temps.

5. Déictique : *sur la table* est présente aux locuteurs et le propos est généralement accompagné d'un geste qui la montre.

Entrainement 2

Énoncé p. 282

1. *Loup, disait Marinette, quand viendra le printemps,* **tu nous** *emmèneras dans les bois, loin, là où il y a toutes sortes de bêtes. Avec* **toi, on** *n'aura pas peur.*

2. *Au printemps,* **mes** *mignonnes,* **vous** *n'aurez rien à craindre dans les bois.* **D'ici là, j'***aurai si bien prêché les compagnons de la forêt que les plus hargneux seront devenus doux comme des filles. Tenez, pas plus tard qu'***avant-hier, j'***ai rencontré le renard qui venait de saigner tout un poulailler.*

Marcel Aymé, *Les Contes du chat perché*, « Le Loup », © Éditions Gallimard, 1934.

- **Pronoms personnels :** 1re personne du singulier : *j'(aurai)* – 2e personne du singulier : *tu (nous emmèneras), (avec) toi* – 1re personne du pluriel : *nous (emmèneras), on*[1] *(n'aura pas)*. – 2e personne du pluriel : *vous (n'aurez)*.
- **Locutions adverbiales** : *d'ici là* (*là* représentant le printemps à venir), *avant-hier.*
- **Déterminant possessif** : *mes (mignonnes)* (déictique à la 1re personne).

1. Le pronom *on* correspond à la 3e personne du singulier mais il peut aussi remplacer d'autres personnes grammaticales. Voir Fiche 12.

Entrainement 3

Énoncé p. 282

Ce jour-là, il était allé à la pêche mais il n'avait rien attrapé, ce n'était pas son jour. Comme la veille d'ailleurs. Alors il restait là, chez lui, à regarder tomber la pluie. Il faisait des mots fléchés. Il avait voulu proposer une partie de dames à Eurydice mais ça ne lui disait rien. Le lendemain, il irait peut-être voir une exposition de peintres naïfs.

Le passage du discours au récit se traduit par de nombreuses modifications :

- **adverbes ou locutions adverbiales de temps** : *aujourd'hui* → *Ce jour-là* ; *hier* → *la veille* ; *demain* → *le lendemain*.
- **adverbes de lieu** : *ici* → *là*.
- **pronoms personnels et déterminants possessifs** : passage de la 1re à la 3e personne.
- **temps des formes verbales** : passé composé (*je suis allé, je n'ai rien attrapé, j'ai voulu*) → plus-que-parfait (*il était allé, il n'avait rien attrapé, il avait voulu*) ; présent (*je reste*) → imparfait (*il restait*) ; futur (*j'irai*) → conditionnel (*il irait*).

FICHE 38

La cohérence textuelle et l'énonciation

La modalisation

Objectif

- Distinguer les différentes modalisations et en connaitre les outils.

voir aussi

Tester ses connaissances

Dans les phrases suivantes, relevez les indices du point de vue de l'énonciateur sur son propos.

1. Paul est en retard, il aura encore oublié le rendez-vous.

2. L'impeccable érudition de Max nous a toujours éblouis.

3. L'auteur montre clairement les liens de cause à effet dans cette affaire bien compliquée.

1. Paul est en retard, il **aura encore oublié** le rendez-vous.
2. L'**impeccable** érudition de Max nous a toujours **éblouis**.
3. L'auteur montre **clairement** les liens de cause à effet dans cette affaire **bien compliquée**.

Corrigé détaillé p. 287

LE COURS

1 Définition

La modalisation est étroitement liée au processus d'énonciation. Elle se traduit par divers moyens linguistiques par lesquels le sujet de l'énonciation fait apparaitre son attitude vis-à-vis de son destinataire et de son énoncé.
Elle peut porter sur l'énonciation (modalités d'énonciation) et/ou sur l'énoncé (modalités d'énoncé).

1 1. Les modalités d'énonciation

Elles manifestent l'attitude du locuteur (l'énonciateur) dans son rapport au destinataire. Elles se traduisent par des choix de types de phrases : déclaratif, interrogatif, injonctif, correspondant à l'acte de parole visé et à la manière dont le sujet parlant veut agir sur le destinataire : affirmer quelque chose (asserter), interroger, donner un ordre.

Voir Fiche 2 : Types et formes de phrases.

ATTENTION Il ne faut pas confondre le type de phrase et l'usage énonciatif qui en est effectivement fait, car un acte de langage peut être direct ou indirect.

- **Si l'acte de langage est direct**, le type de phrase est employé pour accomplir l'acte auquel il est associé par convention : par exemple, employer une phrase interrogative pour poser une question.
- **Si l'acte de langage est indirect**, le type de phrase est employé pour accomplir un autre acte que celui auquel il est associé par convention.

– Une phrase déclarative peut très bien correspondre :
  – à un ordre : J'ai soif. → il faut comprendre qu'il faut donner quelque chose à boire ;
  – ou à une demande : J'ai besoin d'un euro. → peut correspondre à la requête : « Avez-vous un euro à me prêter ? » ;

– Une phrase interrogative peut être :
  – une affirmation déguisée : L'effort n'est-il pas toujours récompensé ? → l'interprétation attendue est : « L'effort est toujours récompensé » ;

– ou une demande polie : Pourriez-vous me prêter votre voiture ?

– Une phrase exclamative peut valoir pour un ordre : Tu vas tomber ! → peut vouloir dire : « Descends de cette marche. », etc.

1 2. Les modalités d'énoncé

• Elles traduisent le point de vue du sujet de l'énonciation vis-à-vis de ce qu'il énonce. Elles sont les indices de la subjectivité dans le discours et, pour en déceler les traces, il faudrait se demander ce que serait l'énoncé équivalent le plus neutre possible.
Par exemple, dans la phrase : Franchement, je trouve que tu exagères, l'adverbe détaché franchement précise l'attitude du locuteur par rapport à ce qu'il dit : « Je te dis la vérité », « Je suis franc ».

• Cette subjectivité du sujet de l'énonciation peut s'exercer sur le plan :

– **affectif**, lorsqu'il exprime un sentiment : **Douce** France, **cher** pays de mon enfance… l'attachement est déclaré au moyen des adjectifs douce et cher ;

– **évaluatif** lorsqu'il émet un commentaire ou un jugement.
Le plan évaluatif peut se situer par rapport aux valeurs (le bien / le mal ; le beau / le laid…), on dit qu'il est **axiologique** :
C'est un **grand** et **beau** spectacle de voir l'homme sorti en quelque manière du néant…

(Jean-Jacques Rousseau, *Discours sur les sciences et les arts*, 1751.)

Il peut également se situer par rapport aux savoirs (leur degré de vérité, de fausseté, de certitude…), on dit alors qu'il est **épistémique** : On **dirait** qu'il va pleuvoir.
Le verbe *dire* au conditionnel plaque une nuance de doute sur l'affirmation qui suit.

2 Les outils de la modalisation

Les moyens pour exprimer la modalisation sont divers et nombreux.

2 1. Choix lexicaux

Beaucoup de mots ont une valeur sémantique affective ou évaluative :

– noms simples possédant des synonymes qui permettent de jouer sur le **niveau de langue** : voiture, auto, bagnole (bagnole est marqué par rapport à voiture et auto qui sont neutres) ;

– noms dérivés par adjonction d'un suffixe **péjoratif** : ferraille, chauffard, marâtre…

– noms **subjectifs** : l'amour, la crainte, la beauté… (l'amour de la symétrie ; la crainte de l'hiver) ;

– adjectifs ayant un fort contenu **affectif** : drôle, effrayant, pauvre ou **évaluatif** : grand, petit, certain, douteux… (un grand dessein) ;

– verbes exprimant un **sentiment** : détester, adorer, haïr ; une **opinion** : penser, croire ; une **perception** : sentir, sembler, paraitre ; une **volonté** : vouloir, souhaiter, espérer…

– auxiliaires modaux comme pouvoir (idée de **possibilité**), devoir (idée d'**obligation**) ;

– adverbes et locutions adverbiales : peut-être, certainement, assurément, probablement…

– interjections qui correspondent à une intervention explicite de l'énonciateur. Elles ont un fort contenu **expressif** : Hélas ! Parfait !

Entrainement 1

Relevez les choix lexicaux porteurs de modalisation.

Ces romans sont entièrement centrés sur des pseudo-problèmes sentimentaux. À leurs défauts habituels porteurs d'artifice, d'anachronisme, de confusion des genres, s'ajoute l'importance excessive accordée aux détails. Autant d'éléments indiscutables qui les rendent illisibles sans même parler des approximations de la traduction.

Corrigé p. 287

2. Choix du temps des verbes

• L'énonciateur peut exprimer son point de vue sur l'énoncé en choisissant le temps du verbe. Certains temps comme le futur ou le conditionnel ont **plusieurs valeurs modales**. Ainsi le futur ou le conditionnel, tous deux tournés vers l'avenir, évaluent différemment les probabilités de réalisation du procès :

Il viendra demain (c'est sûr) / Il viendrait demain (ce n'est pas sûr du tout).

Voir Fiche 29 : Le futur simple et le futur antérieur.

Voir Fiche 30 : Le conditionnel.

• Mais la modalisation ne s'exprime pleinement que lorsque l'énonciateur a le choix de la forme à utiliser et qu'il n'est pas contraint par l'usage comme c'est souvent le cas avec le subjonctif dans les subordonnées. Ainsi la langue nous oblige à utiliser le subjonctif dans : Je souhaite qu'il **vienne** (*Je souhaite qu'il vient est incorrect), mais les différences de valeur modale sont nettes entre :

Il admet qu'elle **est venue.** C'est objectif.

Il admet qu'elle **soit venue.** Le subjonctif laisse entendre une réticence à le dire ou à le croire.

Entrainement 2

Relevez et commentez tous les indices de modalisation.

1. La conclusion parait évidente, encore faudrait-il trouver le courage de l'affronter.

2. À lire les statistiques, force est de constater que les paramètres sociaux sont loin d'être au vert.

3. Une telle hypothèse susciterait probablement une certaine méfiance.

4. Je suis absolument sûr de ce que j'avance et parfaitement résolu à le prouver.

5. Hélas, je doute qu'il vienne à bout de cet énorme travail : il est si paresseux !

Corrigé p. 287

3. L'intonation à l'oral, la ponctuation à l'écrit

L'intonation peut manifester l'**attitude de l'énonciateur** par rapport à ce qu'il dit : son adhésion ou bien son doute, sa distance, etc.

À l'écrit, la **ponctuation** et la **typographie** apportent plusieurs **moyens d'expression de la modalité** : l'expression d'un sentiment par le point d'exclamation, l'insistance par le soulignement, les caractères italiques, gras ou majuscules ; la distance par les guillemets ou les parenthèses.

Corrigés

Tester ses connaissances

Énoncé p. 284

1. *Paul est en retard, il* **aura encore oublié** *le rendez-vous.*
Encore : modalise le verbe *oublier* et apporte une nuance de désapprobation.
Aura oublié : le futur antérieur exprime une hypothèse sur le passé = « il a dû oublier ».
2. ***L'impeccable*** *érudition de Max nous a toujours* **éblouis.**
L'adjectif *impeccable* apporte un jugement de valeur laudatif.
Le verbe *éblouir* a une connotation superlative.
3. *L'auteur montre* **clairement** *les liens de cause à effet dans cette affaire* **bien compliquée.** L'adverbe *clairement* exprime un jugement positif surtout par rapport à l'adjectif *compliqué* qui est subjectif et modalisé par l'adverbe d'intensité *bien*.

Entrainement 1

Énoncé p. 286

Les choix lexicaux sont porteurs d'une forte modalisation :
- les noms porteurs d'un jugement négatif : *défauts, artifice, anachronisme, confusion, approximations* ;
- le nom composé à l'aide d'un premier élément lui aussi négatif : *pseudo-problèmes*, nie une réalité qui pourrait être objective ;
- les adjectifs évaluatifs : *excessive, indiscutables* (adjectif positif, en dépit du préfixe négatif, qui caractérise les éléments de preuve à charge), *illisibles* (préfixe négatif) ;
- l'adverbe *entièrement* modifie le sens du verbe *centrer* en soulignant le caractère global de cette centration, et lui confère finalement une valeur négative ;
- l'expression *sans même parler de* constitue une prétérition et correspond à une forme d'insistance déguisée.

Entrainement 2

Énoncé p. 286

1. *La conclusion* **parait évidente, encore faudrait-il** *trouver le* **courage** *de l'***affronter.**
- Le verbe *paraitre* indique une opinion et l'association *parait évidente* constitue une forme d'insistance sur le caractère visible de la conclusion.
- Toute la proposition : *encore faudrait-il trouver le courage de l'affronter* est modalisante pour la proposition précédente. Le sens du verbe *falloir* porteur de l'idée d'obligation est renforcé par le conditionnel (*faudrait*) qui accentue le caractère hypothétique de la démarche à entreprendre. Le nom *courage* et le verbe *affronter* entrent en résonance : ce sont des valeurs positives que l'énonciateur invite à rechercher.

2. *À lire les statistiques* **force est** *de constater que les paramètres sociaux sont* **loin d'être au vert.**
L'expression impersonnelle *force est de* implique l'idée d'évidence, d'obligation impérieuse. L'adverbe *loin* a une valeur de négation et l'ensemble de l'expression *loin d'être au vert* constitue une litote ironique signifiant au contraire que « les paramètres sociaux sont au rouge ».

3. *Une telle hypothèse susciterait probablement une certaine méfiance.*

Le conditionnel (*susciterait*), pleinement porteur de ses valeurs hypothétiques, fait peser un doute sur la prise en compte ou la réalisation de l'hypothèse. L'adverbe *probablement* est un modalisateur qui contribue à nuancer le propos et qui signale le degré d'incertitude de l'énonciateur. L'antéposition de *certaine* renforce le caractère subjectif de l'appréciation portée sur le nom *méfiance.*

4. ***Je suis absolument sûr*** *de ce que j'avance et* ***parfaitement résolu*** *à le* ***prouver.*** Cet énoncé renvoie aux modalités épistémiques (voir *supra* 1 2.), qui situent le degré de certitude ou d'incertitude d'un locuteur par rapport à un savoir. La conviction du locuteur est ici clairement affirmée : *sûr* et *résolu* sont deux adjectifs qui ne laissent aucun doute sur son assurance et sa certitude quant au contenu de ses propos. Ils sont renforcés par les deux adverbes *absolument* et *parfaitement* dont le sémantisme évacue les réserves ou les limitations. L'infinitif *prouver* annonce également l'intention du locuteur : volonté d'établir une vérité à l'aide de preuves. Cet énoncé est assertif et catégorique.

5. ***Hélas,*** *je* ***doute*** *qu'il vienne à bout de cet* ***énorme*** *travail : il est* ***si paresseux*** *!*

La subjectivité du locuteur apparait nettement dans cet énoncé :

- L'interjection *Hélas !,* au contenu très expressif, intensifié par le point d'exclamation, est de l'ordre de l'affectif : elle exprime un regret mais relève aussi du jugement, si on considère le reste de la phrase.
- En effet, le verbe de la principale *doute* remet en question l'ensemble des capacités de la personne à terminer ce travail ; introduisant une incertitude, il commande le subjonctif dans la subordonnée (*vienne*). L'appréciation est négative.
- Le mot *énorme*, d'ordre évaluatif, modalise encore davantage le propos en accentuant la différence entre la quantité de travail à abattre (peut-être volontairement surévaluée) et les aptitudes de la personne.
- L'énoncé se termine sur un jugement très explicite et dévalorisant, avec l'adjectif évaluatif (*paresseux*) précédé de l'intensif *si* dans une phrase exclamative très expressive.

VERS LE CONCOURS La cohérence textuelle et l'énonciation

Exercice 1

1. **En vous limitant aux parties en gras, relevez toutes les reprises anaphoriques des groupes nominaux *un loup* et *un agneau*.**

2. **Qu'apportent-elles à la construction des personnages et à l'expression du point de vue du narrateur ?**

Le Loup et l'Agneau

(…)
Un Agneau se désaltérait
Dans le courant d'une onde pure.
Un Loup survient à jeun, qui cherchait aventure,
Et que la faim en ces lieux attirait.
Qui te rend si hardi de troubler mon breuvage ?
Dit cet animal plein de rage :
Tu seras châtié de ta témérité.
– Sire, **répond l'Agneau,** que votre Majesté
Ne se mette pas en colère ;
Mais plutôt qu'elle considère
Que je me vas désaltérant
Dans le courant,
Plus de vingt pas au dessous d'Elle ;
Et que par conséquent, en aucune façon,
Je ne puis troubler sa boisson.
– Tu la troubles, **reprit cette bête cruelle,**
Et je sais que de moi tu médis l'an passé.
– Comment l'aurais-je fait si je n'étais pas né ?
Reprit l'Agneau, je tète encore ma mère.
– Si ce n'est toi, c'est donc ton frère.
– Je n'en ai point.
– C'est donc quelqu'un des tiens :
Car vous ne m'épargnez guère,
Vous, vos bergers et vos chiens.
On me l'a dit : il faut que je me venge.
Là-dessus, au fond des forêts,
Le Loup l'emporte et puis le mange,
Sans autre forme de procès.

Jean de La Fontaine, *Fables*, 1668.

Corrigé p. 291

Exercice 2

Relevez les marques de la subjectivité dans le texte suivant.

On n'a jamais vu de pays où [les hommes] vécussent séparés, où le mâle ne se joignît à la femelle que par hasard, et l'abandonnât le moment d'après par dégoût ; où la mère méconnût ses enfants après les avoir élevés, où l'on vécût sans famille et sans aucune société. Quelques mauvais plaisants ont abusé de leur esprit jusqu'au point de hasarder le paradoxe étonnant que l'homme est originairement fait pour vivre seul comme un loup-cervier, et que c'est la société qui a dépravé la nature. Autant vaudrait-il dire que dans la mer les harengs sont originairement faits pour nager isolés, et que c'est par un excès de corruption qu'ils passent en troupe de la mer Glaciale sur nos côtes ; qu'anciennement les grues volaient en l'air chacune à part, et que par une violation du droit naturel elles ont pris le parti de voyager en compagnie.

Voltaire, *Questions sur l'Encyclopédie*, Article « Homme », 1770.

Corrigé p. 292

Exercice 3

Relevez les connecteurs dans le passage suivant et indiquez leur valeur.

C'était bien l'opinion du général de Gaulle. Néanmoins, lorsque, le 1er janvier 1942, Jean Moulin fut parachuté en France, la Résistance n'était encore qu'un désordre de courage : une presse clandestine, une source d'information, une conspiration pour rassembler ces troupes qui n'existaient pas encore. Or, ces informations étaient destinées à tel ou tel allié, ces troupes se lèveraient lorsque les alliés débarqueraient. Certes, les résistants étaient les combattants fidèles aux Alliés. Mais ils voulaient cesser d'être des Français résistants, et devenir la Résistance française.

André Malraux, *Discours pour le transfert de cendres de Jean Moulin au Panthéon*, 19 décembre 1964.

Corrigé p. 292

Exercice 4

Dans les extraits suivants de *L'Assommoir* d'Émile Zola, identifiez les passages au discours direct, indirect ou indirect libre.

1. Il se campait, tapait des appels du pied comme un monsieur qui va se battre, dessinait déjà le geste de balancer Dédèle à toute volée. Ah ! tonnerre de Dieu ! il était bon là ; il aurait fait une galette de la colonne Vendôme !

2. Cependant, Gervaise, aidée de maman Coupeau, servit le café, bien qu'on mangeât encore du gâteau de Savoie. On ne la laissa pas se rasseoir ; on lui criait que c'était son tour. Et elle se défendit, la figure blanche, l'air mal à son aise ; même on lui demanda si l'oie ne l'incommodait pas, par hasard. Alors, elle dit : *Ah ! laissez-moi dormir !* d'une voix faible et douce.

3. Ce n'était pas qu'elle travaillât moins ni que ses affaires devinssent mauvaises. Au contraire. Mais il se faisait des trous chez elle, l'argent avait l'air de fondre, et elle était contente, quand elle pouvait joindre les deux bouts. Mon Dieu ! pourvu qu'on vive, n'est-ce pas ? on n'a point trop à se plaindre. Elle engraissait, elle cédait à tous les petits abandons de son embonpoint naissant, n'ayant plus la force de s'effrayer en songeant à l'avenir. Tant pis ! l'argent viendrait toujours, ça le rouillait de le mettre de côté.

Émile Zola, *L'Assommoir*, 1877.

Corrigé p. 292

Exercice 5

Transposez au discours indirect le passage au discours direct.

Dès le soir de mon arrivée au Vieux-Nançay, j'avais interrogé mon oncle Florentin sur le Domaine des Sablonnières.

« Ce n'est plus un domaine, avait-il dit. On a tout vendu, et les acquéreurs, des chasseurs, ont fait abattre les vieux bâtiments pour agrandir leurs terrains de chasse ; la cour d'honneur n'est plus maintenant qu'une lande de bruyères et d'ajoncs. Les anciens possesseurs n'ont gardé qu'une petite maison d'un étage et la ferme. Tu auras bien l'occasion de voir ici Mlle de Galais ; c'est elle-même qui vient faire ses provisions. »

Alain-Fournier, *Le Grand Meaulnes*, 1913.

Corrigé p. 293

Exercice 6

Transposez au discours direct le passage au discours indirect.

La voyageuse raconta son histoire, un peu modifiée.
Qu'elle était ouvrière ; que son mari était mort ; que le travail lui manquait à Paris, et qu'elle allait en chercher ailleurs, dans son pays ; qu'elle avait quitté Paris le matin même, à pied ; que, comme elle portait son enfant, se sentant fatiguée, et ayant rencontré la voiture de Villemomble, elle y était montée ; que de Villemomble elle était venue à Montfermeil à pied ; que la petite avait un peu marché, mais pas beaucoup. »

Victor Hugo, *Les Misérables*, 1862.

Corrigé p. 293

Exercice 7

Transposez au discours direct le passage au discours indirect.

La servante raconta très bas à la sœur Simplice que M. le maire était parti le matin même avant six heures dans un petit tilbury attelé d'un cheval blanc, par le froid qu'il faisait, qu'il était parti seul, pas même de cocher, qu'on ne savait pas le chemin qu'il avait pris, que des personnes disaient l'avoir vu tourner par la route d'Arras, que d'autres assuraient l'avoir rencontré sur la route de Paris. Qu'en s'en allant il avait été comme à l'ordinaire, très doux, et qu'il avait seulement dit à la portière qu'on ne l'attendît pas cette nuit.

Victor Hugo, *Les Misérables*, 1862.

Corrigé p. 293

Corrigés

Exercice 1

Énoncé p. 289

1. Reprises concernant le loup
Reprises nominales : *le loup, cet animal plein de rage, cette bête cruelle.*
Reprises pronominales : *qui, que.*
Reprises concernant l'agneau
Reprises nominales : *l'agneau.* Reprises pronominales : *l', le.*

2. Le loup
– La première mention au personnage du loup (*un loup*) est informative et se contente de le nommer mais les deux périphrases suivantes : *cet animal plein de rage, cette bête cruelle,* le caractérisent très négativement. Les noms *animal* et *bête* (hyperonymes) sont synonymes et renforcés par des expansions péjoratives : *plein de rage, cruelle* qui soulignent le caractère néfaste du personnage. La dernière reprise nominale : *le loup* est coréférentielle, mais elle est porteuse en connotations de toutes les significations introduites par les périphrases précédentes.
– Avec ces différentes reprises anaphoriques, le narrateur situe le personnage du côté de l'animalité : *animal, bête* ; de la déraison : *plein de rage* ; de la cruauté : *cruelle* (l'étymon de *cruel* est *crudelis* qui signifie : *avide de sang.*)

L'agneau

- L'agneau est toujours présenté avec les mêmes termes : *un agneau, l'agneau.*
- Le narrateur n'ajoute aucune caractérisation supplémentaire mais montre la permanence du personnage qui existe essentiellement grâce au discours qu'il tient.
- Les reprises pronominales *l', le,* situent grammaticalement l'agneau comme complément d'objet, comme personnage *agi.*

Exercice 2

Énoncé p. 289

De nombreux éléments montrent l'implication de l'auteur. Parmi les modalisateurs les plus marquants, notons :

- le temps des verbes avec le subjonctif imparfait et le conditionnel qui marquent le doute, l'impossibilité : *vécussent, joignît, méconnût, vécût… autant vaudrait-il dire* ;
- le choix d'expressions dépréciatives pour désigner la thèse adverse et ses tenants : *quelques mauvais plaisants* ;
- les verbes : *abuser de leur esprit, hasarder le paradoxe* ;
- les adjectifs *: mauvais, étonnant* ;
- les décalages ironiques produits par le parallèle inattendu entre la société des hommes et le règne animal : *l'excès de corruption des harengs, la violation du droit naturel par les grues* ;
- la fausse objectivité : *on n'a jamais vu.*

Exercice 3

Énoncé p. 290

Quatre connecteurs **logiques** soulignent le mouvement **argumentatif** du texte.

L'adverbe *néanmoins* introduit une opposition par rapport à ce qui a été dit auparavant. Malgré le désir du général de Gaulle, la résistance n'est toujours pas un mouvement organisé. La conjonction de coordination *or* exprime la même idée d'opposition, une objection à ce qui précède qui prépare la suite. *Certes* et *mais* associés expriment un *distinguo* : l'adverbe *certes* pose une assertion considérée comme admise (le statut militaire des résistants), puis la conjonction de coordination *mais* dépasse cette première assertion en en introduisant une plus forte (la volonté politique des résistants).

Exercice 4

Énoncé p. 290

1. **Ah ! tonnerre de Dieu ! il était bon là ; il aurait fait une galette de la colonne Vendôme !** Discours indirect libre : ces phrases rapportent les pensées du personnage, sans verbe introducteur ni subordination, avec les interjections et l'exclamation comme dans le discours direct. Les temps sont en accord avec le récit au passé.

2.

- on lui criait **que c'était son tour :** discours indirect : verbe introducteur (*cria*), conjonction de subordination *que* et imparfait dans la subordonnée (à la place du présent dans le discours direct).

- on lui demanda **si l'oie ne l'incommodait pas, par hasard :** discours indirect : verbe introducteur (*demanda*) de l'interrogative indirecte, conjonction de subordination *si* et imparfait dans la subordonnée.

- Alors, elle dit : ***Ah ! laissez-moi dormir !*** d'une voix faible et douce. Discours direct : verbe déclaratif *dire* qui introduit les paroles, énonciation de discours (*je/vous*), impératif présent et ponctuation : deux points et italiques, sans guillemets.

3. Mon Dieu ! pourvu qu'on vive, n'est-ce pas ? on n'a point trop à se plaindre. Tant pis ! l'argent viendrait toujours, ça le rouillait de le mettre de côté.

Discours indirect libre dans les deux cas : ces phrases reprennent les pensées de Gervaise, sans subordination. Le futur (employé dans le discours direct) est remplacé par un conditionnel (*viendrait*), dans le second cas. Formes du discours direct : exclamations, interrogation et marques du discours oral (parataxe, emploi de *ça*).

Exercice 5

Énoncé p. 290

Il avait dit que ce n'était plus un domaine. **Il avait expliqué qu'**on avait tout vendu et **que** les acquéreurs, des chasseurs, avaient fait abattre les vieux bâtiments pour agrandir leurs terrains de chasse ; **que** la cour d'honneur n'était plus maintenant qu'une lande de bruyères et d'ajoncs. **Il avait ajouté que** les anciens possesseurs n'avaient gardé qu'une petite maison d'un étage et la ferme **et que** j'aurais bien l'occasion de voir ici Mlle de Galais, **car** c'était elle-même qui venait faire ses provisions.

Exercice 6

Énoncé p. 291

La voyageuse raconta son histoire, un peu modifiée : « Je suis ouvrière ; mon mari est mort ; le travail me manque à Paris ; je vais en chercher ailleurs, dans mon pays. J'ai quitté Paris ce matin même, à pied. Comme je porte mon enfant, me sentant fatiguée, et ayant rencontré la voiture de Villemomble, j'y suis montée. De Villemomble, je suis venue à Montfermeil à pied. La petite a un peu marché, mais pas beaucoup. »

Exercice 7

Énoncé p. 291

La servante raconta très bas à la sœur Simplice : « M. le maire est parti ce matin même avant six heures dans un petit tilbury attelé d'un cheval blanc, par le froid qu'il fait. Il est parti seul, pas même de cocher. On ne sait pas le chemin qu'il a pris, des personnes disent l'avoir vu tourner par la route d'Arras, d'autres assurent l'avoir rencontré sur la route de Paris. En s'en allant, il a été comme à l'ordinaire, très doux, et il a seulement dit à la portière qu'on ne l'attende pas cette nuit. »

Les phonèmes du français

Objectifs

- Savoir transcrire en utilisant l'alphabet phonétique international.
- Avoir des notions en phonétique articulatoire et en phonologie.

voir aussi

Tester ses connaissances

1. Combien y a-t-il de lettres et de phonèmes dans les mots suivants ?
château, champignon, poule

2. Décomposez les termes suivants en syllabes graphiques et syllabes phoniques : tortue, acheminer.

3. Faites la transcription phonétique de la phrase :
Les élèves sont heureux.

1. ***Château*** : 7 lettres, 4 phonèmes [ʃato]. ***Champignon*** : 10 lettres, 6 phonèmes [ʃɑ̃piɲɔ̃]. ***Poule*** : 5 lettres, 3 phonèmes sans le [ə] caduc, 4 phonèmes si on le garde : [pulə].
2. ***Tortue*** : 2 syllabes graphiques tor-tue et 2 phoniques [tɔr-ty]. ***Acheminer*** : si le [ə] caduc est prononcé, il y a adéquation entre le nombre de syllabes graphiques et phoniques : a-che-mi-ner [a-ʃə-mi-ne] ; sans le [ə] caduc, il y a distorsion : 4 syllabes graphiques et 3 phoniques [aʃ-mi-ne].
3. [lezelɛv(ə)sɔ̃tœʁø].

Corrigé détaillé p. 300

LE COURS

1 L'alphabet phonétique international

La description de l'énoncé oral est une tâche complexe car les correspondances entre ce qui s'entend et ce qui s'écrit ne sont pas univoques.
Un même signe peut renvoyer à plusieurs sons : ***s*** ne se prononce pas de la même façon dans sac ou vase.
Plusieurs signes graphiques peuvent transcrire un même son comme dans coq et koala.
Grâce à **l'alphabet phonétique international** (API), il est possible de transcrire ce son, quelles que soient les graphies, par un signe unique, **[k]**.

Voir le tableau phonétique page suivante et p. 439. Il ne reprend que les phonèmes utilisés en français.

REMARQUE Certains sons sont spécifiques à une langue. Par exemple, le [y] français n'existe pas dans la langue arabe, ce qui explique que les arabophones le remplacent par le phonème le plus proche dans leur langue, le [i] ; inversement, le [ð] (th) anglais n'est pas utilisé par le français.

VOYELLES		CONSONNES	
Orales		[p]	pâle, papa
		[b]	bu, tube
		[t]	tulle, pâté
[i]	vie, cygne	[d]	dent, ardu
[e] fermé	blé, parler	[k]	car, sac, coq, quoi, képi
[ɛ] ouvert	merci, mère, faire	[g]	gare, baguette
[a] antérieur	plat, patte	[f]	foire, neuf, pharmacie
[ɑ] postérieur	pâte, théâtre	[v]	violon, grève
[o] fermé	moto, beau, faux	[s]	sol, face, lasse, nation, six, scène
[ɔ] ouvert	fort, motte, porte	[z]	raison, ruse, zèbre
[y]	vertu, charrue	[ʃ]	charme, fiche
[u]	fou, bijou	[ʒ]	jurer, gentil
[ø] fermé	feu, deux	[l]	lune, sol
[œ]ouvert	peur, meuble, leurre	[ʀ]	ruse, finir
[ə] caduc	cheval, épicerie	[m]	maman, femme
		[n]	nid, bonne
		[ɲ]	agneau, champignon
Nasales		Semi-consonnes	
[ɑ̃]	banc, sans, vent	[j]	paille, feuille
[ɔ̃]	bon, sombre	[w]	ouest, toi [twa], poire [pwaʀ]
[ɛ̃]	matin, plein, sain	[ɥ]	huile, fuir
[œ̃]	lundi, brun, parfum		

Difficultés rencontrées

- **Les « faux amis »**
  – Ne pas confondre **[u]** : le *ou* de fou [fu] et **[y]** : le *u* de bu [by] ;
  – Ne pas confondre **[z]** : ruse [ʀyz] et **[ʒ]** : juste [ʒyst].
- **L'ouverture (ou aperture) des phonèmes**

Par exemple, on fait la différence entre **[e]** fermé comme café [kafe] et **[ɛ]** ouvert comme parfait [paʀfɛ]. En général, on applique deux lois phonétiques :
  – une **syllabe fermée** (terminée par une consonne prononcée) a **une voyelle ouverte** : peur [pœʀ], port [pɔʀ], colle [kɔl], mer [mɛʀ] ;
  – une **syllabe ouverte** (terminée par une voyelle prononcée) a **une voyelle fermée** : peu [pø], pot [po], café [kafe].
- **Les variations régionales**, exemples :
  – **le *o* de** rose est fermé dans beaucoup de régions [ʀoz], ouvert dans le sud [ʀɔzə] ;
  – **le [ʀ]** se prononce différemment suivant les régions, plus ou moins roulé.
- **Les trois semi-consonnes**
  – Ne confondez pas le **[i]** et le **[j]**, par exemple : pile [pil] et piano [pjano] ;
  – *oi* sera transcrit par le groupe phonique **[wa]** comme dans choix [ʃwa] et *oin* par **[wɛ̃]** comme dans point [pwɛ̃].

Voir Fiche 41 : Les semi-consonnes.

ORTHOGRAPHE

Entrainement 1

Faites la transcription phonétique des mots et phrases suivants.

1. rusé, jupon, aligner, sursauter, je chantais, pôle, château, taxer, boxer, excitant, examen.
2. port, chapeau, corporel, grogner, fleur, peu, un cœur.
3. Un joli brin de muguet.
4. Changeons de régime.
5. Enfin, quelque chose d'utile et de nouveau.

Corrigé p. 300

Difficultés rencontrées

- **Le *e* caduc** : il est prononcé ou pas, suivant les mots et les régions.

Le jour du concours, il vaut mieux donner la transcription correspondant au **français standard**. Pour vous exercer, consultez un dictionnaire.

Voir Fiche 44 : Les lettres muettes.

- **Repérage du mot**

La démarcation entre les mots est rendue floue par trois phénomènes :

– l'**élision** qui consiste à éliminer les *e*, *a* et *i* en fin de mot, devant une autre voyelle ou le *h* muet du mot suivant : l'eau, l'une, l'homme, jusqu'au fond, s'il...

– la **liaison** : les amis [lezami], les hommes [lezɔm], cet enfant [sɛtɑ̃fɑ̃] ;

– l'**enchainement** qui déplace les frontières du mot et en modifie la perception : un éléphant = un *néléphant ; il ne faut pas confondre les petits trous et les petites roues.

Entrainement 2

Faites la transcription phonétique des mots et phrases suivants.

1. Des eaux – l'humidité.
2. On a observé une minute de silence, ce jour-là.
3. J'ai trouvé cet ouvrage parfait.
4. Tous les enfants ont écrit à leurs amis.

Corrigé p. 301

Entrainement 3

Transcrivez cette strophe (d'après Lamartine, « Le Vallon »).

1. [mɔ̃kœʀ lasedətu mɛmədəlɛspeʀɑ̃s
2. niʀaplydəsevø ɛ̃pɔʀtynelǝsɔʀ
3. pʀɛtemwasøləmɑ̃ valɔ̃dəmɔ̃nɑ̃fɑ̃s
4. œ̃naziləәdœ̃ʒuʀ puʀatɑ̃dʀəlamɔʀ]

Corrigé p. 301

2 La phonétique articulatoire

La phonétique étudie les **sons du langage** dans leur réalisation concrète, leurs **caractéristiques physiques**. Elle s'occupe parfois de leur **évolution** (phonétique historique) ou des **mécanismes physiologiques** nécessaires à leur émission (phonétique articulatoire).

Les sons sont produits par l'air expiré, en fonction de beaucoup d'éléments : le larynx, les cordes vocales, le pharynx, les fosses nasales, la zone de cartilage dur qui se trouve en haut de la bouche (le palais), la langue, les dents, les lèvres... Certains de ces éléments permettront d'ailleurs de les caractériser : on parlera de consonnes « dentales », « palatales », par exemple. Il y a trois sortes de sons dans la langue française : seize voyelles, dix-sept consonnes, et trois semi-voyelles.

2 1. Les voyelles

Toute syllabe contient obligatoirement une voyelle, éventuellement précédée ou suivie d'une ou plusieurs consonne(s). Lors de l'émission des voyelles, l'air circule librement et ne rencontre pas d'obstacle. **Les voyelles sont sonores car il y a vibration des cordes vocales**.

- Il y a deux grandes catégories de voyelles :

– **orales** quand l'air s'échappe entièrement par la bouche : [a] [o] [y], etc ;
– **nasales** quand l'air s'échappe aussi par les fosses nasales : [ɑ̃] [ɔ̃] [ɛ̃] [œ̃] ; toutes les langues n'ont pas de voyelles nasales.

- On peut classer les voyelles en fonction :

– **du point d'articulation**, avec position de la langue antérieure ou postérieure : le [ɑ] est très en arrière ;
– **de l'ouverture (aperture) de la bouche** lors de l'émission : différence entre [ɑ] et [y]. Il suffit de prononcer ces phonèmes pour s'en rendre compte : [ɑ] exige une ouverture plus grande de la bouche que [y] ;
– **de l'arrondissement des lèvres (la labialisation)** ou la rétractation : différence entre [ø] et [i].

VOYELLES		Antérieures	Antérieures (labialisées)	Postérieures (labialisées)
Orales	– fermées	[i]	[y]	[u]
	– mi-fermées	[e]	[ø]	[o]
	– mi-ouvertes	[ɛ]	[œ]	[ɔ]
	– ouvertes	[a]		[ɑ]
Nasales	– mi-ouvertes	[ɛ̃]	[œ̃]	[ɔ̃]
	– ouvertes		[ɑ̃]	

Le tableau ci-contre est tiré de : M. Riegel, J.-C Pellat, R. Rioul, *Grammaire méthodique du français*, PUF, 2018, p. 78.

- Il ne faut donc pas confondre les six voyelles écrites (*a, e, i, o, u, y*) et les phonèmes vocaliques (seize au maximum), douze de type oral et quatre de type nasal.

2 2. Les consonnes

Les consonnes ne peuvent pas constituer une syllabe à elles seules. Lors de leur émission, l'air est entravé ou gêné de différentes façons.

On distingue les consonnes en fonction de :
– la **sonorité** : elles sont **sonores** s'il y a vibration des cordes vocales (on parle de **voisement**) ou **sourdes** quand il n'y en a pas ;

– le **lieu d'articulation** : dans la région labiale, dentale, palatale, vélaire…
– le **mode d'articulation** : l'air est toujours entravé.

Dans certains cas, l'air reste bloqué derrière un obstacle : ce sont les consonnes **occlusives**.

Il peut être seulement gêné et continuer à s'échapper mais avec un bruit de friction pour les consonnes **constrictives**. Pour le **[l]**, la langue s'appuie sur les alvéoles dentaires et l'air s'échappe des deux côtés de la langue. Le **[ʀ]** est une consonne vibrante. Il est prononcé différemment suivant les régions, car la partie qui vibre n'est pas la même (luette, pointe de la langue…).

Mode d'articulation		LIEU D'ARTICULATION (sd = sourde ; sn = sonore) bilabiale	labio-dentale	dentale	alvéo-laire	post-alvéolaire	pala-tale	vélaire
Consonnes occlusives	orales	[p] sd [b] sn		[t] sd [d] sn				[k] sd [g] sn
Consonnes occlusives	nasales	[m]		[n]				[ɲ]
Consonnes constrictives	médianes		[f] sd [v] sn		[s] sd [z] sn	[ʃ] sd [ʒ] sn		
Consonnes constrictives	latérales vibrantes				[l] [r] roulé			[ʀ]
Semi-consonnes							[j] [ɥ]	[w]

Malgré les termes techniques, **ce tableau** est important car il **permet de comprendre les erreurs de discrimination** entre sourdes et sonores, fréquemment commises par les personnes dyslexiques (confusion *t/d, k/g, p/b…*) ou par les jeunes enfants.

Ainsi, entre le [t] et le [d], il y a simplement vibrations de cordes vocales ou pas. On perçoit mieux également les erreurs d'articulation : *crouver pour trouver (vélaire pour dentale), *saussure pour chaussure (alvéolaire pour post-alvéolaire)…

❷ 3. Les semi-consonnes

Voir Fiche 40 : Les semi-consonnes.

Les semi-consonnes sont nommées ainsi parce qu'elles sont sonores (comme les voyelles) mais avec un bruit de frottement (comme les consonnes).

Il y en a trois, la plus fréquente, le **[j]** : paille [paj] ; le **[w]** : poire [pwaʀ] ; et le **[ɥ]** : huile [ɥil]. Elles sont toujours accompagnées d'une voyelle.

Erreurs éclairantes

Voici deux énoncés écrits qui correspondent à des erreurs de prononciation d'un enfant de CE2. Transcrivez-les, à l'aide de l'API, en expliquant les erreurs commises et corrigez-les.

*Mountenan il dort. (Maintenant, il dort.)
L'eau fait *bouser les arbres. (L'eau fait pousser les arbres.)

Corrigé p. 301

3 La phonologie

La phonologie étudie les sons (qu'elle appelle **phonèmes**) **en tant qu'unités distinctives** dans le système d'une langue. Les sons constituent des réalités concrètes, alors que les phonèmes sont abstraits. **Un phonème est la plus petite unité distinctive de la chaine parlée.**

• **Les oppositions entre phonèmes permettent de différencier les mots**

Le passage de sourde à sonore, la nasalité, l'arrondissement sont des traits distinctifs (ou pertinents). Par exemple fin et vin (qui constituent une paire minimale) sont différents sur un seul point : **[f]** est sourd, **[v]** sonore, ce qui entraine un changement de sens. Dans sable et fable, les deux phonèmes initiaux sont sourds mais l'articulation de l'un est dentale, l'autre alvéolaire : c'est un autre trait distinctif.

En revanche, la phonologie ne s'intéresse pas aux différentes manières de prononcer le **[ʀ]** car elles ne suffisent pas à opposer deux termes.

> REMARQUE Le phonème est représenté entre crochets **[a]** quand on l'analyse d'un point de vue phonétique, comme dans l'API, ou entre deux barres obliques /**a**/ quand on le considère dans sa valeur distinctive, phonologique.

• **Des oppositions presque neutralisées**

L'opposition entre **[ɛ̃]** et **[œ̃]** ne fonctionne que sur quelques couples brin/brun, empreint/emprunt mais elle perdure dans le Midi de la France.

Le système français avec plusieurs degrés d'ouverture est lourd. La différence entre le **[a]** d'avant et le **[ɑ]** d'arrière (patte/pâte) tend à disparaitre, et on constate un flottement pour **[ø] et [œ]** (jeûne/jeune, veule/veulent), pour **[o] et [ɔ]** (hôte/hotte, môle/molle...) dont le rendement est très faible. L'opposition est un peu plus pertinente pour **[e] et [ɛ]** (poignée/poignet) et elle permet de rendre compte de la différence entre l'imparfait **[ɛ]** et le participe passé **[e]** ou l'infinitif **[e]**. En revanche, on n'entend plus guère la distinction entre le futur et le conditionnel : je viendrai / je viendrais.

4 La syllabe

Elle se définit comme un **groupe de sons prononcés en une seule émission de voix.** Elle comporte obligatoirement une voyelle et le plus souvent, une ou plusieurs consonne(s).

4 1. Syllabe ouverte / syllabe fermée, syllabe phonique / syllabe graphique

• À l'écrit comme à l'oral, on distingue :
– la syllabe fermée terminée par une consonne prononcée ou écrite ;
– la syllabe ouverte terminée par une voyelle prononcée ou écrite.

• **Mais le découpage est parfois différent à l'écrit et à l'oral**, notamment en raison du *e* caduc, prononcé ou pas, suivant les régions :
– l'unité Catherine est constituée de quatre syllabes graphiques (Ca-the-ri-ne) et de quatre syllabes phoniques dans le Midi [ka-tə-ʀi-nə] ou deux syllabes phoniques seulement dans le reste de la France [ka-tʀin] ;

Voir Fiche 44 : Les lettres muettes.

– père est composé de deux syllabes graphiques ouvertes pè-re, mais d'une seule syllabe phonique fermée, en français standard [pɛʀ] ;
– la liaison et l'enchainement entre les mots (des herbes ; un avis) favorisent la syllabation ouverte (et notamment la structure consonne + voyelle, très fréquente en français).
La phrase : Marc arrive à sept heures et quart. devient ainsi à l'oral : [maʀ-ka-ʀi-va-sɛ-tœ-ʀe-kaʀ] car des syllabes fermées sont « resyllabées » différemment.

❹ 2. Attaque et rime

À l'école maternelle, lors des ateliers de phonologie, les élèves travaillent particulièrement la segmentation du mot en syllabes et la segmentation de la syllabe en phonèmes.
La syllabe comporte une **attaque** (la consonne initiale ou le groupe de consonnes) et une **rime** (la voyelle et les phonèmes qui suivent) : pour prise, [pʀ] est l'attaque, [iz] la rime.
On peut travailler sur l'attaque et la rime d'un mot : dans troublant, l'attaque est [tʀ], la rime [ɑ̃].

À retenir

En français, il y a **seize voyelles** (dont quatre nasales), **dix-sept consonnes, trois semi-consonnes.**
La phonétique étudie les sons dans leur réalisation concrète, alors que **la phonologie s'intéresse à leur valeur distinctive** et parle de phonèmes. **Le phonème** est la plus petite unité distinctive de la chaine sonore du système d'une langue donnée.

Corrigés

Tester ses connaissances

Énoncé p. 294

3. Transcription phonétique **[lezelɛv(ə)sɔ̃tœʀø]**. La phrase étant prononcée, dans un même groupe de souffle, il n'y a pas de séparation entre les mots.
Dans une phrase plus longue, certains groupes auraient été séparés pour correspondre aux pauses pratiquées lors de l'émission.

Entrainement 1

Énoncé p. 296

1. *rusé* **[ʀyse]** ; *jupon* **[ʒypɔ̃]** ; *aligner* **[aliɲe]** ; *sursauter* **[syʀsote]** ; *je chantais* **[ʒəʃɑ̃ tɛ]** ; *pôle* **[pol]** ; *château* **[ʃɑto]** avec **[ɑ]** ouvert ; *taxer* **[takse]** ; *boxer* **[bɔkse]** ; *excitant* **[ɛksitɑ̃]** ; *examen* **[ɛgzamɛ̃]**. La lettre *x* peut être transcrite par **[ks]** ou **[gz]**.

2. *Port* **[pɔʀ]** ; *chapeau* **[ʃapo]** ; *corporel* **[kɔʀpoʀɛl]** ; *grogner* **[gʀoɲe]** ; *fleur* **[flœʀ]** ; *peu* **[pø]** ; *un cœur* **[œ̃kœʀ]**.
Attention à l'ouverture des phonèmes **[o]** *vs* **[ɔ]**. Au besoin, vérifiez sur un dictionnaire qui donne la transcription en API.

3. *Un joli brin de muguet.* **[œ̃ʒɔlibʀɛ̃dmygɛ]**.
Attention à l'opposition entre **[œ̃]** et **[ɛ̃]**.

4. *Changeons de régime.* **[ʃɑ̃ʒɔ̃dʀeʒim]**.

5. *Enfin, quelque chose d'utile et de nouveau.* **[ɑ̃fɛ̃ kɛlkəʃozdytilednuvo]**.

Entrainement 2

Énoncé p. 296

1. *Des eaux* **[dezo]** ; *l'humidité* **[lymidite]**.
2. *On a observé une minute de silence, ce jour-là.*
[ɔ̃naɔpsɛʀve ynminytdəsilɑ̃sə səʒuʀla].
3. *J'ai trouvé cet ouvrage parfait.* **[ʒɛtʀuvesɛtuvʀaʒpaʀfɛ]**.
4. *Tous les enfants ont écrit à leurs amis.* **[tulezɑ̃fɑ̃ɔ̃tekʀialœʀzami]**.

Entrainement 3

Énoncé p. 296

Mon cœur, lassé de tout, même de l'espérance,	**[mɔ̃kœʀ lasedətu mɛmədəlɛspeʀɑ̃s]**
N'ira plus de ses vœux importuner le sort ;	**[niʀaplydəsevø ɛ̃pɔʀtynelesɔʀ]**
Prêtez-moi seulement, vallon de mon enfance	**[pʀɛtemwasøləmɑ̃ valɔ̃dəmɔ̃nɑ̃fɑ̃s]**
Un asile d'un jour pour attendre la mort.	**[œ̃naziləd œ̃ʒuʀ puʀatɑ̃dʀəlamɔʀ]**

Remarquez que pour respecter les règles de la versification, le e caduc est marqué à l'intérieur du vers car il faut obtenir douze syllabes pour un alexandrin : *un asile d'un jour* **[œ̃naziləd œ̃ʒuʀ]**) mais, il ne l'est pas en finale : *espérance* **[ɛspeʀɑ̃s]** (Voir Fiche 44).

Erreurs éclairantes

Énoncé p. 298

– L'élève confond le phonème [œ̃] et [ɛ̃]. Il prononce :
muntenan il dort* **[mœ̃tənɑ̃ ildɔʀ] à la place de **[mɛ̃tənɑ̃ ildɔʀ]**.
L'erreur s'explique par la proximité de ces deux voyelles nasales.
– **bouser* à la place de *pousser*. Deux erreurs pour le deuxième énoncé : l'enfant prononce **[buze]** au lieu de **[puse]** ; il s'agit dans les deux cas d'une confusion entre le phonème sonore et le phonème sourd : **[b]**(sn) ≠ **[p]** (sd) ; **[z]** (sn) ≠ **[s]** (sd).

FICHE 40 — La phonologie

Les semi-consonnes

Objectif

- Connaitre trois phonèmes particuliers du français.

voir aussi

Tester ses connaissances

Transcrivez les phrases suivantes.

1. Le roi, c'est moi.
2. Lui, je le suis.
3. Il a les pieds liés.

1. **[ləʀwa sɛmwa]**. En prononçant cette phrase historique à la Restauration, Louis XVIII avait choisi la prononciation aristocratique de *roi* : [ʀwɛ], et non [ʀwa], populaire et révolutionnaire. **2.** **[lɥi ʒ(ə)ləsɥi]**. **3.** **[ilalepjelje]**.

LE COURS

1 Définition

Entre les consonnes et les voyelles figurent en français des unités sonores d'un troisième type, les **semi-consonnes**.

ATTENTION Ne pas confondre les semi-consonnes avec les **diphtongues**[1], qui n'existent plus en français depuis le XVIIe siècle.

Une semi-consonne est un son qui rappelle la voyelle par sa sonorité et la consonne par le bruit de friction qu'elle fait entendre (*cf.* consonnes constrictives = resserrement du canal expiratoire).

Le terme *semi-consonne* est préférable à celui de *semi-voyelle*, car il s'agit d'abord de consonnes, plus ouvertes que les autres. En anglais, on parle de *glide*.
On distingue **trois semi-consonnes** en français : ***yod*** [j], ***ué*** [ɥ], ***oué*** [w], qui correspondent respectivement aux voyelles [i], [y], [u].

2 La semi-consonne *yod* [j]

Cette semi-consonne se prononce avec la bouche dans la position du son **[i]**, mais plus fermée. C'est la palatale par excellence.

La semi-consonne [j] est rare à l'initiale et en finale ; en position médiane, c'est principalement un son de transition : en général, on prononce [j] les graphies ***i*** et ***y*** suivies d'une voyelle autre que ***e*** caduc : ciel [sjɛl], bastion [bastjɔ̃].

- Précédé de deux consonnes dans la même syllabe, [j] est associé à la voyelle [i] : crier [kʀije], plier [plije].
- **Transcription des groupes voyelle + *y* + voyelle :**

– ***ay*** **+ voyelle** = [ɛj] + voyelle : ayons [ɛjɔ̃], essayer [esɛje] ou, parfois, [aj] : mayonnaise [majonɛz] ;

1. Une diphtongue est une voyelle qui change une fois de timbre au cours de son émission (all. *Haus* ; angl. *five*).

– *oy* + voyelle = [waj] + voyelle : croyons [kʀwajɔ̃], voyez [vwaje] ;
– *uy* + voyelle = [ɥij] + voyelle : essuyer [esɥije], fuyez [fɥije], mais gruyère [gʀyjɛʀ].

Entrainement 1

Transcrivez phonétiquement les mots et les phrases suivants.

1. lien, rien, bille, rail, laitier, collier.
2. Hier, Pierre et sa nièce riaient bien.
3. Ce treuil enlève les tuyaux rouillés.

Corrigé p. 305

3 La semi-consonne *ué* [ɥ]

Cette semi-consonne se prononce avec la bouche approximativement dans la position du son [y]. Elle s'écrit toujours *u*.

- La semi-consonne [ɥ] apparait à l'initiale (huit [ɥit]), à la médiane (nuage [nɥaʒ]), mais **jamais en position finale**.
- La lettre *u* correspond à la semi-consonne [ɥ] :
  – quand elle est suivie d'une voyelle autre que *e* caduc : lui [lɥi] mais grue [gʀy] ;
  – et quand elle est précédée d'une seule consonne dans la syllabe : nuée [nɥe].
- La semi-consonne précède surtout la voyelle *i* (fuite [fɥit]) et aussi *an* (suant [sɥɑ̃]).
- Sauf dans le groupe [ɥi], [ɥ] n'est jamais précédé de deux consonnes dans la même syllabe ; après deux consonnes, on emploie la voyelle [y] : cruelle [kʀyɛl].

Entrainement 2

Transcrivez phonétiquement les mots et les phrases suivants.

1. huer, tuile, sueur, saluer, fruit, vertueuse, biscuit.
2. Je suis avec lui en juin et en juillet.
3. Depuis huit heures, il s'ennuie sous la pluie.

Corrigé p. 305

4 La semi-consonne *oué* [w]

La semi-consonne **[w]** se prononce avec la bouche approximativement dans la position du son **[u]**.
Elle s'écrit toujours *ou*, sauf *oi* devant le son [a] : (roi) et *oin* devant le son [ɛ̃] : (coin). On rencontre exceptionnellement les graphies *w* : (watt) et *qu* : (quid).

Distribution de [w] selon ses trois graphies principales			
Graphies	*OU*	*OI*	*OIN*
Position initiale	oui [wi]	oie [wa]	oindre [wɛ̃dʀ]
Position médiane	fouet [fwɛ]	voiture [vwatyʀ]	loin [lwɛ̃]

ORTHOGRAPHE

La semi-consonne [w] n'apparait **jamais en position finale** et assez **rarement en position initiale**. Elle se trouve toujours devant une voyelle.

– La graphie ***ou*** correspond toujours à [w] devant une voyelle autre que ***e*** caduc (alouette [alwɛt]), sauf si elle est précédée de deux consonnes appartenant à la même syllabe (dans ce cas, elle correspond à la voyelle **[u]** : ébloui [eblui], troué [tʀue]).

– Les graphies ***oi*** et ***oin*** correspondent toujours à la semi-consonne [w] suivie respectivement de [a] et [ɛ̃], même après deux consonnes :
quoi [kwa], moins [mwɛ̃], trois [tʀwa], groin [gʀwɛ̃].

Entrainement 3

Transcrivez phonétiquement les mots et les phrases suivants.

1. jouet, droit, gouache, girouette, couloir, clouer, (il) troua.

2. Louis louait une voiture pour lui.

3. Je le vois, très loin à l'ouest.

Corrigé p. 305

Pour aller plus loin

Les semi-consonnes ne constituent pas le centre d'une syllabe comme les voyelles : roi, lion, comportent une seule syllabe. Cependant, dans une diction poétique, on peut prononcer la voyelle au lieu ou en plus de la semi-consonne, ce qui crée une syllabe supplémentaire (utile pour la métrique) :

Je ne parlerai pas, je ne penserai rien (…) (Rimbaud, *Sensation*)
[ʀjɛ̃] : la semi-consonne permet la **synérèse**.

Et j'irai loin, bien loin, comme un bohémien
[bjɛ̃] [boemi - jɛ̃] : la voyelle permet la **diérèse**.

– La voyelle [y] remplace la semi-consonne [ɥ] pour créer une syllabe supplémentaire :

Car nous voulons la nuance encor (Verlaine, *L'art poétique*)
[ny - ɑ̃s]

– La voyelle [u] remplace la semi-consonne [w] :

D'un érable noueux il va fendre sa tête (Chénier, *Idylles*)
[nu - ø]

Synérèse : prononciation d'une semi-consonne faisant partie d'une seule syllabe **[ljɔ̃]**.

Diérèse : prononciation de deux voyelles pour obtenir deux syllabes **[li-jɔ̃]**.

À retenir

Les trois semi-consonnes du français, ***yod*** [j], ***ué*** [ɥ], ***oué*** [w], sont des **sons de transition**. On les rencontre principalement devant une voyelle autre que ***e*** caduc. Mais on n'emploie pas les semi-consonnes quand le son concerné est précédé de deux consonnes qui appartiennent à la même syllabe : cruelle, troué…

Corrigés

Entrainement 1

Énoncé p. 303

1. *lien* [ljɛ̃], *rien* [ʀjɛ̃], *bille* [bij], *rail* [ʀaj], *laitier* [lɛtje], *collier* [kolje].
2. *Hier, Pierre et sa nièce riaient bien.* [jɛʀ pjɛʀesanjɛs ʀijɛbjɛ̃].
3. *Ce treuil enlève les tuyaux rouillés.* [sətʀœj ɑ̃lɛvletɥijoʀuje].

Entrainement 2

Énoncé p. 303

1. *huer* [ɥe], *tuile* [tɥil], *sueur* [sɥœʀ], *saluer* [salɥe], *fruit* [fʀɥi], *vertueuse* [vɛʀtɥøz], *biscuit* [biskɥi].
2. *Je suis avec lui en juin et en juillet.* [ʒəsɥizavɛklɥi ɑ̃ʒɥɛ̃ eɑ̃ʒɥijɛ].
3. *Depuis huit heures, il s'ennuie sous la pluie.* [dəpɥiɥitœʀ ilsɑ̃nɥisulaplɥi].

Entrainement 3

Énoncé p. 304

1. *jouet* [ʒwɛ], *droit* [dʀwa], *gouache* [gwaʃ], *girouette* [ʒiʀwɛt], *couloir* [kulwaʀ], *clouer* [klue], *(il) troua* [tʀua].
À cause des deux consonnes qui précèdent, *ou* correspond à la voyelle [u] dans les deux derniers mots.
2. *Louis louait une voiture pour lui.* [lwiluɛ ynvwatyʀ puʀlɥi].
3. *Je le vois, très loin à l'ouest.* [ʒəlvwa tʀɛlwɛ̃ alwɛst].

ORTHOGRAPHE

FICHE 41

L'orthographe lexicale et grammaticale

Le système orthographique français

Objectifs

- Connaitre le fonctionnement de l'orthographe française.
- Connaitre et analyser les valeurs des unités graphiques.

voir aussi

Tester ses connaissances

1. Combien y a-t-il de lettres et de phonèmes dans les termes suivants.
chansons, faits, compter, reproductions, fournir, châteaux.
Quelle est la valeur de ces lettres ?
2. Dans la phrase suivante, quelles sont les valeurs de la lettre *t* ?
Le port d'attache correspondait historiquement à la zone d'armement habituel du bateau.

Voir la terminologie dans le cours.

1. – ***chansons*** : 4 phonèmes [ʃɑ̃sɔ̃], 8 lettres = 4 phonogrammes *ch-an-s-on* et 1 morphogramme *s* = pluriel.
– ***faits*** : 2 phonèmes [fɛ], 5 lettres = 2 phonogrammes *f-ai* et 2 morphogrammes *t* et *s*.
– ***compter*** : 4 phonèmes [kɔ̃te], 7 lettres dont 4 phonogrammes ; *r* est morphogramme (marqueur morphologique de l'infinitif) ; *p* est une lettre étymologique (latin : *computare*).
– ***reproductions*** : 11 phonèmes [ʀəpʀodyksjɔ̃], 13 lettres dont 11 phonogrammes *r-e-p-r-o-d-u-c-t-i-on-*, et 1 morphogramme *s* = pluriel.
– ***fournir*** : 6 phonèmes [fuʀniʀ], 7 lettres = 6 phonogrammes *f-ou-r-n-i-r*.
– ***châteaux*** : 4 phonèmes [ʃɑto], 8 lettres = 4 phonogrammes *ch-â-t-eau* et 1 morphogramme *x* = pluriel.

2. ***t*** est un **phonogramme** avec valeur de base [t] dans les mots suivants : *attache* (doublé), *historiquement, habituel, bateau.*
– ***t*** est un **morphogramme grammatical** renvoyant à l'indication de la personne (*correspondait*) ou à un élément d'un suffixe nominal *–ment* (*armement*) ou adverbial *–ment* (*historiquement*).
– ***t* est un morphogramme lexical** lorsqu'il renvoie par dérivation aux mots de la famille : *port* (portuaire) ; dans ce dernier cas, il a aussi valeur **logogrammique** car le *t* permet de différencier les termes *port/porc/pore*.

1 Les principes de fonctionnement de l'orthographe française

Comme l'écriture française est alphabétique, les unités graphiques (les vingt-six lettres de l'alphabet) sont destinées à l'origine à transcrire les phonèmes du français. Cependant, dans l'histoire du français, de nombreuses lettres prononcées sont devenues muettes, tandis que de nombreuses lettres étymologiques, muettes elles aussi, ont été introduites (temps, rythme). Maintenues dans l'orthographe, elles servent alors à apporter différentes informations grammaticales ou sémantiques sans correspondre à des unités orales.

L'orthographe française repose sur deux principes de fonctionnement.

1 1. La référence au son

Suivant leur fonction première, les unités graphiques représentent les unités sonores, parfois de façon simple : dans la préposition par, chaque lettre correspond à un phonème [paʀ]. Cependant, les correspondances ne sont pas si simples. Un phonème peut être représenté par plusieurs unités graphiques : [s] est représenté par *s* dans son, *ss* dans boisson, *t* dans portion, *x* dans dix, etc. Une même unité graphique peut correspondre à différents phonèmes : *c* correspond à [k] dans cor, à [s] dans cela, etc. Un groupe de deux ou trois lettres peut correspondre à un seul phonème, comme *au* et *eau* dans taureau qui représentent [o].

Voir Fiche 39 : Les phonèmes du français.

1 2. La référence au sens

Les unités graphiques apportent des informations sémantiques de deux sortes :
– grammaticales : indication du pluriel (*-s* dans livres), du féminin (*-e* dans amie), etc.
– sémantiques, notamment dans la distinction des homonymes (sain, saint, sein, ceint).
Ces unités sont souvent muettes, mais peuvent se prononcer en liaison, comme le *-s* du pluriel : les oublis [lezubli].

REMARQUE On peut aussi ajouter une **référence à l'histoire**. De nombreuses lettres représentent des traces visibles de l'histoire du français :
– **lettres étymologiques** indiquant les relations avec le latin (temps de *tempus*, doigt de *digitum*) ou le grec (ῥ (rau) dans rhétorique, θ (théta) dans théorie, ψ (psi) et χ (chi) dans psychologie) ;
– ou **lettres historiques** non étymologiques : consonnes doubles dans donner, homme ; *on* et *om* marquaient en français la prononciation nasale [ɔ̃] qui a disparu.
Ces lettres ne jouent aucun rôle dans le système graphique actuel du français, à moins qu'elles n'aient été exploitées à des fins distinctives (comme le *g* de *doigt* ≠ de *doit*).

Voir Fiche 55 : Étymologie et emprunts.

Voir les logogrammes p. 318 : compte, comte, conte.

2 Le graphème, unité graphique

• Par rapport à la lettre, qui est une unité graphique concrète, le graphème est une unité abstraite, dont les valeurs se définissent dans le système d'une langue donnée. Le graphème se définit comme la plus petite unité distinctive d'un système graphique donné, qui correspond à un phonème ou fait référence au sens grammatical ou lexical.

Un graphème peut être constitué :
– **d'une seule lettre** : dans *par*, on compte trois graphèmes correspondant chacun à un phonème ;
– **de deux lettres** (*digramme*) : *an, on, au, ai, gu, ph, ch...*
– **de trois lettres** (*trigramme*) : *eau, oin ;*
– **d'une lettre pourvue d'un signe diacritique** : accent (*é, è, ê, ô, â, à, ù*) ou cédille (*ç*).

Le mot agneau a six lettres mais trois graphèmes seulement : a-gn-eau, soit une lettre + un digramme + un trigramme. On voit que les deux notions diffèrent et que la lettre n'est qu'un des éléments constitutifs du graphème.

• On classe les graphèmes suivant le rôle qu'ils jouent. Selon N. Catach (1980), on distingue trois sortes de graphèmes : les phonogrammes, les morphogrammes, les logogrammes[1].
Chaque catégorie de graphèmes apporte des informations différentes, d'ordre phonique pour les phonogrammes, d'ordre morphologique pour les morphogrammes, d'ordre distinctif pour les logogrammes.

1. *-gramme* vient du grec *grámma* qui signifie *lettre*, *écriture*.

Difficulté rencontrée

Ne pas confondre les notions de graphème et de phonème : le phonème est la plus petite unité distinctive de la chaine **parlée** alors que le graphème est l'unité distinctive de la chaine **écrite**.

Voir Fiche 39 : Les phonèmes du français.

2 1. Les phonogrammes

• Les phonogrammes sont des graphèmes chargés de transcrire des phonèmes. 85 % des graphèmes sont des phonogrammes car majoritairement, la langue écrite code l'oral. Ils constituent l'essentiel du système graphique français.
Dans agneau, les trois graphèmes a-gn-eau correspondent à trois phonèmes [aɲo] : ces graphèmes sont des phonogrammes puisqu'ils codent du son.

• Il a déjà été dit qu'à un graphème ne correspondait pas un seul phonème et qu'à un phonème ne correspondait pas un seul graphème. Le phonème [s], par exemple, peut être transcrit par une dizaine de graphèmes (*s*, *ss*, *c*, *ç*, *t*…) et le graphème *s* peut transcrire plusieurs phonèmes [s] (sac) ou [z] (vase). Mais les lois de position permettent de faire des choix motivés, dans la plupart des cas.

Voir Fiche 39 : Les phonèmes du français.

• Ce dernier point explique la distorsion entre le nombre de phonèmes (trente-six) et le nombre de phonogrammes (130). Mais il y a quarante-cinq graphèmes de base, d'une très grande fréquence, qui permettent de couvrir 80 à 90 % des besoins fondamentaux de la transcription de l'oral ; s'y ajoutent vingt-cinq autres graphèmes moins rentables puis 60 qui constituent des formes rares[1].
Par exemple, le phonème [ɛ̃] est transcrit dans 45 % des cas par le graphème *in* (lapin), dans 23 % par *en* (agenda, mien, je viens…) : ce sont des graphèmes de base auxquels s'ajoutent pour 21 % des cas les graphèmes *-ain* (main, pain) et *ein* (peinture). Dans les formes rares, on compte *im* (impossible), *aim* (faim) *yn* (lynx) *ym* (thym). Le phonème [ɛ̃] correspond donc à huit phonogrammes.

1. Voir le tableau de la fréquence des graphèmes dans Nina Catach, *L'orthographe française*, Nathan Université, 1995, p. 10-15.

2 2. Les morphogrammes

• Si on ajoute un *x* à agneaux, on ne peut pas en donner un équivalent sonore. Ce *x*, muet, n'est donc pas un phonogramme. Il apporte une information autre que phonique, d'ordre grammatical : c'est la marque morphologique du pluriel de certains noms.

• Les morphogrammes sont des graphèmes qui portent des informations morphologiques et qui représentent environ 5 à 6 % des graphèmes en discours. On distingue :
– **les morphogrammes grammaticaux** qui donnent des indications sur le nombre, le genre, la personne, indications très précieuses car les noms, adjectifs, pronoms, verbes doivent, à l'intérieur de la chaine syntaxique, obéir à des règles portant sur tous ces éléments. Ces marques, ajoutées à la fin du mot, sont généralement muettes.
Dans (tu) peins, peins comprend trois graphèmes *p-ein-s* : les deux premiers sont des phonogrammes puisqu'ils transcrivent les phonèmes [p] et [ɛ̃] ; le troisième, le *s*, est un morphogramme qui est ici à la marque morphologique de la 2e personne du singulier.

> **REMARQUE** Un phonogramme peut avoir une valeur morphogrammique. Autrement dit, un morphogramme peut être prononcé : le *ai* de (il) chantait correspond au phonème [ɛ] et il est la marque morphologique de la désinence de l'imparfait. On parle alors de *morphonogramme*.

– **les morphogrammes lexicaux** qui sont porteurs d'une signification lexicale. Ce sont des marques internes ou finales fixes qui relient un radical à ses dérivés.
Dans le mot enfant, trois graphèmes sont des phonogrammes qui renvoient à des phonèmes : [ɑ̃fɑ̃] ; le *t* muet est un morphogramme lexical présent dans la famille : enfanter, enfantillage, enfantin… Dans tard, c'est le *d* que l'on retrouve dans tarder, tardif, tardivement, retarder, retardement…

REMARQUE : Ces marques dérivatives touchées par l'évolution de la langue ne sont pas toujours systématiques ni cohérentes. Il y a quelques séries désaccordées mais rares : abri/abriter ou tabac/tabagie/tabagisme/tabatière, mais des formes plus récentes gardent le *c* : tabacologie/tabacologue/tabacomanie.

Entrainement 1

1. Commentez les morphogrammes lexicaux qui se trouvent dans les mots suivants.

1. chat **2.** main **3.** sang **4.** paquet.

2. Trouvez cinq autres exemples de ce type.

Corrigé p. 311

3. Les logogrammes

Une troisième catégorie de graphèmes vient s'ajouter pour distinguer graphiquement les homophones (environ 6 % des mots). Les logogrammes sont des « figures de mots », des images visuelles qui permettent de différencier des mots à l'écrit : saint, sain, sein, par exemple. Le *t*, le *a* et le *e* ont une valeur logogrammique ; ils permettent une identification visuelle immédiate et lèvent des confusions à l'écrit.

On distingue :

– **les logogrammes lexicaux** qui permettent de traiter des oppositions portant sur le lexique : bon/bond, repère/repaire…

– **les logogrammes grammaticaux** qui correspondent aux fameuses séries d'homophones grammaticaux : sont/son, a/à, et/est, ou/où…

Voir Fiche 51 : L'homonymie et la paronymie.

Voir Fiche 46 : Les homophones grammaticaux.

REMARQUE Les phonogrammes peuvent avoir une valeur logogrammique. Dans tante/tente, les graphèmes *en* et *an* sont des phonogrammes et l'alternance *a/e* marque la différence entre les deux termes. Il en va de même avec *ce/se*, où *c-* et *s-* distinguent le démonstratif du pronom réfléchi, tout en correspondant au phonème [s].

Pour aller plus loin

Polyvalence des graphèmes

Un même graphème peut donner plusieurs types de renseignements et avoir plusieurs valeurs.

• Dans mangé, le *é* est un phonogramme puisqu'il est prononcé. Il a aussi une valeur morphogrammique car le *é* se trouve être la marque morphologique du participe passé des verbes de type *chanter*. Il peut avoir une valeur logogrammique lorsqu'on l'oppose au *-er* de l'infinitif manger.

• Dans le phonogramme *ain* de main, le *a* joue aussi un rôle morphogrammique : il se retrouve dans toute la famille de mots : manuel, manuellement, manucure…

• Exemple avec le graphème *x* :

– Le graphème *x* peut être un phonogramme ayant plusieurs valeurs :

Valeur de base [ks] : boxe, excellent, lexique, expirer, thorax…

Valeur de position : avec le son [gs] : un exemple, le xénon, exubérant ; avec le son [z] sixième ou en liaison des choix importants ; avec le son [s], six, coccyx…

– Il peut être un morphogramme grammatical :

• marquant le pluriel :

– avec un radical fixe : les bijoux, les joyaux…

– avec radical variable en *al/aux* (**les animaux**), *ail/aux* (**un vantail** / **des vantaux**) ;

– avec changement complet du radical : lui/**eux**, celui/**ceux** ;

• marquant dans la désinence verbale, la personne : je vau**x** (1re personne), tu veu**x** (2e personne) ;

• marquant l'alternance masculin/féminin pour certains adjectifs : dou**x**/dou**ce**, fau**x**/fau**sse**...

– Il peut être un logogramme : le *x* étymologique de pai**x** (lat. *pax*) est utilisé à des fins distinctives (vs je paie) et le *x* de pri**x** pourtant non étymologique (lat. *pretium*) permet de différencier le pri**x** / je pri**s** / je pri**e**.

Entrainement 2

Commentez les couples suivants.

1. trop/trot,
2. port/porc,
3. croix / (il) croit.

Corrigé p. 311

Entrainement 3

Identifiez les différentes sortes de graphèmes dans la phrase suivante.
Certaines bêtes, affolées, sont parties.

Corrigé p. 311

Pour aller plus loin

On peut distinguer cinq valeurs des lettres[1] :

– valeur de base : la manière la plus fréquente de lire la lettre, liée au plus grand rendement. Ex. : la valeur de base de *s* est [s] : sac, signe, sous...

– valeur de position : conditionnée par la position du groupe dans la chaine graphique. Ex. : *s* a la valeur de position de [z] dans vase, poison (position intervocalique) ;

– valeur auxiliaire : sans être prononcée elle-même, la lettre influe sur la prononciation d'un groupe voisin comme le *u* dans guérir ou le *s* dans les ;

– valeur zéro : aucun rôle du point de vue phonographique : le *s* en finale de bras.

La lettre peut faire partie d'un digramme (groupe de deux lettres : ai, ph) ou d'un trigramme (groupe de trois lettres : eau, ain).

1. Claire Blanche-Benveniste, André Cherve[l], *L'orthographe*, Maspero, 1969.

À retenir

Les graphèmes font référence au son ou au sens.
Les phonogrammes transcrivent des phonèmes ; les morphogrammes donnent des informations grammaticales ou lexicales ; les logogrammes permettent de distinguer les homonymes.

Cet ouvrage applique les ***Rectifications de l'orthographe française*** avalisées par l'Académie française en 1990, qui sont préconisées dans l'enseignement de l'orthographe au Primaire depuis les programmes de 2007, confirmées en 2008 et en 2015, mais oubliées en 2018 et en 2020.

Voir Annexe p. 438

Corrigés

Entrainement 1

Énoncé p. 309

1. Les morphogrammes lexicaux se retrouvent dans toute la famille du mot : le *t* de *chat* dans *chatte, chatière, chaton ;* le *g* de *sang* dans *sanguinaire, sanguin… ;* le *t* de *paquet* dans *empaqueter, paquetage… ;* le *a* de *main* dans *manuel, manipuler…*

2. Autres exemples de ce type : *bond, chant, grand, petit, lait.*

Entrainement 2

Énoncé p. 310

1. Certaines lettres en finale ont des valeurs logogrammiques dans ces couples. Le *t* de *trot* se trouve dans la famille (*trotter, trottiner, trottinement…*), le *p* semble étymologique (*trop* venant du francique[1] *throp*, « entassement » à la base de *troupeau*).

2. *Port et porc* renvoient chacun à des champs dérivationnels très différents *(portuaire ≠ porcin, porcherie, porcelet)*.

3. *Le x* de *croix,* étymologique *(crux)*, a un rôle logogrammique : il permet de distinguer graphiquement *croix* de la série *(je) crois, (il) croit.*

1. Langue germanique.

Entrainement 3

Énoncé p. 310

– ***Certaines*** : sept phonogrammes (**c-e-r-t-ai-n-e**) codant du son [sɛʀtɛn(ə)] ; le *e* a aussi une valeur morphogrammique puisqu'il indique le féminin. On ajoute un morphogramme grammatical, le *s* final, qui renvoie au pluriel.

– **bêtes** : quatre phonogrammes (**b-ê-t-e**) codant du son : [bɛt(ə)] et un morphogramme grammatical, le *s* final, renvoyant au pluriel.

– **affolées** : six phonogrammes codant les phonèmes [afole] auxquels s'ajoutent trois morphogrammes grammaticaux, marques du participe passé (*é*), du féminin (*e*) et du pluriel (*s*).

– **sont** : deux phonogrammes (**s-on**) transcrivant les phonèmes [sɔ̃] et un morphogramme grammatical *t*, qui joue aussi un rôle distinctif (homophones : *sont ≠ son*).

– **parties** : cinq phonogrammes (**p-a-r-t-i**) correspondant à [paʀti] et deux morphogrammes grammaticaux, le *e* (marque du féminin), le *s* (marque du pluriel).

FICHE

42 La transcription des sons

Objectif

- Connaitre les graphies complexes correspondant à quelques phonèmes.

voir aussi

Le système orthographique français .... p. 305
Les consonnes simples et doubles .... p. 319
Les chaines d'accord .... p. 325

Tester ses connaissances

1. Écrivez les lettres correspondant aux phonèmes [s] et [z].
cours en présen...iel ; ra...er ; si...ième ; une ga...elle ; dé...imètre ; discu...ion.

2. Écrivez les lettres correspondant aux phonèmes [k] et [j].
a...ourir ; ...orale ; une bri...e ; une bé...i... ; une abe... ; les ra...s.

3. Écrivez les lettres correspondant aux voyelles nasales.
c...pagnard ; r...part ; p...pe ; c...pagn... ; t...t... ; ...parfait ; un empr...t.

1. cours en présentiel ; raser ; sixième ; une gazelle ; décimètre ; discussion.
2. accourir ; chorale ; une brique ; une béquille ; une abeille ; les rails.
3. campagnard ; rempart ; pompe ; compagnon ; tonton/tintin ; imparfait ; un emprunt.

LE COURS

La plupart des phonèmes correspondent à plusieurs graphies, ce qui cause des difficultés d'encodage pour passer de l'oral à l'écrit. On présente ici les correspondances les plus délicates et les principes qui gouvernent le choix des graphies.

1 Les graphies du phonème [s]

- Le phonème [s] est très complexe, avec plusieurs graphies possibles :

[s] →
- **s** : sac, soja, asticot...
- **ss** : poisson, masser...
- **c** : cinéma, face, succès...
- **ç** : poinçon, façade, perçu...
- **t** : opération, prophétie, patient...
- **sc** : scène, scientifique, ascèse...
- **x** : six, dix, complexité...
- **z** : ersatz, quartz...

On pourrait ajouter des graphies rarissimes, comme *th* (forsythia), *sç* (il acquiesça, il s'immisça), *sth* (isthme). Certaines graphies sont combinables dans le même mot : saucisson, succession, facétie, scission... Mais il faut nuancer cette complexité.

- Les graphies n'ont pas toutes la même fréquence. D'après Nina Catach[1], les graphies *s* + *ss* correspondent à 69 % des formes, *c* + *ç*, à 26 %, *t* (+ *i*) à 3,3 %. Le reste des formes représenterait donc 1,7 %, essentiellement constitué par les mots commençant par *sc*, les autres ayant un caractère de rareté très marqué.
- Les lois de position sont souvent déterminantes pour choisir la graphie juste :
– On écrit le plus souvent *s* en début de mot : savon, silure, son, suite, ou bien avant ou après une consonne : risque, tester, insister, ourse.
– On met *ss* entre deux voyelles pour conserver le son [s] coussin ≠ cousin avec [z].
– La lettre *c* se prononce [s] devant *e*, *i* et *y* : lance, racine, cygne. Pour garder le son [s] devant *a*, *o* et *u*, il faut mettre la lettre *ç* : ça, maçon, déçu.
- Certaines graphies s'expliquent par :
– l'étymologie, notamment *sc*. Sur la forme latine *scindere*, ont été formés scinder et toute sa famille : scission, scissionniste, scissionnisme... *Scientia* de *scire* (savoir) a donné science puis scientifique... Le terme *scaena* a produit scène et tous les dérivés ;
– le phénomène de l'assibilation[2] qui a touché le *t* latin (quand il est suivi du groupe *io*) : au *t*, lettre constrictive, a été attribué un son sifflant [s] qui a perduré en français : lat. *operatio* / opération, lat. *fractio* / fraction...

1. Nina Catach, *L'Orthographe française*, Nathan université, 1995, p. 157.

2. *Assibilation* : prononciation d'une sifflante au lieu d'une occlusive.

ATTENTION On rencontre souvent la graphie du suffixe *-tion* (action, réparation, pollution), mais aussi la graphie *-sion* (dispersion) ou *-ssion* (expression).

Entrainement 1

Analysez les mots suivants : par quelles lettres est représenté le phonème [s] ?

1. abstention **2.** scansion **3.** cas **4.** assassin **5.** idiotie **6.** cirage **7.** colimaçon **8.** collection **9.** fixer **10.** hertz **11.** dix **12.** prison **13.** raser **14.** station **15.** frisson.

Corrigé p. 317

À retenir

Le phonème [s] correspond principalement aux graphies *s*, *ss*, *c* ou *ç*, plus rarement aux graphies *t*, *sc*, *x*, ou *z*.

2 Les graphies du phonème [z]

- **Au début d'un mot**, le son [z] s'écrit toujours avec la lettre z : zébu, zoom, zouave.
- **À l'intérieur d'un mot**, le son [z] s'écrit :
– le plus souvent avec **la lettre *s*** entre deux voyelles : désert, raisin, menteuse, joueuse.
– avec **la lettre *z*** après une consonne (car la lettre *s* ferait le son [s]) : bronzer, colza.

> **ATTENTION** Dans quelques mots, le son [z] s'écrit avec deux *z* ou un *z* entre deux voyelles.
> une pizza ; le blizzard ; le gazon ; une rizière.

– avec **la lettre *x*** dans les mots comme sixième, dixième.

- On entend parfois **le son** [z] **en faisant la liaison** entre deux mots, mais on n'écrit aucune lettre pour traduire ce son : les adultes [lezadylt], six hommes [sizɔm].

Entrainement 2

Trouvez deux mots dans lesquels [z] s'écrit avec s, deux mots dans lesquels il s'écrit avec un z et deux liaisons dans lesquelles on entend [z].

Corrigé p. 317

À retenir

Le phonème [z] s'écrit principalement *z* ou bien *s* entre voyelles, parfois *x*. Il s'entend aussi en liaison devant une voyelle.

3 Les graphies du phonème [k]

Deux graphies complémentaires couvrent 98 % des réalisations de [k] : *c* et *qu*.

- **Devant *a*, *o*, *u*** et **devant une consonne**, le phonème [k] s'écrit souvent avec la lettre *c* : carte, côté, calculer, clamer.

> **ATTENTION** À l'intérieur du mot, on double parfois le *c*, en particulier avec les préfixes :
> *accabler*, *accord*, *occasion*, *succulent*.

Certains mots s'écrivent avec *qua* et *quo* :
quatre, **qua**nd, fabri**qua**nt, mar**qua**nt, **quo**tidien, **quo**i.

- **Devant *e* et *i***, le son [k] s'écrit le plus souvent *qu* :
querelle, **qu**e, **qu**i, é**qu**ité.

- **À la fin des noms féminins et de beaucoup d'adjectifs**, le son [k] s'écrit *que* :
Noms féminins : une cli**que**, la fla**que**, une to**que**.
Adjectifs : féeri**que**, électri**que**, uni**que**.

- À la fin des noms masculins, le son [k] s'écrit *c* : un be**c**, un tru**c**, le tra**c**.

- Dans quelques mots d'origine grecque, le son [k] s'écrit *ch* : or**ch**estre, **ch**orale, **ch**ronologie, psy**ch**ologie.

- On trouve quelques graphies moins courantes : *k* (**k**ilomètre), surtout pour des mots étrangers (anora**k**, **k**araté, **k**imono), *ck* (ti**ck**et, sto**ck**, te**ck**el) et *cqu*, rare (a**cqu**érir, be**cqu**ée).

Entrainement 3

Trouvez deux mots dans lesquels [k] s'écrit avec c, deux mots dans lesquels il s'écrit avec cc et deux mots dans lesquels il s'écrit avec *qu*.

Corrigé p. 317

À retenir

Le phonème [k] s'écrit principalement *c* devant *a*, *o*, *u* et *qu* devant *e*, *i*, sauf exceptions. On rencontre parfois *cc* et *ch* dans les mots d'origine grecque.

4 Les graphies du phonème [j]

La semi-consonne yod [j] est le son de passage de [i] devant une autre voyelle. Elle a trois graphies principales : *i*, *y*, *ill*(*e*).

- Au début d'un mot, le phonème [j] s'écrit avec un *i* ou un *y* :
iode, ion, yaourt, yoga. La lettre *i* peut être précédée de *h* : hiatus, hier.
- À l'intérieur d'un mot, le phonème [j] s'écrit *i*, *y* ou *-ill*.
allié, rien, mayonnaise, ailleurs. Le *i* peut recevoir un tréma : aïeul, glaïeul.
Quand *y* suit les voyelles *a*, *o*, *u*, il y a une contamination graphique avec *y*. On dit qu'« *y* équivaut à deux *i* » (payer = pai-ier) : délayer, rayon, noyer, essuyer.
- À la fin d'un mot, le phonème [j] s'écrit *-il* si le mot est masculin et *-ille* si le mot est féminin ou si c'est un verbe : **du bétail**, **un travail**, **le soleil**, **le chevreuil**, **le fenouil** (mots masculins) ; **la paille**, **une oreille**, **une feuille**, **une grenouille** (mots féminins) ; **je fouille**, **je pille** (verbes).

Voir Fiche 40 : Les semi-consonnes.

ATTENTION *-ill* ne se prononce pas toujours [j], mais la graphie *ill* représente aussi deux phonèmes distincts, [i] et [l] : une ville, tranquille, mille, à ne pas confondre avec fille [fij] et bille [bij] où *i* note aussi [i] et *-lle* note [j].

Tableau de la distribution de [j] selon les graphies possibles						
Graphies	**i**	**y**	**lle**	**il**	**ille**	**ill**
Position initiale	hier [jɛʀ]	yeux [jø]				
Position médiane	pied [pje]	crayon [kʀɛjɔ̃]				ailleurs [ajœʀ]
Position finale			fille [fij]	œil [œj]	oreille [ɔʀɛj]	

ORTHOGRAPHE

Erreurs éclairantes

Voici la production d'un élève de CE2. La consigne demandait de classer des mots, suivant les différentes graphies du son [j]. L'orthographe n'a pas été rectifiée.
Repérez les erreurs commises par cet élève ; corrigez-les et commentez-les.

il	ill	i	y	ll
conseile réveile fenouil	corbeille quille dépouiller paillasson billet groseilles	bien évantail tablier cahier fier marier feuille	crayon voyager envoyer s'ennuyer	fille piller

Corrigé p. 317

À retenir

Le phonème [j] a trois graphies principales : *i*, *y* et *ill*(*e*). Après *a*, *o*, *u*, le *y* peut se combiner avec la voyelle précédente pour représenter deux sons successifs, une voyelle orale et [j] (payer).

5 Les graphies des voyelles nasales

Les voyelles nasales s'écrivent avec une voyelle orale suivie de *m* ou *n*. On prononce une voyelle nasale devant une consonne ou en finale graphique.

- Les phonèmes [ɑ̃], [ɔ̃], [ɛ̃], [œ̃] **s'écrivent avec un** ***m*** **devant les lettres** ***m*, *b*, *p*** :

[ɑ̃] : *am* dans **jambe**, **ram**pe ou *em* dans **em**mêler, **em**baller, **em**porter.
[ɔ̃] : *om* dans **som**bre, **tom**ber, **pom**per.
[ɛ̃] : *im* dans **im**manquable, **im**bécile, **im**poli.
[œ̃] : *um* dans **hum**ble.

> **REMARQUE** Il y a quelques exceptions : bonbon, embonpoint, néanmoins, bonbonne.

- Devant les autres lettres, les phonèmes [ɑ̃], [ɛ̃], [ɔ̃], [œ̃] **s'écrivent avec la lettre** ***n*** :
lente, **cin**q, **tan**te, **lun**di, **con**te.

> **ATTENTION** On écrit une comtesse et un comte.

Entrainement 4

Justifiez les graphies des voyelles nasales des mots suivants.

1. conte, comte, compte.
2. impossible, incroyable.
3. matin.
4. parfum.

Corrigé p. 318

À retenir

Les voyelles nasales [ɑ̃], [ɔ̃], [ɛ̃], [œ̃] s'écrivent avec une voyelle orale suivie de *m* devant *m*, *b*, *p* ou de *n* devant les autres lettres ou en fin de mot (un bon vin blanc).

Entrainement 5

Écrivez les lettres correspondant aux phonèmes concernés.

1. [s] cours en distan…iel ; silen…ieux ; avan…ons ; absten…ion.

2. [z] ha…ard ; maga…in ; di…aine ; bli…ard.

3. [k] a…olade ; blo…er ; su…omber ; …in…agénaire.

4. [j] pi…er ; coba…e ; grosei…e ; fa…ence.

Corrigé p. 318

Corrigés

Entrainement 1

Énoncé p. 313

Le phonème [s] est représenté par les lettres **s** (ab<u>s</u>tention, <u>s</u>cansion, <u>s</u>tation), **ss** (a<u>ss</u>assin, fri<u>ss</u>on), **c** (<u>c</u>irage), **ç** (colima<u>ç</u>on), **t** (absten<u>t</u>ion, idio<u>t</u>ie, collec<u>t</u>ion, sta<u>t</u>ion), **x** (di<u>x</u>, fi<u>x</u>er [fikse]), **z** (hert<u>z</u>).

La lettre *s* dans *cas* est muette ; dans *raser* et *prison*, elle renvoie au phonème [z]. Ces trois occurrences ne devaient donc pas être relevées.

Entrainement 2

Énoncé p. 314

Mots dans lesquels [z] s'écrit avec s : amu<u>s</u>er, ri<u>s</u>ée, po<u>s</u>er, va<u>s</u>e…

Mots dans lesquels il s'écrit avec un ***z*** **:** <u>z</u>odiaque, dou<u>z</u>e, sei<u>z</u>e…

Liaisons dans lesquelles on entend [z] : je les‿ai vus ; ils‿attendent leurs‿amis…

Entrainement 3

Énoncé p. 314

Mots dans lesquels [k] s'écrit avec c : <u>c</u>arré, <u>c</u>orrect, <u>c</u>outume, <u>c</u>ure, bri<u>c</u> à bra<u>c</u>.

Mots dans lesquels il s'écrit avec cc : a<u>cc</u>rocher, a<u>cc</u>user, o<u>cc</u>uper, o<u>cc</u>ulter.

Mots où il s'écrit avec ***qu*** **:** <u>qu</u>elque, pani<u>qu</u>e, <u>qu</u>art, <u>qu</u>estion, <u>qu</u>eue.

Erreurs éclairantes

Énoncé p. 316

L'élève a commis plusieurs erreurs.

- **Des mots n'ont pas été classés dans la bonne colonne :**

– dans la 2e colonne, **deux erreurs** : dans ***quille*** et ***billet***, le *i* est bien prononcé, le son [j] est transcrit par *ll* et non pas par *ill* [kij] [bijɛ]. Ces mots auraient dû être déplacés dans la 5e colonne, sous *-ll*, avec *fille* et *piller* ;

– dans la 3e colonne, **deux erreurs** également : le son [j] n'est pas transcrit par la voyelle *i* dans ***évantail** [evɑ̃taj] et **feuille** [fœj] ; *éventail* aurait dû être classé dans la 1re colonne (sous *il*) et *feuille* dans la 2e (sous *ill*).

- **Des fautes de graphie : **conseile*** et ****réveile***, sans doute bien prononcés, sont placés dans la bonne colonne, le son [j] étant bien transcrit par *il* mais la graphie *-eile* (inconnue en français) est fautive ; l'altération de la valeur phonique *[kɔ̃sɛl] et *[ʀevɛl] qui en résulte invalide le placement dans cette colonne.
- **Une petite erreur d'ordre phonogrammique : **évantail*** à la place d'*éventail*, avec confusion entre deux graphèmes concurrents (*en*/*an*) et non reconnaissance de la famille de *vent*.

Entrainement 4

Énoncé p. 316

1. *conte*, *comte*, *compte* : ces trois homonymes sont distingués par la graphie. Les graphies des deux derniers se justifient par leur étymologie : *comte* < *latin comitem* ; *compte* < verbe latin *computare* (> *compter*). Le premier, nom issu du verbe *conter* qui vient aussi de *computare*, s'est coupé de son étymon.

2. *impossible*, *incroyable* : préfixe négatif *im-* devant *p* et *in-* devant *c*.

3. *matin* : graphie *-n* en fin de mot.

4. *parfum* : graphie *-m* inhabituelle en fin de mot. Le *-m* est une lettre dérivative prononcée dans parfumer.

Entrainement 5

Énoncé p. 317

1. [s] cours en distanciel ; silencieux ; avançons ; abstention.

2. [z] hasard ; magasin ; dizaine ; blizzard.

3. [k] accolade ; bloquer ; succomber ; quinquagénaire.

4. [j] piller ; cobaye ; groseille ; faïence.

FICHE 43 L'orthographe lexicale et grammaticale

Les consonnes simples et doubles

Objectif

- Connaitre quelques principes pour doubler une consonne.

voir aussi

Le système orthographique français ..... p. 305
La dérivation et la composition ..... p. 386

Tester ses connaissances

Complétez avec une consonne simple ou double.

1. a…adémie **2.** a…order
3. a…emporel **4.** co…andant
5. i…ouï **6.** i…ommable
7. mue…e **8.** secre…e
9. hi…opotame **10.** ho…ogène

1. académie **2.** accorder **3.** atemporel **4.** commandant **5.** inouï, **6.** innommable **7.** muette **8.** secrète **9.** hippopotame **10.** homogène.

LE COURS

Les consonnes *h, j, q, v, w* et *x* sont toujours simples. Pour les autres, il n'y a pas de règles générales pour dire quand doubler ou non une consonne. On peut donner quelques principes, fondés sur la prononciation ou sur la formation des mots. On ne trouve des consonnes doubles qu'entre deux voyelles graphiques ou dans certains mots étrangers (*football*).

1 Les consonnes doubles liées à la prononciation

- On double la lettre *s* entre voyelles pour qu'elle soit prononcée [s] et non [z] comme dans poison : poisson, coussin, dessert, rosse. Mais vraisemblable (mot composé).
- On double la lettre *l* placée entre *i* et une voyelle pour noter la prononciation [j] comme dans yoyo : brillant, fille, pillage. Mais on prononce [l] dans mille, tranquille, ville.
- On double la lettre *c* placée devant *e* ou *i* pour noter la prononciation [ks] : accès, accident, succès, vaccin.
- On double les consonnes *l, n, t* pour que le *e* qui les précède soit prononcé [ɛ] : belle, tienne, jette. Mais les verbes en *-eler* et *-eter* ont souvent une consonne simple après *e* avec accent grave : il gèle, répète.

Voir Fiche 42 : La transcription des sons, 1.

Voir Fiche 42 : La transcription des sons, 4.

ORTHOGRAPHE

REMARQUE Le plus souvent, on ne prononce pas de consonnes doubles, sauf pour faire une distinction grammaticale (il mourrait / il mourait et elle courrait / elle courait) ou par recherche de l'expressivité (immense, terrible).

2 Les consonnes doubles dans la formation des mots

• Quand un mot simple comporte une consonne double, celle-ci figure aussi dans ses dérivés : charrette, charretier, charretée, charreton, mais chariot (ou charriot en orthographe rectifiée).

• Un mot qui commence par un préfixe (notamment les préfixes négatifs *il-*, *im-*, *ir-*) comporte souvent une consonne double (= consonne du préfixe + consonne du radical) : affaiblir, annoter, commettre, illogique, immobile, irrationnel, transsibérien.

• La consonne des finales masculines *-el*, *-eil*, *-en*, *-et*, *-ien*, *-on* est doublée au féminin : naturelle, pareille, lycéenne, violette, chienne, poltronne.
Mais neuf adjectifs en *-et* se terminent en *-ète* au féminin : complet, incomplet, concret, désuet, discret, indiscret, inquiet, replet, secret.

• Le suffixe diminutif féminin *-ette* double toujours le *t* : chevrette, maisonnette, pauvrette.

ATTENTION Squelette est un nom masculin.

3 Les consonnes doubles étymologiques et historiques

• Beaucoup de consonnes doubles s'expliquent par l'**étymologie latine** : battre, mettre, nulle, terreur.

• Certaines racines grecques ou latines comportent des consonnes doubles : *gramm-* (épigramme), *hipp(o)-* (hippodrome), *milli-* (millimètre).

• Les consonnes nasales doubles *mm* et *nn* s'expliquent par l'histoire du français. Jusqu'au XVIIe siècle, la première consonne contribuait à noter la voyelle nasalisée et la seconde notait la consonne [m] ou [n]. Puis les voyelles se sont dénasalisées, mais l'orthographe a conservé les consonnes doubles : année, bonne, grammaire, homme, prudemment.
On prononce encore certaines voyelles nasales dans le Sud de la France (*an-née*).

Entrainement

Complétez avec une consonne simple ou double.

1. a…araitre, a…ercevoir, a…aiser.
2. i…ombrable, i…égal, i…érité.
3. devine…e, table…e, gaufre…e.
4. do…er, do…ation, do…eur.
5. e…et, e…ort, re…ermer.
6. ato…e, baro…e, éto…e.

Corrigé p. 321

À retenir

Les consonnes doubles s'expliquent parfois par **la prononciation** ou par **la formation des mots.** Beaucoup constituent des **survivances étymologiques ou historiques.**

Corrigé

Énoncé p. 320

Entrainement

1. apparaitre, apercevoir, apaiser.
2. innombrable, inégal, immérité.
3. devinette, tablette, gaufrette.
4. donner, donation, donneur.
5. effet, effort, refermer.
6. atone, baronne, étonne.

FICHE 44

L'orthographe lexicale et grammaticale

Les lettres muettes

Objectifs

- Connaitre l'usage du *e* caduc.
- Savoir trouver les consonnes muettes à la fin des mots.

voir aussi

Modes, temps, aspects du verbe .... p. 198
Le système orthographique français .... p. 305
Les chaines d'accord .... p. 325
La dérivation et la composition .... p. 386

Tester ses connaissances

1. Écrivez les verbes à la forme indiquée.

1. crier : 3e personne du singulier du présent de l'indicatif
2. nouer : 1re personne du singulier du présent de l'indicatif
3. essuyer : 2e personne du singulier du futur simple
4. nettoyer : 1re personne du pluriel du futur simple

2. Trouvez la consonne finale muette des mots et indiquez comment vous l'avez trouvée.

un sor… ; le retar… ; méfian… ; un refu… ; il a cui… ; c'est confu…

1.
1. Il / elle crie. 2. Je noue. 3. Tu essuieras. 4. Nous nettoierons.

2. un sort (sortilège) ; le retard (retarder) ; méfiant (méfiante) ; un refus (refuser) ; il a cuit (cuite) ; c'est confus (confuse).

LE COURS

1 Le *e* caduc, un *e* fragile

1 1. La prononciation du *e* caduc

Le *e* caduc, qui est aussi appelé *e* muet, *e* sourd ou *e* instable, illustre parfaitement le décalage entre l'oral et l'écrit en français : voyelle la plus fréquente de toutes les lettres à l'écrit (environ 10 %), il a une fréquence plus faible à l'oral (4,9 %). À l'oral, il se prononce dans des conditions variables.
Son articulation est indécise : proche des phonèmes [œ] (peur) et [ø] (feu), on le transcrit [ə].

- **La prononciation du *e* caduc dépend du niveau de langue, de la variation régionale...**

– Dans le Sud de la France, on prononce davantage de *e* caducs qu'en français standard.
– Dans un niveau soutenu, on a tendance à prononcer davantage de *e* caducs que dans un niveau familier : je le vois = [ʒələvwa] soutenu, [ʒləvwa] familier.
– Dans la diction poétique, le *e* caduc ne se prononce pas devant une voyelle (élision) ni en finale, mais il se prononce toujours devant une consonne :
Le vent se lèv(e) !... il faut tenter de vivr(e) ! (Paul Valéry)

- Comme le français est une langue à accent de groupes, et non de mots, **c'est la place du *e* dans le groupe rythmique qui décide de sa prononciation**.

– En **finale de groupe** rythmique, en règle générale, en français non méridional, on ne prononce pas le *e* caduc, mais il y sert d'appui à la prononciation de la consonne finale : sorte, chante ≠ sort, chant.
– En **début de groupe** rythmique, la prononciation du *e* caduc est obligatoire après deux consonnes prononcées, pour éviter une succession de trois consonnes (prenez ça), et on tend à le garder en cas de difficultés de prononciation : debout (et non *dbout).
– À **l'intérieur d'un groupe** rythmique, le *e* caduc joue un rôle de « lubrifiant phonétique » (A. Martinet). Suivant la « règle des trois consonnes », la prononciation optionnelle du *e* caduc permet d'éviter la rencontre de trois consonnes, difficile en français : de bell(e)s crevettes, il me dit, justement.

1 2. Écrire le *e* caduc

Dans certains cas, on doit écrire un *e* caduc qui n'est pas prononcé.
– Finales verbales en *-e* des verbes en *-er* après une voyelle : je ou il crie, nie, loue, rue, sue.
– Futur et conditionnel des verbes dont le radical se termine par une voyelle : il louera, criera, nettoiera, paiera, essuiera.
– Finales de noms et adjectifs féminins qui se terminent à l'oral par une voyelle : la baie, la boue, la fée, la lie, la mue, la rue ; bleue, jolie, vraie. Mais la clé, la loi, la vertu.

Entrainement 1

Transcrivez phonétiquement les phrases suivantes.

1. Tu ne restes pas jusqu'à demain ?
2. Voilà le pain. Prends-le et mange-le.
3. Que dis-tu ? Il dort dehors depuis une semaine ?
4. Je me demande ce que vous aimeriez.

Corrigé p. 324

À retenir

La **prononciation de *e* caduc** dépend de multiples facteurs : niveaux de langue, genre de texte... Elle est surtout déterminée par sa **place dans le groupe** rythmique, où le *e* caduc joue un rôle de « lubrifiant phonétique », en particulier à l'intérieur d'un groupe.
Le *e* caduc a un **rôle purement graphique** dans divers verbes, noms et adjectifs.

2 Les consonnes muettes à la fin des mots

On trouve différentes consonnes muettes à la fin des mots, pour des raisons lexicales ou grammaticales.

- **La consonne finale muette du masculin** se prononce au féminin du nom, de l'adjectif ou du participe passé : berger, bergère ; sot, sotte ; discret, discrète ; prudent, prudente ; pris, prise ; écrit, écrite.
- **La consonne finale muette d'un mot simple** peut se prononcer dans un mot de la même famille : abricot > abricotier ; drap > draper ; trot > trotter.

Les consonnes finales muettes peuvent aider à distinguer les homonymes, qui ont des familles différentes : chant > chanter, chanteur ; champ > champêtre, champagne.

Voir Fiche 46 : Les homophones grammaticaux.

Difficulté rencontrée

Certains mots ont des consonnes finales qu'on ne peut pas trouver par un autre mot (un léopard, un mot). Ou bien certains mots d'une famille n'ont pas tous la même consonne (on écrit abriter, mais abri ; numéroter, mais numéro).

- **Certains suffixes se terminent toujours par la même consonne muette.**

-ais : irlandais, marseillais.
-ant : migrant, passant.
-ard : poignard, vantard.
-at : anonymat, artisanat.
-aud : lourdaud, noiraud.
-is : éboulis, roulis.
-ement : règlement (nom), doucement (adverbe).

Difficulté rencontrée

Certains suffixes n'ont pas de consonne finale muette, comme *-eau* (drapeau).

• **Les finales grammaticales sont souvent muettes.**

Les finales grammaticales sont régies par les règles d'accord.

Beaucoup de noms et d'adjectifs prennent un *-s* (muet) au pluriel (les chiens noirs).

Les verbes ont des terminaisons différentes selon la personne et le nombre.

Voir Fiche 45 : Les chaines d'accord.

Entrainement 2

Ajoutez les consonnes finales muettes.

1. Ce fêtar… a tor… de faire du brui….
2. Léa boi… un gran… siro… à la grenadine.
3. Son voisin anglai… est inquie… et anxieu….
4. La météo annonce un ven… violen….
5. La nui…, tou… les cha… sont gri….

Corrigé p. 324

À retenir

On trouve différentes **consonnes muettes à la fin des mots**, pour des raisons **lexicales** ou **grammaticales** : finales de suffixes, finales indiquant le pluriel des noms et adjectifs ou la personne et le nombre des verbes…

Corrigés

Entrainement 1

Énoncé p. 323

1. Tu ne restes pas jusqu'à demain ? **[tynʀɛstəpa ʒyskad(ə)mɛ̃]**.
2. Voilà le pain. Prends-le et mange-le. **[vwalalpɛ̃ pʀɑ̃lømɑ̃ʒlø]**.
3. Que dis-tu ? Il dort dehors depuis une semaine ?
[kədity ildɔʀdəɔʀ dəpɥiynsəmɛn].
4. Je me demande ce que vous aimeriez. **[ʒmədmɑ̃d skəvuzɛm(ə)ʀje]**.

Entrainement 2

Énoncé p. 324

1. Ce fêtard a tort de faire du bruit.
2. Léa boit un grand sirop à la grenadine.
3. Son voisin anglais est inquiet et anxieux.
4. La météo annonce un vent violent.
5. La nuit, tous les chats sont gris.

FICHE 45

L'orthographe lexicale et grammaticale

Les chaines d'accord

Objectifs

- Comprendre le fonctionnement de l'accord graphique.
- Connaitre les chaines d'accord dans la phrase.

voir aussi

Comment identifier un nom ? .... p. 102
Comment identifier un verbe ? .... p. 108
L'adjectif .... p. 115
Les pronoms autres que personnels .... p. 128
Les expansions du nom et du groupe nominal .... p. 172
Le système orthographique français .... p. 305

Tester ses connaissances

Mettez au pluriel les termes en bleu puis justifiez les accords.

1. Le train Paris-Londres a été bloqué dans le tunnel sous la Manche.
2. Le fleuriste sort le géranium et l'asperge.
3. Léa porte un manteau rouge clair.
4. La télévision ne parle pas du train qui arrive à l'heure.
5. Je te rends le livre que tu m'as prêté.
6. Le grand-père de Clotaire attend le professeur qui lui a donné rendez-vous.

1. *Les trains Paris-Londres ont été bloqués* : le verbe et le participe passé s'accordent avec le sujet. **2.** *Les fleuristes sortent les géraniums et les aspergent* : le verbe s'accorde avec le sujet. Le groupe *l'asperge* est ambigu, puisque *asperge* est aussi un nom ; dans cette phrase, vu le sens, il s'agit du verbe *asperger*, coordonné avec *sortent*, qui s'accorde donc aussi avec le sujet *les fleuristes*. **3.** *Léa porte des manteaux rouge clair* : un adjectif de couleur modifié par un autre adjectif est invariable (vs *des manteaux rouges*). **4.** *Les télévisions ne parlent pas des trains qui arrivent à l'heure* : les verbes s'accordent avec leur sujet. Dans le cas du relatif sujet *qui*, il faut trouver son antécédent (*des trains*) pour savoir comment accorder le verbe. **5.** *Je te rends les livres que tu m'as prêtés* : le pronom relatif *que*, représentant l'antécédent *les livres*, est COD du verbe *a prêtés*. Le participe passé *prêtés* s'accorde donc avec ce COD antéposé. **6.** *Les grands-pères (ou grands-parents) de Clotaire attendent le professeur qui leur a donné rendez-vous*. Le verbe s'accorde avec le sujet. Le pronom personnel complément se met au pluriel (*leur*) pour s'accorder en personne et en nombre avec le nom qu'il représente (*les grands-parents*).

LE COURS

1 Les chaines d'accord

1 1. Définition de l'accord

L'accord est la redondance des marques grammaticales de nombre (singulier ou pluriel), de genre (masculin ou féminin) et de personne, portées par plusieurs mots

ORTHOGRAPHE

variables de la phrase qui rend perceptibles les relations syntaxiques et sémantiques entre ces mots.

Les petits oiseaux chantent dans la forêt obscure où ils s'abritent.
L'accord des verbes (chantent, s'abritent) avec leur sujet (les petits oiseaux, ils) fait percevoir la relation syntaxique entre les deux termes fondamentaux de la phrase et leur relation sémantique.
L'accord des déterminants (les, la) et des adjectifs (petits, obscure) avec les noms (oiseaux, forêt) fait percevoir les relations à l'intérieur du groupe nominal et assure sa cohésion.

- Les marques grammaticales s'ajoutent à la finale des mots variables : déterminants, noms, pronoms, adjectifs, verbes. Chaque catégorie grammaticale prend des marques spécifiques :

Voir Fiche 41 : Le système orthographique : 2 2. Les morphogrammes grammaticaux.

– les déterminants, les noms et les pronoms varient en nombre et en genre ;
– les verbes varient en personne et en nombre.

- L'accord est marqué très différemment en français à l'oral et à l'écrit, car de nombreuses marques autrefois prononcées sont devenues muettes. L'écrit se caractérise par une importante redondance des marques grammaticales, alors que l'oral économise le plus souvent les marques :

Les petits singes jouent dans les arbres.
Cette phrase écrite comporte six marques du pluriel, portées par les déterminants (les), les noms (singes, arbres), l'adjectif (petits) et le verbe (jouent).
[leptisẽʒ(ə) ʒudɑ̃lezaʀbʀ].
Cette phrase orale transcrite ne comporte que deux marques du pluriel, portées par les déterminants [le] et [lez].

- La maitrise des accords implique :

– le bon choix des marques grammaticales propres à chaque catégorie grammaticale : la finale *-s* marque les pluriels nominaux (les petits singes) ou la 2e personne du singulier des verbes (tu joues) ;
– l'application des règles de convenance entre les termes concernés : un terme commande l'accord des autres termes, le plus souvent le nom ou le pronom ; ainsi, un nom donne son genre aux termes qui s'accordent avec lui (la petite fille). Ces règles se définissent dans le cadre des chaines d'accord.

1 2. Les chaines d'accord

Les chaines d'accord sont des suites de mots qui entretiennent entre eux une relation morphologique solidaire. On distingue trois chaines d'accord :
– **la chaine du groupe nominal**, constituée au moins du déterminant et du nom, et éventuellement de l'adjectif épithète : les arbres, les petits singes.
– **la chaine constituée du groupe sujet et du verbe** : Ils jouent.
– **la chaine constituée du groupe sujet, du verbe et de l'attribut du sujet** : Les enfants sont contents.
Quand il figure dans une chaine, le déterminant est souvent le seul terme qui indique le nombre ou le genre à l'oral (exemple ci-dessus). Même si c'est le nom qui commande l'accord, le déterminant joue le rôle pivot, c'est-à-dire **d'un indicateur de l'accord**.

Une chaine particulière associe le COD et le participe passé employé avec le verbe *avoir*, dont les règles d'accord sont les plus compliquées.

Difficulté rencontrée

Plusieurs phénomènes peuvent perturber l'accord et provoquer des erreurs des élèves et même, parfois, des adultes.

• **La position** : dans le mouvement d'écriture de gauche à droite en français, les éléments placés après le pivot (Les petits singes : les indique l'accord au pluriel) pourront s'accorder plus facilement que ceux qui sont placés avant et qui demandent une anticipation de l'accord. C'est le cas notamment des termes apposés placés avant le groupe nominal (Effrayés, les petits singes s'enfuient), de *tout* précédant le déterminant (tous les petits singes) ou du verbe précédant son sujet (Enfin arrivent les secours).

• **La longueur de la chaine et l'éloignement** : quand les éléments constitutifs d'une chaine d'accord sont éloignés du pivot ou du terme qui donne l'accord, celui-ci peut être oublié, notamment par les enfants dont la mémoire de travail est vite saturée : dans Les petits singes étaient cachés dans les arbres, le participe cachés est éloigné du pivot les.

• **Les ruptures** : une chaine d'accord peut être interrompue par un élément parasite qui masque les relations solidaires entre ses éléments ; ce rupteur peut être :
– **désactivant** quand il s'intercale entre les termes de la chaine : un adverbe (Les petits singes brusquement s'enfuient), un pronom relatif non marqué (Les singes qui s'enfuient), un terme négatif (Les singes ne jouent plus), etc.
– **distracteur** quand il porte des marques d'une autre chaine d'accord avec laquelle un accord fautif peut se faire. C'est le cas notamment des *accords de proximité*, souvent pratiqués par les enfants... et par les correcteurs orthographiques des traitements de texte : *Les habitants du village recherche l'enfant disparu. Un pronom écran peut provoquer la faute : *Il les cachent. Et même, il peut arriver que *petits* soit interprété comme un nom après le déterminant et qu'emporté par son élan, l'enfant écrive *les petits singent !

2 L'accord au sein du groupe nominal

Le groupe nominal est formé de divers constituants qui sont obligatoires (le déterminant et le nom) ou facultatifs (expansion du nom). Les constituants variables du groupe nominal (déterminant, adjectif) s'accordent en genre avec le nom ; le choix du nombre dépend de la référence du groupe nominal à la singularité ou à la pluralité.
Souvent, le déterminant indique l'accord en genre et en nombre dans le groupe nominal : la forêt obscure. Mais le déterminant pluriel neutralise l'opposition de genre (les/ces/mes enfants/filles).

Voir Fiche 9 : Comment identifier un nom ? Le nombre du nom.

2 1. L'accord de l'adjectif dans le groupe nominal

Dans le groupe nominal, l'adjectif épithète prend le genre et le nombre du nom auquel il se rapporte : la grande forêt obscure.

Difficultés rencontrées

• Tous les adjectifs ne prennent pas la marque de pluralité induite par la chaine d'accord, en particulier les **adjectifs de couleur** : les adjectifs de couleur dont l'origine est un nom d'objet sont invariables (marron, topaze, turquoise, cerise, citron, etc.), sauf *pourpre, mauve, rose, écarlate, fauve* : Elle préfère les robes marron/roses.

• En outre, un adjectif de couleur variable (vert, jaune, rouge...), suivi d'un adjectif qui nuance la couleur donnée, devient invariable : Elle a acheté une robe vert clair. On considère que l'adjectif de couleur prend la valeur d'un nom = « une robe d'un vert clair ».

2 2. Les formes en *-ant*

Le participe présent est invariable alors que l'adjectif verbal s'accorde en genre et en nombre avec le nom : un conte **effrayant** les enfants, une histoire **effrayante**.

Voir Fiche 32 : L'infinitif et le participe.

2 3. Le participe passé employé (sans auxiliaire) comme épithète ou apposition

Le participe passé s'accorde en genre et en nombre avec le nom comme un adjectif : **Effrayés**, les singes s'enfuirent.

2 4. L'accord dans la subordonnée relative

Le groupe nominal (antécédent), repris par le pronom relatif sujet *qui*, détermine la personne et le nombre du verbe de la subordonnée :
Il faut cesser de pêcher **les espèces de poissons** qui risqu**ent** de disparaitre.

3 L'accord dans la phrase

3 1. L'accord du verbe avec le sujet

Le verbe s'accorde **en personne et en nombre** avec le sujet. Ce sujet peut prendre différentes formes.

• **Un groupe nominal** constitué autour d'un nom : le groupe nominal entraine une marque de 3e personne du verbe, du singulier ou du pluriel selon le nombre du groupe nominal. Le déterminant ouvre la chaine d'accord et porte souvent une marque orale de pluralité : Les oiseaux chantent.

• **Un pronom** :

– Un pronom personnel donne sa marque de personne au verbe : tu chantes, ils chantent. La marque *-s* est ici une marque de 2e personne du singulier, alors que la marque *-nt* est une marque de 3e personne du pluriel.

– Un autre pronom donne une marque de 3e personne au verbe, sauf dans le cas du pronom relatif, où la personne dépend de son antécédent : rien ne l'étonne ; toi qui chantes. Le pronom relatif sujet qui donne au verbe pars la personne de son antécédent toi.

• **Autres cas**

Lorsque le sujet n'est ni un groupe nominal ni un pronom, aux marques de nombre et de personne explicites, le verbe prend, par défaut, une marque de 3e personne du singulier. Revoir ce cours en huit jours est impossible : le groupe infinitif sujet du verbe est entraine une marque d'accord de 3e personne du singulier.

Difficultés rencontrées

• **Nom collectif**

Dans le cas des groupes nominaux comprenant un nom collectif (foule, troupe, nuée, bande, etc.), le nom collectif est souvent considéré comme noyau du groupe sujet et active l'accord du verbe (une bande d'enfants joue). Cependant, l'accord dépend souvent du sens que le locuteur veut donner au groupe nominal :

Une foule de spectateurs **assiste** au match PSG-OM : l'accord du verbe avec le nom collectif donne une perception collective, globale du sujet.

Une foule de spectateurs **assistent** au match PSG-OM : l'accord du verbe au pluriel souligne la diversité plurielle des individus, le nom collectif jouant un rôle de quantificateur (= de nombreux spectateurs).

• **Pluralité des sujets**

Quand un verbe a plusieurs sujets coordonnés au singulier, il se met normalement au pluriel :

Le thon rouge et la morue risquent de disparaitre.

Dans certains cas, le verbe s'accorde avec un seul sujet, par exemple quand deux sujets au singulier sont coordonnés par un *ou* marquant une disjonction exclusive :

Un fromage ou un dessert vous **sera** offert si vous commandez une choucroute aux poissons.

• ***C'est***

Le présentatif *c'est* introduisant un groupe nominal au pluriel se met généralement au pluriel : Ce sont les grandes marées de l'Atlantique. Mais le singulier, souvent préféré à l'oral (c'est les vacances), est maintenu avec *nous* et *vous* et avec certains compléments : C'est nous. C'est vous. C'est cinquante euros.

Entrainement 1

Accordez les verbes avec leur sujet.

1. Ses amis de l'immeuble l'attendai….
2. Antoine et Augustin regardai… le match à la télévision.
3. Sais-tu combien de litres contenai… le réservoir d'une 2CV ?
4. On les connaissai… depuis longtemps.
5. Peu d'amis le regrettai….
6. La plupart des désirs fini… avec nous.

Corrigé p. 332

3 2. L'accord de l'attribut du sujet

• **L'adjectif attribut du sujet** s'accorde en genre et en nombre avec le sujet : Les fruits sont mûrs.

• **Le participe passé employé avec *être*** s'accorde en genre et en nombre avec le sujet, qu'il fasse partie d'une forme composée active : Les enfants sont partis. ou d'une forme passive : Ces livres ont été oubliés.

Voir Fiche 17 : Les compléments du verbe : COD, COI, attribut.

3 3. L'accord du participe passé des verbes pronominaux

Les verbes pronominaux ont deux caractéristiques :

– Le verbe est précédé d'un pronom personnel réfléchi, à la même personne que son sujet.

– Les temps composés sont formés avec l'auxiliaire *être* : il s'est lavé (≠ il a lavé).

Les règles d'accord du participe passé dépendent de la fonction du pronom réfléchi, selon que l'on peut l'analyser ou non.

- **On peut analyser la fonction du pronom réfléchi complément :**

– des verbes **réfléchis** qui expriment une action du sujet sur lui-même (se laver) ;
– des verbes **réciproques** qui expriment une action exercée par plusieurs sujets (se battre).

Le participe passé de ces verbes s'accorde avec le COD, en suivant les règles d'accord quand il s'emploie avec l'auxiliaire *avoir*.

Léa s'est lavée. Se laver est un verbe réfléchi. Le pronom s' est COD (= Léa s'est lavée elle-même) : il faut accorder le participe.

Léa s'est lavé les mains. On peut dire que « Léa a lavé les mains à elle-même ». Le pronom réfléchi n'est pas COD, mais il désigne la personne concernée par l'action (= COI). Le COD est les mains. Comme il est postposé, on n'accorde pas le participe passé.

Les manifestants se sont affrontés. C'est un verbe réciproque : les sujets agissent les uns sur les autres. Le pronom réfléchi se placé avant le verbe est COD ; on accorde donc le participe.

Les candidats se sont nui. C'est aussi un verbe réciproque, mais de construction indirecte : « les candidats ont nui aux candidats ». Le pronom se est COI : on n'accorde donc pas le participe passé.

- **On ne peut pas analyser la fonction du pronom réfléchi :**

– des verbes **pronominaux passifs** (se fermer, s'ouvrir...) ;
– des verbes **essentiellement pronominaux,** qui ont un sens particulier lorsqu'ils sont construits avec le pronom réfléchi (s'apercevoir ≠ apercevoir) ou qui n'existent qu'à cette forme (se souvenir).

Le participe passé de ces verbes s'accorde avec le sujet.

La porte s'est **fermée.** Ils se sont **aperçus** de leur erreur. Elle s'est **souvenue** de son ami.

> **ATTENTION** Le participe de quatre verbes essentiellement pronominaux ne s'accorde pas. Il s'agit de : se rire (= se moquer), se plaire (= prendre du plaisir à faire quelque chose), se déplaire (= ne pas se trouver bien), se complaire (= trouver sa satisfaction). Ils **se sont plu** aux Seychelles.

On peut formuler une **règle générale simplifiée** : on accorde le participe passé des verbes pronominaux avec le sujet, sauf si l'on peut assigner au pronom réfléchi une autre fonction que COD.

Entrainement 2

Accordez le participe passé des formes pronominales.

1. Elles se sont attendu… au pire.
2. Les candidates ne se sont pas parlé….
3. Clément et Julien se sont endormi… en laissant leur smartphone allumé.
4. Martine s'est tricoté… une veste.
5. Claire s'est offert… une guitare.
6. Ces voitures d'occasion se sont bien vendu….

Corrigé p. 332

❸ 4. L'accord du participe passé employé avec le verbe *avoir*

• Le participe passé employé avec *avoir* ne s'accorde pas avec le sujet du verbe :

Elle a **acheté** trois livres de Pennac.

Mais il s'accorde avec le COD quand le COD est placé avant le verbe :

Ils ont **acheté** les fraises. Ils les ont **achetées**. Les fraises qu'ils ont **achetées**.

• Le plus souvent, le COD antéposé est :
– un pronom personnel (*me*, *te*, *la*, *les*, *nous*, *vous*) : Les fraises, ils **les** ont achetées ;
– le pronom relatif *que* : Les fraises qu'ils ont **achetées** ;
– un groupe nominal antéposé dans une phrase interrogative : Quels fruits ont-ils **achetés** ?

Pour faire l'accord avec un pronom COD, il est nécessaire d'identifier le terme qu'il représente. C'est délicat quand le COD est le pronom relatif *que*, car il faut identifier son antécédent pour savoir quel accord effectuer. Dans Les fraises qu'ils ont **achetées**, l'accord du participe se fait avec le pronom que, qui représente les fraises, au féminin pluriel.

• Il existe des exceptions, des cas de non-accord du participe passé.
– Des verbes comme *coûter*, *peser*, *mesurer*, *durer*, etc. peuvent être accompagnés d'un **complément qui n'est pas un complément d'objet direct**. Le participe passé de ces verbes reste donc invariable : Les trois mille euros que ce meuble m'a **couté**. (Académie). Les trois minutes qu'a **duré** la secousse.

Mais certains de ces verbes peuvent être suivis d'un vrai COD, comme *couter* au sens de « causer, occasionner ». Leur participe passé est alors variable.
Les efforts que ce travail m'a **coûtés**. (Académie)
– Le participe passé des **verbes impersonnels** ou pris impersonnellement est toujours invariable : Les sommes qu'il a **fallu** ont été faibles. Les chaleurs qu'il a **fait** ont été torrides.
– Le participe passé est invariable lorsqu'il a pour **complément d'objet direct le pronom neutre** ***l'*** **représentant une proposition**, équivalant à *cela* :

Cet exercice est moins difficile que je ne l'avais **cru** (= que je n'avais cru cela, c'est-à-dire qu'il était difficile).
– Le participe passé reste invariable avec le pronom *en* : Des fraises, je n'en ai pas **trouvé**.

Entrainement 3

Accordez les participes passés si nécessaire.

1. Regarde la belle robe que je me suis acheté... .
2. Alors, tes leçons, est-ce que tu les as appris... ?
3. Et des ananas, en as-tu trouvé... ?
4. Des hurlements ont retenti..., qui nous ont effrayé... .
5. Votre lettre nous a apporté ... de bonnes nouvelles, elle nous a rassuré... .
6. Nous avons pris... une route qui nous a conduit... à une impasse.

Corrigé p. 332

ORTHOGRAPHE

Entrainement 4

Accordez les participes passés si nécessaire.

1. Apeuré… par l'orage, les enfants se sont refugié… dans une maison abandonné….
2. Elle aperçut le jeune homme, cramponné… au bord de la falaise.
3. Marie s'est levé… tôt et a préparé… son cheval pour une promenade.
4. Il nous a trompé…, disent les manifestantes.
5. Mireille n'a pas entendu… l'alarme.
6. La rose que Carmen a donné… à Don José est déjà fané….
7. Les années se sont succédé… sans qu'ils se soient rencontré….
8. C'est une truite que le pêcheur a attrapé….
9. Où l'as-tu placé… , ma convocation aux examens ?
10. Les enfants ont parlé… des cadeaux qu'ils ont reçu… et des bonnes choses qu'ils ont mangé… à Noël.

Corrigé p. 333

Corrigés

Entrainement 1

Énoncé p. 329

1. *Ses amis de l'immeuble l'attenda***ient**.
2. *Antoine et Augustin regarda***ient** *le match à la télévision.*
3. *Sais-tu combien de litres contena***it** *le réservoir d'une 2CV ?*
4. *On les connaiss***ait** *depuis longtemps.*
5. *Peu d'amis le regretta***ient**.
6. *La plupart des désirs fini***ssent** *avec nous.*

Entrainement 2

Énoncé p. 330

1. *Elles se sont attend***ues** *au pire.*
2. *Les candidates ne se sont pas parl***é**. Pas d'accord : *se* est complément indirect = *parler à.*
3. *Clément et Julien se sont endorm***is** *en laissant leur smartphone allumé.*
4. *Martine s'est tricot***é** *une veste.* Pas d'accord : le COD est *une veste.*
5. *Claire s'est offer***t** *une guitare.* Pas d'accord : le COD est *une guitare.*
6. *Ces voitures d'occasion se sont bien vend***ues**.

Entrainement 3

Énoncé p. 331

1. Regarde la belle robe que je me suis achetée.
2. Alors, tes leçons, est-ce que tu les as apprises ?
3. Et des ananas, en as-tu trouvé ?
4. Des hurlements ont retenti, qui nous ont effrayé(e)s.
5. Votre lettre nous a apporté de bonnes nouvelles, elle nous a rassuré(e)s.
6. Nous avons pris une route qui nous a conduit(e)s à une impasse.

Entrainement 4

Énoncé p. 332

1. *Apeurés par l'orage, les enfants se sont réfugiés dans une maison abandonnée.*
2. *Elle aperçut le jeune homme, cramponné au bord de la falaise.*
3. *Marie s'est levée tôt et a préparé son cheval pour une promenade.*
4. *Il nous a trompées, disent les manifestantes.*
5. *Mireille n'a pas entendu l'alarme.*
6. *La rose que Carmen a donnée à Don José est déjà fanée.*
7. *Les années se sont succédé sans qu'ils se soient rencontrés.*
8. *C'est une truite que le pêcheur a attrapée.*
9. *Où l'as-tu placée, ma convocation aux examens ?*
10. *Les enfants ont parlé des cadeaux qu'ils ont reçus et des bonnes choses qu'ils ont mangées à Noël.*

FICHE 46

L'orthographe lexicale et grammaticale

Les homophones grammaticaux

Objectif

- Identifier les principaux homophones grammaticaux.

voir aussi

ORTHOGRAPHE

Tester ses connaissances

Remplacez les points par la bonne forme correspondant à [sɑ̃] et identifiez la nature de chaque forme.

1. Il … va.
2. Cette fois, … est fait de lui.
3. J'irai à la fête … lui.
4. Il en a fallu des … et des mille.
5. Avec ce parfum, il … bon.

1. *Il* **s'en** *va* : élision du pronom réfléchi *se* devant le pronom personnel *en*. **2.** *Cette fois,* **c'en** *est fait de lui* : élision du pronom démonstratif *ce* devant le pronom personnel *en*. **3.** *J'irai à la fête* **sans** *lui* : préposition **4.** *Il en a fallu des* **cents** *et des mille* : numéral cardinal. **5.** *Avec ce parfum, il* **sent** *bon* : verbe *sentir*, présent de l'indicatif, 3e personne du singulier.

LE COURS

1 Définition

Les homophones grammaticaux entrent dans la catégorie générale des homonymes qui renvoient aux logogrammes dont parle Nina Catach. Ils sont particulièrement traitres :
– parce qu'ils sont homophones (se prononcent de la même façon) mais non homographes (ils ne s'écrivent pas pareillement) ;
– parce qu'ils sont très nombreux et que la plupart des formes font partie des mots les plus fréquents de la langue.

Les risques de confusion sont majeurs sur les couples : *a/à, et/est, ou/où, son/sont, on/ont, se/ce, ces/ses, c'est / s'est, l'a / la / là*, ainsi que *quel(s) / quelle(s) / qu'elle(s), s'en/sans, peu/peut, mes/mais*... sans oublier *m'ont / mon, t'ont / ton, m'a / ma, dans / d'en, ni / n'y*...

2 De multiples formes

L'homophonie grammaticale peut jouer sur :

- **la variation en genre et/ou en nombre** d'une même forme : tel/telle/tels/telles. Ce point peut être facilement traité dès lors que l'on tient compte de la chaine d'accord.

Voir Fiche 45 : Les chaines d'accord.

- **les formes verbales d'un même paradigme** : tu es / il est ; tu as / il a. Le pronom détermine la forme juste.
- **une seule classe grammaticale** : par exemple, ses et ces sont tous les deux des déterminants mais l'un est possessif, l'autre démonstratif ; il faut s'assurer du sens de la phrase et déterminer la valeur du déterminant : désignation ou possession.
- **plusieurs classes,** le plus souvent. Ces/ses peuvent aussi être confondus avec c'est / s'est (eux-mêmes faciles à confondre, d'ailleurs) mais aussi (il) sait. Autrement dit, la plupart des homophones entrent dans des fonctionnements linguistiques très différents (ces/ses déterminants sont curieusement en concurrence avec les verbes c'est / s'est) et n'ont aucun rapport entre eux si ce n'est qu'ils se prononcent de la même façon. Il faut identifier la bonne classe grammaticale en procédant à des **substitutions** :

– de personnes : **il s'est** battu → **je me suis** battu ; **il a** parlé → **nous avons** parlé ; **il a** perdu **ses** chaussures → **j'ai** perdu **mes** chaussures ;
– de temps : **il a** mangé → **il avait** mangé ; **il est** froid → **il était** froid ; **ils sont** gagnants → **ils étaient** gagnants...
– de genre : il **la** voit → il **le** voit vs il **l'a** attrapé → *il **le** attrapé ; il trouve **qu'elle** est belle → il trouve **qu'il** est beau...
– de nombre : je **leur** ai dit → je **lui** ai dit : si *leur* peut être remplacé par *lui*, il s'agit du pronom personnel qui ne varie ni en genre, ni en nombre, à la différence de *leur*, déterminant possessif (leur ami → son ami) ;
– par un autre élément très proche : *et*, conjonction de coordination, peut être remplacé par *ou* de même nature : la poire et le fromage, la poire ou le fromage ; *plus tard* peut se substituer à *plus tôt* (≠ *plutôt*)...

• **plusieurs modes et temps** comme l'infinitif, le participe passé, l'imparfait et le passé simple avec la confusion très fréquente marcher/marché auxquels s'ajoutent (je) marchais / (je) marchai. Seules des substitutions avec d'autres infinitifs, d'autres personnes et d'autres temps permettent de lever le doute.

Difficulté rencontrée

Certaines séries sont plus difficiles, notamment celle-ci :
quelques, quelque, quel(s) que, quelle(s) que.

• *Quel que* s'écrit en deux mots quand il est suivi du verbe *être* (ou d'un verbe d'un sémantisme équivalent). Test : remplacer par *quoi que*. *Quel* s'accorde en genre et en nombre avec le sujet du verbe.

Quel que soit ton pouvoir	masculin singulier
Quels que soient tes arguments	masculin pluriel
Quelle que soit la confiance	féminin singulier
Quelles que soient tes connaissances	féminin pluriel

• *Quelque* + nom est un déterminant indéfini, donc il varie avec le nom et signifie « plusieurs » : quelques amis, ou « un certain » : Depuis quelque temps, il déprime.

• *Quelque* + un adjectif numéral cardinal demeure invariable et signifie « environ » :
Il y a quelque vingt ans, il était le meilleur.

• *Quelque* + un adjectif devient un adverbe ; il est donc invariable :
Quelque inquiets que vous soyez, vous réussirez tous.

• *Quelque* + adverbe reste aussi invariable car il devient adverbe lui-même :
Quelque subtilement que vous manœuvriez, vous n'arriverez pas à vos fins.

Entrainement 1

Comment doit-on écrire [kɛlk] dans les phrases suivantes ?

1. … soient nos liens, je n'accepte pas cette proposition.
2. Ils se sont retrouvés … milliers au marathon de New York.
3. … que soit la valeur de l'équipe, elle a perdu.
4. Le champion a eu … peine à dépasser son propre record.
5. … soient tes arguments, je ne te suivrai pas.
6. Il s'est reposé pendant … temps.
7. … habilement que vous raisonniez, vous ne trouverez pas la solution.
8. Ce drame a éclaté, il y a … soixante ans.
9. … intelligents que vous soyez, ils risquent de vous dépasser.

Corrigé p. 339

ORTHOGRAPHE

TABLEAU RÉCAPITULATIF

Homophones	Par quoi remplacer ?	Exemples
Liés au verbe *avoir*		
• ***as*** : 2e pers. sing du v. *avoir* • ***a*** : 3e pers. sing. du v. *avoir* • ***à*** : préposition	*avoir* à un autre temps + prise en considération de la personne	Tu as une moto → tu avais Il a une moto → il avait... Je vais à Paris
• ***ont*** : 3e pers. pl. v. *avoir* • ***on*** : pronom personnel 3e pers.	*avoir* à l'imparfait : *Ils avaient* pronom personnel 3e pers. : *il*	Ils ont raison → ils avaient... On pense à lui → **il** pense à lui
• ***m'ont – t'ont*** : pronoms personnels élidés + v. *avoir* ; avec le participe passé, ils forment le passé composé. • ***mon – ton*** : déterminants possessifs	*avoir* à un autre temps + prise en considération de la personne un autre possessif : *son*	Ils m'ont → **t'ont** aidé ils m'avaient → **t'avaient** aidé Mon ami → **son** ami
• ***l'as – l'a*** : pronoms personnels élidé + *avoir* ; avec le participe passé, ils forment le passé composé. • ***la*** + nom = déterminant • ***la*** + verbe = pronom personnel complément [Voir Fiche 12] • ***là*** : adverbe de lieu	*avoir* à un autre temps autre déterminant : *une* autre pronom personnel : *le* autre adverbe de lieu : *ici -ci*	Tu l'as compris → tu l'**avais** compris. Il l'a vu → il l'**avait** vu. La chouette → **une** chouette Je la regarde → je **le** regarde Ce livre-là → ce livre-**ci** → il est **ici**
Liés au verbe *être*		
• ***es*** : 2e pers. sing. du v. *être* • ***est*** : 3e pers. sing. du v. *être* • ***et*** : conjonction de coordination	*être* à un autre temps + prise en considération de la personne *ou*, conjonction de coordination	Tu es fort → tu **étais** fort Il est fort → il **était** fort La fleur et le fruit → **ou** le fruit
• ***sont*** : 3e pers. pl. du v. *être* • ***son*** : déterminant possessif	*être* à un autre temps autre déterminant possessif : *mon, ton...*	Ils sont étudiants → ils **étaient**... Son ami → **mon/ton** ami
Liés aux pronoms et déterminants		
• ***c'est*** : *c'* = pronom démonstratif • ***s'est*** : *s'* = élision du pronom réfléchi *se* + *v. être* 3e pers. sing. • ***ces*** : déterminant démonstratif • ***ses*** : déterminant possessif	*cela* est autre personne : utiliser la 1re *je me suis* ajouter *-là* ou *-ci*, après le nom autre déterminant possessif : *mes, tes*	C'est beau → **cela est** beau Il s'est trompé → je **me suis** trompé Donne-moi ces livres-**là** Ses livres → **mes** livres, **tes** livres

Homophones	Par quoi remplacer ?	Exemples
• ***ce*** + nom : déterminant démonstratif • ***ce*** + verbe : pronom démonstratif • ***ceux*** : pronom démonstratif masc. pl. • ***se*** : pronom personnel réfléchi	autre déterminant démonstratif : *cette, ces* autre pronom démonstratif : *cela* autre pronom démonstratif : *celles* autre pronom personnel : *te, me*	Ce livre → **cette** pile de livres Ce serait gentil → **cela** serait gentil Ceux-là → **celles**-là Ils se battent → ils **te** battent
• ***ça*** : pronom démonstratif contracté • ***çà*** : adverbe dans *çà et là* • ***sa*** : déterminant possessif	autre forme : *cela* toujours en lien avec *là* autre déterminant possessif : *ma, ta*	Ça va mal → **cela** va mal Ils vont çà et **là** Sa voiture → **ma, ta** voiture
• ***leur*** : pronom personnel 3e pers. pl. • ***leur(s)*** : détermin. possessif	pronom personnel 3e pers. sing. : *lui* autres déterminants : *notre* ou *nos*	Tu leur mens → tu **lui** mens. Leurs amis viendront → **nos** amis Leur tête → **notre** tête
• ***même(s)*** + nom : déterminant indéfini • ***même(s)*** : pronom • ***même*** : adverbe	*NB.* : il s'accorde *NB.* : il s'accorde *également* ; invariable	Les mêmes livres Les mêmes, les livres mêmes Il apprécie **également** les efforts
	Autres	
• ***quand*** : conjonction de subordination • ***quant à*** : locution prépositive • ***qu'en*** : *que* élidé + pronom adverbe *en*	*lorsque* *pour, en ce qui concerne* *que... de cela*	Quand il fait beau → **lorsqu'**il fait beau Quant à moi, j'y consens Qu'en pensez-vous ? → **que** pensez-vous **de cela** ?
• ***quoique*** : conjonction de subordination marquant la restriction, la concession • ***quoi que*** : locution pronominale	*bien que* *quelle que soit la chose que*	Quoiqu'il soit fort, il a perdu → **bien qu'**il soit fort, il a perdu **Quelle que soit la chose que** vous fassiez, je ne vous croirai pas
• ***peux, peut*** : 2e, 3e pers. sing. du v. *pouvoir* • ***peu***	*pouvoir* à un autre temps + prise en considération de la personne Son antonyme *beaucoup*	Tu peux, il peut partir → **tu pouvais, il pouvait** partir Il joue peu → il joue **beaucoup**

Homophones	Par quoi remplacer ?	Exemples
• *si* : adverbe marquant l'intensité	*très*	Il est si gentil → **très** gentil
• *si* : conjonction de subordination ; hypothèse ou condition	*Au cas où*	Si tu viens → **au cas où** tu viendrais
• *s'y* : pronom réfléchi *se* élidé + pronom personnel *y*	une autre personne : *m'y, t'y*	Il s'y intéresse → je **m'y** intéresse

À retenir

Les homophones grammaticaux sont très nombreux. Pour trouver le terme qui convient, il faut procéder à des substitutions permettant de retrouver la classe grammaticale.

Entrainement 2

Complétez les phrases suivantes avec *quoi que* ou *quoique*.

1. … il pleuve, nous sortirons.
2. … tu en penses, il n'est pas méchant.
3. Un jour, j'irai au ski, … je n'aime pas la neige.
4. … l'affaire fût réalisable, il ne s'y lança pas.
5. … très maigre, elle est endurante.
6. Vous pouvez lui demander …. ce soit, il connaitra la réponse.
7. … que vous ayez fait, il en est informé.
8. … tu ne veuilles pas le reconnaitre, tu as tort.
9. Les candidats, … fatigués, continuent l'épreuve jusqu'au bout.

Corrigé p. 339

Entrainement 3

Complétez avec les homophones correspondant aux formes justes de [se], [si] ou de [sɑ̃].

1. [se] cyprès sont [si] loin qu'on ne sait [si] [sɑ̃] sont. (Virelangue)
2. [se] lui qui [sɑ̃] ira [sɑ̃] tambour ni trompette.
3. Comment [si] prend-il pour y arriver ?
4. [si] le temps [si] prête, nous irons à la mer.
5. Il [se] fait mal mais il [sɑ̃] sort [sɑ̃] fracture.
6. [sɑ̃] participation d'une vedette, il ne [si] intéressera pas.
7. Il [se] perdu mais est revenu [sɑ̃] larmes.
8. [sɑ̃] cavaliers parurent à l'horizon.
9. Il [se] attristé car tous [se] amis se sont éloignés.
10. Quand les vacances seront là, [sɑ̃] sera fini de tous [se] exercices.
11. Quand [se] parti, [se] parti !
12. [se] livres-[si] ne valent plus rien.
13. [si] tu mens, il ne [si] trompera pas.

Corrigé p. 340

Entrainement 4

Identifiez la nature grammaticale des termes en bleu et remplacez-les par une autre forme pour justifier l'orthographe.

1. Ses amis ne reviendront plus dans ce lieu maudit.
2. Il s'est aperçu de son erreur sitôt commise.
3. Il semblait si heureux d'y arriver.
4. Ce sera le paradis
5. Quoique l'opération se soit bien passée, il est fatigué.
6. Qu'en pense-t-il, de ces affaires-là ?
7. Ceux qui se ressemblent s'assemblent.
8. La télévision, il la regarde trop.
9. Il m'a rattrapé de justesse.

Corrigé p. 340

Corrigés

Entrainement 1

Énoncé p. 335

1. **Quels que** *soient nos liens.*
2. *Ils se sont retrouvés* **quelques** *milliers.*
3. **Quelle que** *soit la valeur de l'équipe.*
4. *Le champion a eu* **quelque** *peine à.*
5. **Quels que** *soient tes arguments.*
6. *pendant* **quelque** *temps.*
7. **Quelque** *habilement que vous raisonniez.*
8. *il y a* **quelque** *soixante ans.*
9. **Quelque** *intelligents que vous soyez.*

Entrainement 2

Énoncé p. 338

1. **Quoiqu'***il pleuve.*
2. **Quoi que** *tu en penses.*
3. **Quoique** *je n'aime pas la neige.*
4. **Quoique** *l'affaire fût réalisable.*
5. **Quoique** *très maigre.*
6. *Vous pouvez lui demander* **quoi que** *ce soit.*
7. **Quoi que** *vous ayez fait.*
8. **Quoique** *tu ne veuilles pas le reconnaitre.*
9. *Les candidats,* **quoique** *fatigués...*

Entrainement 3

Énoncé p. 338

1. **Ces** *cyprès sont* **si** *loin qu'on ne* **sait si c'en** *sont.*
2. **C'est** *lui qui* **s'en** *ira* **sans** *tambour ni trompette.*
3. *Comment* **s'y** *prend-il pour y arriver ?*
4. **Si** *le temps* **s'y** *prête, nous irons à la mer.*
5. *Il* **s'est** *fait mal mais il* **s'en** *sort* **sans** *fracture.*
6. **Sans** *participation d'une vedette, il ne* **s'y** *intéressera pas.*
7. *Il* **s'est** *perdu mais est revenu* **sans** *larmes.*
8. **Cent** *cavaliers parurent à l'horizon.*
9. *Il* **s'est** *attristé car tous* **ses** *amis se sont éloignés.*
10. *Quand les vacances seront là,* **c'en** *sera fini de tous* **ces** *exercices.*
11. *Quand* **c'est** *parti,* **c'est** *parti !*
12. **Ces** *livres-***ci** *ne valent plus rien.*
13. **Si** *tu mens, il ne* **s'y** *trompera pas.*

Entrainement 4

Énoncé p. 339

1. **Ses** *amis* : déterminant possessif, on peut le remplacer par *mes* (*amis*) ; **ce** *lieu* : déterminant démonstratif, on peut remplacer par *cet endroit.*
2. *Il* **s'est** *aperçu* : *s'* est une élision du pronom réfléchi *se* devant la 3e personne du singulier du verbe *être*, on peut changer la personne (je me suis aperçu) ; **son** *erreur* : déterminant possessif, remplaçable par *mon* ; **sitôt** *commise* : adverbe, on peut le remplacer par *aussitôt* et on ne doit pas le confondre avec *si tôt.*
3. **si** *heureux* : adverbe, remplaçable par *très.*
4. **Ce** *sera* : pronom démonstratif équivalent de *cela.*
5. **Quoique** *l'opération se soit bien passée* : conjonction de subordination, on peut remplacer *quoique* par *bien que.*
6. **Qu'en** *pense-t-il* : pronom *qu'* élidé + pronom personnel *en* représentant *de ces affaires* (= que pense-t-il de cela) ; **ces** : déterminant démonstratif. On peut le remplacer par un singulier : *cette affaire.*
7. **Ceux** *qui* : pronom démonstratif. On aurait pu mettre la phrase au féminin : *celles qui…* ; **se** *ressemblent* : pronom personnel réfléchi remplaçable par une autre personne, *me, te.*
8. *Il* **la** *regarde trop* : pronom personnel remplaçable par *la télévision* : *il regarde la télévision* ou un autre pronom, *me* ou *le.*
9. *Il* **m'a** *rattrapé de justesse* : pronom personnel élidé, 1re personne du singulier de l'auxiliaire *avoir* au présent de l'indicatif. On aurait pu remplacer par *t'a.*

VERS LE CONCOURS Orthographe

Exercice 1

1. Le mot *cadeaux* contient :

A. 2 phonèmes B. 4 phonèmes C. 5 phonèmes

2. **Détaillez les syllabes graphiques et phoniques dans le mot *caravane* (en français standard).**

3. Le verbe *faciliter* contient :

A. 4 syllabes ouvertes B. 3 syllabes ouvertes, 1 fermée C. 4 syllabes fermées

4. **Combien y a-t-il de syllabes graphiques et phoniques, de syllabes ouvertes et fermées dans le mot *catastrophe* ?**

5. **Quelle est la bonne transcription pour la phrase : *La jalousie est un vilain défaut* ?**

A. [laʒaluziɛtɛ̃vilœ̃defo] B. [laʒaluziɛtœ̃vilɛ̃defo] C. [lajaluziɛtœ̃vilɛ̃defo]

6. **Donnez au moins cinq graphies différentes correspondant au phonème [k] et fournissez un exemple pour chaque graphie.**

7. **Transcrivez phonétiquement deux prononciations différentes pour les mots suivants et donnez leur nature respective :**

A. convient B. ferment C. vis

8. **Donnez plusieurs formes correspondant à la transcription suivante [ʃɑ̃tɛ].**

9. **Trouvez trois mots rimant avec *pirouette* et ayant deux phonèmes communs.**

10. **Trouvez deux mots ayant la même attaque et deux mots ayant la même rime que *brin*.**

Corrigé p. 344

Exercice 2

Transcrivez phonétiquement les groupes suivants.

1. Une belle poupée gisait sur le parquet.

2. D'excellents exemplaires.

Corrigé p. 344

Exercice 3

Dans cet extrait de poème, indiquez les différentes valeurs du graphème *t*.

Les amoureux fervents et les savants austères

Aiment également, dans leur mûre saison,

Les chats puissants et doux, orgueil de la maison,

Qui comme eux sont frileux et comme eux sédentaires.

Charles Baudelaire, *Les Fleurs du mal*, « Les chats », 1857.

Corrigé p. 344

Exercice 4

Expliquez la lettre finale muette de ces mots.

1. mis **2.** étudiant **3.** repos **4.** vaillant **5.** suédois **6.** report **7.** pays **8.** fard.

Corrigé p. 345

Exercice 5

Accordez au présent les verbes avec leur sujet.

1. Le serpent les (*regarder*).

2. Les enfants du directeur (*arriver*) à l'heure.

3. C'est toi qui (*avoir*) raison.

4. L'épidémie recule, comme le (*montrer*) les derniers chiffres.

5. Faire ces travaux (*être*) impossible.

6. Théo demande comment (*fonctionner*) ces respirateurs.

Corrigé p. 345

Exercice 6

Accordez les participes passés si nécessaire.

1. Ils ont voyagé... des heures sans s'être parlé... .

2. Ayant récupéré... les eaux de pluie, mes réservoirs se sont rempli... d'eau.

3. Étonné..., les enfants regardent les oiseaux qui se sont rassemblé... sur la plage.

4. Dites-moi quels films vous avez préféré... l'an dernier et si vous en avez détesté...

5. Dès qu'ils se sont levé..., il sont parti... pour la plage sans avoir pris... leur petit déjeuner.

6. Ils ne leur ont pas nui... , car ils les ont admiré... .

7. Les cadeaux qu'ils ont apporté... aux enfants leur ont plu... .

8. Les pompiers ont dégagé... les arbres que le vent a déraciné... et qui sont tombé... sur la route.

Corrigé p. 345

Exercice 7

Vrai ou Faux ?

1. Le participe passé épithète ou apposé s'accorde avec le nom dont il dépend dans les mêmes conditions qu'un adjectif.

2. Le participe passé précédé du verbe *avoir* ne s'accorde jamais avec le sujet.

3. Le participe passé précédé du verbe *être* s'accorde avec le sujet.

4. Le participe passé du verbe *faire* suivi d'un infinitif s'accorde avec le COD.

5. Le participe passé employé avec le verbe *avoir* s'accorde avec le COD, quelle que soit sa position.

6. Le participe passé des formes pronominales s'accorde avec le pronom réfléchi quand il est COD.

Corrigé p. 346

Exercice 8

Dans les phrases suivantes, mettez la forme juste correspondant à [kɑ̃] et spécifiez la classe grammaticale.

1. … à eux, j'en fais mon affaire.
2. J'ai aimé le dernier Goncourt ; et vous, … pensez-vous ?
3. Il miaule … il a faim.

Corrigé p. 346

Exercice 9

Dans les phrases suivantes, mettez la forme juste correspondant à [mɛm] et spécifiez la classe grammaticale.

1. Ces bottes sont superbes. Je veux les … .
2. Les travaux … seront terminés au printemps.
3. Aux … maux, les … remèdes.
4. Ils semblaient … dire le contraire.

Corrigé p. 346

Exercice 10

Dans la phrase, [kɛlkəswa] *les conditions, je suis tenté par ce voyage*, la forme attendue est :

1. quelques soient
2. quelles que soient
3. quelque soit

Corrigé p. 346

Exercice 11

Dans la phrase, *Les filles sont <u>toutes</u> joyeuses de partir en vacances, toutes* est :

1. un adverbe
2. un déterminant indéfini
3. un pronom indéfini

Corrigé p. 346

Exercice 12

Dans la phrase, *Le chien de mes parents est dangereux, je <u>leur</u> ai conseillé de s'en séparer, leur* est :

1. un déterminant possessif
2. un pronom possessif
3. un pronom personnel

Corrigé p. 346

Exercice 13

Faites quatre phrases contenant [la] en mettant en évidence le phénomène d'homophonie pouvant porter sur des classes grammaticales différentes ; précisez ces dernières.

Corrigé p. 346

Corrigés

Exercice 1

Énoncé p. 341

1. B. Le mot ***cadeau*** contient **4 phonèmes** [kado]

2. ***Caravane*** comporte **4 syllabes graphiques** *ca-ra-va-ne* et **3 syllabes phoniques** [ka-ʀa-van], en français standard.

3. A. Le verbe ***faciliter*** contient **4 syllabes ouvertes** puisque chacune se termine par une voyelle prononcée [fa-si-li-te].

4. Le mot ***catastrophe*** compte **4 syllabes graphiques dont 3 ouvertes** (ca-tas-tro-phe). Il compte 3 syllabes phoniques en français standard [ka-tas-tʀɔf] dont une ouverte, et 4 en français méridional [ka-tas-tʀɔ-fə] dont trois ouvertes.

5. B. [laʒaluziɛtœ̃vilɛ̃defo].

6. Le phonème [**k**] peut avoir plusieurs graphies :
c (*carte*, *sac*), **q** (*coq*), **qu** (*qui*, *quand*), **k** (*koala*, *kayak*), **ch** (*chorale*, *cholestérol*), **cch** (*bacchanale*), **cqu** (*acquérir*, *grecque*), **ck** (*nickel*, *teck*).

7. A. ***convient*** peut être la 3e personne du singulier du verbe *convenir* au présent de l'indicatif : *(il) convient* [kɔ̃vjɛ̃] ou la 3e personne du pluriel du verbe *convier* au présent de l'indicatif : *(ils) convient* [kɔ̃vi].

B. ***ferment*** peut être la 3e personne du pluriel du verbe *fermer*, au présent de l'indicatif : *(ils) ferment* [fɛʀm] ou le substantif *(le) ferment* [fɛʀmɑ̃].

C. ***vis*** peut être la 1re ou la 2e personne du singulier du verbe *vivre* au présent ou au passé simple de l'indicatif : *(je, tu) vis* [vi] ou le substantif *(la) vis* [vis].

8. La transcription [**ʃɑ̃tɛ**] peut correspondre aux 3 premières personnes du singulier et à la 3e personne du pluriel de l'imparfait de l'indicatif : *je chantais*, *tu chantais*, *il chantait*, *ils chantaient* ainsi qu'à la 1re personne du passé simple : *je chantai*.

9. Trois mots rimant avec ***pirouette*** avec deux phonèmes communs [ɛt] : *brouette*, *charrette*, *arête*…

10. L'attaque de ***brin*** est [bʀ] comme dans *brillant*, *bretelle*, *brutal*… et la rime est [ɛ̃] comme dans *matin*, *lapin*, *chagrin*…

Exercice 2

Énoncé p. 341

1. *Une belle poupée gisait sur le parquet.* [**yn(ə)bɛlpupeʒizɛsyʀləpaʀkɛ**].

2. *D'excellents exemplaires.* [**dɛkselɑ̃zegzɑ̃plɛʀ**].

Exercice 3

Énoncé p. 341

Les valeurs du graphème *t* :

– *t* est un **phonogramme** correspondant au phonème [t] dans *austères*, *sédentaires*. En poésie, il est prononcé en liaison dans *Aiment‿également*.

NB. : Il joue un rôle auxiliaire dans la conjonction de coordination *et*, en contribuant à indiquer que le *e* précédent se prononce [e].

– *t* est un **morphogramme grammatical** faisant partie des formes verbales *sont* et *aiment*.

– *t* est un **morphogramme lexical** ; il marque des sous-séries lexicales :

– placé à la finale du mot *chat*, il relie celui-ci à sa famille (*chatte, chatière*…).

– il fait partie de la finale *-ant* dans *savants* (nom), *puissants* (adjectif), où l'on reconnait les bases verbales *sav-(oir)* et *puiss-* (une base ancienne de *pouvoir* : cf. *je puis*), bien que *savants* et *puissants* soient différents des participes présents *sachant, pouvant*.

– il fait partie de la finale *-ent* dans *fervents*, qui concurrence la finale *-ant* dans de nombreux adjectifs (*violent, imminent*…).

NB. : ce ***t*** final, muet au masculin, se prononce au féminin.

– il fait partie de la finale *-ent* dans *également*, présente dans de nombreux adverbes de manière (*simplement, évidemment*…).

– *t* joue aussi un rôle de **logogramme** dans la forme verbale *sont*, qu'il aide à distinguer du déterminant possessif *son*.

Exercice 4

Énoncé p. 342

On explique la lettre finale des mots :

- par le féminin où elle se prononce : *mise* (**1**), *étudiante* (**2**), *vaillante* (**4**), *suédoise* (**5**).
- par un mot de la famille où elle se prononce : *reposer* (**3**), *reporter* (**6**), *paysage, paysan* (**7**), *farder* (**8**).

Exercice 5

Énoncé p. 342

1. Le serpent les **regarde**.

2. Les enfants du directeur **arrivent** à l'heure.

3. C'est toi qui **as** raison.

4. L'épidémie recule, comme le **montrent** les derniers chiffres.

5. Faire ces travaux **est** impossible.

6. Théo demande comment **fonctionnent** les respirateurs.

Attention aux mots qui font écran entre le sujet et le verbe (**1**, **2**, **3**) et aux sujets placés après le verbe (**4**, **6**).

Exercice 6

Énoncé p. 342

1. Ils ont <u>voyagé</u> des heures sans s'être parlé.

2. Ayant <u>récupéré</u> les eaux de pluie, mes réservoirs se sont **remplis** d'eau.

3. **Étonnés**, les enfants regardent les oiseaux qui se sont **rassemblés** sur la plage.

4. Dites-moi quels films vous avez **préférés** l'an dernier et si vous en avez <u>détesté</u>.

5. Dès qu'ils se sont **levés**, il sont **partis** pour la plage sans avoir <u>pris</u> leur petit déjeuner.

6. Ils ne leur ont pas <u>nui</u>, car ils les ont **admirés**.

7. Les cadeaux qu'ils ont **apportés** aux enfants leur ont <u>plu</u>.

8. Les pompiers ont <u>dégagé</u> les arbres que le vent a **déracinés** et qui sont **tombés** sur la route.

Exercice 7

Énoncé p. 342

1. VRAI. *Une rédaction bien écrite.*

2. VRAI. *Elles ont chanté.*

3. VRAI. *Elle est partie.*

4. FAUX. *Les filles que ses propos ont fait rougir.*

5. FAUX. Le COD doit être antéposé.

6. VRAI. *Les enfants se sont battus.*

Exercice 8

Énoncé p. 343

1. Quant *à eux, j'en fais mon affaire* (locution prépositive).

2. *J'ai aimé le dernier Goncourt ; et vous,* **qu'en** *pensez-vous ?* (*que* élidé + pronom pers. *en* = « du dernier Goncourt »).

3. *Il miaule* **quand** *il a faim.* (conjonction de subordination).

Exercice 9

Énoncé p. 343

1. *Ces bottes sont superbes. Je veux* **les mêmes** (pronom indéfini).

2. *Les travaux* **mêmes** *seront terminés au printemps* (adjectif indéfini).

3. *Aux* **mêmes** *maux, les* **mêmes** *remèdes* (déterminant indéfini).

4. *Ils semblaient* **même** *dire le contraire* (adverbe).

Exercice 10

Énoncé p. 343

2. quelles que soient *les conditions, je suis tenté par ce voyage.*

Exercice 11

Énoncé p. 343

1. *Toutes joyeuses* : *toutes* est un adverbe. Il signifie « entièrement, tout à fait » et reste invariable sauf quand il précède un adjectif féminin commençant par une consonne (le cas ici) ou par un *h* aspiré. Cependant, l'interprétation pronominale (« toutes les filles ») n'est pas totalement exclue.

Exercice 12

Énoncé p. 343

3. *Je* **leur** *ai conseillé de s'en séparer, leur* est un pronom personnel. On aurait pu le remplacer par *lui*.

Exercice 13

Énoncé p. 343

[la] : quatre homophones possibles.

- **La,** déterminant, article défini : **La** *rentrée des classes arrive.*
- **La,** pronom personnel : *Je* **la** *redoute.*
- **L'a** ou **l'as,** pronom personnel élidé + la 2e ou 3e personne du présent de l'indicatif du verbe *avoir* (passé composé) : *Tu* **l'as** *vite secouru.*
- **Là,** adverbe de lieu : *C'est* **là** *qu'a eu lieu l'accident.*

La polysémie

Objectifs

- Connaitre la notion de polysémie.
- Identifier les différents sens d'un mot.

voir aussi

La synonymie .... p. 355
L'antonymie .... p. 361
L'homonymie et la paronymie .... p. 368
Les figures de style .... p. 376

Tester ses connaissances

1. Faites des phrases avec chacun des deux mots suivants pour faire apparaitre, grâce au contexte, leurs différentes acceptions :
1. ampoule. 2. pièce.

2. Que signifie *beau* dans les phrases suivantes ?

1. Le Grand Palais montre les beaux tableaux de Turner.
2. Il revient d'un beau voyage dans les iles.
3. Il a donné une partie de ses gains à une association caritative : on salue ce beau geste.
4. Tout a été dévasté : c'est un beau gâchis !

3. Inventez des phrases faisant apparaitre le sens propre et un des sens figurés des mots suivants :

1. le poids 2. le piment 3. une mauvaise herbe.

1. 1. *Ampoule*, trois sens : dispositif d'éclairage, cloque de la peau, tube effilé contenant un médicament.
2. *Pièce*, cinq sens : partie d'une maison, morceau d'un ensemble, ouvrage dramatique (pièce de théâtre), document écrit (pièce administrative), pion d'un jeu.
2. 1. *un beau tableau* → joli, de l'ordre de l'esthétique.
2. *un beau voyage* → intéressant et agréable.
3. *un beau geste* → généreux ou noble.
4. *un beau gâchis* → remarquable par son importance. Il s'agit d'une antiphrase.
3. 1. Au sens propre, *le poids* est la masse mesurable d'un corps ; au sens figuré, il signifie « lourdeur ». Les sens figurés sont portés par le contexte, par exemple : *avoir un poids sur l'estomac, le poids du remords* (sensation de lourdeur), *avoir du poids sur quelqu'un* (de l'autorité).
2. Au sens propre, *le piment* est un condiment ; au sens figuré, c'est un élément excitant qui agrémente un évènement, une vie.
3. Au sens propre, *une mauvaise herbe* est une herbe nuisible aux cultures ; au sens figuré, une personne dont on n'attend rien de bon, un vaurien.

LE COURS

1 Définition

La **polysémie** est un phénomène **majeur** qui touche toutes les classes de mots ; il est **massif** car il concerne presque tous les mots du vocabulaire de base. C'est un des traits **constitutifs** de la langue qui permet son bon fonctionnement, son évolution et contribue à sa richesse.

• La **polysémie** s'oppose à la **monosémie** ; un mot monosémique n'a qu'un seul sens, quels que soient les contextes. C'est le cas pour les termes scientifiques (mycose, encéphalite...) car le vocabulaire savant tend à éliminer les ambiguïtés. Mais des mots comme potiron, menhir, mazout ou mazurka... n'ont également qu'un seul sens. L'article d'un mot polysémique comporte plusieurs sens, généralement numérotés, dans les dictionnaires papier.
Une langue exclusivement monosémique comporterait un nombre pléthorique de mots. Répondant au principe d'économie linguistique, la plupart des mots sont donc polysémiques : comme l'indique l'élément grec *poly-*, ils ont plusieurs sens, dits « acceptions ».

• **À un sens premier s'ajoutent d'autres sens**, au cours du temps. Quand un nouveau besoin surgit – s'il n'y a pas création d'un mot ou emprunt à une autre langue –, une acception s'ajoute à celles qui précèdent. Par exemple, aux différentes acceptions du mot bureau, s'est adjointe, il y a quelques années, celle de page d'ordinateur où sont disposées des icônes.
Ces sens dérivés s'accumulant tout au long des siècles, un mot courant et ancien a des chances d'être très polysémique. Un vieux mot comme main est défini dans le dictionnaire par une vingtaine de subdivisions, tête par une trentaine. L'ensemble de ces sens forme **le champ sémantique** du mot. Mais, un mot actuellement monosémique peut très bien devenir polysémique, en se chargeant d'un sens nouveau. La langue évolue sans arrêt et les lexicographes tiennent compte des usages.

Voir Fiche 52 : Le champ lexical et autres champs.

La polysémie n'est donc pas arbitraire, **les sens découlent les uns des autres et restent proches**. On voit bien, par exemple, par quel biais a pu s'opérer le glissement sémantique vers le dernier sens de bureau (lié à l'informatique), sens qui reste lié aux précédents. Les homonymes, en revanche, ont des sens complètement différents.

• Tous les sens d'un mot polysémique coexistent. Leur abondance ne nuit absolument pas à la compréhension car le **contexte** de la phrase et la situation de communication permettent d'actualiser un seul d'entre eux et de lever toute équivoque. À l'écoute de l'énoncé : Cet adolescent a beaucoup de boutons sur le visage, seule l'acception « petite lésion cutanée » est activée, et toutes les autres (« bourgeon », « petite pièce pour fermer un vêtement », etc.) ne se présentent même pas à l'esprit. **Un mot polysémique inséré dans un énoncé n'est associé qu'à un seul sens**, sauf si l'ambiguïté est volontairement cultivée, comme dans certains jeux de mots.

• Certains sens sont dits « **figurés** », dès lors qu'il y a image et passage du concret à l'abstrait (voir *infra* 3).

2 Multiplicité des sens

2 1. Différents paramètres faisant varier le sens

La variation peut être due :

- à **l'environnement lexical, à l'espace co-textuel** et au **contexte**, en général. Les caractéristiques liées au sujet (animé ou non animé) peuvent avoir des incidences sur le sens du verbe, même si la construction est similaire : **Pierre** adhère à l'association (s'est inscrit) / **Le coquillage** adhère au rocher (colle).

Les synonymes et les antonymes permettent de faire apparaitre clairement le sens actualisé par le contexte. Chaque acception dans un environnement précis génère une série de synonymes et d'antonymes, différente de celle produite à partir d'une autre acception.

Voir Fiche 48 : La synonymie « Tester ses connaissances »

Exemples pour l'adjectif juste : un juge juste (équitable), un raisonnement juste (correct), une juste récompense (méritée), un conseil juste (judicieux), une balance juste (précise, bien réglée, exacte), de justes revendications (fondées, légitimes), des chaussures justes (étroites, serrées), des rations justes (insuffisantes)...

- à la multiplicité des **constructions** (avec ou sans préposition). C'est le cas pour le verbe jouer dont le sens varie : L'enfant **joue** (s'amuse). / Il **joue de** son charme (tire parti). / Il **joue avec** sa santé (s'expose à des risques). / Ce drame **joue sur** son moral (influe). / Il **joue sur** le cours de l'euro (spécule). Un autre exemple : **défendre à** quelqu'un **de** faire quelque chose renvoie à l'idée d'interdiction, **défendre** quelqu'un **contre** quelque chose à celle de protection.
- à la **place** dans le groupe : des oiseaux **rares** (peu communs), de **rares** bijoux (en petit nombre) ; un homme **grand** (par la taille), un **grand** homme (par le talent)...

2 2. Différents procédés d'ordre sémantique et rhétorique

La variation de sens relève de plusieurs procédés, d'abord, **d'ordre sémantique** :

- la **restriction du sens** :

Exemples : Le mot homme renvoie d'abord à un humain sans considération de sexe, puis de façon plus restreinte à « un mâle adulte de l'espèce humaine ». De même, enfant est passé de l'acception large (garçon ou fille dans l'âge de l'enfance) à celle qui renvoie à la filiation (fils ou fille).

La restriction peut se faire aussi en cas de **spécialisation**. Toutes sortes de domaines de spécialités génèrent des acceptions particulières.

Exemples : Loin du sens le plus courant, un soupir, en musique, correspond à un « silence d'une durée égale à la noire. » L'acception est signalée par l'abréviation MUS. dans certains dictionnaires. Une souris, en boucherie (BOUCH), désigne une pièce de viande dans un gigot et en informatique, un boitier connecté.

- l'**affaiblissement** du sens, au cours des siècles : le charme, qui avait un sens très fort en latin, celui d'envoutement (*carmen*), est devenu un simple attrait, une attirance.
- **l'extension du sens**, avec généralisation.

TLFi : Trésor de la Langue Française informatique Accessible gratuitement en ligne http://atilf.atilf.fr/tlf.htm

Exemples : Le *TLFi* atteste que les deux sens originels du verbe aborder relevaient du domaine maritime : « heurter un navire pour l'attaquer » apparu en 1306 et

« attaquer dans un combat naval » attesté dans la deuxième moitié du XIVe siècle. Puis, le sens s'est étendu au fait d'attaquer, approcher ou heurter autre chose ou une personne ; « approcher une personne pour lui parler » date du XIVe siècle. Le terme guide, qui désigne d'abord « une personne qui dirige et protège la marche de quelqu'un » puis « qui conduit les visiteurs d'un musée, d'un monument historique », renvoie ensuite à un « ouvrage à caractère didactique » par extension de sens.

• Mais l'extension est surtout liée aux procédés d'ordre rhétorique, par métaphore, métonymie et synecdoque qui créent des sens dits « figurés », lesquels densifient la polysémie d'un mot.

Voir infra 3 Les sens figurés.

NB. : Dans un dictionnaire, **un mot polysémique n'a qu'une seule entrée** avec une multiplicité d'acceptions, en général numérotées, alors que les mots homonymes ont des entrées séparées [autant d'entrées qu'il y a d'homonymes différents].

Exemple d'un mot polysémique :

Note n.f. [lat. *nota*] :

1. Petite indication écrite pour se rappeler quelque chose [*prendre des notes*].
2. Brève communication écrite destinée à informer [*note de service*].
3. Annotation apportant un commentaire à un texte [*note en marge*].
4. Touche, nuance [*une note de gaieté*].
5. Appréciation chiffrée d'un travail [*note 20/20*].
6. Facture [*note d'hôtel*].
7. PARFUM. : composant essentiel d'une odeur [*note fleurie, ambrée*]
8. MUS. : Son musical [*do, ré, mi*] et signe sur une portée.

Entrainement 1

Donnez différents sens pour les mots suivants.

1. sérieux (adjectif) **2.** peser (verbe) **3.** suivant (préposition) **4.** lettre (nom).

Corrigé p. 353

Entrainement 2

Faites cinq phrases avec le verbe *faire* pour qu'apparaissent, grâce au contexte, quelques-unes de ses nombreuses acceptions. Précisez chaque fois le sens avec un synonyme.

Corrigé p. 354

3 Les sens figurés

Les tables d'abréviations des dictionnaires comportent le sigle *fig.* pour « figuré ». Certains signalent de manière plus précise : « métaphore », « métonymie » car la lexicographie intègre les figures de rhétorique pour expliquer toutes les acceptions d'un terme.

La métaphore, la métonymie et la synecdoque sont analysées dans cette fiche 47 dans leur rapport à la polysémie car elles génèrent des extensions de sens, dits figurés. Elles sont étudiées, d'un point de vue rhétorique, dans la fiche 54 : Les figures de style.

3 1. Polysémie par métaphore

La métaphore est construite sur une **analogie** entre deux éléments appartenant à des domaines différents, avec transfert de sens de l'un vers l'autre, à partir d'un point commun. Il y a production d'une **image** et souvent, passage du concret à l'abstrait.

Exemples :
Pour mur, s'opère l'extension du sens propre, concret (ouvrage de maçonnerie vertical) à un autre sens, désigné dans le *TLFi* par l'indication : « métaph. et au fig. » : « ce qui forme un obstacle infranchissable » : mur de haine, d'incompréhension, d'indifférence. Les domaines sont différents (une construction et un sentiment) mais une notion est commune, celle de séparation, qu'elle soit physique ou morale.
Pour arbre, s'opèrent plusieurs extensions métaphoriques du sens premier « végétal » : *arbre généalogique, arbre moteur, arbre à cames*, toutes générées par les similitudes de forme (tronc, branches, ramifications).

• La polysémie par métaphore peut toucher plusieurs classes grammaticales : les **feux** de la passion (nom), une étude **brillante** (adjectif), **exploser** de colère (verbe)...

• Cependant, ce n'est pas parce qu'il y a métaphore qu'il y a polysémie. Certaines figures, créatives, originales et ponctuelles ne sont pas nécessairement intégrées au champ sémantique d'un terme. Jean Giono parle de la « bête souple du feu », mais aucune acception dans le dictionnaire ne relie le feu à une bête. Il n'y a donc pas polysémie. Il faut que les sens métaphoriques aient une autonomie et un degré de généralisation suffisants pour être attestés dans un article de dictionnaire.

Entrainement 3

Relevez et expliquez les sens figurés métaphoriques présents dans les phrases suivantes.

1. L'Amazonie est le poumon de la planète.

2. Un tonnerre d'applaudissements retentit dans le théâtre. Le flot des spectateurs se répandit ensuite dans les couloirs.

Corrigé p. 354

Entrainement 4

Faites une phrase avec chacun des mots suivants, dans un emploi figuré métaphorique.

1. front **2.** fourmi **3.** rugir **4.** fourchette.

Corrigé p. 354

3 2. Polysémie par métonymie et synecdoque

Voir Fiche 54 : Les figures de style.

La métonymie met en rapport deux éléments qui appartiennent au **même domaine** et qui ont une relation de **correspondance** permettant de nommer l'un des deux par le nom de l'autre.

Exemples : Le mot bureau est l'exemple de métonymies successives, qui s'enchainent au cours des siècles. Le terme renvoie aux sens suivants : grosse étoffe de laine (le burel, issu de bure), puis tapis fait de cette étoffe qui recouvre une table (XII-XIIIe siècle) → table recouverte par ce tissu (1361) avec extension à une table de travail (seconde moitié du XVIe) → pièce dans laquelle se trouve ce bureau (fin XVe) → établissement ouvert au public → ensemble des employés travaillant dans un bureau (début XVIIIe) → membres d'une assemblée, élus pour diriger des travaux (1787), comité étudiant une question.

Le premier sens originel, relatif au tissu, a disparu mais tous les autres (table, salle, établissement – bureau de tabac, de poste... – personnel employé, comité) sont toujours employés et attestés dans les dictionnaires modernes, sens auxquels s'est ajoutée au XXe siècle l'acception informatique (placer des fichiers sur le bureau de l'ordinateur).

Le sens du mot verre évolue aussi : c'est d'abord une substance formée de silicates alcalins, puis par glissement métonymique, une plaque, lame, objet de verre ; ensuite, un récipient pour boire (qu'il soit en verre ou en plastique) ; enfin, le contenu du verre (boire un verre).

• Proche de la métonymie, se trouve la **synecdoque**. Dans la métonymie, les deux objets sont différents ; dans la synecdoque, l'un des deux éléments est **englobé** dans l'autre : on donne la partie pour le tout ou le tout pour la partie : la voile pour le bateau ; le fer pour l'épée (croiser le fer), etc. Les sens peuvent aussi évoluer par synecdoque.

Exemple : pour le mot bras, le sens premier « membre supérieur » glisse par synecdoque au sens de « personne qui travaille, apte au travail » puis « personne qui frappe, qui exécute un meurtre pour le compte de quelqu'un d'autre ».

Voir article *bras* dans le *TLFi*.
Lire l'article complet pour découvrir tous les sens, y compris les acceptions spécialisées en hydrographie (bras d'un fleuve), technologie (bras de levier), etc.

Entrainement 5

Proposez une phrase contenant chacun des mots suivants dans un emploi métonymique.

1. violon **2.** vison **3.** cerveau.

Corrigé p. 355

3. Les expressions figées

Ces expressions sont dites parfois « figées », « lexicalisées », « idiomatiques », « imagées » ou « figurées » : cette dernière dénomination montre qu'elles doivent toujours être prises au sens figuré.

• Prises au sens propre, ces expressions n'auraient pas du tout la même signification. Elles ont toutes un sens figuré car elles ne sont pas analysables à partir des éléments qui les composent. Elles sont donc généralement opaques.

Exemples : se jeter dans la gueule du loup signifie « prendre des risques, s'exposer au danger » et pas du tout rencontrer réellement l'animal. Mais la métaphore sous-jacente permet d'éclairer un peu le sens. En revanche, l'expression mettre la puce à l'oreille, qui signifie « éveiller des soupçons », n'a rien à voir ni avec une puce, ni avec une oreille.

• Les expressions diffèrent d'un pays à l'autre : avoir le cafard, broyer du noir en français renvoient à des expressions anglaises bien différentes *to have the blues* ou *to feel blue*.

• Dans certains cas, on peut identifier leur origine littéraire, religieuse ou mythologique (se croire né de la cuisse de Jupiter).

• Bien que les verbes contenus dans les expressions puissent se conjuguer, celles-ci se comportent comme des unités insécables : on ne peut rien enlever ni ajouter. *Rouler quelqu'un dans la farine blanche est impossible.

Entrainement 6

Trouvez une dizaine d'expressions autour du mot tête. Explicitez-en le sens.

Corrigé p. 355

Pour aller plus loin

- Sur la différence entre la polysémie et l'homonymie.
- Sur le sens des mots : **dénotation** – **connotation**

– Le sens d'un mot est partagé par tous les locuteurs et enregistré dans les dictionnaires : c'est la **dénotation**. Des sens seconds peuvent s'y ajouter, qui varient en fonction des expériences personnelles, des associations d'idées propres à chacun ou à un contexte situationnel : c'est la **connotation**.

– Certaines connotations sont péjoratives ou mélioratives, et d'ordre individuel. Par exemple, la boue est pour tout le monde de la terre mélangée à de l'eau (dénotation) ; elle peut être connotée négativement (quelque chose de sale) ou positivement (de la boue chaude permettant de soulager les douleurs).

Voir Fiche 51 : L'homonymie et la paronymie. Pour aller plus loin.

À retenir

- **La polysémie est un des traits constitutifs de la langue** : elle touche toutes les classes de mots et la presque totalité des termes.
- La polysémie (un mot peut avoir plusieurs acceptions) **s'oppose à la monosémie** (un mot n'a qu'un seul sens). Dans le dictionnaire, l'article d'un mot polysémique se subdivise en plusieurs parties, généralement numérotées.

Les différents sens du mot sont apparentés entre eux et dépendent du contexte et de l'environnement syntaxique (la construction).

La variation peut se faire par restriction mais surtout par extension du sens, par le moyen de la métaphore et de la métonymie qui génèrent des sens figurés. Les expressions figées sont toujours au sens figuré.

LEXIQUE

Corrigés

Entrainement 1

Énoncé p. 350

Varier les environnements permet de faire apparaitre les différents sens.

1. ***Un élève sérieux*** : élève appliqué, qui fait bien son travail ; ***des arguments sérieux*** : des arguments solides et fondés ; ***il a de sérieux troubles de la vision*** : des troubles graves.

2. ***Peser*** a plusieurs constructions.

Comme verbe transitif, il signifie « déterminer un poids » (*Le pédiatre pèse le bébé*) ou « évaluer avec soin » (*Peser le pour et le contre*).

Comme verbe intransitif, « avoir un certain poids » (*Le plomb pèse plus lourd que les autres métaux*). Et au sens figuré, « représenter une valeur » (*Cette société pèse beaucoup en Bourse*).

Il peut aussi être construit avec des prépositions : « peser sur » (*peser sur une décision*) ou « peser à (quelqu'un) » (*Sa présence me pèse / sa présence m'est pénible*).

3. La préposition ***suivant*** peut indiquer la conformité à une direction (*Découpez suivant les pointillés*), un rapport (*Traiter les gens suivant leur richesse*). Elle est alors synonyme de *en fonction de*. Elle peut signifier également « selon l'opinion » (*Suivant les spécialistes, le climat va se réchauffer*).

4. Pour **lettre**, il faut faire apparaitre au moins trois sens : la lettre de l'alphabet, le sens strict (*respecter quelque chose à la lettre*), message adressé à quelqu'un (*envoyer une lettre*) avec quelques autres acceptions au pluriel, notamment les études concernant la littérature (*étudiant en lettres*), activité littéraire (*femme, homme de lettres*)…

Entrainement 2

Énoncé p. 350

Le verbe *faire* a de très nombreux emplois : *faire une maison* (construire), *faire un roman* (écrire), *faire un gâteau* (préparer, confectionner), *faire l'idiot* (contrefaire), *faire envie* (causer de l'envie), *4 et 4 font 8* (égalent), et d'autres qui sont détaillés dans les dictionnaires.

Entrainement 3

Énoncé p. 351

1. L'Amazonie est <u>le poumon</u> de la planète.

C'est une métaphore fondée sur une analogie entre la forêt amazonienne qui fournit de l'oxygène à la planète et l'organe humain lié à la respiration. *Poumon* est donc utilisé au sens figuré mais de façon encore proche du contexte anatomique. On voit mieux apparaitre le sens métaphorique dans une phrase comme *Paris et l'Ile-de-France constituent le poumon économique de la France*. Le sens figuré est : ce qui fournit de l'oxygène, ce qui fait vivre, anime.

2. <u>Un tonnerre d'applaudissements</u> retentit dans le théâtre. <u>Le flot des spectateurs</u> se répandit ensuite dans les couloirs.

Dans la première métaphore, une analogie se crée entre deux domaines différents (un phénomène météorologique et une manifestation d'enthousiasme) sur la base d'un trait sémantique commun : un bruit très fort et soudain. La métaphore est devenue assez courante pour que le sens soit attesté dans le dictionnaire avec la mention *fig.* : « explosion subite et violente ».

Dans la deuxième, la métaphore établit une analogie entre une foule importante et « une masse liquide, agitée de mouvements en sens divers » (définition de *flot*) ; l'image est clairement perceptible et on saisit l'extension naturelle de la notion de masse d'eau à celle de masse de personnes. La base commune est celle de la quantité et de l'agitation.

Entrainement 4

Énoncé p. 351

1. ***front*** : le sens propre renvoie à la partie antérieure et supérieure du crâne mais les emplois métaphoriques générés par extension sont nombreux : *Sur le front du bâtiment, s'avance un beau balcon. Les soldats sont envoyés sur le front. Les hommes politiques se réunissent dans un front uni. Je me promène sur le front de mer…*

2. ***fourmi*** : au sens propre, il s'agit d'un insecte ; au sens figuré, par analogie avec son travail obstiné, c'est une personne laborieuse et/ou économe. *Monter cette maquette pièce par pièce a représenté un travail de fourmi. Cet avare économise sou après sou : c'est une fourmi.*

3. *rugir* : à proprement parler, ce verbe s'applique aux cris poussés par les fauves. Par analogie, il peut être appliqué aux personnes – il signifie « pousser des cris terribles, hurler » *(Louis rugissait de colère devant les dégâts occasionnés par le cambriolage)* – et aux choses, « produire un bruit rauque et puissant » : *Pendant la tempête, le vent rugissait dans la forêt.*

4. *fourchette* : par analogie formelle avec l'ustensile de table, l'usage métaphorique renvoie à un écart entre deux valeurs extrêmes : *La fourchette des salaires est trop élevée.*

Entrainement 5

Énoncé p. 352

1. vison : *Pour sortir en soirée, on ne met plus son vison autour du cou.*
= la peau du vison pour l'animal lui-même : le tout pour la partie.

2. cerveau : *Les pays à faibles revenus sont très affectés par la fuite des cerveaux.*
= les cerveaux à la place des personnes hautement qualifiées : la partie pour le tout.

3. visage : *Dans la foule des spectateurs, l'acteur chercha des visages connus.*
= visages pour les personnes : la partie pour le tout.

Entrainement 6

Énoncé p. 353

Le mot *tête*, ancien et très polysémique, a généré beaucoup d'expressions.

- Avec des verbes : *se creuser la tête, se mettre martel en tête, avoir une bonne tête, perdre la tête, tenir tête, avoir la tête ailleurs, faire la tête, se casser la tête…*
- Avec des adjectifs : *tête haute, tête basse, garder la tête froide, être une tête brulée, avoir la tête lourde, vide, dure…* mais aussi *tête nucléaire…*
- Avec des compléments : *tête de série, tête de lecture…*

Consultez un dictionnaire pour en avoir une liste complète.

FICHE 48

Les relations entre les mots

La synonymie

Objectif

- Connaitre la synonymie et la mettre en rapport avec la polysémie.

voir aussi

La polysémie .... p. 347
L'antonymie .... p. 361

Tester ses connaissances

Trouvez trois synonymes de l'adjectif *clair* pour chacun des groupes nominaux suivants.

1. Un exposé clair. **2.** Une affaire claire. **3.** Une source claire. **4.** Un son clair. **5.** Un temps clair. **6.** Un regard clair.

1. Un exposé clair, intelligible, compréhensible, accessible, abordable… **2.** Une affaire claire, simple, lumineuse, évidente… **3.** Une source claire, pure, non polluée, limpide… **4.** Un son clair, argentin, pur, cristallin… **5.** Un temps clair, beau, dégagé, ensoleillé… **6.** Un regard lumineux, franc, honnête…

LE COURS

1 Définition

Se souvenir / se rappeler ; policier / agent de police ; gai/heureux/content/allègre/enjoué/guilleret/radieux… sont des séries synonymiques.
La synonymie est la relation qui unit deux unités lexicales (mots) :
– différentes dans leur forme ;
– appartenant à la même catégorie grammaticale : les synonymes d'un verbe sont des verbes, les synonymes d'un nom sont des noms, etc. ;
– ayant presque le même sens.

« Presque le même sens » souligne le fait que les synonymes sont peu souvent substituables dans tous les emplois. Quand c'est le cas, on parle de synonymes « parfaits », « absolus », « totaux », mais ils sont très rares dans la langue française, car si deux mots ont exactement le même sens, l'un des deux, souvent, évolue ou disparait. On trouve des synonymes parfaits dans le domaine scientifique : ictère, hépatite et jaunisse renvoient à la même maladie. Lotte et baudroie désignent le même poisson. Mais, en général, les synonymes sont « partiels ».

2 Des synonymes partiels. Pourquoi ?

- Ils peuvent présenter des gradations plus ou moins importantes : ce n'est pas tout à fait la même chose d'être gai et d'être heureux ; on voit la différence d'intensité entre la fatigue, la lassitude, l'épuisement ou entre l'inquiétude, la frayeur, l'épouvante.

- La synonymie est à mettre en relation avec la polysémie. Les mots ne sont pas synonymes dans tous les sens ; l'un des sens d'un mot entre en relation avec l'un des sens d'un autre mot.

Il s'agit bien d'une synonymie « partielle » ou « contextuelle ».

	Battre	Frapper
Acception commune	Donner des coups : Arrêtez de vous battre ! // Arrêtez de vous frapper !	
Exemples d'acceptions particulières avec commutations (remplacements) impossibles	Triompher de quelqu'un ; vaincre : La France a battu l'Irlande.	*La France a frappé l'Irlande.
	Agiter pour mélanger : Battre les œufs, les cartes.	*Frapper les œufs, les cartes.
	*Ce spectacle a battu le public.	Faire une vive impression : Ce spectacle a frappé le public.
	*Battre à la porte.	Donner des coups en produisant un bruit : Frapper à la porte.

• Il arrive que des termes soient commutables dans divers emplois mais les usages les limitent à certaines associations : briser, rompre, casser sont synonymes, mais : on **brise** la glace, une carrière, un entretien ; on **rompt** un traité, le silence, les rangs ; on **casse** le verre, les pieds, les oreilles, mais on ne brise pas les pieds, on ne rompt pas une carrière, etc.

• L'emploi d'un mot est parfois plus limité : cime, sommet renvoient à l'extrémité supérieure d'un arbre, d'une montagne, mais on parlera aussi du sommet d'une carrière, de la hiérarchie, de l'art... emplois sur lesquels *cime* n'entre plus en concurrence.
La synonymie doit donc toujours être travaillée en contexte.

Entrainement 1

Explorez les sens de *défendre* et *interdire* : donnez des exemples mettant en évidence l'acception commune et quelques sens spécifiques à chacun.

Corrigé p. 359

3 Variations dans le choix d'un synonyme

Le choix d'un terme peut être motivé par toutes sortes de raisons, liées le plus souvent au contexte d'utilisation. Certaines variations :
– sont dues au fait que certains mots sont tombés en désuétude : bru / belle-fille ; beau-fils / gendre, ou changent suivant les régions : bar dans le Nord / loup dans le Sud ; nonante / quatre-vingt-dix ;
– proviennent de la différence entre le langage courant et le vocabulaire de spécialité : migraine/céphalée ;
– sont surtout déterminées par les « **niveaux de langue** ».

Généralement, on fait la différence entre les niveaux **soutenu**, **courant** et **familier**. Des mots, pourtant synonymes, comme bicyclette, vélo et bécane ne sont pas employés indifféremment. Le choix dépend de la **situation de communication** – notamment du statut et du nombre d'interlocuteurs –, des circonstances et de l'effet que veut produire le locuteur.

En général, si le niveau courant est utilisé dans toutes les situations, le niveau familier est réservé aux situations décontractées, dans le milieu amical et familial et entre pairs. Le niveau soutenu s'impose dans des conditions contraintes, hiérarchiques, demandant une surveillance accrue du langage.

Les dictionnaires précisent le niveau de langue : par exemple, pour ivre (niveau courant), *Le Larousse en ligne* signale que parti, éméché, pompette et saoul font partie du vocabulaire « familier » et que bourré, noir, paf, pété, rond sont même d'un usage « populaire ». Enivré, pâmé, émoustillé correspondent à un niveau soutenu.

Mais l'emploi du niveau dépend également de la maitrise linguistique des locuteurs. Celui qui contrôle tous les niveaux de langue est en sécurité linguistique car il peut adapter son discours à une situation donnée. Celui qui n'a pas cette flexibilité et cette aisance se trouve en difficulté.

Pour aller plus loin

Certes, le vocabulaire est un indice du niveau de langue d'un énoncé :

Niveau familier : *J'ai vachement esquinté ma bagnole*.

Niveau courant : *J'ai bien abimé ma voiture*.

Niveau soutenu et plus : *J'ai gravement endommagé mon véhicule*.

Mais il n'est pas le seul domaine concerné par ces variations : la prononciation et la syntaxe sont également touchées.

Le niveau de langue familier peut se caractériser par :

– l'économie des *e* muets : j't'l'dis, des contractions phonétiques chais pas [ʃɛpɑ], chuis pas là [ʃɥipalɑ] ;

– des constructions simplifiées pour l'interrogation (Tu pars quand ? Tu vas où ? C'est quand que tu reviens ? Qui c'est que tu vois ?), la limitation de l'emploi des temps et l'utilisation du futur périphrastique (Je vais partir)...

Mais dans **le niveau de langue soutenu**, la prononciation est soignée (les *e* muets sont maintenus) ; la syntaxe est souvent complexe : négation complète (Je ne comprends pas), *ne* seul (Je n'ose venir) ou *ne* explétif (avant qu'il ne parte) ; le sujet est inversé dans l'interrogation (Es-tu venu seul ?) ou repris par un pronom personnel (Ta voiture est-elle réparée ?). La subordination et la nominalisation sont privilégiées ; tous les temps du subjonctif sont employés.

Entrainement 2

Quelles différences d'emplois faites-vous entre ces couples de mots ?

un homme futé/rusé ; un cours ennuyeux/soporifique ; répéter/ressasser ; un agent/un flic ; un objet laid/inesthétique ; un homme curieux/fouineur ; se quereller/s'engueuler ; un rhume/une rhinite ; un homme maladroit/balourd ; mourir/décéder.

Corrigé p. 360

Entrainement 3

Donnez plusieurs synonymes du terme *enfant*, en explicitant les nuances entre eux.

Corrigé p. 360

Entrainement 4

Justifiez les emplois des deux adjectifs utilisés en 1. en les comparant aux synonymes utilisés en 2.

1. L'enfant était maigrichon et fluet. 2. L'enfant était maigre et menu.

Corrigé p. 360

Entrainement 5

Dans quel niveau de langue classeriez-vous l'énoncé suivant ? Justifiez votre réponse.

Il s'était assis devant le poêle, il disait de sa voix tranquille :

– Je vais me rôtir un brin les quilles, tu comprends ? Il fait un froid du tonnerre de Dieu.

Émile Zola, *Le Ventre de Paris*, 1873.

Corrigé p. 360

Entrainement 6

À partir de la phrase Arthur cherche un <u>travail</u> intéressant, **donnez au moins cinq synonymes du mot *travail* en les classant dans les trois niveaux de langue, soutenu, courant et familier.**

Corrigé p. 360

À retenir

- La synonymie est la relation qui unit deux termes différents, appartenant à la même catégorie grammaticale et ayant presque le même sens.
- La synonymie est généralement **partielle** : elle est liée à la notion de **polysémie** et au **contexte** d'emploi.

LEXIQUE

Corrigés

Entrainement 1

Énoncé p. 357

Défendre et *interdire* ont une acception commune : empêcher quelqu'un de faire quelque chose. *Les parents interdisent/défendent aux enfants d'accéder à des sites internet non protégés*. Ou *C'est interdit de parler / c'est défendu*.

Les deux verbes ont des constructions syntaxiques équivalentes.

En revanche, d'autres acceptions les éloignent :

– *Défendre* signifie aussi : protéger, préserver quelqu'un ou quelque chose : *défendre son pays* et plaider en faveur de quelqu'un : *L'avocat défend son client*. Ces deux emplois excluent la commutation avec *interdire* (**interdire son pays, *interdire son client) ;*

– *Interdire* signifie aussi : frapper d'interdiction quelqu'un, l'empêcher de remplir ses fonctions ; emploi non commutable avec *défendre*.

Entrainement 2

Énoncé p. 358

Ces termes :

– ont une connotation péjorative, dépréciative : *rusé, soporifique, ressassé, fouineur* ;

– sont d'un niveau de langue plus familier : *flic, s'engueuler ;*

– sont d'un niveau plus recherché : *inesthétique, balourd* ;

– relèvent d'un lexique de spécialité : *rhinite ;*

– atténuent le propos ou l'idée : *décéder.*

Entrainement 3

Énoncé p. 358

Enfant : plusieurs quasi-synonymes pour ce terme très courant mais avec des nuances différentes. *Bambin, bout de chou* seront réservés à des tout-petits ; *marmot, gosse* appartiennent au niveau familier ; *mioche* et *moutard*, familiers, ont, de plus, des connotations péjoratives ; à *galopin* s'ajoute un trait sémique particulier : il s'agit d'un *garnement*, d'un *polisson* qui fait des sottises ; il peut aussi y avoir des formes anciennes comme *enfançon*…

Entrainement 4

Énoncé p. 359

Le premier énoncé (*L'enfant était maigrichon et fluet*) est plus original, moins courant que le deuxième (*L'enfant était maigre et menu*) par l'emploi de l'adjectif *maigrichon*, dérivé de *maigre* et porteur d'une note dépréciative ; *fluet* est d'un emploi plus rare que *menu*.

Le premier énoncé est d'un niveau de langue plus recherché, plus littéraire que le deuxième.

Entrainement 5

Énoncé p. 359

Les paroles du personnage, très expressives, relèvent d'un niveau de langue rendu familier par le lexique employé. *Se rôtir*, dans cet emploi pronominal (« s'exposer à une source de chaleur »), est considéré comme familier, de même que l'utilisation de *un brin* à la place de *un peu* et de *quilles* à la place des jambes ; la métaphore est construite sur l'analogie de forme. *Tonnerre de Dieu* est également familier, comme tous les jurons ; il souligne l'intensité extraordinaire du froid. En revanche, la non-inversion du pronom personnel dans l'interrogation *tu comprends* est également employée dans le niveau courant.

Entrainement 6

Énoncé p. 359

Le mot *travail* a beaucoup de synonymes. C'est évidemment le niveau de langue courant qui est le plus riche : *emploi, place, fonction, métier, poste, profession, situation, activité, ouvrage*… Plus soutenu, *labeur*, et familiers, *boulot, turbin*…

L'antonymie

Objectif

- Faire identifier l'antonymie et la mettre en relation avec la polysémie.

voir aussi

La polysémie .... p. 347
La synonymie .... p. 355

Tester ses connaissances

1. Donnez les antonymes des mots suivants.

fort, habile, descendre, solide, placer, habiller, hériter, guerre, difficile, accepter.

2. Que constatez-vous ?

1. *fort*/**faible**, *habile*/**malhabile**, *descendre*/**monter**, *solide*/**fragile**, *placer*/**déplacer**, *habiller*/**déshabiller**, *hériter*/**déshériter**, *guerre*/**paix**, *difficile*/**facile**, *accepter*/**refuser**.
2. Certaines unités lexicales sont formées par dérivation (préfixation) comme *habile*/*malhabile*, *placer*/*déplacer*… D'autres auraient nécessité un contexte pour trouver l'antonyme approprié : *solide* a pour antonyme *fragile* mais aussi *liquide*, dans un contexte scientifique (*solide*/*liquide*)…

LE COURS

1 Définition

L'antonymie est le contraire de la synonymie. C'est la **relation qui unit deux mots** :

– **de sens contraires**. Comme les synonymes, les antonymes peuvent être absolus (patience/impatience) ou partiels : dans ce cas, ils ne touchent qu'à un des différents sens d'un mot. L'antonyme de fort dans la phrase Il est très fort pour tous les jeux de casse-tête sera inexpérimenté, incompétent, pas très doué. Dans J'ai un fort doute sur la question, ce sera petit ; dans un fort taux, l'antonyme sera faible, etc. ;

– **de la même classe grammaticale** : par exemple, l'antonyme d'un adjectif est un adjectif : laid/beau ;

– **qui ont des points communs** : on ne peut pas opposer générosité et voyage, par exemple, car il n'y a aucune relation de sens entre le deux. On peut opposer frère et sœur parce qu'ils ont des points communs (êtres humains / liens familiaux) et qu'ils se différencient sur un point (le sexe), ou générosité à égoïsme, car ils appartiennent tous les deux à la catégorie des sentiments.

Tous les mots ne possèdent pas d'antonymes. Les classes grammaticales concernées sont les adjectifs, les verbes, les adverbes et plus rarement les noms concrets.

Entrainement 1

Quand c'est possible, remplacez dans chaque phrase l'adjectif *sec* par un synonyme et un antonyme pour en faire apparaitre toutes les acceptions.

1. Ce chef est détesté car il est trop sec avec ses subordonnés.
2. Il me parle toujours d'un ton sec.
3. La peinture est sèche.
4. La terre, trop sèche, ne produit rien.
5. Son corps, très sec, est en parfaite santé.
6. Il faut mettre de la crème sur les peaux sèches.
7. Je n'aime pas le pain sec.

Corrigé p. 363

2 Antonymes lexicaux et morphologiques

- **Les « antonymes lexicaux » :**

– adjectifs : beau/laid, grand/petit ; long/court...
– verbes : céder/résister ; donner/prendre...
– adverbes : lentement/rapidement ; loin/près...
– noms : la gauche / la droite, le haut / le bas, le jour / la nuit, le passé / le présent, la synonymie / l'antonymie...

- **Les antonymes morphologiques** sont formés par **dérivation** à partir de certains préfixes :

– *in-* (confort/**in**confort) et toutes ses variantes : *im-* (précis/**im**précis), *ir-* (réel/**ir**réel), il- (lettré/**il**lettré) ;
– *dé-* (placer/**dé**placer), *dés-* (habiller/**dés**habiller) ;
– *mé-* (content/**mé**content), *més-* (aventure/**més**aventure).

Plusieurs classes grammaticales sont concernées : adjectifs (**in**imaginable, **dé**formé), verbes (**dé**faire), adverbes (**in**utilement, **dés**agréablement).

Généralement, les dérivés d'antonymes sont aussi antonymes : long/bref – longueur/brièveté ; beau/laid – beauté/laideur ; patience/impatience – patient/impatient – patiemment/impatiemment...

Voir Fiche 55 : La dérivation et la composition.

Voir tableau des préfixes, fiche 55, 2.

REMARQUES Des mots composés peuvent également constituer des antonymes :
- avec l'adjonction de *mal-*, tantôt soudé (chance/**mal**chance), tantôt non soudé (**mal**-être) ;
- avec l'ajout de l'adverbe *non*, placé avec ou sans trait d'union devant un mot : **non**-agression, **non**-intervention, **non** constructible...

Enfin, certains mots entrant dans le cadre de la composition savante ont des antonymes construits avec des éléments empruntés au grec ou au latin : **hyper**onymie/**hypo**nymie, **micro**cosme/**macro**cosme...

Entrainement 2

1. **Trouvez cinq verbes formés à partir du préfixe *dé-/dés-***
2. **Trouvez cinq adjectifs formés à partir de *in-/im-/il-/ir-*.**

Corrigé p. 364

Entrainement 3

Trouvez un antonyme à chacun des mots suivants.

1. rural **2.** agrément **3.** réussite **4.** honnête **5.** embellir **6.** avantage **7.** entente **8.** localisation **9.** hypertension **10.** réversible **11.** violence **12.** macrocéphale **13.** homogène **14.** convergence.

Corrigé p. 364

3 Différentes relations d'antonymie

- **Les antonymes par complémentarité** – un terme exclut l'autre – mort/vivant, présent/absent, homme/femme, ouvert/fermé, marié/célibataire : on ne peut pas être « un peu marié », « un peu mort »... C'est l'antonymie au sens strict.
- **Les antonymes par réciprocité** : acheter/vendre, donner/recevoir, élève/professeur, dessus/dessous... On peut permuter les termes, comme dans l'exemple suivant : Ali a acheté une console de jeux à Rémi = Rémi a vendu une console de jeux à Ali.
- **Les antonymes gradables** qui, dans une chaine, représentent les points extrêmes entre lesquels peuvent se trouver des termes médians : chaud/froid (brulant, bouillant, tiède, frais, glacial), grand/petit (moyen, intermédiaire). Ils supportent des effets de comparaison. On peut dire « X est plus petit que Y ». La négation de l'un n'entraine pas obligatoirement l'affirmation de l'autre : dire « X est petit » ne veut pas dire que « Y soit grand ». Il peut être de taille moyenne. Ce sont les antonymes les plus nombreux.

Entrainement 4

Dans chaque phrase, trouvez l'antonyme du mot en bleu.

1. En prenant ce médicament, tu atténueras la douleur. **2.** Il m'a répondu franchement. **3.** Ils ont approuvé notre achat. **4.** Il s'est exprimé avec beaucoup de grossièreté. **5.** Je préfère manger la tarte tiède.

Corrigé p. 364

À retenir

- Les **antonymes** sont des mots de sens contraire. Ils font partie de la même classe grammaticale. Tous les mots n'ont pas d'antonymes, notamment les noms concrets.
- L'antonymie est à mettre en relation avec la polysémie. Il y a plusieurs sortes d'antonymes, selon les relations entre les termes : les **antonymes lexicaux** et les **antonymes morphologiques** (formés par dérivation).

LEXIQUE

Corrigés

Entrainement 1

Énoncé p. 362

1. syn. *un chef dur, rude ;* ant. *souple, agréable* **2.** syn. *un ton brusque, tranchant ;* ant. *conciliant, gentil* **3.** pas de syn. ; ant. *une peinture fraiche* **4.** syn. *une terre aride ;* ant. *une terre humide* **5.** syn. *un corps maigre, efflanqué ;* ant. *enrobé, gros, charnu* **6.** syn. *une peau déshydratée ;* ant. *hydratée, grasse* **7.** syn. *un pain dur ;* ant. *un pain frais.*

Entrainement 2

Énoncé p. 362

1. **Verbes** : *désensibiliser, se désengager, déséquilibrer, décomposer, désensabler, débrouiller…*

2. **Adjectifs** : *insupportable, introuvable, impérissable, irresponsable, irrépressible, illimité, illogique…*

Entrainement 3

Énoncé p. 363

1. *urbain* **2.** *désagrément* **3.** *échec* **4.** *malhonnête* **5.** *enlaidir* **6.** *désavantage* **7.** *mésentente* **8.** *délocalisation* **9.** *hypotension* **10.** *irréversible* **11.** *non-violence* **12.** *microcéphale* **13.** *hétérogène* **14.** *divergence.*

Entrainement 4

Énoncé p. 363

1. *atténueras*/**amplifieras, augmenteras, renforceras.**

2. *franchement*/**hypocritement, perfidement.**

3. *approuvé*/**désapprouvé.**

4. *grossièreté*/**délicatesse.**

5. *tiède* pose un problème puisqu'il renvoie aux antonymes gradables. Il se trouve entre le chaud et le froid, entre le bouillant et le glacé.

FICHE 50

Les relations entre les mots

L'hyperonymie

Objectifs

- Identifier l'hyperonymie et l'hyponymie.
- Comprendre les niveaux de hiérarchisation du lexique.

voir aussi

Les reprises nominales et pronominales .... p. 258

Tester ses connaissances

Quel hyperonyme pourrait correspondre à chacune des listes suivantes ?

1. Estomac, cœur, rate, foie, poumon.

2. Orange, citron, pamplemousse, mandarine.

3. Avion, planeur, hélicoptère, montgolfière.

1. organe 2. agrume ; *fruit* aurait pu convenir mais **agrume**, hyponyme – un cran au-dessous de *fruit* – est plus précis **3. transports aériens.**

LE COURS

1 Définition

Entre les unités lexicales, il peut y avoir aussi des rapports de hiérarchie. L'hyperonymie est une relation d'inclusion établie entre un terme général (**hyperonyme**) et d'autres termes, plus spécifiques (les **hyponymes**).

Fruit qui inclut orange est un hyperonyme. À l'école, on utilise les expressions « terme générique » ou parfois « mot étiquette ».
Orange est un hyponyme de fruit. Orange, banane, pomme... partagent le même hyperonyme ; ce sont des co-hyponymes (mots sous-ordonnés).

2 Structure de la langue : classes et sous-classes

La langue n'est pas un amas de mots. Elle est structurée. La majorité des mots appartiennent à une classe et à plusieurs sous-classes qui s'emboitent les unes dans les autres, parfois de manière complexe, notamment en sciences (catégories taxinomiques).
être vivant → animal → vertébré → quadrupède → mammifère → carnivore → félidé → chat → chat siamois
En allant de gauche à droite, chaque terme constitue l'hyperonyme de ceux qui suivent ; il est aussi l'hyponyme de ceux qui le précèdent.

REMARQUE Parfois, l'hyponymie passe par un mot composé : chat siamois, par exemple.

- Ces classes ont des tailles différentes : plus elles sont générales, plus elles sont grandes. La classe « animal » est forcément plus large que celle de « mammifère » qui élimine tous les traits relatifs aux « non-mammifères ».
- Un hyperonyme peut toujours remplacer un hyponyme. On peut dire :

J'entends un **animal** courir dans les buissons pour J'entends un **chat** courir dans les buissons. L'hyperonyme désigne potentiellement tous les membres de la classe (tous les animaux, ici).
Mais s'il est riche en extension, il est pauvre en compréhension. Des hyperonymes très généraux et passe-partout comme machin, truc, chose n'ont plus aucun contenu informatif. Chat qui intervient en bout de chaine contient tous les éléments propres à animal auxquels s'ajoutent ceux qui sont spécifiques à chat.
La définition du dictionnaire utilise les termes génériques en suivant l'ordre des sous-classes pour définir la plupart des mots :
Chat : **mammifère carnivore** au museau court et arrondi, aux griffes rétractiles.
Le chat a tous les traits communs aux mammifères carnivores. Le museau court et arrondi ainsi que les griffes rétractiles sont des traits spécifiques au chat. L'hyperonyme animal senti comme trop général, n'est pas utilisé ici.

REMARQUE Certains mots peuvent avoir des hyperonymes différents, suivant le degré de spécialisation. Dans une catégorie scientifique, la courgette est un fruit ; dans le vocabulaire commun, c'est un légume.

Entrainement 1

En suivant l'exemple donné pour la définition de *chat* (ci-dessus), essayez de rédiger des articles de dictionnaires commençant par l'hyperonyme suivi de traits spécifiques pour les mots suivants.

1. marteau **2.** table **3.** orgueil.

Corrigé p. 367

3 Procédures de reconnaissance

Pour reconnaitre un hyperonyme, on peut :

– **remplacer l'hyponyme par l'hyperonyme** :

Il a eu une blessure à la **jambe**. / Il a eu une blessure à un **membre**. Je m'assieds dans un **fauteuil**. / Je m'assieds dans un **siège**.

– **vérifier que l'hyponyme est bien inclus dans l'hyperonyme** ;

– **utiliser la construction avec l'attribut** : La jambe est un membre. Le fauteuil est un siège.

Entrainement 2

Utilisez des procédures de reconnaissance pour dire si :

1. *véhicule* est l'hyperonyme de *camion*.

2. *corps* est l'hyperonyme de *membres*.

Corrigé p. 367

4 Différents niveaux de hiérarchisation

On distingue habituellement trois niveaux. Le lexique s'acquiert en général par le **niveau de base** avant que les activités de catégorisation menées très tôt permettent d'ordonner le monde avec les hyperonymes. Ensuite, s'ajoute éventuellement le vocabulaire spécifique :

Niveau supérieur	fruit
Niveau de base	pomme, banane, orange
Niveau de spécialité	reinette, golden, granny-smith

Un bon niveau de langage permet de jouer sur toute la gamme du plus général au plus spécifique mais tout dépend, encore une fois, de la situation de communication ; on a parfois besoin :

– du **terme générique** : Tous les **commerces** [ou magasins] sont fermés.

– ou d'un **terme spécifique** : On va chercher le pain à la **boulangerie**.

5 Reprise anaphorique

Dans un texte, l'hyperonymie est un procédé de reprise anaphorique courant.

Cosette s'en alla chercher l'eau. La petite fille était bien malheureuse.

Cosette fait partie de la classe des *petites filles*.

Voir Fiche 33 : Les reprises nominales et pronominales.

À retenir

- Les mots n'ont pas seulement des relations de sens, ils peuvent avoir des rapports de hiérarchie.
- L'hyperonymie est une relation hiérarchique établie entre un terme général (hyperonyme) et d'autres termes, plus spécifiques (les hyponymes). Siège est l'hyperonyme de chaise, fauteuil, canapé, pouf... Ces quatre derniers termes sont des co-hyponymes.

Entrainement 3

Commentez l'emploi de l'hyperonyme présent dans ce texte.

Sur ce, un renard affamé survint. [...] Heureusement, les deux lapins l'aperçurent. Ils plongèrent dans le même terrier pour échapper à la dent du carnivore.

Claude Boujon, *La Brouille*, École des loisirs, 1989.

Corrigé p. 368

Corrigés

Entrainement 1

Énoncé p. 366

1. ***Le marteau*** est un **outil** de percussion avec une tête en métal et un manche. « Outil de percussion » est une sous-classe par rapport à celle plus générique d'« outils ».

2. ***Une table*** est un **meuble** composé d'un plateau horizontal avec plusieurs pieds.

3. ***L'orgueil*** est un **sentiment** éprouvé par une personne persuadée qu'elle est plus importante ou plus méritante que les autres.

« Sentiment » peut être l'hyperonyme d'*orgueil* mais d'autres hyperonymes auraient pu convenir : « défaut » ou même « péché » dans une perspective plus religieuse (il fait partie des sept péchés capitaux).

Entrainement 2

Énoncé p. 366

1. **Véhicule** est l'hyperonyme de *camion*. On peut essayer la construction attributive : *le camion est un véhicule* ; *camion* est donc bien inclus dans la catégorie des *véhicules*.

2. **Corps** n'est pas l'hyperonyme de *membres*. On ne peut pas dire **le membre est un corps, *le tronc est un corps. Le corps* est constitué, en effet, *de la tête, du tronc et des membres* mais il n'est pas l'hyperonyme de ces trois termes.

Entrainement 3

Énoncé p. 367

Carnivore est une reprise anaphorique de *renard*. Il s'agit d'un hyperonyme, un terme plus général que *renard*, pouvant regrouper d'autres animaux mangeant de la viande. Cette reprise évite la répétition du mot mais son choix est particulièrement heureux car il insiste sur le côté prédateur du renard dont l'objectif est de manger les lapins. Il est beaucoup plus évocateur que ne l'aurait été *animal* par exemple.

FICHE 51

Les relations entre les mots

L'homonymie et la paronymie

Objectifs

- Identifier les homophones et les homographes.
- Distinguer homonymie et polysémie.
- Identifier les paronymes.

voir aussi

Les homophones grammaticaux .... p. 333
La polysémie .... p. 347

Tester ses connaissances

1. Donnez le ou les homophone(s) non homographe(s) correspondant à chacun des mots suivants.

1. signe **2.** puits **3.** raisonner **4.** voie **5.** poids **6.** pécher **7.** foi.

2. Quelle relation lexicale lie les deux unités lexicales *collusion* et *collision* ? Faites une phrase avec chacune d'elles.

3. Faites deux phrases faisant apparaitre le sens des deux homophones *louer* et *louer*.

1. **1.** *Signe* / **cygne** **2.** *puits* / **puis** / *(je) puis* **3.** *raisonner*/**résonner** **4.** *la voie* / *la* **voix** / *(il) voit* **5.** *poids* / **poix** **6.** *pécher* / **pêcher** / *(un) péché* **7.** *foi*/**foie** / **fois** / **Foix**.

2. *Collusion* et *collision* sont des paronymes. Exemples de phrases : *Dans l'accident, deux véhicules sont entrés en collision* / *Les deux entreprises sont en connivence pour gruger les actionnaires : il faut dénoncer cette collusion* (complicité, connivence en vue de nuire à autrui).

3. *Louer* et *louer* sont des homophones homographes car ils n'ont pas du tout le même sens :

– *Louer un appartement* avec deux sens, « louer en tant que locataire », « louer en tant que bailleur »

– « Vanter les mérites de quelqu'un ». Ils ont, par ailleurs, des étymons différents, *locare* pour le premier, *laudare* pour le second.

LE COURS

1 Définition

Les homonymes sont des termes qui ont une forme identique mais dont le sens diffère. La ressemblance porte exclusivement sur la forme, jamais sur le sens.

2 Homophone - Homographe

• On distingue les homonymes :
– qui ont la même forme écrite : ce sont des homographes ;
– qui ont la même forme orale : ce sont des homophones.

• On rencontre :
– des homophones homographes ; ils s'écrivent et se prononcent de la même façon : Je n'arrive **pas** à suivre ton **pas**. **Voler** dans les airs / **voler** un sac ;
– des homophones non homographes (ou hétérographes), qui se prononcent de la même façon mais s'écrivent différemment : teint, tain, thym, (il) tint ; vin, vingt, vain, (il) vint ; seau, sceau, sot, saut, etc.
– des homographes non homophones, qui s'écrivent de la même façon mais se prononcent différemment :
Tu **as** trois **as** dans ton jeu. C'**est** le vent d'**est**. Nous **portions** des **portions** de pizza. Les poules du **couvent** **couvent**.

Le terme d'homonyme s'applique à tous les cas : *homonyme* est un hyperonyme d'*homographe* et *homophone*.

REMARQUES – Les homonymes peuvent aussi appartenir à des classes grammaticales différentes : la porte (nom) et il porte (verbe) ; le puits (substantif) et puis (adverbe).
– Beaucoup de grammaires (mais pas toutes) considèrent comme homonymes des unités lexicales qui se disent et s'écrivent de la même façon mais qui ont un genre grammatical différent : le livre / la livre ; le mousse / la mousse ; le tour / la tour ; la mode / le mode.
– On appelle « variantes » des unités présentant des différences orthographiques comme clé/clef, cuiller/cuillère puisque des homonymes ont forcément des sens différents.

3 Homonymes lexicaux – grammaticaux

On différencie :
– les homonymes lexicaux qui affectent les mots pleins : chat/chas, cours/court/cour...
– les homonymes grammaticaux qui créent les fameuses séries :
as/a/à ; et/est ; ou/où ; on/ont ; son/sont ; s'est/c'est/ses/ces ; sans/s'en, quelle/qu'elle ; la/là...

Voir fiche 46 : Les homophones grammaticaux.

Entrainement 1

1. **Faites des phrases en faisant apparaitre la différence de sens entre *repère* et *repaire*, *différent* et un *différend*, *pose* et *pause*, *censé* et *sensé*.**
2. **De quel type d'homophones s'agit-il ?**

Corrigé p. 372

4 Plusieurs entrées dans le dictionnaire

Les homophones sont des mots différents, même quand ils sont homophones homographes. C'est la raison pour laquelle ils ont plusieurs entrées dans le dictionnaire. Par exemple, trois entrées différentes pour fraise :

- **Fraise** (lat. *fragum*). 1. fruit comestible du fraisier. 2. Fam. Figure, tête.
- **Fraise** (de l'anc. fr. *fraser*, peler). BOUCH. Intestin grêle de veau consommable comme abat. 2. Masse charnue, rouge et plissée qui pend sous le bec des dindons. 3. Collerette de linon ou de dentelle empesée, aux XVIe et XVIIe siècles.
- **Fraise.** 1. Outil rotatif de coupe avec plusieurs arêtes tranchantes. 2. Outil pour le forage. 3. Instrument rotatif servant pour le traitement des lésions dentaires.

Il s'agit bien de trois homophones, identiques dans la forme, différents par le sens, donc de trois unités lexicales différentes, ayant trois entrées différentes dans le dictionnaire.

Entrainement 2

Vérifiez dans un dictionnaire si les mots suivants ont un traitement homonymique (plusieurs homonymes donc plusieurs entrées) ou polysémique (une seule entrée avec plusieurs sens).

1. aval **2.** dé **3.** pouce.

Corrigé p. 372

Difficultés rencontrées

Les homophones non homographes posent des problèmes d'ordre :

– **orthographique** : les homophones grammaticaux sont nombreux et récurrents, quel que soit le texte ; ils font payer un lourd tribut à l'orthographe. Les variations des homophones lexicaux sont aussi gênantes :

ancre/*encre*, *tante*/*tente*, *pain*/*pin*, *ballet*/*balai*, *faim*/*fin*, *point*/*poing*, *colon*/*côlon*...

Parfois, c'est la famille qui renseigne sur la lettre finale muette : champ/champêtre vs chant/chanter ou une lettre significative : le *a* présent dans pain, panière, panification ≠ le ***i*** de pin, pinède...

– **sémantique** : ils peuvent introduire du flou dans le discours et gêner la compréhension mais le contexte permet, la plupart du temps, de lever l'ambigüité, les mots étant rarement employés seuls :

J'ai mal garé ma voiture : j'ai eu une amende. / Je cueille une amande.

L'orthographe est utile : les formes écrites différencient nettement *amende* et *amande*. L'écrit n'est pas équivoque.

Voir Fiche 46 : Les homophones grammaticaux.

Entrainement 3

Justifiez, par référence à la famille, l'orthographe des mots suivants. À quels homophones sont-ils confrontés ?

1. sang

2. bond

Corrigé p. 373

Entrainement 4

1. Quelles remarques pouvez-vous faire sur le mot *cession* ?
2. Sur le mot *fonds* ? Faites une autre phrase avec *fonds*, en variant le contexte.

La cession d'une entreprise avec un fonds de commerce nécessite une déclaration au service des impôts.

Corrigé p. 373

Pour aller plus loin

Pourquoi y a-t-il des homonymes ?

• Leur existence est due, le plus souvent, à l'incapacité dans laquelle s'est trouvée la langue française de différencier par la prononciation des étymons différents, alors que les autres langues romanes ont évité le phénomène d'homophonie. Par exemple, les étymons latins sanctus, sanus, sinus ont donné trois homophones en français, saint, sain et sein alors que l'espagnol et l'italien ont su garder la différence à l'écrit comme à l'oral : santo, sano, seno.

REMARQUE L'homophonie affecte davantage les unités courtes, d'une ou deux syllabes.

• La plupart des homophones sont devenus non homographes à des fins distinctives : pour différencier les nombreux homophones, les clercs, à partir du XIVe siècle, sont allés chercher des lettres étymologiques du latin comme le *p* de *computare* pour opposer conter et compter.

Sur quels critères les lexicographes (ceux qui font les dictionnaires) décident-ils qu'un mot est polysémique ou homonymique ?

• **Le critère étymologique** : il ne suffit pas toujours car avec le même étymon (*volare*), les deux *voler* se sont beaucoup éloignés l'un de l'autre.

• **Le critère sémantique** : les différentes acceptions doivent être assez proches pour qu'on puisse expliquer le glissement de l'une à l'autre, ce qui n'est pas le cas pour *voler* 1. et *voler* 2.

• **Les critères relationnels** :
– les homonymes ont des synonymes et des antonymes différents :
voler 1. : planer, survoler… ; **voler** 2. : cambrioler, dépouiller… ;
– un environnement linguistique différent :
voler 1. intransitif ; **voler** 2. transitif : voler quelque chose ;
– des séries dérivationnelles différentes :
voler 1. : voleter, s'envoler, envol, envolée… ; **voler** 2. : voleur, antivol…

Il arrive (rarement) que des lexicographes fassent des choix différents, un mot polysémique chez l'un devenant deux homonymes chez l'autre. Mais la polysémie est beaucoup plus répandue que l'homonymie !

5 Les paronymes

Il s'agit, cette fois, d'un rapport de **quasi-identité** : les formes des unités lexicales sont **presque** identiques mais les sens sont différents.

C'est le cas bien connu de couples comme allocation/allocution, conjoncture/conjecture, effraction/infraction, percepteur/précepteur… La paronymie est source de confusions.

Entrainement 5

Faites des phrases pour faire apparaitre les différences de sens entre les paronymes suivants.

1. préposition/proposition.

2. éruption/irruption.

Corrigé p. 373

À retenir

- Les **homonymes** se ressemblent à l'oral et/ou à l'écrit mais n'ont pas du tout la même signification.
- On distingue les **homophones homographes** (voler – « dérober » et voler – « s'élever dans les airs ») et **non homographes** : vin, vingt, vain. On trouve aussi des **homographes non homophones** (l'antenne **est** dirigée vers l'**est**).
- Les homonymes ont des entrées séparées dans le dictionnaire.
- Des **paronymes** sont presque pareils (proximité écrite ou orale) mais n'ont pas du tout la même signification : conjoncture/conjecture.

Corrigés

Entrainement 1

Énoncé p. 369

1. *Les animaux sauvages s'abritent dans leur* **repaire**. *Pour retrouver son chemin dans la forêt, il faut prendre de solides* **repères**.

Un profond **différend** *a divisé des amis pourtant unis depuis trente ans.* **Différents** *sujets ont été abordés au cours de la soirée.*

Le modèle a gardé la **pose** *pendant plusieurs heures. Les employés prennent une* **pause** *d'un quart d'heure, au milieu de la matinée.* Le risque de confusion est accru par le fait que les deux termes renvoient à un temps d'arrêt.

Vous êtes **censé** *travailler les notions lexicales avec beaucoup de précision. Comme il est* **sensé**, *il ne s'embarque pas dans des aventures trop périlleuses.*

2. Ce sont des homophones non homographes.

Entrainement 2

Énoncé p. 370

1. En principe, les deux mots *aval* sont traités par les dictionnaires comme homonymes. On trouve donc deux entrées, l'une pour *aval* (le contraire d'amont) et l'autre pour *aval* avec le sens d'accord (donner son aval pour un financement).

2. Les deux *dés* (*dé à coudre* et *dé* pour jouer) sont des homonymes, avec deux entrées différentes. Ils ont d'ailleurs des étymons différents (le dé à coudre vient de *digitum*, le doigt et l'autre dé de *datum*, pion de jeu).

3. *Pouce* est un mot polysémique avec différentes acceptions : le doigt de la main, la mesure de longueur, une très petite quantité (*ne pas céder un pouce*) et l'interjection.

Entrainement 3

Énoncé p. 370

1. *Sang* se termine par le *g* présent dans l'étymon latin (*sanguis, sanguinis*) ; on le trouve dans les dérivés : *sanguin, sanguinaire, sanguinolent*… Il a de multiples homophones : *il sent* (verbe), *s'en* (il s'en va), *sans* (préposition), *cent* (centaine).

2. *Bond* est de la famille de *bondir, bondissement*. Homophone : *bon* (adjectif, *bonne*).

Entrainement 4

Énoncé p. 371

1. Le mot *cession* est un homophone (non homographe) de *session*. Ces deux mots n'ont pas du tout le même sens. *Cession* vient du verbe *céder* ; on aurait pu dire, d'ailleurs : *Céder une entreprise nécessite une déclaration*…

2. *Fonds* est un homophone (non homographe) de *fond*. L'expression *fonds de commerce* a une acception précise. Il s'agit de l'ensemble des biens permettant à un commerçant d'exercer son activité. Le terme *fonds* se trouve dans des expressions comme *à fonds perdu, les fonds publics, appel de fonds, un fonds de pension*… mais on parlera aussi simplement du *fonds* d'une bibliothèque (totalité des livres).

Remarque : *(ils) font* est un autre homophone de *fond* et *fonds*.

Entrainement 5

Énoncé p. 372

1. De, par, pour, sans… sont des **prépositions**.
Il y a plusieurs **propositions** dans la phrase complexe.

2. Cette **éruption** volcanique était annoncée depuis longtemps.
Il fait **irruption** dans la pièce si brusquement qu'il me fait peur.

FICHE 52 — Les relations entre les mots

Le champ lexical et autres champs

Objectif

- Identifier les différents champs : lexical, sémantique, dérivationnel, affixal.

voir aussi

La polysémie .... p. 347
La dérivation et la composition .... p. 386

Tester ses connaissances

1. **Constituez le champ lexical du roman policier.**

2. **Constituez le champ affixal des mots se terminant par le suffixe -age (six occurrences, au moins).**

1. Champ lexical du roman policier : *intrigue, détective, meurtrier, victime, arme du crime, mobile, enquête, piste, indice, noir, inquiétant, rechercher, tuer, voler*…

2. Champ affixal des mots se terminant par -age : *balayage, coloriage, lavage, assemblage, démaquillage, affichage, démarchage, bavardage*…

LE COURS

1 Le champ lexical

On appelle champ lexical un **ensemble de mots renvoyant à une notion particulière** (la lumière, la guerre, les meubles...). Chacun de ces mots entretient des relations sémantiques avec le thème du champ délimité.

Le champ lexical, défini de manière stricte, ne devrait contenir que des mots correspondant à la même classe grammaticale (que des noms pour le champ lexical de la pluie, par exemple), par opposition au **champ associatif** qui, lui, accepte toutes les catégories. En fait, il y a confusion entre les deux sortes de champs et, de manière très générale, le champ lexical contient **toutes les classes de mots** : nom, adjectif, verbe, adverbe, et même des expressions lexicalisées.
Le champ lexical de la pluie comprend donc des termes comme bruine, crachin, averse, orage, mais aussi pluvieux, humide, gris et pleuvoir, se déverser, tambouriner...

Entrainement 1

Dans ce texte de George Sand, analysez les principaux champs lexicaux.

Je ne cherche plus le mot des énigmes qui ont tourmenté ma jeunesse ; j'ai résolu en moi bien des problèmes qui m'empêchaient de dormir. On m'y a aidée, car à moi seule je n'aurais vraisemblablement rien éclairci. Mon siècle a fait jaillir les étincelles de la vérité qu'il couve ; je les ai vues, et je sais où en sont les foyers principaux, cela me suffit. J'ai cherché jadis la lumière dans des faits de psychologie. C'était absurde.

George Sand, *Histoire de ma vie*, 1879.

Corrigé p. 375

2 Le champ sémantique

Voir Fiche 47 : La polysémie.

Il s'agit de **l'ensemble des acceptions d'un mot** qui varient en fonction de l'environnement lexical et syntaxique. Les définitions dans un dictionnaire dressent le champ sémantique des mots. Plus un mot est polysémique, plus son champ sémantique est large.
Le champ sémantique de dur, par exemple, renverra aux différents sens : ferme ou rugueux au toucher ; rauque et désagréable (voix rude) ; sévère et brutal (être rude avec quelqu'un) ; grossier (des manières rudes) ; qui exige des efforts et de la résistance (hiver ou adversaire rude), etc.

Le terme *sémantique* renvoyant au « sens », il est facile de se souvenir que le champ sémantique est l'**ensemble des sens d'un mot**.

Entrainement 2

Explorez le champ sémantique de l'adjectif *vilain*.

Corrigé p. 375

3 Les champs dérivationnels, les familles de mots

La terminologie la plus courante est « famille de mots ». Il s'agit de l'ensemble des termes formés à partir des préfixes et suffixes autour d'un même radical : loge, loger, déloger, reloger, logis, logement, logeable...

Voir Fiche 55 : La dérivation et la composition.

Entrainement 3

Cherchez les mots formés à partir du radical de *règle*.

Corrigé p. 376

4 Les champs affixaux

Il s'agit de tous les mots formés à partir d'un même préfixe ou d'un même suffixe. On peut faire le champ affixal des mots en *-isme* : socialisme, alcoolisme, athlétisme, opportunisme, cannibalisme, cynisme, autisme, exotisme, fatalisme...

Voir Fiche 55 : La dérivation et la composition.

Entrainement 4

Constituez un champ affixal avec les noms formés avec le suffixe -*ure*. Donnez une dizaine d'occurrences.

Corrigé p. 376

À retenir

- **Le champ lexical** regroupe l'ensemble des termes rattachés sémantiquement à une notion ou à un thème.
- **Le champ sémantique** regroupe l'ensemble des acceptions d'un terme précis et renvoie à la polysémie.
- **Le champ dérivationnel** correspond à la famille d'un mot, c'est-à-dire l'ensemble des termes formés à partir d'un radical.
- **Le champ affixal** est constitué par des mots formés à partir d'un même préfixe ou d'un même suffixe.

Corrigés

Entrainement 1

Énoncé p. 374

Deux champs lexicaux opposés : celui de **l'énigme** (*énigme, problème, empêcher de dormir, chercher*) et celui de **l'élucidation** ou de **l'enquête** (*le mot* – le fin mot, la solution –, *résolu, éclairci, étincelles de vérité, voir, foyers, lumière*).

Entrainement 2

Énoncé p. 374

1. Laid, désagréable à voir (*un visage vilain*).
2. Moralement laid, méprisable (*de vilaines pensées, un vilain mot*).
3. Qui peut laisser présager quelque chose d'inquiétant (*une vilaine toux*).
4. Se dit d'un enfant insupportable et désobéissant : *Il a été vilain, aujourd'hui, il n'a fait que des bêtises.*

Entrainement 3

Énoncé p. 375

Mots de la famille de **règle** (champ dérivationnel) :

Avec le radical régl- : (du latin regula, la règle) : *régler, réglage, régleur, règlement, dérèglement, dérégler, autoréglage, réglable, indéréglable, préréglage, réglementation, réglementer, réglementaire, une réglette, un réglet…*

Mais aussi avec le radical régul- (du latin regularis, formé sur regula), *régulier, régulièrement, régularité, irrégularité, régulation, dérégulation, régulariser, régularisation…*

Comme on le voit, les radicaux peuvent changer de forme.

Entrainement 4

Énoncé p. 375

Champ affixal en -ure : *confiture, bordure, ossature, moulure, friture, coulure, fluorure, épluchure, déchirure, dorure, peinture, denture…*

FICHE 53

Les relations entre les mots

Les figures de style

Objectif

- Identifier et connaitre les différentes figures de style.

voir aussi

La polysémie .... p. 347

Tester ses connaissances

Identifiez les figures de style présentes dans les vers suivants, extraits des *Fleurs du mal* de Charles Baudelaire (1857).

1. Valse mélancolique et langoureux vertige ! (« Harmonie du soir »)

2. Je serai ton cercueil, aimable pestilence ! (« Le flacon »)

3. Mon cœur, comme un tambour voilé,
Va battant des marches funèbres. (« Le guignon »)

4. Mon cœur est un palais flétri par la cohue ;
On s'y soûle, on s'y tue, on s'y prend aux cheveux ! (« Causerie »)

1. chiasme : croisement de la construction - dans le premier hémistiche : *valse mélancolique* : nom + adjectif vs *langoureux vertige* : adjectif + nom dans le second.

2. *Aimable pestilence* : **oxymore** opposant deux termes contradictoires.

3. *Comme un tambour voilé* : **comparaison** comportant un terme comparé (*le cœur*) et un comparant (*le tambour*) reliés par le terme de comparaison *comme*. La comparaison est continuée (filée) par le verbe *battre* qui s'applique aussi bien à l'instrument que l'on frappe avec des baguettes (*battre le tambour*) qu'au rythme cardiaque (*le cœur bat*).

4. Plusieurs figures dans ces vers : une **métaphore** dans le premier *Mon cœur est un palais…* Dans le second : une **accumulation** avec répétition de la même structure syntaxique en **anaphore** (*on s'y*), sur un rythme ternaire.

LE COURS

La connaissance des figures de style est indispensable pour traiter la question II du concours, « Lexique et compréhension lexicale », car l'analyse des textes passe, le plus souvent, par l'identification des figures et la capacité du candidat ou de la candidate à les expliquer et à montrer comment les écrivains les emploient pour exprimer une idée, un sentiment...

Les figures de style font partie de l'art oratoire et de la rhétorique. Elles ont pour but de rendre plus éloquents les discours oraux et écrits, d'embellir les textes, de convaincre, de séduire et d'impressionner par l'exploitation de toutes les ressources du langage. Plusieurs inventaires rhétoriques[1] ont été dressés et les classements peuvent différer. On peut les regrouper en distinguant les figures 1 de diction, 2 de construction, 3 d'opposition, 4 de sens. C'est cette dernière partie qui regroupe les trois procédés les plus importants : métaphore, synonymie et synecdoque.

1. P. Fontanier, *Les figures du discours*, Flammarion, 1968 ; B. Dupriez, *Gradus – Les procédés littéraires*, Éditions 10/18, 1984 ; M. Aquien, G. Molinié, *Dictionnaire de rhétorique et de poétique*, La Pochothèque, 1996

1 Figures de diction

• **L'allitération** : répétition d'une même consonne dans une suite de mots rapprochés, pour accentuer la musicalité ou produire certains effets en rapport étroit avec le sujet traité.

Pour qui sont ces serpents qui sifflent sur vos têtes ? (Jean Racine, *Andromaque*, 1668.)

En ouvrant un coffret venu de l'Orient
Dont la serrure grince et rechigne en criant [...] (Charles Baudelaire, « Le flacon », *Les Fleurs du mal*, 1857.)

• **L'assonance** : répétition d'une même voyelle ou son vocalique, de manière rapprochée.

Tout m'afflige et me nuit et conspire à me nuire. (Jean Racine, *Phèdre*, 1677.)

• **La paronomase :** utilisation de paronymes (mots presque identiques et de sens différents) de façon rapprochée.

Il pleure dans mon cœur comme il pleut sur la ville. (Paul Verlaine, *Romances sans paroles*, 1874.)

Voir Fiche 51 : L'homonymie et la paronymie.

2 Figures de construction

• **L'anaphore** : répétition au début d'un vers, d'une phrase ou d'un paragraphe du **même** mot ou groupe de mots. Cette figure fait partie de la famille de la répétition.

Paris outragé ! Paris brisé ! Paris martyrisé ! mais Paris libéré ! (Charles de Gaulle, *Discours à l'Hôtel de ville de Paris*, le 25 août 1944.)

Je laisse une mère, je laisse une femme, je laisse un enfant. (Victor Hugo, *Le Dernier jour d'un condamné*, 1829.)

Ne pas confondre l'anaphore, figure de style, avec l'anaphore grammaticale qui est la reprise d'un élément évoqué antérieurement dans un texte. Voir Fiche 33.

• **L'épiphore** : répétition d'un même mot à la fin de deux ou plusieurs vers, propositions ou phrases. Et toujours ce parfum de foin coupé qui venait de Bérénice, qui résumait Bérénice, qui le pénétrait de Bérénice. (Louis Aragon, *Aurélien*, 1944.)

• **Le polyptote** : utilisation de plusieurs formes grammaticales (genre, nombre, temps, mode) ou dérivées du même mot.

Tu n'as fait le devoir que d'un homme de bien ;
Mais aussi, le faisant, tu m'as appris le mien.

Mais il me faut te perdre après l'avoir perdu. (Pierre Corneille, *Le Cid*, 1637.)

• **L'anadiplose (une) :** reprise du dernier mot d'une phrase, d'un vers au début de la phrase qui suit.

Pour moi, c'est un malheur. Un malheur, tout le monde sait ce que c'est. Ça vous laisse sans défense. (Albert Camus, *L'Étranger*, © Éditions Gallimard, 1942.)

• **L'hypallage (une)** : association syntaxique d'un mot (souvent un adjectif) à un autre auquel il n'est pas lié par le sens.

L'odeur neuve de ma robe. (Valéry Larbaud, *Enfantines*, 1918.)

À la place de « l'odeur de ma robe neuve ».

Dans les deux citations suivantes, l'hypallage est « double » avec permutation des adjectifs :

Mordant au citron d'or de l'idéal amer. (Stéphane Mallarmé, « Le Guignon » *Poésies*, (1862) 1899.) à la place de « Mordant au citron amer de l'idéal d'or ».

Ils allaient obscurs dans la nuit solitaire. (Virgile, *L'Énéide*.) à la place de « Ils allaient solitaires dans la nuit obscure ».

• **La périphrase** : remplacement d'un terme unique par une expression en plusieurs mots.

La tribu prophétique aux prunelles ardentes
Hier s'est mise en route [...] (Charles Baudelaire, *Les Fleurs du mal*, « Les bohémiens », 1857.)

La périphrase renvoie aux bohémiens auxquels on attribue des dons divinatoires, par les cartes et la chiromancie.

Je m'avançai vers la maîtresse de mon cœur. (Abbé Prévost, *Manon Lescaut*, 1731.)

La Fontaine utilise souvent les périphrases pour évoquer les animaux : la dame au nez pointu (la belette), la citoyenne des étangs (la grenouille), la gent trotte-menu (les souris)...

• **L'accumulation** : énumération de groupes de natures et de fonctions semblables, donnés en désordre, avec une valeur de profusion et d'insistance.

Le Vendéen chez lui est contrebandier, laboureur, soldat, pâtre, braconnier, franc-tireur, chevrier, sonneur de cloches, paysan, espion, assassin, sacristain, bête des bois.
(Victor Hugo, *Quatrevingt-Treize*, 1874.)

Quand on m'aura jeté, vieux flacon désolé,
Décrépit, poudreux, sale, abject, visqueux, fêlé (...)
(Charles Baudelaire, *Les Fleurs du mal*, « Le flacon », 1857.)

• **La gradation** : énumération de termes de façon ordonnée, selon :

– un ordre ascendant (des éléments de plus en plus forts)

Veni, vidi, vici ! (Je suis venu, j'ai vu, j'ai vaincu !) (Jules César)

– ou descendant (des éléments de plus en plus faibles).

Vous voulez qu'un roi meure et pour son châtiment,
Vous ne donnez qu'un jour, qu'une heure, qu'un moment ! (Jean Racine, *Andromaque*, 1668)

• **L'inversion** : inversion de l'ordre habituel des éléments composant une phrase, sans que ce soit obligatoire. Le but est de mettre en valeur l'élément qui a été déplacé ou de répondre aux contraintes imposées par le rythme ou la versification, en poésie.

Pendant que le parfum des verts tamariniers...
(Charles Baudelaire, *Les Fleurs du mal*, « Parfum exotique », 1857.)

Entrainement 1

Identifiez et analysez les figures de style employées dans les extraits suivants.

1. On regrette le ramier, la mésange ; on désire le bond roux d'un écureuil... (Colette, *Les Vrilles de la vigne*, 1908.)

2. Ainsi, après ma mort, trois femmes, sans fils, sans mari, sans père ; trois orphelines de différentes espèces ; trois veuves du fait de la loi. (Victor Hugo, *Le Dernier jour d'un condamné*, 1829.)

3. Sur la bruyère, infiniment,
Voici le vent hurlant,
Voici le vent cornant Novembre. (Émile Verhaeren, *Les villages illusoires*, 1895.)

4. Un Rat sortit de terre assez à l'étourdie.
Le Roi des animaux, en cette occasion,
Montra ce qu'il était, et lui donna la vie. (La Fontaine, *Fables*, « Le lion et le rat », 1668.)

5. Fière est cette forêt dans sa beauté tranquille. (Alfred de Musset, *Poésies nouvelles*, 1857.)

6. Tel est pris qui croyait prendre. (La Fontaine, *Fables*, « Le rat et l'huître », 1678.)

Corrigé p. 383

3 Figures d'opposition

- **L'antithèse** : emploi de deux mots ou groupes de mots de sens contraire qui sont rapprochés pour créer un contraste.

À vaincre sans péril, on triomphe sans gloire. (Pierre Corneille, *Le Cid*, 1637.)

L'antithèse peut être mise en valeur par un effet de chiasme ou d'oxymore.

- **Le chiasme** : dans une construction en parallèle, inversion de termes syntaxiques identiques : le schéma en miroir est A B B A.

Ô femme dangereuse, ô séduisants climats ! (Charles Baudelaire, *Les Fleurs du mal*, « Ciel brouillé », 1857.)
Nom adjectif adjectif nom

Sois ce que tu voudras, nuit noire, rouge aurore (Charles Baudelaire, *Les Fleurs du mal*, « Le possédé », 1857.)
nom adj. adj. nom
+ antithèse nuit/aurore

- **L'oxymore** : antithèse qui unit en une seule expression deux termes contradictoires.

Adieu : je vais traîner une mourante vie. (Pierre Corneille, *Le Cid*, 1637.)

Cette petite grande âme venait de s'envoler. (Victor Hugo, *Les Misérables*, 1862.)

- **L'antiphrase.** Expression du contraire de ce que l'on pense, souvent de manière ironique. Mais cette figure ne peut être perceptible qu'en fonction d'un contexte clair, comme dire à un enfant Que tu es propre ! quand il est très sale.

- **Le zeugme** : association dans une même construction syntaxique de deux éléments en principe incompatibles sémantiquement car ils ne sont pas du même ordre (parfois, opposition entre le concret et l'abstrait).

Tout jeune Napoléon était très maigre
et officier d'artillerie
plus tard il devint empereur
alors il prit **du ventre** et **beaucoup de pays**
et le jour où il mourut il avait encore
du ventre
mais il était devenu petit. (Jacques Prévert, « Composition française », *Paroles*, © Éditions Gallimard, 1945.)

Entrainement 2

Identifiez et analysez les figures de style.

1. La montagne est une citadelle, la forêt est une embuscade : l'une inspire l'audace, l'autre le piège. (Victor Hugo, *Quatrevingt-Treize*, 1874.)

2. Vos veuves aux fronts blancs, lasses de vous attendre,
Parlent encor de vous en remuant la cendre
De leur foyer et de leur cœur ! (Victor Hugo, *Les rayons et les ombres*, « Océanox », 1840.)

3. Et l'on voyait marcher ces va-nu-pieds superbes
Sur le monde ébloui ! (Victor Hugo, *Les Châtiments*, « À l'obéissance passive », 1853.)

4. [La Thénardier] faisait tout dans le logis, les lits, les chambres, la lessive, la cuisine, la pluie, le beau temps, le diable. Elle avait pour tout domestique Cosette ; une souris au service d'un éléphant. Tout tremblait au son de sa voix, les vitres, les meubles et les gens. Son large visage, criblé de taches de rousseur, avait l'aspect d'une écumoire. (Victor Hugo, *Les Misérables*, 1862.)

Corrigé p. 384

4 Figures de sens

4 1. Figures de ressemblance

La métaphore, la métonymie et la synecdoque sont abordées, lors de l'étude du sens figuré, dans la fiche 47.

• **Comparaison** : rapprochement de deux réalités différentes (un comparé et un comparant), de façon explicite, avec un terme du type *comme*, *ainsi que*…

La fièvre tomba sur lui **comme** une charpente enflammée. (André Chamson, *Adeline Vénician*, 1956.)
comparé — comparant

Les fleurs souffrent sous le ciseau,
Et se ferment **ainsi que** des paupières closes. (Victor Hugo, *Les Contemplations*, « Ce que dit la bouche d'ombre », 1856.)

• **La métaphore** : transfert de sens par **analogie** entre deux éléments qui appartiennent à des domaines **différents** et qui ont un **trait sémantique commun**, quel qu'il soit (forme, propriété, qualité…), qui permet d'établir la ressemblance.

Dans la métaphore le brouillard de la fusillade, les domaines sont différents (un phénomène météorologique et un combat) mais il y a projection du domaine source vers un domaine cible, sur la base d'un trait commun : une fumée plus ou moins épaisse produite par les deux.

De la comparaison à la métaphore, il faut compter plusieurs étapes :

– La fusillade est comme un brouillard. C'est une comparaison avec un comparé (fusillade) + un outil comparatif comme + un comparant (brouillard). La comparaison aurait pu être encore plus explicite (motivée) : La fusillade est dense comme un brouillard.

– le brouillard de la fusillade est une métaphore dite *in praesentia* avec disparition de *comme* mais conservation du comparé et comparant.

Dans la phrase Gavroche avançait dans le brouillard, la métaphore serait dite *in absentia* car il manquerait le comparé ; elle serait donc plus difficile à interpréter et ne pourrait être comprise que par le contexte dont quelques éléments auraient évoqué la fusillade. Ainsi, le vers de Charles Péguy Heureux les épis mûrs et les blés moissonnés qui comporte deux métaphores *in absentia* serait incompréhensible sans le premier Heureux ceux qui sont morts dans une juste guerre. (*Ève*, 1913.) Elles renvoient aux morts de la Guerre de 14.

Les métaphores peuvent jouer sur plusieurs classes grammaticales :

– nom ou groupe nominal : l'or du soir = le soleil couchant (Victor Hugo, *Les Contemplations*, « Demain, dès l'aube », 1856.) de manière plus courante, un manteau de neige, un bouchon de trois kilomètres, les feux de l'amour...

– adjectif : buvard bavard (Victor Hugo, *Les Misérables*, 1862.), soirées écrasantes...

– verbe : exploser de colère, plonger dans le désespoir, écraser les opinions des autres...

– adverbe : réussir brillamment, accueillir fraichement...

Certaines métaphores sont tellement « usées » qu'elles sont à peine perçues : la tête du clou, les dents du peigne, les ailes du moulin... On oppose ainsi ces métaphores figées, mortes, qui sont passées dans le langage commun aux métaphores originales, « vives », créées par des écrivains.

• Si la même métaphore est poursuivie par d'autres éléments, on parle de **métaphore filée**, comme dans ce passage où l'amour de Swann est comparé à une sorte de cancer : Et cette **maladie** qu'était l'amour de Swann avait tellement **multiplié**, il était si étroitement mêlé à toutes les habitudes de Swann, à tous ses actes, à sa **santé** [...], il ne faisait tellement plus qu'un avec lui, **qu'on n'aurait pas pu l'arracher de lui** sans le **détruire** lui-même à peu près tout entier : comme on dit en **chirurgie**, son amour n'était plus **opérable**. (Marcel Proust, *Un amour de Swann*, 1913)

Entrainement 3

Identifiez et analysez les figures de style présentes dans les extraits suivants.

1. Entendez-vous ? C'est la marmite qu'accompagne
L'horloge du tic-tac allègre de son pouls. (Paul Verlaine, *Jadis et naguère*, « L'auberge », 1884.)

2. Je suis un cimetière abhorré de la lune,
Où comme des remords se traînent de longs vers (Charles Baudelaire, *Les Fleurs du mal*, « Spleen », 1857.)

3. Je suis comme le roi d'un pays pluvieux,
Riche, mais impuissant, jeune et pourtant très vieux (Charles Baudelaire, *Les Fleurs du mal*, « Spleen 2 », 1857.)

4. Bergère ô tour Eiffel le troupeau des ponts bêle ce matin (Guillaume Apollinaire, *Alcools*, « Zone », 1913.)

Corrigé p. 385

LEXIQUE

❹ 2. Figures de correspondance

• **La métonymie** : mise en rapport de deux éléments qui appartiennent au **même** domaine et qui ont une relation de **contiguïté**, laquelle permet de nommer l'un des éléments par le nom de l'autre.

On distingue la métonymie :

– du contenant pour le contenu : manger tout le paquet (pour le paquet de biscuits), boire un verre (pour le contenu du verre), la salle se lève (pour les spectateurs) ;

– du lieu pour l'objet qui y a été fabriqué : boire un Bourgogne (pour un vin élevé en Bourgogne) ;

– de l'instrument pour celui qui l'utilise : une fine lame ;

– du lieu pour l'institution : le quai d'Orsay, l'Hôtel Matignon ;

– de la cause pour l'effet : avoir perdu sa langue (la parole).

Mais on pourrait ajouter la partie du corps pour le sentiment (avoir du cœur > courage), l'auteur pour l'œuvre (J'écoute du Bach > une pièce musicale de Bach)...

• **La synecdoque** : mise en rapport de deux éléments qui appartiennent au **même** domaine et qui ont une relation **d'inclusion.**

On désigne une chose au moyen d'une autre, l'une des deux étant incluse ou comprise dans l'autre. La confusion est fréquente entre métonymie et synecdoque. Pour bien faire la différence, il faut se rappeler que, le plus souvent, la synecdoque permet de **remplacer un élément par une de ses parties (la partie pour le tout) ou au contraire une partie par l'ensemble (le tout pour la partie)** et qu'il ne s'agit plus d'un rapport logique comme dans la métonymie mais d'une liaison plus **visuelle**, plus **physique** : la voile pour le bateau, le toit pour la maison, les épis pour le blé...

Je ne regarderai ni l'or du soir qui tombe,
Ni les voiles au loin descendant vers Harfleur (Victor Hugo, Les *Contemplations,* «Demain dès l'aube », 1856.)

Entrainement 4

Synedoque ou métonymie ?

1. Ne diffère donc plus ce que l'honneur t'ordonne :
Il demande ma tête, et je te l'abandonne (Pierre Corneille, *Le Cid*, 1637.)

2. Il mit le nez dehors mais rentra bien vite.

3. Elle a ciré le salon, avec beaucoup d'énergie.

4. J'adore lire Proust.

5. Naïs a 18 printemps, cette année.

Corrigé p. 385

❹ 3. Figures de renforcement ou d'atténuation

• **L'hyperbole** : exagération par des mots excessifs, l'emploi d'intensifs : le but est d'amplifier le propos.

Je souffrirais mille morts sans pouvoir oublier l'ingrate Manon. (Abbé Prévost, *Manon Lescaut*, 1731.)

• **La litote** : expression visant à dire moins que ce que l'on pense, par pudeur ou ironie. Elle est employée dans le langage courant : Il n'est pas mauvais, ce film ! (Au lieu de *Il est bon, ce film* !).

Va ! Je ne te hais point ! (Pierre Corneille, *Le Cid*, 1637). (Chimène déclarant son amour à Rodrigue).

Swann ne cherchait pas à lui faire jouer plutôt des choses qu'il aimât et, pas plus en musique qu'en littérature, à corriger son mauvais goût. Il se rendait bien compte qu'elle n'était pas intelligente (Proust, *Un amour de Swann*, 1913). (= Elle était sotte).

- **L'euphémisme** est une façon d'atténuer une expression qui, dite de manière directe, aurait quelque chose de déplaisant ou de choquant. Il nous a quittés plutôt que Il est mort.

4 4. La personnification

Elle consiste à attribuer à une chose abstraite ou à un animal des propriétés, des caractéristiques humaines. C'est un procédé général qui peut utiliser un des trois tropes majeurs, métaphore, métonymie et synecoque.

La rue assourdissante autour de moi hurlait. (Charles Baudelaire, *Les Fleurs du mal*, « À une passante », 1857.)

Les horloges
Volontaires et vigilantes (Émile Verhaeren, « Les horloges », *Poèmes*, 1895.)

La personnification est proche de l'**allégorie** qui peut aussi faire usage des trois tropes et qui se développe sur plusieurs termes.

Je veux peindre la France une mère affligée,
Qui est, entre ses bras, de deux enfants chargée. (Agrippa d'Aubigné, *Les Tragiques*, 1615.)

Entrainement 5

Identifiez les figures de style présentes dans les extraits suivants.

1. Le premier violon de l'orchestre s'installa. La salle s'agita.
2. - C'est un roc ! c'est un pic ! C'est un cap!
Que dis-je, c'est un cap ! C'est une péninsule ! (Edmond Rostand, *Cyrano de Bergerac*, 1897.)
3. Le poison du plaisir vous a fait écarter du chemin. (Abbé Prévost, *Manon Lescaut*, 1731.)
4. J'ouvris les yeux pour verser un torrent de pleurs. (*Ibid.*)
5. [Les champignons] sont d'un blanc fragile et mat de gant neuf, emperlés, moites comme un nez d'agneau. (Colette, *Les Vrilles de la vigne*, 1908.)
6. Mon père et mon honneur ne veulent rien devoir
Aux traits de ton amour ni de ton désespoir. (Pierre Corneille, *Le Cid*, 1637.)

Corrigé p. 385

Corrigés

Entrainement 1

Énoncé p. 379

1. ***On regrette le ramier, la mésange ; on désire le bond roux d'un écureuil...***
Deux figures de style : une **antithèse** par l'opposition sémantique entre les deux verbes *on regrette / on désire*, construits en symétrie en début de proposition, avec un pronom indéfini. *Le bond roux d'un écureuil* est une **hypallage** car *roux* est associé syntaxiquement à *bond* au lieu de *écureuil.*

2. ***Ainsi, après ma mort, trois femmes, sans fils, sans mari, sans père ; trois orphelines de différentes espèces ; trois veuves du fait de la loi.*** L'**anaphore** *trois* scande cette phrase comme la répétition de l'adverbe privatif *sans* ; elles soulignent toutes les deux le caractère impitoyable de la sentence de mort.

3. ***Sur la bruyère, infiniment, / Voici le vent hurlant, / Voici le vent cornant Novembre.*** Plusieurs figures : **assonances** en [ã], **allitérations** en [v] et **anaphore** *Voici le vent* ; l'ensemble de ces répétitions crée une musicalité et une harmonie imitative du souffle du vent.

4. ***Un Rat sortit de terre assez à l'étourdie. /Le Roi des animaux, en cette occasion, / Montra ce qu'il était, et lui donna la vie.*** Il fallait relever la **périphrase**, très répandue, *Le Roi des animaux* pour désigner le lion.

5. ***Fière est cette forêt dans sa beauté tranquille.*** Dans l'ordre canonique, la phrase aurait été *Cette forêt est fière* (sujet, verbe, attribut). L'**inversion** qui porte l'adjectif en tête de vers donne à celui-ci beaucoup de relief.

6. ***Tel est pris qui croyait prendre.*** Le polyptote *pris/prendre* est particulièrement heureux car il souligne le renversement des positions. Celui qui avait ourdi la machination devient victime.

Entrainement 2

Énoncé p. 380

1. ***La montagne est une citadelle, la forêt est une embuscade : l'une inspire l'audace, l'autre le piège.*** Forte opposition entre deux lieux (*la montagne* et *la forêt*), générée par deux **métaphores** qui ont valeur d'antithèses même si les éléments ne sont pas tout à fait du même ordre : Hugo oppose *la citadelle* (lieu élevé qui renvoie à un combat honorable) à *l'embuscade* (qui évoque un traquenard dans un endroit risqué). La seconde proposition reprend les mêmes points en opposant *l'audace* (vertu positive) et *le piège* (manœuvre négative).

2. ***Vos veuves aux fronts blancs, lasses de vous attendre, / Parlent encor de vous en remuant la cendre / De leur foyer et de leur cœur !*** Ces trois vers terminent sur un **zeugme** qui rapproche deux éléments qui ne sont pas du même ordre : les cendres du foyer (au sens propre) et les cendres du cœur des femmes de marins (avec une métaphore sous-jacente : celui-ci est consumé par la douleur du deuil).

3. ***Et l'on voyait marcher*** ces va-nu-pieds superbes ***/ Sur le monde ébloui !*** **Oxymore** car l'expression réunit deux éléments contradictoires.

4. ***[La Thénardier] faisait tout dans le logis, les lits, les chambres, la lessive, la cuisine, la pluie, le beau temps, le diable. Elle avait pour tout domestique Cosette ; une souris au service d'un éléphant. Tout tremblait au son de sa voix, les vitres, les meubles et les gens. Son large visage, criblé de taches de rousseur, avait l'aspect d'une écumoire.*** La description de la Thénardier cumule beaucoup de figures : une **accumulation** annoncée par *tout* (*les lits, les chambres…*), une **gradation** car dans ce cas, l'énumération est plus organisée et plus réduite (*les vitres, les meubles et les gens*), ainsi qu'un **zeugme** par le rapprochement des objets et des hommes. Dans l'accumulation, on peut noter également un **zeugme** car la liste met sur le même plan des éléments concrets en rapport avec le ménage (*les lits, les chambres, la lessive, la cuisine*) mais enchaine sur des expressions lexicalisées *faire la pluie, le beau temps* pour terminer par *faire le diable*. Une **antithèse** oppose fortement la Thénardier et Cosette (*une souris au service d'un éléphant*). Le portrait se termine par une **comparaison** (*le visage avait l'aspect d'une écumoire*). L'ensemble est **hyperbolique** : portrait volontairement exagéré de la Thénardier.

Entrainement 3

Énoncé p. 381

1. ***Entendez-vous ? C'est la marmite qu'accompagne / L'horloge du tic-tac allègre de son pouls.*** Il s'agit d'une **métaphore** : le tic-tac de l'horloge est mis en analogie avec un pouls (battement dû aux contractions cardiaques), à partir d'un trait commun : le bruit régulier produit par la machine et le cœur.

2. ***Je suis un cimetière abhorré de la lune, / Où comme des remords se traînent de longs vers*** Plusieurs figures s'enchainent : une **métaphore** *in praesentia* : le poète assimile son cerveau, sa mémoire, et lui-même en entier (identification totale avec *je* et le verbe *être*) à un cimetière. L'analogie porte sur le découragement ; la métaphore est filée par les *vers* qui relèvent également du champ lexical de la mort. S'ajoutent une **comparaison** (comparé : *les vers*, comparant : *les remords*, outil comparatif : *comme*) et une **inversion**. L'ordre attendu est plutôt : *où* de *longs vers se trainent comme des remords*. L'inversion permet de mettre en valeur le dernier mot *vers*, le poète jouant sur l'homonymie entre le ver (de terre) et le vers poétique.

3. ***Je suis comme le roi d'un pays pluvieux / Riche, mais impuissant, jeune et pourtant très vieux.*** Le premier vers comporte une **comparaison** car il y a le terme comparatif *comme* (le complément du nom *d'un pays pluvieux* annule le côté triomphant que pourrait contenir le mot *roi*). Dans le second vers, **deux antithèses** contenant chacune un mot adversatif, *mais*, *pourtant* ; la première, très marquée et classique, entre *jeune* et *vieux* ; l'autre, plus subtile entre *riche* et *impuissant*. La richesse est censée donner le pouvoir, mais le poète ne se sent pas en mesure d'agir et ne ressent ni maitrise ni sentiment de souveraineté, malgré sa fortune.

4. ***Bergère ô tour Eiffel le troupeau des ponts bêle ce matin.*** Il s'agit d'une **métaphore filée**, doublée d'une **personnification** : la tour Eiffel qui domine le paysage semble une bergère en garde de moutons ; l'analogie avec le troupeau se construit sur l'identification des arches des ponts aux dos des moutons et leur bêlement peut renvoyer aux bruits de la ville et aux sirènes des bateaux en particulier. La tour Eiffel, symbole de la modernité, renouvelle l'image traditionnelle de la bergère.

Entrainement 4

Énoncé p. 382

1. ***Ne diffère donc plus ce que l'honneur t'ordonne : / Il demande ma tête, et je te l'abandonne.*** Métonymie, *la tête* pour *la vie*.

2. ***Il mit <u>le nez</u> dehors mais rentra bien vite.*** Synecdoque : la partie (le nez) pour le tout (la personne).

3. ***Elle a ciré <u>le salon</u>, avec énergie.*** Synecdoque : le tout (le salon) pour la partie (les meubles).

4. ***J'adore lire <u>Proust</u>*** ! Métonymie : l'auteur pour ses œuvres.

5. ***Naïs a 18 <u>printemps</u>, cette année.*** Synecdoque : la saison (la partie) pour l'année (le tout).

Entrainement 5

Énoncé p. 383

1. ***Le premier <u>violon</u> de l'orchestre s'installa. La <u>salle</u> s'agita.*** Il s'agit de **deux métonymies** : l'instrument (le violon) pour le musicien (le violoniste) et la salle pour les spectateurs.

LEXIQUE

2. ***C'est un roc ! c'est un pic ! C'est un cap! / Que dis-je, c'est un cap ! C'est une péninsule !***

Cyrano utilise plusieurs **métaphores** (*in praesentia*) pour décrire son nez : *un roc, un pic, un cap, une péninsule*, dans une **gradation ascendante**, du plus petit au plus grand.

3. ***Le poison du plaisir* vous a fait écarter du *chemin*.** Ici, deux **métaphores** : le plaisir est assimilé négativement à un poison par une analogie fondée sur l'aspect insidieux de l'un et de l'autre ; *chemin* est à prendre ici dans un sens abstrait et métaphorique, comme « moyen, voie d'accès » et renvoie implicitement au « bon chemin », celui qui permet de rester honnête.

4. ***J'ouvris les yeux pour verser un torrent de pleurs*.** Dans cette phrase, une **métaphore** (un *torrent*) avec comme point d'intersection entre lui et les larmes, l'élément liquide ; s'y ajoute une **hyperbole** car l'image du torrent est largement exagérée.

5. ***[Les champignons] sont d'un blanc fragile et mat de gant neuf, emperlés, moites comme un nez d'agneau*.** Trois figures pour approcher au plus près des sensations : deux **métaphores** précisant la couleur *blanc de gant neuf* (analogie entre celle du gant et celle du champignon), la présence des gouttes de rosée (*emperlés*) et une **comparaison** *moites comme un nez d'agneau* pour traduire la légère humidité et la douceur de la texture.

6. ***Mon père et mon honneur ne veulent rien devoir/ Aux traits de ton amour ni de ton désespoir*.**

On peut relever un **zeugme** au début du vers qui associe deux éléments (une personne et la dignité morale) qui sont de deux ordres différents.

FICHE 54

La formation et l'histoire des mots

La dérivation et la composition

Objectifs

- Connaitre les deux grands processus de formation des mots : préfixation et composition.
- Connaitre les principaux affixes et leur sens.
- Retrouver dans un mot formé par composition savante les éléments grecs ou latins.

voir aussi

L'antonymie ... p. 361
Le champ lexical et autres champs ... p. 373
Étymologie et emprunts ... p. 396

Tester ses connaissances

1. Comment sont formés les mots suivants ?

développement, confortablement, infiltration.

2. Quelle est la composition et quel est le sens des termes suivants ?

hydrophobe, hydrofuge, hydrophile.

1. Développement : ce nom commun est formé à partir du radical du verbe *développer* auquel est ajouté le suffixe nominal *-ement* (qui renvoie à une action ou au résultat de cette action).

Confortablement : l'adverbe est formé par une double suffixation : au radical *confort-* s'ajoute le suffixe adjectival *-able*, puis le suffixe adverbial *-ment*.

Infiltration : au verbe *filtrer*, issu du nom *filtre*, est ajouté le préfixe *in* (qui signifie « à l'intérieur de »), puis au radical du verbe *infiltrer* est ajouté le suffixe nominal *-ation* (qui a la même signification que le suffixe *-ement*, action ou résultat de cette action).

2. Hydrophobe, hydrophile et **hydrofuge** sont formés à partir de l'élément grec *hydro* (eau) auquel s'ajoute *-phobe* (« qui a peur »), ou *-phile* (« qui aime » – le coton hydrophile « aime » l'eau et l'absorbe) ou *-fuge* (« qui fuit » – un produit hydrofuge protège de l'humidité).

LE COURS

1 La morphologie lexicale

La morphologie lexicale s'occupe de la **formation des mots**. Certains mots sont construits par :
- **dérivation,** avec l'ajout d'un affixe, que ce soit un préfixe (**in**confort) ou un suffixe (vari**able**) ;
- **composition,** en assemblant deux mots qui existent déjà, de façon autonome, dans la langue (bébé-éprouvette) ou deux éléments issus du grec ou du latin (géographie) ; parfois, on associe un élément formant et un mot autonome (hyper**tension**).

Mot et morphème

La morphologie est l'étude des morphèmes. Un **morphème** est la plus petite unité significative de la langue. Il peut correspondre à un mot que l'on ne peut pas découper en unités plus petites : poule, table, rond... sont des **mots simples**. Les **mots complexes**, en revanche, sont constitués de plusieurs morphèmes :
- feuillage : deux morphèmes : un morphème lexical correspondant au radical *feuill-* et un morphème grammatical correspondant au suffixe *-age* ;
- incalculable : trois morphèmes : un morphème lexical *calcul* et deux morphèmes grammaticaux, *in-* et *-able* ;
- timbre-poste : deux morphèmes lexicaux *timbre* et *poste*.

Le morphème est isolable par **substitution** : chaque morphème d'un mot dérivé peut être remplacé par un autre morphème : **re**coller/**dé**coller (préfixes *re-* et *dé-*) comme **re**coller/**re**faire et **dé**coller/**dé**faire.

De même pour les mots formés par composition savante dans lesquels on distingue plusieurs morphèmes : **géo**graphie / **géo**logie / grapho**logie** ou ciné**phile**, ***hydro*phile**, ***hydro*logie**.

« Le morphème est considéré par la linguistique structurale comme le signe linguistique minimal, indécomposable, défini par une forme, sonore ou graphique, un sens, et susceptible d'un emploi donné. » J.-C. Pellat (dir.), *Quelle grammaire enseigner ?* Hatier, 2017, p. 20-21. Voir *Terminologie grammaticale*, 2020, p. 160.

LEXIQUE

2 La dérivation

• La dérivation est un phénomène essentiel qui concerne environ 80 % des mots. Elle consiste à ajouter un **affixe** à un radical. L'affixe peut être :
– un **préfixe** placé à gauche du radical : **re**vendre, **dé**tourner ;
– un **suffixe** placé à droite du radical : sotte**ment**, ferme**ture**.
Ces affixes apportent une information supplémentaire au radical.

• **Ces deux affixes fonctionnent différemment** :
– Le préfixe n'entraine généralement pas de changement de la classe grammaticale : faire/défaire (verbes) ; évitable/inévitable (adjectifs qualificatifs) ; tour/contour (noms), mais cela peut arriver : embarquer (verbe), formé par préfixation sur barque (nom).
– Le suffixe entraine un changement de classe : blanc est un adjectif, blanchir un verbe, blancheur un nom.
– Le préfixe ne modifie pas le radical, contrairement au suffixe : balai/balayage ; citron/citronnier, physique/physicien.
– Le préfixe n'a pas de valeur grammaticale tandis que le suffixe peut indiquer une classe. Exemples : le suffixe *-ment* pour les adverbes (absolument) ou les noms (parlement), le suffixe *-itude* pour les noms (sollicitude).
– Ces affixes n'ont pas les mêmes valeurs sémantiques : le préfixe sert souvent à la construction des antonymes (possible/impossible). Le suffixe peut indiquer un diminutif (fillette), avoir une valeur péjorative (lourdaud, vantard) ou relever d'un domaine spécifique, notamment médical : appendicite, gingivite, bronchite… (*-ite* signifiant « inflammation »).

• Mais les deux affixes :
– **peuvent changer de formes** (ils sont dits **allomorphes**) :
  – pour les préfixes, ***dé-*** ou ***dés-*** : **dé**faire/**dés**unir ; ***in-***, ***im-***, ***-ir-***, ***ill-*** : **in**faisable, **im**possible, **ir**récupérable, **il**lisible…
  – pour les suffixes ***-ité/-eté*** : facile/facil**ité** vs habile/habil**eté** ; ***-ette/-ète*** coquet/coqu**ette** vs désuet/désu**ète** ; ***-otte/-ote*** : pâlot/pâl**otte** vs huguenot/huguen**ote**…
– **peuvent se combiner sur le même radical** : insensiblement se décompose comme suit : in-sensible-ment.

> **REMARQUES**
> – On parle de **conversion** ou de **dérivation impropre** quand un mot change de classe grammaticale : manger est un verbe, le manger un nom ; moi est un pronom personnel qui devient un nom, le moi ; la rose est un nom qui se transforme en adjectif, rose…
> – On parle de **dérivation régressive** quand on enlève le suffixe d'un mot pour en créer un autre : par exemple, le verbe somnoler apparait au XIXe par suppression du suffixe *-ence* à somnolence (attesté depuis le XVIe siècle). Il faut donc regarder la date d'apparition des mots dans le dictionnaire pour savoir quel est le mot dérivé de l'autre.

2 1. La préfixation

La liste des préfixes n'est pas simple à établir et elle varie suivant les ouvrages, ce qui fait flotter, d'ailleurs, la frontière entre mots dérivés et mots composés.
Certains, se limitant au critère superficiel de la place dans le mot, ont tendance à appeler préfixe tout élément placé au début d'un mot construit, quelle que soit son origine : élément non autonome issu du latin (*in-*, *re-*…), mot de la langue (*après*, *sous*…) ou élément savant (*ortho-*, *homo-*…). Cela donnerait plus de 60 préfixes en français.

L'inconvénient est de confondre dérivation et composition, qui ne sont plus nettement distinguées. Mieux vaut s'en tenir à une liste restreinte d'éléments brefs non autonomes, de préfixes qui servent à former des mots dérivés.

Préfixes	Sens	Exemples
a- et ses variantes : *ac-*, *ad-*, *af-*, *ag-*, *al-*, *ap-*, *ar-*, *at-*…	Mouvement vers Intention, but Passage à l'état exprimé par la base	accourir, affluer adjoindre, apparaitre acclamer, affamer, assurer
a-, **an-** (+ voyelle)	Privation, négation	anormal, analphabète
dé- (+ consonne), **dés-** (+ voyelle ou *h*)	Éloignement, séparation Privation, négation	déplacer, déporter désespoir, désherber
dé-	Valeur intensive	déclamer, démontrer
é- **ef-** (+*f*)	Valeur négative Mouvement vers l'extérieur Passage à l'état exprimé par la base	édenté, épiler éclore, écouler, effusion écourter, édulcorer
en-, **em-** (+ *m*, *p*, *b*)	Mouvement : dans ou sur… Entrée dans un état	encadrer, encercler, emmurer enrhumer, embellir
in-, **im-** (+ *m*, *p*, *b*), **il-** (+ *l*), **ir-** (+ *r*)	Négation, le manque de ce que désigne la base	inconfort, impayé, illisible, irréfutable
mé- (+ consonne) **més-** (+ voyelle)	Mal	mécontent, méconnu mésaventure, mésalliance
pré-	Avant	préméditer, préhistoire
re- (+ consonne, sauf *h*), **r-**, **ré-**	Répétition	revenir, racheter, rhabiller réarranger, réorganiser
re-, **r-**, **ré-**	Valeur intensive	ressentir, raffiner, réclamer

2 2. La suffixation

On peut regrouper les suffixes en fonction de la nature grammaticale du mot qu'ils créent : suffixation nominale, adjectivale, verbale et adverbiale.

• La suffixation nominale

Trois suffixes sont particulièrement représentés :

– ***-tion*** avec des variantes *-ation*, *-ition* : observation, punition, invention, qui ne concernent que des noms féminins ;

– ***-(e)ment*** : parlement, châtiment… ;

– ***-age*** : lavage, assemblage, feuillage…

Ces deux derniers suffixes ne concernent que des noms masculins.

Ils ont tous les trois le même sens (action ou résultat d'une action) auquel s'ajoute pour *-age* le sens de « réunion d'objets » : dallage. Ils sont donc en concurrence. On parle de la « productivité » d'un affixe en raison de sa fréquence (*-(e)ment* est le plus employé) et de sa « disponibilité » liée à sa capacité d'emploi pour créer de nouveaux mots (*-age* est le plus disponible).

Il arrive, mais rarement, qu'à un même radical puissent s'adjoindre des suffixes différents qui font varier le sens : lavement, lavage.

Le tableau suivant reprend les principaux suffixes.

Suffixes	Sens	Exemples
-tion *-ation*, *-ition*	Action ou résultat de l'action	invention, observation, punition → noms féminins
-(e)ment	Action ou résultat de l'action	parlement, châtiment → noms masculins
-age	Action ou résultat de l'action Ensemble, réunion d'objets	lavage, assemblage plumage, branchage, dallage → noms masculins
-(a)teur, *-(a)trice*	Agent, personne exerçant un métier Objet ou machine, agent	instituteur, illustratrice écouteur, détecteur
-eur, *-euse* *-eur*	Agent, personne exerçant un métier Objet ou machine, agent Qualité, comportement	vendeur, vendeuse tendeur, perceuse douceur, vigueur
-ier, *-ière* *-ier*	Agent, personne exerçant un métier Arbre	couturier, couturière pommier, cerisier, prunier
-ie, *-erie* *-ie*	Qualité, comportement Lieu	énergie, étourderie gendarmerie, laiterie
-ance, *-ence*	Action, le fait de (+ infinitif)	confiance, préférence
-aison	Action de (+ infinitif)	conjugaison, liaison
-ure	Action ou résultat de l'action Le fait d'être... Ensemble, réunion d'objets	foulure, moisissure courbature, verdure chevelure, toiture
-ade	Action ou résultat d'une action	accolade, embrassade
-esse	Qualité physique et morale	tendresse, sveltesse
-isme	Doctrine, croyance, système Trouble, métier	socialisme, stoïcisme rachitisme, journalisme
-(i)en, *-(i)enne*	Origine, appartenance Métier	pyrénéen, collégien, pharmacien

Entrainement 1

Faites la différence de sens entre les mots suivants (utilisez éventuellement un dictionnaire).

1. blancheur **2.** blanchiment **3.** blanchissage **4.** blanchissement.

Corrigé p. 395

• **La suffixation adjectivale** : les trois premiers suffixes sont les plus productifs.

Suffixes	Sens	Exemples
-able, -ible	Possibilité, qui peut être...	redoutable, intelligible
-al, -ale *-el, -elle*	Relatif à... Qui a la qualité de...	colonial, maternelle loyale, sensuel

Suffixes	Sens	Exemples
-eux, -euse	Qui contient… A la qualité de…	poussiéreuse, graisseux amoureux, vaniteuse
-(i)er, (i)ère	Qui fait… qui a la qualité de…	aventurier, passagère
-if, ive	Qui a la qualité de…	éducatif, affirmative
-ique	Qui est propre à… relatif à…	féérique, squelettique
-iste	Qui adhère à une doctrine, une croyance… , relatif à…	bouddhiste, raciste, automobiliste
-ain, -aine	Qui est de… qui est relatif à…	africain, républicaine
-in, -ine	Qui appartient à…	alpine, porcin
-(i)en, (i)enne	Qui est… vient de… Qui appartient à…	terrien, alsacienne
-ois, -oise *-ais-, -aise*	Qui est de… qui habite…	chinois, suédoise français, japonaise

- **La suffixation verbale**

La suffixation verbale peut s'opérer à partir :
– du nom : ***-is***(*er*) : scandale → scandalis(er) ; ***-ifi***(*er*) : personne → personnifi(er) ;
– de l'adjectif : ***-is***(*er*) : immobile → immobilis(er) ; ***-ifi***(*er*) : solide → solidifi(er) ;
– de verbes déjà existants auxquels s'ajoutent :
  – des suffixes <u>diminutifs</u> comme ***-et***(*er*), ***-ot***(*er*) : volet(er), pianot(er), ***-onn***(*er*) : chantonn(er) ; ***-ill*** : sautill(er) ;
  – ou à valeur <u>péjorative</u> comme ***-ass***(*er*) : rêvass(er), ***-ouill***(*er*) : mâchouill(er).

ATTENTION Dans scandaliser, le suffixe est bien **-is**, suivi du morphème de l'infinitif **-er**.

- **La suffixation adverbiale**

La suffixation adverbiale est assurée, principalement, par le suffixe *-ment* qui fonctionne à partir de la forme féminine de l'adjectif qualificatif joyeuse/joyeusement mais pas pour les adjectifs terminés par *-i*, *-é*, *-u* : poliment/aisément/absolument.

ATTENTION On garde la voyelle (le *e* ou le *a*) qui se trouve dans l'adjectif de base et, si l'adjectif comporte un *n*, il s'assimile au *m* et l'adverbe comporte deux *m* : méchant/méchamment, récent/récemment vs parfait/parfaitement.

3 Les familles de mots

La famille d'un mot est regroupée autour d'un même radical auquel s'ajoutent les affixes.

- Suivant la productivité du mot, la famille peut être très importante, comme celles de terre ou grain, ou très restreinte – le mot épagneul, par exemple, d'origine espagnole.

- Elle peut se subdiviser en **famille populaire** et **famille savante**. Par exemple, à partir du radical lait, sont formés laitage, laiteux, laiterie, laitier, allaiter, allaitement…

Lait est le produit de l'évolution phonétique de l'étymon latin *lac-lactis*. Mais à partir de cet étymon, plus tardivement, a été formée aussi une autre famille, savante cette fois, par emprunt direct au latin : lactation, lacté, lactéine, lactescent, lactifère, lactide, lactobacille, lactogène…

Ces deux familles populaire et savante, distinctes au sens strict, peuvent être considérées comme faisant partie d'une famille large, avec une racine commune.

• On peut encore agrandir la famille. Par exemple, on peut considérer que la famille au sens très large du mot œil est constituée :

• de deux branches issues de l'étymon latin *oculus* (*œil*) :

– l'une, populaire, issue de l'évolution phonétique normale de *oculus* en *œil* : œillade, œillère, œillet…

– l'autre, savante, par emprunt direct au même étymon latin : oculaire, binoculaire, monoculaire, oculomoteur… et même le décalque exact : *oculus* (ouverture de forme circulaire dans le mur : « œil de bœuf »).

• de deux branches issues de racines grecques :

– l'une formée sur l'étymon grec *optikos* « relatif à la vue » : optique, opticien…

– l'autre formée sur l'étymon grec *ophtalmos* (« œil ») : ophtalmie, ophtalmologie, ophtalmologue, ophtalmoscopie…

De la même manière, on peut adjoindre à la famille élargie de lait (ci-dessus) les mots issus de l'étymon grec *galacto-* : galactogène, galactose… et même galaxie.

Voir Fiche 55 : Étymologie et emprunts.

Entrainement 2

Donnez les mots de la famille de *grain*.

Corrigé p. 395

Entrainement 3

Composez la famille élargie de l'unité *eau*, à partir des étymons latin *aqua* et grec *hydro*.

Corrigé p. 395

Entrainement 4

Quels sont les adjectifs, renvoyant à la famille savante, qui correspondent aux mots suivants ?

1. été **2.** doute **3.** mer **4.** loi **5.** ciel **6.** chien **7.** maitre **8.** cœur.

Corrigé p. 395

4 La composition populaire et savante

La composition permet, à partir de deux éléments (ou plus), d'en créer un troisième.

• **La composition populaire** : elle consiste à assembler deux mots, séparés ou non à l'écrit par un trait d'union, une apostrophe, ou un blanc graphique ; ces mots sont autonomes et possèdent, par ailleurs, un sens propre. Mais le mot ainsi composé a un nouveau sens : fait divers, après-midi, chaise longue, presqu'île, entr'ouvert…

Le critère d'inséparabilité permet de les identifier : on peut dire un chef-d'œuvre majeur mais pas un *chef majeur d'œuvre.

Les mots composés ne sont pas créés librement par les locuteurs ; leur usage est consacré par le dictionnaire.

Les formations peuvent être diverses. Ainsi, pour les noms, on peut trouver l'adjonction de deux noms : un timbre-poste ; de deux verbes reliés par une conjonction de coordination : un va-et-vient ou non : le savoir-vivre ; de deux noms reliés par une préposition : une boite à lettres, un arc en ciel ; d'une préposition ou adverbe et d'un nom : un sans-abri, un nouveau-né ; d'un adjectif et d'un nom : le bon sens ; d'un verbe et d'un nom : un gratte-papier, un souffre-douleur...

• **La composition savante** : il s'agit de construire un mot à partir d'éléments grecs ou latins, non autonomes par ailleurs. Ces éléments très nombreux sont combinables entre eux : **géo**logie, **géo**graphie, grapho**logie**... ; certains peuvent se trouver indifféremment en début ou en fin de mot : mis**anthrope**/**anthropo**phage. Les mots ainsi composés peuvent servir de bases à des dérivés : anthropophagique, graphologique...
On trouve parfois un élément faisant partie du vocabulaire courant : super**marché**, anti**dater**, hyper**tension**, juxta**poser** (marché, dater, tension et poser étant des termes autonomes, par ailleurs).
Il faut connaitre le sens de quelques éléments, très utilisés.

Latin	Sens	Exemple	Latin	Sens	Exemple
aqu(a)	eau	aquarium	*équ(i)*	égal	équidistant
carn(i)	chair, viande	incarnation	*(i)fère*	qui porte	mammifère
cide	qui tue	suicide	*fug*	qui fuit	fugitif
cole	relatif à la culture	horticole	*omni*	tout	omnivore
cur	prendre soin	pédicure	*vor*	manger	insectivore

Grec	Sens	Exemple	Grec	Sens	Exemple
aér(o)	air	aération	*lith(o)*	pierre	monolithe
alg(o)	douleur	lombalgie	*log(ie)*	discours	géologie
anthrop(o)	être humain	anthropologie	*macro*	grand	macrocosme
arch(i)	qui gouverne	patriarche	*mél(o)*	musique	mélodie
arché(o)	ancien	archéologie	*micr(o)*	très petit	microbe
aut(o)	soi-même	autoportrait	*morph(o)*	forme	morphologie
céphal(o)	tête	bicéphale	*nécr(o)*	mort	nécropole
chron(o)	temps	chronomètre	*néo*	nouveau	néologisme
cosm(o)	monde	microcosme	*onym*	nom	synonyme
crat	qui gouverne	démocratie	*ortho*	droit, correct	orthographe
biblio	livre	bibliographie	*path(o)*	souffrance	pathologie
bio	vie	biotechnique	*péri*	autour	périmètre
dém(o)	le peuple	démocratie	*phag(o)*	manger	anthropophage
dermat(o)	peau	dermatologie	*phil(o)*	qui aime	francophile
entomo	insecte	entomologie	*phob-*	qui a peur de qui déteste	claustrophobe
ethn(o)	groupe humain	ethnologie	*phon(o)*	voix, son	phonologie
drome	course	hippodrome	*poly*	plusieurs	polygone
gén	qui produit	cancérigène	*phot(o)*	lumière	photographe
géo	la terre	géologie	*pol(i)*	ville	métropole

LEXIQUE

Grec	Sens	Exemple	Grec	Sens	Exemple
gone	angle	polygone	*psych(o)*	âme	psychologie
graph(o)	écrire	graphologie	*pyro*	feu, chaleur	pyromane
gramme	lettre, écriture	digramme	*scop*	examiner	microscope
hémi	demi	hémisphère	*techno*	art, métier	polytechnique
hétéro-	autre, différent	hétérogène	*télé*	au loin	téléphone
homo	semblable	homonyme	*therm(o)*	chaleur	thermomètre
hydr(o)	eau	hydrologie	*thérap*	soin	thérapie
iatre	soigner	psychiatre	*xén(o)*	étranger	xénophobie

Entrainement 5

Quelle est la composition et quel est le sens des termes suivants ?
1. isotherme **2.** polyarthrite **3.** photographie **4.** viticole **5.** biotechnologie **6.** électrocardiogramme **7.** aérophagie **8.** aquifère **9.** incurable.

Corrigé p. 395

Entrainement 6

Trouvez une dizaine de termes contenant l'élément *-logie*. Donnez-en la définition.

Corrigé p. 396

5 Autres procédés de formation des mots

• Les **mots-valises** sont des néologismes construits à partir du rapprochement de deux termes existant déjà avec, souvent, la suppression d'une syllabe commune : photocopillage formé à partir de *photocopie* et *pillage*. *L'arnacœur* (titre d'un film) est formé à partir de *arnaque* et *cœur.*

• La **troncation** : on élimine les éléments finaux d'un mot trop long : bac, prof, ciné, métro… ; ou parfois le début (auto)bus avec, dans quelques cas, des phénomènes de dérivation à partir de l'élément conservé : abribus, bibliobus, trolleybus.

• La **siglaison** : on parle de **sigle** quand on épelle chacune des lettres majuscules initiales des mots : CGT, CRS… et d'**acronyme** quand on lit le sigle comme un mot ordinaire : Sida, Ovni, Nasa…

À retenir

Dérivation et composition sont les deux grands processus permettant de former des mots.

• **La dérivation** consiste à créer un nouveau mot en ajoutant un affixe (préfixe ou suffixe) à un radical.

• **La composition** consiste à créer un nouveau mot en assemblant deux mots (ou plus) qui existent déjà ou deux éléments grecs ou latins. On distingue la composition populaire (pince à linge) et savante (photographie).

Corrigés

Entrainement 1

Énoncé p. 390

Le suffixe suffit à faire changer le sens des unités.

1. ***Blancheur*** : <u>*état*</u> de ce qui est blanc. On parlera de la blancheur des dents ou d'une façade.

2. et **3.** ***Blanchiment*** et **blanchissage** renvoient tous les deux à <u>*l'action*</u> de rendre blanc (ou le résultat de cette action), mais *blanchissage* s'applique au linge alors que *blanchiment* peut être utilisé pour l'action de blanchir un mur, par exemple. Par ailleurs, *blanchiment* a un sens figuré très utilisé qui renvoie au « blanchiment de l'argent sale ».

4. Le **blanchissement**, c'est le fait de <u>*devenir*</u> blanc.

Entrainement 2

Énoncé p. 392

Famille de *grain* (lat. *granum*) : *graine, grainetier, égrainer* et avec un changement de radical : *égrener, grenade, grenier…*

À partir du diminutif, latin *granulum*, la petite graine : *granule, granulé, granulation, granulaire, granuleux, granulométrie, granulométrique…*

Mais aussi *granivore*.

Entrainement 3

Énoncé p. 392

Eau *:* le mot latin **aqua** a abouti, après évolution phonétique, à *eau* qui entre dans des mots composés comme *eau-forte* et à des termes aux radicaux modifiés, *évier* et *aigue* que l'on trouve dans de nombreux noms de lieux *(Aigues-Mortes, aiguière, aigue-marine* directement empruntés à l'occitan*)*.

La série formée directement sur **aqua** est vivace : *aquatique, aquarium, aqueduc, aqueux, aquaplanage, aquicole, aquifère, aquarelle (*via l'italien)… ainsi que celle formée sur **hydro** (grec *hudôr*) : *hydrologie, hydrocution, hydrographie, hydrolyse, hydromètre, hydrophile, hydrosol…*

Entrainement 4

Énoncé p. 392

1. ***Été*** (lat. *aestivalis*) : *estival.*
2. ***Doute*** *(douter* : lat. *dubitare*) : *dubitatif.*
3. ***Mer*** (lat. *mare-maris*) : *maritime.*
4. ***Loi*** (lat. *lex-legis*) : *légal.*
5. ***Ciel*** (lat. *caelum*) : *céleste.*
6. ***Chien*** (lat. *canis*) : *canin.*
7. ***Maitre*** (lat. *magister*) : *magistral.*
8. ***Cœur*** *(*lat. *cor, cordis) : cordial.*

Entrainement 5

Énoncé p. 394

1. ***Isotherme*** est formé à partir de *isos* (égal) et *thermos* (chaud) : de même température. Un sac isotherme constitue une isolation thermique.

2. ***Polyarthrite*** est composé de trois éléments : grec *poly* (nombreux) + grec *arthr-* (articulation) + latin *-ite* (inflammation) = inflammation atteignant simultanément plusieurs articulations.

3. ***Photographie*** est formé à partir de deux éléments grecs, *photos* (lumière) et *graphein* (tracer) : technique permettant de fixer l'image des objets sur une surface rendue sensible à la lumière.

4. On trouve dans ***viticole*** deux éléments latins : *vitis* (la vigne) et *-cole* (qui vient du latin *colere*, cultiver) et qui signifie « relatif à la culture de ». *Viticole* signifie « relatif à la culture de la vigne ». Voir aussi *horticole, agricole, oléicole…*

5. ***Biotechnologie*** : agrégation de trois éléments grecs : *bio-* (la vie), *-techno-* (art, métier), *-logie* (science) : la biotechnologie est l'ensemble des méthodes utilisant les propriétés des êtres vivants pour réaliser des transformations en pharmacie, chimie…

6. ***Électrocardiogramme*** : réunion de trois éléments grecs : *électro-* (électrique), *cardio-* (le cœur), *-gramme* (le trait) : il s'agit du tracé obtenu par enregistrement des phénomènes électriques du cœur.

7. ***Aérophagie*** : mot composé à partir de deux éléments grecs : *aéro-* (air) et *-phage* (qui mange) : c'est un trouble causé par la pénétration d'air dans l'estomac (avaler de l'air).

8. ***Aquifère*** : agrégation de deux éléments latins : *aqua* (eau) et *-fère* (qui porte, qui contient) : *aquifère* signifie « qui contient de l'eau ».

9. ***Incurable*** : ce n'est pas un mot composé mais un *mot dérivé* à partir d'une base latine *-cur-* (soin), assortie du préfixe privatif *in-* et du suffixe adjectival *-able* ; il signifie « qui ne peut être guéri ».

> Il n'est pas nécessaire de connaitre l'étymologie latine ou grecque exacte ni de la donner, mais le sens de l'élément doit être connu, ne serait-ce que par recoupement avec les différents mots connus l'incluant.

Entrainement 6

Énoncé p. 394

De très nombreux mots sont composés à partir de **-logie** (discours) : *géologie, écologie, généalogie, étymologie, graphologie, phonologie, psychologie, spéléologie, radiologie, météorologie…*

FICHE 55

La formation et l'histoire des mots

Étymologie et emprunts

Objectif

- Connaitre l'origine des mots par deux processus, l'étymologie et les emprunts.

voir aussi

Tester ses connaissances

1. **Donnez la signification des éléments suivants, empruntés au grec, et proposez pour chacun un exemple : *hém(at-)o-*, *rachi-*, *entéro-*, *-thérapie*.**
2. **Certains éléments grecs et latins sont en concurrence : donnez la signification et l'équivalent grec des éléments latins suivants : *bi-*, *multi-*. Illustrez vos explications d'un exemple.**

1. *hém(at)o-* (sang) : *hématome*, *hémoglobine*… ; *rachi-* (moelle épinière) : *rachidien* ; *entéro-* (intestin) : *entérologie* ; *thérapie* (traitement) : *phytothérapie* (traitement par les plantes). **2.** *bi-* (deux) : *bilatéral* = *di-* en grec : *diptyque* ; *multi-* (nombreux) : *une multinationale* = *poly* en grec : *un polygone*.

LE COURS

Plusieurs processus permettent d'enrichir le lexique. Mais beaucoup de mots sont hérités de langues anciennes.

1 L'étymologie

L'étymologie permet d'étudier l'état le plus ancien d'un mot à partir de la première occurrence attestée à l'écrit, ce qui fait prendre la mesure des longues évolutions phonétiques et sémantiques.

Le parler gaulois (dont il ne reste qu'une soixantaine de mots) a été éclipsé par le latin, la langue des Romains colonisateurs, celle des soldats et des marchands. Ce latin populaire qui a été lui-même soumis à l'influence des nouveaux envahisseurs germaniques, notamment les Francs, a fourni le fonds le plus important de la langue française. Le français est une langue romane.

Par exemple, du latin *capra* est issu le mot chèvre, du latin *bos-bovis* le terme bœuf, après un passage par la forme *buef* au XIe siècle…

2 L'emprunt

Une langue prend des éléments, directement ou indirectement, à des langues avec lesquelles elle est en contact. C'est ainsi que le latin avait lui-même emprunté au grec beaucoup de termes de l'ordre du quotidien (boutique, chaise, canapé, boite…), de la culture (comédie, tragédie, histoire, drame, poète, philosophie) ou de la religion (évangile, évêque, baptême, église…)[1].

Dès que de nouveaux besoins ont fait leur apparition, le français a emprunté des termes :

- **aux langues anciennes**

– **au grec** directement : par exemple au XVIe siècle, enthousiasme, athée, symptôme… surtout des mots scientifiques : archipel, sphère, œdème, trapèze… et des mots formés sur *céphal-* (tête), *rhino-* (nez), *encéphal-* (cerveau), *oto-* (oreille), *cardio-* (cœur), *gastro-* (estomac) ou encore *-algie* (douleur), *traumat-* (blessure), *-thérapie* (traitement)… dont beaucoup ont été intégrés par le processus de « composition savante ».

1. *Cf.* Henriette Walter, *L'aventure des mots français venus d'ailleurs*, Laffont, 1997.

– **au latin** : c'est pourquoi on dit que la langue française est doublement latine, par héritage et par emprunt. Mais ces emprunts restent très proches du mot latin et ont créé des « doublets », partis du même étymon latin, l'un ayant subi l'évolution phonétique, l'autre étant un décalque de l'étymon. Ainsi *auscultare* a donné ausculter et écouter, *ministerium* ministère et métier ; de *fragilem* sont nés fragile et frêle, de *masticare,* mastiquer et mâcher, *de potionem,* potion et poison… La série empruntée est plus « savante » que l'autre et on peut dater l'emprunt.
Les deux langues anciennes entrent parfois en concurrence : ainsi, *semi* et *demi* d'origine latine sont les équivalents du *hémi-* grec : semi-remorque, demi-heure, hémisphère.
– **à d'autres langues anciennes**, surtout d'origine germanique (notamment le francique) : quelque 500 mots se référant au vocabulaire guerrier comme guerre, guetter, étrier… avec beaucoup de mots commençant par *h* (hache, halle, haine, hargne, héron…), aux sentiments (orgueil, honte…), à la ruralité (blé, gerbe, jardin, roseau, gazon…), aux adjectifs de couleur (brun, gris, blanc…) et les suffixes *-ard* (pleurnichard, richard…) et *-aud* (lourdaud, rougeaud…), auxquels pourraient s'ajouter de très nombreux termes provenant du gallo-roman ou celtique ancien.

- **aux langues modernes**

13 à 15 % de mots courants de la langue française seraient d'origine étrangère, avec les emprunts les plus importants à l'anglais – 25 % du total, plus d'un millier de mots – (dressing, gentleman), 17 % à l'italien (appartement, costume…), mais aussi à l'arabe (algèbre, chiffre, zéro…), à l'allemand (bunker, ersatz, putsch…), à l'espagnol (embarcadère, camarade, cédille…), au néerlandais (matelot, cabillaud…) aux langues slaves (cosaque, tsar… du russe ; pistolet, robot… du tchèque), aux langues asiatiques (kung-fu, litchi… du chinois, aikido, judo… du japonais). Il faudrait ajouter aussi des emprunts aux langues régionales : choucroute (alsacien), rescapé (Nord), jalousie (occitan), vahiné (langue polynésienne).

> **REMARQUE** Les emprunts à l'anglais (anglicismes) ont été si massifs qu'on a parlé même de « franglais », dans les années 1960, et que des recommandations ministérielles ont encouragé l'emploi du mot français quand il existait (*présentateur* pour *speaker*, *oléoduc* pour *pipeline*). Récemment, le mot *e-mail* a été remplacé par le néologisme *courriel*, et certains mots sont « francisés » pour correspondre aux règles et habitudes de la langue française.

Entrainement 1

Comment sont formés les mots suivants ?

1. cardiopathie, encéphalopathie **2.** homonymie, synonymie
3. monosémie, polysémie.

Corrigé p. 399

Entrainement 2

Donnez la signification des éléments suivants, empruntés au grec, et un exemple d'un mot construit à partir de chacun d'eux.

1. *septi-* **2.** *-manie* **3.***-rragie* **4.** *chiro-* **5.***-algie.*

Corrigé p. 399

Entrainement 3

Donnez une quinzaine de mots empruntés à l'anglais et couramment employés.

Corrigé p. 399

Entrainement 4

Certains éléments grecs et latins sont en concurrence : donnez la signification et l'équivalent grec, avec un exemple, des éléments latins suivants.

1. *quint-* **2.** *maxi-* **3.** *mini-*.

Corrigé p. 399

À retenir

- L'étymologie permet de remonter à l'origine d'un mot.
- Le français a emprunté des mots au latin, au grec, au francique, à l'italien, à l'anglais...

Corrigés

Entrainement 1

Énoncé p. 398

1. Cardiopathie et **encéphalopathie**, trois éléments grecs : *cardio-* (cœur), *encéphalo-* (cerveau) et *-pathie* (maladie) : *cardiopathie* désigne de manière générique toute maladie du cœur et *encéphalopathie*, toute affection du cerveau.

2. *Homonymie* et **synonymie**, trois éléments grecs : *-onyme* (nom) devant lequel sont placés *homo-* (semblable, identique) et *syn-* (*sún*, avec, ensemble).

3. *Monosémie* et **polysémie**, trois éléments grecs : *sém* (signe) devant lequel sont placés *mono-* (*mónos*, seul) et *poly-* (grec, *polus*, nombreux, plusieurs). Tous ces mots sont formés avec le suffixe *-ie*.

Entrainement 2

Énoncé p. 398

1. septi-, infection : *septicémie* ;

2. -manie, obsession, folie : *cleptomanie* ;

3. -rragie, écoulement : *hémorragie* ;

4. chiro-, main : *chiromancie* ;

5. -algie, douleur : *névralgie* (douleur des nerfs).

Entrainement 3

Énoncé p. 398

best of, lifting, stock, docker, plaid, reporter, raid, spleen, casting, clip, remake, streaming, designer, badge, hold-up, dealer, brushing, flash, week-end, parking, play list...

Entrainement 4

Énoncé p. 399

1. quint- (*cinq*, en latin) : *des quintuplés* = *pentag-* en grec : *pentagone* ;

2. maxi- (*grand*, en latin) : *maximum* = *macro* en grec (à l'origine, *long et mince* mais a pris le sens de *grand*) : *macromolécule* mais aussi *méga* en grec (*grand*) : *mégalopole* ;

3. mini- (*petit*, en latin) : *minijupe* = *micro* en grec : *micro-climat*.

Exercice 1

Donnez au moins trois sens du mot *dépression*, en prenant soin de changer de domaine.

Corrigé p. 406

Exercice 2

1. Expliquez le sens du verbe *dépasser* dans la phrase suivante et donnez un synonyme.

2. Trouvez trois autres sens ; donnez pour chacun un synonyme et une phrase en exemple.

Mais on ne se contentait pas de l'espionner, on venait l'insulter, cela dépassait la mesure. (Émile Zola, *Le Ventre de Paris*, 1873.)

Corrigé p. 406

Exercice 3

1. Quel est le sens du verbe *dérober* dans la phrase suivante ?

2. Faites deux phrases avec le verbe *dérober* à la forme pronominale, pour faire apparaitre deux autres sens, en faisant varier l'environnement.

Quand [Jean Valjean] fut assis, il profita d'une pile de cartons qui était sur le bureau des juges pour dérober son visage à toute la salle. (Victor Hugo, *Les Misérables*, 1862.)

Corrigé p. 406

Exercice 4

Quel est le sens du mot *pauvre* dans les phrases suivantes ?

1. C'est un pauvre enfant.
2. C'est un enfant pauvre.
3. Ces biscottes sont pauvres en sel.
4. Cette terre est trop pauvre pour être cultivée.
5. Elle se plaint du vocabulaire trop pauvre de certains élèves.

Corrigé p. 406

Exercice 5

Explorez la polysémie de l'adjectif *généreux*, en trouvant pour chaque emploi un synonyme et un antonyme.

1. un homme généreux 2. une terre généreuse 3. un vin généreux 4. un repas généreux 5. des formes généreuses 6. une estimation généreuse.

Corrigé p. 406

Exercice 6

Même consigne avec l'adjectif *dur*.

1. un lit dur. 2. un homme dur à la douleur. 3. un hiver dur. 4. une personne dure. 5. un regard dur. 6. du pain dur. 7. une viande dure. 8. une eau dure. 9. un bois dur. 10. un problème dur. 11. une montée dure. 12. des règles dures.

Corrigé p. 407

Exercice 7

Expliquez le sens de la locution *courir le cachet*. Explorez les différents sens du mot *cachet*.

Son père était un vieux professeur de mathématiques brutal et qui gasconnait ; point marié, courant le cachet malgré l'âge. (Victor Hugo, *Les Misérables*, 1862.)

Corrigé p. 407

Exercice 8

Inventez des phrases faisant apparaitre le sens propre et au moins un sens figuré des mots suivants.

1. ouvert **2.** fertile **3.** chaud.

Corrigé p. 407

Exercice 9

Donnez au moins trois expressions figées contenant l'adjectif *froid*.

Corrigé p. 407

Exercice 10

Trouvez un synonyme pour chacun des termes ou groupes soulignés.

1. Il faut arrêter de tergiverser. **2.** Il agit toujours avec vigueur. **3.** C'était une année faste. **4.** Il a recueilli toutes sortes d'informations. **5.** Il a été irrévérencieux à l'égard de son professeur. **6.** Son état s'aggrave. **7.** Il a un caractère à l'emporte-pièce.

Corrigé p. 408

Exercice 11

Trouvez un synonyme pour chacun des termes ou groupes soulignés.

1. Il a procédé à plusieurs interviews. **2.** C'était un spectacle apocalyptique. **3.** Il veut toujours aller à rebours des avis des autres. **4.** Il a versé une obole à l'association. **5.** Il s'est senti outragé par cette remarque. **6.** Il essaie quand même d'être objectif. **7.** Il est trop geignard. **8.** La fatigue ralentissait son esprit.

Corrigé p. 408

Exercice 12

Quel est le sens de *nauséabond* ? Donnez deux synonymes de cet adjectif.

Les jours de ciel gris, la petite pièce restait toute noire ; c'était comme un long crépuscule, au fond d'un marais nauséabond. (Émile Zola, *Le Ventre de Paris*, 1873.)

Corrigé p. 408

Exercice 13

Que signifie le mot *obscur* dans cette phrase ? Donnez d'autres sens.

Obéissait-il simplement à une sorte d'impulsion instinctive et obscure pour lui-même ? (Victor Hugo, *Les Misérables*, 1862.)

Corrigé p. 408

Exercice 14

Quel est le sens de *rompre* dans cette phrase ? Donnez d'autres environnements lexicaux permettant de garder le même sens que dans *rompre le silence*.

Javert fit deux ou trois pas dans le cabinet, et s'arrêta sans rompre le silence. (Victor Hugo, *Les Misérables* , 1862.)

Corrigé p. 408

Exercice 15

Complétez ce jeu de mots avec la forme correspondant au [sɛ̃] juste.

Cinq … … de corps et d'esprit et … de leur cordon, portaient sur leur … le … du …-Père.

Corrigé p. 408

Exercice 16

Elle avait les mains hâlées et toutes piquées de taches de rousseur, l'index durci et déchiqueté par l'aiguille, une mante brune de laine bourrue, une robe de toile et de gros souliers. C'était Fantine. (Victor Hugo, *Les Misérables*, 1862.)

1. Quel est le sens du mot *mante* dans le contexte ? Donnez deux homonymes de ce mot.

2. Quel est le sens de *bourru* ? Donnez son sens figuré.

Corrigé p. 408

Exercice 17

1. Quel est l'hyperonyme qui pourrait englober la liste « cabillauds, aigrefins, carrelets, plies, limandes » ?

2. Donnez un homonyme de *plies*.

3. Donnez deux synonymes de *gluantes*.

4. Expliquez l'expression *bleu de vase*.

Pêle-mêle, au hasard du coup de filet, les algues profondes, où dort la vie mystérieuse des grandes eaux, avaient tout livré : les cabillauds, les aigrefins, les carrelets, les plies, les limandes, […], les congres, ces grosses couleuvres d'un bleu de vase, aux minces yeux noirs, si gluantes qu'elles semblent ramper, vivantes encore. (Émile Zola, *Le Ventre de Paris*, 1873.)

Corrigé p. 408

Exercice 18

1. Identifiez les champs lexicaux dominants dans cet extrait.

2. Expliquez le sens du mot *rayons* dans le contexte.

3. Comment est composé le mot *bibliothèque* ?

4. Quel est le sens de *oreillettes* dans le contexte de la phrase ? Donnez deux autres sens.

5. Trouvez dans le texte un synonyme du mot *lutrin*.

Des Esseintes n'eut pas de longues recherches à opérer, le seul luxe de cette pièce devant consister en des livres et des fleurs rares ; il se borna, se réservant d'orner plus tard de quelques dessins ou de quelques tableaux les cloisons demeurées nues, à établir sur la majeure partie de ses murs des rayons et des casiers de bibliothèque en bois d'ébène, à joncher le parquet de peaux de bêtes fauves et de fourrures de renards bleus, à installer près d'une massive table de changeur du XVe siècle, de profonds fauteuils à oreillettes et un vieux pupitre de chapelle, en fer forgé, un de ces antiques lutrins sur lesquels le diacre plaçait jadis l'antiphonaire et qui supportait maintenant l'un des pesants in-folios.

Joris Karl Huysmans, *À rebours*, 1884.

Corrigé p. 409

Exercice 19

Repérez les figures de style présentes dans les phrases suivantes.

1. Il découvrit de nouveaux visages. **2.** Il a mangé toute la boite. **3.** Il brule d'admiration pour le chef. **4.** La maisonnette était nichée dans un coin de la vallée.

Corrigé p. 409

Exercice 20

Identifiez les figures de style présentes dans les phrases suivantes.

1. Tu n'as rien à craindre sous mon toit.

2. Il avait à subir les intolérables consolations de la pharmacie. (Gustave Flaubert, *Madame Bovary*, 1857.)

3. Oui, messieurs, un lourdaud, un animal, un âne (La Fontaine, *Fables*, « Le charlatan », 1668.)

4. On dit de certaines gens qu'ils ont la main lourde ; cet honnête homme ne l'avait pas légère. (Marivaux, *Le Paysan parvenu*, 1734.)

5. Et sur la cité, monstre aux écailles de toits

Le silence descend, doux comme une paupière. (Albert Samain, *Le chariot d'or*, 1900.)

6. Tout est malade ; dans la brume

L'air s'enroue et l'arbre s'enrhume. (Victor Hugo)

7. Les moissonneurs posant leurs faucilles lassées

S'endorment sur un lit de gerbes entassées. (Guyot Desfontaines)

8. C'était toute l'auberge qui déménageait, l'un en caleçon, l'autre en chemise. (Victor Hugo, *Le Rhin, lettres à un ami*, 1812.)

9. Ils chantaient, ils allaient, l'âme sans épouvante

Et les pieds sans souliers ! (Victor Hugo, *Les Châtiments*, « À l'obéissance passive », 1853.)

10. Paris a froid Paris a faim
Paris ne mange plus de marrons dans la rue
Paris a mis de vieux vêtements de vieille
Paris dort tout debout sans air dans le métro (Paul Éluard, *Au rendez-vous allemand*, 1944.)

Corrigé p. 409

Exercice 21

1. Commentez le sens du verbe *serrer* dans le groupe *serrer le sens*.

2. Relevez tous les éléments de la métaphore filée et expliquez-la.

Ce qui commande chez un écrivain l'efficacité dans l'emploi des mots, ce n'est pas la capacité d'en serrer de plus près le sens, c'est une connaissance presque tactile du tracé de leur clôture et plus encore de leurs litiges de mitoyenneté. Pour lui, presque tout dans le mot est frontière et presque rien n'est contenu.

Julien Gracq, *En lisant, en écrivant*, José Corti, 1980.

Corrigé p. 410

Exercice 22

1. **Quels sont les deux grands champs lexicaux de cet extrait ? Relevez les éléments faisant partie de chacun d'eux.**

2. **Relevez dans le texte des figures de style et identifiez-les.**

Le spectacle était épouvantable et charmant. Gavroche, fusillé, taquinait la fusillade. Il avait l'air de s'amuser beaucoup. C'était le moineau becquetant les chasseurs. Il répondait à chaque décharge par un couplet. On le visait sans cesse, on le manquait toujours. Les gardes nationaux et les soldats riaient en l'ajustant. Il se couchait, puis se redressait, s'effaçait dans un coin de porte, puis bondissait, disparaissait, reparaissait, se sauvait, revenait, ripostait à la mitraille par des pieds de nez, et cependant pillait les cartouches, vidait les gibernes et remplissait son panier. Les insurgés, haletants d'anxiété, le suivaient des yeux. La barricade tremblait ; lui, il chantait. Ce n'était pas un enfant, ce n'était pas un homme ; c'était un étrange gamin fée. On eût dit le nain invulnérable de la mêlée. Les balles couraient après lui, il était plus leste qu'elles.

Victor Hugo, *Les Misérables*, 1862.

Corrigé p. 410

Exercice 23

Analysez la formation des mots suivants.

1. désaveu **2.** immigration **3.** involontairement **4.** toussoter **5.** mâchonner.

Corrigé p. 411

Exercice 24

Classez les mots soulignés du passage suivant, en fonction de leur type de formation.

L'écriture avait donc fait son apparition chez les Nambikwara ; mais non point, comme on aurait pu l'imaginer, au terme d'un apprentissage laborieux. Son symbole avait été emprunté tandis que sa réalité demeurait étrangère. Et cela, en vue d'une fin sociologique plutôt qu'intellectuelle. Il ne s'agissait pas de connaitre, de retenir ou de comprendre, mais d'accroître le prestige et l'autorité d'un individu – ou d'une fonction – aux dépens d'autrui. Un indigène encore à l'âge de pierre avait deviné que le grand moyen de comprendre, à défaut de le comprendre, pouvait au moins servir à d'autres fins. Après tout, pendant des millénaires et même aujourd'hui dans une grande partie du monde, l'écriture existe comme institution dans des sociétés dont les membres, en immense majorité, n'en possèdent pas le maniement.

Claude Lévi-Strauss, *Tristes tropiques*, Plon, 1955.

Corrigé p. 411

Exercice 25

1. **Donnez le sens de l'adjectif *urbain* dans ce contexte. Comment est-il formé ? Donnez trois mots de sa famille, un synonyme et un antonyme.**

2. **Dites comment est formé le mot *scolarisation*. Donnez six mots de la famille.**

Avant, l'écrivain public était une figure classique de la sociabilité urbaine. La scolarisation a éliminé peu à peu cette profession.

Corrigé p. 411

Exercice 26

Analysez la composition des mots suivants et expliquez leur sens.

1. entomophage, carnivore, homonyme, orthophoniste.

2. sang-froid, boite aux lettres, périscolaire, hypertexte.

3. déicide, suicide.

Corrigé p. 412

Exercice 27 Questionnaire récapitulatif en 20 points

1. Citez des hyponymes de *bijou*.

2. Quel est l'hyperonyme de *sujet*, *complément d'objet*, *attribut* ?

3. Donnez cinq hyponymes de *sentiment*.

4. Quel est l'hyperonyme de : *peur*, *joie*, *tristesse*, *surprise* ?

5. Complétez la phrase suivante avec l'hyperonyme adéquat :
Le décorateur a exploré toute la gamme du … : l'écarlate, le vermillon, le cramoisi.

6. Complétez la phrase avec cinq hyponymes :
Les musiciens de l'orchestre – 1…, 2…, 3…, 4…, 5… – *furent ovationnés.*

7. Dans la phrase : *On lui fit visiter la ville, ses marches, ses monuments, ses magasins*, est-ce que le mot *ville* est un hyperonyme ? Justifiez.

8. Quel est le rapport lexical entre *chant* et *champ* ?

9. Quel est le rapport lexical entre *inclinaison* et *inclination* ?

10. Quel est le rapport lexical entre les deux mots soulignés :
Un homme trop <u>influent</u> est dangereux et *Les astres <u>influent</u> sur nos humeurs.*

11. Identifiez le champ suivant : *patriotisme*, *darwinisme*, *mimétisme*, *libéralisme*.

12. Identifiez le champ suivant : *ouvrage*, *maquette*, *délai*, *composition*, *écrire*, *librairie*.

13. Identifiez le champ suivant : *éditer*, *éditeur*, *éditorial*, *rééditer*, *éditorialiste*, *édito*.

14. Expliquez les mots *mégalithe* et *analphabétisme* à partir de leur composition.

15. Comment sont formés les groupes soulignés ?
<u>Le beau</u> et <u>le laid</u> varient suivant les cultures ?

16. Constituez le champ lexical de la lumière (une dizaine de termes).

17. Donnez des mots de la famille de *musique*.

18. Identifiez les figures de style.
Déjà la nuit en son parc amassait
Un grand troupeau d'étoiles vagabondes. (Joachim du Bellay, *L'Olive*, 1550.)

19. Même consigne.
À l'enterrement, s'étaient déplacées toutes les têtes couronnées d'Europe.

20. Même consigne.
Il n'y a pas d'amour qui ne soit à douleur
Il n'y a pas d'amour dont on ne soit meurtri
Il n'y a pas d'amour dont on ne soit flétri (Louis Aragon, *La Diane française*, 1945.)

Corrigé p. 412

Corrigés

Exercice 1

Énoncé p. 400

Le mot *dépression* change de sens, suivant le domaine d'emploi. En géographie, il s'agit d'une partie en creux par rapport à une surface (dépression du sol) ; en météorologie, d'une masse atmosphérique sous basse pression ; en médecine, d'un état pathologique marqué par de la tristesse (dépression nerveuse) ; en économie, d'une crise, d'une récession.

Exercice 2

Énoncé p. 400

1. Dans cette phrase, le verbe *dépasser* signifie « aller au-delà d'un point considéré comme une limite, un repère, une mesure », donc, outrepasser un stade. Au-delà de l'espionnage viennent les insultes. Mais « dépasser la mesure » est aussi une expression signifiant : « C'est un comble ! »

2. D'autres sens sont possibles : *Cet arbre dépasse tous les autres* = est plus haut. *Il faut dépasser ce camion* = doubler. *Il a dépassé la ligne d'arrivée* = il a franchi, il a atteint. *La durée du spectacle ne doit pas dépasser deux heures* = excéder deux heures. *Son attitude agressive me dépasse* = me déconcerte, me déroute.

Exercice 3

Énoncé p. 400

1. Dans cette phrase, le verbe *dérober* n'est pas employé dans le sens propre, « voler, prendre sans se faire voir » mais dans un sens figuré et littéraire, « cacher, dissimuler ».

2. Le verbe peut être employé pronominalement, avec un complément d'objet : *Il s'est dérobé à ses obligations* (il esquive / il fuit ses responsabilités) mais aussi sans complément : *Le cheval se dérobe devant l'obstacle* (il refuse de le franchir).

Exercice 4

Énoncé p. 400

Pauvre : on voit que l'antéposition ou la postposition de l'adjectif suffit à activer un sens différent pour **1.** et **2.**

1. *Un pauvre enfant* est un enfant malheureux (pour toutes sortes de raisons, dont le manque de ressources, mais pas nécessairement). **2.** *Un enfant pauvre* est un enfant qui manque d'argent, de moyens financiers. **3.** Des aliments *pauvres en sel* contiennent peu de sel ou manquent de sel.

Dans certains contextes comme en **4.** (*terre pauvre*), le sens va du côté de « qui produit peu », « qui est peu fécond » ; dans d'autres, comme **5.** *vocabulaire pauvre*, du côté de « insuffisant, médiocre, lacunaire ». Notez que, malgré la multiplicité des sens, *riche* est l'antonyme qui correspondrait aux acceptions **2.**, **3.**, **4.** : *des enfants, des aliments, des terres riches.* Pour **1.**, l'antonyme serait *heureux.*

Exercice 5

Énoncé p. 400

L'adjectif *généreux* a toutes sortes d'acceptions qui apparaissent dans des contextes différents ; à chaque acception, se rattachent des synonymes et des antonymes différents. L'antonymie, comme la synonymie, ont à voir avec la polysémie du mot et ne peuvent être trouvées que par rapport à un contexte déterminé.

Groupe nominal	Synonymes	Antonymes
un homme généreux	*prodigue, charitable*	*avare, avaricieux*
une terre généreuse	*fertile, productive*	*improductive, stérile*
un vin généreux	*riche, fort en alcool*	*léger, pauvre en alcool*
un repas généreux	*copieux*	*léger*
des formes généreuses	*épanouies, opulentes*	*sèches, maigres*
une estimation généreuse	*large, sur-évaluée*	*limitée, sous-évaluée*

Exercice 6

Énoncé p. 400

L'adjectif *dur* est polysémique et suivant les acceptions, les synonymes et les antonymes varient : **1.** *un lit dur* = rigide // souple. **2.** *un homme dur à la douleur* = endurant // délicat, douillet. **3.** *un hiver dur* = rigoureux // clément, doux. **4.** *une personne dure* = insensible, intraitable, sévère // souple, gentille, accommodante. **5.** *un regard dur* = méchant, très froid // doux, affable, bienveillant, gentil **6.** *du pain dur* = sec // frais. **7.** *une viande dure* = coriace // tendre. **8.** *une eau dure* = calcaire // douce. **9.** *un bois dur* = résistant // tendre. **10.** *un problème dur* = difficile, compliqué, complexe // facile, simple. **11.** *une montée dure* = éprouvante, pénible, raide // aisée.

Exercice 7

Énoncé p. 401

« Courir le cachet » signifiait pour un professeur, au XIXe siècle : « chercher à donner des leçons » ; actuellement, l'expression s'applique à d'autres professions (les artistes, notamment), avec un sens plus large : chercher un engagement.

Le mot est polysémique : **1.** Tampon portant des indications (cachet d'une entreprise, de la poste) ; **2.** *Hist.* : sceau gravé dans de la cire (lettre de cachet). **3.** Style, beauté (Ce village a du cachet.). **4.** Préparation en pharmacie (glissement sur la base de la forme) **5.** Rétribution pour un spectacle.

Exercice 8

Énoncé p. 401

1. ***Ouvert*** signifie, au sens propre, « qui laisse un passage, qui n'est pas fermé » mais on parle aussi d'un *espace ouvert* (accessible), d'un *esprit ouvert* (éveillé, pénétrant, vif), d'un *visage ouvert* (aimable, souriant)…

2. ***Fertile*** : au sens propre, se dit d'un sol productif, qui produit beaucoup de végétaux et d'une femelle capable de faire des petits. Au sens figuré, le sens est toujours « qui produit beaucoup de » mais appliqué à des éléments abstraits : *un voyage fertile en évènements, une imagination fertile* (riche, débordante).

3. ***Chaud*** : c'est un adjectif très polysémique avec un emploi au sens propre (qui produit de la chaleur) mais aussi de nombreux sens figurés : *de chauds admirateurs, partisans* (enthousiastes, chaleureux, passionnés), *une discussion chaude* (animée), *un point chaud* (avec un risque de conflit) ; la métaphore sous-jacente est celle du feu de la passion, des sentiments et des idées ; mais on parle aussi d'une *voix chaude* (grave et bien timbrée), *des couleurs chaudes*, …

Exercice 9

Énoncé p. 401

Expressions avec l'adjectif *froid* : *garder la tête froide, garder son sang-froid, battre froid quelqu'un, manger froid, rester froid devant le danger, sueur froide…*

Exercice 10

Énoncé p. 401

1. ***tergiverser*** = hésiter. **2.** *avec* ***vigueur*** = énergie, fermeté. **3.** *une année* ***faste*** = bénéfique, favorable, heureuse. **4.** *Il a* ***recueilli*** = récolté, collecté... **5.** *Il a été* ***irrévérencieux*** = impertinent, insolent. **6.** *Son état* ***s'aggrave*** = empire. **7.** *un caractère à* ***l'emporte-pièce*** = mordant, incisif, entier.

Exercice 11

Énoncé p. 401

1. *plusieurs* ***interviews*** = entretiens. **2.** *un spectacle* ***apocalyptique*** = catastrophique, épouvantable. **3.** *Il veut toujours aller* ***à rebours*** = à contre-courant, à contresens. **4.** *une* ***obole*** = un don. **5.** *Il s'est senti* ***outragé*** = offensé (***fâché*** est trop faible). **6.** *Il essaie toujours d'être* ***objectif*** = impartial. **7.** ***geignard*** = pleurnichard. **8.** *La fatigue* ***ralentissait*** = engourdissait son esprit.

Exercice 12

Énoncé p. 401

nauséabond : qui sent très mauvais. Il s'agit d'une comparaison entre une pièce étroite, mal orientée, mal aérée dont l'auteur compare l'odeur à celle dégagée par l'eau stagnante d'un marais. Deux synonymes : *pestilentiel, fétide.*

Exercice 13

Énoncé p. 401

L'adjectif n'est pas employé au sens propre (« sombre ») mais dans un sens figuré : il s'agit d'une impulsion difficile à expliquer. D'autres sens : *déchiffrer des propos obscurs* (peu clairs, sibyllins, indéchiffrables, hermétiques), *un obscur poète* (inconnu), *une vie obscure* (simple, humble).

Exercice 14

Énoncé p. 401

Rompre n'a pas ici son sens propre (« briser, casser concrètement quelque chose en deux ou plusieurs parties »), mais signifie « faire cesser » ; le sens figuré, appliqué à des éléments abstraits, signifie « interrompre quelque chose, cesser de respecter un engagement » : *rompre une relation, un traité, un contrat, un jeûne...*

Exercice 15

Énoncé p. 402

Cinq ***saints sains*** *de corps et d'esprit et* ***ceints*** *de leur cordon, portaient sur leur* ***sein*** *le* ***seing*** *du* ***Saint-****Père.*

Exercice 16

Énoncé p. 402

1. Il s'agit dans le texte d'une cape ample, portée par les femmes, à une certaine époque. Le sens se déduit des indices donnés (*de laine bourrue*) ; le terme n'est plus employé car le vêtement n'est plus utilisé. Le mot appartient à la même famille que *manteau.* Un homonyme homographe : la *mante* religieuse (l'insecte) et un homonyme non homographe : *menthe.*

2. Le sens figuré (*une personne bourrue* : rude, peu aimable) est finalement plus connu que le sens propre employé ici : une laine bourrue est un tissu qui a la grossièreté de la bourre (déchets du peignage des matières textiles comme la laine et le coton.) Fantine est habillée, de manière rudimentaire, avec des habits de très mauvaise qualité.

Exercice 17

Énoncé p. 402

1. hyperonyme : *poisson* ; la liste est constituée d'hyponymes de ce mot générique. Les cabillauds, les aigrefins, les carrelets... sont des poissons. **2.** Homonyme : *le pli.*

3. Synonymes de *gluantes* : *visqueuses, poisseuses, collantes.* **4.** Il s'agit d'une métaphore : les congres ont le même bleu glauque que celui de la vase.

Exercice 18

Énoncé p. 402

1. Un certain nombre de mots se regroupent autour de la notion de :
- **livre** (annoncé d'ailleurs dès la première phrase comme thème titre) : *rayons et casiers de bibliothèque, antiphonaire* (livre liturgique contenant les chants utilisés pendant la messe), *in-folios* ;
- **l'ancienneté** : *table du XV*[e]*, vieux* (pupitre), *antique* (lutrin), *jadis, antiphonaire* ;
- **la religion** : *chapelle, lutrin, diacre, antiphonaire* ;
- **l'animal** : *peau, bête fauve, fourrure, renard.*

Les adjectifs (*rare, massif, profond, pesant*) n'entrent pas dans un champ particulier mais expriment une certaine recherche dans le raffinement et le gout du luxe.

2. ***Rayons***, ici, fait référence aux étagères de rangement, aux tablettes sur lesquelles les livres sont posés. Mot de la famille : *rayonnage.*

3. Le mot ***bibliothèque*** est formé par composition savante à partir de deux éléments grecs : *biblio-* qui signifie « livre » et *-thèque* qui signifie « armoire, coffre, réceptacle ». Une bibliothèque est donc un endroit où l'on met les livres. Comme pour *bureau*, les sens évoluent par métonymie du meuble vers la salle ou l'édifice dans lesquels sont conservés les livres ; ils s'élargissent ensuite à la collection de livres (*organiser sa bibliothèque*) et enfin, à l'ensemble des livres publiés par un éditeur reliés par un trait commun (*la Bibliothèque rose*).

4. ***Oreillettes*** est un mot polysémique. Dans le texte, il désigne des fauteuils dont le dossier, en haut, possède deux courtes avancées, encadrant les oreilles et qui permettent de poser la tête, de côté. Un chapeau peut aussi présenter ces oreillettes. Le mot renvoie également aux cavités cardiaques (*oreillettes et ventricules*) et plus récemment, à un petit récepteur qui s'adapte à l'oreille pour entendre des discours à distance (*l'oreillette du journaliste*).

5. Le mot ***lutrin*** est en fait un pupitre sur lequel on dépose les livres de chants à l'église ; le mot simple *pupitre* est donné dans un premier temps et son sens est repris par l'apposition « un de ces antiques lutrins... »

Exercice 19

Énoncé p. 403

1. Synecdoque : *visages* pour *personnes* (la partie pour le tout).

2. Métonymie : le contenant pour le contenu (toute la boite à la place des chocolats).

3. Métaphore : *bruler* montre l'intensité du sentiment assimilé à un feu dévorant.

4. Métaphore avec comme image sous-jacente, celle d'un oiseau protégé dans son nid, dans un espace resserré.

Exercice 20

Énoncé p. 403

1. ***Tu n'as rien à craindre sous mon <u>toit</u>.*** Synecdoque : la partie (le toit) pour le tout (la maison).

2. ***Il avait à subir les intolérables consolations* de la pharmacie.** **Oxymore** : association de deux termes de connotations opposées, l'une négative (*intolérables*), l'autre positive (*consolations*).

3. ***Oui, messieurs, un lourdaud, un animal, un âne*** : **gradation ascendante**, en rythme ternaire, vers l'élément le plus important (l'âne).

4. ***On dit de certaines gens qu'ils ont la main lourde ; cet honnête homme ne l'avait pas légère.*** **Litote** : en fait, l'homme a la main lourde.

5. ***Et sur la cité, monstre aux écailles de toits / Le silence descend, doux comme une paupière.*** Dans le premier vers, **métaphore** : la cité est assimilée à un monstre vu d'en haut avec une carapace dont les toits forment les écailles. Dans le second, **comparaison** entre le silence et la paupière au moyen du terme comparatif comme, comparaison motivée par un élément commun, la douceur.

6. ***Tout est malade ; dans la brume / L'air s'enroue et l'arbre s'enrhume.*** Deux figures : une **personnification** (Hugo attribue à l'air une maladie humaine) et **allitération** en [ʀ] dans le 2e vers.

7. ***Les moissonneurs posant leurs faucilles lassées / S'endorment sur un lit de gerbes entassées.*** Une **hypallage** : *lassées* devrait s'appliquer aux moissonneurs et non à leurs outils.

8. ***C'était toute l'auberge qui déménageait, l'un en caleçon, l'autre en chemise.*** **Métonymie** : l'auberge (contenant) à la place des personnes (contenu) qui y logent.

9. ***Ils chantaient, ils allaient, l'âme sans épouvante / Et les pieds sans souliers » !*** **Zeugme** avec association dans la même construction syntaxique d'éléments peu compatibles sémantiquement, l'âme et les pieds, l'épouvante et les souliers.

10. ***Paris a froid Paris a faim / Paris ne mange plus de marrons dans la rue / Paris a mis de vieux vêtements de vieille / Paris dort tout debout sans air dans le métro.*** Plusieurs figures : une **anaphore** (répétition de *Paris* au début de chaque vers), une **métonymie** (Paris à la place de ses habitants, les Parisiens), un polyptote (*vieux/vieille*).

Exercice 21

Énoncé p. 403

1. Dans le groupe *serrer le sens*, *serrer* est pris au sens figuré ; ce verbe s'applique généralement à des objets concrets ; il s'agit ici d'une acception particulière signifiant « approcher le plus possible le sens » d'un terme.

2. Suit une métaphore filée qui se développe sur plusieurs images : « tracé de leur clôture, litiges de mitoyenneté, frontière ». Elles renvoient aux rapports qu'entretiennent les mots les uns avec les autres. *Clôture, mitoyenneté, frontière* se réfèrent au champ lexical des limites spatiales entre des territoires. Chaque mot a une zone d'intervention sémantique : il délimite donc des emplois particuliers que les autres n'ont pas mais par certaines acceptions, il entre en concurrence (*en litige*) avec celles d'une autre unité.

Exercice 22

Énoncé p. 404

1. Les deux champs lexicaux principaux et antithétiques sont ceux du **jeu** (*taquinait, s'amuser, un couplet, riaient, bondissait, pieds de nez*) et du combat et de la mort (*fusillé, fusillade, décharge, visait, en l'ajustant, il se couchait, mitraille, cartouches, vidait les gibernes*) avec le rapprochement saisissant du groupe *riaient en l'ajustant*. Insouciance d'un côté, danger mortel, de l'autre. En fait, jeu mortel. D'un côté, un enfant, *un moineau*, un *étrange gamin fée* ; de l'autre, des *chasseurs*, *gardes nationaux* et *soldats*.

2. Le texte fourmille de figures de style : **métaphores** ou périphrases métaphoriques (*le moineau becquetant les chasseurs, étrange gamin fée, le nain invulnérable de la mêlée*), **accumulation** (*Il se couchait, puis se redressait* ... 12 verbes se suivent), **métonymie** (la barricade pour les insurgés qui sont derrière la barricade), **l'antithèse** (*épouvantable et charmant à la fois ; on le visait, on le manquait ; la barricade tremblait, lui, il chantait*), le **polyptote** (*fusillé / fusillade*), **la personnification** (*les balles couraient*), l'allitération en [f] (*l'enfant feu follet*)...

Exercice 23

Énoncé p. 404

1. ***Désaveu***, deux morphèmes : le préfixe *dés-* (une des formes du préfixe allomorphe *dé-* lorsqu'il est suivi d'une voyelle) à valeur négative + le nom *aveu*.

2. ***Immigration*** : trois morphèmes : au verbe *migrer* est ajouté le préfixe *im-* (une des formes du préfixe allomorphe *in-* qui s'écrit *im-* devant le *m*, *p* et *b*) ; au radical du verbe *immigrer* (*immigr-*) est ajouté le suffixe nominal *-ation* qui exprime une action ou le résultat d'une action

3. ***Involontairement*** : quatre morphèmes : au radical du nom *volonté*, sont ajoutés un suffixe adjectival *-aire* et le suffixe adverbial *-ment*, ainsi que le préfixe *-in* qui indique la négation.

4. ***Toussoter*** : trois morphèmes : le radical verbal *touss-* + le suffixe verbal *-ot-* (qui indique la répétition d'une action) + le morphème de l'infinitif *-er*.

5. ***Mâchonner*** : radical verbal *mâch-* + le suffixe verbal *-onn-* (qui a une valeur diminutive) et le morphème verbal *-er*.

Exercice 24

Énoncé p. 404

L'examen du corpus permet de trouver :
- **des cas de préfixation :**
  - *retenir* : préfixe **re** + *tenir* ;
  - *accroitre* : préfixe **ac-** (forme adaptée du préfixe **a-** au radical qui commence par *c*) + *croitre* ;
- **des cas de suffixation nominale avec de multiples suffixes** : **-ure** : *écriture*, **-tion** : *fonction, institution ;* **-age** *: apprentissage* ; **-ité**, **-été** : *réalité, autorité, société, majorité ;* **-aire** : *millénaire ;* **-ie** : *partie ;* **-ment** : *maniement ;*
- **des cas de suffixation adjectivale avec quatre suffixes** : **-eux/-euse** : *laborieux ;* **-er/ère** : *étranger-étrangère* ; **-ique** : *sociologique* ; **-el/-elle** : *intellectuelle.*

Exercice 25

Énoncé p. 404

1. ***Urbain*** signifie « qui appartient à la ville ». *Urbain* est un adjectif qualificatif construit à partir du radical latin *urb-* auquel est ajouté le suffixe adjectival *-ain/aine*. Autour de l'étymon latin (*urbs, urbis, la ville*), s'est développée toute une famille comme *urbanisme, urbaniser, urbanisation, interurbain, suburbain*... Le mot *urbain* est si proche de l'étymon qu'on peut faire l'hypothèse qu'il s'agit d'une famille savante avec emprunt tardif au latin ; si la famille était populaire, le mot aurait été altéré phonétiquement au cours des siècles. Pour trouver un synonyme, il faut aller chercher dans une autre famille. *Citadin* conviendrait bien ; il est issu de l'étymon latin *civitas*

(« ensemble de citoyens » puis « *ville* »). La famille de *ville* (du latin *villa*) n'a produit aucun adjectif qui puisse entrer en concurrence avec *urbain* et *citadin*. L'antonyme est *rural* : « qui appartient à la campagne ».

2. ***Scolarisation*** : il s'agit d'un mot construit par dérivation : à partir du radical savant *scolar-* (qui vient de l'étymon latin *schola*, emprunté au grec *scholê* qui signifie « repos, loisirs ») est créé le verbe *scolariser* (avec le suffixe verbal *-is-*) ; au radical de ce verbe, est ajouté le suffixe nominal *-ation*.

La famille savante autour de l'étymon latin *schola : scolaire, scolairement, scolarité, scolariser, interscolaire, déscolarisation, parascolaire, postscolaire*… s'est ajoutée à la famille populaire autour du mot qui résulte de l'évolution phonétique normale : *école, écolier, écolière,* famille moins vivace.

Exercice 26

Énoncé p. 405

Ce sont tous des mots formés par composition populaire ou savante à partir d'éléments grecs ou latins.

1. ***Entomophage*** : formé à partir de deux éléments grecs *entomo-* (insecte) et de *-phage* (qui mange) : qui se nourrit d'insectes. ***Carnivore*** : deux éléments latins : *carn-* (chair) et *-vore* (qui mange) : qui se nourrit de viande. Les deux éléments *-phage* et *-vore* ont le même sens. ***Homonyme*** : formé à partir de deux éléments grecs : *homo* (pareil, semblable) et *-onym-* (le mot) : les homonymes sont des mots semblables par la prononciation ou l'orthographe. ***Orthophoniste*** est un mot composé de deux éléments grecs : *ortho-* (droit) et *-phon-* (le son) auxquels est ajouté le suffixe nominal *-iste*.

2. ***Sang-froid*** est un mot composé par formation populaire, avec un trait d'union reliant un nom et un adjectif. ***Boite aux lettres*** : mot composé par formation populaire mais sans trait d'union : nom commun + article défini contracté + nom commun. ***Périscolaire*** et ***hypertexte*** sont formés de la même façon à partir d'un élément grec (*péri*, autour et *hyper*, grand) soudé à un mot autonome dans la langue, un adjectif, *scolaire* et un nom commun, *texte*.

3. ***Déicide*** et ***suicide*** sont formés à partir de l'élément latin *-cide* (qui tue). Dans le premier cas, *déi-* renvoyant à Dieu, le sens est : « celui qui est coupable, complice du meurtre de Dieu ». Le premier élément dans *suicide* est le pronom latin *sui* (de soi) : le sens est donc « se tuer soi-même ».

Exercice 27

Énoncé p. 405

1. Collier, bracelet, bague, boucles d'oreilles…

2. Fonction.

3. Amour, jalousie, haine, envie, fierté, orgueil, pitié…

4. Émotion.

5. La gamme du rouge.

6. Les violonistes, les violoncellistes, les flutistes, les percussionnistes, le pianiste, les trombonistes, les clarinettistes, les saxophonistes…

7. *Ville* n'est pas un hyperonyme ; la ville comprend des marchés, des monuments, des magasins mais la construction avec attribut ne fonctionne pas : on ne peut pas dire « le marché… est une ville ».

8. Homonymie : *chant* et *champ* sont des homophones non homographes.

9. *Inclinaison* et *inclination* sont des paronymes.

10. Homonymie : ce sont des homographes non homophones.

11. Il s'agit d'un champ affixal : tous les mots sont construits avec le suffixe *-isme*.

12. *ouvrage, maquette, délai, composition, écrire, librairie* font partie du champ lexical de l'édition.

13. Champ dérivationnel : *éditer, éditeur, éditorial, rééditer, éditorialiste, édito* font partie de la famille du mot *édition*.

14.

– ***Mégalithe*** est un mot formé par composition savante, à partir de deux éléments grecs : *mega* (grand) et *lithe* (*lithos*, « pierre ») que l'on retrouve dans *lithographie*, par exemple. Un mégalithe est un monument avec un seul ou plusieurs gros blocs de pierre.

– ***Analphabétisme*** est un mot dérivé formé du radical *alphabet* – précédé du préfixe privatif *a-* (avec un *n* évitant le hiatus et favorisant la prononciation) et le suffixe *-isme*. L'analphabétisme est l'état de celui qui ne sait ni lire, ni écrire.

15. *Le beau* et *le laid* sont deux groupes nominaux formés à partir d'un adjectif qualificatif (*beau, laid*) qui, par l'adjonction d'un déterminant, ont changé de classe grammaticale. C'est le processus de « conversion » (ou « dérivation impropre ») : *le pour, le contre, des si…*

16. Donner des éléments mélangeant les classes grammaticales, en essayant de rester dans des mots usuellement rattachés à la notion de *lumière : soleil, étoile, lampe, phare, flash, lumineux, étincelant, briller, scintiller, aveugler…*

17. Mots de la famille de musique : *musicien, musical, musicologie, musicalement, musicalité, musicologue, musicothérapie, musicographie, music-hall…*

18. Métaphore filée : *le troupeau d'étoiles vagabondes* (car il s'agit de rassembler les étoiles/animaux qui s'écartent).

19. Métonymie : *têtes* pour les personnes couronnées (le signe pour la chose/personne).

20. Anaphore avec reprise du même groupe au début de chacun des trois vers : *Il n'y a pas d'amour.*

Au concours : deux exemples de sujets

La dernière partie de cet ouvrage vous permet :

- d'expérimenter la méthodologie exposée pour chaque partie et de tester vos connaissances ;
- de réfléchir aux types de questions qui vous sont posées et d'en trouver vous-même grâce à la rubrique « **À vous de jouer !** » ;
- de vous entrainer, pour la partie III (Réflexion et développement), sur deux sujets qui supposent un traitement différent du texte d'appui :

– Le premier est un texte littéraire à exploiter dans une partie du développement pour étayer une idée principale (cf. le sujet 0.1 sur « la grande barrière »).

– Le deuxième est un texte relevant de la « littérature d'idées » (option ouverte par l'arrêté du 25 janvier 2021), de type argumentatif et documentaire. Il développe plusieurs thématiques qui seront exploitables à divers endroits du développement (comme le sujet sur le patrimoine proposé en début d'ouvrage, p. 8-9 – texte de Victor Hugo).

Ces deux sujets vous permettront d'adapter le traitement à la nature du texte proposé.

PREMIER SUJET COMPLET ET CORRIGÉ

1 Le texte

André Chamson (1900-1983), qui résidait à Alès avec ses parents, allait chez sa grand-mère maternelle au Vigan pour les vacances et les convalescences.

Grand-mère posait la tasse de chocolat sur ma table de nuit, m'embrassait encore une fois et retournait dans sa chambre.

Resté seul, je rêvais pendant des heures avant de sombrer dans le sommeil. Mon sommeil était sans rêves, mais je retrouvais mes rêveries en me réveillant. Je rêvais trop, avant de dormir, pour rêver encore en dormant mais, l'œil à peine entrouvert, je recommençais à me raconter des histoires. Lucide et paralysé, au fond de mon lit, je parcourais le domaine que j'allais pouvoir retrouver. Je descendais au jardin par l'escalier de pierre de la terrasse. Je fouillais les buis pour trouver les bêtes aveugles qui fourmillent dans l'humidité, sous les feuilles mortes. J'entrais au lavoir où ruisselaient les eaux de la fontaine d'Isis. Je poussais jusqu'à la cave et, soudain, pris de panique, je grimpais d'une haleine jusqu'au grenier, pour me promener dans la forêt des charpentes. La maison était à moi. Aucun rêve de sommeil n'aurait pu remplacer ces rêves que je menais à ma fantaisie.

La réalité répondait à ces rêveries. Quand je me levais, je retrouvais vraiment le jardin, le lavoir, les caves voûtées, les greniers pleins de poussière et de meubles hors d'usage. Cette maison était vraiment ma maison, la demeure de mon enfance. J'oubliais notre appartement d'Alès. Je ne voulais plus rien avoir à faire avec cette ville. J'étais du Vigan. C'était là que j'habitais, rue de l'Horloge, numéro 11, face au clocher de l'église catholique, dans cette vieille demeure du XVIIe siècle, presque sans façade, pleine de profondeurs et de secrets, qui plongeait entre la boutique du sabotier et les trois marches usées du perron voisin, vers son jardin de buis et de lauriers-roses, qu'un mur décrépit séparait du parc du château d'Assas.

Midi sonnait. Grand'mère m'appelait, penchée sur la grille de la terrasse ou la tête levée dans l'escalier à colonnes. Je surgissais du jardin ou je dégringolais du grenier. Grand'mère avait déjà mangé, toute seule, dans sa cuisine, vers onze heures du matin. Ma table était mise. Je m'installais. Grand'mère s'asseyait, dans un fauteuil, à côté de moi, sans rien dire. Tout en mangeant, je lui racontais mes histoires, ce que j'avais fait, ce que faisaient mes parents, ce que je voulais faire moi-même, ce que je voulais devenir. Elle ne me contredisait jamais, et jamais, ne portait la main sur mes rêves, mes projets et mes illusions.

On a toujours dit, dans la famille, que j'étais son préféré. Je crois plutôt qu'elle me savait malheureux et souvent humilié. Elle essayait de corriger le destin. Tout enfant, elle m'a traité comme un grand garçon ; grand garçon, elle m'a traité comme un homme. La richesse et la pauvreté n'avaient plus de sens auprès d'elle. Elle n'a jamais dit un mot contre mon père, devant moi, même quand elle souffrait en voyant souffrir ma mère. Elle mesurait les êtres à d'autres mesures que celles de la réussite et du succès. Elle a su panser mes blessures, sans y mettre les doigts dessus, sans même paraître les voir et je lui dois de ne pas en avoir gardé de cicatrices.

Elle m'a toujours laissé libre, d'une liberté totale. Elle me demandait seulement de l'accompagner quelquefois chez ses amies, mais chez madame Vidal, chez Hermance ou chez Léontine, j'étais aussi libre que chez elle. Ces vieilles dames m'abandonnaient à mes rêves, à mes imaginations, à mes découvertes… Les enfants et les vieillards sont faits pour s'entendre. Ils vivent dans des mondes séparés, trop lointains pour se porter ombre.

André Chamson, *Le Chiffre de nos jours*, 2e partie
Éditions Alcide, 2021 [1954], p. 82-83.

À vous de jouer !

- Avant de lire les questions proposées, relisez le texte attentivement. Demandez-vous lesquelles vous auriez proposées, vous-même, à partir de faits de langue caractéristiques. Si ce lot de questions est différent de celui qui est proposé, traitez-le également, à l'aide des fiches linguistiques mises à votre disposition dans cet ouvrage.
- Concevez le libellé pour le développement réflexif de la partie III, en fonction du contenu du texte proposé. Comparez ensuite avec celui qui est donné.

❷ Les questions des parties I et II

I. Étude de la langue

1. Étudiez la nature et la fonction des mots ou groupes de mots soulignés dans les extraits suivants.

a. ... je retrouvais vraiment le jardin... (l. 14)
b. Je ne voulais plus rien avoir à faire avec cette ville. (l. 17)
c. Je surgissais du jardin ou je dégringolais du grenier. (l. 24)
d. Grand'mère avait déjà mangé, toute seule, dans sa cuisine, vers onze heures du matin. (l. 25)
e. ... elle me savait malheureux et souvent humilié. (l. 31-32)
f. ... d'autres mesures que celles de la réussite et du succès. (l. 36)

2. Justifiez l'orthographe des mots soulignés dans les extraits suivants.
a. ... les trois marches usées du perron voisin... (l. 21)
b. Ma table était mise. (l. 26)
c. ... elle m'a traité comme un homme. (l. 33)

3. Indiquez la nature et la fonction des propositions dans l'extrait de phrase suivant.
Tout en mangeant, je lui racontais mes histoires, ce que j'avais fait, ce que faisaient mes parents... (l. 27-28)

4. Analysez la fonction des groupes prépositionnels dans l'extrait suivant.
C'était là que j'habitais, rue de l'Horloge, numéro 11, face au clocher de l'église catholique, dans cette vieille demeure du XVIIe siècle, presque sans façade, pleine de profondeurs et de secrets... (l. 18-20)

5. Expliquez la structure de la phrase suivante.
Grand'mère m'appelait, penchée sur la grille de la terrasse ou la tête levée dans l'escalier à colonnes. (l. 23-24)

6. Comment peut-on expliquer l'imparfait de l'indicatif dans les lignes suivantes ? Réécrivez cet extrait en le transposant à la 3e personne du singulier du présent de l'indicatif.
Quand je me levais, je retrouvais vraiment le jardin, le lavoir, les caves voûtées, les greniers pleins de poussière et de meubles hors d'usage. Cette maison était vraiment ma maison, la demeure de mon enfance. J'oubliais notre appartement d'Alès. Je ne voulais plus rien avoir à faire avec cette ville. (l. 14-17)

II. Lexique et compréhension lexicale

1. a. Expliquez le sens du mot souligné et donnez quatre autres verbes construits à partir du même radical.
Elle ne me contredisait jamais... (l. 29)

b. Donnez cinq mots de la famille de *sommeil.*
... aucun rêve de sommeil... (l. 12)

c. Comment sont formés les mots *richesse* (l. 34), et *vieillard* (l. 42). Donnez pour chacun un mot construit de façon identique.

2. Expliquez la phrase suivante.
Elle a su panser mes blessures, sans y mettre les doigts dessus, sans même paraître les voir et je lui dois de ne pas en avoir gardé de cicatrices. (l. 37-38)

3. Comment le lexique employé souligne-t-il la propension de l'enfant à la rêverie ?

Corrigés

I. Étude de la langue

1. Étudiez la nature et la fonction des mots ou groupes de mots soulignés dans les extraits suivants.

a. ... je retrouvais vraiment le jardin... [l. 14]
b. Je ne voulais plus rien avoir à faire avec cette ville. [l. 17]
c. Je surgissais du jardin ou je dégringolais du grenier. [l. 24]
d. Grand'mère avait déjà mangé, toute seule, dans sa cuisine, vers onze heures du matin. [l. 25]
e. ... elle me savait malheureux et souvent humilié. [l. 31-32]
f. ... d'autres mesures que celles de la réussite et du succès. [l. 36]

• Pronoms :
rien (b) : (l. 17) pronom indéfini, de sens négatif, COD de *avoir* (et non de *faire* : cf. *avoir quelque chose à faire*).
celles (f) : (l. 36) pronom démonstratif simple, féminin pluriel, mis pour *ces mesures*, introduit par la conjonction *que*, complément de l'indéfini *autres*.
• Adjectif *malheureux* (e) : (l. 31-32) attribut du COD *me* (= elle savait que j'étais malheureux).
• Adverbe *vraiment* (a) : (l. 14) adverbe de modalité (vérité), modifie le verbe *retrouvais*.
• Préposition *vers* (d) : (l. 25) introduit le groupe prépositionnel *vers onze heures du matin*, complément circonstanciel de temps ; *vers* indique un repère temporel approximatif.
• La conjonction de coordination *ou* (c), de sens alternatif, relie deux propositions. (l. 24)

2. Justifiez l'orthographe des mots soulignés dans les extraits suivants.

a. ... les trois marches usées du perron voisin... [l. 21]
b. Ma table était mise. [l. 26]
c. ... elle m'a traité comme un homme. [l. 33]

Ces trois participes passés s'accordent dans trois emplois différents :
usées (l. 20-21) : participe épithète postposée du nom *marches*, s'accorde avec lui au féminin pluriel.
mise (l. 26) : participe de sens passif, attribut du sujet *ma table*, s'accorde avec lui au féminin singulier.
traité (l. 33) : participe qui forme avec le verbe *avoir* le passé composé actif. Comme le COD antéposé *m'* désigne le narrateur, le participe, qui s'accorde, reste au masculin singulier.

3. Indiquez la nature et la fonction des propositions dans l'extrait de phrase suivant.

Tout en mangeant, je lui racontais mes histoires, ce que j'avais fait, ce que faisaient mes parents... [l. 27-28]

– *Tout en mangeant, je lui racontais mes histoires* (l. 27-28) : Proposition principale, qui comporte un gérondif antéposé (*en mangeant*, renforcé par *tout*), dont le sujet est *je*, sujet de *racontais*.

ce que j'avais fait, ce que faisaient mes parents : propositions relatives substantives périphrastiques, introduites par *ce que* (pronoms démonstratif simple et relatif), COD de *racontais* (comme *mes histoires*).

4. Analysez la fonction des groupes prépositionnels dans l'extrait suivant.

C'était là que j'habitais, rue de l'Horloge, numéro 11, face au clocher de l'église catholique, dans cette vieille demeure du XVIIe siècle, presque sans façade, pleine de profondeurs et de secrets... (l. 18-20)

Les groupes prépositionnels sont formés d'une préposition, suivie d'un groupe nominal.

• **compléments circonstanciels de lieu** : *face au clocher de l'église catholique* : *face à* est une locution prépositive (= devant) ; *dans cette vieille demeure du XVIIe siècle.*

• **complément du nom** : *de l'Horloge*, complément du nom *rue* ; *de l'église catholique*, complément du nom *clocher* ; *du XVIIe siècle* : complément du nom *cette vieille demeure* ; *presque sans façade* complète l'ensemble du groupe *cette vieille demeure du XVIIe siècle*. L'adverbe *presque* modifie la préposition *sans*.

• **compléments de l'adjectif** *plein* : *de profondeurs et de secrets*, deux groupes prépositionnels coordonnés.

5. Expliquez la structure de la phrase suivante.

Grand'mère m'appelait, penchée sur la grille de la terrasse ou la tête levée dans l'escalier à colonnes. (l. 23-24)

Cette phrase simple se termine par deux structures coordonnées par *ou*, reliées au sujet de la phrase :

– *penchée sur la grille de la terrasse* : groupe constitué d'un participe passé, suivi d'un complément prépositionnel ; ce groupe est apposé au sujet *grand'mère*.

– *la tête levée dans l'escalier à colonnes :* construction absolue détachée, qui comporte un groupe nominal (*la tête*) et un participe passé non effaçable, ayant le statut d'un attribut du COD, *levée*, suivi d'un complément prépositionnel. Le groupe nominal entretient une relation de partie à tout avec le sujet : il désigne la tête de la grand-mère.

On peut montrer le parallélisme de ces deux constructions en ajoutant les participes présents des verbes *être* et *avoir* :

– **étant** *penchée sur la grille de la terrasse* : on dit que l'apposition est un attribut avec le verbe *être* sous-entendu.

– **ayant** *la tête levée dans l'escalier à colonnes :* le verbe *avoir* montre bien le statut d'attribut du COD de *lever (= elle avait la tête levée...)*.

6. Comment peut-on expliquer l'imparfait de l'indicatif dans les lignes suivantes ? Réécrivez cet extrait en le transposant à la 3e personne du singulier du présent de l'indicatif.

Quand je me levais, je retrouvais vraiment le jardin, le lavoir, les caves voûtées, les greniers pleins de poussière et de meubles hors d'usage. Cette maison était vraiment ma maison, la demeure de mon enfance. J'oubliais notre appartement d'Alès. Je ne voulais plus rien avoir à faire avec cette ville. (l. 14-17)

L'imparfait est employé pour évoquer le passé révolu du narrateur. Les verbes à l'imparfait indiquent des actions qui se répètent (aspect itératif : *se levait, retrouvait*) ou expriment des commentaires, des faits d'arrière-plan (*était, oubliait, voulait*).

Extrait transposé à la 3e personne du singulier du présent de l'indicatif :
Quand **il se** *lève, il retrouve vraiment le jardin, le lavoir, les caves voûtées, les greniers pleins de poussière et de meubles hors d'usage. Cette maison est vraiment* **sa** *maison, la demeure de* **son** *enfance. Il oublie leur appartement d'Alès. Il ne* **veut** *plus rien avoir à faire avec cette ville.*

II. Lexique et compréhension lexicale

1. a. Expliquez le sens du mot souligné et donnez quatre autres verbes construits à partir du même radical.
Elle ne me contredisait jamais… (l. 29)

Contredire signifie « s'opposer à quelqu'un en soutenant le contraire de ce qu'il dit ». Il est formé de *contre* + le radical qui correspond au verbe *dire*. D'autres verbes : *maudire, médire, (se) dédire, redire.*

b. Donnez cinq mots de la famille de *sommeil*.
… aucun rêve de sommeil… (l. 12)

Famille de *sommeil* : *somme, sommeiller, ensommeiller, ensommeillement…* On peut ajouter une famille savante construite à partir de l'étymon latin, *somnus* : *somnifère, somnolent, insomnie, somnambule….*

c. Comment sont formés les mots *richesse* (l. 34) et *vieillard* (l. 42). Donnez pour chacun un mot construit de façon identique.

Le mot *richesse* (l. 34) est formé à partir du radical de l'adjectif *riche* : *rich-* auquel est adjoint le suffixe *-esse* (qui signifie la qualité de…) comme dans *tendresse, faiblesse, noblesse… Vieillard* (l. 42) est formé à partir de l'adjectif *vieil* (dont le *l* a été doublé pour produire le son [j]) + le suffixe *- ard*, de connotation péjorative, comme *vantard, nasillard, braillard…*

2. Expliquez la phrase suivante.
Elle a su panser mes blessures, sans y mettre les doigts dessus, sans même paraître les voir et je lui dois de ne pas en avoir gardé de cicatrices. (l. 37-38)

Il s'agit d'une **métaphore filée** portée par trois termes *panser, blessures* et *cicatrices.* Ceux-ci résonnent avec d'autres mots du texte car l'enfant avoue ses faiblesses, à plusieurs endroits : il se dit « malheureux et souvent humilié », visiblement mal adapté à la vie qu'il mène avec ses parents à Alès. Il est donc, en quelque sorte, « blessé par la vie », métaphore assez commune, rendue plus vivace ici par son développement. La grand-mère sait réparer les blessures, les soulager (comme avec un pansement) comme on mettrait du baume au cœur, mais « sans y mettre le doigt dessus », donc en toute discrétion, sans demander à l'enfant de les expliciter ; elle n'en parle pas, fait mine de ne pas les avoir comprises. Grâce à elle, il n'a pas gardé de « cicatrices », de séquelles ; ces malheurs enfantins n'ont pas eu d'impact sur la construction de sa personnalité.

3. Comment le lexique employé souligne-t-il la propension de l'enfant à la rêverie ?

L'enfant est présenté, dans le texte, comme un être très sensible, épris de liberté et rêveur. Chamson fait la différence entre « le rêve de sommeil » (l. 12) (inconscient) et la « rêverie » (l. 4, activité mentale éveillée) dans laquelle il donne libre cours, en toute conscience, à son imagination et à sa « fantaisie » (l. 13) : il aime se « raconter des histoires » (l. 6). La demeure de la grand-mère s'inscrit dans cette poétique de la rêverie. Elle est perçue comme un espace vertical, à investir de la cave au grenier, avec ses « profondeurs et ses secrets » (l. 20). Largement développée des lignes 3 à 12 (où l'on trouve cinq fois les mots de la famille de *rêver*), cette thématique est reprise dans le reste du texte. Ces rêveries, point important, étaient partagées avec la grand-mère : « Je lui racontais mes histoires, ce que j'avais fait, ce que faisaient mes parents, ce que je voulais faire moi-même, ce que je voulais devenir » (l. 26-29). La grand-mère les écoutait, sans se moquer ni les démentir : « Elle ne me contredisait jamais, et jamais, ne portait la main sur mes rêves, mes projets, mes illusions. » (l. 29-30) La gradation finale, qui mêle le présent (sans doute un peu fantasmé) et un futur rêvé dont il avait besoin pour compenser les frustrations, se clôt sur le mot : « illusions ». Ce mot renforce l'aspect spéculatif et chimérique des rêveries. *Jamais*, répété avec une anadiplose au centre de la phrase, montre la stabilité de l'attitude de la grand-mère qui ouvre la porte aux rêveries, sans y porter atteinte. Cette liberté s'étend aux vieilles amies de la grand-mère qui, elles aussi, permettent au petit André de céder à « [ses] rêves, [ses] imaginations, [ses) découvertes ». L'enfant sait où et à qui les livrer. L'enfance s'accorde avec le grand âge.

3 La question de la partie III

III. Réflexion et développement

Comment sont envisagés les liens intergénérationnels à l'époque actuelle ?

Vous présenterez votre réponse de façon structurée et argumentée en vous appuyant sur le texte d'André Chamson ainsi que sur l'ensemble de vos connaissances personnelles et de vos lectures.

À vous de jouer !

- La question commençant par « comment » suggère un plan analytique permettant de développer la question sous plusieurs aspects.
- Analysez le libellé du sujet.
- Quels sont les mots-clés ? « Liens intergénérationnels » « époque actuelle ».
Il faut les mettre en tension avec le texte d'appui. Celui-ci traite de la relation « grand-mère/petit-fils », qui n'est qu'un aspect de ces liens, vécus dans un contexte familial. Il faut donc prévoir un élargissement. Le terme « intergénérationnel » renvoie à des questions concernant la société de façon plus large ; elles sont d'actualité (solidarité intergénérationnelle).
- Essayez de rechercher des idées et de faire un plan détaillé, avant de lire la proposition qui suit.

Corrigé

Proposition de plan détaillé

I. Relations intergénérationnelles dans la famille

1. Nouvelle image et nouveau statut des grands-parents. Reconfiguration des places. Généralement, autonomie de la strate d'âge des grands-parents (n'est plus incluse dans la cellule familiale, comme dans la société rurale). Longévité : ils voient grandir les petits enfants (moins nombreux) jusqu'à l'âge adulte. Souvent actifs et dynamiques. Familles multigénérationnelles : arrière-grands-parents. Mais 4e âge parfois à l'écart du réseau familial, dans des structures adaptées. La grand-parentalité est devenue une étape prévisible et généralisée. Investissements plus ou moins intenses mais liens souvent étroits. Retournement des solidarités : les ainés aident la génération des enfants en gardant, à certains moments, les petits-enfants. Aide logistique au quotidien (très perceptible lorsqu'elle a été rompue par la pandémie). Échanges matériels, voire financiers. Réformes législatives récentes renforcent les solidarités familiales : transmission des ressources en sautant plusieurs générations, dons-partages, etc.

2. Expérience affective riche vécue par les petits enfants

(*Exploitation du texte*) Chamson manifeste sa reconnaissance à l'égard de sa grand-mère qui a eu une importance décisive dans la construction de sa personnalité. Chez elle, il est chez lui : un domaine à la mesure de ses rêveries. Elle est la personne référente, le repère sûr dans une histoire familiale un peu perturbée. Complètement disponible, avec une écoute maximale. Elle le prend, tel qu'il est, avec son imagination féconde qu'elle laisse déborder parce qu'il en a besoin. Elle crée un espace de très grande liberté, de sécurité (hors des conflits familiaux dont elle s'est extraite), de réparation (elle sait discrètement et efficacement « panser les blessures »), de valorisation : elle instaure/restaure la fierté et la confiance (elle le traite toujours comme un grand). Elle donne des bases morales dont ne font partie ni la réussite ni la richesse. Elle crée ainsi un milieu affectif, riche, stable, sans aucune tension ni enjeu (deux mondes « trop lointains pour se porter ombre »). Chamson lui doit son équilibre car elle a compensé les ratés du destin (« je lui dois de ne pas en avoir gardé de cicatrices »). Analyse de leurs rapports en forme d'hommage.

(*Mentionner éventuellement un autre exemple*). Beaucoup d'écrivains ont rendu hommage à leurs grands-parents : Jean-Paul Sartre, élevé par son grand-père ; Robert Badinder écrivant sur sa grand-mère, Idiss, qui lui a transmis l'idée que la vraie noblesse est celle du savoir. Ou petits-enfants qui ont un devoir de mémoire quand ils sont inscrits dans une continuité générationnelle traumatique (exil, Shoah).

3. Expérience affective riche du côté des grands-parents

Richesse considérable pour les grands-parents. Gâchis quand les relations ne peuvent pas s'établir. Dans ces liens affectifs, transmission de l'histoire familiale, des savoirs, des savoir-faire. Déstabilisation quand le petit-enfant apparait : nouvelle place dans l'échiquier familial. Distance à trouver. Noëlle Châtelet témoigne dans *Au pays des vermeilles* : « la mère grandie », « la grande mère ». Rejouer sur un autre mode ce qui est passé si vite avec les propres enfants et créer d'autres liens. Souvenirs de leur propre enfance. Victor Hugo s'est réapproprié aussi le territoire de l'enfance dans *L'art d'être grand-père*, dédié à ses deux petits-enfants, Jeanne et Georges ;

en pleine force mais accepte son rôle de passeur, d'aïeul. N'essaie pas d'éduquer, indulgence totale : il fait passer des confitures à Jeanne mise au pain sec. Rapprochement enfant/vieillard, de l'apaisement et l'amour : « Je n'ai point d'autre affaire ici-bas que d'aimer. » Les « mondes » dont parle Chamson sont « trop lointains pour se porter ombre » car autres enjeux mais ils ne sont pas « séparés ».

II. Liens intergénérationnels sociaux, publics

Les liens affectifs qui soudent les générations dans une famille sont compréhensibles. Sur quelles bases peuvent se construire les autres liens intergénérationnels ?

1. Notion de génération à définir

Pour les historiens, la notion de génération ne renvoie pas qu'à celle des classes d'âge. Constituée par des personnes ayant vécu un évènement marquant à la même date : la génération de l'après-guerre, génération de 68, génération SIDA... Génération inscrite dans un temps social et historique, avec ses élans, ses valeurs, ses ambitions. Mentalité d'une génération forgée par des leaders ou des penseurs (Sartre dans l'après-guerre), des chansons ou des groupes (les Beatles) ou des dispositifs technologiques (les smartphones). Donc, grandes différences entre les générations et coexistence inédite entre des tranches éloignées : les baby-boomers nés après-guerre et la génération née après 2000 qui a toujours connu Internet.

2. Du lien au conflit, entre transmission et tension

De ces différences, naissent des clivages qui peuvent être de tous ordres : façon différente de voir le monde. Clivage économique car la génération X (nés entre 1965 et 1980) estime être sacrifiée : ralentissement de la croissance économique, dette publique, chômage, pouvoir d'achat diminué, inégalités sans précédent entre les générations : écart de niveau entre les jeunes et les babys boomers qui ont profité des Trente Glorieuses. Clivage écologique : planète dont ils héritent très dégradée.

3. Liens intergénérationnels : facteurs de cohésion sociale

Mais notion de solidarité intergénérationnelle. Depuis la fin de la Seconde Guerre mondiale, pacte social fondé sur le « contrat des générations » : les jeunes qui se forment au monde du travail, les actifs et les retraités. Cette notion, parfois écornée par la proportion de personnes vieillissantes et la difficulté à payer les retraites, est pourtant essentielle. Communauté d'intérêt pour se porter mutuellement assistance. Les jeunes ont besoin des personnes plus âgées pour former leur avenir, les ainés ont besoin des jeunes pour vivre au mieux la réalité. Pendant la pandémie, les jeunes ont accepté d'être confinés pour éviter que les personnes âgées ne soient contaminées. Expériences : co-habitation intergénérationnelle : étudiants logés chez une personne âgée, en échange d'une présence ou de services et solution d'hébergement pour les étudiants. Rapprochement des générations. Les enfants des écoles maternelles vont dans les EHPAD. Considérer le mieux vieillir.

(*Conclure*) Les relations intergénérationnelles sont au cœur de l'histoire familiale et des politiques publiques. « Les mondes » dont André Chamson disait qu'ils étaient « lointains » se sont rapprochés : les chaines familiales davantage interdépendantes. Les liens accompagnent les profondes mutations de la société. La base des échanges fructueux : Que donne-t-on ? Que reçoit-on ? Cette base change quand est modifié le rang occupé dans l'ordre des générations.

À vous de jouer !

1. Rédigez la conclusion et faites l'introduction.

Proposition d'introduction :

Toute société est organisée en classes d'âge, inévitablement et continuellement remplacées par d'autres, dans la succession des générations, mais en contact plus ou moins étroit les unes avec les autres à un moment donné. Comment sont envisagés les liens intergénérationnels à l'époque actuelle ? Ils sont particulièrement riches au cœur de la famille, avec notamment autour de la strate pivot des parents, celles des grands-parents et des petits-enfants. André Chamson, dans un extrait de son autobiographie, *Le Chiffre de nos jours*, rend un hommage ému à sa grand-mère qui a constitué un repère sûr de son enfance, mettant ainsi en évidence les vertus de ces relations interfamiliales. Mais d'autres liens d'ordre public et social, fondés sur la solidarité et parfois les tensions, soudent la société.

2. Si vous préférez faire un plan en deux parties de deux sous-parties chacune, comment réorganiserez-vous celui-ci ?

Pour la 1re partie : sans aucun doute, en intégrant les éléments donnés dans la 1re sous-partie (Nouvelle image et nouveau statut des grands-parents) de façon partielle dans l'introduction et surtout dans les deux sous-parties suivantes.

Pour la 2e partie : ce serait encore la 1re qui pourrait être aisément économisée, la définition de génération, raccourcie, pouvant être intégrée au 2e point sur « Du lien au conflit ».

3. Rédigez complètement une des parties.

DEUXIÈME SUJET COMPLET ET CORRIGÉ

1 Le texte

« Le Petit Chaperon Rouge a été mon premier amour. Je sens que, si j'avais pu l'épouser, j'aurais connu le parfait bonheur. » Ces mots de Charles Dickens montrent que, pareil à des millions d'enfants inconnus, partout dans le monde et à toutes les époques, il a été charmé par les contes de fées. Même lorsqu'il eut atteint une célébrité internationale, Dickens reconnut publiquement l'influence profonde que les personnages et les événements des contes avaient eue sur sa formation et sur son génie créateur. Il ne se lassait pas d'exprimer son mépris pour ceux qui, au nom d'une rationalité mesquine et mal informée, insistaient pour que ces histoires fussent rendues rationnelles, expurgées, voire interdites, privant ainsi les enfants des richesses que les contes de fées pouvaient apporter à leur existence. Dickens comprenait très bien que l'imagerie des contes de fées, mieux que tout au monde, aide l'enfant à accomplir sa tâche la plus difficile, qui est aussi la plus importante : parvenir à une conscience plus mûre afin de mettre de l'ordre dans les pressions chaotiques de son inconscient.

Aujourd'hui, comme jadis, l'esprit de la moyenne des enfants doués d'un esprit créatif peut s'ouvrir à la compréhension des plus grandes choses de la vie grâce aux contes de fées et, de là, parvenir facilement à jouir des plus grandes œuvres de la littérature et de l'art. Le poète Louis MacNeice, par exemple, écrit : « Les vrais contes de fées ont toujours eu pour moi, en tant que personne, une profonde signification, même du temps où, étant au collège, il m'était difficile d'avouer de telles choses sans perdre la face. Contrairement à ce que disent tant de gens de nos jours, le conte de fées, du moins du genre folklorique classique, est une affaire infiniment plus solide que la plupart des romans réalistes qui n'ont guère plus d'impact que des potins mondains. Parti de contes populaires, de contes plus sophistiqués, ceux d'Andersen par exemple, ou de la mythologie nordique, et d'histoires telles que les livres d'Alice et "Bébés Tritons", je suis passé, vers l'âge de douze ans, à la Reine des fées. » Des critiques littéraires comme G.K. Chesterton et C.S. Lewis ont senti que les contes de fées sont des « explorations spirituelles », et, partant, « les plus semblables à la vie », puisqu'ils révèlent « la vie humaine comme si elle était contemplée, ressentie ou devinée de l'intérieur ».

Les contes de fées, à la différence de toute autre forme de littérature, dirigent l'enfant vers la découverte de son identité et de sa vocation et lui montrent aussi par quelles expériences il doit passer pour développer plus avant son caractère. Les contes de fées nous disent que, malgré l'adversité, une bonne vie, pleine de consolations, est à notre portée, à condition que nous n'esquivions pas les combats pleins de risques sans lesquels nous ne trouverions jamais notre véritable identité. Ces histoires promettent à l'enfant que s'il ose s'engager dans cette quête redoutable et éprouvante, des puissances bienveillantes viendront l'aider à réussir. Elles mettent également en garde les timorés et les bornés qui, faute de prendre les risques qui leur permettraient de se trouver, se condamnent à une existence de bon à rien, ou à un sort encore moins enviable.

Bruno Bettelheim, *Psychanalyse des contes de fées*,
1re partie, « Utilité de l'imagination », Robert Laffont, 1976.

À vous de jouer !

- Avant de lire les questions qui vous sont proposées, relisez le texte attentivement. Demandez-vous lesquelles vous auriez proposées, vous-même, à partir de faits de langue caractéristiques. Si ce lot de questions est différent de celui qui est proposé, traitez-le également, à l'aide des fiches linguistiques mises à votre disposition dans cet ouvrage.
- Concevez le libellé pour le développement réflexif de la partie III, en fonction du contenu du texte proposé. Comparez ensuite avec celui qui est donné.

2 Les questions des parties I et II

I. Étude de la langue

1. Étudiez la nature et la fonction des mots ou groupes de mots soulignés dans les extraits suivants.

a. ... mon premier amour. (l. 1)

b. ... pouvaient apporter à leur existence. (l. 10)

c. Dickens comprenait très bien... (l. 10-11)

d. ... avouer de telles choses sans perdre la face. (l. 20-21)

e. ... d'histoires telles que les livres d'Alice... (l. 25-26)

f. ... les risques qui leur permettraient de se trouver... (l. 39-40)

2. Justifiez l'orthographe des mots soulignés dans les extraits suivants.

a. ... l'influence profonde que les personnages et les événements des contes avaient eue... (l. 5-6)

b. ... les pressions chaotiques de son inconscient. (l. 13-14)

c. Des critiques littéraires comme G.K. Chesterton et C.S. Lewis ont senti... (l. 27)

3. Indiquez la nature et la fonction des propositions dans la phrase suivante.

Les contes de fées nous disent que, malgré l'adversité, une bonne vie, pleine de consolations, est à notre portée, à condition que nous n'esquivions pas les combats pleins de risques sans lesquels nous ne trouverions jamais notre véritable identité. (l. 33-36)

4. Analysez la construction des infinitifs dans la phrase suivante.

Aujourd'hui, comme jadis, l'esprit de la moyenne des enfants doués d'un esprit créatif peut s'ouvrir à la compréhension des plus grandes choses de la vie grâce aux contes de fées et, de là, parvenir facilement à jouir des plus grandes œuvres de la littérature et de l'art. (l. 15-18)

5. Indiquez le temps et le mode de chacun des verbes suivants et commentez leur emploi.

... si j'avais pu l'épouser, j'aurais connu le parfait bonheur. (l. 1-2)

Même lorsqu'il eut atteint une célébrité internationale, Dickens reconnut... (l. 4-5)

... insistaient pour que ces histoires fussent rendues rationnelles... (l. 8-9)

6. Comment peut-on expliquer l'imparfait de l'indicatif dans les lignes suivantes ? Réécrivez cette phrase en la transposant à la 1re personne du singulier du présent de l'indicatif.

Il ne se lassait pas d'exprimer son mépris pour ceux qui, au nom d'une rationalité mesquine et mal informée, insistaient pour que ces histoires fussent rendues rationnelles,

AU CONCOURS

expurgées, voire interdites, privant ainsi les enfants des richesses que les contes de fées pouvaient apporter à leur existence. (l. 7-10)

II. Lexique et compréhension lexicale

1. Analysez la formation des mots suivants.

a. publiquement (l. 5), contrairement (l. 21), infiniment (l. 22)
b. bon à rien (l. 40)
c. les timorés et les bornés (l. 39)

2. Expliquez en contexte le sens des mots suivants.

a. Expliquez le mot en contexte et donnez un homonyme du nom à partir duquel il est formé.
(les pressions) chaotiques (l. 13)
b. Expliquez le mot *quête* en contexte et donnez un autre sens de ce terme.
... quête (redoutable)... (l. 37)

3. Comment, dans le premier paragraphe, le lexique permet-il de disqualifier ceux qui s'opposent à la lecture des contes de fées ?

Corrigés

I. Étude de la langue

1. Étudiez la nature et la fonction des mots ou groupes de mots soulignés dans les extraits suivants.

a. ... mon premier amour. (l. 1)
b. ... pouvaient apporter à leur existence. (l. 10)
c. Dickens comprenait très bien... (l. 10-11)
d. ... avouer de telles choses sans perdre la face. (l. 20-21)
e. ... d'histoires telles que les livres d'Alice... (l. 25-26)
f. ... les risques qui leur permettraient de se trouver... (l. 39-40)

• **Adjectifs**

– ***premier*** : adjectif ordinal, épithète du nom *amour*.

– ***telles*** : adjectif épithète du nom *histoires*, en corrélation avec la construction comparative introduite par *que* (*telles que* = *comme*).

• **Déterminant *leur*** : déterminant possessif de 3e personne (pluripossessif), qui constitue avec le nom *existence* qu'il détermine le groupe nominal *leur existence*.

• **Pronom personnel *leur*** : pronom conjoint de 3e personne du pluriel, qui représente *les timorés et les bornés*, COI de *permettre* (ou complément d'objet second).

NB. : Pour différencier les homophones *leur*, on peut remplacer le déterminant possessif par un autre possessif (> *mon, son existence*) et le pronom personnel par un autre pronom (> *lui permettre*).

• **Préposition *sans*** : préposition indiquant la privation qui introduit le groupe infinitif *perdre la face*, pour former un groupe prépositionnel complément circonstanciel d'opposition.

• **Groupe adverbial *très bien*** : l'adverbe de manière *bien* modifie le verbe *comprenait* ; l'adverbe d'intensité *très* modifie l'adverbe *bien* (superlatif de supériorité).

2. Justifiez l'orthographe des mots soulignés dans les extraits suivants.
a. ... l'influence profonde que les personnages et les événements des contes avaient eue... (l. 5-6)
b. ... les pressions chaotiques de son inconscient. (l. 13-14)
c. Des critiques littéraires comme G.K. Chesterton et C.S. Lewis ont senti... (l. 27)

– *l'influence que les personnages avaient eue* : le participe passé employé avec l'auxiliaire *avoir* pour former le plus-que-parfait s'accorde avec le pronom relatif *que*, COD antéposé, qui représente l'antécédent *influence*, au féminin singulier.
– *Des critiques littéraires ont senti* : contrairement au précédent, le participe passé employé avec l'auxiliaire *avoir* pour former le passé composé ne s'accorde pas avec le COD qui le suit, la subordonnée complétive introduite par *que*.
– *les pressions chaotiques de son inconscient* : l'adjectif (qualificatif) *chaotiques*, épithète du nom *pressions*, s'accorde avec lui au pluriel. Cependant, on ne peut pas dire qu'il s'accorde au féminin, car c'est un adjectif épicène, invariable en genre.

3. Indiquez la nature et la fonction des propositions dans la phrase suivante.
Les contes de fées nous disent que, malgré l'adversité, une bonne vie, pleine de consolations, est à notre portée, à condition que nous n'esquivions pas les combats pleins de risques sans lesquels nous ne trouverions jamais notre véritable identité. (l. 33-36)

Les contes de fées nous disent : proposition principale
– **que**, *malgré l'adversité, une bonne vie, pleine de consolations, est à notre portée, à condition que nous n'esquivions pas les combats pleins de risques sans lesquels nous ne trouverions jamais notre véritable identité* : proposition subordonnée complétive, introduite par la conjonction *que*, complément d'objet direct de *disent*. Elle inclut deux subordonnées :
– **à condition que** *nous n'esquivions pas les combats pleins de risques sans lesquels nous ne trouverions jamais notre véritable identité* : proposition subordonnée circonstancielle introduite par la locution conjonctive *à condition que* (= *si*), complément circonstanciel de condition.
– **sans lesquels** *nous ne trouverions jamais notre véritable identité* : proposition subordonnée relative adjective, complément de l'antécédent *combats pleins de risques*, introduite par le pronom relatif composé *lesquels*, qui est complément circonstanciel d'opposition dans la relative.

4. Analysez la construction des infinitifs dans la phrase suivante.
Aujourd'hui, comme jadis, l'esprit de la moyenne des enfants doués d'un esprit créatif peut s'ouvrir à la compréhension des plus grandes choses de la vie grâce aux contes de fées et, de là, parvenir facilement à jouir des plus grandes œuvres de la littérature et de l'art. (l. 15-18)

– *l'esprit peut* **s'ouvrir** *à la compréhension des plus grandes choses de la vie grâce aux contes de fées et* **parvenir**... : les deux infinitifs présents coordonnés par *et*, *s'ouvrir* (forme pronominale) et *parvenir*, constituent le noyau verbal de la phrase, en corrélation avec le semi-auxiliaire *pouvoir* qui indique la possibilité. Chacun est suivi d'un groupe prépositionnel complément.
– **jouir** *des plus grandes œuvres de la littérature et de l'art* : l'infinitif présent *jouir*, en emploi nominal, est COI de *parvenir* (= à la jouissance). Il est lui-même suivi d'un groupe prépositionnel complément.

5. Indiquez le temps et le mode de chacun des verbes suivants et commentez leur emploi.
... si j'avais pu l'épouser, j'aurais connu le parfait bonheur. (l. 1-2)
Même lorsqu'il eut atteint une célébrité internationale, Dickens reconnut... (l. 4-5)
... insistaient pour que ces histoires fussent rendues rationnelles... (l. 8-9)

Dans ces trois phrases complexes, l'emploi des verbes s'explique principalement par la relation entre la principale et une subordonnée.

– *si j'***avais pu** *l'épouser, j'***aurais connu** *le parfait bonheur* : dans ce système hypothétique, le plus-que-parfait (*avais pu*) de la subordonnée de condition est en corrélation avec le conditionnel passé de la principale (*aurais connu*) pour exprimer l'irréel du passé (il était impossible pour l'auteur d'épouser le Petit Chaperon Rouge).

– *Même lorsqu'il* **eut atteint** *une célébrité internationale, Dickens* **reconnut** : le passé antérieur (*eut atteint*) employé dans la subordonnée de temps exprime l'antériorité par rapport au passé simple (*reconnut*) de la principale, qui indique une action de premier plan.

– **insistaient** *pour que ces histoires* **fussent rendues** *rationnelles* : à l'imparfait de l'indicatif (*insistaient*) de la relative, qui indique un fait passé d'arrière-plan, correspond l'imparfait du subjonctif passif (*fussent rendues*) qui, dans la concordance classique, indique un fait ici postérieur à l'action de la relative.

6. Comment peut-on expliquer l'imparfait de l'indicatif dans les lignes suivantes ? Réécrivez cette phrase en la transposant à la 1re personne du singulier du présent de l'indicatif.
Il ne se lassait pas d'exprimer son mépris pour ceux qui, au nom d'une rationalité mesquine et mal informée, insistaient pour que ces histoires fussent rendues rationnelles, expurgées, voire interdites, privant ainsi les enfants des richesses que les contes de fées pouvaient apporter à leur existence. (l. 7-10)

L'imparfait de l'indicatif indique des faits passés d'arrière-plan. Les actions indiquées par les verbes ne se succèdent pas chronologiquement, mais peuvent être simultanées, dans un espace de temps plus ou moins vaste, non borné.

Phrase transposée à la 1re personne du singulier du présent de l'indicatif :
Je *ne* **me lasse** *pas d'exprimer* **mon** *mépris pour ceux qui, au nom d'une rationalité mesquine et mal informée,* **insistent** *pour que ces histoires* **soient** *rendues rationnelles, expurgées, voire interdites, privant ainsi les enfants des richesses que les contes de fées* **peuvent** *apporter à leur existence.*

II. Lexique et compréhension lexicale

1. Analysez la formation des mots suivants.
a. publiquement (l. 5), contrairement (l. 21), infiniment (l. 22)
b. bon à rien (l. 40)
c. les timorés et les bornés (l. 39)

a. ***Publiquement*** (l. 5) est formé, suivant la règle générale, à partir de l'adjectif au féminin : *publique* + le suffixe adverbial *-ment* qui signifie « de manière, du point de vue indiqué par la base ». ***Contrairement*** est formé à partir de l'adjectif épicène (ayant la même forme au masculin et au féminin) *contraire* + le suffixe adverbial *-ment*. ***Infiniment*** : quand l'adjectif se termine par *-é*, *-i* ou *-u*, la base adjectivale est celle du masculin, donc *infini* + le suffixe adverbial *-ment*.

b. ***bon à rien*** (l. 40) : il s'agit d'un mot composé, relevant de la composition populaire, sans trait d'union. Il est formé par l'adjonction de l'adjectif *bon* + la préposition *à* + le pronom indéfini *rien*. C'est un nom commun qui n'a pas son entrée dans le dictionnaire comme tous les mots composés sans trait d'union.

c. ***les timorés et les bornés*** (l. 39) : ce sont des cas de « conversion », appelée parfois « dérivation impropre » qui fait passer un mot d'une classe grammaticale à une autre. *Timorés* et *bornés* sont des adjectifs qui sont devenus des noms, grâce à l'adjonction des déterminants.

2. Expliquez en contexte le sens des mots suivants.

a. Expliquez le mot en contexte et donnez un homonyme du nom à partir duquel il est formé.

[les pressions] chaotiques [l. 13]

b. Expliquez le mot *quête* en contexte et donnez un autre sens de ce terme.

... quête [redoutable]... [l. 37]

a. L'adjectif *chaotique* est formé à partir du radical du mot *chaos* qui signifie « un grand désordre, une grande confusion » ; l'inconscient, mû par des pulsions nombreuses et contradictoires, produit de façon anarchique des pressions dans le désordre le plus complet. *Chaotique* signifie donc « désordonné, incohérent ». Un homonyme de *chaos* : *cahot* qui signifie « la secousse subie par un véhicule sur un terrain inégal ou accidenté ».

b. L'emploi de *quête* renvoie culturellement à la « quête du Graal ». Il s'agit d'une recherche, d'actes à accomplir pour atteindre un but ou trouver quelque chose. La quête est une des structures de base des contes : les héros doivent remplir une mission pour combler le « manque » qui caractérise la situation initiale (pauvreté, faiblesse, défaut physique…). L'enfant s'identifie au héros qui s'engage dans cette quête « redoutable », comme lui doit s'engager dans la recherche et la découverte de « son identité et de sa vocation ». Le mot *quête* a un autre sens, celui de collecte d'argent pour aider des œuvres pieuses ou charitables.

3. Comment, dans le premier paragraphe, le lexique permet-il de disqualifier ceux qui s'opposent à la lecture des contes de fées ?

Dans le premier paragraphe, quatre lignes fustigent les détracteurs des contes : « Il ne se lassait pas… apporter à leur existence. » (l. 7-10) B. Bettelheim ne prend pas à son compte la critique mais cite le grand écrivain Charles Dickens, qu'il érige en argument d'autorité. La phrase est modalisée à plusieurs égards et laisse transparaitre la subjectivité de Dickens (et partant, celle de Bettelheim) :

– *Il ne se lassait pas* : la critique est donc récurrente, formulée à plusieurs reprises car elle répond à l'obstination des détracteurs qui *insistaient*, persistaient dans leur thèse. Les attaques sont incessantes.

– Leur motivation est présentée de façon négative : ils agissent au nom d'une *rationalité* qualifiée de *mesquine*, c'est-à-dire, étroite, médiocre, sans envergure ni élévation d'esprit, donc trop étriquée pour comprendre la puissance du conte. Elle est par ailleurs *mal informée* – l'adverbe *mal* introduisant un jugement de valeur.

– Leurs demandes d'intervention sur les contes, présentées dans une gradation, sont de trois ordres : d'abord, les rendre *rationnelles* mais la *rationalité* (mot de la même famille) mise en avant par les détracteurs a été disqualifiée à la ligne précédente par *mesquines*. Ensuite, donner des versions *expurgées* des contes : *expurger*, connoté très négativement, signifie « éliminer tout ce qui est contraire à la morale ou à la décence » et correspond à une censure. Enfin, ils demanderaient de les interdire (*voire interdites)*. La troisième et dernière menace, rédhibitoire, arrive à la fin de la gradation.

Le contre-argument qui récuse les trois demandes est donné en clôture de phrase, à l'emplacement le plus efficace rhétoriquement : rationaliser, censurer, interdire se ferait en « privant les enfants des richesses » des contes de fées et de leurs apports féconds sur l'ensemble de leur « existence ».

3 La question de la partie III

III. Réflexion et développement

Pourquoi les contes de fées demeurent-ils des œuvres incontournables à proposer aux enfants du XXIe siècle ?

Vous présenterez votre réponse de façon structurée et argumentée en vous appuyant sur le texte de Bruno Bettelheim, ainsi que sur l'ensemble de vos connaissances personnelles et de vos lectures.

Corrigé

Les contes – « de fées » ou autres – constituent un genre majeur de la littérature universelle. Même si leur mode de transmission a profondément changé, ils perdurent dans les familles, à l'école comme dans la production éditoriale et cinématographique. Pourquoi les contes de fées demeurent-ils des œuvres incontournables à proposer aux enfants du XXIe siècle ? Bruno Bettelheim, dans *Psychanalyse des contes de fées* paru en 1976, avance « leur valeur thérapeutique » et donne quelques clés pour expliquer leur vitalité, clés à approfondir et compléter. Les contes laissent de profondes empreintes en raison de leur richesse symbolique et de leur pouvoir sur l'imaginaire mais il faut considérer également leur puissante action, du point de vue psychologique, voire psychanalytique.

Force est de constater que les empreintes que les contes laissent dans l'imaginaire d'un enfant sont décisives et durables. Bruno Bettelheim cite Charles Dickens qui avoue avoir subi leur « charme », au point de déclarer que « le Petit Chaperon Rouge a été [son] premier amour », ce qui place tout de suite son rapport à ces récits sous le signe de l'affectif, voire du passionnel. Tous les enfants du monde, au cours des siècles, ont subi la même fascination. La première raison en est évidemment le plaisir. Même le cruel roi des *Mille et une nuits* se laissa charmer par les contes de Shéhérazade jusqu'à en oublier ses désirs de meurtre. L'univers du conte est « merveilleux » ; il répond au goût de magie des enfants en établissant des frontières floues entre l'animé et le non-animé, entre les hommes transformés en bêtes et les animaux qui parlent, entre la réalité et le rêve. Les enfants sont séduits, notamment par les personnages hors du commun et les objets emblématiques qui donnent du pouvoir – baguette, anneau, lampe, miroir, bottes de

7 lieues). Le rapport aux contes est de l'ordre de la jubilation qui se construit au fil des récits : plaisir de la répétition car ces contes partagés sont inlassablement redemandés, de la reconnaissance car les motifs se croisent sans cesse, et plaisir enfin du détournement, très pratiqué à l'école.

La structure du conte, sous un foisonnement apparent, aide considérablement à la projection dans l'imaginaire. La formule liminaire « Il était une fois » débride l'imagination et met en scène un héros ; les enfants s'identifient très vite à celui-ci, jeune, adolescent ou à peine sorti de l'enfance, et généralement indéterminé, même s'il est parfois qualifié par un détail : Blanche-Neige, Le Petit chaperon rouge, Le Petit Poucet. Ils s'engagent donc émotionnellement car ils sont concernés et s'enfoncent dans la forêt des contes. Bettelheim connait les vertus de cette projection et s'insurge contre ceux qui voudraient les rationaliser ou les « expurger », notamment des scènes effrayantes : les parents abandonnent les enfants, l'ogre tue ses sept filles, la marâtre demande le cœur de Blanche-Neige, le cabinet secret de Barbe-Bleue recèle des femmes pendues Les versions orales sont plus cruelles encore, adoucies souvent par Charles Perrault. Dans la version de « Blanche-Neige » des frères Grimm, la méchante reine, à la fin, doit chausser des chaussures de fer, rougies au feu, et danser jusqu'à ce que mort s'ensuive. Mais censurer les contes serait méconnaitre leurs mécanismes d'action. Ce monde parallèle, dont l'espace et le temps sont tout aussi indéterminés que les héros, est trop irréel pour être terrifiant. Le détour par le symbolique désamorce l'effroi. Les enfants peuvent regarder la peur en face et la mettre à distance. Dans l'imagination, on ne fuit pas le réel, on l'affronte de façon symbolique : les épreuves et les châtiments sont exagérés mais fantasmés.

Les empreintes des contes sont durables car le plaisir éprouvé, sur le mode répétitif, est très intense et ces récits merveilleux nourrissent l'imaginaire enfantin. Mais les mécanismes en jeu agissent encore plus profondément dans la psyché.

Plus que toute autre forme de récit, les contes ont un fort pouvoir de construction identitaire, l'expérience millénaire véhiculée par les contes donnant à comprendre aux jeunes enfants qu'il y aura nécessairement des épreuves à surmonter, avec l'aide des puissances bienveillantes tutélaires, pour constituer un moi riche et profond. En fait, chaque héros est une sorte de stéréotype, incarnant, de façon symbolique, un problème existentiel, souvent lié à la famille. Par exemple, l'accès à l'autonomie : les enfants doivent entrer dans la forêt, affronter des loups et des ogres pour en sortir grandis ; la quête d'identité : ils s'éloignent volontairement ou non de leur maison ; mais aussi l'angoisse de l'abandon et de la séparation, le rapport aux parents et à la fratrie, avec une astuce narrative qui permet de déplacer le problème : la mauvaise mère est une marâtre, les méchantes sœurs sont des demi-sœurs… En fait, le conte aide à définir un problème et à le résoudre de façon satisfaisante. Les héros qui sont courageux et intelligents deviennent alors des modèles à suivre. C'est ainsi que les récits traditionnels, systèmes explicatifs du monde, ont un pouvoir moral et socialisant qui peut aider à calmer l'effervescence de la construction du moi, pris dans l'emballement des relations familiales et humaines. C'est pourquoi B. Bettelheim parle de la valeur « thérapeutique » des contes de fées.

Ces récits traditionnels permettent donc aux enfants de grandir en explorant la vie, grâce aux situations imaginaires et symboliques qui permettent de la percevoir. Mais la vie, écrivent les critiques littéraires G.K. Chesterton et C.S. Lewis que cite

B. Bettelheim, est « contemplée, ressentie ou devinée de l'intérieur » : les évènements dont les enfants essaient de pénétrer le sens caché ne sont pas saisis rationnellement mais de façon intériorisée et métaphorisée. En fait, les enseignements restent implicites avec plusieurs niveaux de signification dont se saisit chaque enfant en fonction de ses besoins. Un conte n'est pas expliqué mais raconté dans un jeu de voilement et dévoilement, le creusement du sens venant du ressassement. Les contes disent confusément aux enfants « autre chose » que le reste de la littérature, parce qu'ils sont opérants psychanalytiquement et « cette chose » est d'importance pour avancer dans la vie. B. Bettelheim soutient que les contes mettent « de l'ordre dans les pressions chaotiques de l'inconscient ». D'autres l'ont suivi dans cette voie. Les contes seraient même, d'après les travaux de Carl Jung, des représentations archétypales et fondamentales de l'inconscient collectif, les milliers de versions donnant à voir ce qui se passe dans l'âme humaine collective.

Les contes de fées dont l'étendue et la diversité n'ont pas d'équivalent dans un autre genre littéraire, nourrissent l'imaginaire des enfants avec de riches matériaux qui correspondent au processus de leur développement, dans une rencontre entre l'imaginaire individuel et collectif. Il serait regrettable de refuser aux enfants du XXIe siècle des apports aussi féconds – d'une telle productivité que les ethnologues, les folkloristes, les philosophes, les psychologues en ont fait, chacun à leur façon, un domaine d'étude.

À vous de jouer !

Le plan est construit en deux parties de deux sous-parties chacune.

- Repérez chacune de ces deux parties, ainsi que la transition.
- Analysez les différentes phases de l'introduction et de la conclusion.

À retenir

Pour continuer à vous entrainer, une solution pourrait consister à reprendre les sujets du brevet dont l'organisation se rapproche de celle du CRPE : le sujet de réflexion est associé à un texte support. Il est présenté au choix avec un sujet d'imagination.

Il vous faudrait, cependant, reprendre le libellé du sujet formulé souvent de façon un peu simple et restrictive. Par exemple, le sujet donné en 2017, en Polynésie française, pose à partir d'un texte d'Annie Ernaux la question : « Selon vous, est-il facile aujourd'hui pour une femme de concilier vie familiale et vie professionnelle ? » L'angle de l'analyse est serré et correspond à ce que peut traiter un élève de 3e ; au CRPE, il aurait fallu élargir le sujet et considérer plutôt l'égalité des femmes et des hommes, thématique au cœur de l'extrait présenté.

Au concours : les sujets zéro

SUJET 0.1 : TEXTE DE JEAN GIONO

Première épreuve d'admissibilité

Français

Épreuve notée sur 20 – Durée : 3 heures

Un soir d'avril, le narrateur sort se promener sous la pluie. Il entend une plainte dans l'herbe tout près de lui.

Deux grands corbeaux montèrent de l'herbe. Je les reconnus. C'étaient de ces vieux sauvages des plateaux. Les vieux durs qui ont chassé le rat ou la marmotte pendant l'hiver et qui coulent dans le printemps vers nos collines plus douces, vers des proies plus savoureuses.

Ils s'étaient haussés de l'herbe, d'un simple coup d'épaule. Juste assez pour se poser dans l'olivier.

Le gémissement reprit. Les corbeaux me regardaient. Ils se mirent à craquer tous les deux comme des branches qui se cassent. C'était un avertissement. Alors, de l'herbe, monta un freux[1]. Un gros freux râblé, de vol mou, qui s'empêtra dans une liane de vent, trébucha des deux ailes et tomba comme une épave dans le vide du vallon. Il n'y avait pas à se tromper : c'était une bête repue.

La plainte encore.

Je chassai les corbeaux à coups de pierres. Je m'approchai de l'herbe. On ne se plaignit plus. Je cherchai : il y eut un petit tressaillement du fourré qui me guida. C'était une hase[2]. Une magnifique bête toute dolente et toute éperdue. Elle venait d'avoir ses petits, tout neufs. C'étaient deux éponges sanglantes, crevées de coups de bec, déchirées par le croc du freux. La pauvre. Elle était couchée sur le flanc. Elle aussi blessée et déchirée dans sa chair vive. La douleur était visible comme une grande chose vivante. Elle était cramponnée dans cette large plaie du ventre et on la voyait bouger là-dedans comme une bête qui se vautre dans la boue.

La hase ne gémissait plus.

À genoux à côté d'elle, je caressais doucement l'épais pelage brûlant de fièvre et surtout là, sur l'épine du cou où la caresse est plus douce. Il n'y avait qu'à donner de la pitié, c'était la seule chose à faire : de la pitié, tout un plein cœur de pitié, pour adoucir, pour dire à la bête :

– Non, tu vois, quelqu'un souffre de ta souffrance, tu n'es pas seule. Je ne peux pas te guérir, mais je peux encore te garder.

Je caressais ; la bête ne se plaignait plus.

Et alors, en regardant la hase dans les yeux, j'ai vu qu'elle ne se plaignait plus parce que j'étais pour elle encore plus terrible que les corbeaux.

Ce n'était pas apaisement ce que j'avais porté là, près de cette agonie, mais terreur, terreur si grande qu'il était désormais inutile de se plaindre, inutile d'appeler à l'aide. Il n'y avait plus qu'à mourir.

1. freux : corbeau.

2. hase : femelle du lièvre.

J'étais l'homme et j'avais tué tout espoir. La bête mourait de peur sous ma pitié incomprise ; ma main qui caressait était plus cruelle que le bec du freux.

Une grande barrière nous séparait.

Oui, en commençant, j'ai dit : « Et pourtant, moi… » Ce n'est pas de la fatuité, c'est de la surprise, c'est de la naïveté.

Moi qui sais parler la langue des mésanges, et les voilà dans l'escalier des branches, jusque sur la terre, jusqu'à mes pieds ; moi que les lagremuses[3] approchent jusqu'à m'avoir peint à l'envers sur les globes d'or de leurs yeux ; moi que les renards regardent ; et puis d'un coup ils savent qui je suis et ils passent doucement ; moi qui ne fais pas lever les perdreaux, mais ils picorent sans lever le bec ; moi qui suis une bête d'entre elles toutes par ce grand poids de collines, de genévriers, de thym, d'air sauvage, d'herbes, de ciel, de vent, de pluie que j'ai en moi ; moi qui ai plus de pitié pour elles que pour les hommes, s'il en est un pour qui la grande barrière devait tomber…

Non, elle est là. Il en a fallu de nos méchancetés entassées pendant des siècles pour la rendre aussi solide.

Jean Giono, « La grande barrière », *Solitude de la pitié*, © Éditions Gallimard, 1932.

3. lagremuses : lézards

I. Étude de la langue

1. Indiquez la nature et la fonction des mots ou groupes de mots soulignés dans les extraits suivants.

a. Je les reconnus. (l. 1)

b. … qui ont chassé le rat ou la marmotte pendant l'hiver… (l. 2-3)

c. Alors, de l'herbe, monta un freux. (l. 8-9)

d. On ne se plaignit plus. (l. 13-14)

e. … un petit tressaillement du fourré qui me guida… (l. 14)

f. La douleur était visible… (l. 18)

Retrouvez des informations concernant certaines de ces questions p. 12 et 16.

2. Justifiez l'orthographe des mots soulignés dans les extraits suivants.

a. C'étaient de ces vieux sauvages des plateaux. (l. 1-2)

b. Ils s'étaient haussés de l'herbe… (l. 5)

c. … on la voyait bouger là-dedans… (l. 19)

d. … moi qui ai plus de pitié pour elles… (l. 45)

3. Indiquez la nature et, le cas échéant, la fonction des propositions dans la phrase suivante.

Elle était cramponnée dans cette large plaie du ventre et on la voyait bouger là-dedans comme une bête qui se vautre dans la boue. (l. 18-20)

4. Indiquez le temps et le mode de chacun des verbes suivants et commentez leur emploi.

Je cherchai : il y eut un petit tressaillement du fourré qui me guida. C'était une hase. (l. 14)

Ce n'était pas apaisement ce que j'avais porté là… (l. 31)

… moi que les lagremuses approchent jusqu'à m'avoir peint à l'envers sur les globes d'or de leurs yeux… (l. 40-41)

5. Identifiez la caractéristique grammaticale de la phrase suivante et commentez son emploi en contexte :

La plainte encore. (l. 12)

6. Commentez l'usage, dans le texte, du tiret et des guillemets.

II. Lexique et compréhension lexicale

1. Indiquez le sens du mot *dolente* en contexte.

Une magnifique bête toute dolente et toute éperdue. (l. 15)

2. Le texte présente plusieurs occurrences du nom *bête*. Identifiez les nuances d'emploi et de sens entre :

- … tout un cœur plein de pitié pour adoucir, pour dire à la bête : … (l. 24-25)
- … on la voyait bouger là-dedans comme une bête qui se vautre dans la boue. (l. 19-20)
- … moi qui suis une bête d'entre elles toutes… (l. 43)

3. Comment le lexique employé dans le texte exprime-t-il la « pitié » évoquée à plusieurs reprises par le narrateur ?

Retrouvez l'analyse de certaines questions p. 22.

III. Réflexion et développement

Après avoir expliqué ce que Jean Giono désigne par l'image de la « grande barrière », vous vous interrogerez sur la pertinence actuelle de cette expression pour caractériser la relation entre l'homme et l'animal.

Votre réflexion, structurée et argumentée, s'appuiera sur le texte de Jean Giono ainsi que sur l'ensemble de vos connaissances et de vos lectures.

Retrouvez des informations concernant cette question p. 28 à 31 et une proposition de plan p. 33.

SUJET 0.2 : TEXTE D'ELSA TRIOLET

Si je vous racontais, par exemple, comment je suis descendue aux enfers du *P* souterrain d'un grand magasin ? Enfer encore en construction et déjà en marche. La construction d'une catastrophe, une de ces visions à partir desquelles cela bouge en moi, comme une inquiétude. J'essaye de la raconter, je ne me fais pas comprendre, on ne m'écoute pas, mal, on dit oui, oui… Cela ne se met pas en mots, ne reste exprimé que dans mon langage intime seul. J'ai vécu une descente aux enfers que je ne sais pas dire.

J'y suis entrée en voiture par un trou dans le trottoir, à la suite d'autres voitures, suivie par d'autres voitures. Une fois cette route prise, plus de retour, on est coincé. Odeur de catastrophe. Catacombes étroites, grises de murs et de faibles lumières. On les toucherait de la main, ces murs et plafonds.

Stop : un automate-distributeur de tickets vous guette. Ticket en main, la voiture se présente au bras mécanique de la barrière, le bras se lève et prend la forme d'un gibet pour une personne : vous pouvez passer dessous et sortir du Purgatoire. Alors éclate un bruit d'enfer comme il se doit puisqu'on y est, et la voiture roule lentement… entre dans une zone élargie où il vous est conseillé par écrit de prendre *la première place disponible* (il y a donc des enfers complets ?). On tourne. On tourne encore dans le ventre d'un serpent-dragon souterrain enroulé sur lui-même. Il a avalé toutes les voitures rangées côte à côte, vers les murs. Quelques humains à pied, ces *piétons* pour qui des passages, pattes du monstre-serpent-dragon-énorme lézard, sont creusés vers l'extérieur.

La première place disponible ? Et si on vous obligeait de tourner, de vous enfoncer de plus en plus profond jusqu'à ce qu'il en apparaisse une ? Si on ne vous permettait pas de gagner la sortie autrement qu'en ayant disposé d'une place ? Ça prendra le temps qu'il faudra, un jour, un an… Parking rouge… Parking vert… Au Luna-Park de ma tendre jeunesse, j'aimais avoir peur dans une baraque avec l'étroit couloir où le sol se dérobait sous mes pieds et où ici et là s'ouvraient des visions d'épouvante. Il n'y a pas de *Luna-Parking* ici, ce n'est pas pour jouer que des petits piétons étrangement vulnérables et furtifs et mous, fuient ou courent après quelque chose, quelqu'un, et les voitures sont des poissons morts abandonnés sur une banquise malsaine.

483 ! ma place disponible porte au-dessus, sur le mur d'un gris menaçant, ce gros numéro. Je ne dois pas l'oublier, ce numéro, on me prévient, on me dit de ne pas l'oublier. Je n'ai pas de quoi écrire. Ma pauvre tête. Des portes. Des ascenseurs. Tous, ils descendent. Plus bas, plus bas, selon la flèche comme le pouce de César. D'après le temps qu'ils mettent pour revenir et tout ce monde qui s'y entasse, ces ascenseurs sont descendus au cœur de la terre, ils risquent de la traverser de part en part. À peine est-on dedans, qu'ils vous arrachent de votre petit quatrième en dessous, sans que personne n'ait fait quelque chose pour cela, leurs portes pincent les derniers arrivants, et les passagers-piétons se précipitent pour libérer les coincés de leur prise. Sortie générale, c'est écrit.

Elsa Triolet, *La Mise en mots*, DR, 1969.

I. Étude de la langue

1. Quels indices orthographiques permettent au lecteur, dans les deux premiers paragraphes, d'identifier le genre du narrateur ou de la narratrice ?

Retrouvez des informations concernant certaines de ces questions p. 13 à 16.

2. Justifiez l'orthographe des terminaisons soulignées dans les extraits suivants.

a. ... on est coincé. (l.9)

b. ... toutes les voitures rangées côte à côte... (l.19)

c. ... ici ou là s'ouvraient des visions d'épouvante. (l.27)

d. ... tout ce monde qui s'y entasse. (l.36)

3. Relevez les pronoms personnels employés dans les extraits suivants.

a. Indiquez leur fonction grammaticale.

b. Commentez leur emploi en vous appuyant sur ces extraits et sur l'ensemble du texte.

Si je vous racontais, par exemple, [...] (l.1). Une fois cette route prise, plus de retour, on est coincé. [...] (l.9) .... un automate-distributeur de tickets vous guette. (l.12)

4. Analysez les propositions de la phrase suivante.

J'essaye de la raconter, je ne me fais pas comprendre, on ne m'écoute pas, mal, on dit oui, oui... (l.4-5)

5. Quelle est la nature de chacune des deux expansions du nom soulignées ? Proposez pour le nom *couloir* une autre expansion de nature différente.

... l'étroit couloir où le sol se dérobait sous mes pieds ... (l.26-27)

6. Comment peut-on expliquer le passage au présent dans les lignes suivantes ? Réécrivez cet extrait en le transposant au passé.

Stop : un automate-distributeur de tickets vous **guette.** Ticket en main, la voiture se **présente** au bras mécanique de la barrière, le bras se lève et prend la forme d'un gibet pour une personne : vous pouvez passer dessous et sortir du Purgatoire. (l.12- 14)

7. Quelles sont les marques du type interrogatif dans le texte ? Comment comprenez-vous ici l'emploi des phrases interrogatives ?

II. Lexique et compréhension lexicale

1. Analysez la formation du nom *inquiétude*. (l.4)

Retrouvez l'analyse de certaines questions p. 22-23.

2. Expliquez en contexte le sens de l'adjectif *vulnérable* :

... des petits piétons étrangement vulnérables et furtifs et mous... (l. 29)

3. Comment le lexique employé dans le texte construit-il peu à peu l'image des enfers ?

III. Réflexion et développement

Le gigantisme technologique est-il associé à la défaite de l'humain ?

Vous présenterez votre réponse de façon structurée et argumentée en vous appuyant sur le texte d'Elsa Triolet ainsi que sur l'ensemble de vos connaissances personnelles et de vos lectures.

Retrouvez des informations concernant cette question p. 28.

LES 10 RÈGLES DE LA NOUVELLE ORTHOGRAPHE

1. Les numéraux composés sont systématiquement reliés par des traits d'union.
EX. : vingt-et-un, deux-cents, un-million-cent, trente-et-unième.

2. Dans les noms composés du type *pèse-lettre* (verbe + nom) ou *sans-abri* (préposition + nom), le second élément prend la marque du pluriel seulement et toujours lorsque le mot est au pluriel.
EX. : un compte-goutte, des compte-gouttes ; un après-midi, des après-midis.

3. On emploie l'accent grave (plutôt que l'accent aigu) dans un certain nombre de mots (pour régulariser leur orthographe) et au futur et au conditionnel des verbes qui se conjuguent sur le modèle de *céder*.
EX. : évènement, règlementaire, je cèderai, ils règleraient.

4. L'accent circonflexe disparait sur *i* et *u*. On le maintient néanmoins dans les terminaisons verbales du passé simple, du subjonctif et dans cinq cas d'ambigüité (*dû, mûr, sûr, jeûne,* et les formes de *croître*).
EX. : cout ; entrainer, nous entrainons ; paraitre, il parait.

5. Les verbes en *-eler* ou *-eter* se conjuguent sur le modèle de *peler* ou de *acheter*. Les dérivés en *-ment* suivent les verbes correspondants. Font exception à cette règle *appeler*, *jeter* et leurs composés (y compris *interpeler*).
EX. : j'amoncèle, amoncèlement, tu époussèteras.

6. Les mots empruntés forment leur pluriel de la même manière que les mots français et sont accentués conformément aux règles qui s'appliquent aux mots français.
EX. : des matchs, des miss, un révolver.

7. La soudure s'impose dans un certain nombre de mots, en particulier dans les mots composés de *contr(e)-* et *entr(e)-*, dans les mots composés de *extra-*, *infra-*, *intra-*, *ultra-*, dans les mots composés avec des éléments « savants » et dans les onomatopées, et dans les mots d'origine étrangère.
EX. : contrappel, entretemps, extraterrestre, tictac, weekend, portemonnaie.

8. Les mots anciennement en *-olle* et les verbes anciennement en *-otter* s'écrivent avec une consonne simple. Les dérivés du verbe ont aussi une consonne simple. Font exception à cette règle *colle*, *folle*, *molle* et les mots de la même famille qu'un nom en *-otte* (comme *botter*, de *botte*).
EX. : corole ; frisoter, frisotis.

9. Le tréma est déplacé sur la lettre *u* prononcée dans les suites *-güe-* et *-güi-*, et est ajouté dans quelques mots.
EX. : aigüe, ambigüe ; ambigüité ; argüer.

10. Enfin, certaines anomalies sont supprimées.
EX. : asséner, assoir, charriot, joailler, relai.

www.orthographerecommandee.info

ALPHABET PHONÉTIQUE

VOYELLES	
Orales	
[i]	vie, cygne
[e] fermé	blé, parler
[ɛ] ouvert	merci, mère, faire
[a] antérieur	plat, patte
[ɑ] postérieur	pâte, théâtre
[o] fermé	moto, beau, faux
[ɔ] ouvert	fort, motte, porte
[y]	vertu, charrue
[u]	fou, bijou
[ø] fermé	feu, deux
[œ] ouvert	peur, meuble, leurre
[ə] caduc	cheval, visage
Nasales	
[ɑ̃]	banc, sans, vent
[ɔ̃]	bon, sombre
[ɛ̃]	matin, plein, sain
[œ̃]	lundi, brun, parfum

CONSONNES	
[p]	pâle, papa
[b]	bu, tube
[t]	tulle, pâté
[d]	dent, ardu
[k]	car, sac, coq, quoi, képi
[g]	gare, baguette
[f]	foire, neuf, pharmacie
[v]	violon, grève
[s]	sol, face, lasse, nation, six, scène
[z]	raison, ruse, zèbre
[ʃ]	charme, fiche
[ʒ]	jurer, gentil
[l]	lune, sol
[ʀ]	ruse, finir
[m]	maman, femme
[n]	nid, bonne
[ɲ]	agneau, champignon
Semi-consonnes	
[j]	paille, feuille
[w]	ouest, toi [twa], poire [pwaʀ]
[ɥ]	huile, fuir

ÉDITION : Leyla Pierre, Élodie Ther
MAQUETTE : Stéphanie Hamel
MISE EN PAGES : IDT

IMPRIM'VERT

PAPIER À BASE DE FIBRES CERTIFIÉES

Hatier s'engage pour l'environnement en réduisant l'empreinte carbone de ses livres. Celle de cet exemplaire est de :
1.9 kg éq. CO_2
Rendez-vous sur www.hatier-durable.fr

Achevé d'imprimer en Italie par L.E.G.O. S.p.A. - Lavis (TN)
Dépôt légal : 08280-9/01 - Juin 2021